LETTRES GOTHIQUES

Collection dirigée par Michel Zink

CHANSONS DES TROUVÈRES

CHANTER M'ESTUET

Édition critique de 217 textes lyriques d'après les manuscrits, mélodies, traduction, présentation et notes de Samuel N. Rosenberg et Hans Tischler avec la collaboration de Marie-Geneviève Grossel

Ouvrage publié avec le concours du Centre National du Livre

LE LIVRE DE POCHE

REMERCIEMENTS

À M. Hugo Kunoff, ancien bibliothécaire à Indiana University, nous réitérons notre gratitude pour l'aide indispensable qu'il nous a apportée au début de ce long projet.

Nous tenons aussi à exprimer nos remerciements à M. Nathan Love, à l'époque candidat au doctorat, aujourd'hui professeur, pour sa généreuse assistance lors de la préparation de la première édition ; et à MM. Daniel Golembeski et Chad Langford, candidats au doctorat, qui ont fourni un travail fidèle et soigné à l'occasion de sa présente réfection.

Marie-Geneviève GROSSEL, docteur d'État, enseigne dans le secondaire tout en assurant une charge de cours à l'Université de Valenciennes. Auteur du *Milieu littéraire en Champagne sous les Thibaudiens vers 1200-1270* (Paradigme, 1995), elle mène plus particulièrement des recherches sur la lyrique des trouvères, la littérature des miracles et le fonctionnement de l'exotisme merveilleux au XIIIe siècle.

Samuel N. ROSENBERG est professeur de langue et de littérature françaises à Indiana University (E.-U.). Il a publié des éditions critiques et des traductions – d'*Ami et Amile* (1981), des œuvres lyriques de Gace Brulé (1985), du *Jeu de Robin et Marion* (1991), des chansons monodiques du *Roman de Fauvel* (1992), du *Lancelot en prose* (1994) – ainsi que des articles sur le lyrisme des trouvères.

Hans TISCHLER est professeur émérite de musicologie à Indiana University (E.-U.). Il a publié de nombreux articles et plusieurs éditions et études, dont : *The Montpellier Codex* (3 vol., 1978), *The Earliest Motets : A Complete Comparative Edition* (3 vol., 1982), *The Style and Evolution of the Earliest Motets* (3 vol., 1985), *The Parisian Two-Part Organa : Complete Comparative Edition* (2 vol., 1987). Son édition complète des chansons des trouvères (5 à 8 vol.) doit paraître en 1996.

INTRODUCTION

Chanter m'estuet, il me faut chanter : c'est par cette formule que débutent plus d'une vingtaine de chansons de trouvères, formule initiale plus fréquente que toute autre et qui résume à elle seule quelques vérités fondamentales du répertoire lyrique des XIIe et XIIIe siècles. D'abord, c'est un répertoire qui fait presque toujours de la première personne la source et l'objet de l'activité créatrice ; ensuite, le « je » poétique compose – et se regarde composer – poussé par une force dont il n'est pas toujours le maître et qui peut faire de lui, plutôt que l'inventeur de la composition, l'agent par lequel celle-ci s'accomplit. Quant à la fréquence de cet énoncé initial, le fait même qu'il constitue une formule reflète un conventionnalisme au cœur duquel l'originalité aura une portée restreinte. Enfin et surtout, cette formule suggère l'unité textuelle et mélodique qui distingue la poésie lyrique médiévale du lyrisme moderne, divorcé du chant et même souvent de la simple vocalité. Car, pour le trouvère, s'exprimer en poésie était nécessairement un acte non seulement vocal mais musical.

C'était donc un art essentiellement oral, qui se faisait entendre, qui ne se transmettait que de façon accessoire et intermittente par écrit. De là, un double appauvrissement du répertoire tel qu'il est parvenu jusqu'à nous, car de nombreuses chansons n'ont sans doute jamais été transcrites et, parmi les manuscrits lyriques, bon nombre auront assurément été perdus au cours des siècles. Mais si nous devons ignorer à jamais quelle fut la véritable richesse artistique créée par les trouvères, nous possédons néanmoins, de leur œuvre, plus de deux mille chansons qui nous permettent de nous en faire une idée assez juste.

Ce sont des compositions strophiques pour une seule voix, des pièces monodiques, conservées dans diverses sources manuscrites datant des XIIIe et XIVe siècles et comprenant en tout premier lieu une vingtaine d'anthologies, de « chansonniers » ; les sources secondaires sont soit des romans – le célèbre *Guillaume de Dole* de Jean Renart, par exemple – qui intercalent des morceaux lyriques dans le texte narratif, soit des manuscrits divers contenant accidentellement quelques chansons. Presque la moitié des pièces sont uniques, alors que pour les autres nous trouvons dans les sources jusqu'à dix ou douze versions ; les deux tiers environ de ces textes ont survécu accompagnés de musique.

Bien que les trouvères de la France du Nord, à l'instar de leurs prédécesseurs et contemporains les troubadours du Midi, aient été à la fois poètes et compositeurs faisant fusionner leurs deux arts dans les pièces qu'ils créaient, les chansonniers révèlent d'importantes fissures. Les vicissitudes de la transmission orale et écrite, les changements opérés volontairement ou inconsciemment par les jongleurs et par les copistes – bref, ce qu'on est convenu d'appeler la « mouvance » de ces œuvres qui ne connurent de fixité qu'avec le déclin du Moyen Âge – ont produit, dans de nombreux cas, des variations appréciables parmi les rédactions. Les mêmes causes, amplifiées par la forte tendance à imiter des compositions connues et un certain goût de l'emprunt entre trouvères, ont eu aussi pour effet de générer maint poème mis sur plus d'un air et mainte mélodie accompagnant deux ou trois textes ; cette dernière catégorie comporte, en particulier, beaucoup de chansons pieuses, *contrafacta* ou contrafactures, de compositions profanes.

La période créative des trouvères s'étend sur cent

cinquante années. Elle commence au milieu du XIIe siècle avec l'apparition des premières chansons conservées en langue française pour s'achever à la fin du XIIIe, au moment où les principaux genres furent abandonnés en faveur de nouvelles formes « fixes » et où, face au développement de la polyphonie, naquit un lyrisme nouveau, entièrement verbal, indépendant de la musique.

La moitié du corpus est formée de compositions attribuées ou attribuables à tel ou tel auteur, mais il est vrai que si, grâce aux indications des manuscrits, on a pu connaître le nom d'environ deux cent cinquante trouvères, beaucoup d'entre eux sont des personnages inconnus ; bon nombre des attributions sont d'ailleurs incertaines, elles sont parfois différentes dans les versions d'un même chant, et la répartition en est extrêmement inégale, car elle va de plus de cent trente trouvères auteurs d'une ou de deux pièces chacun à une douzaine qui en ont composé plus de vingt ; à quatre de ces derniers – Gace Brulé, Thibaut de Champagne, Jean Bretel et Adam de la Halle – nous ne devons pas moins de soixante chansons chacun.

À l'origine, c'est la Champagne et le Nord qui manifestèrent le plus grand intérêt pour l'art lyrique ; c'est là, dans les grandes cours féodales de ces régions, qu'on trouve – avec Chrétien de Troyes – Gace Brulé et les autres trouvères de la période « classique ». Mais au XIIIe siècle, d'autres parties du domaine d'oïl, notamment la Lorraine, vinrent s'ajouter à ces deux foyers du lyrisme, et l'activité des trouvères s'étendit pour pénétrer dans les milieux bourgeois, surtout picards et artésiens, où elle eut un développement particulièrement riche. La condition sociale des trouvères était très variée, allant du plus haut rang seigneurial, voire royal (Thibaut de Champagne, Richard Cœur de Lion) au statut de jongleur itinérant d'un Colin Muset, en passant par des chevaliers de petite noblesse (Gautier de Dargies), des gens d'Église (Simon d'Authie), des bourgeois grands et petits (Jean Bretel, Guillaume Le

Vinier). Si la grande majorité de ces poètes musiciens n'est connue que par quelques chansons, il y en a qui doivent leur renommée artistique surtout à d'autres genres ; c'est évidemment le cas de Chrétien de Troyes et de Rutebeuf, mais aussi de Guiot de Provins, de Jean Bodel, de Richard de Fournival, de Philippe de Remy, d'Adam de la Halle.

Ces poètes virent dans l'amour leur matière principale et exprimèrent dans la *chanson d'amour* ou *grand chant courtois* – mais avec retenue, sans extase – une conception de l'amour idéal dérivée de la *fin'amor* des troubadours. Ils apportèrent à leur sujet une gravité, un raffinement tant de forme que de sentiment, qui firent de ce genre, à l'exemple de la *canso* des Occitans, l'expression suprême de leur élan artistique. Ils y chantent l'aspiration et la souffrance amoureuses, le don de soi et la valeur morale de l'amant sincère, le rapport étroit entre désir et créativité (« amer m'estuet » et « chanter m'estuet » se fondent dans un même soupir), et ce dans un langage formel qui, pour abstrait et dépersonnalisant qu'il soit, peut néanmoins révéler ici et là l'originalité d'un esprit inventif et communiquer une expérience humaine intense. Le *grand chant* diffère de plusieurs façons de la *canso* ; il ne s'aventure pas, par exemple, dans l'hermétisme du *trobar clus*, il s'éloigne également de l'insistance méridionale sur la joie, la jeunesse et la puissance que possède la bien-aimée d'affiner la sensibilité de l'amant ; il n'en reste pas moins que la chanson courtoise française est née de l'inspiration occitane et ne s'en distancie pas beaucoup.

La prosodie du *grand chant* – comme celle des autres genres, à l'exception du *lai-descort* – permet une grande liberté, une fois reconnue la contrainte fondamentale de sa forme strophique : la nécessité de mettre toutes les strophes sur une même mélodie, de les composer donc non seulement d'un même nombre de vers mais encore d'organiser les mètres dans une séquence qui reste invariable de couplet en couplet. La plupart des poèmes contiennent cinq ou six strophes composées normalement de huit à dix vers ; les vers comptent le plus souvent sept, huit ou dix syllabes. Les strophes isométriques sont plus habituelles que les strophes hétérométriques, lesquelles, bien que fréquentes, présentent une amplitude syllabique plus limitée que celles des genres légers, tels que la *pastourelle*. Quant à l'homophonie, c'est celle de la rime plutôt que de l'assonance, préférence que l'on trouve aussi, en général, dans les genres moins aristocratisants que la chanson courtoise. Le schéma rimique est, comme la séquence des mètres, invariable de strophe en strophe, mais il est extrêmement rare qu'un mot donné s'emploie plus d'une fois à la rime. Dans de nombreux textes, les mêmes rimes se répètent dans toutes les strophes – ou tous les couplets – qu'on appelle alors, suivant l'usage occitan, « coblas unissonans » ; dans d'autres, elles changent après chaque paire de strophes (« coblas doblas ») ; bien moins souvent, elles changent de couplet en couplet (« coblas singulars »). Il existe d'autres façons de lier les strophes et de structurer le poème, encore que le procédé moderne selon lequel les rimes masculines alternent avec les féminines soit inconnu. Rares chez les trouvères du XIIe siècle, les refrains apportent parfois aux chansons d'amour de leurs successeurs une articulation supplémentaire ; à la différence des refrains qui se trouvent dans les formes plus populaires (lesquels, dans bien des pièces, changent après chaque couplet), le style élevé des chansons courtoises veut que les refrains intégrés à ces dernières soient normalement invariables.

La strophe initiale du grand chant se démarque toujours des autres soit par une évocation de la nature ou du désir, voire du besoin, de chanter, soit par une autre démarche poétique à caractère d'exorde. La conclusion n'est généralement pas moins nettement identifiée, marquée qu'elle est – soit dans la dernière strophe, soit dans un fragment de strophe qui suit – par une déclaration qui « envoie » la chanson à la bien-aimée ou à un autre personnage. En revanche, les strophes internes n'ont souvent pas de place bien définie ; elles tendent vers une certaine discontinuité sémantique que l'on pourrait qualifier d'intrinsèquement lyrique, d'où cette conséquence curieuse qu'il n'est pas rare de voir plusieurs manuscrits transmettre les strophes d'un même poème chacun dans un ordre différent. La structure de la strophe est le plus souvent bipartite, la première partie étant divisée en deux sections dont les mètres et les rimes sont identiques, et la seconde caractérisée par une séquence plus libre, par exemple, 8a 8b / 8a 8b // 8b 8a 8a 8b ou 10a 10'b / 10a 10'b // 10a 10a 4'b 7c 7c. (Pour la composition musicale, voir ci-dessous.)

Dans la source profonde du lyrisme occitan les trouvères ont puisé non seulement le grand chant mais aussi, refaits à leur manière, la *chanson de croisade* qui ne s'en distingue pas formellement et le *lai-descort* hétérostrophique ; ces deux types sont bien représentés dans le répertoire français. Le *serventois* politique ou religieux, en revanche, a peu d'importance à côté du *sirventès* du Midi, et le *planh* des troubadours ne se reconnaît qu'à peine dans les rares plaintes funèbres des trouvères ; l'*aube* aussi n'a connu chez ceux-ci qu'un développement très limité. Plus frappant est le cas des divers débats poétiques, dont l'épanouissement dans le Nord, et en particulier chez les bourgeois d'Arras, a largement dépassé leur succès parmi les troubadours, surtout sous la forme des *jeux-partis*. Le sort de la *pastourelle* est semblable : parue d'abord en langue occitane, elle a été cultivée et élaborée surtout par les trouvères.

Mais les œuvres des poètes-compositeurs de langue française ne proviennent pas seulement de sources occitanes ; le corpus contient en effet plus d'un genre originaire de la France septentrionale. Tandis que ceux d'inspiration méridionale manifestent un esprit courtois ou au moins tendent vers un pôle aristocratique, les genres d'origine indigène inclinent plutôt du côté populaire. Et alors que ceux-là font entendre une voix poétique presque exclusivement masculine, ceux-ci accordent une place considérable à une voix féminine – ou, du moins, qui se veut telle ; en effet, les diverses *chansons de femme,* comprenant, entre autres, la *chanson de toile* et la *chanson de malmariée,* forment une part importante du répertoire français. Parmi les autres genres de tradition française (dont quelques-uns furent adoptés par les troubadours), il y en a qui se définissent, comme la pastourelle et la chanson de toile, essentiellement par leur contenu : la *chanson pieuse,* par exemple, mariale dans la plupart des cas, la *reverdie* qui conjugue amour et printemps, la *sotte chanson* parodique, les diverses pièces satiriques, les compositions qui chantent la vie de jongleur. Il y en a également qui se définissent principalement par leur forme prosodique et musicale : c'est le cas de la *ballette,* de la *rotrouenge,* de l'*estampie,* du *rondet de carole* ou *rondeau,* tous relevant d'une fonction chorégraphique. Il est à noter que ces catégories admettent certaines combinaisons ou interférences, de sorte qu'un texte donné peut être à la fois une chanson de femme et une ballette et qu'un autre peut être une rotrouenge et une chanson pieuse, etc. Enfin, pour revenir au *refrain,* déjà cité pour sa présence occasionnelle dans le grand chant, il est fréquent dans le corpus des trouvères : facultatif dans certains genres – dans la pastourelle, par exemple – et condition *sine qua non* dans d'autres, tels que le rondeau ou la ballette. Selon que ce simple énoncé d'un vers ou deux, apparemment autonome, incorporé d'une façon ou d'une autre au texte strophique, change ou ne change pas de couplet en couplet, on parle d'une *chanson à refrain* ou d'une *chanson avec des refrains.*

Répertoire assez varié, donc, composé surtout de chansons d'amour d'inspiration occitane, mais aussi, dans une mesure considérable, d'une gamme d'autres genres dont la plupart sont d'origine française. Ce sont des compositions purement lyriques, des pièces plutôt narratives, parfois dialoguées, des airs de danse ; des chansons définies, avec une netteté variable, par leur forme ou leur contenu ou les deux ; des œuvres de caractère plus ou moins aristocratique, plus ou moins populaire, souvent de tonalité bourgeoise ; des textes et des mélodies qui, tout en s'insérant dans une tradition monophonique assez solide, révèlent au cours des cent cinquante années de leur création et re-création une évolution certaine.

C'est cette diversité que nous souhaitons mettre en évidence dans le présent recueil, adaptation et mise à jour, pour un public francophone, de l'anthologie critique publiée précédemment en pays d'expression anglaise[1]. Ce volume prétend donc s'adresser à un public varié, aux spécialistes du Moyen Âge comme aux lecteurs et aux musiciens désireux de prendre connaissance d'un aspect de leur patrimoine culturel. Il part de trois impératifs fondamentaux : représenter le répertoire dans toute sa variété ; proposer des textes critiques nouvellement établis selon une pratique éditoriale uniforme ; présenter avec sa musique chaque texte qui, dans les manuscrits, en est encore pourvu.

Pour que cette anthologie soit représentative, nous avons choisi nos pièces principalement selon des critères de forme, de sujet ou thème, d'auteur et de chronologie – sans oublier la valeur poétique intrinsèque. On a déjà parlé des genres, quoique sans les énumérer tous. En ce qui concerne les auteurs, une grande partie du corpus – celle comprenant avant tout les œuvres nées de la tradition française plutôt qu'occitane – est anonyme et destinée à le rester ; pour l'autre partie, l'attribution n'est presque jamais certaine mais elle est souvent assez sûre. Nous avons jugé souhaitable de présenter d'abord toutes les chansons anonymes, classées par genre, et ensuite, dans la mesure du faisable, de classer les compositions par auteur et d'orga-

---

1. *Chanter m'estuet : Songs of the Trouvères* (Bloomington, Indiana : Indiana University Press – London : Faber and Faber Ltd, 1981). À la différence de la présente édition, celle de 1981 ne contient pas de traductions des textes médiévaux.

niser cette présentation par période d'activité. L'ordre des auteurs retrace donc, autant que faire se peut, la trajectoire du lyrisme dans son évolution.

LES TEXTES. Pour l'établissement des textes, nous avons adopté pour principe de base d'intervenir le moins possible dans l'apport des manuscrits. Cela signifie surtout que, dans le cas des pièces ayant plus d'une source, nous avons choisi de proposer, au lieu d'un texte en quelque sorte « composé », une seule version réelle, sélectionnée pour sa supériorité générale et modifiée uniquement là où une faute de copiste patente ou une incohérence l'exigeait. Étant donné ce qu'on sait ou croit savoir sur les circonstances de la création lyrique et de la diffusion des chansons au Moyen Âge, sur l'instabilité des textes et les impondérables de la transmission orale et écrite, il serait futile de tenter, par une approche combinatoire, de reproduire une chanson dans son état originel[1]. On rencontre toutefois de temps en temps un passage tellement corrompu ou un écart si manifeste par rapport à ce qui avait dû être l'intention du poète, qu'on est amené à préférer dans ce cas une sorte de texte composé, ou du moins un texte corrigé assez librement : une intervention éditoriale forte mais sensible pourrait bien produire, dans le passage en question, un reflet plus fidèle de l'art du poète qu'aucune des

1. Voir, sur ce sujet, Istvan Frank, « De l'art d'éditer les textes lyriques », *Recueil de travaux... Clovis Brunel*, Mémoires et Documents, 12 (Paris : Société de l'École des Chartes, 1955), I, 463-475), réimprimé, traduit en anglais, dans Christopher Kleinhenz, éd., *Medieval Manuscripts and Textual Criticism*, North Carolina Studies in the Romance Languages and Literature, Symposia, 4 (Chapel Hill : Univ. of North Carolina, 1976), 123-138 ; Armand Machabey, « Comment déterminer l'authenticité d'une chanson médiévale ? » *Mélanges... René Crozet*, éd. par P. Gallais et Y.-J. Riou (Poitiers : Société d'Études Médiévales, 1966), II, 915-920 ; Maurice Delbouille, « La philologie médiévale et la critique textuelle » et Philippe Ménard, « L'édition des textes lyriques du moyen âge, réflexions sur la tradition manuscrite de Guillaume le Vinier », *Actes du 13ᵉ Congrès International de Linguistique et Philologie Romanes, 1971* (Québec : P.U. Laval, 1976), I, 57-73 et II, 763-777, resp. ; enfin, le chapitre 2, « Le poète et le texte », dans Paul Zumthor, *Essai de poétique médiévale* (Paris : Seuil, 1972), 64-106.

versions manuscrites n'en fournit. Nous nous sommes permis, dans un esprit pragmatique, d'intervenir ainsi lorsque certaines considérations spéciales, parfois de nature musicale, le nécessitait. L'apparat critique éclaircira de toute façon notre démarche et permettra aux lecteurs d'imaginer d'autres solutions.

Dans la sélection des versions à présenter, nous nous sommes laissé guider principalement par la relative intégrité des textes, tant sur le plan littéraire que sur le plan linguistique. Quelquefois, nous avons été influencés par des faits d'ordre musical, mais jamais au point de rejeter un texte incontestablement supérieur ; dans les rares cas d'un écart important entre la qualité du texte et celle de la mélodie qui l'accompagne, nous avons estimé admissible de joindre un texte transmis par un manuscrit à une mélodie conservée dans un autre. Ces cas seront signalés dans la présentation des pièces.

On trouve souvent dans les éditions de chansons médiévales deux critères de sélection que nous avons décidé de ne pas adopter. D'abord, nous n'avons pas tenu à ce que toutes les pièces représentant un même trouvère proviennent d'une même source manuscrite ; en effet, l'histoire stemmatique d'une chanson donnée dans un tel groupe a plus tendance à être unique qu'à coïncider avec l'histoire des autres, et la supériorité de tel ou tel texte transmis par un chansonnier déterminé ne garantit nullement celle d'un autre se trouvant dans la même source. Puis, il nous a semblé peu important que la *scripta* d'un texte donné reflète soit le dialecte qui fut vraisemblablement celui du poète soit une sorte de *koinè* à base francienne ; car, d'une part, il arrive souvent que le dialecte du trouvère n'admette pas d'identification précise, d'autre part, c'est un anachronisme qui déforme la réalité linguistique médiévale que de préférer une version d'une chanson à une autre parce qu'elle est dialectalement moins excentrique ou qu'elle est graphiquement plus proche du français d'aujourd'hui. En rejetant ces deux critères de sélection, nous soulignons la fluidité, la « mouvance », de la chanson médiévale une fois sortie des mains de son auteur et nous faisons ressortir le fait que chaque œuvre a sa propre histoire.

LA MUSIQUE. Le débat sur la manière d'éditer les mélodies des compositions monophoniques du Moyen Âge se poursuit depuis le début de notre siècle ; ses échos se font entendre dans les récitals et dans les enregistrements. Car on y trouve les interprétations les plus variées, allant d'une liberté rythmique totale à un respect rigide des « modes » rythmiques ; il n'y a pas d'accord sur les instruments, ni sur leur type, ni sur leur nombre, ni sur la musique qu'ils doivent produire ; tempo, dynamique, façon de chanter, ces aspects de l'exécution aussi sont très variables.

Les chansonniers qui conservent le répertoire des trouvères, comme tous les autres manuscrits où se trouvent des chansons médiévales, ne présentent, avec les textes, que les mélodies et, de temps en temps, le rythme. Ils n'indiquent rien sur un éventuel accompagnement, rien sur les procédés expressifs, encore moins sur la part de l'improvisation, rien sur les questions métriques. Alors que les musiciens modernes doivent affronter tous ces problèmes, le musicologue éditeur se voit placé devant trois tâches principales : transcrire fidèlement la ligne mélodique ; résoudre le problème du rythme de façon satisfaisante là où le manuscrit ne donne pas d'indications pertinentes (ce qui est le cas le plus fréquent) ; coordonner la mélodie avec le texte poétique, établi préalablement avec la collaboration d'un philologue. Il peut s'occuper d'autres aspects de l'interprétation, mais normalement, comme c'est le cas dans le présent recueil, il s'en tient là.

De même que les philologues ont le plus souvent fait leur travail sans demander conseil aux musicologues, ceux-ci ont généralement procédé sans l'aide de leurs confrères. Ce volume, au contraire, est le fruit d'une étroite collaboration entre les deux disciplines. Ainsi, certaines indications dans la musique des manuscrits, telles que les barres de mesure, les silences, les répétitions mélodiques, le nombre de notes dans un groupe, ont pu clarifier l'élision ou la non élision de syllabes, la structure syllabique d'un mot, la fin d'un vers, l'omission ou l'insertion erronnée d'un mot ou d'une phrase. Inversement, le texte poétique a pu prouver l'absence ou la redondance d'une note, indiquer où s'achève une phrase musicale, où un refrain commence ; mais, surtout, la scansion du texte, les cas d'anacrouse, les rimes et leur « genre » masculin ou féminin sont d'une importance capitale pour la détermination du rythme musical et du phrasé.

Comme nous l'avons déjà signalé, chaque mélodie que nous présentons provient en principe de la même source manuscrite que le texte qu'elle accompagne, ce qui n'a pourtant pas exclu l'absolue nécessité d'en consulter et d'en comparer les versions parallèles afin d'arriver à une bonne transcription. Il a fallu repérer les erreurs de copiste, les lacunes, les variantes plus ou moins importantes ; il a fallu considérer, dans les différentes versions, l'influence de l'improvisation, particulièrement par rapport aux ornements[1]. Les manuscrits montrent bien que les ornements improvisés étaient assez simples et normalement courts, ce qui suggère un tempo animé.

Les manuscrits indiquent certains accidents, mais l'éditeur doit parfois en ajouter d'autres ; cela dépend de la tonalité, ou plutôt, du mode ecclésiastique caractérisant un air donné. Quelques-uns de ces modes s'apparentent au majeur moderne, d'autres au mineur ; il n'est pas sans intérêt de noter que dans notre réper-

1. Hans-Herbert Räkel, dans son étude *Die musikalische Erscheinungsform der Trouvèrepoesie* (Publ. der Schweizerischen musikforschenden Gesellschaft, II, 27 [Berne : Paul Haupt, 1977]), fonde son argument principal sur l'ornementation, affirmant que les premiers trouvères improvisaient dans le cadre d'une tradition orale, ce qui produisait de fréquentes divergences non seulement dans les ornements mais aussi dans les notes structurantes, alors que les trouvères actifs au milieu du XIIIe siècle fixèrent par écrit un répertoire de mélodies stables et, dans bien des cas, « corrigées ».

toire ceux-ci sont deux fois moins fréquents que ceux-là. Trop d'éditions ont déformé l'image réelle du chant médiéval en omettant ces indications d'accidents et en négligeant de signaler les altérations par lesquelles les musiciens de l'époque avaient appris, tout en improvisant, à embellir leur exécution – il s'agit de la *musica ficta* –, altérations qui peuvent effectivement figurer dans telle ou telle version parallèle d'une chanson.

L'étendue tonale des compositions ne dépasse pas la gamme établie vers 1025-1030 par Gui d'Arezzo, à savoir, celle allant de *G* (*sol* 3) à e^2 (*mi* 6). En fait, les hauteurs extrêmes – *sol* 3, *ré* 6 et *mi* 6 – ne s'y font jamais entendre, et on n'y trouve même que rarement les quelques tons qui sont juste en-deçà des extrêmes. La tessiture de soixante pour cent des chansons se limite à l'octave ou à la neuvième, les limites supérieures et inférieures étant, respectivement, la douzième et la quinte.

Le problème le plus épineux, le plus controversé que pose notre répertoire, c'est celui du rythme. Nous l'avons déjà dit, quelques-uns des manuscrits emploient partiellement une notation qui indique le rythme des chansons ; c'est la notation mesurée. Les pièces ainsi transcrites montrent bien que le rythme peut varier selon les besoins du texte ou de la mélodie, parfois à l'intérieur d'une seule ligne ; mais souvent il adhère, au long de phrases ou de sections entières, à l'une des cellules fondamentales que sont les six modes rythmiques enseignés par les théoriciens du milieu du XIIIe siècle. Rien de surprenant dans ce traitement du rythme, puisqu'il y avait des trouvères, Adam de la Halle le premier, qui composaient des œuvres polyphoniques. En effet, nombre de chansonniers contiennent, à côté des pièces monophoniques, des collections de motets ; et ces motets du XIIIe siècle citent souvent des passages de chansons – on en a repéré presque une centaine –, passages textuels, musicaux ou les deux, dont le caractère métrique se trouve par là confirmé ; la scansion de ces passages textuels s'accorde naturellement avec leur rythme musical. On rencontre de plus, incorporées dans des motets, des chansons entières et même, accompagnant des textes latins, des mélodies de trouvères insérées dans des conduits, ou *conductus*[1]; dans de tels contextes, le caractère métrique de ces œuvres est on ne peut plus clair. Tout aussi évident est celui des nombreuses chansons du répertoire ayant un rapport direct ou indirect avec la danse.

À en juger par tous ces indices, il convient d'adopter une interprétation métrico-rythmique des chansons des trouvères en général, même là où les manuscrits n'indiquent pas les valeurs relatives des notes. Cette notation peu rigoureuse sur le plan rythmique ne contredit pas notre analyse, car c'est la même notation qu'on employait à l'époque pour les motets et les conduits, les uns comme les autres de caractère strictement métrique. Cette notation eut son origine, vers la fin du XIIe siècle et le début du XIIIe, dans la première notation capable d'indiquer le rythme, celle inventée par Léonin (actif v. 1165-85) et élaborée par son successeur Pérotin (actif v. 1185-1205) à Notre-Dame de Paris; c'est une notation qui marquait implicitement le rythme strictement métrique en recourant à certaines séquences de ligatures, certains groupes de deux ou trois notes, parfois davantage. Lorsque les groupes de cette notation « modale », utilisable pour les seules mélodies mélismatiques, durent se décomposer afin de permettre aux notes individuelles de se coordonner avec les syllabes successives de conduits ou de motets, leurs implications rythmiques restèrent, sans que les notes fussent encore différenciées de manière à représenter clairement leurs longueurs relatives. Ce n'est qu'au milieu du XIIIe siècle que l'invention de la notation mesurée résolut ce problème, en marquant les valeurs relatives par des formes différentes.

Les spécialistes de l'ancien français estiment en

---

1. Voir Heinrich Husmann, « Zur Rhythmik des Trouvèregesanges », *Die Musikforschung* 5 (1952), 110-113.

général que la prosodie des trouvères est au fond d'ordre syllabique plutôt qu'accentuel. Ils ne font pourtant pas entrer dans le compte des syllabes l'*e* atone qui termine les vers dits féminins, et cet oubli affaiblit leur position. S'il ne s'agissait que de compter les syllabes, de telles terminaisons seraient impensables, car elles sont déterminées par un principe accentuel. Pour considérer qu'un heptasyllabe masculin, par exemple, et un heptasyllabe féminin correspondent en effet l'un à l'autre, il faut supposer une accentuation différentielle ; dès lors, on doit admettre un rythme métrique, car l'accent, particulièrement à la rime, l'impose. Et à vrai dire, sans accents agogiques, dynamiques ou tonals, fonctionnant séparément ou en combinaison, les iambes, les trochées, les dactyles que l'on rencontre partout dans la poésie des trouvères seraient inconcevables dans une langue telle que le français, qui n'admet pas de façon systématique la quantité syllabique[1].

Roger Dragonetti, dont l'étude sur la technique poétique des trouvères[2] fait autorité, aborde notre sujet dans un passage clé :

> Dans un vers régulier, le rythme (un des aspects formels de sa structure) s'organise suivant un *temps rationnel* [...]
>
> Tout rythme, en effet, dégage une mesure, laquelle n'est pas un simple artifice qui lui est surajouté, mais coexiste avec lui parce qu'elle est une condition essentielle de sa perception [...]
>
> [...] toute structure rythmique introduit un conflit ou une entente entre deux ordres temporels : c'est-à-dire entre le temps homogène, tout fait, par conséquent prévisible de la mesure, et le rythme, qui est irréductible à la divisibilité du temps rationnel, parce que c'est une genèse sans précédents.

1. Pour les arguments culturels et historiques étayant cette position, voir Hans Tischler, « Rhythm, Meter, and Melodic Organization in Medieval Songs », dans *Studies in Medieval Culture* 8/9, Western Michigan University, 1976, 49-64, surtout 52-53. – 2. Voir Bibliographie.

> La structure rythmique d'un vers régulier résulte de la rencontre de ces deux ordres, mais le style en diffère suivant que la carrure métrique renforce ou contredit le rythme.
>
> La mesure y assume, par conséquent, une fonction constructive, et c'est ce qui ressort très nettement de l'analyse des vers courtois où l'action régulatrice des schèmes métriques y joue un rôle particulièrement important [...] (pp. 501 et suiv.)

Un peu plus loin (pp. 534 et suiv.), Dragonetti montre comment deux musicologues – Pierre Aubry et Jean Beck – ont pu, dans leur transcription d'une dizaine de chansons, en produire des versions modales divergentes. La possibilité d'arriver à des résultats différents n'invalide cependant pas l'application des modes rythmiques aux chansons des trouvères ; en fait, cela souligne la facilité avec laquelle le musicien médiéval pouvait varier, selon les circonstances, l'exécution d'une pièce. Les manuscrits mêmes n'attestent-ils pas cette liberté ? Le musicien pouvait chanter un texte sur un air ou un autre, ou mettre deux textes sur une seule mélodie ; il pouvait chanter avec ou sans accompagnement instrumental ; il pouvait essayer des rythmes différents tout comme il changeait les altérations ou repensait l'ornementation. Une belle preuve de cette réalité se voit dans le cas d'un autre chant cité par Dragonetti, p. 526, lequel figure dans deux manuscrits différents avec deux modes différents ; on trouve le troisième mode, dactylique, dans la version du *Chansonnier Cangé* (ms. O) et le premier, iambique, dans celle du *Chansonnier du Roi* (ms. M). Et il s'agit là d'un trouvère, Robert de Castel, qui fut actif pendant le troisième quart du XIIIe siècle, c'est-à-dire, à l'époque même où les deux manuscrits furent produits.

Il n'est pas inopportun de noter ici que l'une et l'autre de ces interprétations rythmiques produisent quelques accents métriques qui tombent sur des syllabes normalement inaccentuées. Il paraît évident que ce manque de coordination ne gênait pas les trouvères, qui mettaient souvent l'accent sur une syllabe normalement faible ou laissaient passer une syllabe normalement accentuée sans la marquer d'un temps fort ; en effet, la scansion des textes en vers diverge fréquemment de celle des textes en prose, que ce soit en français, en anglais, en allemand, sans parler du latin, foyer même de l'ambivalence accentuelle. Cette ambivalence ressort avec netteté dans les motets du XIIIe siècle, chantés indiscutablement avec le rythme mesuré que nécessite la coordination polyphonique et avec une forte pulsion métrique.

À bien considérer la variabilité des interprétations et l'instabilité ou l'ambivalence de l'accent, il est souvent difficile, pour le musicologue moderne comme sans doute pour le musicien médiéval, de déterminer la bonne mesure. Le problème se complique lorsqu'un même schéma accentuel ne se répète pas dans tous les couplets d'un poème. Dans ces cas, deux approches s'avèrent utiles : on peut scander tous les couplets pour déterminer quelle mesure produit le moins de temps forts aberrants ; ou l'on peut privilégier le premier couplet, ajustant aux autres le schéma qui lui convient.

Une fois la mesure décidée, c'est-à-dire après la mise en place des barres, on affronte le problème du rythme, qui est complexe et ne peut se résoudre que texte par texte. Un trochée, par exemple, peut être représenté de plusieurs façons dans le cadre des cellules rythmiques ternaires universellement employées à l'époque, à savoir : |♩′. ♩.|, ♩′♪ ou ♪′♩ et chacune de ces cellules peut être variée en employant plusieurs notes plus brèves pour ornementer l'une ou l'autre des moitiés du trochée, par exemple : |♫♩ ♫♪|, ♫♪ ou ♬♫.

Lequel de ces rythmes faut-il choisir ? C'est une question de sensibilité musicale, et on peut présumer que les exécutants médiévaux se permettaient, à différents moments, de choisir diversement pour une même chanson. Alors qu'une alternance régulière de syllabes accentuées et inaccentuées semble une condition nécessaire à toute réalisation d'un texte poétique métrique, le rythme est variable et représente un choix secondaire, suggéré au fond par la distribution des ornements de la mélodie. Ici encore on peut considérer le témoignage des motets de l'époque. Là, en effet, beaucoup d'ornements sont placés sur des syllabes brèves et inaccentuées ; et dans les multiples versions de bien des motets, ces embellissements se déplacent librement entre les temps forts et les temps faibles. Pourtant, à en juger par les indications rythmiques fournies par la voix fixe de soutien, le *cantus firmus*, ce sont les longues des cellules modales plutôt que les brèves qui portent la majorité des ornements. Ces indications se trouvant souvent dans les passages de chansons de trouvères intercalés dans des motets de même époque, il est logique de voir en elles une clé de l'interprétation du répertoire monodique en général.

Jusqu'ici, on croyait que l'interprétation rythmique des chansons des trouvères ne pouvait se réaliser que de deux façons : ou par l'application des modes ou par la déclamation libre. Mais il y a une troisième possibilité. Déjà en 1952, Heinrich Husmann a démontré qu'il existe au moins quatre chansons dont les mélodies se retrouvent dans des conduits polyphoniques[1]. Il faut en conclure qu'elles admettaient le même traitement rythmique que les conduits apparentés, et Husmann montre que dans les deux groupes certains hexasyllabes révèlent un rythme modal, |♩.♪♩|♪♩♩.| dérivé du deuxième mode : |♪♩♪♩|♪♩♪𝄽|.

L'une des quatre chansons est de Blondel de Nesle, trouvère du XIIe siècle finissant, et toutes les quatre semblent antérieures aux conduits en question, leurs structures typiques étant tout à fait exceptionnelles dans le contexte des conduits. Cette constatation fait remonter l'interprétation rythmique des chansons des trouvères aux dernières décennies du XIIe siècle. On a lieu de croire, en outre, que la musique polyphonique

1. Voir la note 1, p. 18.

du début du XIIe siècle – il s'agit du répertoire dit de Saint Martial – était chantée, elle aussi, sur un rythme mesuré[1]. Il est possible que ce dernier ait été une sorte de rythme modal ou peut-être un rythme qu'on trouve souvent dans les premiers conduits, lequel accorde à toutes (ou à presque toutes) les syllabes une durée égale ; c'est là une manière utile d'approcher de nombreux chants de trouvères ainsi que beaucoup de *Minnelieder.* Selon des travaux récents, la validité de l'interprétation rythmique remonterait encore plus loin dans le temps. Il paraît, par exemple, d'après sa notation, qu'un certain trope du milieu du XIe siècle – date qui précède les premiers chants de Guillaume d'Aquitaine – aurait été chanté avec une unité métrique de 6/8 similaire au premier mode rythmique ; cela aurait exprimé le rythme d'une strophe *a-b, a-b, a-b, a* comme suit[2] : *a* |♩. ♩♪|♩. ♩𝄾| *b* |♩♪♩♪|♩. ♩𝄾|.

Étant donné ce qu'on sait de la poésie hispano-mauresque des Xe et XIe siècles, cette interprétation est tout à fait possible.

Pour résumer : le fait fondamental, c'est que la poésie courtoise possède effectivement des structures métriques et que celles-ci ne peuvent êtres transcrites dans la notation moderne qu'au moyen de barres de mesure et d'un système intelligible de notes, c'est-à-dire, de valeurs temporelles. Autrement, l'édition moderne perd cet élément structurant – essentiel, selon Dragonetti – qu'est la mesure. Le rythme libre proposé par de nombreux musicologues confond en fait le vers et la prose. Avec une certaine souplesse, une certaine sensibilité, on peut produire des transcriptions métrico-rythmiques qui traduisent et corroborent la

---

1. Voir Theodore Karp, *The Polyphony of Saint Martial and Santiago de Compostela,* 2 vol. (Oxford : Clarendon Press et New York : Oxford University Press, 1991). Voir aussi, entre autres, Theodore Karp, « St. Martial and Santiago de Compostela : an Analytical Speculation », *Acta musicologica* 39 (1967), 144-160 ; Bruno Stäblein, « Modale Rhythmen im Saint-Martial-Repertoire ? » *Festschrift Friedrich Blume* (Cassel : Bärenreiter-Verlag, 1963), 340-362. – 2. Voir John Boe, « Rhythmical Notation in the Beneventan Gloria Trope *Aureas arces* », *Musica Disciplina* 29 (1975), 5-42.

mesure et la versification des chanteurs-poètes médiévaux, et on doit bien le faire si l'on souhaite redonner vie à leurs œuvres. Il faut rejeter l'approche modale unique et globale en faveur d'au moins deux approches possibles, à savoir, soit des solutions modales tenant souvent compte de prétendues « irrégularités » et incorporant les modes mixtes tels qu'ils furent élaborés par Francon de Cologne au milieu du XIIIe siècle, soit des transcriptions donnant à toutes les syllabes une longueur égale sauf aux endroits où se trouvent de longs mélismes et aux fins de vers ; les deux types de transcription doivent être pourvus de barres de mesure. En cours du déroulement d'une chanson, on devra peut-être modifier l'indication initiale de mesure, ainsi qu'il faut souvent le faire dans le cas des motets.

Il est à noter que les motets des dernières décennies du XIIIe siècle prouvent que la mesure et la métrique accentuelle de cette époque, tout comme la régularité des longueurs de vers, ont peu à peu perdu leur fonction organisatrice. Les textes de ces motets tardifs sont construits en vers libres, de longueurs différentes, dont la cohésion n'est assurée que par les rimes, aussi peu schématisées qu'elles soient. Le facteur d'accentuation, et *a fortiori* d'accentuation régulière, est totalement absent de cette poésie dont l'émergence – ce n'est pas un hasard – coïncide avec le déclin des troubadours et des trouvères. À ce moment-là, le compte des syllabes semble promu au premier rang des facteurs structurants dans les textes poétiques comportant des vers considérés comme réguliers.

Il n'est pas envisageable de fournir une justification de chacune des nombreuses transcriptions présentées dans notre recueil, car la discussion des diverses pièces serait alors beaucoup trop longue. Le lecteur ne devra pas oublier que dans la plupart des cas la transcription qu'il voit ne représente qu'une seule parmi plusieurs interprétations possibles. Le choix entre le troisième mode et le sixième, c'est-à-dire, entre |♩.♪♩| et ♪♪♪ est souvent particulièrement difficile à faire ; la plupart des mélodies que nous présentons ici dans le troisième mode pourraient tout aussi bien se chanter dans le sixième ; dans ce cas, la croche serait, bien entendu, plus longue.

Les formes mélodiques des chansons sont très variées. Beaucoup sont de caractère répétitif, les autres sont des sortes d'*oda continua*; mais toute section d'un air, même s'il s'agit d'une *oda continua*, peut inclure divers types de répétitions partielles. Là où un poème est accompagné de plusieurs mélodies, les formes de celles-ci peuvent différer ; la première, par exemple, peut avoir la structure *A-A-B*, alors que la deuxième est une *oda continua*. Les formes musicales ne reflètent pas nécessairement la forme des textes qu'elles accompagnent.

LA PRÉSENTATION DES CHANSONS. Nous avons choisi de présenter les pièces en deux groupes : les chansons anonymes, qui sont classées par genre, et les chansons attribuées, classées par auteur dans un ordre approximativement chronologique. Les *jeux-partis*, composés en collaboration, sont placés sous le nom de l'auteur du premier couplet.

Chaque pièce est précédée de certaines informations et suivie – en fin de volume – de commentaires ; les éléments de la présentation complète sont disposés dans l'ordre suivant :

1. *L'auteur*, s'il est connu.
2. *Le(s) genre(s).*
3. *Les numéros d'ordre* des grandes bibliographies lyriques pertinentes : RS (= Spanke), L (= Linker), MW (= Mölk-Wolfzettel), B (= Van den Boogaard) ; pour les titres de ces ouvrages, voir notre Bibliographie. Dans le cas des chansons contenant des refrains, le nombre des indications « B » est le même que celui des refrains ; si B signale une autre chanson ou d'autres chansons contenant un refrain donné, cette précision est fournie entre parenthèses.
4. *Les sources manuscrites.* Les manuscrits sont iden-

tifiés par leurs sigles convenus dans tous les cas où ceux-ci existent ; pour tous détails, voir la Bibliographie. Le premier manuscrit indiqué est celui qui a servi de base au texte présenté ; les autres sources sont citées par ordre alphabétique, tous les sigles majuscules précédant les minuscules. À peu d'exceptions près, les chiffres désignent les feuillets ; le recto comme le verso des feuillets est marqué. Les exceptions notables sont : le sigle I, lequel est suivi d'un numéro de section, puis du numéro du poème dans cette section ; et K, suivi d'un numéro de page.

5. *La musique.* N'est indiquée ici que la présence ou l'absence de musique dans les divers manuscrits ; tout autre commentaire sur la musique sera fourni après les textes.

6. *L'attribution.* Le mot « attribution » se réfère exclusivement au trouvère identifié ; il signifie que le nom de cet auteur est donné dans le manuscrit même, soit par une rubrique soit par un index. D'autres indications sont fournies suivant le cas.

7. *La mélodie*, s'il y en a une, avec la première strophe du texte. Des considérations d'ordre pratique ont exclu la présentation de toutes les variantes ; nous avons donc sélectionné dans chaque cas une bonne version ; chaque fois que c'était nécessaire, nous avons corrigé le manuscrit de base d'après les autres sources. Les corrections sont toujours marquées : en cas de lacune, des crochets encadrent les additions d'éditeur alors que celles empruntées à d'autres versions sont imprimées entre parenthèses ; en outre, un commentaire clarifie les corrections ou les variantes. Dans la mesure du possible, la mélodie provient du même manuscrit que le texte poétique ; les cas contraires sont signalés.

Tout accident qui figure dans la source de notre transcription est indiqué d'après l'usage moderne, c'est-à-dire, juste avant la note sur laquelle il porte (et non pas d'après l'usage des manuscrits, qui mettent souvent les accidents à quelque distance de cette note). Si un tel accident semble porter également sur une note subséquente de même hauteur et figurant sur la même portée, il est imprimé entre parenthèses. Si un accident n'est donné que dans une version parallèle, il est placé soit au-dessus soit au-dessous de la note concernée; s'il constitue une addition d'éditeur, il paraît soit au-dessus soit au-dessous de la note concernée et entre parenthèses. Les accidents ajoutés par l'éditeur essaient de répondre à la tonalité (ou mode ecclésiastique) de la phrase ou section en question, laquelle, plutôt que la chanson entière, semble être en effet, dans ce répertoire, l'unité tonale signifiante. Dans certains chants, un *si* bémol paraît avec tant de régularité dans la source que nous en avons fait l'armature de la clé.

La structure de chaque air est traduite sur la page par son organisation en sections et par des lettres. Toute phrase couvrant un seul vers est marquée d'une lettre minuscule; toute section coïncidant avec deux vers ou plus est identifiée par une majuscule. Une apostrophe indique une variante du passage marqué de la sorte.

8. *Le texte*, pourvu de son premier couplet même lorsque celui-ci a déjà figuré dans la transcription musicale. Des crochets encadrent les parties de refrains non répétées en toutes lettres dans les manuscrits et les conjectures de mots entiers; ils ne servent pas à marquer une leçon empruntée à une autre source pour combler une lacune du manuscrit de base; une telle intervention d'éditeur sera indiquée explicitement dans les Leçons rejetées et implicitement dans les Variantes. Quand c'est nécessaire, les lettres *i, j, u* et *v* sont modifiées, sans commentaire, conformément à l'usage moderne; de même, la lettre *x* en fin de mot est remplacée, lorsqu'il y a lieu, par *us*; *Deus*, par exemple, remplace le *Dex* des manuscrits. Les chiffres romains sont écrits en toutes lettres. Les cas d'enclise sont signalés par l'emploi d'un point médian, comme *je.l* au lieu de *jel* pour la forme contractée de *je le*. Dans certains textes de provenance lorraine, là où l'emploi de *c* pour *s* ou de *s* pour *c* aurait pu rendre perplexe,

nous avons modifié la graphie selon l'usage francien dans le cas des adjectifs et pronoms démonstratifs et possessifs ; ces changements sont notés dans les Leçons rejetées. Les refrains se distinguent des strophes de deux manières : ils sont imprimés en caractères italiques et ils ne sont normalement pas incorporés de façon explicite, à l'aide de guillemets, aux dialogues des personnages ; ils ne sont mis entre guillemets que lorsqu'ils font indéniablement partie intégrante du discours cité dans les vers précédents. Enfin, pour l'emploi des signes diacritiques nous avons suivi surtout les recommandations d'A. Foulet et de M.B. Speer[1]. Les seules divergences importantes sont les suivantes : d'abord, les formes non franciennes se terminant en *ie* diphtongue + *t* sont sans accent aigu, par exemple, *pitiet* au lieu de *pitiét* pour la forme francienne *pitié* ; ensuite, *ie*, bien que non marqué par un tréma, est dissyllabique dans les mots *desfiement, hardiement, joliete, jolieté* et *liement*.

9. *La traduction* en français moderne. Sans rimes ni structure métrique, elle essaie de rendre fidèlement le sens du texte médiéval tout en communiquant une certaine valeur poétique.

Les éléments suivants se trouvent en fin de volume, p. 793 et suivantes.

10. *Les leçons rejetées* (= LEÇ. REJ.). Toutes sont indiquées. Quand une correction non évidente provient d'une édition précédente ou d'un commentaire, nous signalons notre dette à côté de la leçon rejetée. Dans le cas d'un passage qui « manque », la leçon du texte établi provient d'une source manuscrite, à moins qu'une conjecture d'éditeur ne soit indiquée ; le lecteur pourra repérer la (les) source(s) de la leçon en consultant les Variantes. Pour les vers hypermétriques et hypométriques, nous donnons le nombre de syllabes en question précédé de + ou de –. Les abréviations et

---

1. Alfred Foulet et Mary Blakely Speer, *On Editing Old French Texts* (Lawrence : The Regents Press of Kansas, 1979), 67-73.

les ligatures sont résolues, mais les élisions ne sont pas marquées et les lettres *i, j, u, v* et *x* final sont transcrites telles qu'elles figurent dans le manuscrit. Les lettres majuscules s'emploient toujours et exclusivement en début de vers, quelle que soit leur distribution dans le manuscrit.

11. *Les variantes* (= VAR.). Il s'agit ici de leçons qui s'écartent non pas du manuscrit de base mais du texte établi. À la différence des leçons rejetées, seules sont relevées certaines des variantes. Celles qui sont d'un ordre purement graphique, qu'elles reflètent une distinction phonologique dialectale (par ex., *le/lou*) ou non (par ex., *seignor/seingnor*), sont exclues. Toutes les autres variantes sont présentées, à savoir, celles qui, de quelque façon que ce soit, concernent le sens ou le mètre et celles qui ont un intérêt morphosyntaxique ; ces dernières comprennent notamment tous les cas de variation flexionnelle des substantifs et des adjectifs. Pour les abréviations, les élisions, etc., les variantes sont traitées de la même manière que les leçons rejetées ; voir le paragraphe précédent.

12. *Les annotations musicologiques* (= MUS.). Le schéma mélodique figure en premier ; les lettres minuscules désignent des phrases ne dépassant pas la longueur d'un vers, alors que les majuscules représentent des unités plus grandes ; les refrains sont normalement signalés par « rf », mais par « rfv » lorsqu'il s'agit des refrains variables des chansons dites « avec des refrains ». Le sens des autres précisions comprises dans le premier paragraphe de ces annotations sera évident. Dans les remarques numérotées qui suivent et qui se rapportent aux endroits de la mélodie portant les mêmes chiffres, il est question de leçons rejetées, de variantes, de corrections, etc. ; « le ms. » désigne toujours le manuscrit d'où provient la mélodie imprimée ; les autres manuscrits sont identifiés par leur sigle.

13. *Les éditions précédentes* (= EDS.). La liste, organisée par date de publication, comprend les éditions ayant

un intérêt historique, ainsi que les éditions critiques, auxquelles nous avons ajouté quelques autres éditions contenues soit dans des études philologiques, soit dans certaines anthologies de grande diffusion.

14. *Les traits dialectaux* (= DIAL.). Est identifié en premier, si c'est pertinent, le dialecte des traits de scripta, plus ou moins nombreux, qui s'écartent sensiblement du francien, ou de l'ancien français central. Dans la grande majorité de ces cas, il s'agit du picard ou du lorrain. (Nous n'avons pas essayé, ce qui eût été futile, de distinguer systématiquement les traits dialectaux dus au poète de ceux dus au copiste.) La liste qui suit n'est presque jamais exhaustive, ni dans l'énumération des traits ni dans l'exemplification de ceux-ci. Le lecteur ne devra pas oublier que les formes de référence (celles qui suivent le mot « pour ») ne sont pas des formes du français moderne mais du dialecte médiéval central.

15. *Les remarques* (= REM.). Leur nature et leur portée varient beaucoup, selon les questions soulevées par les divers textes ; dans certains cas, nous n'avons pas trouvé pertinent de mettre quoi que ce soit sous cette rubrique, alors que dans certains autres les annotations sont assez longues. Elles peuvent comprendre des gloses, des précisions historiques ; elles peuvent toucher à un procédé éditorial, à un problème prosodique, au contenu du poème et ainsi de suite. Elles ne contiennent pas les détails de versification qu'on peut trouver dans les répertoires de Spanke (RS) ou de Mölk-Wolfzettel (MW). Quand il y a lieu, les questions générales sont abordées dans un premier paragraphe, lequel est suivi de remarques portant sur des vers particuliers.

SOMMAIRE

Chansons anonymes

Ballettes

Chansons de toile

Aubes

REVERDIES

ESTAMPIES

PASTOURELLES

CHANSONS DE RENCONTRE

CHANSONS D'AMOUR

RONDEAUX

DIVERS

Chansons attribuées

Chrétien de Troyes

Blondel de Nesle

Conon de Béthune

Richard Cœur de Lion

Le Châtelain de Coucy

Gace Brulé

BIBLIOGRAPHIE

I. Sources manuscrites

L'énumération complète et la description des sources manuscrites de l'œuvre des trouvères se trouvent dans les bibliographies de Raynaud-Spanke (RS) et de Linker (L), comme dans Schwan 1886, Jeanroy 1918 et Gennrich 1921a. (Voir ces références ci-dessous, dans la seconde partie de notre Bibliographie.)

Les manuscrits que nous signalons ici sont ceux qui ont servi à la préparation du présent recueil. (Les éditions en fac-similé, diplomatiques et autres n'y figurent que si elles ont une pertinence particulière.) Nous sommes redevables aux bibliothèques suivantes d'avoir bien voulu nous en communiquer les microfilms : Arras, Bibliothèque municipale ; Berne, Stadtbibliothek ; Londres, British Library ; Londres, Guildhall ; Modène, Biblioteca Estense ; Oxford, Bodleian Library ; Paris, Bibliothèque de l'Arsenal ; Paris, Bibliothèque nationale ; Rome, Biblioteca Vaticana ; Sienne, Biblioteca Comunale. Nous remercions tout particulièrement M. Hugo Kunoff, et à travers lui la Bibliothèque d'Indiana University, d'avoir eu la bonté de réunir à notre intention tous ces microfilms.

A Arras, Bibliothèque Municipale, 657.
B Berne, Stadtbibliothek, 231.
C Berne, Stadtibiliothek, 389.
F Londres, British Library, Egerton 274.

C Londres, Lambeth Palace, Misc, Rolls 1435. Ed. : Wallensköld, A. « Le ms. Londres, Bibliothèque de Lambeth Palace, Misc. Rolls 1435 », *Mém. de la Soc. Néo-Philologique de Helsingfors* 6 (1917), 1-40.

H Modène, Biblioteca Estense, R 4, 4.

I Oxford, Bodleian Library, Douce 308.

K Paris, Bibliothèque de l'Arsenal, 5198.

L Paris, Bibliothèque Nationale, fr. 765.

M Paris, Bibliothèque Nationale, fr. 844.

Mt (Cahier intercalé dans M)

N Paris, Bibliothèque Nationale, fr. 845.

O Paris, Bibliothèque Nationale, fr. 846.

P Paris, Bibliothèque Nationale, fr. 847.

Q Paris, Bibliothèque Nationale, fr. 1109.

R Paris, Bibliothèque Nationale, fr. 1591.

S Paris, Bibliothèque Nationale, fr. 12581.

T Paris, Bibliothèque Nationale, fr. 12615.

U Paris, Bibliothèque Nationale, fr. 20050.

V Paris, Bibliothèque Nationale, fr. 24406.

W Paris, Bibliothèque Nationale, fr. 25566.

X Paris, Bibliothèque Nationale, nouv. acq. fr. 1050.

Z Sienne, Biblioteca Comunale, H.X. 36.

a Rome, Biblioteca Vaticana, Reg. 1490.

b Rome, Biblioteca Vaticana, Reg. 1522.

c Berne, Stadtbibliothek, A. 95. Ed. : Bertoni, G. « Le tenzoni del frammento francese di Berna A. 95 », *Arch. Rom.* 3 (1919), 43-61.

e (Manuscrit perdu) Ed. : Wallensköld, A. « Un fragment de chansonnier, actuellement introuvable, du XIIIe siècle », *Neuphil. Mitteil.* 18 (1917), 2-17.

i Paris, Bibliothèque Nationale, fr. 12483.

j Paris, Bibliothèque Nationale, nouv. acq. fr. 21677. Ed. : Bédier, J. « Un feuillet récemment retrouvé d'un chansonnier français du XIIIe siècle. » *Mélanges de philologie romane et d'histoire littéraire offerts à M. Maurice Wilmotte.* 2 vols. Paris : Champion, 1910, 895-922.

za Zagreb, Bibliothèque de l'Université. Fac-similé : Roques, M. « Le Chansonnier français de Zagreb. » *Mélanges de linguistique et de littérature offerts à M. Alfred Jeanroy.* Paris : Droz, 1928, 509-536 ; réimp. Genève : Slatkine, 1972.

Londres, British Library, Addison 16559.

Londres, British Library, Cotton, Caligula A XVIII.

Londres, Guildhall, *Liber de antiquis legibus.*

Paris, Bibliothèque de l'Arsenal, 3517.

Paris, Bibliothèque Nationale, fr. 837.

Paris, Bibliothèque Nationale, fr. 1593.

Paris, Bibliothèque Nationale, fr. 1635.

II. Ouvrages cités (Éditions, études)

La liste alphabétique qui suit ne constitue pas une bibliographie complète et systématique des imprimés concernant l'art lyrique des trouvères. Elle comprend plutôt, pour la plupart, les travaux – éditions, études d'ensemble, articles de portée limitée – qui, pour quelque raison que ce soit, se trouvent cités en abrégé au fil de nos pages. Pour des données bibliographiques plus amples, classées par matières, il faut consulter : Spanke 1955, Mölk-Wolfenzettel 1972, Bec 1977, Linker 1979, Doss-Quinby 1994 ou encore le *Manuel bibliographique de la Littérature française du Moyen Âge* et ses suppléments (Bossuat) ou *Le Dictionnaire des Lettres françaises, le Moyen Âge* (Hasenohr-Zink).

Les titres de certaines collections sont signalés ci-dessous par leurs seules initiales. Ce sont : Les Classiques Français du Moyen Âge = CFMA, Société des Anciens Textes Français = SATF, Textes Littéraires Français = TLF.

Dans le texte, nous employons, pour quatre ouvrages de base, les sigles suivants : B = Van den Boogaard 1969, L = Linker 1979, MW = Mölk-Wolfenzettel 1972, RS = Spanke 1955. Voir *infra* les données complètes à leur place alphabétique.

Abbott, Claude C. 1932. *Early Mediaeval French Lyrics.* Londres : Constable.

Abramowicz, Maciej. 1988. « Le lieu commun et l'imaginaire :

exordes des pastourelles et des chansons de toile. » *Romania* 109 : 472-501.

ADNÈS, André. 1971. *Adenès, dernier grand trouvère. Recherches historiques et anthroponymiques.* Paris : Picard.

ALVAR, Carlos. 1982. *Poesía de Trovadores, Trouvères, Minnesänger.* (De principios del siglo XII a fines des siglo XIII). 2e éd. Madrid : Alianza.

ARCHIBALD, J.K. 1974. « La Chanson de captivité du roi Richard ». *Cahiers d'Ét. Méd.* « Épopées, légendes et miracles », 149-158.

ARNAUD, Leonard E. 1944. « The *Sottes Chansons* in *Ms Douce 308* of the Bodleian Library at Oxford. » *Speculum* 19, 68-88.

ASPIN, Isabel S.T. 1953. *Anglo-Norman Political Songs.* Anglo-Norman Texts, 11. Oxford : Blackwell.

ASPLAND, C.W. 1979. *A Medieval French Reader.* Oxford : Oxford UP.

ATKINSON, J. Keith. 1979. « Deux interprétations de la chanson "Chanterai por mon corage". » *Mélanges de langue et littérature française du Moyen Âge offerts à Pierre Jonin.* Senefiance 7. Aix-en-Provence : Publ. du CUERMA, 33-45.

BANITT, Max. 1966-67. « Le vocabulaire de Colin Muset. Rapprochement sémantique avec celui d'un prince-poète, Thibaut de Champagne. » *Romance Philology* 20, 151-167.

BARTEAU, Françoise. 1984 « Mais à quoi songeaient donc les croisés ? (Essai sur quelques chansons de croisade ; Thibaut de Champagne, Conon de Béthune, Guy de Coucy). » *Rev. des Langues Rom.* 88 : 23-38.

BARTSCH, Karl. 1870. *Romances et pastourelles françaises des XIIe et XIIIe siècles. Altfranzösische Romanzen und Pastourellen.* Leipzig, 1870 ; réimp. Darmstadt : Wissenschaftliche Buchges., 1967 ; réimp. Genève : Slatkine, 1973.

BARTSCH, Karl. 1884. « Geistliche Umdichtung weltlicher Lieder. » *Zeit. für rom. Phil.* 8, 570-585.

BARTSCH, Karl. 1920. *Chrestomathie de l'ancien français.* 12e éd. rev. par L. Wiese. Leipzig : Vogel ; réimp. New York-Londres : Hafner, 1969.

BATANY, J. 1972 *Français médiéval.* Paris-Montréal : Bordas.

BAUM, Richard. 1970. « Der Kastellan von Couci. » *Zeit. für franz. Spr. und Lit.* 80, 51-80 et 131-148.

BAUMGARTNER, Emmanuèle et FERRAND, Françoise. 1983. *Poèmes d'amour des XIIe et XIIIe siècles.* Bibl. médiévale 1581. Paris : Union Générale d'Éditions.

BAUMGARTNER, Emmanuèle. 1984. « Remarques sur la poésie de Gace Brulé. » *Rev. des Langues Rom.* 88 : 1-13.

BEC, Pierre. 1973. « L'aube française "Gaite de la tor" : pièce de ballet ou poème lyrique ? » *Cahiers de Civ. Méd.* 16, 17-33.

BEC, Pierre. 1977-78. *La Lyrique française au Moyen Âge (XIIe et XIIIe siècles). Contribution à une typologie des genres poétiques médiévaux.* Vol. 1 : Études. Vol. 2 : Textes. Paris : Picard.

BEC, Pierre. 1986. « Troubadours, trouvères et espace Plantagenêt. » *Cahiers de Civ. Méd.* 29 : 9-14.

BECKER, Philipp August. 1967. *Zur romanischen Literaturgeschichte.* Munich : Franke.

BÉDIER, Joseph. 1893. *De Nicolao Museto (gallice : Colin Muset), franco-gallico carminum scriptore.* Thèse de doct., Paris 1893. Paris : Bouillon.

BÉDIER, Joseph. 1906. « Les plus anciennes danses françaises. » *Revue des Deux Mondes* (janv.-févr.), 398-424.

BÉDIER, Joseph et AUBRY, Pierre. 1909. *Les Chansons de croisade avec leurs mélodies.* Paris : Champion ; réimp. New York : Burt Franklin, 1971 ; réimp. Genève : Slatkine, 1974.

BÉDIER, Joseph. 1910. « Un feuillet récemment retrouvé d'un chansonnier français du XIIIe siècle. » *Mélanges de philologie romane et d'histoire littéraire offerts à M. Maurice Wilmotte.* 2 vols. Paris : Champion, 898-922.

BÉDIER, Joseph. 1938. *Les Chansons de Colin Muset.* CFMA. 2e éd. Paris : Champion.

BELLENGER, Yvonne et QUÉRUEL, Danielle. 1987. *Thibaut de Champagne. Prince et poète au XIIIe siècle.* Lyon : La Manufacture.

BENSI, Mario. 1981-83. « Due *refrains* di *chansons de toile : Gaiete et Oriour* et *Belle Amelot.* » *Medioevo Romanza* 8 : 371-80.

BERGER, Roger. 1981. *Littérature et société arrageoises au XIIIe siècle. Les chansons et dits artésiens.* Mémoires de la Commission Départ. des Monuments Hist. du Pas-de-Calais 21. Arras : Comm. Départ. des Mon. Hist. du Pas-de-Calais.

BERGER, Rudolf. 1900. *Canchons und Partures des altfranzösischen Trouvere Adan de le Hale le Bochu d'Aras.* Vol. I : Canchons. Romanische Bibliothek. Halle a. S. : Niemeyer ; réimp. Genève : Slatkine, 1978.

BERGNER, Heinz, *et al.* 1983. *Lyrik des Mittelalters. Probleme und Interpretationen.* Vol. 1 : *Die mittellateinische Lyrik. Die Altprovenzalische Lyrik. Die mittelalterliche Lyrik Nordfrankreichs.* Universal-Bibliothek 7896-97. Stuttgart : Philipp Reclam, 2 vols.

BILLY, Dominique. 1987a « Les empreintes métriques de la musique dans l'estampie lyrique. » *Romania* 108 : 207-229.

BILLY, Dominique. 1987b. « *lai* et *descort* : la théorie des genres comme volonté et comme représentation. » *Actes du Premier Congrès Inter. de l'Ass. Inter. d'Études Occitanes.* Ed. Peter Ricketts. Londres : Association Inter. d'Études Occitanes, 95-117.

BILLY, Dominique, 1989. *L'Architecture lyrique médiévale : analyse métrique et modélisation des structures interstrophiques dans la poésie lyrique des troubadours et des trouvères.* Montpellier : Section Fran. de l'Ass. Inter. d'Études Occitanes.

BLOCH, R. Howard. 1991. « The Love Lyric and the Paradox of Perfection. » *Medieval Misogyny and the Invention of Western Romantic Love.* Chicago : U of Chicago P, 143-164.

BOSSUAT, Robert. 1951. *Manuel bibliographique de la littérature française du Moyen Âge.* Melun : Argences. *Suppl. (1949-1953).* Paris : Argences, 1955. *Second Suppl. (1954-1960).* Paris : Argences, 1961. *Troisième Suppl. (1960-1980).* Paris : Éditions du CNRS, 1986-1991.

BOURGAIN, Pascale. 1983. « La Place de Philippe de Beaumanoir dans la littérature médiévale. » *Aspects de la vie au XIIIe siècle. Histoire. Droit. Littérature. Actes du Colloque Inter. Philippe de Beaumanoir et les Coutumes de Beauvaisis (1283-1983).* Éd. Philippe Bonnet-Laborderie. Beauvais : Groupe d'Étude des Monuments et Œuvres d'art du Beauvaisis, 111-115.

BRAHNEY, Kathleen. 1989. *The Lyrics of Thibaut de Champagne.* New York : Garland.

BRAKELMANN, Julius. 1868. « Die Pastourelle in der nord- und süd- französischen Poesie, III. » *Jahrb. für rom. und engl. Spr. und Lit.* 9, 307-337.

BRAKELMANN, Julius. 1870-1891. *Les plus anciens chansonniers français.* Paris : Bouillon.

BRAKELMANN, Julius. 1896. *Les plus anciens chansonniers français : Fortsetzung des 1891 erschienenen ersten Teiles.* Marburg : Elwert.

BRANDIN, Louis. 1900. « Die Inedita der altfranzösischen Liederhandschrift Pb[5] (Bibl. Nat. 846). » *Zeit. für franz. Spr. and Lit.* 22, 230-272.

BRITTAIN, Fred. 1937. *The Mediaeval Latin and Romanic Lyric.* Cambridge : Cambridge UP.

BROWN, Carleton. 1932. *English Lyrics of the Thirteenth Century.* Oxford.

BROWN, Howard et SADIE, Stanley. 1989. *Performance Practice.* Vol. 1 : *Music before 1600.* The New Grove Handbooks in Music. Londres : Macmillan, 2 vols.

BRUCKER, Charles. 1982. « Conventions, variations et innovations stylistiques dans la poésie lyrique du XIIIe siècle : Thibaut de Champagne. » *Le Génie de la forme. Mélanges de langue et littérature offerts à Jean Mourot.* Nancy : PU de Nancy, 27-40.

BRUMANA PASCALE, Biancamaria. 1975-76. « Le musiche nei jeux-partis francesi. » *Annali della Fac. di Lett. e Fil. dell'U. di Perugia* 13 : 509-572.

BURGER, Michel. 1957. *Recherches sur la structure et l'origine des vers romans.* Genève : Droz ; Paris : Minard.

BÜRGER, Peter. 1971. « Zur ästhetischen Wertung mittelalterlicher Dichtung. "Les oiseillons de mon païs" von Gace Brulé. » *Deutsche Vierteljahrsschrift für Literaturwissenschaft und Geistesgeschichte* 45, 24-34.

BURIDANT, Claude. 1976. « Nature et fonction des proverbes dans les *Jeux Partis.* » *Rev. des Sciences Hum.* 163 : 377-418.

BUTLER, Johanna. 1977. « The Lover and the Unicorn : The Integration of Natural, Magical, Psychological, Allegorical Perspectives in a Medieval Lyric Image. » *Studies in Medieval Culture* 11 : 95-102.

CALIN, William. 1983. « Singer's Voice and Audience Response : On the Originality of the Courtly Lyric, or How "Other" Was the Middle Ages and What Should We Do About It ? » *L'Esprit créateur* 23.1 : 75-90.

CAMUS, J. 1891. « Notices et extraits des manuscrits français de

Modène antérieurs au XVIe siècle. » *Rev. des lang. rom.* 35, 169-262.

CARRARA, Antonio. 1978. « Il linguaggio poetica di Gace Brulé e la tradizione lirica occitanica. » *Spicilegio Moderno* 9 : 90-120.

CHASTEL, André. 1959. *Trésors de la poésie médiévale.* Paris : Le Club Français du Livre.

CHAYTOR, Henry John. 1923. *The Troubadours and England.* Cambridge : Cambridge UP.

CHICKERING, Howell et SWITTEN, Margaret. 1988. *The Medieval Lyric.* 3 vols. 4 cassettes. South Hadley, Massachusetts : Mount Holyoke College.

COCITO, Luciana. 1971. « Ancora sulla "Gaite da la tor". » *Saggi di filologia romanza.* Gênes : Bozzi, 49-56.

COHEN, Gustave. 1946. *Anthologie de la littérature française du Moyen Âge.* Paris : Delagrave.

COLLINS, Fletcher, Jr., COOK, Robert et HARMON, Roger. 1982. *A Medieval Songbook : Troubadour & Trouvère.* Charlottesville : UP of Virginia.

CONTINI, Gianfranco. 1978. « Fragments inconnus d'un ancien chansonnier français à Einsiedeln. » *Orbis mediaevalis. Mélanges de langue et de littérature médiévales offerts à Reto Raduolf Bezzola à l'occasion de son quatre-vingtième anniversaire.* Ed. Georges Güntert, Marc-René Jung et Kurt Ringger. Berne : Franke, 29-59.

COUSSEMAKER, Edmond de. 1872. *Œuvres complètes du trouvère Adam de la Halle.* Paris : Société des Sciences, des Lettres et des Arts de Lille. A. Durand & Pédone-Lauriel. réimp. Ridgewood, New Jersey : Gregg P., 1965 ; réimp. Genève : Slatkine, 1970.

CREMONESI, Carla. 1955. *Lirica francese del medio evo.* Milan-Varese : Cisalpino.

CRÉPET, Eugène. 1887. *Les Poëtes français.* Vol. 1 : Du XIIe au XVIe siècle. Paris : Quantin.

CRESCINI, Vincenzo. 1911. « Per le canzoni di Chrétien de Troyes. » *Studi letterari e linguistici dedicati a Pio Rajna.* Milan, 627-656.

CRESPO, Roberto. 1991. « Il raggruppamento dei "jeux-partis" nei canzonieri *A, a* e *b.* » *Lyrique romane médiévale : la tradi-*

tion des chansonniers. Actes du Colloque de Liège 1989. Éd. Madeleine Tyssens. Bibli. de la Fac. de Phil. et Lettres de l'U. de Liège 258. Liège : Publ. de la Fac. de Phil. et Lettres de l'U. de Liège, 399-428.

CULLMANN, Arthur. 1914. *Die Lieder und Romanzen des Audefroi le Bastard.* Halle a. S. : Niemeyer ; réimp. Genève : Slatkine, 1974.

CUMMINS, Patricia. 1979. « How Well Do Medieval Treatises Describe Extant Estampies ? » *Neophilologus* 63 : 330-337.

CUMMINS, Patricia. 1982. « Le problème de la musique et de la poésie dans l'estampie. » *Romania* 103 : 259-277.

DANE, Joseph. 1984. « Parody and Satire in the Literature of Thirteenth-Century Arras, Part I and Part II. » *Studies in Philology* 81 : 1-27 et 119-144.

DELBOUILLE, M. 1926. *Les Origines de la pastourelle,* dans *Mémoires de l'Académie Royale de Belgique* 20 : 2. Bruxelles.

DELPIT, Jules. 1847. *Collection générale des documents français qui se trouvent en Angleterre.* Paris.

DEMBOWSKI, Peter. 1975-76. « Vocabulary of Old French Courtly Lyrics – Difficulties and Hidden Difficulties. » *Critical Inquiry* 2, 763-779.

DINAUX, Arthur. 1837, 1839, 1843, 1863. *Trouvères, jongleurs et ménestrels du Nord de la France et du Midi de la Belgique.* 4 vols. Paris, Paris-Valenciennes, Paris-Valenciennes, Paris-Bruxelles ; réimp. Genève : Slatkine, 1969-70.

DOBSON, E.J. et HARRISON, F. Ll. 1979. *Medieval English Songs.* New York : Cambridge UP.

DOLLY, Martha R. et CORMIER, Raymond J. 1978. « *Aimer, souvenir, souffrir* : les chansons de Thibaut de Champagne. » *Romania* 99, 311-346.

DOSS-QUINBY, Eglal. 1984. *Les Refrains chez les trouvères du XIIe siècle au début du XIVe.* American University Studies 2, 17. New York : Peter Lang.

DOSS-QUINBY, Eglal. 1994. *The Lyrics of the Trouvères, a Research Guide (1970-1990).* New York-Londres : Garland.

DRAGONETTI, Roger. 1960. *La Technique poétique des trouvères dans la chanson courtoise.* Bruges : « De Tempel ».

DRONKE, Peter. 1968. *The Medieval Lyric.* Londres : Hutchinson.

DRZEWICKA, A. 1974. « Fantaisie et originalité dans la poésie lyrique médiévale : la chanson "Volez vos que je vos chant ?". » *Kwartalnik Neofilologiczny* 21, 441-458.

DUFEIL, Michel-Marie. 1972. « Guillaume de Saint-Amour et la polémique universitaire parisienne, 1250-1259. » Paris : Picard.

DUFEIL, Michel-Marie. 1980. « L'œuvre d'une vie rythmée : chronographie de Rutebeuf. » *Musique, littérature et société au Moyen Âge.* Éd. Danielle Buschinger et André Crépin. Paris : Champion, 279-294.

DUFOURNET, Jean. 1984. « Rutebeuf et les moines mendiants. » *Neuphil. Mitteil.* 85 : 152-168.

DUFOURNET, Jean. 1986. *Rutebeuf. Poèmes de l'infortune et autres poèmes.* Poésie 209. Paris : Gallimard.

DUFOURNET, Jean. 1987. « Rutebeuf et la Vierge. » *Bien dire et bien aprandre* 5 : 7-25.

DUFOURNET, Jean. 1989. *Anthologie de la poésie lyrique française des XIIe et XIIIe siècles.* Poésie 232. Paris : Gallimard.

EDWARDS, Robert. 1989. *Ratio and Invention : A Study of Medieval Lyric and Narrative.* Nashville : Vanderbilt UP.

ELLIS, A.J. 1869. *On Early English Pronunciation.* Partie 1. Londres.

ELWERT, W. Theodor. 1971. « Die Reimtechnik in der höfischen Lyrik Nordfrankreichs und ihr Verhältnis zum provenzalischen Vorbild. » *Aufsätze zur provenzalischen, französischen und neulateinischen Dichtung.* Studien zu dem rom. Spr. und Lit., Bd. 4. Wiesbaden : Steiner, 40-79.

ERTZDORFF, Xenja von. 1960-61. « Das Ich in der höfischen Liebeslyrik des 12. Jahrhunderts. » *Archiv für das Studium der neueren Sprachen* 197, 1-13.

ERTZDORFF, Xenja von. 1965. « Die Dame in Herzen und das Herz bei der Dame. Zur Verwendung des Begriffs "Herz" in der höfischen Liebeslyrik des 11. und 12. Jahrunderts. » *Zeit. für deut.* Phil. 84, 6-46.

FARAL, Edmond. 1923. « La Pastourelle. » *Romania* 49, 204-259.

FARAL, Edmond. 1946-47. « Les Chansons de toile ou chansons d'histoire. » *Romania* 69, 433-62.

FARAL, Edmond et BASTIN, Julia. 1977. *Œuvres complètes de Rutebeuf.* 2 vols. 7e éd. Paris : Picard.

FATH, Fritz. 1883. *Die Lieder de Castellans von Coucy.* Heidelberg : J. Hörning.

FAURE, Marcel. 1984. « *"Aussi com l'unicorne sui"* ou le désir d'amour et le désir de mort dans une chanson de Thibaut de Champagne. » *Rev. des Langues Rom.* 88 : 15-21.

FERNANDEZ, Marie-Henriette. 1984. « Bessons et serors germaine. » *Littératures* 9-10 : 23-30.

FERRAND, Françoise. 1985. « *Ut musica poesis* : la relation de la lyrique profane des XIIe et XIIIe siècles à un modèle sacré. » *L'imitation, aliénation ou source de liberté ?* Rencontres de l'École du Louvre. Paris : La Documentation Française, 107-128.

FISET, Franz. 1906. « Das altfranzösische Jeu-Parti. » *Rom. Forsch.* 19, 407-544.

FLUTRE, Louis-Fernand. 1962. *Table des noms propres avec toutes leurs variantes figurant dans les romans du Moyen Âge écrits en français ou en provençal.* Poitiers : Centre d'Et. Sup. de Civ. Méd.

FOERSTER, Wendelin. 1914. *Kristian von Troyes Wörterbuch zu seinem sämtlichen Werken.* Halle a. S. : Niemeyer.

FORMISANO, Luciano. 1980. *Gontier de Soignies. Il canzoniere.* Documenti di filologia 23. Milan : Riccardo Ricciardi.

FORMISANO, Luciano. 1982. « Un legs français de Jaufre Rudel. » *Rev. des Langues Rom.* 86 : 29-50.

FOULET, Lucien. 1963. *Petite Syntaxe de l'ancien français.* CFMA. 3e éd. Paris : Champion.

FOULON, Charles. 1958. *L'Œuvre de Jehan Bodel.* Trav. de la Fac. des Lettres et Sci. Hum. de Rennes, sér. 1, vol. 2. Paris : PU de France.

FRANK, István. 1952. *Trouvères et Minnesänger.* Vol. I : Recueil de textes. Saarbrücken. Vol. 2 (voir Müller-Blattau).

FRAPPIER, Jean. 1963. *La Poésie lyrique en France aux XIIe et XIIIe siècles.* Les Cours de Sorbonne. Paris : Centre de Documentation Univ.

FRESO, Karen. 1988. *Gillebert de Berneville. Les poésies.* TLF. Genève : Droz.

Fünten, Wilfried aus der. 1966. *Maria Magdalena in der Lyrik des Mittelalters*. Düsseldorf.

Gally, Michèle. 1986. « Disputer d'amour : les Arrageois et le jeu-parti. » *Romania* 107 : 55-76.

Gégou, Fabienne. 1980. « Les trouvères artésiens et la cour d'Angleterre de 1263 à 1306. » *Marche Romane* 30.3-4. *Mélanges de langue et littérature françaises du Moyen Âge et de la Renaissance offerts à M. Charles Foulon*. Vol. 1. Rennes : Inst. de Français, U. de Haute-Bretagne, 141-146. 2 vols.

Gennrich, Friedrich. 1921a. « Die beiden neuesten Bibliographien altfranzösischer und altprovenzalischer Lieder. » *Zeit. für rom. Phil.* 61, 289-346.

Gennrich, Friedrich. 1921b. *Rondeaux, Virelais und Balladen aus das Ende des XIII. und dem ersten Drittel des XIV. Jahrhunderts*. Vol. I : Texte. Gesellschaft für romanische Literatur, 43. Dresden. Vol. II : Materialen, Literaturnachweise, Refrainverzeichnis. Gesell. für rom. Lit., 47. Göttingen, 1927.

Gennrich, Friedrich. 1925. *Die altfranzösische Rotrouenge*. Halle a. S. : Niemeyer.

Gennrich, Friedrich. 1926. « Zu den altfranzösischen Rotrouengen. » *Zeit. für rom. Phil.* 46 : 335-341.

Gennrich, Friedrich. 1928-29. « Internationale mittelalterliche Melodien. » *Zeit. für Musikwiss.* 11, 321-348.

Gennrich, Friedrich. 1951. « Simon d'Authie, ein pikardischer Sänger. » *Zeit. für rom. Phil.* 67, 49-104.

Gennrich, Friedrich. 1955-56. *Altfranzösische Lieder*. 2 vols. Tübingen : Niemeyer.

Gennrich, Friedrich. 1958a. *Bibliographie der ältesten französischen und lateinischen Motetten*. Darmstadt.

Gennrich, Friedrich. 1958b. *Exempla alfranzösischer Lyrik. 40 altfranzösische Lieder*. Musikwiss. Stud.-Bibl., 17. Darmstadt.

Gennrich, Friedrich. 1963. *Das altfranzösisches Rondeau und Virelai im 12. und 13. Jahrhundert*. (Vol. 3 de *Rondeaux, Virelais und Balladen*.) Summa Musicae Medii Aevi, 10. Langen bei Frankfurt.

Gennrich, Friedrich. 1964. *Bibliographisches Verzeichnis der fran-*

zösischen Refrains des 12. und 13. Jahrhunderts. Summa Musicae Medii Aevi, 14. Langen bei Frankfurt.

GENNRICH, Friedrich. 1966. *Cantilenae Piae, 31 altfranzösische geistliche Lieder.* Musikwiss. Stud.-Bibl., 24. Langen bei Frankfurt.

GODZICH, Wlad. 1974-75. « Semiotics/Semiotext : The Texture of a Weaving Song. » *Semiotext(e)* 1.3 : 81-94.

GOLDIN, Frederick. 1973. *Lyrics of the Troubadours and Trouvères : An Anthology and a History.* Garden City, New York : Anchor Press/Doubleday ; réimp. Gloucester, Mass. : Peter Smith, 1983.

GROSSEL, Marie-Geneviève. 1986a « La poétique du mot chez Thibaut de Champagne. » *Études Champenoises* 5 : 11-17.

GROSSEL, Marie-Geneviève. 1986b. « Le temps dans la chanson de trouvère : l'exemple de Thibaut de Champagne. » *Le temps et la durée dans la littérature au Moyen Âge et à la Renaissance. Actes du colloque organisé par le Centre de Rech. sur la Litt. du Moyen Âge et de la Renaissance de l'U. de Reims (nov. 1984).* Éd. Yvonne Bellenger. Paris : Nizet, 71-83.

GROULT, P., EMOND, V. et MURAILLE, G. 1964-67. *Littérature française du Moyen Âge.* 2 vols. 3e éd. rev. Gembloux : Duculot.

GRUBER, Jörn. 1983. *Die Dialektik des Trobar : Untersuchungen zur Struktur und Entwicklung des occitanischen und französischen Minnesangs des 12. Jahrhunderts.* Beih. zur Zeit. für rom. Phil. 194. Tübingen : Niemeyer.

GUESNON, A. 1909. « Publications nouvelles sur les trouvères artésiens. » *Le Moyen Âge,* sér. 2, 13 ; 65-93.

GUY, Henri. 1898. *Essai sur la vie et les œuvres littéraires du trouvère Adan de le Hale.* Paris : Hachette.

HASENOHR, Geneviève et ZINK, Michel. 1992. *Dictionnaire des lettres françaises. Le Moyen Âge.* Enclyclopédies d'Aujourd'hui. Paris : Livre de Poche.

HENRY, Albert. 1948. *L'Œuvre lyrique d'Henri III duc de Brabant.* Bruges : « De Tempel ».

HENRY, Albert. 1954a. « Ancien français *le mesfaire.* » *Romania* 75, 389-390.

HENRY, Albert. 1954b. « La Chanson R1298. » *Romania* 75, 108-115.

HENRY, Albert. 1967. *Chrestomathie de la littérature en ancien fran-*

çais, 2 vols. en un seul. Bibliotheca Romanica, 3/4, 4e éd. Berne : Francke.

d'HEUR, J.-M. 1963. « Traces d'une version occitanisée d'une chanson de croisade du trouvère Conon de Béthune. » *Cultura Neolatina* 23, 73-89.

d'HEUR, J.-M. 1972. « Le motif du vent venu du pays de l'être aimé... » *Zeitschrift für romanische Philologie* 88, 69-104.

HOEPFFNER, Ernest. 1938. « Les Chansons de Jacques de Cysoing. » *Studi Medievali* 11, 69-102.

HOFFMAN, Ruth Cassel. 1976. *Aspects théoriques de la parodie, avec application particulière aux sottes chansons.* Thèse de doct., Chicago.

HOFMANN, Konrad. 1865. « Altfranzösische Pastourellen aus der Berner Handschrift Nr. 389. » *Sitzungsber. der Königl. bayer. Akad. der Wiss.* Munich.

HOFMANN, Konrad. 1867. « Eine Anzahl altfranzösischer lyrischer Gedichte aus dem Berner Codex 389. » *Sitzungsber. der Königl. bayer. Akad. der Wiss.* Munich, pp. 486-527.

HUET, Gédéon. 1902. *Chansons de Gace Brulé.* SATF. Paris : Firmin-Didot.

HUET, Gédéon. 1912. *Chansons et descorts de Gautier de Dargies.* SATF. Paris : Firmin-Didot.

JÄRNSTRÖM, Edw. 1910. *Recueil de chansons pieuses du XIIIe siècle*, I. Suomalaisen Tiedeakatemian Toimituksia (Annales Academiae Scientiarum Fennicae), sér. B, 3. Helsinki.

JÄRNSTRÖM, Edw. et LÅNGFORS, A. 1927. *Recueil de chansons pieuses du XIIIe siècle*, II. Suomalaisien Tiedeakatemian Toimituksia (Annales Academiae Scientiarum Fennicae), sér. B, 20. Helsinki.

JEANROY, Alfred. 1889. *Les Origines de la poésie lyrique en France au Moyen Âge.* Paris : Champion. 4e éd. 1965.

JEANROY, Alfred. 1896. « Les Chansons françaises inédites du manuscrit de Modène. » *Rev. des lang. rom.* 39, 241-268.

JEANROY, Alfred. 1897. « Les Chansons de Philippe de Beaumanoir. » *Romania* 26, 517-536.

JEANROY, Alfred et GUY, Henri. 1898. *Chansons et dits artésiens du XIIIe siècle.* Bordeaux-Paris-Montpellier-Toulouse ; réimp. Genève : Slatkine, 1976.

JEANROY, Alfred, BRANDIN, Louis et AUBRY, Pierre. 1901. *Lais et descorts français du* XIII*e siècle. Texte et musique.* Mélanges de Musicologie Critique, 3. Paris : H. Welter ; réimp. Genève : Slatkine, 1975.

JEANROY, Alfred. 1918. *Bibliographie sommaire des chansonniers français du Moyen Âge.* CFMA. Paris : Champion.

JEANROY, Alfred et LÅNGFORS, Arthur. 1919. « Chansons inédites tirées du manuscrit français 846 de la Bibliothèque nationale. » *Archivum Romanicum* 3, 1-27 ; 355-356.

JEANROY, Alfred et LÅNGFORS, Arthur. 1921. *Chansons satiriques et bachiques du* XIII*e siècle.* CFMA. Paris : Champion ; réimp. Genève : Slatkine, 1974.

JODOGNE, O. 1964. « La personnalité de l'écrivain d'oïl du XIIe au XIIIe siècle » dans *L'humanisme médiéval* (éd. A. Fourrier). Paris.

JODOGNE, O., HENRY, A. et VERCAUTEREN, F. 1965. «Rapports sur le mémoire : *Les Trouvères lyriques du* XII*e siècle,* par Guy Muraille. » Acad. Roy. de Belgique, *Bull. de la Classe des Lettres,* 5e sér., 51, 113-119.

JOHNSON, Susan. 1992. *The Lyrics of Richard de Semilli. A Critical Edition and Musical Transcription.* Binghamton : Center for Medieval and Early Renaissance Studies.

JOLY, Raymond. 1961. « Les Chansons d'histoire. » *Romanist. Jahrb.* 12, 51-66.

JONIN, Pierre. 1985. « Ancienneté d'une chanson de toile ? La Chanson d'Erembourg ou la Chanson de Renaud ? » *Cahiers de Civ. Méd.* 28 : 345-359.

JUBINAL, Achille. 1842. *Nouveau recueil de contes, dits, fabliaux, et autres pièces inédites des* XIII*e,* XIV*e et* XV*e siècles, pour faire suite aux collections Legrand d'Aussy, Barbazan et Méon.* Vol. II. Paris : Challamel.

JUBINAL, Achille. 2e éd. 1874-1875. *Œuvres complètes de Rutebeuf, trouvère du* XIII*e siècle.* 3 vols. Bibli. Elzévirienne, 85. Paris : Daffis.

JULLIAN, Martine et LE VOT, Gérard. 1981. « Approche des danses médiévales. » *L'Avant-scène. Ballet/Danse* 4 : 108-119.

JUNG, Marc-René. 1986. « À propos de la poésie lyrique courtoise d'oc et d'oïl. » *Studi francesi e provenzali 84/85.* Éd. Marc-René Jung et Giuseppe Tavani. Romanica Vulgaria, Qu. 8-9. L'Aquila : Japadre, 5-36.

KARP, Theodore. 1964. « The Trouvère Manuscript Tradition. » *Twenty-fifth Anniversary Festschrift (1937-1962)*, éd. Albert Mell. New York : Queens College Press, 25-52.

KARP, Theodore. 1977. « Interrelationships between Poetic and Musical Form in *Trouvère* Song. » *A Musical Offering : Essays in Honor of Martin Bernstein*. Éd. Edward Clinkscale et Claire Brook. New York : Pendragon, 137-161.

KELLER, Adelbert. 1844. *Romvart. Beiträge zur Kunde mittelalterlicher Dichtung aus italiänischen Bibliotheken*. Mannheim : Bassermann ; Paris : Renouard.

KÖHLER, Erich. 1985. *Vorlesungen zur Geschichte der französischen Literatur*. Éd. Henning Krauß et Dietmar Rieger. *Mittelalter II*. Éd. Dietmar Rieger. Stuttgart : Kohlhammer ; 11 vols. 1983-87.

KRESSNER, Adolf. 1885. *Rutebeufs Gedichte, nach den Handschriften der Pariser National-bibliothek*. Wolfenbüttel : Zwissler.

LA BORDE, J.-B. de. 1780. *Essai sur la musique ancienne et moderne*. Vol. II. Paris : P.-D. Pierres.

LA BORDE, J.-B. de. 1781. *Mémoires historiques sur Raoul de Coucy*. 2 vols. Paris : P.-D. Pierres.

LÅNGFORS, Arthur. « Mélanges de poésie lyrique française » dans divers tomes de *Romania*. (Pour les références précises, voir les différentes citations dans le texte.)

LÅNGFORS, Arthur. 1916. *Notice du manuscrit français 12483 de la Bibliothèque nationale*. Notices et extraits des manuscrits de la Bibliothèque nationale et autres bibliothèques, 39, 2e partie. Paris : Imprimerie nationale.

LÅNGFORS, Arthur. 1926. *Recueil général des jeux-partis français*. 2 vols. Paris : Champion.

LÅNGFORS, Arthur. 1945. *Deux recueils de sottes chansons*. Suomalaisen Tiedeakatemian Toimituksia (Annales Academiae Scientiarum Fennicae), sér. B, 53. Helsinki ; réimp. Genève : Slatkine, 1977.

LÅNGFORS, Arthur et SOLENTE, S. 1929. « Une pastourelle nouvellement découverte et son modèle. » *Neuphil. Mitteil.* 30, 215-225.

LANGLOIS, Ernest. 1904. *Table des Noms propres de toute nature compris dans les chansons de geste*. Paris.

LANGLOIS, Ernest. 1914-1924. *Le Roman de la Rose par Guillaume de Lorris et Jean de Meun publié d'après les manuscrits.* 5 vols. SATF. Paris : Firmin-Didot.

La Ravallière, Levesque de. 1742. *Les Poésie du roy de Navarre.* Paris : H.L. Guerin et J. Guerin.

La Villemarqué, Th. Hersart de. 1856. « Rapport sur une mission littéraire accomplie en Angleterre. » *Archives des missions scientifiques et littéraires,* sér. I, 5, 89-116.

Lavis, Georges et Stasse, M. 1979. *Les Chansons de Gace Brulé. Concordances et index établis d'après l'édition de H. Petersen Dyggve.* Liège : Publ. de l'Inst. de Lexicologie Française de l'U. de Liège.

Lavis, Georges, et Stasse, M. 1981. *Les Chansons de Thibaut de Champagne. Concordances et index établis d'après l'édition de A. Wällensköld [sic].* Liège : Publ. de l'Inst. de Lexicologie Française de l'U. de Liège.

Lavis, Georges, et Stasse, M. 1985. *Les Chansons de Moniot d'Arras. Concordances et index établis d'après l'édition de H. Petersen Dyggve.* Liège : Publ. de l'Inst. de Lexicologie Française de l'U. de Liège.

Lavis, Georges, et Stasse, M. 1986. *Les Chansons de Moniot de Paris. Concordances et index établis d'après l'édition de H. Petersen Dyggve.* Liège : Publ. de l'Inst. de Lexicologie Française de l'U. de Liège.

Lavis, Georges, et Stasse, M. 1991a. *Les Chansons de Perrin d'Angicourt. Concordances et index établis d'après l'édition de G. Steffens.* Liège : Publ. de l'Inst. de Lexicologie Française de l'U. de Liège.

Lavis, Georges. 1991b. « Le jeu-parti français : jeu de réfutation, d'opposition et de concession. » *Medioevo Romanza* 16 : 21-128.

Lea, Elisabeth. 1982. *Altfranzösische Liebeslyrik.* 2e éd. Universal-Bibliothek 802. Leipzig : Philipp Reclam.

Lejeune, Rita. 1941. « Moniot d'Arras et Moniot de Paris. » *Neuphilologische Mitteilungen* 42: 1-14.

Lecompte, I.C. 1910/11. *Le Fablel dou Dieu d'Amors. Modern Philology* 8, 63-86.

Lemaire, Ria. 1985. « Vrouwen in de lyriek. » *Middeleeuwers over vrouwen. Deel 1.* Éd. R.E.V. Stuip et C. Vellekoop. Utrechtse bijdragen tot de mediëvistiek 3. Utrecht : HES Uitgevers, 111-126.

Lepage, Yvan. 1981. *L'Œuvre lyrique de Richard de Fournival.* Publ. Médiévales de l'U. d'Ottawa 7. Ottawa : Éditions de l'U. d'Ottawa.

Lepage, Yvan. 1993. « Richard Cœur de Lion et la poésie lyrique. » *Et c'est la fin pour quoy sommes ensemble : Hommage à Jean Dufournet.* 3 vols. Paris : Champion, 2 : 893-910.

Lepage, Yvan. 1994. *L'Œuvre lyrique de Blondel de Nesle.* Paris : Champion.

Lerond, Alain. 1964. *Chansons attribuées au Chastelain de Couci.* Paris : PU de France.

Leroux de Lincy, Antoine. 1841. *Recueil de chants historiques (1re série).* Paris : Gosselin.

Le Vot, Gérard. 1985. « Pour une problématique à l'interprétation musicale des troubadours et des trouvères. » *Studia Musicologica Academiae Scientiarum Hungaricae* 27 : 239-265.

Le Vot, Gérard. 1987. « Pour une épistémologie de l'édition musicale du texte lyrique français médiéval. (Remarques sur la notation des chansonniers de trouvères et sur leur transcription). » *Musicologie médiévale. Notations et séquences.* Éd. Michel Huglo. Paris : Champion, 187-207.

Levy, Raphael. 1968. « Remarques lexicographiques sur les chansons de Colin Muset. » *Romanic Review* 59, 241-248.

Lindelöf, E. et Wallensköld, A. 1901. « Les Chansons de Gautier d'Épinal. » *Mém. de la Soc. Néo-Phil. de Helsingfors* 3, 206-320.

Linker, Robert. 1979. *A Bibliography of Old French Lyrics.* U. of Mississippi. : Romance Monographs.

Livingston, Charles H. 1930. « Old French *doubler l'eskiekier.* » *Mod. Lang. Notes* 45, 246-251.

Lods, Jeanne. 1984. « Une étrange petite fée. » *Mélanges de langue et de littérature médiévales offerts à Alice Planche.* Éd. Maurice Accarie et Ambroise Queffélec. Vol. 2. Annales de la Fac. des Lettres et Sci. Hum. de Nice 48. Paris : Les Belles Lettres, 311-317. 2 vols.

Lubinski, Fritz. 1908. «Die Unica der Jeux-partis des Oxforder Liederhandschrift (Douce 308). » *Rom. Forsch.* 22, 506-598.

Luce-Dudemaine, Dominique. 1987. « La vieille femme,

l'amour et le temps perdu. » *Vieillesse et vieillissement au Moyen-Âge. Senefiance* 19. Aix-en-Provence : Publ. du CUERMA, 215-225.

MAILLARD, Jean. 1963. *Évolution et esthétique du lai lyrique des origines à la fin du XIVe siècle.* Thèse de doct., Paris 1963. Paris : Centre de Documentation Univ.

MAILLARD, Jean. 1964. *Lais et chansons d'Ernoul de Gastinois.* Musicological Studies and Documents, 15. American Inst. of Musicology.

MAILLARD, Jean. 1967. *Anthologie de chants de trouvères.* Paris : Zurfluh.

MAILLARD, Jean. 1971. « Coblas dezacordablas et poésie d'oïl. » *Mélanges de philologie romane dédiés à la mémoire de Jean Boutière (1899-1967).* Éd. Irénée Cluzel et François Pirot. Vol. 1. Liège : Soledi, 361-375. 2 vols.

MAILLARD, Jean. 1978. « Considérations musicales sur l'apport des "trouveurs" et jongleurs dans la formation du théâtre moderne. » *Il contributo dei giullari alla drammaturgia italiana delle origini. Atti del II° Convegno di Studio, Viterbo, 17-19 giugno 1977.* Rome : Bulzoni. 135-148.

MAILLARD, Jean. 1982. *Adam de la Halle. Perspective musicale.* Paris : Champion.

MAILLARD, Jean. 1987. *Reflets de son œuvre.* Béziers : Soc. de Musicologie de Languedoc.

MALAXECHEVERRIA, Ignacio. 1979. « Notes sur le pélican au Moyen Âge. » *Neophilologus* 63 : 491-497.

MARSHALL, Fred. 1984. « Blondel de Nesle and His Friends. The Early Tradition of the *Grand Chant* Reviewed. » *New Zealand Journal of French Studies* 5.2 : 5-32.

MARSHALL, J.H. 1971. *The Chansons of Adam de la Halle.* Manchester : Manchester UP.

MARSHALL, J.H. 1980. « Pour l'étude des *contrafacta* dans la poésie des troubadours. » *Romania* 101 : 289-335.

MARSHALL, J.H. 1984. « Un prétendu *descort* fragmentaire et ses congénères. » *Romania* 105 : 341-351.

MARSHALL, J.H. 1990. « The Transmission of the Lyric *Lais* in Old French *Chansonnier T.* » *The Editor and the Text.* Éd. Philip Bennett et Graham Runnalls. Edinburgh : Edinburgh UP, 20-32.

MARY, André. 1967. *Anthologie poétique française : Moyen Âge.* 2 vols. Paris : Garnier-Flammarion.

MÄTZNER, Eduard. 1853. *Altfranzösische Lieder berichtigt und erläutert.* Berlin : Dümmler ; réimp. Bonn : Dümmler, 1969.

MAYER-MARTIN, Donna. 1994. *Thematic Catalogue of Troubadour and Trouvère Melody.* New York : Pendragon.

MEILLER, Albert. 1987. « Traduction de deux chansons d'amour de Chrétien de Troyes. » *Recherches et Travaux* 32 : 13-19.

MÉNARD, Philippe. 1970. *Les Poésies de Guillaume le Vinier.* TLF. Genève : Droz ; Paris : Minard ; 2e éd. Genève : Droz, 1983.

MÉNARD, Philippe. 1976. « L'édition des textes lyriques du Moyen Âge, réflexions sur la tradition manuscrite de Guillaume le Vinier. » *Actes du XIIIe Congrès inter. de ling. et phil. rom. tenu à l'U. Laval (Québec, Canada) du 29 août au 5 sept. 1971.* Éd. Marcel Boudreault et Frankwalt Möhren. Vol 2. Québec : Presses de l'U. Laval, 763-775. 2 vols.

MÉNARD, Philippe. 1988. *Syntaxe de l'ancien français.* 3e éd. revue et aug. Bordeaux : Éditions Bière.

MÉNARD, Philippe. 1989. « Les emblèmes de la folie dans la littérature et dans l'art (XIIe-XIIIe siècles). » *Hommage à Jean-Charles Payen : Farai chansoneta novele.* Caen : Centre de Publ. de l'U. de Caen, 1989, 253-265.

MENICHETTI, A. 1969. « Tre note di filologia francese e italiana. » *Cultura Neolatina* 29, 159-163.

MEYER, Paul. 1877. *Recueil d'anciens textes bas-latins, provençaux et français.* Vol. 2. Paris : Franck.

MEYER, Paul. 1888. « Types de quelques chansons de Gautier de Coinci. » *Romania* 17, 429-437.

MEYER, Paul. 1890. « Mélanges. » *Romania* 19, 102-106.

MEYER, Paul. 1911. « Modèles profanes de chansons pieuses. » *Romania* 40, 84-86.

MICHEL, Francisque. 1830. *Chansons du Châtelain de Coucy.* Paris : Crapelet.

MICHEL, Francisque, 1839. *Collections de documents inédits sur l'histoire de France, Rapports au Ministre.* Paris.

MOIGNET, Gérard. 1973. *Grammaire de l'ancien français.* Paris : Klincksieck.

MÖLK, Ulrich et WOLFZETTEL, Friedrich. 1972. *Répertoire*

métrique de la poésie lyrique française des origines à 1350. Munich : Fink.

MÖLK, Ulrich. 1989. *Romanische Frauenlieder.* Klassische Texte des rom. Mittelalters in zweisprachigen Ausg. 28. Munich : Fink.

MONMERQUÉ, Nicolas et MICHEL, Fr. 1939. *Théâtre français au Moyen Âge.* Paris : Firmin-Didot.

MORAWSKI, Joseph. 1925. *Proverbes français antérieurs au XVe siècle.* CFMA. Paris : Champion.

MÜLLER-BLATTAU, Wendelin. 1956. *Trouvères und Minnesänger.* Vol. 2 : Kritische Ausgaben der Weisen. (Vol. 1, voir Franck.) Saarbrücken.

MURAILLE. Voir Jodogne.

NELSON, Deborah et VAN DER WERF, Hendrik. 1985. *The Lyrics and Melodies of Adam de la Halle.* New York : Garland.

NELSON, Deborah et VAN DER WERF, Hendrik. 1992. *The Songs Attributed to Andrieu Contredit d'Arras with a Translation into English and the Extant Melodies.* Faux Titre 59. Amsterdam : Rodopi.

NEWCOMBE, Terence. 1972a. *Les Poésies du trouvère Jehan Erart.* TLF. Genève : Droz ; Paris : Minard.

NEWCOMBE, Terence. 1972b. « Les Poésies du trouvère Raoul de Beauvais. » *Romania* 93, 317-336.

NEWCOMBE, Terence. 1975. *The Songs of Jehan Erart, 13th Century Trouvère.* Corpus Mensurabilis Musicae, 67. American Inst. of Musicology.

NEWCOMBE, Terence H. 1978. *Les Poésies de Thibaut de Blaison.* Genève : Droz.

NICHOLS, Stephen. 1988. « Medieval Women Writers : *Aisthesis* and the Powers of Marginality. » *Yale French Studies* 75 : 77-94.

NICOD, Lucie. 1917. *Les Jeux partis d'Adam de la Halle.* Paris : Champion ; réimp. Genève : Slatkine, 1974.

NISSEN, Elisabeth. 1928. *Les Chansons attribuées à Guiot de Dijon et Jocelin.* Thèse de doct., Minnesota 1928. CFMA. Paris : Champion.

NITZE, Wm. A. *et al.* 1937. *Le Haut Livre du Graal : Perlesvaus,* II. Chicago ; réimp. New York : Phaeton, 1972.

NOACK, Fritz. 1899. *Der Strophenausgang in seinem Verhältnis zum*

Refrain und Strophengrundstock in der refrainhaltigen altfranzösischen Lyrik. Marburg : Elwert.

NOTZ, Marie-Françoise. 1987. « L'image de la Vieillesse dans la poésie médiévale : exclusion fictive et réalité poétique. » *Vieillesse et vieillissement au Moyen Âge.* Senefiance 19. Aix-en-Provence : Publ. du CUERMA, 227-242.

O'DONOGHUE, Bernard. 1982. *The Courtly Love Tradition.* Literature in Context 5. Manchester : Manchester UP.

ORR, John. 1915. *Les Œuvres de Guiot de Provins, poète lyrique et satirique.* Publ. of the U. of Manchester 104. Manchester : The University Press ; réimp. Genève : Slatkine, 1974.

OULMONT, Charles. 1913. *La Poésie française du Moyen Âge.* Paris : Mercure de France.

PADEN, William. 1987. *The Medieval Pastourelle.* 2 vols. New York : Garland.

PAGE, Christopher, 1976. « A Catalogue and Bibliography of English Song from its Beginnings to c. 1300. » *Royal Musical Association Research Chronicle* 13, 67-83.

PAGE, Christopher. 1987. *Voices and Instruments of the Middle Ages : Instrumental Practice and Songs in France 1100-1300.* Londres : J.M. Dent & Sons.

PAGE, Christopher. 1990. *The Owl and the Nightingale : Musical Life and Ideas in France 1100-1300.* Berkeley : U. of California P.

PARIS, Gaston. 1912. *Mélanges de littérature française du Moyen Âge, pub. par M. Roques.* Paris : Champion.

PARIS, Gaston et LANGLOIS, Ernest. 1897. *Chrestomathie du Moyen Âge.* Paris : Hachette.

PARIS, Paulin. 1833. *Le Romancero françois. Histoire de quelques anciens trouvères, et choix de leurs chansons.* Paris : Téchener.

PASCALE, Michelangelo. 1975-76. « Le musiche nelle pastourelles francesi del XII e XIII secolo. Le varianti melodiche nella tradizione manoscritta. » *Annali della Fac. di Lett. e Fil. dell'U. di Perugia* 13 : 573-631.

PAUPHILET, Albert. 1952. *Poètes et romanciers du Moyen Âge.* Bibl. de la Pléiade. Paris : Gallimard.

PAYEN, Jean-Charles. 1968. *Le Motif du repentir dans la littérature française médiévale.* Publ. Romanes et Françaises, 98. Genève : Droz.

PAYEN, Jean-Charles. 1984. « Le "je" chez Rutebeuf, ou les fausses confidences d'un auteur en quête de personnage. » *Mittelalterstudien. Erich Köhler zum Gedenken.* Éd. Henning Krauß et Dietmar Rieger. Studia Romanica 55. Heidelberg : Carl Winter, 229-240.

PENSOM, Roger. 1988. « Thibaut de Champagne and the Art of the Trouvère. » *Medium Æevum* 57 : 1-26.

PERNOUD, Régine. 1972. *La Reine Blanche.* Paris : Albin Michel.

PETERSEN DYGGVE, Holger. 1934. « Onomastique des trouvères. » Suomalaisen Tiedeakatemian Toimituksia (Annales Academiae Scientiarum Fennicae), sér. B, 30. Helsinki, pp. 1-254, réimp. Bibl. and Ref. Ser. 488. Music Hist. and Ref. Ser. 4. New York : Burt Franklin, 1973.

PETERSEN DYGGVE, Holger. 1938. « Moniot d'Arras et Moniot de Paris. » *Mém. de la Soc. Néo-Phil. de Helsinki* 13, 1-252.

PETERSEN DYGGVE, Holger. 1942. « Trouvères et protecteurs de trouvères dans les cours seigneuriales de France. » *Commentationes Philologicae in honorem Arthur Långfors.* Suomalaisen Tiedeakatemian Toimituksia (Annales Academiae Scientiarum Fennicae), sér. B, 50. Helsinki, 39-247.

PETERSEN DYGGVE, Holger. 1945. « Personnages historiques figurant dans la poésie lyrique française des XIIe et XIIIe siècles. XXIV : Garnier d'Anches et son destinataire "le bon marquis". » *Neuphil. Mitteil.* 46, 123-153.

PETERSEN DYGGVE, Holger. 1949. « Personnages historiques figurant dans la poésie lyrique française des XIIe et XIIIe siècles. XXV : Charles, comte D'Anjou. » *Neuphil. Mitteil.* 50, 144-174.

PETERSEN DYGGVE, Holger. 1951. *Gace Brulé, trouvère champenois.* Mém. de la Soc. Néophil. de Helsinki (Helsingfors), 16. Helsinki.

PICOT, Guillaume. 1963. *La Poésie lyrique au Moyen Âge.* 2 vols. Classiques Larousse. Paris : Larousse.

PIELTAIN, Paul. 1964. « Une chanson médiévale. » *Cahiers d'Analyse Textuelle* 6, 23-31.

PINGUET, A. 1930. *Les Chansons et pastourelles de Thibaut de Blaison.* Angers : Soc. des Amis du Livre Angevin.

PLANCHE, Alice. 1977. « Gaiete, Oriour et le copiste distrait. » *Cahiers de Civ. Méd.* 20 : 1, 49-52.

PLANCHE, Alice. 1980. « La double licorne ou le chasseur chassé. » *Marche Romane* 30.3-4. *Mélanges de langue et littérature françaises du Moyen Âge et de la Renaissance offerts à M. Charles Foulon.* Vol. 2. Rennes : Inst. de Français, U. de Haute-Bretagne, 237-246. 2 vols.

PLANCHE, Alice. 1989a. « De quelques aveux... À propos de deux trouvères. » *Ferai chansoneta novele. Hommage à Jean-Charles Payen. Essais sur la liberté créatrice au Moyen Âge.* Caen : Centre de Publ. de l'U. de Caen, 285-294.

PLANCHE, Alice. 1989b « Les robes du rêve. Robe de roi, robe de fée, robe de fleurs, robes du ciel. » *Le vêtement. Histoire, archéologie et symbolique vestimentaires au Moyen Âge.* Cahiers du Léopard d'Or 1. Paris : Le Léopard d'Or, 73-91.

POTTIER, Bernard. 1964. *Textes médiévaux français et romans. Des gloses latines à la fin du XVe siècle.* Paris : Klincksieck.

RÄKEL, Hans-Herbert. 1973. « Drei Lieder zum dritten Kreuzzug. » *Deutsche Vierteljahrsschrift für Literaturwissenschaft und Geistesgeschichte* 47, 508-550.

RÄKEL, Hans-Herbert. 1977. *Die musikalische Erscheinungsform der Trouvèrepoesie.* Publ. de la Soc. Suisse de Musicologie, II, 27. Berne-Stuttgart : Haupt.

RÄKEL, Hans-Herbert. 1982. « "Höfische Strophenkunst". » *Zeit. für deutsches Altertum und deut. Lit.* 111 : 193-219.

RANAWAKE, Silvia. 1976. *Höfische Strophenkunst. Vergleichende Untersuchungen zur Formentypologie von Minnesang und Trouvèrelied an der Wende zum Spätmittelalter.* Münchener Texte und Unters. zur deut. Lit. des Mittelalters 51. Munich : Beck.

RAUGEI, Anna Maria. 1980. *Rifrazioni e metamorfosi. La formula e il topos nelle lirica antico-francese.* Milan : Cisalpino-Goliardica.

RAUGEI, Anna Maria. 1981. *Gautier de Dargies : Poesie.* Pubbl. della Fac. di Lett. et Fil. dell'U. di Milano 90. Florence : La Nuova Italia.

RAYNAUD, Gaston. 1913. *Mélanges de philologie romane.* Paris : Champion.

RÉAU, Louis. 1955-59. *Iconographie de l'art chrétien.* 6 vols. Paris : PU de France.

REESE, Gustave. 1940. *Music in the Middle Ages*. New York : Norton.

REGALADO, Nancy F. 1970. *Poetic Patterns in Rutebeuf : A Study in Noncourtly Poetic Modes of the Thirteenth Century*. New Haven-Londres : Yale UP.

RESTORI, A. 1904. « La Gaite de la tor. » *Miscellanea nuziale Petraglione-Serrano*. Messine, 4-22.

RICHTER, Max. 1904. *Die Lieder des altfranzösischen Lyrikers Jehan de Nuevile*. Thèse de doct., Halle a. S. 1904. Halle a. S. : C.A. Kaemmerer.

RIEGER, Dietmar. 1983. *Mittelalterliche Lyrik Frankreichs*. Vol. 2 : *Lieder der Trouvères*. Universal-Bibliothek 7943. Stuttgart : Philipp Reclam ; 2 vols. 1980-1983.

RIEGER, Dietmar. 1987. « "Chetis recreanz, couars cuers failli". Zum Motiv der verschmähten Frau in der mittelalterlichen Dichtung Frankreichs. » *Zeit. für rom. Phil.* 103 : 238-256.

RIEGER, Dietmar. 1988. « Le motif du viol dans la littérature de la France médiévale entre norme courtoise et réalité courtoise. » *Cahiers de Civ. Méd.* 123 : 241-267.

RILEY-SMITH, Louise et RILEY SMITH, Jonathan. 1981. *The Crusades. Idea and Reality, 1095-1274*. Documents of Medieval History 4. Londres : Edward Arnold.

RIVIÈRE, Jean-Claude. 1972. « Remarques sur le vocabulaire des pastourelles anonymes françaises du XIIe et du XIIIe siècle. *Rev. de Ling. rom.* 36, 384-400.

RIVIÈRE, Jean-Claude. 1974, 1975, 1976. *Pastourelles*. 3 vols. TLF. Genève : Droz.

RIVIÈRE, Jean-Claude. 1978. *Les Poésies du trouvère Jacques de Cambrai*. TLF. Genève : Droz.

ROQUEFORT-FLAMÉRICOURT, B. de. 1815. *De l'état de la poésie française dans les XIIe et XIIIe siècles*. Paris : Fournier.

ROSENBERG, Samuel N. 1975. « Observations on the Chanson of Jacques d'Autun (R. 350/351). » *Romania* 96, 552-560.

ROSENBERG, Samuel N. 1983. « The Old French Lyric Death-Laments. » *Le Gai Savoir. Essays in Linguistics, Philology, and Criticism Dedicated to the Memory of Manfred Sandmann*. Éd. Mechthild Cranston. Studia Humanitatis. Madrid : José Porrúa Turanzas, 45-54.

ROSENBERG, Samuel N., DANON Samuel et VAN DER WERF Hendrik. 1985. *The Lyrics and Melodies of Gace Brulé*. New York : Garland.

SABA, Guido. 1955. *Le « chansons de toile » o « chansons d'histoire »*. Modène : Soc. Tipografica Modenese.

SAÍZ, Próspero. 1976. *Personae and Poiesis : The poet and the Poem in Medieval Love Lyric*. La Haye-Paris : Mouton.

SAVILLE, Jonathan. 1972. *The Medieval Erotic Alba*. New York : Columbia UP.

SCHELER, Aug. 1876. *Trouvères belges du XIIe au XIVe siècle*. Bruxelles : Closson ; réimp. Genève : Slatkine, 1977.

SCHELER, Aug. 1879. *Trouvères belges (nouvelle série)*. Louvain : P. et J. Lefever ; réimp. Genève : Slatkine, 1977.

SCHILLER, Gertrud. 1972. *Iconography of Christian Art*. Trad. J. Seligman. 2 vols. Greenwich, Conn : New York Graphic Soc.

SCHLÄGER, Georg. 1895. *Studien über das Tagelied. Ein Beitrag zur Literaturgeschichte des Mittelalters*. Jena.

SCHLÄGER, Georg. 1900. « Uber Musik und Strophenbau der altfranzösischen romanzen. » *Forschungen zur romanischen Philologie. Festgabe für Hermann Suchier*. Halle a. S. : Niemeyer, 115-160.

SCHMIDT, Reinhold. 1903. *Die Lieder des Andrieu Contredit d'Arras*. Thèse de doct., Halle a. S. 1903. Halle a. S. : C.A Kaemmerer.

SCHÖBER, Susanne. 1976. *Die altfranzösische Kreuzzugslyrik des 12. Jahrhunderts*. Diss. der Univ. Salzburg, 7. Vienne : Verband der Wissensch. Ges. Oesterreiches.

SCHOSSIG, Alfred. 1957. *Der Ursprung der altfranzösischen Lyrik*. Halle a. S. : Niemeyer.

SCHULTZ-GORA, Oskar. 1907. « Einige unedierte Jeux-partis. » *Mélanges Chabaneau. Festschrift Camille Chabaneau zur Vollendung seines 75. Lebensjahres. 4. März 1906*. Erlangen : Junge, 497-516.

SCHUTZ, Richard A. 1976. *The Unedited Poems of Codex 389 of the Municipal Library of Berne, Switzerland*. Thèse de doct., Indiana 1976.

SCHWAN, Eduard. 1886. *Die altfranzösischen Liederhandschriften, ihr Verhältnis, ihre Entstehung und ihre Bestimmung*. Berlin : Weidmann.

SETO, Naohiko. 1983. « Lecture sacrée et lecture profane : essai d'interprétation de la poésie lyrique médiévale selon la topique du Cantique des Cantiques. » *Études de Langue et Littérature Françaises* [Tokyo] 42 : 1-22.

SIMON, Philipp. 1895. *Jacques d'Amiens*. Berliner Beiträge zur germ. und rom. Phil., Romanische Abteilung, Nr. 3. Berlin : Vogt.

SIMONELLI, Maria. 1965. « Due note rudelliane. » *Cultura Neolatina* 25, 113-127.

SPANKE, Hans. 1925. *Eine altfranzösische Liedersammlung*. Halle a. S. : Niemeyer.

SPANKE, Hans. 1928. « Das öftere Auftreten von Strophenformen und Melodien in der altfranzösisches Lyrik. » *Zeit. für franz. Sprache und Lit.* 51, 73-117.

SPANKE, Hans. 1936. *Beziehungen zwischen romanischer und mittellateinischer Lyrik mit besonderer Berücksichtigung der Metrik und Musik*. Abh. der Gesell. der Wiss. zur Göttingen, Phil-Hist. Klasse. Dritte Folge, 18. Berlin : Weidmann.

SPANKE, Hans. 1938. « Sequenz und Lai. » *Studi Medievali* n.s. 11 : 12-68.

SPANKE, Hans. 1943. « Der Chansonnier du Roi. » *Rom. Forsch.* 57, 38-104.

SPANKE, Hans. 1955. *G. Raynauds Bibliographie des altfranzösischen Liedes*. Leyde : Brill ; réimp. 1980.

SPAZIANI, Marcello. 1954. *Antica lirica francese*. Modène : Soc. Tipografica Modenese.

SPAZIANI, Marcello. 1957. *Il canzoniere francese di Siena*. Biblioteca del'« Archivum Romanicum », 1re sér., 46. Florence : Olschki.

SPRINGER, Herman. 1895. *Das altfranzösische Klagelied mit Berücksichtigung der verwandten Litteraturen*. Berliner Beiträge zur germ. und rom. Phil., Romanische Abteilung, Nr. 2. Berlin : Vogt.

STEFFENS, Georg. 1902. « Der kritische Text der Gedichte von Richart de Semilli. » *Beiträge zur rom. und engl. Philologie. Festgabe für Wendelin Foerster*. Halle a. S. : Niemeyer, 331-362 ; réimp. Genève : Slatkine, 1977.

STEFFENS, Georg. 1905. *Die Lieder des Troveors Perrin von Angincourt*. Romanische Bibliothek. Halle a. S. : Niemeyer.

STRENG-RENKONEN, Walter O. 1930. *Les Estampies françaises.* CFMA. Paris : Champion.

STENGEL, Edmund. 1896. « Der Strophenausgang in den ältesten französischen Balladen. » *Zeit. für franz. Spr. und Lit.* 18, 85-114.

STEVENS, John. 1986. *Words and Music in the Middle Ages : Song, Narrative, Dance and Drama, 1050-1350.* Cambridge : Cambridge UP.

SUDRE, Léopold. 1898. *Chrestomathie du Moyen Âge.* Paris : Delagrave.

TAITTINGER, Claude. 1987. *Thibaud le Chansonnier, comte de Champagne.* Paris : Librairie Académique Perrin.

TARBÉ, Prosper. 1850. *Les Chansonniers de Champagne aux XIIe et XIIIe siècles.* Reims : Regnier ; réimp. Genève : Slatkine, 1980.

TARBÉ, Prosper. 1851. *Chansons de Thibaut IV, comte de Champagne et de Brie, roi de Navarre.* Reims : Regnier.

TARBÉ, Prosper. 1862. *Les Œuvres de Blondel de Neele.* Reims : Dubois.

TISCHLER, Hans. 1973. *A Medieval Motet Book.* New York-Londres : Assoc. Music Publ.

TISCHLER, Hans. 1974-76. « Rhythm, Meter, and Melodic Organization in Medieval Songs. » *Revue Belge de Musicologie* 28-30 : 5-23 ; aussi dans *Studies in Medieval Culture* 8-9 (1976) : 49-64.

TISCHLER, Hans. 1986. « Trouvère Songs : The Evolution of Their Poetic and Musical Styles. » *The Musical Quarterly* 72 : 329-340.

TOBLER, Adolf. 1905. *Mélanges de grammaire française.* Paris.

TOBLER, Adolf et LOMMATZSCH, Erhard. 1925. *Altfranzösisches Wörterbuch.* Berlin : Weidmann-Wiesbaden : Steiner.

TOJA, Gianluigi. 1966. *Lirica cortese d'oïl, sec. XII-XIII.* Bologne : Pàtron.

TOURY, Marie-Noëlle. 1989. « Raoul de Soissons : hier la croisade. » *Les champenois et la croisade. Actes des quatrièmes journées rémoises, 27-28 nov. 1987.* Éd. Yvonne Bellenger et Danielle Quéruel. Publ. du Centre de Rech. sur la Litt. du Moyen Âge et de la Renaissance de l'U. de Reims. Paris : Aux Amateurs de Livres, 97-107.

TROTTER, D.A. 1988. *Medieval French Literature and the Crusades*

(1100-1300). Hist. des idées et critique litt. 256. Genève : Droz, 173-192.

TYSSENS, Madeleine. 1971. « An avril au tens pascour. » *Mélanges de philologie romane dédiés à la mémoire de Jean Boutière*. Éd. Irénée Cluzel et François Pirot. Liège : Soledi, 589-603.

TYSSENS, Madeleine. 1989. « Colin Muset et la liberté formelle. » *Farai chansoneta novele. Hommage à Jean-Charles Payen. Essais sur la liberté créatrice au Moyen Âge*. Caen : Centre de Publ. de l'U. de Caen, 403-417.

ULRIX, Eugène. 1910. « Les Chansons inédites de Guillaume le Vinier d'Arras. » *Mélanges de philologie et d'histoire littéraires offerts à M. Maurice Wilmotte*. 2 vols. Paris : Champion, 785-814 ; réimp. Genève : Slatkine, 1972.

VAINA-PUSCA, L. 1974. « La fonctionnalité des pronoms dans un texte poétique médiéval. » *Rev. Roumaine de Ling.* 19, 133-137.

VANCE, E. 1966. « Notes on the Development of Formulaic Language in Romanesque Poetry. » *Mélanges Crozet* (Poitiers) 1 : 427-434.

VAN DEN BOOGAARD, Nico H.J. 1969. *Rondeaux et refrains du XIIe siècle au début du XIVe*. Paris : Klincksiek.

VAN DEN BOOGAARD, Nico H.J. 1971. « Les Chansons attribuées à Wilart de Corbie. » *Neophilologus* 55, 123-124 ; réimp. dans *Autour de 1300. Études de philologie et de littérature médiévales*. Éd. Sorin Alexandrescu *et al.* Faux Titre 21. Amsterdam : Rodopi, 1985. 73-92.

VAN DER WERF, Hendrik. 1972. *The Chansons of the Troubadours and Trouvères. A Study of the Melodies and their Relation to the Poems*. Utrecht : Oosthoek.

VAN DER WERF Hendrik. 1977, 1979. *Trouvères-Melodien I-II*. Monumenta Monodica Medii Aevi, 11-12. Cassel-Bâle-Tours-Londres : Bärenreiter.

VELLEKOOP, Kees. 1984. « Die Estampie : ihre Besetzung und Funktion. » *Basler Jahrb. für hist. Musikpraxis* 8 : 51-65.

VENTURI, Mariacristina. 1988. « Ancora un caso d'intertestualità fra trovieri e trovatori. » *Medioevo Romanzo* 13 : 321-329.

VERELST, Philippe. 1986. « La dame complice : à propos d'un

"descort" de Colin Muset. » *Bien dire et bien aprandre* 4 : 75-83.

VILLEMARQUÉ. Voir La Villemarqué.

VORETZSCH, Karl. 1921. *Altfranzösisches Lesebuch.* Halle a. S. : Niemeyer. 3e éd. Tübingen : Niemeyer, 1966.

WAGNER, Robert Léon. 1949. *Textes d'études (ancien et moyen français).* TLF. Lille : Giard ; Genève : Droz.

WAITZ, Hugo. 1899. « Der kritische Text der Gedichte von Gillebert de Berneville mit Angabe sämtlicher Lesarten nach den Parisen Handschriften. » *Beiträge zur rom. Phil., Festgabe für Gustav Gröber.* Halle a. S., 39-118 ; réimp. Genève : Slatkine, 1975.

WAITZ, Hugo. 1900. « Nachtrag zu den in der "Festgabe für Gustav Gröber" herausgegebenen Liedern von Gillebert de Berneville. » *Zeit. für rom. Phil.* 24, 310-318.

WALLENSKÖLD, Axel. 1891. *Chansons de Conon de Béthune.* Thèse de doct., Helsinki 1891. Helsinki : Imprimerie Centrale de Helsingsfors.

WALLENSKÖLD, Axel. 1921. *Les Chansons de Conon de Béthune.* CFMA. Paris : Champion.

WALLENSKÖLD, Axel. 1925. *Les Chansons de Thibaut de Champagne, roi de Navarre.* SATF. Paris : Champion.

WENTZLAFF-EGGEBERT, Friedrich-Wilhelm. 1960. *Kreuzzugsdichtung des Mittelalters.* Berlin : De Gruyter.

WIESE, Leo. 1904. *Die Lieder des Blondel de Nesle.* Gesellschaft für rom. Lit., 5. Dresden.

WILKINS, Nigel. 1967. *The Lyric Works of Adam de la Hale.* Corpus Mensurabilis Musicae, 44. [Dallas:] American Inst. of Musicology.

WILKINS, Nigel. 1989. *The Lyric Art of Medieval France.* 2e éd. Fulbourn : The New Press.

WINKLER, Emil. 1914. *Die Lieder Raouls von Soissons.* Halle a. S. : Niemeyer.

WOLEDGE, Brian. 1961. *The Penguin Book of French Verse.* Vol. I : To the Fifteenth Century. Hammondsworth : Penguin.

WOLEDGE, Brian. 1965. « Old Provençal and Old French. » *Eos : An Enquiry into the Theme of Lovers' Meetings and Partings at Dawn in Poetry.* Éd. Arthur T. Hatto. La Haye : Mouton, 344-389.

WOLF, Alois. 1979. *Variation und Integration. Beobachtungen zu hochmittelalterlichen Tageliedern.* Impulse der Forschung, 29. Darmstadt : Wissenschaftliche Buchges.

WOLFF, Hans. 1914. *Dichtungen von Matthäus dem Juden und Matthäus von Gent.* Thèse de doct. Greifswald.

WUNDERLI, Peter. 1978. « "Can se reconïan auzeus..." » *Orbis mediaevalis. Mélanges de langue et de littérature médiévales offerts à Reto Raduolf Bezzola à l'occasion de son quatre-vingtième anniversaire.* Éd. Georges Güntert, Marc-René Jung et Kurt Ringger. Berne : Francke, 377-393.

ZAGANELLI, Gioia. 1978. « L'antitesi negata di Gace Brulé. » *Spicilegio Moderno* 10 : 167-183.

ZAGANELLI, Gioia. 1982. *Aimer, sofrir, joïr : i paradigmi della soggettività nella lirica francese dei secoli* XII *e* XIII. Florence : La Nuova Italia.

ZAI, Marie-Claire. 1974. *Les Chansons courtoises de Chrétien de Troyes.* Publ. Univ. Européennes, 13e sér., 27. Berne : Herbert Lang ; Frankfurt : Peter Lang.

ZARIFOPOL, P. 1904. *Kritischer Text der Lieder Richards de Fournival.* Thèse de doct. Halle a. S. 1904. Halle a. S. : Karras.

ZINK, Michel. 1972. *La Pastourelle. Poésie et folklore au Moyen Âge.* Paris-Montréal : Bordas.

ZINK, Michel. 1978. *Belle. Essai sur les chansons de toile.* Paris : Champion.

ZINK, Michel. 1985. « De la poésie lyrique à la poésie personnelle : l'idéal de l'amour et l'anecdote du moi » dans *La subjectivité littéraire. Autour du siècle de saint Louis.* Paris : PU de France, 47-74.

ZINK, Michel. 1987. « Die Dichtung der Trouvères. » *Die französische Lyrik.* Éd. Dieter Janik. Grundriß der Literaturgeschichten nach Gattungen. Darmstadt : Wissenschaftliche Buchges., 62-108.

ZINK, Michel. 1989-90. *Rutebeuf. Œuvres complètes.* 2 vols. Classiques Garnier : Paris : Bordas.

ZITZMANN, Rudolf. 1949. « Die Lieder des Jacques de Cysoing. » *Zeit. für rom. Phil.* 65, 1-27.

ZUMTHOR, Paul. 1963. *Langue et techniques poétiques à l'époque romane (XIe-XIIIe siècles).* Paris : Klincksieck.

ZUMTHOR, Paul. 1970. « La chanson de Bele Aiglentine. » *Travaux de Linguistique et de Littérature* [Strasbourg] 8, 325-337.

ZUMTHOR, Paul. 1972. *Essai de poétique médiévale.* Paris : Seuil.

ZUMTHOR, Paul. et VAINA-PUSCA, L. 1974. « Le "je" de la chanson... » *Canadian Review of Comparative Literature* 1, 9-21.

ZUMTHOR, Paul. 1978. « De la chanson au récit : *La chastelaine de Vergi.* » *Der altfranzösische höfische Roman.* Éd. Erich Köhler. Wege der Forschung 425. Darmstadt : Wissenschaftliche Buchges., 229-253.

ZUMTHOR, Paul. 1987. *La Lettre et la voix. De la « littérature » médiévale.* Paris : Seuil.

CHANSONS DES TROUVÈRES

CHANTER M'ESTUET

1

Ballette

Chanson de femme

Por coi me bait mes maris ?
Laisette !

I Je ne li de rienz meffis,
Ne riens ne li ai mesdit
Fors c'acolleir mon amin
Soulete.
[Por coi me bait mes maris ?
Laisette !]

II Et s'il ne mi lait dureir
Ne bone vie meneir,
Je lou ferai cous clameir
A certes.
[Por coi me bait mes maris ?
Laisette !]

III Or sai bien que je ferai
Et coment m'an vangerai :
Avec mon amin geirai
Nüete.
Por coi me bait mes maris ?
[Laisette !]

RS 1564, L 265-1346, MW 417, B 1515
Ms. I 4:6. Sans musique (voir *infra* p. 908).

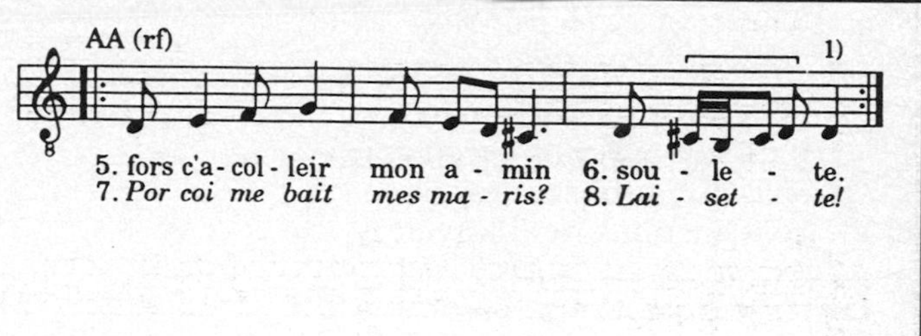

Pourquoi mon mari me bat-il,
pauvrette ?

Je ne lui ai fait aucun mal,
je ne lui ai rien dit de mal,
je n'ai fait qu'enlacer mon ami,
seulette.
Pourquoi mon mari me bat-il,
pauvrette ?

S'il ne me laisse pas continuer
ni mener joyeuse vie,
je le ferai traiter de cocu
notoire.
Pourquoi mon mari me bat-il,
pauvrette ?

Oui, je sais bien ce que je vais faire
et comment j'en tirerai vengeance :
j'irai me coucher avec mon ami,
toute nue.
Pourquoi mon mari me bat-il,
pauvrette ?

2

Ballette
Chanson de femme

Au cuer les ai, les jolis malz.
Coment an guariroie ?

I Kant li vilains vait a marchiet,
Il n'i vait pais por berguignier,
Mais por sa feme a esgaitier
Que nuns ne li forvoie.
Au cuer les ai, les jolis malz.
Coment an guariroie ?

II Vilains, car vos traites an lai,
Car vostre alainne m'ocidrait.
Bien sai c'ancor departirait
Vostre amor et la moie.
[Dieus,] j'ai a cuer [les jolis malz.
Coment en guariroie ?]

III Vilains, cuidiez vos tout avoir,
Et belle dame et grant avoir ?
Vos avereiz lai hairt on col,
Et mes amins lai joie.
Dieus, j'ai a cuer [les jolis malz.
Coment en guariroie ?]

3

Ballette
Chanson de femme

Deduxans suis et joliette, s'amerai.
I Ier matin me levai droit au point dou jour,
On vergier mon peire antrai ki iert plains de [flours;
Mon amin plus de cent fois i souhaidai.
[Deduxans suis et joliette, s'amerai.]

RS 386, L 265-154, MW 410, B 193
Ms. I 4:13. Sans musique.

Je les ai au cœur, les jolis maux,
comment en pourrais-je guérir ?

Quand le vilain va au marché,
il n'y va pas pour marchander
mais pour surveiller sa femme,
de peur qu'on ne la lui séduise.
Je les ai au cœur, les jolis maux,
comment en pourrais-je guérir ?

Vilain, ôtez-vous donc de là
car votre haleine me tuera.
Je le sais bien : votre amour
et le mien se sépareront encore !
Je les ai au cœur, les jolis maux,
comment en pourrais-je guérir ?

Vilain, croyez-vous tout posséder :
et belle dame et grande fortune ?
Vous aurez la corde au cou
et mon ami la jouissance !
Je les ai au cœur, les jolis maux,
comment en pourrais-je guérir ?

RS 59a (= 983), L 265-455, MW 502, B 469
Ms. I 5:91. Sans musique.

Je suis charmante et mignonnette, donc j'aimerai.
Hier matin, je me suis levée au point du jour,
je suis entrée dans le verger tout fleuri de mon
[père,
plus de cent fois j'ai souhaité y voir mon ami.
Je suis charmante et mignonnette, donc j'aimerai.

II J'amerai mon amin, ke prolét m'an ait,
Il est biaus et cortois, bien deservit l'ait;
Mon fin cuer mal greit peire et meire li donrai.
[Deduxans suis et joliette, s'amerai.]

III Chanson, je t'anvoi a toz fins loialz amans,
Qu'il se gaircent bien des felz mavais mesdisans,
Car j'ain tant bien sai ke covrir ne m'an porai.
[Deduxans suis et joliette, s'amerai.]

4
Ballette
Chanson de rencontre

Ne mi bateis mie,
Maleüroz maris,
Vos ne m'aveis pas norrie!

I L'autrier par une anjornee
Chivachoie mon chamin;
Novelette mariee
Trovai leis un gal foilli,
Batue de son mari,
Si en ot lou cuer doulant
Et por ceu aloit dixant
Cest motet par anradie :
[Ne mi bateis mie,
Maleüroz maris,
Vos ne m'aveis pas norrie!]

II Elle dist : « Vilains, donee
Suix a vous, se poice mi;
Mais par la virge honoree,
Pués ke me destraigniés ci,
Je ferai novel ami,
A cui qui voist anuant;

J'aimerai mon ami qui m'en a priée ;
il est beau, il est courtois, il l'a bien mérité.
Je lui donnerai mon tendre cœur malgré père et
Je suis charmante et mignonnette, donc j'aimerai. [mère.

Ma chanson, je t'envoie à tous les amants parfaits
[et loyaux
qu'ils se gardent bien des hypocrites, mauvais et
[médisants ;
pour moi, si fort est mon amour, je sais que je ne
[pourrai le cacher !
Je suis charmante et mignonnette, donc j'aimerai.

RS 1184, L 265-1195, MW 1859, B 1353 (+ une source)
Ms. I 5:16. Sans musique.

Ne me battez pas,
mari de malheur !
Vous ne m'avez pas élevée !

L'autre jour au point du jour,
je chevauchais mon chemin ;
je trouvai une jeune mariée,
près d'un bois feuillu,
que son mari avait battue.
Elle en avait le cœur chagrin,
ainsi donc elle allait disant
ces vers dans sa fureur :
Ne me battez pas,
mari de malheur !
Vous ne m'avez pas élevée !

Elle dit : « On m'a donnée à vous,
vilain, voilà qui me chagrine.
Mais par la Vierge qu'on honore,
puisque vous me maltraitez ainsi,
je choisirai un amant nouveau.
Peu importe à qui cela déplaira !

Moi et li irons juant,
Si doublerait la folie. »
[Ne mi bateis mie,
Maleüroz maris,
Vos ne m'aveis pas norrie !]

III Li vilains, cui pas n'agree
La ranponne, si li dit :
« Pace avant » ; grande pamee
Li donait, pués la saixit
Par la main et se li dit :
« Or rancomance ton chant,
Et Deus me dont dolor grant
Se je bien ne te chastie ! »
Ne me [bateis mie,
Maleüroz maris,
Vos ne m'aveis pas norrie] !

5

Ballette
Chanson pieuse
Chanson de femme

Li debonnaires Dieus m'a mis en sa prison.

I Vous ne savez que me fist

Lui et moi, nous nous aimerons,
et notre jouissance sera double. »
Ne me battez pas,
mari de malheur !
Vous ne m'avez pas élevée !

Le vilain, qui n'apprécie pas du tout
l'insulte, lui ordonne :
« Passe la première » ; il lui a assené
une grande gifle, puis il lui dit
en la saisissant par la main :
« Recommence un peu ta chanson, maintenant,
et puisse Dieu m'envoyer grande douleur
si je ne te châtie pas comme il le faut ! »
Ne me battez pas,
mari de malheur !
Vous ne m'avez pas élevée !

RS 1646, L 265-1746, MW 311, B 1223
Ms. i 253r. Musique.

st. 5-7
3. Jhe - su - crist, li miens a - mis,
4. quant ja-co - bi - ne me fist 5. par grant a-mours.

Le Seigneur gracieux m'a mise en sa prison.

Vous ne savez pas ce qu'Il me fit,

Jhesucrist, li miens amis,
Qu[ant] jacobine me fist
Par grant amours.
Li debonnaires [Dieus m'a mis en sa prison].

II Il m'a si navré d'un dart,
M[ais que] la plaie n'i pert,
Ja nul jour n'[en] guariré
Se par li non.
Li debonn[aires Dieus m'a mis en sa prison].

III Dieus, son dart qui m'a navré,
Comme il est dous et souefz !
N[uit] et jour mi fait penser
Con Dieus [est] douz.
Li debonnaires [Dieus m'a mis en sa prison].

IV Quant regart par paradis,
Dont [li] rois est mes amis,
De larmes [et] de soupirs
Mes cuers font to[us].
Li debonnaires [Dieus m'a mis en sa prison].

V Se je souvent plouroie
Et tre[s] bien Dieu amoie,
Il me donr[oit] sa joie,
Autrement non.
Li debo[nnaires Dieus m'a mis en sa prison].

VI Quant je pense a Marie,
Qui fu [de] nete vie,
J'ai une jalousie
Que [...] bon.
Li debonn[aires Dieus m'a mis en sa prison].

VII Prions [a] la pucele,
Qui fu saint[e et] honneste,
Qu'en paradis nous [mete] :
C'est mout biau don.
Li debonn[aires Dieus m'a mis en sa prison].

Jésus-Christ, mon bien-aimé,
quand Il me fit jacobine,
par grand amour.
Le Seigneur gracieux m'a mise en sa prison.

Il m'a blessée d'une flèche :
quoique la plaie reste invisible
je n'en guérirai nul jour de ma vie,
si ce n'est par Lui.
Le Seigneur gracieux m'a mise en sa prison.

Dieu, cette flèche qui m'a blessée,
qu'elle est douce, qu'elle est agréable !
Nuit et jour elle me fait songer
combien Dieu est doux.
Le Seigneur gracieux m'a mise en sa prison.

Quand je regarde du côté du paradis
dont j'ai le Roi pour ami,
en larmes et en soupirs
mon cœur fond tout entier.
Le Seigneur gracieux m'a mise en sa prison.

Si je pleurais souvent
et si j'aimais Dieu parfaitement,
Il me donnerait sa joie,
sinon je ne l'aurai pas.
Le Seigneur gracieux m'a mise en sa prison.

Quand je pense à Marie,
dont la vie fut si pure,
j'éprouve une jalousie
qui... bon.
Le Seigneur gracieux m'a mise en sa prison.

Prions la Vierge
qui fut simple et pleine d'honneur
qu'elle nous mène au paradis.
C'est un don de grande valeur.
Le Seigneur gracieux m'a mise en sa prison.

6

Ballette
Chanson pieuse
Chanson de femme

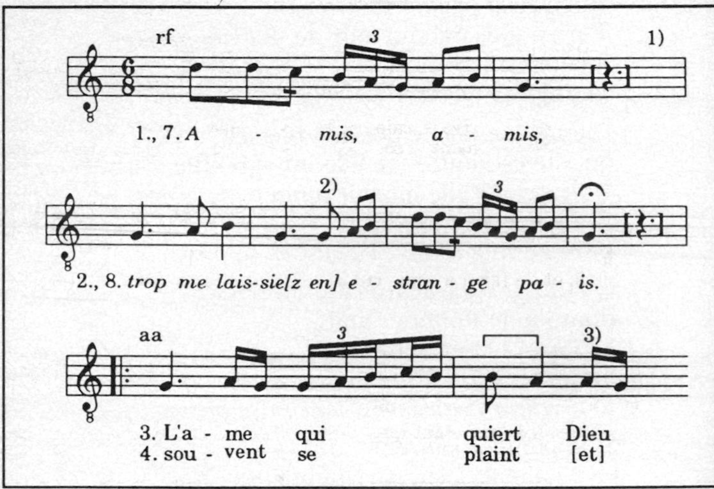

Amis, amis,
Trop me laissie[z en] estrange païs.

I L'ame qui quiert Dieu de [veraie en]tente
Souvent se plaint [et] forment se demente
Et [s]on ami, cui venue est trop len[te],
Va regretant que ne li atalente.
Amis, amis,
[Trop me laissiez en estrange païs].

II [T]rop me laissiez [ci] vous longue[m]ent querre.
En [ci]el regnés et en [m]er et en terre ;
[E]nclose sui en cest cors qui me serre,
[D]e ceste char qui souvent me fait guerre.
[A]mis, amis,
[Trop me laissiez en estrange païs].

RS 747, L 265-978, MW 78, B 123 (+ une source)
Ms. i 264r-v. Musique.

Ami, ami,
Vous me laissez trop longtemps en ce pays étranger.

L'âme qui recherche Dieu en sincère espérance
se plaint souvent et se lamente fort
et regrette de ne pas plaire à son ami
dont la venue est trop lente.
Ami, ami,
Vous me laissez trop longtemps en ce pays étranger.

Vous me laissez trop longtemps vous chercher en [ces lieux,
Vous qui régnez au ciel, sur la mer, sur la terre ;
je suis enfermée dans ce corps qui m'oppresse,
dans cette chair qui ne cesse de me faire la guerre.
Ami, ami,
Vous me laissez trop longtemps en ce pays étranger.

III [D]ieus, donnez moy ce que mes cuers desirre,
[P]our cui languis, pour cui sui a martire.
[J]hesucrist est mes amis et mon sire,
[L]i biaus, li bons, plus que nul ne scet dire.
[A]mis, amis,
[Trop me laissiez en estrange païs].

IV [M]on createur, quar je sui sa faiture,
[Q]ui me nourrit et de tout me procure,
[M]es amis est, quar en moy mist tel cure
[Que] par amour se joint a ma nature.
[A]mis, amis,
[Trop me laissiez en estrange païs].

V [I]l m'apela ains que je l'apelasse,
[S]i me requist ainz qu'aprez lui alasse.
[O]r est bien drois qu'en lui querre me lasse
[S]i que cest mont pour lui trouver trespasse.
[A]mis, amis,
[Trop me laissiez en estrange païs].

VI [E]t quant j'avray passé ceste bruïne
[O]u li jour faut et le vespre decline,
[Ci]lz qui les cuers alume et enlumine
[Se] moustrera ; lors avray joie fine.
[A]mis, amis,
[Trop me laissiez en estrange païs].

7
Chanson de toile

I Quant vient en mai que l'on dit as lons jors,
Que Franc de France repairent de roi cort,
Reynauz repaire devant el premier front ;
Si s'en passa lez lo meis Arembor,
Ainz n'en dengna le chief drecier amont.
E Raynaut, amis !

Mon Dieu, donnez-moi ce que mon cœur désire,
Vous pour qui je languis, pour qui j'endure le
[martyre.
Jésus-Christ est mon amour, Il est mon seigneur,
si beau, si bon, plus que nul ne peut dire.
Ami, ami,
Vous me laissez trop longtemps en ce pays étranger.

Mon Créateur – car je suis sa création –
qui me nourrit, qui me donne tout,
est mon bien-aimé car Il m'a prodigué tant de
qu'Il a fini par S'unir à moi par amour. [soins
Ami, ami,
Vous me laissez trop longtemps en ce pays étranger.

Il m'a appelée avant que je L'appelle.
Il m'a demandée avant que j'aille vers Lui.
C'est donc justice qu'à Le chercher je me fatigue
à tel point que pour Le trouver je passe par-delà ce
Ami, ami, [monde.
Vous me laissez trop longtemps en ce pays étranger.

Et quand j'aurai dépassé ce brouillard
où le jour tombe et où le soir décline,
Celui qui enflamme et illumine les cœurs
Se révélera ; alors j'éprouverai la joie parfaite.
Ami, ami,
Vous me laissez trop longtemps en ce pays étranger.

RS 2037, L 265-1485, MW 43, B 869
Ms. U 69v-70r. Sans musique.

Quand vient mai qu'on appelle le mois des longs
[jours,
que les Français de France s'en reviennent de la
Renaut se trouve en première ligne. [cour royale,
Ainsi passa-t-il devant la maison d'Erembour,
mais il ne daigna pas lever la tête.
Ô Renaut, mon amour !

II Bele Erembors a la fenestre au jor
Sor ses genolz tient paile de color,
Voit Frans de France qui repairent de cort
Et voit Raynaut devant el premier front.
En haut parole, si a dit sa raison :
E Raynauz, amis !

III « Amis Raynauz, j'ai ja veü cel jor
Se passisoiz selon mon pere tor,
Dolanz fussiez se ne parlasse a vos.
– Ja.l mesfaïstes, fille d'empereor ;
Autrui amastes, si obliastes nos. »
E Raynauz, amis !

IV « Sire Raynauz, je m'en escondirai ;
A cent puceles sor sainz vos jurerai,
A trente dames que avuec moi menrai,
C'onques nul home fors vostre cors n'amai.
Prennez l'emmende et je vos baiserai. »
E Raynauz, amis !

V Li cuens Raynauz en monta lo degré,
Gros par espaules, greles par lo baudré ;
Blonde ot lo poil, menu recercelé.
En nule terre n'ot si biau bacheler.
Voit l' Erembors, si comence a plorer.
E Raynauz, amis !

VI Li cuens Raynauz est montez en la tor,
Si s'est assis en un lit point a flors ;
Dejoste lui se siet bele Erembors.
Lors recomencent lor premieres amors.
E Raynauz, amis !

8

Chanson de toile

I Lou samedi a soir fat la semainne ;
Gaiete et Oriour, serors germainnes,

Belle Erembour devant la fenêtre à la lumière
sur ses genoux tient une soie colorée.
Elle voit les Français de France qui reviennent de
elle voit Renaut en première ligne. [la cour,
À voix haute elle prononce cette parole :
Ô Renaut, mon amour !

« Ami Renaut, jadis j'ai connu des jours,
où, si vous passiez devant la tour de mon père,
vous auriez été fort triste que je ne vous parle pas.
– Vous avez mal agi, fille d'empereur,
vous en avez aimé un autre et nous avez oublié. »
Ô Renaut, mon amour !

« Seigneur Renaut, je m'en justifierai ;
avec cent jeunes filles, je vous prêterai serment sur
[des reliques,
avec trente dames que j'amènerai avec moi,
que jamais je n'ai aimé nul homme que vous.
Acceptez ma justification, je vous donnerai un
Ô Renaut, mon amour ! [baiser. »

Le comte Renaut gravit l'escalier ;
il avait de larges épaules, la taille mince,
il avait des cheveux blonds tout bouclés.
En nulle terre il n'y eut si beau jeune homme.
Erembour le voit, elle se met à pleurer.
Ô Renaut, mon amour !

Le comte Renaut est monté dans la tour.
Il s'est assis sur un lit brodé de fleurs.
À ses côtés s'assied Belle Erembour.
Alors recommencent leurs premières amours.
Ô Renaut, mon amour !

RS 143, L 265-1048, MW 302, B 1830
Ms. U 146r-v. Sans musique.

Le samedi soir finit la semaine ;
Gaiete et Oriour, deux sœurs,

Main et main vont bagnier a la fontainne.
Vante l'ore et la rainme crollet :
Ki s'antrainment soweif dorment.

II L'anfes Gerairs revient de la cuitainne,
S'ait chosit Gaiete sor la fontainne ;
Antre ses bras l'ait pris, soueif l'a strainte.
Vante l'ore et la rainme crollet :
Ki s'antrainment soueif dorment.

III « Qant avras, Orriour, de l'ague prise,
Reva toi an arriere, bien seis la ville ;
Je remainra Gerairt, ke bien me priset. »
Vante l'ore et la rainme crollet :
Ki s'antrainment soweif dorment.

IV Or s'an vat Oriour, stinte et marrie ;
Des euls s'an vat plorant, de cuer sospire,
Cant Gaie sa seror n'anmoinnet mie.
Vante l'ore et la rainme crollet :
Ki s'antrainment soweif dorment.

V « Laise, fait Oriour, com mar fui nee !
J'a laxiét ma serour an la vallee,
L'anfes Gerairs l'anmoine an sa contree. »
Vante l'ore et la rainme crollet :
Ki s'antrainment soweif dorment.

VI L'anfes Gerairs et Gaie s'an sont torneit,
Lor droit chemin ont pris vers sa citeit ;
Tantost com il i vint, l'ait espouseit.
Vante l'ore et la rainme crollet :
Ki [s'antrainment soweif dorment].

s'en vont main dans la main se baigner à la source.
Que souffle la brise, que ploie la ramée :
ceux qui s'aiment dorment tranquilles.

Le jeune Gérart revient de la quintaine.
Il a aperçu Gaiete sur le bord de la source ;
il la prend dans ses bras, il l'étreint doucement.
Que souffle la brise, que ploie la ramée :
ceux qui s'aiment dorment tranquilles.

« Quand tu auras, Oriour, puisé de l'eau,
retourne-t'en, tu connais bien le village.
Je vais rester avec Gérart qui m'aime. »
Que souffle la brise, que ploie la ramée :
ceux qui s'aiment dorment tranquilles.

Alors Oriour s'en va, toute pâle et chagrine.
Elle s'en va, les larmes aux yeux, au cœur des
car elle ne ramène pas Gaiete, sa sœur. [soupirs,
Que souffle la brise, que ploie la ramée :
ceux qui s'aiment dorment tranquilles.

« Hélas, dit Oriour, je suis née pour mon
J'ai laissé ma sœur en la vallée. [malheur.
Le jeune Gérart l'emmène dans son pays. »
Que souffle la brise, que ploie la ramée :
ceux qui s'aiment dorment tranquilles.

Le jeune Gérart et Gaiete s'en sont retournés.
Ils ont pris le chemin qui mène droit à sa cité.
Dès qu'il y fut arrivé, il l'a épousée.
Que souffle la brise, que ploie la ramée :
ceux qui s'aiment dorment tranquilles.

9

Chanson de toile

aaa
1)
1. En un ver- gier lez u- ne fon-te - ne - le
2. dont clere est l'onde et blan-che la gra - ve - le
3. siet fille a roi, sa main a sa ma - xe - le;
b
4. en so - spi-rant, son douz a-mi ra - pe - le:

I En un vergier lez une fontenele
Dont clere est l'onde et blanche la gravele
Siet fille a roi, sa main a sa maxele ;
En sospirant, son douz ami rapele :
Aé, cuens Guis, amis !
La vostre amors me tout solaz et ris.

II « Cuens Guis, amis, com male destineie !
Mes pere m'a a un viellart donee
Qui en cest meis m'a mise et enserree,
N'en puis eissir a soir n'a matinee. »
Aé, cuens Guis, amis !
La [vostre amors me tout solaz et ris].

III Li mals mariz en oï la deplainte,
Entre el vergier, sa corroie a desceinte ;
Tant l'a bati q'ele en fu perse et tainte,
Entre ses piez por pou ne l'a estainte.
Aé, cuens Guis, amis !
[La vostre amors me tout solaz et ris].

IV Li mals mariz, quant il l'ot laidangie,
Il s'en repent, car il ot fait folie,
Car il fu ja de son pere maisnie ;
Bien seit q'ele est fille a roi, koi qu'il die.

RS 594, L 265-674, MW 77, B 18
Ms. U 65v-66r. Musique. La strophe I se trouve aussi dans Henri d'Andeli, *Le Lai d'Aristote*, éd. M. Delbouille (Paris, 1951), p. 81.

rf
5. "A - é, cuens Guis, a - mis!
6. La vostre a - mors me tout so-laz et ris.

En un verger, près d'une source
dont l'onde est transparente et blanc le gravier,
est assise la fille d'un roi, son menton dans la main.
En soupirant elle appelle souvent son doux ami :
Ah comte Gui, mon aimé,
l'amour de vous m'ôte toute joie et tout rire.

« Comte Gui, mon aimé combien triste est [ma destinée :
Mon père m'a donnée à un vieillard
qui m'a mise et enfermée dans cette maison.
Je n'en puis sortir ni matin ni soir. »
Ah comte Gui, mon aimé,
l'amour de vous m'ôte toute joie et tout rire.

Le méchant mari entendit cette plainte ;
il entre au verger, il dénoue sa ceinture,
il l'a tant battue qu'elle en est bleue et noire.
Peu s'en faut qu'il ne la tue à ses pieds.
Ah comte Gui, mon aimé,
l'amour de vous m'ôte toute joie et tout rire.

Le méchant mari quand il l'eut maltraitée
s'en repent car il a commis une folie :
jadis il fut de la maison de son père,
il sait bien, quoi qu'il dise, qu'elle est fille de roi.

Aé, cuens Guiz, amis!
[La vostre amors me tout solaz et ris].

V La bele s'est de pameson levee,
Deu reclama par veraie penseie :
« Donez moi, sire, que ne soie oblïee,
Ke mes amis revengne ainz la vespree. »
Aé, cuens Guiz, amis!
[La vostre amors me tout solaz et ris].

VI Et nostre sires l'a molt bien escoutee :
Ez son ami, qui l'a reconfortee ;
Assis se sont soz une ante ramee,
La ot d'amors mainte larme ploree.
Aé, cuens Guiz, amis!
[La vostre amors me tout solaz et ris].

Ah comte Gui, mon aimé,
l'amour de vous m'ôte toute joie et tout rire.

La belle s'est relevée de son évanouissement,
elle réclame Dieu d'un cœur sincère :
« Accordez-moi, Seigneur, que je ne sois pas [oubliée,
que mon ami revienne avant le soir. »
Ah comte Gui, mon aimé,
l'amour de vous m'ôte toute joie et tout rire.

Et Notre-Seigneur l'a bien écoutée :
voici son ami qui l'a réconfortée.
Tous deux se sont assis sous une ente feuillue.
Là furent versées bien des larmes d'amour.
Ah comte Gui, mon aimé,
l'amour de vous m'ôte toute joie et tout rire.

10

Chanson de toile

I Bele Doette as fenestres se siet,
Lit en un livre mais au cuer ne l'en tient;
De son ami Doon li resovient
Q'en autres terres est alez tornoier.
E or en ai dol!

II Uns escuiers as degrez de la sale
Est dessenduz, s'est destrossé sa male.
Bele Doette les degrez en avale,
Ne cuide pas oïr novele male.
E or en ai dol!

III Bele Doette tantost li demanda :
« Ou est mes sires, que ne vi tel pieç'a ? »

RS 1352, L 265-215, MW 61, B 716 (+ une source)
Ms. U 66r-v. Musique.

Belle Doette est assise devant les fenêtres,
elle lit en un livre mais son cœur est ailleurs.
Elle se souvient de Doon, son ami,
qui en d'autres terres est allé au tournoi.
Ah, j'ai dans mon cœur tant de peine.

Un écuyer devant les marches de la grand-salle
a mis pied à terre, il défait son bagage.
Belle Doette dévale les degrés,
elle ne croit pas entendre de tristes nouvelles.
Ah, j'ai dans mon cœur tant de peine.

Belle Doette aussitôt lui demanda :
« Où est mon seigneur, je ne l'ai pas vu depuis
[longtemps ? »

Cil ot tel duel que de pitié plora ;
Bele Doette maintenant se pasma.
E [or en ai dol] !

IV Bele Doette s'est en estant drecie ;
Voit l'escuier, vers lui s'est adrecie ;
En son cuer est dolante et correcie
Por son seignor dont ele ne voit mie.
E [or en ai dol] !

V Bele Doette li prist a demander :
« Ou est mes sires cui je doi tant amer ?
– En non Deu, dame, ne.l vos quier mais celer :
Morz est mes sires, ocis fu au joster. »
E or [en ai dol] !

VI Bele Doette a pris son duel a faire :
« Tant mar i fustes, cuens Do, frans debonaire,
Por vostre amor vestirai je la haire,
Ne sor mon cors n'avra pelice vaire.
E or en ai dol !
Por vos devenrai nonne en l'eglyse saint Pol.

VII « Por vos ferai une abbaïe tele,
Qant iert li jors que la feste iert nomeie,
Se nus i vient qui ait s'amor fauseie,
Ja del mostier ne savra l'entreie. »
E or en ai dol !
Por vos devenrai nonne a l'eglise saint Pol.

VIII Bele [Doette] prist s'abaiie a faire,
Qui est grande et adés sera maire ;
Toz cels et celes vodra dedanz atraire
Qui por amor sevent peine et mal traire.
E or en ai dol !
Por vostre amor devenrai nonne a l'eglise saint Pol.

L'écuyer en eut tant de chagrin qu'il en pleura
Aussitôt Belle Doette tomba évanouie. [d'émotion.
Ah, j'ai dans mon cœur tant de peine.

Belle Doette s'est dressée sur ses pieds,
elle regarde l'écuyer, elle s'est dirigée vers lui ;
dans son cœur, elle est chagrine et inquiète
pour son seigneur qu'elle ne voit nulle part.
Ah, j'ai dans mon cœur tant de peine.

Belle Doette s'est mise à le questionner :
« Où est mon seigneur que je dois tant aimer ?
– Au nom de Dieu, ma dame, je ne puis le cacher,
mort est mon seigneur, il a été tué à la joute. »
Ah, j'ai dans mon cœur tant de peine.

Belle Doette s'est mise à mener son deuil :
« Pourquoi, hélas, y fûtes-vous, comte Doon, noble
[et vaillant ?
Pour l'amour de vous, j'endosserai la haire,
jamais plus mon corps ne revêtira de fourrure de
Ah, j'ai dans mon cœur tant de peine. [vair.
Pour vous je deviendrai religieuse à l'église Saint-Paul.

« Pour vous, je ferai une abbaye de cette sorte :
quand reviendra le jour où l'on fête son nom,
s'il y vient quiconque aura trahi son amour,
il ne connaîtra jamais l'entrée du monastère. »
Ah, j'ai dans mon cœur tant de peine.
Pour vous je deviendrai religieuse à l'église Saint-Paul.

Belle Doette s'occupa de faire l'abbaye
qui est fort grande et grandira sans cesse.
Elle voudra y faire entrer tous ceux et toutes celles
qui pour l'amour savent endurer mal et peine.
Ah, j'ai dans mon cœur tant de peine.
Pour l'amour de vous je deviendrai religieuse à l'église
[Saint-Paul.

11

Chanson de toile

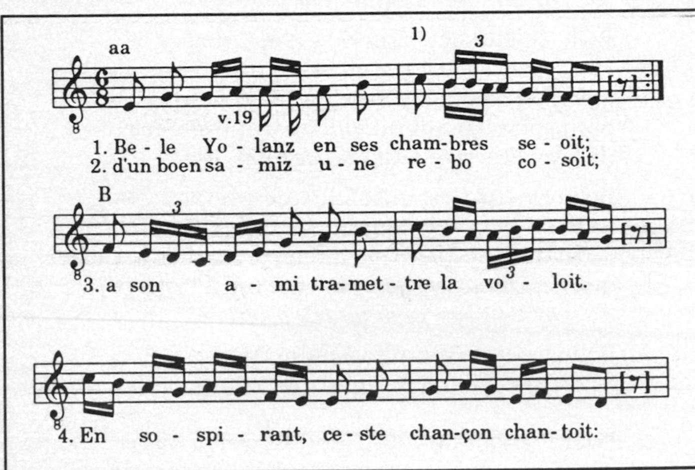

I Bele Yolanz en ses chambres seoit;
D'un boen samiz une robe cosoit;
A son ami trametre la voloit.
En sospirant, ceste chançon chantoit :
Deus, tant est douz li nons d'amors,
Ja n'en cuidai sentir dolors.

II « Bels douz amis, or vos voil envoier
Une robe par mout grant amistié.
Por Deu vos [pri], de moi aiez pitié. »
Ne pot ester; a la terre s'assiet.
Deus, tant est douz li nons d'amors,
[Ja n'en cuidai sentir dolors].

III A ces paroles et a ceste raison
Li siens amis entra en la maison.
Cele lo vit, si bassa lo menton;
Ne pot parler, ne li dist o ne non.
Deus, tant est douz li nons d'amors,
[Ja n'en cuidai sentir dolors].

RS 1847, L 265-223, MW 74, B 571
Ms. U 64v-65r. Musique.

Belle Yolande en sa chambre était assise ;
elle cousait une robe d'une belle soie,
elle voulait l'envoyer à son ami.
Elle chantait cette chanson tout en soupirant :
Mon Dieu, il est si doux le nom d'amour,
je ne croyais jamais en sentir de chagrin.

« Mon bel ami si doux, je veux vous envoyer
une robe de soie en signe de mon grand amour.
Je vous en prie, pour Dieu, ayez de moi pitié. »
Elle ne peut rester debout, sur le sol elle s'assied.
Mon Dieu, il est si doux le nom d'amour,
je ne croyais jamais en sentir de chagrin.

Comme elle prononçait ces paroles,
son ami entra dans la maison.
Elle le vit, elle baissa la tête,
elle ne pouvait plus parler, elle ne lui dit ni oui ni [non.
Mon Dieu, il est si doux le nom d'amour,
je ne croyais jamais en sentir de chagrin.

IV « Ma douce dame, mis m'avez en obli. »
Cele l'entent, se li geta un ris ;
En sospirant, ses bels braz li tendi ;
Tant doucement a acoler l'a pris.
Deus, tant est douz li nons d'amors,
[Ja n'en cuidai sentir dolors].

V « Bels douz amis, ne vos sai losengier,
Mais de fin cuer vos aim et senz trechier.
Qant vos plaira, si me porrez baisier ;
Entre voz braz me voil aler couchier. »
Deus, tant est douz li nons d'amors,
[Ja n'en cuidai sentir dolors].

VI Li siens amis entre ses braz la prent ;
En un biau lit s'asïent seulement.
Bele Yolanz lo baise estroitement ;
A tor françois en mi lo lit l'estent.
Deus, tant est douz li nons d'amors,
Ja n'en cuidai sentir dolors.

12
Chanson de toile

I Bele Yolanz en chambre koie
Sor ses genouz pailes desploie ;
Cost un fil d'or, l'autre de soie.
Sa male mere la chastoie :
Chastoi vos en, bele Yolanz.

II « Bele Yolanz, je vos chastoi ;
Ma fille estes, faire lo doi.
– Ma dame mere, et vos de coi ?
– Je le vos dirai, par ma foi. »
Chastoi vos en, bele Yolanz.

III « Mere, de coi me chastoiez ?
Est ceu de coudre ou de taillier
Ou de filer ou de broissier ?

« Ma douce dame, vous m'avez oublié. »
Elle l'entend, elle lui sourit ;
avec un soupir, elle lui tendit ses beaux bras,
elle le prit et l'enlaça si doucement !
Mon Dieu, il est si doux le nom d'amour,
je ne croyais jamais en sentir de chagrin.

« Mon cher amour, je ne sais vous tromper,
je veux plutôt vous aimer d'un cœur loyal, sans
[mensonge ;
quand il vous plaira, vous pourrez m'embrasser.
Je veux aller me coucher entre vos bras. »
Mon Dieu, il est si doux le nom d'amour,
je ne croyais jamais en sentir de chagrin.

Son ami la prend entre ses bras,
ils vont tous les deux seuls s'asseoir sur un beau lit.
Belle Yolande l'embrasse et l'enlace,
il la renverse sur le lit, à la française.
Mon Dieu, il est si doux le nom d'amour,
je ne croyais jamais en sentir de chagrin.

RS 1710, L 265-222, MW 62, B 351
Ms. U 70r-v. Sans musique.

Belle Yolande dans une chambre tranquille
sur ses genoux déploie un voile ;
elle le coud tantôt d'un fil d'or, tantôt d'un fil de
[soie.
Sa méchante mère la blâme :
Je vous en blâme, Belle Yolande.

« Belle Yolande, je vous blâme,
vous êtes ma fille et c'est donc mon devoir.
– Ma mère, et pour quoi ?
– Je vais vous le dire, ma foi. »
Je vous en blâme, Belle Yolande.

« Mère, de quoi me blâmez-vous ?
Est-ce de coudre ou de tailler,
est-ce de filer ou de broder ?

Ou se c'est de trop somillier ? »
Chastoi vos en, b[ele Yolanz].

IV « Ne de coudre ne de taillier
Ne de filer ne de broissier,
Ne ceu n'est de trop somillier,
Mais trop parlez au chevalier. »
Chastoi vos en, [bele Yolanz].

V « Trop parlez au conte Mahi,
Si en poise vostre mari ;
Dolanz en est, je.l vos affi ;
Ne.l faites mais, je vos en pri. »
Chastoi vos en, [bele Yolanz].

VI « Se mes mariz l'avoit juré,
Et il et toz ses parentez,
Mais que bien li doie peser,
Ne lairai je oan l'amer. »
Covegne t'en, bele Yolanz.

13
Chanson de toile

I An halte tour se siet belle Yzabel ;
Son bial chief blonc mist fuers per un crenel ;
De larmes moillent li lais de son mantel.
E, amins !
Por medissans seus fors de mon païs.

II « Laise ! fait elle, or mi vat malemant.
Livree seus a une estrainge gent ;
De mes amins nus secors nen atant. »
E, amins !
Por medissans seus fors de mon païs.

III « Laise ! fait elle, com si ait grant dolour !
On m'apeleivet fille d'anpareor,
Et on ait fait d'un vilain mon signor. »
E, amins !
[Por medissans seus fors de mon païs.]

Ou est-ce de trop sommeiller ? »
Je vous en blâme, Belle Yolande.

« Ni de coudre ni de tailler,
ni de filer ni de broder
ni non plus de trop sommeiller,
mais vous parlez trop au chevalier. »
Je vous en blâme, Belle Yolande.

« Vous parlez trop au comte Mathieu.
Votre mari en est affligé.
Il en est triste, je vous l'affirme.
Ne le faites plus, je vous en prie. »
Je vous en blâme, Belle Yolande.

« Quand mon mari en aurait fait le serment,
lui et toute sa parenté,
même si cela lui cause de l'affliction,
je ne renoncerai jamais à l'amour. »
Comme cela te conviendra, Belle Yolande !

RS 586, L 265-618, MW 306, B 792
Ms. U 145v. Sans musique.

Sur une haute tour se tient Belle Isabel,
elle a penché sa tête blonde par un créneau.
Le bord de son manteau est mouillé de larmes.
Ah, mon ami,
je suis loin de mon pays à cause des médisants.

« Hélas, dit-elle, comme mon sort est triste !
Je suis livrée à des étrangers,
je n'attends plus nul secours de mon ami. »
Ah, mon ami,
je suis loin de mon pays à cause des médisants.

« Hélas, dit-elle, combien est grande ma peine !
On m'appelait fille d'empereur
et l'on a fait d'un rustre mon seigneur. »
Ah, mon ami,
je suis loin de mon pays à cause des médisants.

IV Sa damoselle davant li vient esteir.
« La moie dame, c'avés ke si ploreis ?
– C'est a boen droit. – Ne degniez [vos] ameir ? »
E, amins !
[Por medissans seus fors de mon païs.]

V « Se je savoie un cortois chivelier
Ke de ses armes fust loeiz et prisiez,
Je l'ameroie de greit et volentiers. »
E, amins !
[Por medissans seus fors de mon païs].

VI « La moie dame, je sai un chivelier
Ke de ses armes est loeiz et prisiez ;
Amerait vos, cui c'an poist ne cui griet. »
E, amins !
Por medissans seus fors de mon païs.

Sa demoiselle vient et se tient devant elle :
« Ma dame, qu'avez-vous à pleurer ainsi ?
– C'est à bon droit. – Que diriez-vous d'un [amant ? »
Ah, mon ami,
je suis loin de mon pays à cause des médisants.

« Si je connaissais un chevalier courtois
qui fût loué et estimé pour ses exploits,
je l'aimerais bien volontiers et avec plaisir. »
Ah, mon ami,
je suis loin de mon pays à cause des médisants.

« Ma dame, je connais un chevalier
qui est loué et estimé pour ses exploits.
Il vous aimera, s'en plaigne qui voudra. »
Ah, mon ami,
je suis loin de mon pays à cause des médisants.

14

Aube

I Gaite de la tor,
Gardez entor
Les murs, se Deus vos voie !
C'or sont a sejor
Dame et seignor,
Et larron vont en proie.
Hu et hu et hu et hu !
Je l'ai veü
La jus soz la coudroie.
Hu et hu et hu et hu !
A bien pres l'ocirroie.

II D'un douz lai d'amor
De Blancheflor,
Compains, vos chanteroie,

RS 2015, L 265-722, MW 475, B 884
Ms. U 83r-v. Musique.

Guetteur de la tour,
regardez tout autour
des murs, et que Dieu vous garde,
car ma dame et son seigneur
se reposent maintenant à l'intérieur
et les voleurs cherchent leur proie.
Hu et hu et hu et hu
Je l'ai vu
là-bas sous les coudriers.
Hu et hu et hu et hu
Pour un peu je le tuerais !

Un doux lai d'amour
sur Blanchefleur,
compagnon, je vous le chanterais bien,

Ne fust la poor
Del traïtor
Cui je redotteroie.
Hu et hu [et hu et hu!
Je l'ai veü
La jus soz la coudroie.
Hu et hu et hu et hu!
A bien pres l'ocirroie.]

III Compainz, en error
Sui, k'a cest tor
Volentiers dormiroie.
N'aiez pas paor!
Voist a loisor
Qui aler vuet par voie.
Hu et hu et hu et hu!
Or soit teü,
Compainz, a ceste voie.
Hu et hu! Bien ai seü
Que nos en avrons joie.

IV Ne sont pas plusor
Li robeor;
N'i a c'un que je voie,
Qui gist en la flor
Soz covertor,
Cui nomer n'oseroie.
Hu [et hu et hu et hu!
Or soit teü,
Compainz, a ceste voie.
Hu et hu! Bien ai seü
Que nos en avrons joie.]

V Cortois ameor
Qui a sejor
Gisez en chambre coie,
N'aiez pas freor,
Que tresq'a jor
Pöez demener joie.
Hu [et hu et hu et hu!
Or soit teü,

n'était la peur
du traître
que je redoute.
Hu et hu et hu et hu
Je l'ai vu
là-bas sous les coudriers.
Hu et hu et hu et hu
Pour un peu je le tuerais !

Compagnon, je suis inquiet,
moi qui de ce pas
m'endormirais volontiers.
Mais n'ayez crainte !
Qu'il aille à loisir,
celui qui veut suivre ce chemin.
Hu et hu et hu et hu
Que soit fait le silence,
compagnon, sur ce chemin !
Hu et hu, j'ai bien su
que nous en aurions de la joie.

Ils ne sont pas nombreux,
les voleurs ;
je n'en vois qu'un seul
couché parmi les fleurs
sous une couverture.
Je n'ose dire son nom.
Hu et hu et hu et hu
Que soit fait le silence,
compagnon, sur ce chemin !
Hu et hu, j'ai bien su
que nous en aurions de la joie.

Courtois amants,
qui dormez paisiblement
dans cette chambre tranquille,
n'ayez pas peur !
Car jusqu'au jour
vous pouvez vivre votre joie.
Hu et hu et hu et hu
Que soit fait le silence,

Compainz, a ceste voie.
Hu et hu ! Bien ai seü
Que nos en avrons joie.]

VI Gaite de la tor,
Vez mon retor
De la ou vos ooie ;
D'amie et d'amor
A cestui tor
Ai ceu que plus amoie.
Hu et hu et hu et hu !
Pou ai geü
En la chambre de joie.
Hu et hu ! Trop m'a neü
L'aube qui me guerroie.

VII Se salve l'onor
Au Criator
Estoit, tot tens voudroie
Nuit feïst del jor :
Jamais dolor
Ne pesance n'avroie.
Hu et hu et hu et hu !
Bien ai veü
De biauté la monjoie.
Hu et hu ! C'est bien seü.
Gaite, a Deu tote voie.

15

Aube

Chanson de femme

I Entre moi et mon amin,
En un boix k'est leis Betune,
Alainmes juwant mairdi
Toute lai nuit a la lune,
Tant k'il ajornait
Et ke l'alowe chantait

compagnon, sur ce chemin !
Hu et hu, j'ai bien su
que nous en aurions de la joie.

Guetteur de la tour,
me voilà de retour
de là où je vous écoutais ;
amie et amour
à cet instant,
j'ai obtenu tout ce que j'aime le plus.
Hu et hu et hu et hu
J'ai peu dormi
en la chambre de joie.
Hu et hu, trop m'a nui
l'aube qui me fait la guerre.

Sans manquer de respect
pour le Créateur,
je voudrais sans cesse
que du jour Il fasse une nuit.
Jamais je n'en éprouverais
de tristesse ni de chagrin.
Hu et hu et hu et hu
j'ai bien vu
la Somme de Beauté.
Hu et hu, c'est bien sûr.
Guetteur, adieu pour cette fois !

RS 1029, L 265-665, MW 2240, B 892 (+ une source)
Ms. I 4:43. Sans musique.

Mon ami et moi,
en un bois près de Béthune,
nous passâmes toute la nuit
de mardi à jouer à la lune
jusqu'à ce qu'il fît jour
et que chantât l'alouette

Ke dit : « Amins, alons an. »
Et il respont doucement :
Il n'est mie jours,
Saverouze au cors gent ;
Si m'aït Amors,
L'alowette nos mant.

II Adont se trait pres de mi,
Et je ne fu pas anfruine ;
Bien trois fois me baixait il,
Ausi fix je lui plus d'une,
K'ainz ne m'anoiait.
Adonc vocexiens nou lai
Ke celle neut durest sant,
Mais ke plus n'alest dixant :
Il n'est mie jours,
[Saverouze au cors gent ;
Si m'aït Amors,
L'alowette nos mant.]

16
Aube
Chanson de femme

I Cant voi l'aube dou jor venir,
Nulle rien ne doi tant haïr,
K'elle fait de moi departir
Mon amin, cui j'ain per amors.
Or ne hais riens tant com le jour,
Amins, ke me depairt de vos.

II Je ne vos puis de jor veoir,
Car trop redout l'apercevoir,
Et se vos di trestout por voir
K'en agait sont li enuious.
Or ne hais riens [tant com le jour,
Amins, ke me depairt de vos].

qui dit : « Ami, allons-nous-en ».
Et il répond doucement :
Ce n'est pas le jour,
savoureuse au corps joli ;
je le jure par Amour,
l'alouette nous ment.

Alors il s'approche de moi
et je ne fus pas chiche ;
il m'embrassa plus de trois fois
et, de mon côté, je le fis plus d'une !
Cela ne m'ennuya pas.
Certes nous aurions bien voulu
que cette nuit durât cent nuits
et que lui n'eût plus à dire :
Ce n'est pas le jour,
savoureuse au corps joli ;
je le jure par Amour,
l'alouette nous ment.

RS 1481, L 65-12, MW 369, B 1453
Ms. C 44v-45r. Sans musique. Attribution : Gace Brulé (voir *infra* p. 916).

Quand je vois se lever l'aube du jour,
il n'y a rien que je doive plus haïr
car elle fait me quitter
mon bien-aimé, pour qui j'ai tant d'amour.
Certes, je ne hais rien tant que le jour,
bien-aimé, qui me sépare de vous.

Le jour, je ne puis vous voir
car j'ai bien trop peur qu'on nous remarque.
Je vous le dis, c'est la vérité :
les fâcheux sont aux aguets.
Certes, je ne hais rien tant que le jour,
bien-aimé, qui me sépare de vous.

III Quant je me gix dedens mon lit
Et je resgairde encoste mi,
Je n'i truis poent de mon amin,
Se m'en plaing a fins amerous.
Or ne hais riens [tant com le jour,
Amins, ke me depairt de vos].

IV Biaus dous amis, vos en ireis;
A Deu soit vos cors comandeis.
Por Deu vos pri, ne m'oblieis!
Je n'ain nulle rien tant com vos.
Or ne hais riens [tant com le jour,
Amins, ke me depairt de vos].

V Or pri a tous les vrais amans
Ceste chanson voixent chantant
Ens en despit des mesdixans
Et des mavais maris jalous.
Or ne hais riens tant com lou jor,
Amins, ke me depairt de vos.

17

Reverdie

I Volez vous que je vous chant
Un son d'amors avenant?
    Vilain ne.l fist mie,

Quand je suis allongée dans mon lit
et que je regarde à mes côtés,
je n'y trouve point mon bien-aimé.
Je m'en plains à tous les amants au cœur loyal.
Certes, je ne hais rien tant que le jour,
bien-aimé, qui me sépare de vous.

Ami doux et cher, vous allez partir.
À Dieu je vous recommande,
pour Dieu, je vous en supplie, ne m'oubliez pas !
Je n'aime personne autant que vous.
Certes, je ne hais rien tant que le jour,
bien-aimé, qui me sépare de vous.

J'en fais prière à tous les amants sincères :
qu'ils aillent chantant ma chanson
en dépit de tous les médisants
et des méchants maris jaloux.
Certes, je ne hais rien tant que le jour,
bien-aimé, qui me sépare de vous.

RS 318, L 265-1737, MW 562
Mss. K 314-315, N 150r, X 199r-v. Musique dans tous les mss.

Voulez-vous que je vous chante
une agréable chanson d'amour ?
Ce n'est pas un vilain qui la composa

Ainz le fist un chevalier
Souz l'onbre d'un olivier
  Entre les braz s'amie.

II Chemisete avoit de lin
En blanc peliçon hermin
    Et blïaut de soie,
Chauces ot de jaglolai
Et sollers de flors de mai,
  Estroitement chauçade.

III Çainturete avoit de fueille
Qui verdist quant li tens mueille;
    D'or ert boutonade.
L'aumosniere estoit d'amor;
Li pendant furent de flor,
  Par amors fu donade.

IV Si chevauchoit une mule;
D'argent ert la ferreüre,
    La sele ert dorade;
Seur la crope par derrier
Avoit planté trois rosiers
  Por fere li honbrage.

V Si s'en vet aval la pree;
Chevaliers l'ont encontree,
    Biau l'ont saluade :
« Bele, dont estes vous nee ?
– De France sui, la löee,
  Du plus haut parage.

VI « Li rosignous est mon pere
Qui chante seur la ramee
    El plus haut boscage;
La seraine, ele est ma mere
Qui chante en la mer salee
  El plus haut rivage.

VII – Bele, bon fussiez vous nee,
Bien estes enparentee
    Et de haut parage;

mais bien un chevalier
à l'ombre d'un olivier
entre les bras de son amie.

Elle portait une chemisette de lin,
une blanche pelisse d'hermine,
un bliaut de soie,
des chausses de glaïeul,
ses souliers étaient de fleurs de mai
et la chaussaient étroitement.

Elle avait une ceinture de feuillages
qui reverdit quand le temps est à la pluie,
ses boutons étaient en or.
Son aumonière était d'amour
et les cordons étaient des fleurs ;
on la lui avait donnée par amour.

Elle chevauchait une mule
dont les fers étaient d'argent
et la selle toute dorée.
Sur la croupe derrière elle
elle avait planté trois rosiers,
pour qu'ils lui offrent de l'ombre.

Elle s'en va parmi les prés.
Des chevaliers l'ont rencontrée.
Ils la saluent courtoisement :
« Belle, où êtes-vous née ?
– Je suis de France la louée,
de la plus haute naissance.

« Mon père est le rossignol
qui chante sur les branchages
au plus haut des bois,
ma mère est la sirène
qui chante en la mer salée
au plus haut du rivage.

– Ah, belle, vous êtes bien née,
vous avez une belle parenté,
vous êtes de haute naissance.

Pleust a Dieu nostre pere
Que vous me fussiez donee
  A fame espousade. »

Plût à Dieu notre père
que vous me fussiez donnée
pour être ma femme épousée ! »

18

Reverdie

AA
1. En a-vril, au tens Pa-scour,
3. l'a-lo-ete au point du jour
(♭)
1.
2.
2. que seur l'er-be nest la flor,
4. chan-te par mult grant bau-dor.
BB'
5. Pour la dou-çor du tens nou-vel
7. s'o-i chan-ter sor l'ar-broi-sel
1.
2. (♭)
[7]
6. si me le-vai par un ma-tin,
8. un oi-se-let en son la-tin.
cc'
9. Un pe-tit me soz-le-vai
10. Ne soi mot, que des oi-siaus
1.
2.
pour es-gar-der sa fai-tu-re.
vi ve-mir a des-me-su-re.

I En avril au tens pascour,
Que seur l'erbe nest la flor,
L'alöete au point du jour

RS 2006, L 265-596, MW 59
Mss. K 410-411, U 152 et 151. Musique dans K.

En avril, au temps de Pâques,
quand la fleur naît sur l'herbe,
l'alouette au point du jour

Chante par mult grant baudor.
Pour la douçour du tens nouvel,
Si me levai par un matin,
S'oï chanter sor l'arbroisel
Un oiselet en son latin.
Un petit me sozlevai pour esgarder sa faiture.
Ne soi mot que des oisiaus vi venir a desmesure.
Je vi l'oriou
Et le rosignou,
Si vi le pinçon
Et l'esmerillon,
Deus !
Et tant des autres oisiaus, de quoi je ne sai pas le
[non,
Qui sor cel arbre s'assistrent et commencent
[lor chançon.

II Tuit chanterent a un tor,
N'i ot autre jougleor.
Je m'en alai soz la flor
Por oïr joie d'amor.
Tout belement par un prael
Li deus d'amors vi chevauchier.
Je m'en alai a son apel,
De moi a fet son escuier.
Ses chevaus fu de deport, sa sele de signorie,
Ses frains [fu] de son dangier, ses estriers de fil de
[sie.
Ses hauberz estoit
D'acoler estroit,
Ses hiaumes de flors
De pluseurs colors.
Deus !
Lance avoit de cortoisië, espee de fuel de glai,
S'ot chauces de mignotië, esperons de bec de jai.

chante par grande allégresse.
Pour la douceur des jours nouveaux,
je me levai un beau matin ;
j'entendis chanter sur l'arbrisseau
un oiselet en son latin.
Je me soulevai un peu pour voir son plumage.
Je ne sus compter les oiseaux que je vis venir en
[masse :
Je vis le loriot
et le rossignol,
je vis le pinson
et l'émerillon,
mon Dieu !
et tant d'autres oiseaux dont j'ignore le nom ;
sur cet arbre ils se posèrent et commencèrent à
[chanter.

Ils chantèrent tous chacun son tour ;
il n'y eut pas d'autre jongleur.
Je m'en allai parmi les fleurs
écouter cette joie de l'amour.
Par la prairie avec beaucoup de grâce,
je vis chevaucher le dieu d'Amour.
J'allai vers lui à son appel,
il fit de moi son écuyer.
Son cheval était de plaisir, sa selle de seigneurie,
ses rênes étaient de domination, ses étriers de fil
[de soie ;
il avait un haubert
d'étroite accolade,
il avait un heaume de fleurs
de maintes couleurs,
mon Dieu !
Il avait une lance de courtoisie, une épée de feuille
[de glaïeul,
des chausses de mignardise, des éperons de bec de
[geai.

19

Estampie

I

Doucement,
Sovant
M'esprent
Forment
Amours et dame anvoixie,
Qui volanteit et talent
M'ait doneit tout mon vivant,
Ke por li chant
Jolietemant.
Je m'i presant
De cuer joiant,
Bonement,
Liement.

Avenant
Cors gent,
Riant,
Plaixant
A celle qui me maistrie,
Qui toz jors vait semonant
Mon cuer, qui a li se rant
Antierement
Par un dous samblant;
Dont an airdant
Je voix uzant
Mon jovent
An pansant.

II

Mais esperence m'afi
Ke j'avrai aligement.
Por ceu me voix desduxant,
Car je m'atant
C'onkes facement
N'alai servant,
Ne repentant,
Recreant
Ne faillant

RS 654a (= 731), L 265-558, MW 96:1
Ms. I 2:12. Sans musique.

Doucement,
souvent
m'éprend
ardemment
l'amour de ma dame joyeuse
qui m'a donné pour la vie
la volonté et le désir
de chanter pour elle
gracieusement.
Je m'y empresse,
le cœur joyeux,
bonnement,
gaiement.

Agréable,
le corps noble,
riante,
plaisante :
telle est celle qui me domine,
et ne cesse de gouverner
mon cœur qui se rend à elle
entièrement
pour sa douce apparence :
je brûle,
je vais usant
ma jeunesse
en ces pensées.

Mais l'espérance m'affirme
que j'aurai apaisement.
C'est la cause de ma joie
car je suis dans l'attente :
jamais faussement
je n'ai fait mon service,
ni à regret ;
ni lâche
ni défaillant,

Ne vi mon cuer vers celi
Ou toute valour apant.
Kant je l'ai en remirant,
Joie ai si grant
Ke tout mon torment
Voix oubliant.
Nuns malz ne sant
Tant ne kant.
Por ç' ain tant.

III Se li pri
De mi
Ait mercit,
K'a son amin
Me taigne, si m'averait mout bien meri
Et [de] tout gari.

Et s'a li
Failli
Ai ansi,
Ke de pair li
N'aie pitiet, bien puis dire ke mar vi
La biautei de li.

IV Mais an mon boin espoir m'afi,
Qui de confort garni
Et anrechit
M'ait ; s'an graci
Bone Amor, ke j'ai servi.

Or soit de ma griétei sor li !
S'il li plait c'an obli
Ou amainrit
[Jai] soient mi
Mal, de joli cuer l'otri.

je n'ai vu mon cœur devant elle
en qui sont encloses toutes valeurs.
Quand je la contemple,
j'en ai si grand-joie
que je vais oubliant
tout mon tourment.
Je ne sens absolument
plus aucun mal.
C'est pour cela que j'aime tant.

Je la prie donc
d'avoir pitié
de moi,
qu'elle me tienne
pour son ami, elle m'aura bien récompensé
et guéri de tout mal.

Et si jamais
j'ai manqué d'égards
envers elle
si bien qu'en elle
je ne trouve nulle pitié, je peux bien le dire,
pour mon malheur je vis sa beauté.

Mais je me fie à mon bon espoir
qui m'a octroyé le réconfort
et enrichi.
J'en remercie
bonne Amour que j'ai servie.

Que donc ma souffrance dépende d'elle !
S'il lui plaît qu'en oubli
ou qu'amoindris
soient un jour mes chagrins,
je le lui concède de cœur joyeux.

20
Estampie

I
Je chans
Sovent
De cuer amerouzement,
Ke pris suis si doucement
De cors bien fait, avenant,
A cui me rant
Trestout mon vivant;
Car kant je l'ai en remirant,
An moi s'estant
Mes cuers et esprant
An chantant
Gaiement.

Riant,
Plaixant
Ait lou vis cleir, fremiant,
Jante, jone de jovent,
Eus por ambleir cuer d'amant,
Regairt prenant.
Si sutivement
M'ait saixit par son dous samblant,
D'or an avant
De cuer bonement
Ferai son comant,
An sa merci atandant.

II
Car qui welt ameir,
Il se doit aviseir
C'on nou puist nullement faus troveir,
Saiges, cortois, sosfrans, sans mueir,
Sans lui vanteir,
Loialz, sans guileir,
Jolis et gais, sans orgoil moustreir
Et gardeir
An pairleir.

Ou l'amour dureir
Ne puet, si andureir

RS 301a (= 725), L 265-858, MW 21:4
Ms. I 2:17. Sans musique.

Je chante
souvent
d'un cœur amoureux,
car je suis, si doucement, prisonnier
d'un corps bien fait et agréable
auquel je me rends
pour ma vie durant.
Toutes les fois que je le contemple,
mon cœur s'enfle
et s'enflamme
en chantant
gaiement.

Riante,
plaisante,
le visage clair et radieux,
gracieuse, en la fleur de jeunesse,
elle a des yeux à ravir le cœur d'un amant,
un regard qui vous prend.
Elle s'est saisie de moi par sa douce apparence
si habilement
que dorénavant,
de bon cœur,
je ferai ce qu'elle veut,
attendant sa pitié.

Car celui qui veut aimer,
il doit faire attention
à ce que nul en lui ne trouve de fausseté.
Mais qu'il soit sage, courtois, endurant,
sans se vanter,
loyal, sans perfidie,
joyeux et gai, sans montrer d'orgueil
et discret
dans ses propos.

L'amour ne peut durer
si l'on ne veut

Ne vuelt lou dous mestier sans ameir.
Qui ansi se seit amesureir
Ne doit douteir
Joie recovreir;
Car pitiet sert de fran cuer donteir
Et d'amant tenceir
Et de sa joie doubleir.

III Por ceu voil maintenir
Bone amor et tant servir
Que je puisse recuillir
Par obeïr
Lou don de merir,
S'Amor sosfrir lo welt, et joïr,
Et pitiez s'i welt consentir,
Ki alegir me puet mon dezir
D'un dous confort por moi resjoïr
Et perir
Mon languir.

Ainz puisse je fenir
Ke j'aie cuer de faillir
Ne de ma dame guerpir !
Mais son plaisir
Vorrai acomplir ;
Et s'il li vuelt de moi sovenir,
Je cut bien a joie venir.
Si atandrai son tres dous plaisir,
Car, cant la remir,
J'ai espoir de bien joïr.

IV Dame, jai n'an partirai
Et si ne sai
S'an vos troverai
Mercit, ke tant dezirei ai.
G'i averai
Esperance tant con vivrai.
A mon esmai
Me conforterai,
S'an dirai
De cuer vrai :

endurer le doux service sans amertume.
Qui sait garder la juste mesure
ne doit pas douter
de recouvrer la joie.
Car la pitié sert à dompter un noble cœur
et à protéger un amant
et à redoubler sa joie.

Voilà pourquoi je veux maintenir
mon bon amour et servir assez
pour pouvoir recueillir
par mon obéissance
le don de récompense
et la jouissance, si Amour le veut bien
et que Pitié veuille y consentir,
ce qui pourrait bien apaiser mon désir
d'un doux réconfort pour me réjouir
et faire disparaître
ma langueur.

Plutôt que de faillir de cœur
ou de quitter ma dame,
puissé-je mourir !
Mais je voudrais accomplir
sa volonté,
et si elle veut se souvenir de moi,
je crois bien obtenir ma joie.
J'attendrai donc son très doux plaisir,
car à seulement la contempler,
j'ai espoir d'une grande joie.

Dame, jamais je ne vous quitterai,
et pourtant je ne sais
si je trouverai en vous
la pitié dont j'ai si long désir.
J'aurai espoir
aussi longtemps que je vivrai.
Dans mon émoi
je me réconforterai
en disant
de cœur loyal :

« Amours, vos malz plaixans ai,
Dont voloir n'ai
Ne jai n'averai
De garir ; ains vos servirai
Tant ke vairai
Se de vos confort troverai.
An teil estat mon tens userai,
Car plus bel ne sai
Andureir les malz ke j'ai. »

21
Pastourelle

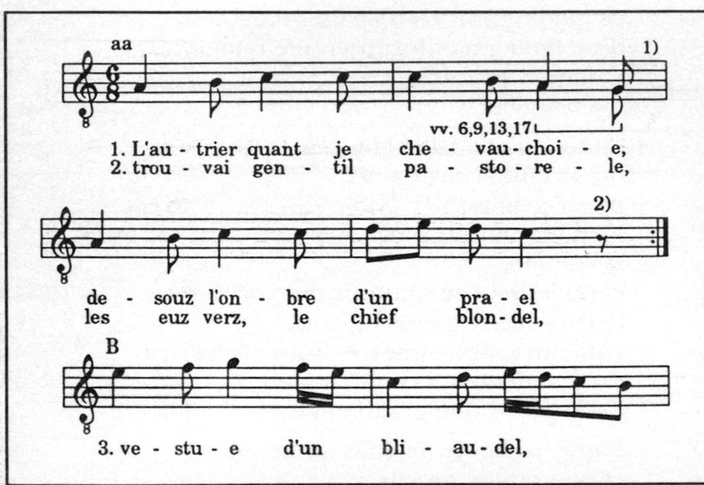

I L'autrier quant je chevauchoie, desouz l'onbre [d'un prael
Trouvai gentil pastorele, les euz verz, le chief [blondel,
Vestue d'un blïaudel,
La color fresche et vermeille ; de roses fet un [chapel.

« Amour, j'éprouve vos maux plaisants
dont je n'ai et n'aurai
jamais le désir
de guérir ; mais je vous servirai
jusqu'à voir
si je trouverai en vous réconfort.
J'userai ainsi tout mon temps,
car je ne saurais mieux
endurer les maux que je ressens. »

RS 1698a, (=1708), L 265-1037, MW 2
Ms. K 376. Musique.

L'autre jour alors que je chevauchais dans une
[prairie sous les ombrages,
je rencontrai une gentille bergère, les yeux
vêtue d'un petit bliaut, [brillants, la tête blonde,
le teint frais et rosé ; elle faisait une couronne de
[roses.

II Je la saluai, la bele ; ele me respont briément.
« Bele, avez vous point d'ami qui vous face biau
Tantost respont en riant : [senblant ? »
« Nenil voir, chevalier sire, mes g'en aloie
[un querant.

III – Bele, puis qu'ami n'avez, dites se vos m'amerez. »
Ele respont conme sage : « Oïl, se vous m'espousez.
Lors ferez voz volentez,
Et, se querez autre chose, ce seroit desloiauté.

IV – Bele, ce lessiez ester ; n'avons cure d'espouser !
Ainz demerrons nostre joie tant com la porrons
De besier et d'acoler, [mener,
Et je vous ferai fiance que je n'avrai autre a per. »

V « Sire, vostre biau senblant va mon cuer si
[destraignant
Vostres sui, que que nus die, des cestui jour en
N'ala pas trois pas avant ; [avant. »
Entre ses braz l'a sesie deseur l'erbe verdoiant.

22
Pastourelle

aa
1)
vv. 18,25
1. En - mi la rou - se - e que nest la flor,
2. que la rose est be - le au point du jor!
BB' (♭)
3. Par mi cele ar - broi - e
6. Quant j'oi la leur joi - e,

Je la saluai, la belle ; elle me répond brièvement.
« Belle, n'avez-vous pas d'ami qui vous fasse bonne [figure ? »
Elle répond aussitôt en riant :
« Non pas, messire le chevalier, mais je m'en [cherchais un.

– Belle, puisque vous n'avez pas d'ami, dites-le, [m'aimerez-vous ? »
Elle répond en fille sage : « Oui, si vous m'épousez.
Alors vous obtiendrez de moi ce que vous voudrez.
Mais si vous vouliez autre chose, ce serait déloyal.

– Belle, laissez donc cela ; ne nous soucions pas de [mariage !
Mais nous vivrons joyeusement autant que nous le [pourrons,
à nous embrasser, à nous enlacer.
et je vous le garantis, je n'aurai pas d'autre [amante. »

Seigneur, votre belle apparence me serre tant le [cœur
que je suis vôtre, quoi qu'on dise, dès [maintenant. »
Elle ne fit pas trois pas
qu'entre ses bras il l'a saisie sur l'herbe verdoyante.

RS 1984, L 265-632, MW 518
Mss. K 318, N 152r, P 166r-v, X 200v-201r. Musique dans tous les mss.

4. cil oi - sel - lon s'en - voi - sent
7. pour rienz ne m'i ten - droi - e
1
2.
5. et mai-nent grant bau-dor.
8. d'a - mer bien par a - mors.

I Enmi la rousee que nest la flor,
Que la rose est bele au point du jor !
Par mi cele arbroie
Cil oisellon s'envoisent
Et mainent grant baudor.
Quant j'oi la leur joie,
Pour riens ne m'i tendroie
D'amer bien par amors.

II La pastore ert bele et avenant ;
Ele a les euz verz, la bouche riant.
Benoet soit li mestre
Qui tele la fist nestre,
Bien est a mon talent.
Je m'assis a destre,
Si li dis : « Damoiselle,
Vostre amor vous demant. »

III Ele me respont : « Sire champenois,
Par vostre folie ne m'avrois des mois,
Car je suis amie
Au filz dame Marie,
Robinet le cortois,
Qui me chauce et lie
Et si ne me let mie
Sanz biau chapiau d'orfrois. »

IV Quant vi que proiere ne m'i vaut noient,
Couchai la a terre tout maintenant,
Levai li le chainse,
Si vi la char si blanche,
Tant fui je plus ardant,
Fis li la folie.
El ne.l contredist mie,
Ainz le vout bonement.

V Quand de la pastore oi fet mon talent,
Sus mon palefroi montai maintenant,
Et ele s'escrie :
« Au filz sainte Marie,
Chevalier, vos conmant ;

Parmi la rosée où naît la fleur,
comme elle est belle, la rose, au point du jour !
Dedans ce bois,
les oiseaux se réjouissent
et mènent joyeux tapage.
Quand j'entends leurs cris de bonheur,
rien ne pourrait me retenir
d'aimer de tout mon amour.

La bergère était belle et plaisante,
elle a l'œil clair, la bouche souriante.
Béni soit l'habile maître
qui la fit naître telle !
Elle est à mon souhait ;
je m'assis à sa droite
et lui dis : « Demoiselle,
je vous demande votre amour. »

Elle me répond : « Espèce de Champenois,
tout dévergondé que vous êtes, vous ne m'aurez [pas de sitôt !
Je suis l'amie
du fils de dame Marie,
Robinet le courtois,
qui m'offre chausses et ceinture
et qui ne me laisse pas
sans beau diadème brodé. »

Quand je vis que ma prière était vaine,
je la couchai aussitôt sur le sol,
je lui soulevai la chemise,
je vis sa chair si blanche
que j'en brûlai davantage.
Je lui fis l'amour,
elle ne s'y opposa pas
mais accepta tout bonnement.

Quand j'eus obtenu mon plaisir de la bergère,
je remontai aussitôt sur mon palefroi ;
et elle s'écrie :
« Au fils de sainte Marie,
chevalier, je vous recommande !

Ne m'oublïez mie,
Car je sui vostre amie,
Mes revenez souvent. »

23
Pastourelle

I Quant voi la flor nouvele
Paroir en la praele
Et j'oi la fontenele
Bruire seur la gravele,
Lors mi tient amors nouvele,
Dont ja ne garrai.
Se cist maus ne m'asouage,
Bien sai que morrai.

II « Je suis sade et brunete
Et joenne pucelete,
S'ai color vermeillete,
Euz verz, bele bouchete ;
Si mi point la mamelete
Que n'i puis durer.
Resons est que m'entremete
Des douz maus d'amer.

III « Certes, se je trouvoie
Qui m'en meïst en voie,

Ne m'oubliez pas
car je suis votre amie !
Revenez souvent. »

RS 599, L 265-1493, MW 46, B (voir *infra* p. 921)
Mss. N 146v-147r, K 308, P 160v-161r, X 195r-v. Musique dans tous les mss.

B
5. lors mi tient a - mors nou-ve- le, 6. dont ja ne gai - rai.
7. Se cist maus ne m'a-sou-a - ge, 8. bien sai que mor-rai.

Quand je vois la fleur nouvelle
éclore au milieu des prés
et que j'entends la source
bruire sur le gravier,
alors un amour nouveau s'empare de moi
dont je ne guérirai jamais.
Si ce mal n'est soulagé,
je sais bien que j'en mourrai.

« Je suis plaisante et brunette,
toute jeune fille.
J'ai le teint rosé,
les yeux clairs, une jolie petite bouche.
Les seins me piquent si fort
que je n'y puis résister !
Il est juste que je m'occupe
des doux maux de l'amour.

« Certes, si je trouvais
qui m'indique ce chemin,

Volentiers ameroie ;
Ja por nul ne.l leroie
Car bien ai oï retrere
Et por voir conter
Que nus n'a parfete joie
S'el ne vient d'amer. »

IV Vers la touse m'avance
Por oïr s'acointance ;
Je la vi bele et blanche,
De simple contenance.
Ne mist pas en oubliance
Ce que je li dis.
Maintenant sanz demorance
S'amor li requis.

V Pris la par la main nue,
Mis la sus l'arbe drue ;
Ele s'escrie et jure
Que de mon geu n'a cure :
« Ostés vostre lecheüre !
Deus la puist honir !
Car tant m'est asprete et dure
Ne la puis souffrir. »

VI « Bele, tres douce amie,
Ne vos esmaiez mie ;
Oncor ne savez mie
Con ce est bone vie.
Vo mere n'en morut mie,
Ce savez vos bien.
Non fera, certes, la fille,
N'en doutez de rien. »

VII Quant l'oi despucelee,
Si s'est en piez levee ;
En haut s'est escrïee :
« Bien vos sui eschapee.
Treze anz a que je fui nee,
Par mien escïent ;
Onques mes n'oi matinee
Que j'amasse tant. »

je serais volontiers amoureuse.
Nul ne saurait m'en empêcher
car je l'ai entendu dire
et raconter comme une vérité :
nul ne connaît la joie parfaite
si elle ne lui vient pas d'aimer. »

Je m'avance vers la bergerette
pour l'écouter parler.
Je la vis si belle et blanche,
toute simple dans sa tenue.
Elle n'eut garde d'oublier
ce que je lui dis.
Aussitôt, sans attendre,
je lui demandai son amour.

Je la pris par la main nue,
je la couchai sur l'herbe drue ;
elle se met à crier, elle jure
qu'elle ne veut pas de mon jeu :
« Cessez votre galanterie !
Puisse Dieu la maudire !
Car cela me fait si durement mal
que je ne puis le souffrir. »

« Belle et douce amie,
ne soyez pas effrayée ;
vous ne savez pas encore
combien c'est agréable.
Votre mère n'en mourut pas,
vous le savez bien, et la fille
n'en mourra certes pas non plus.
Ne redoutez rien ! »

Quand je l'eus dépucelée,
elle a sauté sur ses pieds ;
elle s'écria à haute voix :
« Je me trouve bien de ce que vous m'avez fait.
Il y a treize ans que je suis née,
que je sache ;
et je n'ai jamais vécu matin
qui me fût aussi plaisant. »

24
Pastourelle

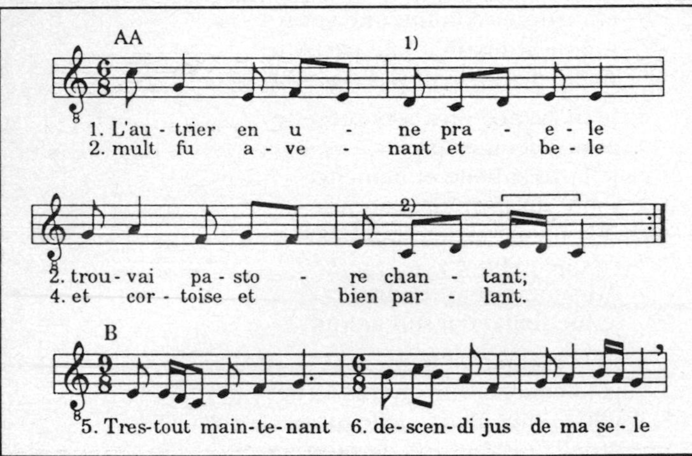

I L'autrier en une praele
Trouvai pastore chantant ;
Mult fu avenant et bele
Et cortoise et bien parlant.
  Trestout maintenant
Descendi jus de ma sele
Et li dis : « Ma damoiselle,
  M'amor vous present
  Jolivetement. »

II Ore öez de la dancele
Qu'ele me dist en riant :
« Je vous conois bien, fet ele,
Je vous voi auques souvent
  Par ci chevauchant. »
Lors me dona sa cordele
Et son chapel a pucele,
  Que j'aim loiaument,
  Jolivetement.

RS 608, L 265-1021, MW 1201, B 1920 (str. 1-3)
Ms. K 414-415. Musique.

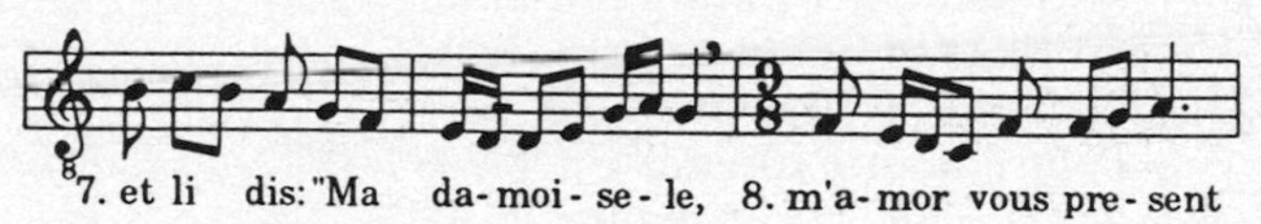
7. et li dis: "Ma da- moi - se - le, 8. m'a- mor vous pre- sent

rf
9. *jo - li - ve - te - ment."*

L'autre jour dans une prairie,
je trouvai une bergère qui chantait.
Elle était très plaisante et jolie,
courtoise, et elle parlait bien.
Tout aussitôt,
je quittai ma selle, je mis pied à terre
et je lui dis : « Ma demoiselle,
je vous offre mon amour,
bien joliment. »

Eh bien, écoutez ce que la demoiselle
m'a dit en riant :
« Je vous connais bien, fait-elle,
je vous vois très souvent
chevaucher par ce chemin. »
Alors elle me donna sa ceinture de corde
et sa couronne de jeune fille
que j'aime loyalement,
bien joliment.

III Onques ne vi pastorele
De mes euz si tres plesant;
Une coiffe ot a vizelle
Seur son chief blont reluisant,
    Cors ot bel et gent,
Blanc piz et dure mamele.
Pour li ai une estencele
    Qui me va poignant
    Jolivetement.

IV Quant la douce savoree
M'ot doné si riche don
Com d'une corde nöee
Dont el lioit son gaignon,
    Je m'en vins adons,
Mes en li mis ma pensee
Qui ja mes n'en ert ostee,
    Ainz la servirai
    De fin cuer verai.

V Tel touse soit honoree,
Enondeu ensi soit mon.
Onc ne vi si bele nee
Ne de tant bele façon;
    Je croi que preudon
L'ait norrie et engendree.
Hé! franche riens honoree,
    Je vous servirai
    De fin cuer verai.

Jamais de mes yeux je n'ai vu
une bergère plus avenante ;
elle portait une coiffe à visière
sur sa tête d'un blond brillant.
Elle avait un joli corps bien fait,
la poitrine blanche et le sein ferme.
Voilà qu'une étincelle
pour elle me va brûlant !
bien joliment.

Quand la douce, la savoureuse
m'eut donné un aussi riche don
que la corde nouée
dont elle liait son mâtin,
je m'en revins donc
mais j'ai mis en elle ma pensée
qui ne la quittera jamais.
Je la servirai
de cœur loyal et sincère.

Une telle bergère doit être honorée,
au nom de Dieu, assurément.
Jamais je n'ai vu si belle fille,
de si belle tournure.
Je crois que c'est un seigneur
qui l'a engendrée et éduquée.
Ah ! loyale et honorable demoiselle,
je vous servirai
de cœur loyal et sincère.

25

Pastourelle

A
st. 2,3,7-9
1. Hui main par un a - jor - nant
st. 2,3,7-9
2. che- vau - chai ma mule an - blant;

I Hui main par un ajornant
Chevauchai ma mule anblant;
Trouvai gentil pastorele et avenant;
Entre ses aigniaus aloit joie menant.

II La pastore mult m'agree,
Si ne sai dont ele est nee
Ne de quels parenz ele est enparentee;
Onques de mes euz ne vi si bele nee.

III « Pastorele, pastorele,
Vois le tens qui renouvele,
Que raverdissent vergiers et toutes herbes;
Biau deduit a en vallet et en pucele. »

IV « Chevalier, mult m'en est bel
Que raverdissent prael,
Si avront assez a pestre mi aignel;
Je m'irai soëf dormir souz l'arbroisel. »

V « Pastorele, car souffrez
Que nos dormons lez a lez,
Si lessiez voz aigniaus pestre aval les prez;
Vos n'i avrois ja damage ou vous perdez. »

VI « Chevalier, par saint Simon,
N'ai cure de conpaignon;

RS 292, L 265-781, MW 10
Mss. K 307-308, N 146r-v, P 160r-v, X 194v-195r. Musique dans tous les mss.

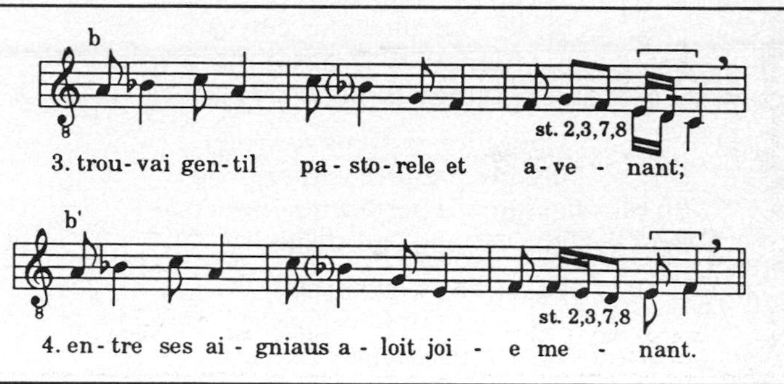
b
st. 2,3,7,8
3. trou- vai gen- til pa - sto - rele et a - ve - nant;
b'
st. 2,3,7,8
4. en - tre ses ai - gniaus a - loit joi - e me - nant.

Ce matin à l'aube,
je chevauchais à l'amble sur ma mule ;
je trouvai une bergère gentille et plaisante ;
entre ses agneaux elle s'amusait joyeusement.

La bergère me plaît fort,
même si je ne sais où elle est née
ni de quels parents elle fut engendrée.
Jamais de mes yeux je ne vis si belle.

« Bergerette, bergerette,
vois le temps du renouveau,
où les vergers et les herbages reverdissent.
Il est un joli plaisir entre garçon et fille. »

« Chevalier, j'apprécie fort
les prés de frais reverdis :
mes agneaux auront de quoi paître ;
j'irai, tranquille, dormir sous les arbrisseaux. »

« Bergère, souffrez donc
que nous dormions côte à côte,
laissez vos agneaux paître de par les prés ;
vous n'y aurez certes ni dommage ni perte. »

« Chevalier, par saint Simon,
je n'ai besoin de nul compagnon ;

par ci passent Guerinet et Robeçon,
Qui onques ne me requistrent se bien non. »

VII « Pastorele, trop es dure,
Qui de chevalier n'as cure ;
A cinquante boutons d'or avroiz çainture,
Si me lessiez prendre proie en vo pasture. »

VIII « Chevalier, se Deus vos voie,
Puis que prendre voulez proie,
En plus haut lieu la pernez que ne seroie ;
Petit gaaignerïez et g'i perdroie. »

IX « Pastorele, trop es sage
De garder ton pucelage ;
Se toutes tes conpaignetes fussent si,
Plus en alast de puceles a mari. »

voici que passent Garinet et Robeçon
qui ne m'ont jamais fait que d'honnêtes
[demandes. »

« Bergère, que tu es dure,
toi qui n'as pas besoin d'un chevalier ;
je te donnerai une ceinture cloutée de boutons
[d'or,
mais laisse-moi prendre ma part à ta pâture. »

« Chevalier, que Dieu conduise vos pas !
Puisque vous cherchez votre part,
prenez-la dans un plus haut lieu qu'ici ;
vous n'y gagneriez pas grand-chose et j'y perdrais. »

« Bergerette, tu es très sage
de vouloir garder ton pucelage ;
si toutes tes amies étaient ainsi faites,
beaucoup plus se marieraient pucelles ! »

26
Pastourelle

AA a
1)
1. En u - ne pra - e - le 2. m'en - trai l'au - trier,
5. Li ber - giers la be - le 6. vou - loit be - sier,
a'
3. trou - vai pa - sto - re - le 4. lez son ber - gier.
7. mes en fe - soit e - le 8. mult grant dan - gier,
B
9. car de cuer ne l'a - moit mi - e,
10. on - cor fust ce sa ple - vi - e,
b
b'
11. si a - voit ele a - mi 12. au-tre que son ma-ri,

I En une praele
M'entrai l'autrier,
Trouvai pastorele
Lez son bergier.
Li bergiers la bele
Vouloit besier,

RS 607, L 265-672, MW 856
Strophe I : B 1563 (+ deux sources), str. II : B 877 (+ une source), str. III : B 1644 (+ une source), str. IV : B 34 (+ deux sources, [str. V : B 1353 (+ une source), str. VI : B 1112 (+ trois sources)].
Mss. K 337-338, N 163r-v, P 186-187r, T 171v, U 154r (=U[1]), U 156v-157v (=U[2]), X 221v-222r. Musique dans tous les mss, sauf U[1] et U[2].

Dans une prairie
j'entrai l'autre jour ;
j'y trouvai une bergère
auprès de son berger.
Le berger voulait
embrasser la belle,

Mes en fesoit ele
Mult grant dangier,
Car de cuer ne l'amoit mie,
Oncor fust ce sa plevie,
Si avoit ele ami
Autre que son mari,
Car son mari, je ne sai pour quoi,
Het ele tant qu'ele s'escrioit :
Ostez moi l'anelet du doit,
Ne sui pas marïee a droit !

II « A droit, non ! fet ele
A son bergier.
En pur sa gounele
Eusse plus chier
Celui qui frestele
En ce vergier
Sus la fontenele
Lez le rochier
Que avoir la seignorie
D'Anjou ne de Normendie ;
Mes je i ai failli,
Certes ce poise mi. »
Dist la douce criature
A haute voiz :
Honiz soit mari qui dure
Plus d'un mois !

III « Un mois, suer doucete !
Dist li pastors.
Cestes chançonete
Mi fet iros ;
Trop estes straingete
Vers moi toz jors,
Mult estes durete
De vos amors
Mes se tele est vo pensee
Qu'a moi soiez acordee,
Donc si haez Garnier
Qui est en cel vergier. »
Et ele dist que ja por li

mais elle lui montrait
grande opposition
car en son cœur elle ne l'aimait pas.
Elle avait beau lui être engagée,
elle avait pourtant un ami
autre que son mari.
Car son mari, je ne sais pourquoi,
elle le haïssait au point de s'écrier :
Otez-moi l'anneau du doigt,
je n'ai pas été mariée justement.

« Justement, certes pas ! dit-elle
à son berger.
En sa simple cotte,
j'accorderais plus de prix
à celui qui joue du frestel
en ce verger
sur la source
près du rocher
qu'à la seigneurie
de l'Anjou ou de la Normandie.
Mais je ne l'ai point
et cela m'accable. »
Et la douce créature
s'écrie à haute voix :
Malheur au mari qui dure
plus d'un mois !

« Un mois, ma douce sœur !
répond le berger.
Cette chansonnette
me met en colère ;
vous êtes trop loin
de moi toujours,
vous êtes trop dure
pour vos amours.
Mais si vous vous êtes mis en tête
d'être d'accord avec moi,
haïssez donc ce Garnier
qui est dans le verger, là-bas. »
Elle lui répond que jamais pour lui

Ne.l fera a amer :
S'amor–sa-de-ra-do-re-li–
Ne mi lesse durer !

IV « Durer, Joanete !
Dist li jalos.
Fole ennuieusete,
Qui amez vos ? »
Dist la bergerette :
« Biau sire, vos.
– Tu mens voir, garcete,
Ainz as aillors
Mis ton cuer et ta pensee ;
Moi n'aimes tu, de riens nee,
Ainz aimes melz Garnier
Qui est en cel vergier
Que ne fais mi,
[Et] maintes gens le me dïent. »
Aimi, aimi !
Amoretes m'ont traïe !

elle ne cessera d'aimer l'autre.
L'amour que j'ai pour lui, sa-de-ra-do-re-li,
ne me laisse pas en paix.

« En paix, Jeannette !
répond le jaloux,
méchante coureuse,
qui donc aimez-vous ? »
La bergère répond :
« Vous, mon cher seigneur.
– Tu mens, jeune garce,
tu as mis ailleurs
et ton cœur et ta pensée.
Tu ne m'aimes pas, indigne ;
tu aimes mieux ce Garnier
qui est dans le verger, là-bas
que moi.
Beaucoup m'en ont averti. »
Hélas, hélas,
mes amours m'ont trahie !

27
Pastourelle

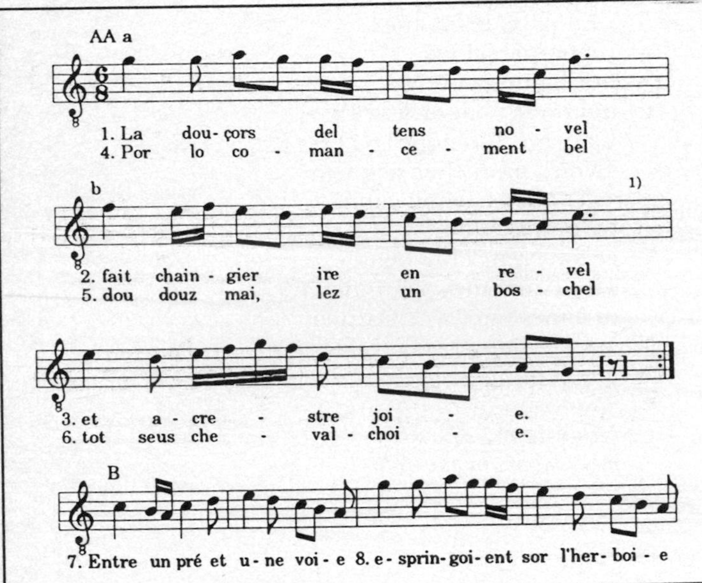

I La douçors del tens novel
Fait chaingier ire en revel
Et acrestre joie.
Por lo comancement bel
Dou douz mai, lez un boschel
Tot seus chevalchoie.
Entre un pré et une voie
Espringoient sor l'herboie
Pastores et pastorel
Et en lor muse a frestel
Vont chantant un dorenlot.
Vos avroiz lo pickenpot
Et j'avrai lo dorenlot.

II Por faire le cointerel
Ot chascuns un vert chapel

RS 580, L 265-971, MW 461, B 1854
Ms. U 58v-59r. Musique.

[7]
9. pa - sto - res et pa - sto - rel
a
b
[7]
10. et en lor muse a fre- stel 11. vont chan- tant un do - ren - lot.
rf
12. Vos a- vroiz lo pick- en- pot 13. et j'a - vrai lo do - ren - lot.

La douceur de la saison nouvelle
transforme la tristesse en gaieté
et augmenter la joie.
Pour le joli commencement
du doux mois de mai, près d'un bosquet,
tout seul je chevauchais.
Dans un pré et sur un sentier,
bergers et bergères
dansaient sur l'herbage.
Avec leur pipeau
ils vont chantant un dorenlot.
Vous aurez le pickenpot,
moi, j'aurai le dorenlot.

Pour faire le gracieux,
chacun portait une couronne de verdure,

Et blanche corroie
Et ganz couez et coutel
Et cotte d'un gros burel
A diverse roie.
S'ot chescuns lez lui la soie
Et chescune se cointoie
Por son cointe vilenel.
Biatris, estroit graislel,
Va chantant un dorenlot.
Vos avroiz lo pickenpot
Et j'avrai lo dor[enlot].

III Entre Guibor et Ansel
Marchent del pié lo prael,
Guioz lez Maroie
Refasoit lo lecherel,
Et font croller le cercel
Si qu'il en peçoie.
Cil et cele se desroie,
Fierent del pié sor l'arboie,
Chescuns i fait son merel
Et Guis en son chalemel
Cointoie lo dorenlot.
Vos avrez lo pikempot
Et j'avrai lo dor[enlot].

IV Senz semonse et senz apel,
De mon palefroit morel
Dessent lez l'arbroie ;
En la dance molt isnel
Me mis lez un sotterel
Cui forment ennoie,
Car de celi l'esloignoie
Qui l'amoit, si s'en gramoie,
Si a dit : « Seignor tousel,
Cil qui fait lo damoisel
Nos tout nostre dorenlot. »
Vos avrez lo pikenpot
[Et j'avrai lo dorenlot].

V Dist Perrins : « Sire donzel,

une ceinture blanche,
des gants à franges, un couteau,
une cotte de grosse bure
avec des raies variées.
Près de lui chacun avait sa chacune
et chacune faisait la gracieuse
pour son gracieux vilain.
Béatrix, d'une voix suraiguë,
va chantant un dorenlot :
Vous aurez le pickenpot,
moi, j'aurai le dorenlot.

Guibour et Ansel
frappent du pied sur le pré ;
Guiot auprès de Maroie
faisait son joli cœur.
Ils secouent fort le tambourin
au point de le briser.
Et l'un et l'autre de se démener,
ils frappent du pied l'herbage,
chacun y va de son coup.
Gui sur son chalumeau
agrémente le dorenlot :
Vous aurez le pickenpot,
moi, j'aurai le dorenlot.

Sans y être convié ni prié,
de mon palefroi moreau,
je descends sous les arbres ;
rapide, je me glisse dans la danse,
tout près de l'un des sots ;
cela l'ennuie fort
car je l'écartais de celle
qui l'aimait ; il se courrouce
et dit : « Seigneurs bergers,
celui qui joue les damoiseaux
nous ravit notre dorenlot. »
Vous aurez le pickenpot,
moi, j'aurai le dorenlot.

Perrin dit : « Jeune seigneur,

Querez aillors vostre avel,
Lassiez autrui proie ! »
Kant cil oï son aidel,
En sa main prist un caillel,
Vers moi lo paumoie ;
Kant vi la force n'iert moie,
Sor mon cheval remontoie,
Mais l'un d'aus oing lo musel,
D'un baston li fis borsel,
Puis guerpi lo dorenlot,
Vos avroiz lo pikenpot
[Et j'avrai lo dorenlot].

VI Lor me sui mis a la voie
Et chascuns d'els me convoie
De baston ou de chaillel ;
Lor chiens Tancre et Mansael
M'ont hüé senz dorenlot.
Vos avrez lo pikenpot
Et j'avrai lo dorenlot.

allez chercher ailleurs votre désir,
laissez le butin des autres. »
Quand le premier entend qu'on l'aide,
il saisit un caillou dans sa main
et il me l'envoie.
Je vis que je n'étais pas de force,
je remontai sur mon cheval,
mais je frottais le museau de l'un d'eux,
de mon bâton je lui fis une bosse,
puis je déguerpis du dorenlot.
Vous aurez le pickenpot,
moi, j'aurai le dorenlot.

Dès lors je me mets en route
et chacun d'eux me fait une escorte
d'un bâton ou d'un caillou.
Ils ont lancé leurs chiens Tancre et Mansael
à mes trousses sans dorenlot.
Vous aurez le pickenpot,
moi, j'aurai le dorenlot.

28
Pastourelle

I En avril au tens novel,
Que florissent cil vergier,

RS 575, L 265-595, MW 1790
Strophe I : B 539 (+ quatre sources), str. II : B 1692 (+ deux sources), str. III : B 1872 (+ cinq sources), str. IV : B 281, str. V : B 114 (+ deux sources), str. VI : B 1430 (+ une source).
Ms. U 56v-57r. Musique.

rf. 2. 19. *Se la be - le n'a de moi mer-ci,*
20. *je ne vi-vrai gai-res lon-gue - ment en - si."*
rf. 4. 39. *Blon - de, se vos ne m'a - mez,*
40. *ja - mais mes cuers joi - e n'a - vra.*
f. 244
f. 202
rf. 5. 49. *A mes pre-mie - res a - mors me ten - rai.*
rf. 6. 58. *Or ai bone a - mor no - vele a mon plai - sir!*

En avril, à la saison nouvelle,
quand les vergers sont en fleurs,

En chamoi soz Mirabel
Chevalchoie seus l'autrier.
Trovai seant un bergier
En un pré lez un boison,
Qui sa bergiere Rechon
Regrate et dit, senz decevoir :
Deus, li cuers me faudra ja,
Tant la desir avoir !

II Quant j'oï le pastorel
Si durement correcier,
Sor mon palefroi inel
Vers lui vois lo droit sentier.
Bien se sot en piez drecier,
Et je l'ai mis a raison :
« Bergier, es tu se bien non ? »
Et il m'a dit : « Je vos affi,
Se la bele n'a de moi merci,
Je ne vivrai gaires longuement ensi.

III – Bergiers, seroit vos il bel,
Qui vos en poroit aidier ?
– Oïl, sire. Un gras agnel
Vos donroie de loier
Se vos m'en poiez aidier,
Et lo pain de mon giron.
D'autre part chastel Charlon
La troverez ou je la vi.
Et quant la verrez, por Deu dites li
Q'a la [mort] m'a mis, se nen a merci. »

IV A cest mot m'en departi,
Que plus n'i vols demorer.
D'autre part Richon oï
Entre ses agnels chanter.
Ne la vols pas trespasser,
Car meuz me plaist acointier
De li que de son bergier.
Lors li ai dit que sospris m'a :
Blonde, se vos ne m'amez,
Jamais mes cuers joie n'avra.

dans la campagne sous Mirabel,
je chevauchais, seul, l'autre jour.
Je trouvai un berger assis
dans un pré, près d'un buisson,
qui regrette Richon, sa bergère,
et il dit, sans mentir :
Dieu, le cœur va me manquer,
tant je désire l'avoir.

Quand j'entendis le berger
se plaindre si fort,
sur mon palefroi, aussitôt,
je vais tout droit vers lui.
Il se dresse sur ses pieds
et j'entame la conversation :
« Berger, cela ne va pas ? »
Et il me répond : « Je vous l'assure,
si la belle n'a pas pitié de moi,
je ne vivrai guère longtemps ainsi.

– Berger, cela vous plairait-il
que quelqu'un puisse vous aider ?
– Oui, seigneur, un gras agneau
pour récompense je vous donnerais
si vous pouviez m'aider,
et le pain qui est en mon giron.
Vous la trouverez de l'autre côté
du château de Charles, là où je l'ai vue.
Et quand vous la verrez, pour Dieu, dites-lui
qu'elle m'a mené à la mort si elle n'a pas de pitié. »

À ces mots je me séparai de lui,
je ne voulus pas demeurer davantage.
De l'autre côté j'entendis Richon
chanter entre ses agneaux.
Je ne voulus pas passer outre
car j'aime mieux l'aborder
que son berger.
Alors je lui ai dit qu'elle m'a séduit.
Blonde, si vous ne m'aimez pas,
mon cœur ne connaîtra plus la joie.

V « Sire, j'ai lo cuer marri ;
Por ceu ne vos puis amer.
Chascun jor veons Hanri
Nostre païs triboler ;
Ne savons quel part torner,
Tant redotons l'aversier.
D'autre part, amors ne quier
Fors que les Gauteron que j'ai. »
A mes premieres amors me tenrai.

VI Maintenant que j'entendi
La pastorele parler
De Gauteron son ami,
Dessanz por li acoler,
Por son gen cors remirer
Et sa boichette baisier.
Tant l'ai servi senz dangier
K'ele me dist au departir :
Or ai bone amor novele a mon plaisir !

29
Pastourelle

I L'autrier a doulz mois de mai
Ke nest la verdure,
Ke cil oxelet sont gai,
Plain d'envoixeüre,
Sor mon cheval l'ambleüre
M'alai chevalchant ;
S'oï pastoure chantant
De jolit cuer amerous :
Se j'avoie ameit un jor,
Je diroie a tous
Bones sont amors.

II Ausi tost com j'entendi
Ceste chansonnete,
Tout maintenant descendi

« Sire, j'ai le cœur triste,
ce qui m'empêche de vous aimer.
Chaque jour nous voyons Henri
bouleverser notre pays.
Nous ne savons de quel côté nous tourner,
tant nous redoutons ce démon.
D'ailleurs je ne cherche pas d'amour
puisque j'ai celui de Gauteron. »
Je m'en tiendrai à mes premières amours.

Dès que j'entendis
la bergère évoquer
son ami Gauteron,
je descendis pour l'embrasser,
contempler son joli corps
et baiser sa petite bouche.
Je l'ai si bien servie sans devoir insister
qu'elle me dit quand je partis :
J'ai des amours nouvelles qui me plaisent bien.

RS 89, L 265-1009, MW 1878, B 474 et 1679
Ms.C 122r. Sans musique.

L'autre jour, au doux mois de mai,
quand renaît la verdure
et que les oiseaux sont joyeux,
pleins de gaieté,
sur mon cheval j'allais,
chevauchant à l'amble ;
j'entendis une bergère qui chantait
d'un cœur joyeux et amoureux :
Si j'avais aimé un jour,
je dirais à tous
qu'il est bon d'aimer !

Dès que j'entendis
cette chansonnette,
aussitôt je descendis

Per desor l'erbete,
Si resgardai la tousete
Ke se desduisoit
Et ceste chanson chantoit
De jolif cuer amerous :
Se j'avoie ameit [un jor,
Je diroie a tous
Bones sont amors].

III Tantost comme j'entendi
Celle bergerete,
Maintenant me trais vers li
Soz une espinete ;
Et Robins de sa musete
Davant li musoit,
Et elle se rescrioit
De jolit cuer amerous :
Se j'avoie ameit [un jor,
Je diroie a tous
Bones sont amors].

IV Lors m'escriai a haut ton,
Sens poent d'arestence :
« Li lous enporte un mouton ! »
Et Robins s'avance,
S'ait deguerpie la dance ;
La blonde laissait,
Et elle se rescriait
De jolit cuer amerous :
Se j'avoie ameit [un jor,
Je diroie a tous
Bones sont amors].

V La pastourelle enbraissai,
Ki est blanche et tendre ;
Desor l'erbe la getai,
Ne s'en pout desfendre.
Lou jeu d'amors sens atendre
Li fix per delit,
Et elle a chanteir se prist

sur l'herbette
et regardai la bergère
qui s'amusait à pousser
la chansonnette
d'un cœur joyeux et amoureux :
Si j'avais aimé un jour,
je dirais à tous
qu'il est bon d'aimer !

Dès que j'entendis
cette bergerette,
aussitôt je m'approche d'elle
sous une épinette.
Robin avec sa musette
jouait auprès d'elle
et elle s'exclamait
d'un cœur joyeux et amoureux :
Si j'avais aimé un jour,
je dirais à tous
qu'il est bon d'aimer !

Alors, sans m'arrêter,
je criai d'une voix forte :
« Le loup emporte un mouton ! »
Robin s'élance,
il a abandonné sa danse.
Il laissa sa blonde
qui s'exclamait
d'un cœur joyeux et amoureux :
Si j'avais aimé un jour,
je dirais à tous
qu'il est bon d'aimer !

J'embrassai la bergère
qui est blanche et tendre.
Je la fis tomber sur l'herbe,
elle ne put se défendre.
Le jeu d'amour sans attendre
je lui fis par plaisir
et elle se mit à chanter

De jolit cuer amerous :
Se j'avoie ameit trois jors,
Je di[roie a tous
Bones sont amors].

30
Pastourelle

I Heu main matin jueir alai
Leis un bouchet ke je bien sai ;
Une pastourelle trovai
Seant deleiz sai proie.
Kant je la vi, je m'arrestai
Et je l'oÿ chanteir ensi :
Les mamelettes me poignent ;
Je ferai novel amin.

II Cant je la vi, vers lei alai,
Cortoisement lai saluai ;
L'un des bras a col li getai
Et l'autre a la corroie.
Molt doucement li demandai
Por coi elle chantoit ansi :
Les mamelettes [me poignent ;
Je ferai novel amin].

III Elle respont : « Jou vos dirai.
Trois jors ait que Robin n'amai ;
Ce poize moi kant lou laixai.
Por coi lou celleroie ?
Ainz plus biau de lui n'acointai,
Et por lui chanterai ansi :
Les mamelettes [me poignent ;
Je ferai novel amin]. »

IV « Belle, por moi ansi chanteiz,
Et de moi vostre amin fereis.
Biaus jüelz vos vorrai doneir,
Sainturelle de soie ;

d'un cœur joyeux et amoureux :
Si j'avais aimé trois jours,
je dirais à tous
qu'il est bon d'aimer !

RS 57, L 265-780, MW 294, B 1222
Ms. I 4:50. Sans musique.

Ce matin, très tôt, j'allai m'ébattre
près d'un bosquet que je connais bien.
J'y trouvai une bergère
assise auprès de son troupeau.
Quand je la vis, je m'arrêtai
et je l'entendis chanter ainsi :
J'ai les seins qui me picotent,
je me choisirai un nouvel ami !

Quand je la vis, j'allai vers elle,
je la saluai avec courtoisie.
Je lui mis un bras autour du cou
et l'autre à la ceinture.
Avec grande douceur, je lui demandai
pourquoi elle chantait ainsi :
J'ai les seins qui me picotent,
je me choisirai un nouvel ami !

Elle répond : « Je vais vous le dire.
Il y a trois jours que je n'ai pas aimé Robin.
Il me pèse de l'avoir quitté.
Pourquoi le cacher ?
Je n'en ai jamais rencontré de plus beau
et c'est pour lui que je chanterai :
J'ai les seins qui me picotent,
je me choisirai un nouvel ami ! »

« Belle, chantez ainsi pour moi
et vous ferez de moi votre ami.
Je vous donnerai de beaux joyaux,
une ceinture de soie ;

Toz jors ferai a vostre grel,
Mais ke por moi chanteiz ansi :
Les mamelettes [me poignent ;
je ferai novel amin]. »

V « Certes, sire, jai nou ferai,
Jai por vos Robin ne lairai ;
Mais monteiz sor vos pallefroi,
Fuieiz, alleiz vos voie ! »
Cant je l'oÿ, boin grei l'an sai,
Si la laixai chantant ansi :
Les mamelettes mi poignent ;
je ferai novel amin.

31
Pastourelle

I A lai foillie a Donmartin
A l'entree dou tens novel,
S'asamblerent par un matin
Pastorelles et pastorelz.
Roi ont fait dou plus bel ;
Mantel ot de kamelin
Et cote de burel.
S'ont lou museour mandei,
Et Thieris son bordon
Ait destoupeit
Ke dixoit : « Bon bon bon bon bon !
Sa de la rire dural durei lire durei. »

II Lou roi ont mis sor un cussin,
Si l'acirent an un praiel ;
Puéz si demanderent lou vin.
Grant joie moinnent li donzel :
Gatier fait lou müel
Et Jaiket lou pellerin
Et Gui lou roubardel
Et Badowin fait l'anfleit,
Et Thieris son bordon

et j'obéirai toujours à vos désirs.
Simplement chantez ainsi pour moi :
J'ai les seins qui me picotent,
je me choisirai un nouvel ami ! »

« Certes, seigneur, je n'en ferai rien.
Jamais pour vous je ne laisserai mon Robin.
Montez plutôt sur votre palefroi,
disparaissez, allez votre chemin ! »
Quand je l'entendis, je lui en sus gré,
je la laissai à sa chanson :
J'ai les seins qui me picotent,
je me choisirai un nouvel ami !

RS 1363, L 265-30, MW 1453, B 731
Ms. I 4:35. Sans musique.

Sous la feuillée à Dammartin,
à l'entrée de la saison nouvelle,
un matin s'assemblèrent
les bergers et les bergères.
Ils ont pris le plus beau pour leur roi ;
il eut un manteau de poil de chèvre
et une cotte de bure.
Ils ont fait venir leur museur,
et Thierry a débouché
son bourdon
qui disait : « Bon, bon, bon, bon, bon !
Sa de la rire dural duré lire duré. »

Ils ont placé leur roi sur un coussin,
ils l'ont assis en la prairie.
Puis ils ont demandé du vin.
Les drilles menèrent grand-joie.
Gautier fait le muet,
Jaquet le pèlerin,
et Guy le coquet,
Baudouin joue l'enflé
et Thierry a débouché

Ait destoupeit
Ke dixoit : « Bon [bon bon bon bon !
Sa de la rire dural durei lire durei]. »

III Li rois an jurait saint Martin
Et l'airme son peire Robert :
« Qui comencerait lou hustin,
On lou geterait ou ruxel. »
Dont i vint Gaterel,
Li filz lo maistre Xavin,
A son col un gastel,
Por les conpaignons dineir ;
Et Thieris son bordon
Ait destoupeit
Ke dixoit : « Bon bon bon bon bon !
Sa de la rire dure durei lire durei ! »

son bourdon
qui disait : « Bon, bon, bon, bon, bon !
Sa de la rire dural duré lire duré. »

Le roi a juré par saint Martin
et par l'âme de Robert son père :
« Celui qui commencera la bagarre,
on le jettera au ruisseau ! »
Voici qu'arrive Gautereau,
le fils de maître Savin,
avec, pendu à son cou, un gâteau
pour le dîner des compagnons.
et Thierry a débouché
son bourdon
qui disait : « Bon, bon, bon, bon, bon !
Sa de la rire dural duré lire duré. »

32

Chanson de rencontre

Débat

I Au renouvel du tens que la florete
Nest par ces prez et indete et blanchete,
Trouvai soz une coudrete coillant violete
Dame qui resenbloit feë et sa conpaignete,
A qui el se dementoit
De deus amis qu'ele avoit
Au quel ele ert amie :
Ou au povre qu'est cortois,
Preuz et larges plus que rois
Et biaus sanz vilanie,
Ou au riche qu'a assez avoir et manandie,
Mes en li n'a ne biauté ne sens ne cortoisie.

RS 980, L 265-185, MW 102
Mss. K 340-341, N 164v-165r, P 188r-v-189r, X 222r-v. Musique dans tous les mss.

6. de deus a - mis qu'ele a - voit
9. preuz et lar - ges plus que rois
7. au quel ele ert a - mi - e:
10. et biaus sanz vi - la - ni - e,
bb'
11. ou au ri - che qu'a as - sez
12. mes en li n'a ne biau - té
1.
2.
a - voir et ma - nan - di - e,
ne sens ne cor - toi - si - e.

Au renouveau de la saison, quand la fleurette
éclôt parmi les prés, mauve et blanche,
sous une coudraie, je trouvai une dame
cueillant des violettes, telle une fée, avec sa
à qui elle se plaignait : [compagne
Elle avait deux amis,
auquel donnerait-elle son cœur :
au pauvre qui est courtois,
courageux, généreux plus qu'un roi
et beau sans vilenie,
ou bien au riche qui possède fortune et puissance
mais n'a en lui ni beauté ni sens ni courtoisie ?

II « Ma douce suer, mon conseil en creez :
Amez le riche, grant preu i avrez ;
Car se vous volez deniers, vous en avrez assez ;
Ja, de chose que il ait, mes sousfrete n'avrez.
Il fet bon le riche amer,
Q'il a assez a doner ;
Je seroie s'amie.
Se je lessoie mantel
D'escarlate por burel,
Je feroie folie ;
Car li riches veut amer et mener bone vie,
Et li povres veut jöer sanz riens donner s'amie.

III – Or ai oï ton conseil, bele suer,
Du riche amer ; ne.l feroie a nul fuer !
Certes, ja n'iert mon ami par deseure mon cuer.
Dame qui a cuer joli ne.l feroit a nul fuer.
Dames qui vuelent amer
De bone amor sanz fausser,
Conment que nus me die,
Ne doivent riens demander,
Pour nus qu'en sache parler,
Fors bone amor jolie.
Toutes fames je les hé, et Jhesus les maudie,
Qu'aiment honme pour doner ; c'est grant [ribauderie.

IV « E ! fine Amor, tant m'avez oublïee
Que nuit ne jor ne puis avoir duree,
Tant m'a sa tres grant biauté tainte et descoloree
Tant pens a li nuit et jor que toute en sui müee.
Rosignol, va, si li di
Les maus que je sent pour li,
Et si ne m'en plaing mie ;
Di li q'il avra m'amor,
Car plus bele ne meillor

« Ma douce sœur, croyez en mon conseil :
aimez le riche, vous y aurez grand profit ;
car si vous voulez des deniers, vous en aurez
[beaucoup.
Jamais, de tout ce qu'il possède, vous ne serez
[privée.
Il fait bon aimer un riche
car il peut donner beaucoup.
Moi, je serais son amie.
Si je laissais le manteau
d'écarlate pour celui de bure,
je ferais une folie.
Le riche, en effet, veut aimer et mener joyeuse vie
et le pauvre veut s'amuser sans rien donner à son
[amie.

– Eh bien, je t'ai entendue, ma chère amie,
tu me conseilles d'aimer le riche ; je ne le ferais à
[aucun prix !
Jamais il ne sera mon ami contre le gré de mon
[cœur ;
une dame au cœur gai n'agirait jamais ainsi.
Les dames qui veulent aimer
de bon amour sans perfidie,
sans souci de ce qu'on peut dire,
ne doivent rien réclamer,
quelque recommandation qu'on leur fasse,
si ce n'est l'amour joli.
Je hais – et que Dieu les maudisse – toutes les
[femmes
qui aiment pour de l'argent ; c'est là la vraie
[débauche.

« Eh, bel Amour ! vous m'avez tant oubliée
que nuit et jour je n'y puis tenir,
tant j'ai pâli et blêmi pour sa grande beauté !
Je pense à lui nuit et jour, j'en suis toute changée.
Rossignol, va donc, dis-lui
les maux que j'endure pour lui,
et que je ne m'en plains pourtant pas ;
dis-lui qu'il aura mon amour
car il ne trouvera pas

De moi n'avra il mie ;
Di li q'il avra assez puis que je sui s'amie,
Q'il ne lest pas pour deniers a mener boune vie. »

33

Chanson de rencontre

I Quant noif remaint et glace funt,
Qe resclarcisent cil ruissel
Et cil oisiel grant joie funt
Por la doçor del tens novel
Et florissent cil arbroisiel
Et tuit cil pré plain de fluer sunt
Et fine Amor ce mi semunt
Que je face un sonet novel...

II Un main suer mon palefroi munt,
En mai quant chantent cil oisiel,
Si ai trové au pié d'un munt,
Chapel faisant en un prael,
La fille au seignor d'un chastel,
La tres plus belle riens del munt
De cors et de vis et de front,
En blanc chainse et en ver mantel.

III Je la salue. Ele respont
Et laisse a faire sun chapel :
« Sire, Deux grant joie vos doint
De la riens dun plus vos est bel,
Et a çaus doint Deux lor avel
Qui vers dames leiaus cuers unt,
Et cil qui bone amor defont
Soient oni, Deu en apel.

IV – Ma doce dame, je l'otroi,
Qar maint mal m'unt fait gileor ;
Et sachoiz bien que de lor loi
Ne sui je mie, [ne] des lor ;

plus belle ni meilleure que moi ;
dis-lui qu'il aura beaucoup puisqu'il a mon amour,
que même sans argent il ne se prive pas de mener
[joyeuse vie ! »

RS 1916, L 265-1470, MW 1086
Ms. H 218v. Sans musique.

Quand il cesse de neiger et que fond la glace,
les ruisseaux coulent plus clairs,
les oiseaux mènent grand-joie
pour la douceur de la saison nouvelle ;
les arbustes fleurissent,
tous les prés sont remplis de fleurs
et le parfait Amour m'invite
à composer un chant nouveau.

Un matin, sur mon palefroi je monte,
en mai, quand chantent les oiseaux,
et j'ai trouvé au pied de la montagne,
faisant une couronne de fleurs dans le pré,
la fille d'un seigneur châtelain,
vraiment la plus ravissante du monde
de corps, de visage, de front,
en blanche chemise et manteau vert.

Je la salue, elle me répond
et cesse de tresser sa couronne :
« Sire, Dieu vous accorde grand-joie
de celle qui vous est la plus chère,
et que Dieu donne satisfaction aux désirs
de ceux qui sont loyaux envers leur dame.
Quant à ceux qui détruisent le bon amour,
maudits soient-ils, j'en appelle à Dieu !

– Ma douce dame, je vous l'accorde,
car les menteurs m'ont beaucoup nui ;
sachez-le bien : de ces gens-là
je ne suis pas, ni de leur loi.

Je n'amai unques tricheor.
Mais faites vostre ami de moi,
S'avreiz trové en bone foi
Dedenz fin cuer leial amor.

V – Danz chevalier, parler vos oi,
Ce m'et avis, de grant folor,
Qar en tot cet païs ne voi
Pucele de tant bel ator
Ne dame de si grant valor
Qui mieuz amee soit de moi.
Por ce, celi fausser ne doi
Qui m'aime senz cuer gileor. »

VI *Ja de celi que mon cuer a*
Ne partirai mais a nul jor.

VII *A mes premieres amors me tendrai,*
Et quant eles me faudrunt, si morai.

Je n'ai jamais aimé les tricheurs.
Mais faites de moi votre ami,
vous aurez trouvé en bonne foi
un loyal amour dans un cœur pur.

– Seigneur chevalier, je vous entends parler,
je le crois bien, d'une grande sottise,
car dans tout ce pays je ne vois
fille aux si beaux atours,
dame de si grande valeur
qui soit mieux aimée que je ne le suis.
Pour cette raison, je ne dois pas tromper
celui qui m'aime d'un cœur sans mensonge. »

Jamais de celui qui possède mon cœur
je ne me séparerai plus.

Je m'en tiendrai à mes premières amours ;
si elles viennent à me manquer, j'en mourrai !

34
Chanson de rencontre

I Quant je chevauchoie
Tot seus l'autrier,
Jouer m'en aloie

RS 1698, L 265-1425, MW 855
Strophe I : B 1396 (+ trois sources), str. II : B 1348, str. III : B 437 (+ une source), str. IV : B 961 (+ deux sources).
Mss. K 351-352, N 170v-171r, X 229v-230r. Musique dans tous les mss.

Alors que je chevauchais
tout seul, l'autre jour,
je m'en allais m'amuser

Tout un sentier;
Dejoste une arbroie
Pres d'un vergier,
Dame simple et coie
Vi onbroier.
Mult estoit bele et jolie,
Cors bien fet, gorge polie.
Quant el me vit venant,
Si chanta maintenant
Ceste chançonete :
Nus ne doit lez le bois aler
Sanz sa conpaignete.

II Vers l'onbre de l'ente
Ou cele estoit
Chevauchai ma sente
A grant esploit.
Cortoise ert et gente;
Vers li ving droit :
S'amor m'atalente,
Car mult valoit.
Gentement l'ai salüee.
El respont conme senee :
« Sire, [que] Deus vous saut,
Mes de vous ne me chaut.
Traiez vous arrier ! »
N'atouchiez pas a mon chainse,
Sire chevalier !

III « Dame gente et bele,
Pour vostre amor
Li cuers mi sautele
Et nuit et jor.
En ceste praele
Sor la verdor
Merrons no berele
Tout sanz sejor.
– Sire, je sui marïee
Et a un vilain donee,
Mes je ne l'aime pas.

le long d'un sentier ;
à côté d'un bosquet,
tout près d'un verger,
je vis une dame simple et tranquille
qui prenait l'ombre.
Elle était belle et souriante,
corps bien fait, gorge polie.
Quand elle me vit arriver,
elle chanta aussitôt
cette chansonnette :
Nul ne doit aller au bois
sans sa petite compagne.

Vers l'ombre de l'ente
où elle se tenait,
je chevauchai dans le sentier
à vive allure.
Elle était courtoise et aimable ;
je vins droit à elle.
Son amour me presse
car elle avait beaucoup de valeur.
Je l'ai saluée courtoisement,
elle répond avec sagesse :
« Sire, que Dieu vous garde,
mais de vous peu m'importe.
Retirez-vous d'ici ! »
Ne touchez pas à ma chemise,
sire chevalier !

« Dame noble et belle,
pour votre amour
le cœur me bondit dans la poitrine
la nuit comme le jour.
Sur cette prairie,
dans la verdure,
nous mènerons nos ébats
sans plus attendre.
– Sire, je suis mariée,
on m'a donnée à un vilain,
mais je ne l'aime pas.

Or merrons noz solaz
S'il en devoit crever. »
Dame qui a mal mari,
S'el fet ami,
N'en fet pas a blasmer.

IV « Dame renvoisie,
Pour Dieu, merci !
Or soiez amie :
Vez ci ami !
Ne soiez marrie
Pour vo mari ;
Jamés bone vie
N'avroiz de li.
– Je ne pris mon marie mie
Une orde ponme porrie.
Or soit en sa meson
Et nos nos deduiron,
Car il m'a trop fet languir et souspirer. »
S'aim trop melz un pou de joie a demener
Que mil marz d'argent avoir et puis plorer.

35
Chanson de rencontre

I L'autre jour me departoie
De Nivers sospris d'amors ;
En un bruelet leis ma voie
Trovai dame an un destour.
Euz ot vairs, la crine bloie,
Frechë avoit la colour,
Et chantoit et menoit joie
Tout an despit son signor :
Doucement me tient amors.

II Ses amins l'avoit tenue,
Mais d'amors se confortoit.
Este vos aval la rue

Prenons donc du plaisir
même s'il doit en crever. »
Une dame qui a un mauvais mari
si elle prend un ami
ne peut être blâmée !

« Dame charmante,
pour l'amour de Dieu, pitié !
Soyez donc mon amie,
voici votre ami.
Ne soyez pas triste
pour votre mari ;
jamais vous n'aurez
la vie belle avec lui.
– Je n'estime pas mon mari
plus qu'une vieille pomme pourrie.
Qu'il reste en sa maison
et nous nous amuserons
car il m'a trop fait languir et soupirer. »
J'aime mieux un peu de joie dans ma vie
qu'avoir mille marcs d'argent et puis pleurer !

RS 1713, L 265-1001, MW 759
Strophe I : B 617 (+ une source), str. II : B 901 (+ une source), str. III : B 622, str. IV : B 1597 (+ une source), str. V : B 264.
Ms. I 4:12. Sans musique.

L'autre jour, je m'éloignais
de Nevers, surpris par l'amour ;
en un petit bois près de ma route,
je vis une dame, dans un lieu écarté.
Elle avait les yeux brillants, la chevelure blonde,
le teint frais,
elle chantait et s'amusait,
en dépit de son époux :
Dans sa douceur me tient l'amour.

Elle n'était plus à la garde de son ami,
mais l'amour la réconfortait.
Voici que par la rue

Son marit qui la queroit,
Que mout bien l'ait entendue,
La chanson k'elle dixoit :
« Ez folette, malestrue !
Je vos taing en mon destroit. »
J'ai a cuer les malz d'amors
Orendroit.

III « Li malz d'amors me maistrie.
S'or i venoit mes amins
A cui je suix otroiie,
Vos seriez jai mal baillis :
Il vos feroit vilonie,
La moie foit vos plevis,
Dans vilains, bairbe florie,
Car vos estes si wiris. »
Dous amins,
Por vos mi destraint mes maris.

IV Ses maris li prist a dire :
« Puéz ke je vos taing ici,
Jamais jor an sa bailie
Ne vos tanrait vos amis,
Et si sereiz mal vestie,
La moie foi vos plevis.
Vos m'aveiz fait vilonie,
Si vos an randrai merci ! »
Ki feme ait, a joie ait faillit.

V « Mes maris n'estes vos mie,
Mavais vilainz rasouteiz.
Vos me ronchiez les l'oïe
Cant je dor leis vos costeiz,
Et si ne me faites mie
Lou jeu d'amors a mon greit.
Mais toz les jors de ma vie
Ceste chanson chanterai :
Bien doit soffrir les dongiers son marit
Qui amors ait tout a sa volenteit. »

arrive son mari qui la cherchait.
Il a fort bien entendu
la chanson qu'elle disait :
« Hé, frivole, mal avisée,
je vous tiens en mon pouvoir. »
J'ai dans le cœur le mal d'amour
désormais.

« Le mal d'amour me domine.
Si mon ami arrivait
à qui je me suis donnée,
vous seriez en bien mauvaise posture :
il vous accablerait,
je vous le garantis, par ma foi,
seigneur vilain, barbe blanche,
car vous n'êtes bon à rien. »
Doux ami,
à cause de vous mon mari me maltraite.

Son mari lui répond :
« Puisque maintenant je vous tiens,
jamais plus en son pouvoir
ne vous tiendra votre ami.
Vous serez mal vêtue,
je vous le garantis, par ma foi.
Vous m'avez trahi vilement,
je vous le rendrai bien ! »
Celui qui a une femme a perdu la joie.

« Vous n'êtes pas mon mari,
mauvais vilain, triple sot.
Vous me ronflez à l'oreille
quand je dors à vos côtés
et vous ne me faites pas
l'amour autant que j'en ai envie.
Tous les jours de ma vie,
je chanterai cette chanson :
Elle doit bien souffrir l'empire de son mari,
celle qui a de l'amour autant qu'elle en désire. »

36

Chanson de rencontre

I Quant ce vient en mai ke rose est panie,
Je l'alai coillir per grant drüerie ;
En pouc d'oure oï une voix serie
Lonc un vert bouset pres d'une abïete :
Je sant les douls mals leis ma senturete.
Malois soit de Deu ke me fist nonnete !

II « Ki nonne me fist, Jesus lou maldie !
Je di trop envis vespres ne complies ;
J'amaixe trop muels bone compaingnie
Ke fust deduissans et amerousete. »
Je sant [les douls mals leis ma senturete.
Malois soit de Deu ke me fist nonnete] !

III Elle s'escriait : « Com seux esbaihie !
E Deus ! ki m'ait mis en ceste abaïe ?
Maix jeu en istrai, per sainte Marie !
N'i vestirai mais souplis ne gonnete. »
Je sant [les douls mals leis ma senturete.
Malois soit de Deu ke me fist nonnete] !

IV « Celui manderai a cui seux amie
K'il me vaigne querre en ceste abaïe ;
S'irons a Parix moneir bone vie,
Car il est jolis et je seux jonete. »
Je sant [les douls mals leis ma senturete.
Malois soit de Deu ke me fist nonnete] !

V Quant ses amis ot la parolle oïe,
De joie tressaut, li cuers li fremie ;
A la porte en vient de celle abaïe,
Si en getait fors sa douce amïete.
Je sant les dous mals [leis ma senturete.
Malois soit de Deu ke me fist nonnete] !

RS 1156, L 265-1482, MW 353, B 1126 (+ une source)
Mss. C 196r, U 161v-162r. Sans musique.

Quant vient le mois de mai où la rose est épanouie,
je l'allai cueillir par grande galanterie.
Au bout de peu de temps, j'entendis une jolie voix,
le long d'un vert bosquet, près d'une abbaye :
Je sens les doux maux au niveau de ma ceinture.
Maudit de Dieu soit celui qui m'a faite nonne !

« Celui qui m'a faite nonne, Jésus le maudisse !
Je dis avec grand déplaisir vêpres et complies.
J'aimerais beaucoup mieux une tendre compagnie
qui m'apporterait plaisir et amour. »
Je sens les doux maux au niveau de ma ceinture.
Maudit de Dieu soit celui qui m'a faite nonne !

Elle s'écria : « Comme je suis atterrée !
Ah, Dieu ! qui m'a mise en cette abbaye ?
Mais j'en sortirai, par sainte Marie !
Je ne vêtirai plus surplis ou robe de nonne. »
Je sens les doux maux au niveau de ma ceinture.
Maudit de Dieu soit celui qui m'a faite nonne !

« Je demanderai à celui qui est mon ami,
de venir me chercher en cette abbaye ;
nous irons tous les deux à Paris mener joyeuse vie
car il est gai et moi, je suis jeunette. »
Je sens les doux maux au niveau de ma ceinture.
Maudit de Dieu soit celui qui m'a faite nonne !

Quand son ami apprit cette nouvelle,
il en bondit de joie, son cœur frémit.
Il arrive à la porte de cette abbaye
et il en délivra sa douce amie.
Je sens les doux maux au niveau de ma ceinture.
Maudit de Dieu soit celui qui m'a faite nonne !

37

Chanson de rencontre

I Je me levai ier main matin
Un pou devant soloil luxant,
Si m'an antrai an un jardin,
Mes mainches aloie lassant,
Et oï an un preit chantant
Une sade plaisans brunette
Qui chantoit a voix serïette;
Grant desdus fut de l'escouteir.
Les jolis malz d'amorettes
Ne puis plus celleir.

II Volantiers oï lou regret
K'elle dixoit an sopirant :
« Dieus, j'ai perdu mon amïet,
Lou biau, lou blon, qui m'amoit tant;
Et je li ou an covenant
Ke je seroie s'amïette,
Si an fix une folïette
Dont nuns ne m'an dovroit blasmeir. »
[Les jolis malz d'amorettes
Ne puis plus celleir.]

III « Et ou est ores li valés
Qui neut et jour m'aloit dixant :
"Dame, cuer et cors vos preneiz;
Reteneiz moi a vostre amant,
Je vos servirai loialment" ?
Et je suis si toute soulette !
Fait ai tant ke ma sainturette
Ne puet a son point retorneir. »
[Les jolis malz d'amorettes
Ne puis plus celleir.]

IV « Or me covient mon sainturet
Remettre un petitet avant,
Car li ventres m'est jai grossés
Et adés me vait angroissant.
Lors si m'alai apercevant

RS 1371, L 265-886, MW 1797, B 1220
Ms. I 4:23. Sans musique.

Hier matin je me levai
un peu avant la lumière du soleil,
et j'entrai dans un jardin
en laçant mes manches.
J'entendis chanter dans un pré
une mignonne et plaisante brunette
qui chantait à voix jolie.
J'éprouvai un grand plaisir à l'écouter :
Les jolis maux d'amour,
je ne peux plus les cacher.

J'écoutai volontiers le regret
qu'elle énonçait en soupirant :
« Dieu, j'ai perdu mon ami,
le beau, le blond qui m'aimait tant ;
je lui avais fait la promesse
que je serais son amie
et j'ai commis une bêtise
dont personne ne devrait me blâmer. »
Les jolis maux d'amour,
je ne peux plus les cacher.

« Où est-il maintenant le jeune homme
qui nuit et jour me répétait :
"Dame, prenez mon cœur et mon corps ;
retenez-moi pour votre amant,
je vous servirai avec loyauté" ?
Et me voilà si seulette !
J'ai tant fait que ma ceinture
ne peut plus retourner à son premier trou. »
Les jolis maux d'amour,
je ne peux plus les cacher.

« Maitenant, il me faut desserrer
un peu plus ma ceinture
car mon ventre a déjà grossi
et il ne cesse de s'arrondir.
C'est ainsi que je me suis aperçue

Ke n'estoie plus pucelette ;
Si dirai ceste chansonette
De boin cuer, ne puis oblieir :
[Les jolis malz d'amorettes
Ne puis plus celleir.]

V Et je qui volantiers l'oï
Me traix un petitet avant ;
Et la belle tantost me vit,
Se prist a mueir colour grant.
Et je li ai dit an riant :
« S'avient a mainte pucelette. »
Et elle fut un pou pailette,
De honte n'ozait plus chanteir :
Les jolis malz d'a[morettes
Ne puis plus celleir].

38

Chanson de rencontre

I L'autrier un lundi matin
M'an aloie ambaniant,
S'antrai an un biau jardin,
Trovai nonette seant.
Ceste chansonette
Dixoit lai nonette :
« Longue demoree
Faites, frans moinnes loialz. »
Se plus suis nonette,
Ains ke soit li vespres,
Je morrai des jolis malz.

II Cant la nonette antendi,
Que si s'aloit gaimentant,
Maintenant me dexendi
Sor l'erbette verdoiant.
Et elle s'escrie :
« Je morrai d'envie

que je n'étais plus pucelle.
Alors je chanterai de tout mon cœur
cette chanson que je ne peux oublier :
Les jolis maux d'amour,
je ne peux plus les cacher.

Et moi qui l'avais écoutée avec plaisir,
je me suis un peu avancé vers elle.
Et aussitôt que la belle me vit,
elle changea de couleur.
Je lui ai dit en riant :
« Cela arrive à plus d'une pucelle ! »
Elle en devint toute pâle,
de honte, elle n'osait plus chanter :
Les jolis maux d'amour,
je ne peux plus les cacher.

RS 1370, L 265-1040, MW 2297, B 1712
Ms. I 4:10. Sans musique.

L'autre jour, un lundi matin,
j'allais me divertissant.
J'entrai dans un beau jardin,
j'y trouvai une nonne assise.
La nonne chantait
cette chansonnette :
« Vous tardez trop longuement,
moine sincère et loyal ! »
Si je suis encore nonne,
avant l'heure des vêpres,
les doux maux me tueront.

Quand j'entendis la nonne
qui allait se lamentant ainsi,
aussitôt je descendis
sur l'herbe verdoyante
et elle de s'écrier :
« Je mourrai de désir,

Por la demoree
Ke faites, moinnes lëaulz. »
Se plus suis nonette,
Ains ke soit li vespres,
Je morrai des jolis malz.

III La nonain se gaimentoit ;
Resgardait aval un preit,
Vit lou moinne qui venoit,
Qui avoit son frot osteit.
Droit vers lai nonette
Maintenant s'adresse,
Si l'ait escolee ;
Et elle s'escrie an haut :
Duez, tant buer fu nee,
Cant serai amee
De vos, frans moinnes loialz !

parce que vous tardez trop,
moine loyal. »
Si je suis encore nonne,
avant l'heure des vêpres,
les doux maux me tueront.

La nonne se lamentait
en regardant vers le pré.
Elle voit le moine qui arrivait,
ayant retiré son froc.
Droit vers la nonnette
il se dirige aussitôt.
Il l'a serrée dans ses bras ;
elle s'écrie à voix haute :
Dieu, je suis née sous de bons auspices
puisque je serai aimée de vous,
moince sincère et loyal !

39

Chanson d'amour
Chanson de femme

I L'on dit q'amors est dolce chose,
Mais je n'en conois la dolçor ;
Tote joie m'en est enclose,
N'ainz ne senti nul bien d'amor.
Lasse ! mes mals ne se repose,
Si m'en deplaing et faz clamor.
Mar est batuz qui plorer n'ose,
N'en plorant dire sa dolor.
Ses duels li part qui s'ose plaindre ;
Plus tost en puet son mal estaindre.

II De ce me plaing qu'il m'a traïe ;
S'en ai trop grant duel acoilli,
Quant je qui sui leals amie

RS 1937, L 265-1235, MW 827, B 1716
Mss. U 47v, C 168v-169r. Musique dans U.

On dit que l'amour est douce chose,
mais je n'en connais pas la douceur ;
toute joie m'en est refusée,
et jamais je n'ai senti nul de ses biens.
Hélas ! mon mal ne connaît pas de repos,
c'est pourquoi je m'en plains et je proteste.
Pour son malheur est battu celui qui n'ose pleurer
et n'ose en pleurant exprimer sa douleur.
Celui qui ose se plaindre, son chagrin le quitte ;
il peut plus tôt apaiser sa douleur.

Je me plains de ce qu'il m'a trahie ;
j'en ai conçu une trop grande peine
puisque moi qui suis une amie loyale

Ne truis amor en mon ami.
Je fui ainçois de lui baisie,
Si lo fis de m'amor saisi ;
Mais tels baise qui n'aime mie :
Baisier ont maint amant traï.
[Ses duels li part qui s'ose plaindre ;
Plus tost en puet son mal estaindre.]

III Estre cuidai de lui amee
Quant entre ses braz me tenoit ;
Cum plus iere d'amors grevee,
A son parler me refaisoit ;
A sa voiz iere si sanee
Cum Piramus quant il moroit :
Navrez en son flanc de s'espee,
Au nom Tisbé les iauz ovroit.
[Ses duels li part qui s'ose plaindre ;
Plus tost en puet son mal estaindre.]

40
Chanson d'amour
Chanson de femme

I La froidor ne la jalee
Ne puet mon cors refroidir,
Si m'ait s'amor eschaufee,
Dont plaing et plor et sospir ;
Car toute me seux donee
A li servir.
Muels en deüsse estre amee
....
De celui ke tant desir,
Ou j'ai mise ma pensee.

II Ne sai consoil de ma vie
Se d'autrui consoil n'en ai,
Car cil m'ait en sa baillie
Cui fui et seux et serai.

je ne trouve pas d'amour en mon ami.
Jadis je reçus de lui un baiser
et je le mis en saisine de mon amour.
Mais il y en a qui embrassent sans aimer :
par un baiser on a trahi bien des amants.
Qui ose se plaindre, son chagrin le quitte;
il peut plus tôt apaiser sa douleur.

Je croyais être aimée de lui
lorsqu'il me tenait dans ses bras;
lorsque l'amour m'oppressait le plus,
il me redonnait force par ses paroles;
au son de sa voix j'étais guérie
comme Pyrame lorsqu'il se mourait :
blessé en son flanc par sa propre épée,
au nom de Thisbé il ouvrait encore les yeux.
Qui ose se plaindre, son chagrin le quitte;
il peut plus tôt apaiser sa douleur.

RS 517, L 265-973, MW 801
Ms. C 136r-v. Sans musique.

La froideur ni la gelée
ne peuvent refroidir mon corps,
tant l'amour de lui m'a embrasée.
Je m'en plains, je pleure et je soupire,
car je me suis consacrée
à le servir.
J'en devrais être mieux aimée.
....
de celui que je désire si fort
et où j'ai mis ma pensée.

Je ne sais quel appui donner à ma vie
si je n'obtiens pas le soutien d'un autre,
car celui-là m'a en son pouvoir
à qui je fus, je suis et je serai.

Por tant seux sa douce amie
Ke bien sai
Ke, por rien ke nuls m'en die,
N'amerai
Fors lui, dont seux en esmai.
Quant li plaist, se m'ocie !

III Amors, per moult grant outraige
M'ocieis, ne sai por coi ;
Mis m'aveis en mon coraige
D'ameir lai ou je ne doi.
De ma folie seux saige
Quant je.l voi.
De porchaiscier mon damaige
Ne recroi.
D'ameir plux autrui ke moi
Ne li doinst Deus couraige.

IV Ensi, laisse ! k'en puis faire,
Cui Amors justice et prant ?
Ne mon cuer n'en puis retraire,
Ne d'autrui joie n'atent.
Trop ont anuit et contraire
Li amant :
Amors est plux debonaire
A l'autre gent
K'a moi, ki les mals en sent,
Ne nuls biens n'en puis traire.

V Ma chanson isi define,
Ke joie ait vers moi fineir ;
Car j'ai el cors la rasine
Ke ne puis desrasineir,
Ke m'est a cuer enterine,
Sens fauceir.
Amors m'ont pris en haïne
Por ameir.
J'ai beüt del boivre ameir
K'Isoth but, la roïne.

Voici pourquoi je suis sa douce amie :
Je sais bien
qu'on a beau me raisonner,
je n'aimerai
que lui qui seul m'émeut.
S'il le veut, qu'il me tue !

Amour, c'est par un grand outrage
que vous me tuez, j'ignore pourquoi ;
vous avez poussé mon cœur
à aimer là où je ne dois pas.
Dans ma folie, je suis sage
quand je le vois.
De pourchasser mon dommage,
je ne me lasse pas !
Que Dieu ne lui donne pas l'envie
d'aimer une autre que moi !

Ainsi, hélas ! que puis-je faire,
moi qu'Amour saisit et torture ?
Mon cœur ne peut s'en détacher
et je n'attends pas d'un autre la joie.
Ils ont trop de souffrance et de traverses,
les amants ;
Amour a plus de bienveillance
envers les autres
qu'envers moi qui endure ses maux
et qui n'en puis obtenir nul bienfait.

Ici se termine ma chanson
puisque pour moi toute joie est finie,
car j'ai, plantée en mon corps,
fichée au fond de mon cœur,
la racine que je ne puis déraciner,
sans mentir.
Amour m'a prise en haine
parce que j'aime.
J'ai bu du breuvage amer
dont but Iseut, la reine.

41

Chanson d'amour

I Al renoveler de la flor
M'estuet chanter en sospirant,
K'entre mon cuer et fine Amor
A ma dame vont demandant
Ice que doit que je ne chant ;
S'est bien droiz que je m'i ator,
Des que il lor vient a talant.

II Je sai de voir k'a la meillor
Del mont ai mis mon pansement.
Ne li os conter ma dolor,
Ne ja ne.l savra autrement.
Sachent tuit, por la melz vaillant
Qui soit el mont sospir et plor ;
Ja ne li dirai altremant.

III De li vienent li mal que j'ai
Et sovent en plaing et sospir,
Ne ja de li ne partirai,
Ainz en voil bien les mals soffrir.
S'il vos en dangne sovenir
Cant toz jors soffert les avrai,
Molt tost les me porrez merir.

IV Dame, molt durement m'esmai
De ceste amor que tant desir,
Ne ja de vos ne partirai ;
Ceste amors est senz repentir ;
Ensi m'en doigne Deus joïr,
Com je l'aim de fin cuer verai
Et amerai jusq'au morir.

V Chascuns dit qu'il n'ose nomer
La rien qui plus lo fait doloir,
Mais je ne la quier ja celer,
Bien s'en puet on apercevoir,
K'ele a plus valor et pooir
De totes vaillanz, la nonper.
Celi aim je senz decevoir.

RS 1981, L 265-184, MW 1320
Mss. U 44r-v, C 248v-249r. Sans musique.

Quand se renouvelle la fleur,
il me faut chanter en soupirant
puisque mon cœur et le parfait Amour
s'en vont demander à ma dame
comment il se fait que je ne chante pas.
Il est donc juste que je m'y dispose
dès lors qu'ils en expriment le désir.

Je sais bien qu'en la meilleure
du monde j'ai mis ma pensée.
Je n'ose lui confier ma douleur,
et elle ne le saura jamais autrement.
Que tous le sachent : pour celle qui vaut le plus
en ce monde je soupire et je pleure
et jamais je ne lui en ferai d'autre confidence.

C'est d'elle que viennent les maux que j'éprouve,
souvent je m'en plains et j'en soupire;
jamais je ne la quitterai
mais j'accepte de souffrir ces maux.
Si vous daignez vous en souvenir
quand je les aurai soufferts longuement,
vous pourrez bien vite me récompenser.

Dame, je suis complètement bouleversé
par cet amour qui est tout mon désir,
et jamais je ne vous quitterai;
mon amour est sans regret;
que Dieu donc m'en donne la jouissance,
puisque je l'aime d'un cœur loyal et sincère
et l'aimerai jusqu'à la mort.

Chacun dit qu'il n'ose nommer
la belle qui le fait le plus souffrir,
mais je ne cherche pas à cacher qui elle est :
on peut facilement s'en rendre compte
car elle a plus de valeur et de pouvoir,
elle, la sans-pareille, que toutes dames de mérite.
C'est elle que j'aime, sans mentir.

VI Chancenette, fai li savoir,
Quant ele te fera chanter,
Que de li ne me puis movoir.

42
Chanson d'amour

I S'onkes nulz hons se clamait
D'Amors, bien m'en doi [je] plaindre,
Kant [a] la tres belle m'ait
Doneit mon cuer, ne ains prandre
A moi congiet n'en dignait;
Maiz de tant vos veul aprandre,
Pués c'Amors m'i fait entandre,
Ki vairoit lou cors k'elle ait,
Sa bouche et sa faice tendre,
Bien diroit ke cristaulz ait
Vers son vis color de sendre.

II Onkes tant ne so deffandre
Mon cuer ke il n'alaist lai
Dont la mort m'estuet atandre,
Car jai joie n'en avrai
Se pitiés ne l'en veult prandre.
A morir me covanrait,
Si morai quant li plairait;
Et s'elle me voloit randre
Por mon cuer ke tolut m'ait
Un baixier sens plux riens prandre,
De ma mort pardon avrait.

III Ensi seux com li fenis
Ke tous s'airt por li occire,
Car per mes euls seux la mis
Dont je port corrous et ire.
Lais ! s'en seux si esbaihis
Ke ne l'os a nelui dire;
Ainçois me lairoie frire
Comme lairt ki est remis,

Chansonnette, fais-le-lui savoir
quand elle te fera chanter :
je ne peux me détacher d'elle.

RS 4, L 265-1630, MW 900
Ms. C 222r-v. Sans musique.

Si jamais quelqu'un a porté plainte
contre Amour, moi, je dois bien m'en plaindre
puisqu'il a donné mon cœur
à la très belle, sans daigner
m'en demander la permission ;
mais je veux vous apprendre ceci
– puisqu'Amour m'y pousse –
que celui qui verrait le corps qu'elle a,
sa bouche, sa tendre figure,
il dirait bien qu'auprès de son visage
le cristal a couleur de cendre.

Jamais je n'ai su empêcher mon cœur
d'aller là où il me faudra
attendre la mort,
car je n'en tirerai jamais de joie
si la pitié ne veut se saisir d'elle ;
il me faudra mourir
et je mourrai donc quand il lui plaira.
Mais si elle voulait me rendre
contre mon cœur qu'elle m'a volé
un baiser sans rien de plus,
elle serait pardonnée de me tuer.

Je suis comme le phénix
qui s'embrase entièrement pour se tuer,
car par l'entremise de mes yeux je me suis mis
en lieu de retirer colère et douleur.
Hélas ! j'en suis si ébahi
que je n'ose le dire à personne ;
je me laisserais plutôt frire
comme du lard qu'on fait revenir

Ke deïsse mon martire
A nul home ki soit vis.
Tant com li plairait veul vivre.

IV E lais ! ne puis troveir mire
Des mals dont seux si sopris,
Et adés vers moi s'empire
Celle a cui seux fins amins ;
S'en ai plux jane ke cire
Lou cors, les menbres, lou vis,
Et ceu me fait aincor pix
Quant por mon mal la voi rire.
Nonporcant, tant seux gentils
Quant son tres gent cors remire,
Plux que nuls seux posteïs.

V A defin de ma chanson,
Proi Deu ki boen pooir ait.
Vos requier un gueridon,
Dame, teil com vos plairait.
Pitiés, vai, si l'en semon,
Car se le gueridon n'ait
Mes cuers, ke servie l'ait,
Je brairai a tout le mont,
En keil leu k'elle serait,
Celle ke m'ait en prixon :
Hareu ! haro ! la voi lai !

43
Chanson d'amour

I Or seux liés del dous termine
Ke naist la flor premerainne,
Ke croist la flor en l'espine
Et l'erbe leis la fontainne ;
Lors ne puis avoir saixine
De celi ke m'est lontainne,
N'el vergier desous cortine
Joie de volenteit plainne.

plutôt que de confier mon martyre
à personne qui vive.
Je veux vivre autant qu'il lui plaira.

Hélas ! je ne peux trouver médecin
pour les maux dont je suis si surpris,
et sans cesse elle devient pire
à mon encontre, celle dont je suis le vrai ami.
J'en ai plus jaunes que de la cire
le corps, les membres et le visage.
Et ce qui me fait plus de mal encore,
c'est de la voir rire de ma souffrance.
Pourtant je deviens si vaillant
lorsque je contemple son très beau corps
que j'en suis plus fort que tout autre.

À la fin de ma chanson,
je prie Dieu qui a tout pouvoir.
Je vous demande une récompense,
dame, celle qu'il vous plaira.
Pitié, va, demande-la-lui donc
car si mon cœur qui l'a servie
n'en reçoit pas sa récompense,
je crierai au monde entier
en quelque lieu qu'elle soit,
elle dont je suis le prisonnier :
Haro, haro ! la voilà !

RS 1386, L 265-1284, MW 835, B 719
Ms. C 174v-175r. Sans musique.

Maintenant je suis content de ce doux moment
où naît la première fleur,
où croît la fleur sur l'aubépine
et l'herbe auprès de la fontaine.
Mais alors je ne peux posséder
celle qui m'est lointaine
ni au verger sous les courtines
avoir ma joie, de désir pleine.

Et pués ke j'en atent les biens,
Drois est ke li mals en soit miens.

II El cuer desous la poitrine
M'ait navreit k'ensi me moinne,
Maix del dairt ist une espine,
Se m'ait navreit en teil voinne
Dont puet bien estre mescine
Celle k'est de biauteit plainne,
K'elle ait mon cuer et l'orine
Des mals ke trais la semainne.
Et pués [ke j'en atent les biens,
Drois est ke li mals en soit miens].

III Ma chansonnete define,
Si sai bien c'Amors la moinne
A la plux cortoise et fine
Ke soit en trestout cest regne.
Mis me seux en sa saixine ;
Bien puet aligier ma poene,
Car je l'ain plux d'amor fine
Ke Paris ne fist Helenne.
Et pués ke j'en atent les biens,
Drois est ke li malz en soit miens.

Mais puisque j'en attends le bonheur,
il est juste que la souffrance soit mienne.

En plein cœur sous la poitrine,
elle m'a blessé, celle qui ainsi me mène,
mais du dard sort une épine
qui m'a blessé dans telle veine
que pourrait bien être mon guérisseur
celle qui n'est que beauté,
car elle a mon cœur et elle est l'origine
des maux que j'endure toute la semaine.
Mais puisque j'en attends le bonheur,
il est juste que la souffrance soit mienne.

Je finis ma chansonnette,
je sais bien qu'Amour la mène
à la plus courtoise, à la plus fine
qui soit dans tout ce royaume.
Je me suis donné à son plein pouvoir ;
elle peut bien alléger ma peine,
car je l'aime d'un amour plus parfait
que Pâris n'en eut pour Hélène.
Mais puisque j'en attends le bonheur,
il est juste que la souffrance soit mienne.

44

Chanson d'amour

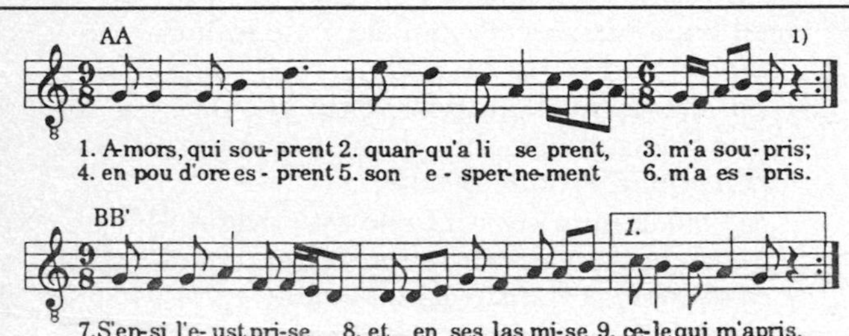
AA
1)
1. A-mors, qui sou- prent 2. quan-qu'a li se prent, 3. m'a sou- pris;
4. en pou d'ore es - prent 5. son e - sper-ne-ment 6. m'a es - pris.
BB'
1.
7.S'en-si l'e- ust pri-se 8. et en ses las mi-se 9. ce-le qui m'apris,
10.tot a ma de- vi-se 11. fust en mon ser-vi-se,

I Amors, qui souprent
Quanqu'a li se prent,
M'a soupris ;
En pou d'ore esprent,
Son espernement
M'a espris.
S'ensi l'eüst prise
Et en ses las mise
Cele qui m'a pris,
Tot a ma devise
Fust en mon servise,
S'il li pleüst
Qe el eüst
D'amors tot le pris.

II Son sens, son confort,
Son tres douz deport
M'a lachiez ;
Les maus que je port
M'ont doné la mort ;
C'est pechiez.
Ma tres douce amie,
Fetes moi aïe
D'estre ralazchiez,
Ou je pert la vie.

RS 724, L 265-63, MW 479
Mss. P 143v-144r, X 212r-v. Musique dans les deux mss.

2.
12. s'il li ple - ust 13. qe el e - ust 14. d'a- mors tot le pris.

Amour qui surprend
tout ce qui se prend à lui
m'a surpris ;
en peu d'heures il embrase,
son embrasement
m'a embrasé.
Si Amour l'avait prise
et mise en ses lacs,
celle qui m'a pris,
tout à mon gré
il serait à mon service,
s'il lui plaisait
que ma dame obtînt
de l'amour tout le prix.

Sa sagesse, son réconfort
et son très doux comportement
m'ont pris en ses lacs.
Les maux que je supporte
m'ont donné la mort ;
c'est un péché,
ma très douce amie,
accordez-moi votre aide
pour me relâcher
ou je perds la vie.

Ne m'oublïez mie,
Fins cuers loiaus,
Mes de mes maus
Vos praigne pitiez !

III Et quant je regart
Son tres douz regart
Et son vis,
Issi ait Deus part
En m'ame, q'il gart,
Q'il m'est vis
Que il n'ait tant bele
Dame ne pucele
En tot cest païs.
Amez moi, suer bele !
Vostre amor m'apele
La grant biauté,
La loiauté
Qu'a Deus en vos mis.

IV Bele, vos avés
Mon cuer, ce sevez,
En prison.
Se vos ne.l gardez,
Certes vos ferés
Mesprison ;
Car il a fiance
Et bone esperance
D'avoir raenson.
Ne fetes nuisance
Mes de la puissance
Que vos avés,
Se vos voulez,
D'aidier li ou non.

V « Biau tres douz amis,
Quant si vos voi pris
Et laschiez,
A vostre devis
Serés, je.l plevis,
Ralaschiez ;

Ne m'oubliez pas,
fin cœur loyal,
mais que plutôt vous preniez
mes maux en pitié !

Et quand je regarde
son très doux regard
et son visage,
Dieu ait part à mon âme
– qu'Il la veuille garder ! –
tout comme je crois
qu'il n'y a si belle
dame ni jeune fille
dans tout ce pays !
Aimez-moi, ma sœur si belle !
Votre amour me rappelle
la grande beauté,
la loyauté
que Dieu a en vous placées.

Belle, vous avez
mon cœur, vous le savez bien,
en votre prison.
Si vous ne le gardez pas,
vous ferez, certes,
une méprise ;
car il a confiance
et bonne espérance
d'obtenir rançon.
Ne me nuisez plus
avec la puissance
que vous possédez
d'aider ou non mon cœur,
si vous le voulez bien.

« Bel ami très doux,
puisque je vous vois ainsi pris
dans les lacs,
selon vos souhaits,
je vous le jure,
vous serez relâché ;

Car qui merci crie
Por avoir aïe
Doit estre alegiés.
J'ere vostre amie,
Ne en doutez mie ;
De moi ferés
Vos volentez,
Tot cert en soiez ! »

45
Chanson d'amour

AA
1. Au nou - viau tens, tou - te riens s'es - jo - ist:
3. en ces ver - giers vi - o - le - te flo - rist,
2. Cil oi - sel - lon con - men - cent nou - viaus sons,
4. et par a - mours chan - tent a - manz chan - çons.
B
5. Si ne m'est pas. Tou - te joi - e me nuist;
6. quant plus en voi et il mains m'en - be - list,

I Au nouviau tens, toute riens s'esjoïst :
Cil oisellon conmencent nouviaus sons,
En ces vergiers violete florist,

car qui implore merci
pour avoir de l'aide,
doit être secouru.
Je serai votre amie,
n'en ayez pas de doute ;
vous ferez de moi
votre volonté,
soyez-en assuré. »

RS 1645, L 265-178, MW 662
Ms. K 401-402. Musique.

7. quant pas n'a - tent a a - voir gue - ri - son
8. de la be - le, mes so - vent a lar - ron
9. de cuer plore et sou - spi - re.

À la saison nouvelle, toute créature se réjouit,
les oisillons commencent de nouvelles chansons,
dans les vergers la violette fleurit

Et par amours chantent amanz chançons.
Si ne m'est pas. Toute joie me nuist;
Quant plus en voi et il mains m'enbelist,
Quant pas n'atent a avoir guerison
De la bele, mes sovent a larron
De cuer plore et souspire.

II Je cuidai bien avoir, s'estre poïst,
En aucun tens de ma dame pardon,
Ne qu'a nul jor autre mari ne prist
Fors moi tot seul, qui [sui] ses liges hon;
Car si senblant, oncor ne[.l] me desist,
Me disoient qu'avant touz me vousist
Amer. Por ce ai mis en sa prison
Moi et mon cuer, et ore a pris baron!
S'en muir de duel et d'ire.

III Riens ne me plest en cest siecle vivant,
Puis que je ai a la bele failli,
Qu'ele donoit a moi par son senblant
Sens et honor, hardement, cuer joli.
Ore est torné ce derrieres devant,
Car a touz jorz avrai cuer gemissant,
Plain de dolor, plorant, tristre et marri,
Ne ja nul jor ne.l metrai en oubli;
S'en sui en grant martire.

IV Biau sire Deus, par son faintis senblant
M'a ma dame confondu et traï;
Mes ce ont fet li sien, apertement :
Pour son avoir l'ont donee a celui
Qui ne deüst pas aler regardant.
Dolenz en sui; mes s'el m'amast autant
De loial cuer com je fesoie li,
Maugré aus touz i eüst il failli :
Ja, pour ce, n'en fust pire.

et par amour, les amants chantent des chansons.
Il n'en va pas ainsi de moi : toute joie me nuit,
plus j'en vois, moins cela me réjouit
puisque je n'attends pas de guérison
à venir de ma belle ; mais souvent en secret
du fond du cœur je soupire et je pleure.

Je croyais bien obtenir, si c'était possible,
quelque jour le pardon de ma dame,
et qu'elle ne prendrait jamais un autre époux
que moi tout seul qui suis son homme-lige.
Car son apparence me disait,
même si elle ne l'exprimait pas,
que plutôt que tout autre elle voulait
m'aimer. Pour cela j'ai mis dans sa prison
et mon cœur et moi-même. Or elle s'est mariée !
J'en meurs de peine et de rage.

Plus rien ne me plaît qui vive en ce temps
depuis que j'ai perdu la belle,
car elle me donnait par son apparence
sagesse, honneur, audace et cœur gai.
Maintenant tout a été bouleversé,
j'aurai pour toujours le cœur gémissant,
plein de peine, pleurant, triste et marri.
Jamais nul jour je ne l'oublierai ;
j'en éprouve un cruel martyre.

Seigneur Dieu, par son apparence mensongère,
ma dame m'a confondu et trahi ;
mais c'est clair, ce sont ses parents les coupables :
ils l'ont donnée pour sa richesse
à un homme qu'elle n'aurait pas dû considérer.
J'en suis désespéré. Mais si elle m'avait aimé
d'un cœur aussi loyal que je le faisais pour elle,
malgré tous ces gens, elle n'aurait pas accepté.
Voilà pourquoi cela ne pourrait être pire !

46

Chanson d'amour

AA
1)
1. Chan- ter voil un no- vel son 2. por mes do- lors ra - le - gier.
3. Cil n'est pas hors de pri - son 4. q'A-mors ont a ju- sti - sier;
B
5. ce- le fet grant tra- i - son 6. qui de - çoit a l'a- coin - tier

I

Chanter voil un novel son
Por mes dolors ralegier.
Cil n'est pas hors de prison
Q'Amors ont a justisier ;
Cele fet grant traïson
Qui deçoit a l'acointier
Et puis guerpist le prison,
Quant el l'a mis el sentier
De li amer.
Ne me sai de fause amor a cui clamer.

II

Amors m'ont en lor las mis,
Qui maint en ont deceü ;
Sanz amie sui amis,
Bien m'en sui aperceü.
Juré m'avoit et promis
Amors, li faus mescreü,
Qu'amez seroie toz dis,
Mes or ai aperceü
Sa fause foi.
Fausement s'est contenue Amors vers moi.

III

Amors set bien losengier
Et atraire et decevoir ;
Vers lui ne vaut riens dangier
Ne prouece ne valor.

RS 1900, L 265-342, MW 858
B 758 (strophe IV seulement; + une source)
Mss. P 143r-v, X 211v-212r. Musique dans les deux mss.

7. et puis guer- pist le pri - son, 8. quant el l'a mis el sen - tier
9. de li a- mer. 10. Ne me sai de fause a - mor a cui cla - mer.

Je veux chanter une chanson nouvelle
pour alléger mes souffrances.
Il n'est pas sorti de prison,
celui qu'Amour tient en son pouvoir;
et elle accomplit une grande trahison,
celle qui trompe au premier abord
et puis abandonne son prisonnier
une fois qu'elle l'a conduit sur la voie
de l'aimer.
Je ne sais à qui me plaindre du faux amour.

Amour m'a pris dans ses lacs,
lui qui en a trompé bien d'autres;
je suis un ami, sans amie
je m'en suis bien aperçu.
Il m'avait juré et promis,
Amour, le parjure,
que je serais aimé toujours.
Mais aujourd'hui j'ai bien perçu
sa perfidie.
Amour a eu envers moi une conduite mensongère.

Amour sait bien flatter
et attirer et tromper.
Aucune résistance ne prévaut contre lui,
ni prouesse ni valeur.

Cuer trenbler, color changier
Fet Amors sanz percevoir ;
Bien set trere sanz lancier
Amor ce que veut avoir
A son pleisir.
Fouz est qui de faus amor cuide joïr.

IV Amors n'i garde a nul droit ;
L'un fet trenbler et l'autre art,
L'un a chaut et l'autre a froit ;
Chascun trait d'un divers dart ;
L'un suesfre toz les tormens.
Ce n'est pas loial esgart.
S'Amors croire me vouloit,
Ja batroie de ma part
Tel jugement.
Fouz est qui de fause amor suesfre torment.

V Chançon, va t'en a celi
Por qui je te conmençai.
Je li mant, et tu li di,
Que je l'aim de cuer verai ;
Ja ne partise de li
S'el amast de bone foi
Son fin amant.
Deus, a vos conmant celi por qui je chant.

Il fait trembler le cœur, changer de couleur,
sans même qu'on s'en aperçoive.
Il sait s'approprier, sans combat,
ce qu'il veut avoir
pour son plaisir.
Fou qui croit jouir d'un faux amour.

Amour ne rend justice à personne ;
il fait trembler l'un et brûler l'autre,
l'un a chaud et l'autre a froid.
Il tire sur chacun une flèche différente ;
l'un endure tous les tourments.
Ce n'est pas une juste conduite.
Si Amour voulait m'en croire,
je combattrais pour ma part
un tel jugement.
Fou qui souffre douleur née d'un faux amour.

Chanson, va-t-en vers celle
pour qui je t'ai commencée.
Je lui mande, et donc dis-lui,
que je l'aime de cœur vrai.
Jamais je ne la quitterais
si elle aimait de bonne foi
son vrai amant.
Mon Dieu, je vous confie celle pour qui je chante.

47

Chanson d'amour

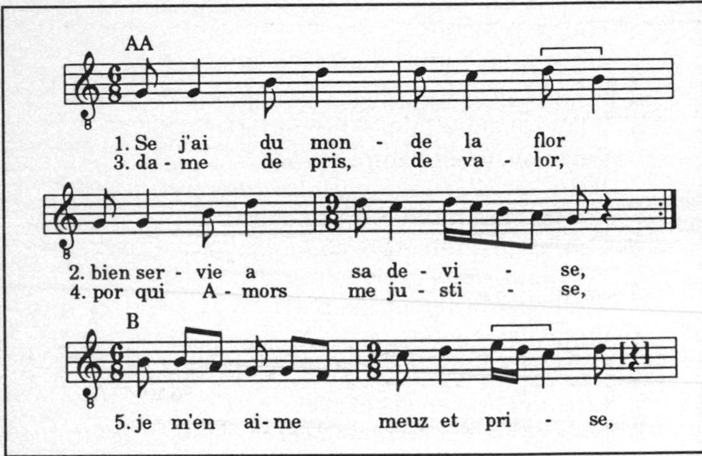
AA
1. Se j'ai du mon - de la flor
3. da - me de pris, de va - lor,
2. bien ser - vie a sa de - vi - se,
4. por qui A - mors me ju - sti - se,
B
5. je m'en ai - me meuz et pri - se,

I Se j'ai du monde la flor
Bien servie a sa devise,
Dame de pris, de valor,
Por qui Amors me justise,
Je m'en aime meuz et prise,
S'ele a mon cuer sanz retor;
Car cil qui sert nuit et jor
Doit avoir joie et joïr
De son desir.

II Des l'eure que je la vi
Si doucete et acesmee,
Ne la poi metre en oubli;
Mon cuer a et ma pensee;
Si n'est riens qui tant m'agree
Con seul ce qu'ele a sesi
Mon cuer; or li cri merci,
Que j'aie prouchain secors
De mes amors.

RS 1983, L 265-1583, MW 1253
Mss. N 165v-166r, K 341-342, P 175v-176r, X 223r-v. Musique dans tous les mss.

6. s'ele a mon cuer sanz re - tor;
7. car cil qui sert nuit et jor
8. doit a - voir joie et jo - ir 9. de son de - sir.

Puisque j'ai bien servi à son vouloir
la fleur de ce monde,
dame de haut prix et de valeur
pour qui Amour s'est fait mon seigneur,
je m'en aime et m'en prise davantage,
si elle possède mon cœur pour toujours ;
car celui qui sert nuit et jour
doit obtenir la joie et la jouissance
de son désir.

Depuis l'heure où je la vis,
si doucette, si bien parée,
je n'ai pu la mettre en oubli ;
elle possède mon cœur et ma pensée
et il n'est rien qui tant me plaise
que ce seul fait : elle s'est emparé
de mon cœur. Maintenant j'implore sa pitié :
que j'obtienne un rapide secours
pour mon amour.

III En li a biau mireor;
Bien l'a nature portrete :
Regart a plain de douçor,
Vis riant, bele bouchete.
Si me doi bien entremetre
De lui servir nuit et jor;
Or servirai fine Amor
En espoir d'avoir pardon
Con fin prison.

IV En former son douz reclain
A lonc tens pensé nature;
Reclamés sui soir et main
D'amer si bele faiture.
Or serf Amor et endure
Et, se j'en palis et taing,
Bien et mal en bon gré praing
Con cil qui ma dame amer
Veut sanz fauser.

V J'envoieré ma chançon
A ma douce amie chiere,
Qui de s'amor m'a fet don.
Por Deu, qu'en nule maniere
N'oblit ne ne mete arriere
Je qui sui ses liges hon,
Car ce seroit mesprison,
Mes vers moi gart son otroi
En bone foi !

Elle est un bien beau miroir,
Nature l'a bien réussie :
elle a un regard plein de douceur,
un visage riant, une belle petite bouche.
Je dois bien certes m'employer
à la servir nuit et jour ;
je servirai désormais le parfait Amour
dans l'espoir d'être exaucé
en prisonnier exemplaire.

Pour former ce doux appeau
Nature a longtemps médité.
Je suis appelé nuit et jour
à aimer une si belle créature.
Je sers donc Amour et l'endure
et si j'en pâlis et en perds mes couleurs,
je prends en bon gré le mal et le bien
en homme qui veut aimer sa dame
sans mensonge.

J'enverrai ma chanson
à ma chère et douce amie
qui m'a fait don de son amour.
Mon Dieu, qu'en nulle manière
elle ne m'oublie ni ne me rejette,
moi qui suis son homme lige,
car ce serait une erreur ;
mais qu'elle ne reprenne pas ce qu'elle m'a
en bonne foi ! [octroyé

48

Chanson d'amour

I Amors me semont et proie
De chanter, si chanterai
Puis que la bele m'en proie ;
Ja ne l'en escondirai,
Car je l'aim et amerai ;
Ne ja Deus puis ne mi voie
Se de li departirai !
Pour li est mes cuers en joie.

II Je sui cil qui qiert sa proie
Partout por son cors garir,
Si me sui mis en la voie
D'avoir plenté d'anemis
Qui la mi vuelent tolir ;
Mes, par Dieu, se il savoient
Conbien je l'aim et desir,
Tout en pes la mi leroient.

III Je cuidai celer ma joie,
Ce qu'Amors m'avoit promis ;
Las ! conment la celeroie
Puis que j'ai cele conquis ?
El m'a un besier promis
Que, douz Deus, se je l'avoie,

RS 1749, L 265-103, MW 1368
Ms. K 357, N 173v, X 232v. Musique dans tous les mss.

BB'
5. car je l'aim et a - me-rai,
7. se de li de - par - ti - rai;
1.
2.
6. ne ja Deus puis ne mi voi - e
8. pour li est mes cuers en joi - e.

Amour me demande et me prie
de chanter. Je chanterai donc
puisque la belle m'en prie ;
c'est une chose que jamais je ne lui refuserai
car je l'aime et l'aimerai.
Que jamais Dieu ne me regarde
si je me sépare d'elle !
Mon cœur pour elle est dans la joie.

Je suis celui qui pourchasse sa proie
partout pour guérir son corps,
je suis en chemin
de me faire beaucoup d'ennemis
qui veulent me la prendre ;
mais, par Dieu, s'ils savaient
combien je l'aime et la désire,
ils me la laisseraient en toute tranquillité.

Je croyais cacher ma joie,
celle qu'Amour m'avait promise ;
mais hélas ! comment la cacherais-je
une fois la belle conquise ?
Elle m'a promis un baiser :
doux Dieu, si je l'obtenais,

Tout li saint de paradis
En devroient avoir joie.

49
Chanson d'amour

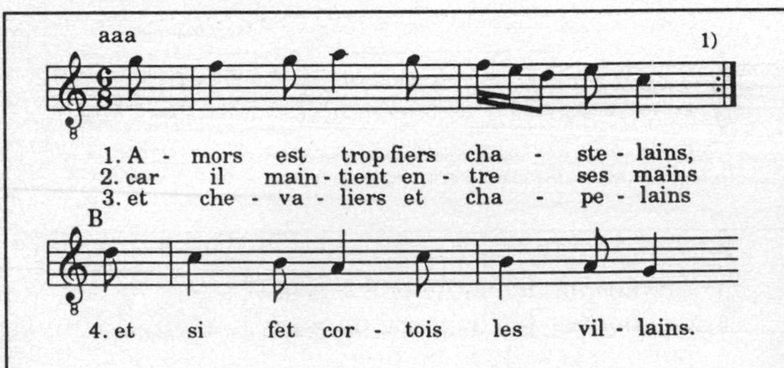

I Amors est trop fiers chastelains,
Car il maintient entre ses mains
Et chevaliers et chapelains
Et si fet cortois les vilains.
Par m'ame,
Je sent les maus d'amer por vos.
Et vos por moi, sentés les vos,
Ma dame ?

II Amors mestroie tote gent
Et m'a, damë, a son talent ;
Et quant vilains a li se prent,
Frans et douz et cortois le rent.
Par m'ame,
[Je sent les maus d'amer por vos.
Et vos por moi, sentés les vos,
Ma dame] ?

III Amors vient bien a chief de tous,
Car le plus fort met au desos

tous les saints du paradis
devraient en éprouver de la joie !

RS 146, L 265-79, MW 104, B 1127 (+ cinq sources)
Ms. P 146r-v. Musique.

Amour est un châtelain trop farouche,
car il maintient entre ses mains
chevaliers et chapelains
et de vilains fait des courtois.
Par mon âme,
je sens le mal d'amour pour vous,
et vous, le sentez-vous pour moi,
ma dame ?

Amour maîtrise tous les hommes
et il m'a, dame, à sa volonté.
Quand un vilain se prend à aimer,
il le rend libre, doux et courtois.
Par mon âme,
je sens le mal d'amour pour vous,
et vous, le sentez-vous pour moi,
ma dame ?

Amour vient bien à bout de tous,
car le plus fort, il le met au-dessous,

Et l'orgueillous met a genous
Et le felon fet frans et douz.
Par m'ame,
[Je sent les maus d'amer por vos.
Et vos por moi, sentés les vos,
Ma dame] ?

IV Amors a si tres cortois non,
Si haut et de si grant renon,
Et si donte bien un glouton
Et fet cortois, ou vuoille ou non.
Par m'ame,
[Je sent les maus d'amer por vos.
Et vos por moi, sentés les vos,
Ma dame] ?

V Amors mestroie clers et lais
Et passe bien totes lor lois
Et prent et garde bien ses drois ;
L'aver fet larges et cortois.
Par m'ame,
[Je sent les maus d'amer por vos.
Et vos por moi, sentés les vos,
Ma dame] ?

l'orgueilleux, il le met à genoux,
le félon, il le rend noble et doux.
Par mon âme,
je sens le mal d'amour pour vous,
et vous, le sentez-vous pour moi,
ma dame ?

Amour possède un nom si courtois,
si haut et de tant de renommée,
qu'il dompte parfaitement une canaille
et en fait un homme courtois, bon gré mal gré.
Par mon âme,
je sens le mal d'amour pour vous,
et vous, le sentez-vous pour moi,
ma dame ?

Amour maîtrise clercs et laïcs
et passe par-dessus toutes leurs lois,
il prend et garde son propre droit,
il rend l'avare généreux et courtois.
Par mon âme,
je sens le mal d'amour pour vous,
et vous, le sentez-vous pour moi,
ma dame ?

50

Chanson d'amour
Chanson de femme

AA a
1. Las - se, pour quoi re - fu - sai
3. Lonc tens a a moi mu - sé
2. ce- lui qui tant m'a a - me - e?
4. et n'i a mer - ci trou - ve - e.
B a'
5. Las- se, si tres dur cuer ai!
b
6. Qu'en di - rai?
c
7. Fors- se - ne - e

I Lasse, pour quoi refusai
Celui qui tant m'a amee ?
Lonc tens a a moi musé
Et n'i a merci trouvee.
Lasse, si tres dur cuer ai !
Qu'en dirai ?
Forssenee
Fui, plus que desvee,
Quant le refusai.
G'en ferai
Droit a son plesir,
S'il m'en daigne oïr.

RS 100, L 265-990, MW 2024, B 1040
Mss. K 343-344, N 166r-v, P 177r-v, X 224r-v. Musique dans tous les mss.

Hélas, pourquoi ai-je refusé
celui qui m'a tant aimée ?
Il a longtemps musé près de moi,
sans trouver de pitié.
Hélas ! Si dur est mon cœur !
Que puis-je dire ?
Forcenée
je fus, plus que folle,
de le repousser.
Je ferai
droit à son plaisir,
s'il daigne encore m'écouter.

II Certes, bien me dol clamer
Et lasse et maleüree
Quant cil ou n'a point d'amer,
Fors grant douçor et rousee,
Tant doucement me pria
Et n'i a
Recouvree
Merci ; forssenee
Fui quant ne l'amai.
G'en ferai
[Droit a son plesir,
S'il m'en daigne oïr].

III Bien deüst avoir trouvé
Merci quant l'a demandee ;
Certes, mal en ai ouvré
Quant je la li ai vëee ;
Mult m'a mis en grant esmai.
G'en morrai,
S'acordee
Sanz grant demoree
A lui ne serai.
G'en ferai
Droit [a son plesir,
S'il m'en daigne oïr].

IV A touz ceus qui l'ont grevé
Dont Deus si fort destinee
Q'il aient les euz crevez
Et les orilles coupees !
Ensi ma dolor perdrai.
Lors dirai :
Genz desvee,
Ma joie est doublee,
Et se mesfet ai,
G'en ferai
[Droit a son plesir,
S'il m'en daigne oïr].

V Chançon, va sanz delaier
A celui qui tant m'agree.

Certes, je dois bien me dire
et misérable et malheureuse
puisque celui qui n'a rien d'amer,
rien que grande douceur et rosée,
si doucement me pria
et qu'il n'a
obtenu
nulle pitié. Forcenée
que je fus de ne pas l'aimer !
Je ferai
droit à son plaisir,
s'il daigne encore m'écouter.

Il aurait bien dû obtenir
pitié quand il me la demanda ;
certes, j'ai mal agi
de la lui refuser.
Il m'a mise en grand émoi.
J'en mourrai
si je ne suis
réconciliée avec lui
sans nul retard.
Je ferai
droit à son plaisir,
s'il daigne encore m'écouter.

Qu'à tous ceux qui l'ont blessé,
Dieu donne un destin si dur
qu'ils aient les yeux crevés
et les oreilles coupées.
Ainsi je serai délivré de ma douleur
Alors je dirai :
Folles gens,
ma joie est doublée,
et si j'ai mal agi,
je ferai
droit à son plaisir,
s'il daigne encore m'écouter.

Chanson, va-t-en sans délai
vers celui qui me plaît tant.

Pour Dieu li pri et reqier
Viengne a moi sanz demoree.
En sa merci me metrai,
Tost avrai
Pes trouvee,
Se il li agree,
Car je trop mal trai.
G'en ferai
[Droit a son plesir,
S'il m'en daigne oïr].

51
Chanson de croisade

I Vos ki ameis de vraie amor,
Esvelliés vos, ne dormeis pais !
L'alüete nos trait lou jor,
Et se nos dist en ses retrais
Ke venus est li jors de paix
Ke Deus per sa tres grant dousor
Donrait a ceals ki por s'amor
Panront la creux et por lor fais
Soufferront poene nuit et jor.
Or vairait il ses amans vrais !

II Cil doit bien estre forjugiés
Ki a besoing son seignor lait ;
Si serait il, bien lou saichiés !
Aiseis averait poene et lait
A jor de nostre dairien plait,
Quant Deus costeis, pames et piés
Mosterrait sanglans et plaiés ;
Car cil ke plux bien avrait fait
Serait si tres fort esmaiés
K'il tramblerait, keil greit k'il ait.

III Cil ki por nos fut en creux mis
Ne nos amait pais faintemant,

Pour Dieu, prie-le et demande-lui
de venir à moi sans tarder.
Je m'en remettrai à sa miséricorde,
ainsi j'aurai bientôt
recouvré la paix,
si cela lui plaît,
car je souffre trop.
Je ferai
droit à son plaisir,
s'il daigne encore m'écouter.

RS 1967, L 265-1747, MW 1149
Mss. C 245v-246r, U 127r-v. Sans musique.

Vous qui aimez d'amour véritable,
réveillez-vous, ne dormez pas !
L'alouette nous chante le jour,
et elle nous dit en ses propos :
le jour de paix est venu
où Dieu en sa très grande douceur
donnera à ceux qui, par amour de Lui,
prendront la croix et, pour leur fardeau
souffriront peine jour et nuit.
Il verra alors ses amis véritables !

On doit juger indéfendable
celui qui abandonne son seigneur dans le besoin ;
et il le sera, vous pouvez en être sûrs !
Il subira peine et chagrin honteux
au jour du Jugement ultime,
quand Dieu montrera son côté, ses paumes
et ses pieds sanglants et meurtris ;
même ceux qui auront le mieux agi
en seront si fort bouleversés
qu'ils trembleront sans pouvoir s'en empêcher.

Celui qui pour nous fut mis sur la croix
ne feignit pas de nous aimer.

Ains nos amait com fins amins,
Et por nos amiablement
La sainte crox moult doucemant
Entre ses brais, davant son pis,
Com aignials douls, simples et pis,
Portait tant angoissousement;
Puis i fut a trois clos clofis,
Per mains, per piés, estroitement.

IV J'ai oït dire en reprochier :
« Boens marchiés trait de borce airgent »
Et « Cil ait moult lou cuer legier
Ki le bien voit et lou mal prant ».
Saveis ke Deus ait en covant
A ceauls ki se voront croixier?
Si m'aïst Deus, moult biaul luier :
Paradix permenablement!
Cil ki son prout puet porchaissier
Fols est se a demain s'atant.

V Nos nen avons poent de demain,
A certes le poons savoir.
Teil cuide avoir lou cuer moult sain
K'ains lou quart jor tout son avoir
Ne prixe poent, ne son savoir :
Quant voit la mort lou tient a frain
Si k'il ne puet ne pié ne main
A li saichier ne removoir,
La keute lait, si prant l'estrain;
Maix trop vient tairt a persevoir.

52
Chanson de croisade
Chanson de femme

I Jherusalem, grant damage me fais,
Qui m'as tolu ce que je pluz amoie.
Sachiez de voir ne vos amerai maiz,

Non, il nous aima comme un parfait amant,
et pour nous, dans son amour,
Il porta dans l'angoisse
la sainte Croix, avec une grande douceur,
entre ses bras, devant son sein,
comme un doux agneau, simple et pieux ;
puis Il fut cloué de trois clous,
fixant ses mains et ses pieds.

J'ai entendu prononcer le proverbe :
« Bon accord fait bourse délier »
et aussi : « Il a le cœur bien fou
celui qui voit le bien et choisit le mal ».
Savez-vous ce que Dieu a promis
à ceux qui voudront se croiser ?
Je vous le jure par Dieu, un bien beau salaire :
le paradis pour l'éternité !
Quand on peut obtenir son profit,
ce serait fou d'attendre jusqu'à demain.

De lendemain, nous n'en avons pas,
nous pouvons tenir cela pour certain.
Tel croit avoir le cœur en pleine santé
qui d'ici quatre jours ne comptera pour rien
toute sa fortune et sa science :
quand il voit que la mort le tient par le frein,
au point qu'il ne peut plus ramener à lui
ni remuer son pied ni sa main,
il laisse son lit douillet pour une litière de paille ;
mais il comprend trop tard.

RS 191, L 265-939, MW 596

Ms. M 180r-v. Sans musique. Attribution : Gautier d'Épinal, Jean de Neuville (voir *infra* p. 941).

Jérusalem, tu me fais grand tort,
tu m'as pris ce que j'aimais le plus.
Sache-le bien, je ne t'aimerai plus,

Quar c'est la rienz dont j'ai pluz male joie ;
Et bien sovent en souspir et pantais
Si qu'a bien pou que vers Deu ne m'irais,
Qui m'a osté de grant joie ou j'estoie.

II Biauz dous amis, com porroiz endurer
La grant painne por moi en mer salee,
Quant rienz qui soit ne porroit deviser
La grant dolor qui m'est el cuer entree ?
Quant me remembre del douz viaire cler
Que je soloie baisier et acoler,
Grant merveille est que je ne sui dervee.

III Si m'aït Deus, ne puis pas eschaper :
Morir m'estuet, teus est ma destinee ;
Si sai de voir que qui muert por amer
Trusques a Deu n'a pas c'une jornee.
Lasse ! mieuz vueil en tel jornee entrer
Que je puisse mon douz ami trover
Que je ne vueill ci remaindre esguaree.

car c'est la chose qui me donne la joie la plus
bien souvent, j'en soupire et suffoque [triste ;
au point que je me mets en colère contre Dieu
qui m'a ôtée de la grande joie où j'étais.

Bel et doux ami, comment pourrez-vous endurer,
sur la mer salée, le grand chagrin que vous
[concevez pour moi,
quand il n'est rien qui pourrait exprimer
la grande douleur qui est entrée en mon cœur ?
Lorsque je me rappelle ce doux visage clair
que j'avais l'habitude de baiser, de caresser,
c'est grand-merveille si je ne deviens pas folle.

Je le jure par Dieu, je ne peux en réchapper :
il me faut mourir, voilà mon destin ;
et je le sais bien : celui qui meurt d'aimer,
plus d'une journée de route le sépare de Dieu !
Hélas ! j'aimerais mieux me mettre en route
pour pouvoir y retrouver mon doux ami
que de rester ici abandonnée.

53

Sotte chanson

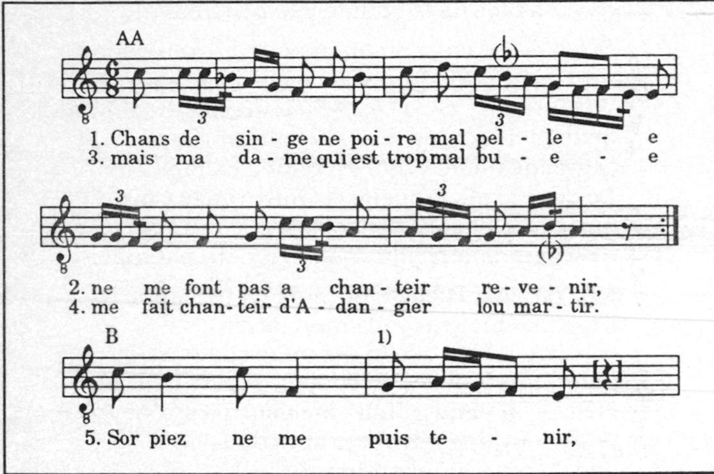
AA
1. Chans de sin - ge ne poi - re mal pel - le - e
3. mais ma da - me qui est trop mal bu - e - e
2. ne me font pas a chan - teir re - ve - nir,
4. me fait chan - teir d'A - dan - gier lou mar - tir.
B
1)
5. Sor piez ne me puis te - nir,

I Chans de singe ne poire mal pellee
Ne me font pas a chanteir revenir,
Mais ma dame qui est trop mal büee
Me fait chanteir d'Adangier lou martir.
Sor piez ne me puis tenir
Cant elle vers moi coloie,
Dont ait mes cuers si grant joie
C'a poc tient je ne m'oci
Por l'amour de li.

II Moult est plaixans, bien samble forcenee,
Sovant me fait presant d'un teil sopir
Ke bien varroit une reupe et demee
Ki au chainge la vandroit par loixir.
Et Deus li voille merir
Toz les biens k'elle m'anvoie,
Car se je mualz estoie,
Ce diroie ju ensi :
« Dame, grant merci. »

RS 537, L 265-320, MW 1835
Ms. I 6:1. Sans musique (voir *infra* p. 942).

6. cant el - le vers moi co - loi - e,
7. dont ait mes cuers si grant joi - e
8. c'a poc tient je ne m'o - ci 9. por l'a - mour de li.

Ni chant de singe ni poire mal pelée
ne me font recommencer à chanter,
mais ma dame qui est bien mal lessivée
me fait chanter Audigier le martyr.
Je ne peux tenir sur mes jambes
quand elle tend le cou vers moi ;
mon cœur en éprouve une si grande joie
que peu s'en faut que je ne me tue
pour son amour.

Elle est toute plaisante, elle ressemble à une folle
[furieuse,
elle me fait souvent cadeau d'un soupir si profond
qu'il vaudrait bien une éructation et demie
si on était libre de faire cet échange.
Que Dieu veuille la récompenser
pour tous les biens qu'elle m'envoie,
car même si j'étais muet,
je lui dirais ces mots :
« Dame, merci beaucoup. »

III Dame d'onor, blanche con poix chafee,
A vos loeir ne doi je pas mantir.
La faice aveis brune, noire et ridee ;
C'a main vos voit lou soir devroit morir.
Ceu me fait resovenir,
De vos forment mesferoie
Se a vos servir failloie,
Car vos m'aveis enrichi
D'estre bien chaiti.

IV Vint ans cinc mois avant ke fuxiés nee,
Vostre biauteit se vint an moi flaitir
Si aprement, j'an ai la pance anflee.
Nes an sonjant ne me puet sovenir
De vous, si fort vos desir
Ke, se les fievres avoie,
Dame, je les vos donroie
Volantiers de cuer joli.
N'est ce dons d'ami ?

V Encor vos don, dame hallegoutee,
De mes jualz, ne.s voil plus retenir,
Boutons mal keus et prunelle xadee,
Tot ceu en boins a vostre eus por tucir.
Can vos voi ver moi venir,
A poc ke Deu ne renoie,
Car plus volantiers vairoie
Venir un louf dever mi.
Amors en graci.

54

Sotte chanson

I Quant j'oi la quaile chausie
Entre deus fosseis chanter
Et cieus qui tient par maistrie
La fait devant lui tumer,
Adont voil un chant trover
D'amors et de sa poissance,

Dame, pleine d'honneur, blanche comme de la
je ne dois pas mentir en vous louant. [poix chaude,
Vous avez le visage noir et brun, tout ridé ;
qui vous voit au matin, le soir devra mourir.
Ceci me fait ressouvenir
que je me conduirais fort mal envers vous
si je manquais à votre service,
car vous m'avez enrichi
en faisant de moi un misérable.

Vingt ans et cinq mois avant votre naissance,
votre beauté m'est rentrée dedans
si rudement que j'en ai la panse enflée.
Même en rêve je ne peux me souvenir
de vous tant je vous désire ;
certes, si j'avais les fièvres,
dame, je vous en ferais cadeau
volontiers, de cœur aimable.
N'est-ce pas là un don d'amant ?

Et je vous donne aussi, dame toute déguenillée,
de mes trésors – je ne veux plus les garder –
boutons mal cuits, prunelles échaudées,
tout cela bel et bon, à votre profit, pour tousser.
Quand je vous vois venir près de moi,
il s'en faut de peu que je ne renie Dieu,
car je verrais plus volontiers
venir un loup devant moi !
J'en rends grâces à Amour.

RS 1113, L 265-1438, MW 1844
Ms. I 6:7. Sans musique.

Quand j'entends chanter la caille
à couvert entre deux fossés
et que celui qui la maîtrise
la fait tomber devant lui,
alors je veux composer un chant
sur Amour et sur sa puissance

Dont j'ai si plainne la pance
Ke jai mes vantres n'an serait alaissiez
S'ansois ne suix des deus fesces sainniés.

II Por ceu vos proi, douce amie,
Ke vos me voillez prester
Vos douce boiste une fie
Por mes fesces vantouser,
Et je vos vanrai fiever
De mi, belle, douce, franche ;
Ke se je mur, mescheance
Vos eskerrait, car de vos suix aidiés
Si largement ke mal greis en aiés.

III De vos vient, dame prisie,
Ceu ke je puix recovrer
De bien si tres grant partie
C'on me devroit cousiner
Cant onkes osai ameir
Dame de si grant vaillance,
Ke de veoir vos samblance
Est cuers d'amant d'amer toz desvoiez
Por la biauteit dont vos cors est torchiés.

IV Se j'ai misse m'estudie
Toute en ma dame löer,
On ne lou doit a sotie
Tenir, c'amans barbeteir
Ne poroit ne deviser
De sa dame l'onorance ;
Et ju qui ai remanbrance
De la belle dont je suix covoitiés
Fait ke li biens ke j'en di est pechiés.

V Dame, ki j'ai a moitie
Mon cuer donnei sans roster,
Flors estes de cortoisie
Et de cens, a droit border.
Cant me fait abeüter
Bone Amors vos contenance,

dont j'ai la panse si pleine
que mon ventre n'en sera jamais soulagé
à moins que l'on me saigne aux deux fesses.

Je vous en fais la prière, ma douce amie,
si vous voulez me prêter
votre douce boîte une fois
pour faire ventouse à mes fesses,
je vous donnerai en fief
mon être, ma belle, douce et noble.
Et si je meurs, la malchance
en retombera sur vous, car si vous m'aidez
si généreusement, c'est pour en avoir mauvais gré.

De vous, dame estimable,
vient que je peux recouvrer
une si grande part de valeur
qu'on devrait me rôtir
pour avoir osé un jour aimer
une dame de si grande vaillance,
car à regarder votre personne
un cœur d'amant est rendu fou d'amour
[/ détourné de l'amour
par la beauté dont votre corps est chargé / torché.

Si j'ai mis toute mon étude
en la louange de ma dame,
il ne faut pas le prendre
pour une sottise, car l'amant ne pourrait
ni bredouiller ni raconter
l'honneur de sa dame ;
et le fait de me ressouvenir
de la belle dont je suis désiré,
transforme en péché le bien que j'en dis.

Dame à qui j'ai donné
la moitié de mon cœur sans roter / le reprendre,
vous êtes fleur de courtoisie
et de sagesse, pour dire une belle bourde.
Lorsque Bonne Amour me fait guetter
votre comportement,

Vos dous regars tant m'avance
Ke, cant il m'est dou cuers de vos lanciés,
En tout lou jor ne puis estre haitiez.

55

Sotte chanson

I Chanteir m'estuet jusc'a jor dou juïse
En toz les leus ke je porrai troveir,
Car ma dame lou me mist en devise
Premierement cant el me fist amer
De joli cuer sans fauseir,
Ma douce dame esmeree,
En cui biauteit est doublee
En tant de plois ke nuns hons deviseir
Ne lou saroit, tant seüst pres viser.

II Bien ait esteit trente deus ans juïse,
Mais pour m'amour se fist crestïeneir;
Si en mersi Amors cant covoitise
Li vint de li de sa loi bestorner,
Car on ne poroit parleir
El mont de si belle nee,
Ne nuns a une alenee
N'aroit pooir, tant seüst barbeteir,
De sa biauteit dire sans mesconter.

III Je croi k'il n'ait dame duskes en Frisse
Ke saiche mués amant doreloter
K'elle seit moi, car, cant m'art et atisse
Li jolis malz qui me fait regiber,
Lors li comance a conter
Ma chaitive destinee;
Dont jete jus sa fuzee,
Si la me fait par amors releveir.
Ne doit on ceu don de joie apeller?

IV Se ma pansee ai et m'entente mise
En ma dame saverouse löer,

votre doux regard m'apporte tant
que, lorsqu'il m'est lancé depuis votre cœur,
de toute la journée, je ne puis être allègre.

RS 1630, L 265-337, MW 1748
Ms. I 6:4. Sans musique.

Il me faut chanter jusqu'au jour du Jugement
en tous les lieux que je pourrai trouver
car ma dame m'en a intimé l'ordre
tout de suite, quand elle me fit l'aimer
d'un cœur allègre sans mentir,
ma douce dame toute parée,
dont la beauté se dédouble
en tant de rides que nul ne saurait
les dénombrer de si près qu'il y puisse regarder.

Elle a bien été trente-deux ans juive
mais pour l'amour de moi, elle s'est faite [chrétienne ;
j'en remercie Amour pour ce désir
qui lui vint de changer sa loi,
car on ne pourrait parler
d'une si belle au monde
et personne, d'une haleine,
n'aurait le pouvoir, tant sût-il bafouiller,
de retracer sa beauté sans la sous-estimer.

Je crois qu'il n'y a pas de dame jusqu'en Frise
qui sache mieux dorloter son amant
qu'elle ne fait pour moi : quand m'enflamme et [m'attise
ce joli mal qui me fait ruer,
alors je commence à lui conter
ma douloureuse destinée ;
elle en jette par terre son fuseau
et me le fait, par amour, ramasser.
Ne doit-on pas appeler cela don de Joie ?

Si j'ai mis ma pensée et tous mes soins
à louer ma dame savoureuse,

On ne la doit pas tenir a faintise
Ne mi laissier por ceu a coroner ;
Car s'on me dovoit tueir,
S'an dirai je ma testee :
De sa bouchete fresee
Baixier asseis, sentir et langueter
Se devroit on de joie deskirer.

V Dame vaillans, vermeille con serisse,
Saige en dormant sans mavais vent geter,
Noire ens on vis, brune soz la chemise,
Vos ne daigniés les traïson porter.
Cant eürs me vuelt doner
La desirouse jornee
Qu'estes de moi regardee,
Vos grans biauteis me vient si esclistrer
Ke per force m'estuet esternüer.

VI Ceste chanson presanter
Voil Mehalet l'Escardee,
Qui mon cuer de mes coree
Fist departir par force et desevrer
Lués ke premiers l'alai abeüter.

56

Sotte chanson

I Ce fut tot droit lou jor de lai Chandoile,
Ke menestrei sounent lor estrumens ;
Mainte chaitive a teil jor s'apaireille
D'aleir baler en ses acesmemens.
Une en choisi en cinc cens
Que moult estoit delitouse,
Mais clope estoit et boistouse ;
Et ceu me fist son gent cors covoitier
K'elle ne seit fors ploreir et tensier.

II Je l'ain et serf, dont aucun se mervoille ;
Mais on cude ke soie hors dou sens,
Car ma dame n'ait ke la destre oreille :

on ne doit pas y voir un mensonge
ni oublier pour autant de me couronner ;
car devrait-on me tuer,
j'exprimerais tout autant mon caprice :
à baiser à satiété sa petite bouche fripée,
à la sentir, à la lécher,
il y a de quoi se déchirer de joie.

Dame de valeur, vermeille comme une cerise,
sage en dormant, ne lâchant pas de mauvais vents,
au visage noir, brune sous la chemise,
vous ne daignez vous abaisser à trahir.
Quand la chance veut m'accorder
la désirable journée
où vous êtes regardée de moi,
votre grande beauté me jette un tel éclair
que j'en suis contraint d'éternuer.

Cette chanson, je veux la présenter
à Mehalet la brèche-dent
qui fait se séparer de force
mon cœur de mes tripes
depuis ce premier jour où j'allai la guetter.

RS 564, L 265-287, MW 1830
Ms. I 6:19. Sans musique.

Ce fut juste le jour de la Chandeleur
où les ménestrels font retentir leurs instruments ;
plus d'une malheureuse en ce jour s'attife
pour aller au bal en ses parures.
J'en repérai une parmi cinq cents
qui était tout à fait délicieuse,
mais elle clopinait et était boiteuse ;
voici ce qui me fit désirer son gentil corps :
elle ne sait que pleurer et ronchonner.

Je l'aime, je la sers, d'aucuns s'en émerveillent ;
mais on croit que je suis tout à fait fou
car ma dame ne possède que l'oreille droite,

L'autre perdit ens on merchiet a Lens;
Et si recordent les gens
De la tres douce amerouse
K'el monde n'ait si visouce
De tot embler et de bources soier,
Et por ceu l'ain : je bee a gaaingnier.

III Car uns hons suis qui par ces boules veille,
S'i per sovent trestous mes wernemens,
Si n'ai mestier de dame qui soumeille,
Et ceste seit embler et serchier rens :
Tost gaaingne mon despens.
Ainmi ! douce sïentousse,
Ce sont li gent envïouse
Qui me vuellent de vous descompaignier,
Mais ce n'iert jai tant c'aiez un denier.

IV Se vos veeis con tres bien s'aparaille
Cant aleir doit embler dame Hersens !
Son molekin sor son chief entorteille,
K'il n'est nuns hons, ne Picars ne Flamens,
Ke l'esrajaist mie as dens,
Car ma dame dolerouse
Est partout soupesenouse ;
Por ceu l'estraint c'on ne.l puist arajeir,
C'on vairoit ceu k'il faut desous l'uilier.

V Par la dame c'on requiert a la treille,
Je la vorrai espouser an Valens.
S'anfant an ai, en une viés corbeille
Serait porteis a saint Jehans leans.
E, Deus ! con c'iert biaus presens
De la tres douce c'arousse,
S'elle ne fust si roignouse !
Il n'est dedus fors de li ambraisier.
Et ne fait bien teil dame a covoitier ?

elle a perdu l'autre au marché à Lens ;
aussi les gens se rappellent-ils
cette amoureuse très douce
car il n'y en a pas de si habile au monde
pour tout voler, pour couper les bourses ;
c'est bien pourquoi je l'aime : j'aspire au gain.

Car je suis homme à veiller pour me livrer à la
[débauche
et très souvent j'y laisse tous mes vêtements ;
je n'ai pas besoin d'une bonne femme endormie,
et celle-là sait voler et rapporter nos rentes :
elle gagne vite ce que je dépense.
Ah ! douce et savante,
ce sont les envieux
qui veulent me séparer de vous,
mais il n'en sera rien tant que vous aurez un
[denier.

Ainsi si vous voyiez comme elle se prépare bien
quand elle s'en va voler, dame Hersent !
Elle entortille sur sa tête son fichu de prix,
de sorte qu'il n'y ait homme, picard ou flamand,
qui le lui arrache avec ses dents,
car ma dame douloureuse
est en tout point soupçonneuse ;
elle le serre bien pour qu'on ne puisse le lui
[arracher,
car on verrait ce qui lui manque sous la visière.

Par la dame qu'on prie à la treille,
je l'épouserai à Valence.
Si j'en ai un enfant, en une vieille corbeille
il sera porté là-bas à saint Jean.
Dieu ! ce serait un beau présent
de la bien douce à laquelle je trinque,
si elle n'était pas si rogneuse !
Il n'est d'autre plaisir que de l'embrasser.
N'est-il pas bon de désirer une telle dame ?

57

Chanson satirique
Chanson historique

I Arras, ki ja fus
Dame sans refus
Del païs,
Tu es confondus,
Traïs et vendus
Et haïs,
N'en toi n'a desfense
Se cil ne te tense
Ki en crois fu mis.
Ti vilain ouvrage
T'ont mis en servage ;
Por ç' en dirai : *gnif!*

II E ! Arras li biaus,
T'es vile roiaus
Des cités ;
Se tes apoiaus
Fust vrais et loiaus,
Faussetés
N'i eüst poissance.
Il n'a vile en France,
De ci dusk'a Miaus
Qui fust plus cortoise.
Te male despoise
Me fait dire : *gnauf!*

III Je me sui perçus
Frekins as Sorçus
Est tous mas.
Ausi m'aït Dieus,
Teus en fist ses jus
Et ses gas
Par devant la face
Li parra tel trace
Quant poins en venra.
Qui d'autrui pesance

RS 2127, L 265-142, MW 488, B 1887
Mss. T 198r-v. Sans musique.

Arras, toi qui fus jadis
dame sans conteste
de ce pays,
tu es confondue,
trahie, vendue,
haïe,
et tu n'as pas de défense
si tu n'es pas protégée
par celui qui en croix fut mis.
Tes vilaines œuvres
t'ont mise en servitude.
Pour cela, je te dirai *gnif !*

Eh, Arras la belle !
Tu es de toutes les cités
la ville royale ;
si ton garant
était vrai et loyal,
hypocrisie
n'y aurait pas de pouvoir.
Il n'y a ville en France
d'ici jusqu'à Meaux
qui soit plus courtoise.
Ton mauvais aloi
me fait dire *gnauf !*

Je me suis aperçu
que Frekin aux Sourcils
est tout affligé.
Je le jure par Dieu,
tel qui s'en amusa
et en plaisanta
en portera les marques
par-devant sur la figure
quand le temps viendra.
Celui qui veut s'amuser

Veut faire beubance,
On en dira : *gnaf!*

IV Ore est aparans
Li maus de lonc tans
    Porcaciés :
Il a bien trente ans
Que li premiers pans
    Fu tailliés
De le trequerie
Dont li bourghesie
Gist ore entrepiés.
J'en ai grant engaigne ;
Leur mauvaise ouvraigne
Me fait dire : *gnief!*

V Li gros grains dekiet ;
Je di, qui k'il griet,
    Oiant tous :
Quant a l'un meskiet,
A l'autre bien siet ;
    Tous jalous
Est cascuns d'esbatre
Le verghe a lui batre ;
Nus n'est paourous
De honte entreprendre.
Je.s en voel reprendre
Et s'en dirai : *gnouf!*

VI Certes je mespris
L'ome qui est pris
    Par mal los
Quant de sen païs
Ne veut estre oïs
    De ses tors,
C'est mout laide cose
Quant voukier ne s'ose
Dont il fu nouris
Ne droit n'ose atendre.
S'on le maine pendre,
Jou en dirai : *gnif!*

du malheur d'autrui,
on en dira *gnaf!*

Maintenant il est visible,
ce mal que longtemps
on a pourchassé :
voilà bien trente ans
que le premier morceau
de la tricherie
fut taillé,
et la bourgeoisie
en gît sous nos pieds.
J'en ai grand dépit ;
leur sale travail
me fait dire *gnief!*

Le gros grain déchoit ;
je le dis, ne vous en déplaise,
devant tous :
quand l'un a du malheur
l'autre en tire profit ;
tout jaloux
est homme à se choisir
une verge pour le battre ;
nul ne s'inquiète
d'entreprendre une tâche honteuse.
Je veux les en reprendre
et leur dirai *gnouf!*

Certes, je méprise
l'homme qui est emprisonné
pour le mal qu'on dit de lui,
quand en son pays
il ne veut pas se défendre
au sujet de ses torts ;
c'est une chose bien laide
s'il n'ose se justifier
là où il a grandi
et n'ose attendre justice.
Si on le mène pendre,
j'en dirai *gnif!*

VII C'est grans estrelois
C'on fausse les drois
Vrais escris ;
Mesire li rois
Doit prendre conrois
De teus cris.
Point ne m'esmervelle
Se li quens travelle
Hardrés n'Aloris,
Qui font le servage ;
De leur grant damage
Doit on dire : *gnif !*

VIII Li rois qui ne ment
Prendra vengement
De leur cors :
En mout grief tourment
Ierent longement,
N'est pas tors ;
Langhe aront muiele ;
Passion novele
Par devant leur mors
Leur sera voisine.
Goute palasine
Leur fra dire : *gnof !*

IX Ne tieng mie a fol
Guion de Saint Pol
N'a estout :
Premiers baissa col
Quant il vit sen vol
Por le tout ;
Lors devint peskieres ;
En sekes gaskieres,
U eve ne court,
Prist un pisson rike ;
Dusk'en Salenike
En dist cascuns : *gnouf !*

X Cil de Givenci,
Sour borgne ronci

Voici un grand outrage :
on fausse les droits
véritables et écrits ;
monseigneur le roi
devrait prendre des dispositions
à propos de ces plaintes.
Je ne m'étonne pas
si le comte tourmente
les Hardré et les Aloris,
qui tiennent [la ville] en servage ;
de leur grand dommage
on doit bien dire *gnif!*

Le roi qui ne ment pas
prendra vengeance
de leur corps :
en une peine très lourde
ils vivront longuement
non sans justice ;
ils auront la langue muette ;
une souffrance nouvelle
avant leur mort
sera leur compagne.
la goutte palasine
leur fera dire *gnof!*

Je ne crois pas qu'il soit fou,
Guy de Saint-Pol,
ni téméraire :
le premier il courba la nuque
quand il vit pour de bon
l'objet de son envie ;
alors il devint pêcheur ;
en sec marécage
où il n'y a point d'eau,
il prit un sacré poisson.
Jusqu'à Salonique
chacun en a dit *gnouf!*

Celui de Givenchy
sur un roncin borgne

Dur trotant,
Les rens i fendi.
Une rois tendi
Maintenant;
Ce fu voirs sans faille,
C'ainques n'i prist quaille
N'aloe cantant,
Ains prist tel verdiere
Ainc ne vi si kiere.
Por ç' en dirai : *gnauf!*

58

Chanson satirique

I J'ay veu l'eure qe par servise
Conquist hom riche garisoun.
Ore est li tens si a devise,
Qi mieuz sert meins ad geredon.
Çoe font mauveyse gent felon
Qe sunt [si] plein de coveitise,
Par nule gise
Ne dorront çoe q'avront promise
A ceus qe bien servi les ount.

II Li grant seignur par lour cointise
Si beau promettent lour sergans;
Çoe dïent par fause feintise :
« Amis, mult estes bien servant;
Servez moy a mon talent.
Joe vous dorray, par sein Denise,
De manantise
Taunt qe, kant avrez eu la prise,
Riches serrez e manant. »

III Cil s'en joïst en esperaunce
De la premesse sun seignur,
[Ne] ne quide aver defailaunce
Dunt ja n'avra bien ne honur.
Mes qant vendra a chef de tour,

trottant dur,
fendit les rangs
et tendit un filet
sur-le-champ.
Ce fut vrai, sans mentir,
qu'il n'y prit pas de caille
ni d'alouette chantant,
mais il y prit un verdier.
Jamais je n'en ai vu de si cher !
Et j'en dirai donc *gnauf!*

RS, L : non répertorié, MW 2505
Ms. Londres, British Library, Cotton, Caligula A XVIII, 22v.
Sans musique.

J'ai connu l'heure où par son service
un homme aurait acquis un riche bénéfice.
Maintenant le temps est venu
où à plus servir on est moins récompensé.
Les méchants et les félons en sont cause
qui débordent d'une telle convoitise
que pour rien au monde
ils ne donneront ce qu'ils ont promis
à ceux qui les ont bien servis.

Les grands seigneurs fort habiles
promettent merveilles à leurs serviteurs ;
et ils leur disent avec perfidie :
« Mon ami, vous êtes très obligeant ;
servez-moi comme je le désire.
Par saint Denis, je vous donnerai
une demeure
telle que, quand vous la tiendrez,
vous serez riche et puissant. »

L'autre s'en réjouit dans l'espoir
de voir tenir la promesse de son seigneur ;
il ne croit pas qu'on lui fasse défaut,
le laissant sans bien ni honneur.
Mais quand il arrivera au bout du compte,

Pur une petite d'estaunce,
Par le mentir d'un escusour,
Si avra il perdu d'enfaunce
Sun servisë e sun labour.

IV Deu, qe fra la haute justise,
Dreiturel [et] plein de vertu,
Kant vendra au jour de juïse
Qe touz mesfés serront rendus ?
En enfern serrunt [il] ressuz
[Et] la tendrunt lour manantise.
Coveitise lour ad dessu.
Par lour fole mauveise enprise
Le joi du ciel avront perdu.

59
Chanson satirique

I Ma douleur veil alegier en chantant ;
Or me doint Dieus grace de bien chanter.
Il m'est avis que un chascuns s'entent :
Hui est le jour de chascun enchanter ;
En baretant, decevant et mentant,
Vieut li freres le frere soupplanter ;
Verités faut, que nul ne la defent.

II Nostre prelat sont bien enparenté :
Leur cousine est chascune qui enfante ;
Tantost leur sont li enffant presenté,
Et li plus pres si prent la meilleur rente.
Ainsi sont hui li lignage planté,
Quar en ce met clergié toute s'entente ;
De tele plante avons trop grant planté.

III La malice des clers mettre en françois
Non audeo pre verecondia :
Pour gaagnier vont au moustier, ainçois

alors, sans raisons valables,
à cause des mensonges d'un accusateur,
il perdra le fruit du service qu'avec peine
il aura fourni depuis son enfance.

Dieu ! que fera la haute justice,
loyale et pleine de force,
quand viendra le jour du Jugement
où tous les méfaits seront payés ?
C'est en enfer qu'ils seront accueillis,
c'est là qu'ils tiendront leur demeure.
La convoitise les aura trahis.
Par leur folle et mauvaise action
ils auront perdu la joie du ciel.

RS 318a, L 265-1107, MW 695
Ms.i 31v-32r. Sans musique.

Je veux alléger ma douleur en chantant.
Que Dieu me donne pour l'heure de bien
[chanter !
J'ai l'impression que tous s'y entendent bien :
c'est aujourd'hui jour de tromper son prochain ;
en abusant, dupant, mentant,
le frère veut supplanter son frère ;
la vérité disparaît, personne ne la défend.

Nos prélats ont une belle parenté :
ils sont cousins de chaque femme qui enfante ;
aussitôt on leur présente l'enfant,
et au plus près de prendre la meilleure rente !
C'est ainsi qu'on plante aujourd'hui les lignages,
car les clercs y mettent tous leurs soins ;
de ce genre de plantes nous avons quantité
[plantureuse.

Mettre en français la méchanceté des clercs,
je n'ose le faire par vergogne :
pour gagner de l'argent, ils vont au couvent

Ludunt, bibunt et edunt pinguia
D'abandonner leur cors sont trop cortois,
Ut perpetrent opera turpia ;
De mal faire n'ont mesure ne pois.

IV Son non retient a tort religion :
Omnes vivunt jam seculariter ;
Oroison, pleurs, leçon, devocion,
Pais, amor sont *ejecta turpiter.*
Nouveles sevent de toute region
In hoc agunt omnes non segniter.
D'office avoir est la contencion.

V Tuit se painnent de deniers enmasser ;
Clerc et lai sont de ce baton feru,
L'un pour gaster, l'autre pour entasser,
Ne ja n'en iert as povres secouru.
Les chevaliers ne veil pas trespasser :
Bobans a si tout par mi eus couru
Que tretuit sont plungié en cestui ru.

60

Chanson satirique

I Envie, orguels, malvestiés, felonnie
Ont le siecle si tout a lour voloir
Ke loiaulteis, valors, joie et franchise
Et tuit li bien sont mis en nonchaloir,
Ne il n'est nuls c'om puisse apercevoir
C'a guilleir n'ait toute s'entente mise
Ou soulement a amaisseir avoir.

II Felonnie est semee et bien reprise ;
Chascuns travaille a amaisseir avoir,
N'el siecle n'ait home ki rien se prise
Se il n'en puet raisine ou branche avoir ;
Car ki muels seit traïr et decevoir
Et a mesdire ait muels s'entente mise
Muels est prixiés et plux cuide valoir.

et ils y jouent, boivent et mangent grassement.
Ils sont très généreux s'il s'agit d'abandonner leur
à perpétrer des actions honteuses ; [corps
à mal agir ils n'usent de poids ni de mesure.

La religion ne mérite plus son nom :
ils vivent tous selon le siècle ;
les oraisons, les pleurs, les leçons, la dévotion
la paix et l'amour sont *rejetés honteusement.*
Ils savent les nouvelles de toutes les régions :
en cela tous agissent sans indolence.
Ils se battent pour avoir des offices.

Tous peinent pour amasser de l'argent ;
clercs, laïcs sont battus de ce bâton-là,
l'un pour dilapider, l'autre pour entasser,
et jamais un pauvre n'en sera secouru ;
les chevaliers, je ne veux pas les oublier :
l'orgueil a si bien cours parmi eux
qu'ils sont tous plongés dans ce ruisseau.

RS 1153, L 265-677, MW 1298
Ms. C 68r-v. Sans musique.

Envie, orgueil, méchanceté, félonie
font du siècle leur bon vouloir
si bien que loyauté, valeur, joie et franchise
et tous les biens sont abandonnés à la négligence ;
on ne peut en voir aucun
qui n'ait mis toute son entente à tromper
ou encore à la seule tâche d'amasser de l'argent.

La félonie est semée, elle a bien repris ;
chacun se tourmente à amasser de l'argent,
et il n'y a en ce monde homme qui s'estime
s'il ne peut en obtenir une racine ou une branche ;
car celui qui sait le mieux trahir et tromper
et met le plus d'attention à médire,
mieux on l'estime, et plus il se croit de valeur.

III Biaus sires Deus ! com est amor perie
Et [tuit] li bien k'en soloient venir :
Humiliteis, lergesse et cortoisie !
Tout le siecle voi si avelenir
Ke, s'il est nuls ki baie a bien servir
Ou a bien faire por amor de s'amie,
On en mesdist et gaibe a departir.

IV Tant ont regneit mesdires et envie
Ke li uns n'ose maix l'autre conjoïr,
Et les dames perdent lor drüerie,
Ne pueent maix les servixes merir ;
Cil les gaitent, cui Deus puist maleïr,
Ke riens n'i ont fors soulement envie.
Tous les amans font a joie faillir.

V Loials, amans et sens mesure amee,
Dame d'amor, belle et bone sens peir,
Saige et cortoise et tous jors desiree,
Je n'ose a vos ne venir ne aleir,
Ne je ne puis un jor sens vos dureir,
Maix tant redout ke n'en soiés blaimee
Souls m'en covient dedens mon cuer ameir.

VI Deus, keil dolour quant ceu c'ai plux amee
Me covandrait por felons eschiveir !
Ne.l ferai voir, dame, s'il vos agree.
Lor malvestiés ne nos puet riens greveir,
Ne bone amor ne doit por eaus fauceir,
Car ki voroit atendre lor cellee
En fol espoir poroit son tens useir.

61

Chanson satirique
Ballette

He ! trikedondene, trikedondaine !

I De lors ke j'acointai amors,
Les ai servit et nut et jor ;

Seigneur Dieu ! comme il est mort, Amour,
avec tous les biens qui en découlaient :
l'humilité, la largesse, la courtoisie !
Je vois ce monde s'avilir à tel point
que, si quelqu'un aspire à bien servir
ou à bien agir pour l'amour de sa belle,
on en médit et s'en moque pour les séparer.

Médisance et envie règnent depuis si longtemps
qu'on n'ose plus se faire bon accueil l'un à l'autre,
les dames y perdent le service de l'amour
et ne peuvent plus récompenser leurs amants ;
ceux-là les guettent – puisse Dieu les maudire ! –
qui n'éprouvent rien que de l'envie.
Ils font perdre leur joie à tous les amants.

Loyale, aimante et aimée outre mesure,
dame d'amour, belle et bonne sans égale,
sage et courtoise, désirée sans relâche,
je n'ose aller ni venir vers vous,
alors que je ne peux vivre un jour sans vous ;
je redoute tant que vous soyez blâmée
qu'il me faut, solitaire, aimer dedans mon cœur.

Dieu ! quelle peine quand il me faudra éviter
pour les félons ce que j'ai le plus aimé !
Je ne le ferai pas, dame, certes, si cela vous agrée.
Leur méchanceté ne peut pas nous atteindre
et le bon amour ne doit pas pour eux être trahi,
car si l'on voulait attendre leur approbation,
on pourrait bien user son temps en vain espoir !

RS 144, L265-479, MW377, B1889
Mss. U111r ; Londres, British Library, Add. 16559, 220r.
Sans musique.

Hé ! trikedondene, trikedondaine !

Depuis que j'ai rencontré Amour,
je l'ai servi et nuit et jour ;

Onkes n'an oi fors ke dolour
Et poinne.
He ! trikedondenne, trikedondene !

II Et moi c'an chat ? tan seus jolis :
J'ains la millour de son paÿs,
C'onke tant nen amait Paris
Helainne.
He ! trikedondene, [trikedondene] !

III Ses chavols me sanblent fil d'or ;
Elle ait lou col et blanc et gros,
I nen i peirt fronce nen os
Ne voine.
He ! trikedondene, [trikedondene] !

IV Or veil a ma dame proier
K'elle me gest de cest dongier ;
Elle m'avrait tost aligiet
Ma poinne.
He ! trikedondainne, trikedondene !

et je n'en ai eu que douleur
et peine.
Hé ! trikedondene, trikedondaine !

Mais que m'importe ? je suis si gai :
j'aime la meilleure de son pays.
Jamais Pâris n'aima tant
Hélène.
Hé ! trikedondene, trikedondaine !

Ses cheveux me semblent fils d'or ;
elle a le cou et blanc et rond ;
il n'y paraît ni ride ni os
ni veine.
Hé ! trikedondene, trikedondaine !

Je veux maintenant prier ma dame
qu'elle cesse de me résister ;
elle aura vite allégé
ma peine.
Hé ! trikedondaine, trikedondene !

62

Chanson satirique

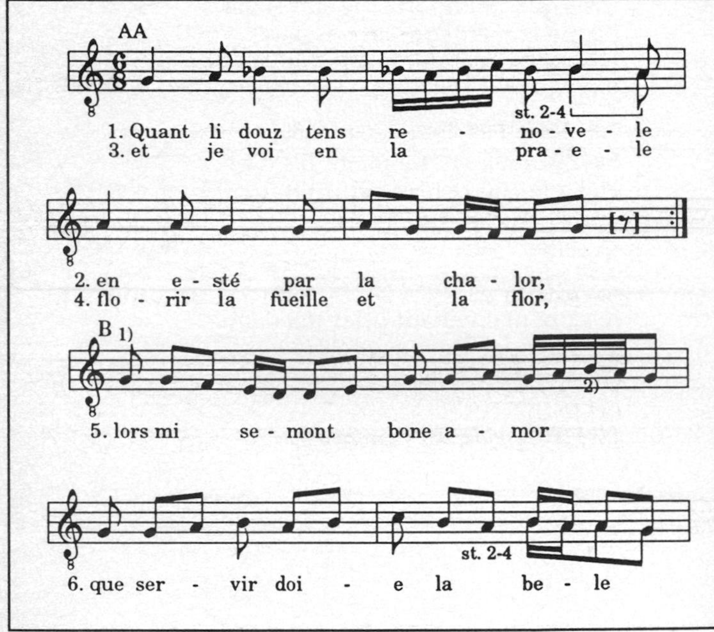

I Quant li dous tens renovele
En esté par la chalor,
Et je voi en la praele
Florir la fueille et la flor,
Lors mi semont bone amor
Que servir doie la bele
Dont ma paine et ma dolor
Chascun jor me renovele
Sanz retor.
Deus li doint encor talent qu'el m'aint par amor !

II Amors m'a bien deceü,
Je le sai certainement ;
Bien m'en sui aparceü

RS 615, L 265-1454, MW 1396
Strophe II : B 758 (+ une source)
Mss. X 212v-213r, P 144r-v-145r. Musique dans les deux mss.

3)
7. dont ma paine et ma do - lor
3
st. 2-4
8. cha - scun jor me re - no - ve - le 9. sanz re - tor,
C
10. Deus li doint en - cor ta-lent qu'el m'aint par a - mor!

Quand revient le temps doux
en été avec sa chaleur,
et que je vois dans la prairie
éclore la feuille et la fleur,
alors Bon Amour me pousse
à devoir servir la belle
pour qui ma peine et mon chagrin
chaque jour se renouvellent,
sans rémission.
Dieu lui donne encore le désir de m'aimer [d'amour !

Amour m'a bien trompé,
je le sais assurément ;
je m'en suis bien aperçu

Quant la bele o le cors gent,
Que j'amoie loiaument,
N'a de moi merci eü.
El m'a mis en grant torment
Et si l'a el bien seü.
Or m'en repent.
Fous est qui por fausse amor se met en torment.

III El fait a touz biau senblant,
Cele a qui m'iere promis :
S'il en i venoit un cent,
Seroient il touz amis.
Je l'ai amee touz dis.
Trop fait amer folement
Dame qui tant a amis ;
Je le sai certainement,
Bien pert raison.
De retraire moi de li ai bele achaison.

IV Quant je soloie esgarder
Ses biaus euz et son cors gent,
Je m'i soloie mirer :
Plus estoient clers q'argent.
Mes or mi semblent noient,
Quant el ne mi veut aidier ;
Plus sont noirs que arrement,
Ce mi semble, [sanz] fausser ;
Et son cors gent
Mi senble gros et enflé [et] tout plain de vent.

V Sa bele bouche tendrete
Que je soloie baisier,
Qui plus estoit vermeillete
Que la rose d'un rosier,
Söef con flor d'esglentier
Getoit une savorete ;
Mes quant el ne m'a mestier,
Trop me semble mes fadete,
Et son cler vis
Mi semble descolorés et frois et paliz.

quand la belle au corps gracieux,
que j'aimais loyalement,
n'a pas eu pitié de moi.
Elle m'a mis en grande peine
et elle l'a fait à escient.
Aujourd'hui je me repens.
Fou celui qui se laisse tourmenter pour un faux amour !

Elle fait à tous bon visage,
celle à qui je m'étais promis :
s'il en approchait une centaine,
ils seraient tous ses amis.
Je l'ai aimée chaque jour
mais c'est un trop fol amour
qu'inspire une dame qui a tant d'amis.
J'en suis tout à fait sûr,
et c'est raison.
De la quitter, j'ai là un bon motif.

Quand je regardais à mon accoutumée
ses beaux yeux et son corps gracieux,
je croyais m'y mirer :
ses yeux étaient plus clairs qu'argent.
Maintenant ils me semblent tout vides,
puisqu'elle ne veut pas me secourir ;
ils sont plus noirs que de l'encre,
me semble-t-il, sans mentir ;
et son corps gracieux
me semble gros, enflé et tout plein de vent.

Sa belle petite bouche tendre
que j'aimais embrasser,
qui était plus vermeille
que la rose du rosier
et suave comme la fleur d'églantier,
répandait une douce saveur ;
mais puisqu'elle ne veut pas de moi,
elle me semble désormais toute fade
et son visage clair
me semble sans couleur et froid et pâli.

63

Chanson satirique

I Ge chanterai, ke m'amie ai perdue ;
Plux bellement ne me sai conforteir.
Mes compans l'ait a son eus retenue,
Ki de pair moi soloit a li pairleir.
On ne se doit en nul home fieir.
Celle amor soit honie et confondue
Ou il covient per anpairleir aleir.

II M'amie estoit, or est ma gerroiere,
Si m'aïst Deus, s'en ai lou cuer irei.
Fauls losengier si m'en ont mis ariere
Et envie, ke ne se puet celleir.
Povres hons seux, se n'ai maix ke doneir,
Et povreteis m'ait mis del tout ariere ;
Por ceu ne doit nuls povres hons ameir.

III Honis soit il ki en femme se fie
Por bel semblant ne por simple resgairt !
La riens el mont ke plux aimme et desire
Donroit elle por un denier sa pairt ?
Honis soit il ki jamaix amerait !
Ma loiaulteis m'ait del tout mis ariere,
Maix teils se cuide eschaufeir ke s'i airt.

IV Je ne di pais k'elle soit m'anemie,
Maix m'amie, ke raixon i entant.
Ses amins seux et si ne m'aimme mie,
Se m'aïst Deus, s'en ai le cuer dolent.
Grant bien m'ait fait ; moult grant mercit l'en rant.
Et Deus li doinst eincor en sa baillie
Ceu k'elle ait tant desireit longuement.

V De Damedeu soit elle maleïe,
Ki s'amour lait por pior acoentieir,
S'elle ne trueve en l'ome tricherie
Ou teil chose ke ne li ait mestier.
De moi laissier ne li fust il mestiers,

RS 2070, L 265-864, MW 1312
Ms. C 88v. Sans musique.

Je chanterai, moi qui ai perdu mon amie ;
je ne sais pas meilleur réconfort.
Mon compagnon l'a retenue à son usage,
qui avait coutume de lui parler pour moi.
On ne doit se fier à personne.
Que cet amour soit honni et confondu
où il faut passer par un intermédiaire !

Elle était mon amie, elle est mon adversaire ;
je le jure par Dieu, j'en ai le cœur meurtri.
Les faux flatteurs m'ont ainsi débouté
avec leur envie qui ne peut se dissimuler.
Je suis pauvre et je n'ai plus rien à donner
et pauvreté m'a complètement débouté.
Voilà pourquoi nul pauvre ne doit aimer.

Honni soit qui en femme se fie
pour un accueil aimable, pour un regard candide !
Celle qu'au monde j'aime et désire le plus
se donnerait-elle en partage pour un denier ?
Honni soit qui jamais aimera !
Ma loyauté m'a complètement débouté
mais il en est qui, croyant se chauffer, se brûlent.

Je ne dis pas qu'elle soit mon ennemie
mais plutôt mon amie, à bien y réfléchir.
Je suis son ami mais elle ne m'aime pas.
Je le jure par Dieu, j'en ai le cœur chagrin.
Elle m'a fait grand bien, je l'en remercie fort.
Que Dieu lui donne de garder en sa possession
ce qu'elle a désiré longuement.

Que de Dieu soit maudite la femme
qui troque son amour contre un pire,
quand elle n'a pas trouvé de tricherie dans [l'homme
ou autre chose dont elle n'a pas besoin.
Mais quel besoin avait-elle de m'oublier,

Car m'amors est de si grant signorie,
Se m'aïst Deus, s'en ai malvaix lueir.

64
Chanson pieuse

1. On doit la me - re Dieu ho - no - rer 2. sans de - mo - rer
3. et de - seur tou - tes a - o - rer,

I On doit la mere Dieu honorer
Sans demorer
Et deseur toutes aorer,
Car ce est nostre amie.
Virge douce Marie,
Ne nos oublïés mie.

II Il n'est nus, tant ait fait de pechiés,
Tant soit bleciés,
Qui ne soit bien tost redreciés
Se de fin cuer la prie.
Virge [douce Marie,
Ne nos oublïés mie].

III Par li avons tuit joie et honor,
Grant et menor,
Car ele porta le Seignor
Qui tot a en baillie.
Virge [douce Marie,
Ne nos oublïés mie].

moi dont l'amour est de si haute noblesse ?
Je le jure par Dieu, j'en ai bien mauvaise
[récompense !

RS 866, L 265-1239, MW 360, B 1799 (+ une source)
Mss. X 260v-261r, P 196r-v. Musique dans les deux mss.

On doit honorer la mère de Dieu
sans retard
et l'adorer par-dessus toutes,
car elle est notre amie.
Douce Vierge Marie,
ne nous oubliez pas !

Il n'est nul homme, quels que soient ses péchés,
quelles que soient ses souillures,
qui ne soit bien vite rétabli
s'il la prie d'un cœur pur.
Douce Vierge Marie,
ne nous oubliez pas !

Par elle nous avons tous joie et honneur,
grands et petits,
car elle porta le Seigneur
qui a tout en son pouvoir.
Douce Vierge Marie,
ne nous oubliez pas !

IV Certes, quant Eve ot fait le forfait
Et le mal trait
Par quoi tuit estiom mort fait,
Ele nos fist aïe.
Virge [douce Marie,
Ne nos oublïés mie].

V Eve trestout le mont confondi,
Je le vos di,
Mes la mere Dieu respondi
Por la nostre partie.
Virge [douce Marie,
Ne nos oublïés mie].

VI Tant a la mere Dieu de bonté,
C'est tout conté,
Que par li soumes remonté
De mort en haute vie.
Virge [douce Marie,
Ne nos oublïés mie].

Certes quand Eve eut commis la faute
et attiré sur nous le mal
qui faisait de nous tous des morts,
elle nous apporta son aide.
Douce Vierge Marie,
ne nous oubliez pas !

Eve a confondu le monde entier,
je vous le dis
mais la mère de Dieu a défendu
notre cause.
Douce Vierge Marie,
ne nous oubliez pas !

La mère de Dieu a tant de bonté,
c'est tout conté,
que par sa grâce nous sommes revenus
de mort en vie de gloire.
Douce Vierge Marie,
ne nous oubliez pas !

65

Chanson pieuse

I L'autrier m'iere rendormiz
Par un matin en esté ;
Adonques me fu avis
Que la douce mere Dé
M'avoit dit et commandé
Que seur un chant qui jadis
Soloit estre mout joïs
Chantasse de sa bonté,
Et je tantost l'ai empris.
Dieus doint qu'il li viegne en gré.

RS 1609, L 265-1029, MW 1155
Mss. V 149r, C 140r-v. Sans musique (voir *infra* p. 951).

6. que seur un chant qui ja - dis
2)
7. so - loit e - stre mout jo - is
a
8. chan - tas - se de sa bon - té,
9. et je tan - tost l'ai em - pris.
b
10. Dieus doint qu'il li viegne en gré.

L'autre jour, je m'étais rendormi
par un matin d'été ;
il me sembla alors
que la douce mère de Dieu
m'avait dit et ordonné
que sur l'air d'un chant qui jadis
avait été très apprécié,
je chante sa beauté.
Aussitôt je l'ai entrepris ;
Dieu fasse que cela lui plaise !

II « Quant li rossinoll jolis
Chante seur la flour d'esté »
C'est li chans seur quoi j'ai mis
Le dit que je ai trouvé
De celi qui recouvré
Nos a le saint paradis,
De quoi nos fusmes jadis
Par Evain desherité.
Ceste dame nos a mis
De tenebres en clarté.

III A la chaste flour de lis,
Reprise en humilité,
Fu li sains anges tramis
De Dieu, qui humanité
Prist en sa virginité
Pour rachater ses amis.
En li fu noz rachaz pris
Dou saint sanc de son costé ;
Mout doit estre de haut pris
Li hons qui tant a costé.

IV Se roches et quaillous bis
Erent frait et destrempé
Dou ru dou Rosne et dou Lis,
Et d'arrement attempré,
En parchemin conreé
Fussent ciel et terre mis,
Et chascun fust ententis
D'escrire la verité,
Ja si bien par ces escriz
Ne seroient recordé.

V Gloriëuse empereriz,
Chambre de la deïté,
Ja ne sera desconfiz
Qui vos sert sanz fauseté.
Aiez dou monde pité,
Qui s'en va de mal en pis ;
Et moi, qui vos aim et pris

« Quand le rossignol joli
chante sur la fleur d'été »,
c'est la mélodie sur laquelle j'ai mis
les paroles que j'ai composées
pour celle qui nous a rendu
le saint paradis
dont nous fûmes jadis
déshérités par Eve.
Cette dame nous a fait passer
des ténèbres à la clarté.

À la chaste fleur de lis,
modèle d'humilité,
fut envoyé le saint ange
de Dieu, qui prit
humanité en sa virginité
pour racheter ses amis.
En Lui, notre rachat fut tiré
du saint sang de son côté ;
il doit être de haut prix,
l'homme, pour avoir si cher coûté !

Si la roche et les cailloux gris
étaient brisés, et délayés
dans l'eau du Rhône et de la Lys
pour faire de l'encre,
que terre et ciel fussent
transformés en parchemin,
et que chacun s'attachât
à y écrire la vérité,
jamais ces écrits ne suffiraient
à retracer les qualités de Notre-Dame.

Glorieuse impératrice,
chambre de la divinité,
jamais il ne sera déconfit
celui qui vous sert loyalement.
Ayez pitié de ce monde
qui va de mal en pis !
Et moi qui vous aime et estime

D'enterine volenté,
En vostre riche païs
Conduisiez a sauveté !

66

Chanson pieuse

AA
1) (♭)
(♭)
(♭)
(♭)
1. Ro - se cui nois ne ge - le - e
3. de - denz hau - te mer sa - le - e
2)
(♭)
[7]
2. ne fraint ne mu - e co - lour,
4. fon - te - ne - le de dou - çour,

I Rose cui nois ne gelee
Ne fraint ne mue colour,
Dedenz haute mer salee
Fontenele de douçour,
    Clere en tenebrour,
    Joiouse en tristour,
    En flamme rousee !

II Flour de biauté esmeree
Et de triie coulour,
Chastiaus dont onc deffermee
Ne fu la porte nul jour,
    Santez en langour,
    Repos en labour,
    Et pais en meslee !

III Fine esmeraude esprouvee
De gracieuse vigour,
Diamanz, jaspe alosee,

de tout mon cœur,
en votre riche pays
menez-moi à mon salut !

RS 519, L 265-1552, MW 1483
Mss. V 151r-v, C 216r-v. Musique dans V.

B
2)
[7]
5. clere en te - ne- brour, 6. joi- ouse en tri- stour,
7. en flam- me rou - se - e!

Rose dont neige ni gelée
ne peuvent pâlir ou faner la couleur,
en haute mer salée
fontaine de douceur,
clarté dans les ténèbres,
joie dans la tristesse,
rosée parmi les flammes !

Fleur de beauté resplendissante
et de couleur choisie,
château dont la porte
ne fut jamais déclose,
santé dans la faiblesse,
repos dans le labeur
et paix dans la mêlée !

Fine émeraude à la vertu prouvée
et porteuse de grâce,
diamant, jaspe vanté,

Saphirs d'Ynde la maiour,
    Rubiz de valour,
    Panthere d'odour
    Plus qu'embausemmee !

IV Ne seroit assez löee
Ceste monjoie d'onnour,
Se toute humaine pensee
Ne servoit d'autre labor.
    Tigre en mireour,
    En ire et en plour
    Solaz et risee !

V Empareriz coronnee
De la main au Creatour,
A la crueuse jornee,
Quant li ange avront paour,
    Prie au Sauveour
    Que ton chanteour
    Maint en sa contree.

saphir de l'Inde la Majeure,
rubis de valeur,
panthère à l'odeur
plus que suave !

On ne pourrait assez louer
cette cime d'honneur,
même si l'humaine pensée
ne connaissait d'autre tâche.
Tigresse dans le miroir ;
dans la colère et dans les larmes,
consolation et sourire !

Impératrice couronnée
par la main du Créateur,
lors de la Journée cruelle
où les anges auront peur,
prie le Sauveur
que ton chanteur
demeure en Sa contrée !

67

Chanson pieuse

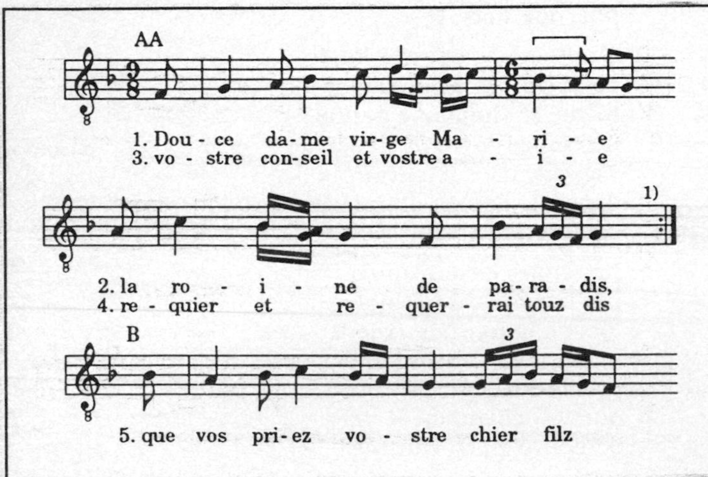

I Douce dame virge Marie,
La roïne de paradis,
Vostre conseil et vostre aïe
Requier et requerrai touz dis
Que vos prïez vostre chier filz
Baptesme ne me faille mie ;
Trop en ai esté escondix,
Si le requier sanz vilainie.

II Douce dame, j'ai grant fiance
En cil qui en crois fu penés.
Qui en celui n'a sa creance,
Certes, por droit noient est nez ;
Son esperit [si] ert dampnez
Ens el puis d'enfer sanz faillance.
Cil qui ert crestïens clamez,
Il n'a d'enfer nule doutance.

III Hé las, je l'ai tant desiree,
Et si ne la puis pas avoir.

RS 1179, L 265-555, MW 1360
Ms. X 268v. Musique.

a
6. ba - pte - sme ne me fail - le mi - e;
7. trop en ai e - sté e - scon - dix,
a'
8. si le re - quier sanz vi - lai - ni - e.

Douce dame Vierge Marie,
Reine du paradis,
je réclame et réclamerai toujours
votre conseil et votre aide.
Priez votre Fils bien-aimé
pour que j'obtienne le baptême ;
j'ai été trop longtemps éconduit,
je le demande pourtant sans vilenie.

Douce dame, j'ai grande confiance
en Celui qui souffrit sur la croix.
Qui ne place pas en Lui sa croyance,
certes, il est né pour rien ;
son esprit en sera damné
au puits d'enfer sans nul doute.
Qui sera reconnu chrétien
n'a rien à redouter de l'enfer.

Hélas, je l'ai tant désirée
et je ne peux pourtant pas l'obtenir ;

Toute est m'entente et ma pensee
En crestïenté recevoir ;
Feme, or et argent ne avoir
Ne nule riens tant ne m'agree
Con fait crestïenté, por voir,
Si ne me veut estre donee.

IV A vos, douce virge honoree,
Proi et requier mout bonement
Que vostre fiz sanz demoree
Proiés por moi prochainement
Que de ceus m'achat vengement
Qui crestïenté m'ont veee,
Si con je croi veraiement
Celui qui fist ciel et rosee.

68

Chanson pieuse

I De l'estoile, mere au soleil
Dont parmenable sont li rai,
Toute ma vie chanterai,
   Et raisons le me conseille
   Que de sa valour veraie
   Aucune chose retraie,
Que nus ne la sert bonnement
   Que gent guerredon n'en traie.

II Mere sanz acointier pareil,
Mieudre que je dire ne sai,
Qui portastes li roi verai
   A cui riens ne s'apareille,
   Dame, por noient s'esmaie
   Cil qui en vostre manaie
Se rent, car, qui a vos s'atent,
   Vostre secours ne li delaie.

III Palais a l'ange de conseil,
De cui sont mi chant et mi lai,

j'ai mis tous mes soins, toute ma pensée
à recevoir la foi chrétienne ;
femme, or, argent, richesses –
aucun objet ne me plaît tant
que la foi chrétienne, en vérité,
et on ne veut pas me l'accorder.

Je vous prie, douce vierge honorée,
je vous le réclame bonnement,
de prier sans tarder votre Fils
pour moi prochainement,
qu'il me procure vengeance de ceux
qui m'ont interdit la foi chrétienne,
aussi vrai que je crois
à Celui qui fit le ciel et la rosée.

RS 1780, L 265-478, MW 2485
Ms. V 154r. Sans musique.

L'étoile, mère du Soleil,
dont les rayons sont éternels
je chanterai toute ma vie ;
ma raison me le conseille :
que de sa valeur véritable
je sache retirer quelque bien,
car si on la sert justement,
on ne peut qu'en tirer un noble salaire.

Mère à l'accueil sans pareil,
meilleure que je ne saurais l'exprimer,
vous qui portâtes le Roi véritable
que nul n'égale,
dame, il a peur pour rien
celui qui en votre pouvoir
se rend ; car celui qui s'attache à vous,
votre secours lui vient sans tarder.

Palais pour l'Ange de conseil,
vous pour qui je compose chants et lais,

A vos servir tieng et me trai
Cuer et cors, oeil et oreille.
Dame, or vuilliez que si m'aie
Qu'a son acort ne me traie
Cil qui dou mont traire en torment
Adés s'eforce et essaie.

69
Chanson pieuse

1. Por ce que ve - ri - té di - e,
2. vueil ma chan-çon co - men - cier,
1)
3. por de - duire et so - la - cier
4. ceus qui sont en bo - ne vi - e;

I Por ce que verité die,
Vueil ma chançon comencier,
Por deduire et solacier
Ceus qui sont en bone vie ;
Et ceus qui sont en folie,
En guille et en tricherie

je me tiens et m'attache à votre service
de tout mon cœur, mon corps, mes yeux et mes [oreilles.
Dame, veuillez que j'y trouve aide
afin que ne m'attire en son pouvoir
celui qui pour jeter le monde dans le tourment
dépense sans cesse sa peine et ses efforts.

RS 1136, L 265-1343, MW 2340
Ms. X 269v-270r. Musique.

5. et ceus qui sont en fo - li - e,
6. en guille et en tri - che - ri - e
7. vueill bla - smer et lei- den - gier
8. et mo - strer leur ma - la - di - e.

Pour dire la vérité
je veux commencer ma chanson
afin de plaire et de procurer consolation
à ceux qui mènent une vie juste ;
et ceux qui sont dans la folie,
dans le mensonge, dans la tromperie,

Vueill blasmer et leidengier
Et mostrer leur maladie.

II Quant n'apert la maladie,
Nus mires n'en puet aidier
Ne bien a droit conseillier ;
Ensit est d'ypocrisie,
Qui le cors a plain d'envie
Ne par dehors ne pert mie,
Ainz sont tel fois au mostier
Que leur cuers est en folie.

III Deus nos a mostré par vie,
Par sarmons, par preechier,
Coment nos devons laissier
Tout pechié, toute folie,
Tout mal, toute tricherie,
Tout orgueill et toute envie,
Et nos prie d'esloignier
Doublesse d'ypocresie.

IV Honi soit lor conpaignie,
Que on n'en fait qu'enpirier ;
Bien la devons esloignier,
Saint Gregoires nos en prie.
Bien puis conparer leur vie
A fausse pome porrie
Qu'en met en tas estoier
Et ses conpaignes conchie.

V E ! dame sainte Marie,
Bien devés a ceus aidier
Qui de bon cuer et d'entier
Vos servent sanz tricherie,
Qui ne font pas symonie
Ne par fausse ypocrissie
Les biens, mes por gaaignier
Joie qui ne faudra mie.

je veux les blâmer, leur dire du mal
et leur montrer leur maladie.

Si la maladie ne se manifeste pas,
nul médecin ne peut la soigner
ni donner de bons et justes conseils.
Il en va ainsi d'Hypocrisie,
qui a le corps rempli d'envie
et au-dehors n'en montre rien ;
au contraire ils se trouvent parfois à l'église,
ceux dont le cœur est plein de folie.

Dieu nous a montré par sa vie,
par ses sermons, par ses prêches,
comment nous devons renoncer
à tout péché, toute folie,
tout mal et toute tricherie,
tout orgueil et toute envie.
Il nous prie de tenir éloignée
la duplicité des hypocrites.

Honnie soit leur compagnie !
Elle ne fait que nous rendre pires ;
nous devons bien la tenir éloignée,
saint Grégoire nous en prie.
Je puis bien comparer leur vie
à la traîtresse pomme pourrie
qu'on empile avec d'autres
et qui gâte ses compagnes.

Ah, dame sainte Marie !
vous devez bien apporter votre aide
à ceux qui d'un bon cœur loyal
vous servent sans tricher,
qui ne pratiquent pas la simonie
ni n'agissent par fausseté hypocrite
quand ils font le bien, mais pour obtenir
la joie qui ne cessera jamais.

70

Chanson pieuse

AA
1. Chan - ter voel par grant a - mour
3. si chan - te - rai en l'ou - nour
3
st. 3,4
2. u - ne chan - son - nete hu - mai - ne,
4. de Ma - ri - e Ma - gda - lai - ne,
B
5. a qui no - stre sal - ve - our

I Chanter voel par grant amour
Une chansonnete humaine,
Si chanterai en l'ounour
De Marie Magdalaine,
A qui nostre Salveour
Delaissa par sa douchour
Les pechiés dont estoit plaine.

II Le dame dont je vous [di]
Pecca mout ens en s'enfanche,
Mais ele s'en repenti,
Si en fist sa penitanche
Et si aama cheli
Ki puis ot de li merchi,
Car tous ses amis avanche.

III Jhesus mout s'umilia
Adont vers les pecheours,
Quant ele ses piés lava
Et de lermes et de plours;

RS 1957a, L 265-344, MW 620
Ms. Paris, Arsenal 3517, 147r. Musique.

Je veux chanter par grand amour
une chansonnette sur un être humain ;
je chanterai donc en l'honneur
de Marie-Madeleine,
à qui notre Sauveur
remit, en douceur,
les péchés dont elle était pleine.

La dame dont je vous parle
pécha beaucoup en sa jeunesse,
mais elle s'en repentit.
Elle fit sa pénitence
et se prit à aimer Celui
qui eut ensuite pitié d'elle,
car Il avance tous ses amis.

Jésus s'humilia beaucoup
devant les pécheurs,
quand elle lava ses pieds
de ses larmes et de ses pleurs ;

De ses crins les essuia
Et douchement les baisa;
Mieus l'en sera a tous jours.

IV Mout deverions estre liés,
Nous qui sommes pecheours,
Car Dieus est apparelliés
A nous rechevoir tous jours
Pour que nous soions purgiés
De nos maus, de nos pechiés;
Mout en est liés et joious.

V Or ne nous desesperons,
Car che seroit grans folie;
Mais de pechié nous jetons,
Si entrons en mellour vie,
Et Jhesu Crist en proions
Que li Rois qui tant est dous
Nous doinst pardurable vie.

elle les essuya de ses cheveux
et les embrassa avec douceur ;
chaque jour son sort en sera meilleur.

Nous devrions être fort contents,
nous qui sommes des pécheurs,
car Dieu est disposé
à nous recevoir chaque jour
pour que nous soyons purifiés
de nos maux, de nos péchés ;
et cela Le rend gai et joyeux.

Donc ne désespérons pas,
car ce serait une grande folie ;
mais ôtons-nous du péché
et entrons dans une vie meilleure.
Prions-en Jésus-Christ,
que le Roi qui est si doux
nous donne la vie éternelle !

71

Chanson pieuse
Lai

RS : non répertorié, L 265-692, MW 438
Ms. Londres, Guildhall, *Liber de antiquis legibus*, 160v-161r-v. Musique.

a
b
21. Par-donez 22. et as-soy-lez 23. i - cels, gen-til si - re,
a
b'
24. si te plest, 25. par ki for-fet 26. nus suf-frum tel mar- ti - re.
IV D
c
27. Fous est ke se a - fi- e 28. en ce-ste mor-teu vi- e,
29. ke tant nus contr- a - li - e 30. et u n'ad fors boy - di - e.
3
c'
31. Ore est hoem en le - se - se 32. et ore est en tri - ste- sce;
33. or le ga - rist, or ble- sce 34. for - tu-ne ke le gui- e.
V EE d
3)
d
35. Virgne et mere au so - ve-rein 36. ke nus je - ta de la mayn
40. re - que-rez i - cel sei-gnur 41. ke il par sa grant dul- çur
d'
4)
5)
37. al mau-fé, ki par E- vayn 38. nus out tres- tuz an sun heim
42. nus get de ce - ste do- lur 43. u nus su - mus nuyt et jor
39. a grant do - lur [et] pei - ne,
44. et doint joy - e cer - tey - ne.

I Eyns ne soy ke pleynte fu,
Ore pleyn d'angusse tressu.
Trop ai mal et contreyre,
Sanz decerte en prisun sui.
Car m'aydez, tres puissanz Jhesu,
Duz Deus et deboneyre !

II Jhesu Crist, veirs Deu, veirs hom,
Prenge vus de mei pité !
Jetez mei de la prisun
U je sui a tort geté !
Jo e mi autre compaignun,
Deus en set la verité,
Tut pur autri mesprisun
Sumes a hunte liveré.

III Sire Deus,
Ky as mortels
Es de pardun veine,
Sucurez,
Deliverez
Nus de ceste peine.
Pardonez
Et assoylez
Icels, gentil sire,
Si te plest,
Par ki forfet
Nus suffrum tel martire.

IV Fous est ke se afie
En ceste morteu vie,
Ke tant nus contralie
Et u n'ad fors boydie.
Ore est hoem en leesse
Et ore est en tristesce ;
Or le garist, or blesce
Fortune ke le guie.

V Virgne et mere au soverein
Ke nus jeta de la mayn
Al maufé, ki par Evayn
Nus out trestuz en sun heim

Avant je ne savais pas ce qu'était une plainte,
maintenant je sue, plein d'angoisse.
Je subis trop de malheurs et d'adversités,
sans le mériter je me trouve en prison.
Aidez-moi, Jésus très puissant,
Dieu doux et noble !

Jésus-Christ, vrai Dieu et vrai Homme,
prenez pitié de moi !
Jetez-moi hors de cette prison
où l'on m'a jeté à tort !
Moi et mes compagnons,
Dieu en sait la vérité,
c'est pour la faute d'un autre
que nous sommes livrés à la honte.

Seigneur Dieu,
Toi qui es pour les mortels
la source du pardon,
secours-nous
et délivre-nous
de cette peine !
Pardonne
et absous
ceux, noble Seigneur,
s'il Te plaît,
par la faute desquels
nous souffrons un tel martyre.

Il est fou, celui qui se fie
en cette vie mortelle,
vie qui toujours nous combat,
où l'on ne trouve que mensonge.
Tantôt l'homme est dans la liesse,
tantôt il tombe dans la tristesse,
tantôt Fortune qui le mène
le guérit et tantôt elle le blesse.

Vierge, mère du Souverain
qui nous arracha de la main
du diable, qui, à cause d'Ève,
nous avait tous pris à son hameçon

A grant dolur [et] peine,
Requerez icel seignur
Ke il par sa grant dulçur
Nus get de ceste dolur
U nus sumus nuyt et jor
Et doint joye certeyne.

72
Rondeau

D'une fine amour sans fauceir
Amerai je sans vilonie.
Au dieu d'amor m'irai clameir
– *D'une fine amour sans fauceir* –
Des mesdixans qui sont ameir ;
Se il li plait, qu'il les ocie.
D'une fine amour sans fauceir
Amerai je sans vilonie.

73
Rondeau

J'ai ameit bien sans fauceir
Damoiselle de valour,
Qui me welt congié doneir,
Dont j'en ai a cuer poour ;
Si n'an puis mon cuer osteir
De li servir neut et jor.
J'ai ameit bien sans fauceir
Damoiselle de valour,
Qui me fait mon cuer trembleir
Cant je pance a sai dousour ;
Si an suis desconforteis
Quant ne puis avoir s'amour.

dans la grande douleur et la peine,
priez le Seigneur
qu'en sa grande douceur
Il nous jette de cette peine
où nous gisons nuit et jour
et qu'Il nous donne la joie certaine.

B rond. 114, refr. 631
L 265-570, MW 151, Gennrich *Rond.* 114
Ms. I 247 (259)v. Sans musique.

D'un parfait amour sans mentir
j'aimerai sans vilenie.
Au dieu d'amour j'irai me plaindre
d'un parfait amour sans mentir,
des médisants qui sont amers ;
s'il lui plaît, qu'il les fasse mourir !
D'un parfait amour sans mentir
j'aimerai sans vilenie.

B rond. 116, refr. 903
L 265-795, MW 780, Gennrich *Rond.* 116
Ms. I 247 (259)v. Sans musique.

J'ai bien aimé sans tricherie
une demoiselle de valeur
qui veut me donner mon congé,
et j'en ai peur en mon cœur.
Pourtant je ne puis empêcher mon cœur
de la servir nuit et jour.
J'ai bien aimé sans tricherie
une demoiselle de valeur
qui me fait trembler le cœur
quand je pense à sa douceur ;
mais j'en suis bien désolé
puisque je ne peux obtenir son amour.

J'ai amoit bien sans faceir
[Damoiselle de valour,
Qui me welt congié doneir,
Dont j'en ai a cuer poour].

74
Rondeau

Tout mon vivant servirai
Loialment Amors,
Car de li vient ma joie,
Ne jamais ne meterai
Ma pancee aillors.
Tout mon vivant servirai
Loialment Amors.
Un dous espoir maintanrai
Bonement toz jors ;
Partir ne m'an poroie.
Tot mon vivant servirai
Loialment Amors,
Car de li vient ma joie.

75
Rondeau

[J']ain la brunette sans orguel
Ki est doucette.
Dieus, com ont bien choixi mi oil !
J'ain la brunette sans orguel.
N'est nuns ke m'an ostest mon veul
De lai tousette.
J'ain lai brunette sans orguel
Qui est doucette.

J'ai bien aimé sans tricherie
une demoiselle de valeur
qui veut me donner mon congé,
et j'en ai peur en mon cœur.

B rond. 125, refr. 1793
L 265-1681, MW 122, Gennrich *Rond.* 125
Ms. I 248 (260)v. Sans musique.

Toute ma vie je servirai
loyalement Amour
car de lui vient ma joie.
Jamais je ne mettrai
ma pensée ailleurs.
Toute ma vie je servirai
loyalement Amour.
Je garderai un doux espoir
bonnement tous les jours ;
je ne pourrais m'en séparer.
Toute ma vie je servirai
loyalement Amour
car de lui vient ma joie.

B rond. 126, refr. 953
L 265-827, MW 184, Gennrich *Rond.* 126
Ms. I 248 (260)r. Sans musique.

J'aime la brunette sans orgueil
qui est doucette.
Dieu ! comme mes yeux ont bien su choisir !
J'aime la brunette sans orgueil.
Personne ne peut, avec mon consentement,
me séparer de la fillette.
J'aime la brunette sans orgueil
qui est doucette.

76
Rondeau

Dame debonaire,
Je me rans a vos;
De cuer sanz mesfaire
Je suis vostres tous.
Ne soiez contraire
De vostre amin dous.
Dame debonaire,
Je me rans a vos.
Bonteit qui repaire
An cuer amerous
Me dont examplaire
D'ameir par amors.
Dame debonaire,
Je me rans a vos;
De cuer sans retraire
Je suis vostre toz.

77
Rondeau

« *Tant con je fu dezirouze,*
Je n'o point d'amin;
Or l'ai, s'an suis dedaignouze.
– Belle et bone et graciouze,
Ne m'oblieiz mi.
– *Tant com je fu dezirouse,*
Je n'o point d'amin.
– Se ver moi n'estes pitouze,
Je dirai : "Enmi !
J'ai perdu vie amerouse."
– *Tant con je fu dezirouze,*
Je n'o point d'amin;
Or l'ai, s'an suis dedaignouze. »

B rond. 129, refr. 404
L 265-405, MW 784, Gennrich *Rond.* 129
Ms. I 248 (260)v. Sans musique.

Dame pleine de noblesse,
je me rends à vous ;
pur de cœur et d'intention,
je suis tout à vous.
Ne soyez pas hostile
à votre doux ami.
Dame pleine de noblesse,
je me rends à vous.
La bonté qui habite
les cœurs amoureux
me donne l'exemple
d'aimer d'amour.
Dame pleine de noblesse,
je me rends à vous ;
pur de cœur et d'intention,
je suis tout à vous.

B rond. 140, refr. 1758
L 265-1653, MW 718, Gennrich *Rond.* 138
Ms. I 249 (261)r. Sans musique.

« Tant que j'en eus le désir,
je n'eus point d'ami ;
maintenant que j'en ai un, je le dédaigne.
– Belle et bonne et gracieuse,
ne m'oubliez pas !
– Tant que j'en fus désireuse,
je n'eus point d'ami.
– Si vous n'avez pas pitié de moi,
je dirai : "Hélas !
j'ai perdu ma vie amoureuse."
– Tant que j'en fus désireuse,
je n'eus point d'ami ;
maintenant que j'en ai un, je le dédaigne. »

78
Rondeau

J'ai ameit et amerai
Trestout les jours de ma vie
Et plus jolive an serai.
J'ai bel amin, cointe et gai.
J'ai ameit et amerai.
Il m'aimme, de fi lou sai ;
Il ait droit : je suis s'amie
Et loialtei li ferai.
J'ai ameit et amerai
Trestout les jors de ma vie
Et plus jolive en serai.

79
Rondeau

Tres douce dame, aiez de moi merci,
Car an chantant mes fins cuers vos an proie,
Et je serai vostre loialz amins.
Tres douce dame, aiez de moi mercit.
De vos me vient un dous espoir [joli]
Qui me soustient, si an vivrai a joie.
Tres douce dame, aiez de moi mercit,
Car an chantant mes fins cuers vos an proie.

B rond. 143, refr. 905
L 265-796, MW 115, Gennrich *Rond.* 141
Ms. I 249 (261)v. Sans musique.

J'ai aimé et j'aimerai
tous les jours de ma vie
et j'en serai plus gaie.
J'ai un bel ami, gracieux et allègre.
J'ai aimé et j'aimerai.
Il m'aime, j'en suis tout à fait sûre
et il a raison : je suis son amie
et je lui montrerai ma loyauté.
J'ai aimé et j'aimerai
tous les jours de ma vie
et j'en serai plus gaie.

B rond. 145, refr. 1796
L 265-1686, MW 130, Gennrich *Rond.* 143
Ms. I 249 (261)v. Sans musique.

Très douce dame, ayez pitié de moi
car par mes chants mon cœur amoureux vous en prie,
et je serai votre loyal ami.
Très douce dame, ayez pitié de moi.
De vous me vient un espoir doux et gracieux
qui me soutient, et j'en vivrai dans la joie.
Très douce dame, ayez pitié de moi,
car par mes chants mon cœur amoureux vous en prie.

80

Chanson historique

I Gent de France, mult estes esbahie !
Je di a touz ceus qui sont nez des fiez :
Si m'aït Deus, franc n'estes vous mes mie ;
Mult vous a l'en de franchise esloigniez,
Car vous estes par enqueste jugiez.
Quant desfensse ne vos puet fere aïe,
Trop i estes crüelment engingniez.
A touz pri :

RS 1147, L 265-725, MW 1446
Ms. K 366-367. Musique.

9. Dou - ce Fran - ce n'a - piaut l'en plus en - si,
a'
10. an - çois ait non le pa - is aus sou - giez,
11. u - ne terre a - cu - ver - ti - e,
12. le raigne as des - con - seil - liez,
13. qui en maint cas sont for - ciez.

Hommes de France, vous êtes bien désemparés !
Je le dis à tous ceux qui sont nés dans les fiefs :
Dieu m'en soit témoin, vous n'êtes plus libres ;
on vous a bien éloignés de la liberté
puisque vous voilà jugés au terme d'une enquête.
Quand vous ne pouvez plus vous défendre par les [armes,
vous êtes trop cruellement abusés.
Je vous en prie tous :

Douce France n'apiaut l'en plus ensi,
Ançois ait non le païs aus sougiez,
Une terre acuvertie,
le raigne as desconseilliez,
Qui en maint cas sont forciez.

II Je sai de voir que de Dieu ne vient mie
Tel servage, tout soit il esploitié.
Hé ! loiauté, povre chose esbahie,
Vous ne trouvez qui de vous ait pitié ;
Vous eüssiez force et povoir et pié,
Car vos estes a nostre roi amie,
Mes li vostre sont trop a cler rengié
Entor lui.
Je n'en conois q'un autre seul o lui,
Et icelui est si pris du clergié
Q'il ne vous puet fere aïe ;
Tout ont ensenble broié
Et l'aumosne et le pechié.

III Ce ne cuit nus que je pour mal le die
De mon seigneur, se Deus me face lié !
Mes j'ai poor que s'ame en fust perie,
Et si aim bien saisine de mon fié.
Quant ce savra, tost l'avra adrecié ;
Son gentil cuer ne le sousfreroit mie.
Pour ce me plest q'il en soit acointié
Et garni,
Si que par ci n'ait nul povoir seur lui
Deable anemi, qui l'avoit aguetié.
G'eüsse ma foi mentie
Se g'eüsse ensi lessié
Mon seigneur desconseillié.

qu'on n'appelle plus ce pays douce *France,*
qu'on l'appelle plutôt le Pays-aux-assujettis,
terre abâtardie,
royaume des déroutés
qu'en bien des cas on soumet à la contrainte.

Assurément je le sais, ce n'est pas de Dieu
que vient cette servitude, toute profitable qu'elle
Ah, Loyauté, pauvresse désemparée, [soit.
vous ne trouvez personne qui vous prenne en pitié ;
vous auriez eu force, pouvoir et support,
puisque vous êtes l'amie de notre roi,
mais vos partisans sont trop clairsemés
autour de lui.
Je n'en connais qu'un seul autre avec lui,
mais il est si bien le captif du clergé
qu'il ne peut vous apporter d'aide ;
ils ont mélangé ensemble
l'aumône et le péché.

Que personne n'imagine que je parle par
de mon seigneur, j'en atteste Dieu ! [calomnie
Mais j'ai peur qu'il n'y perde son âme
et j'aime bien, certes, avoir les pleins pouvoirs dans
[mon fief.
Quand il le saura, il aura vite redressé la situation ;
son noble cœur ne le souffrirait pas.
C'est pourquoi je veux qu'il en soit averti
et qu'on l'en instruise,
pour qu'ainsi n'ait nul pouvoir sur lui
le diable ennemi qui l'avait guetté.
J'aurais renié ma foi
si j'avais ainsi laissé
mon seigneur sans conseil.

81

Chanson pastorale

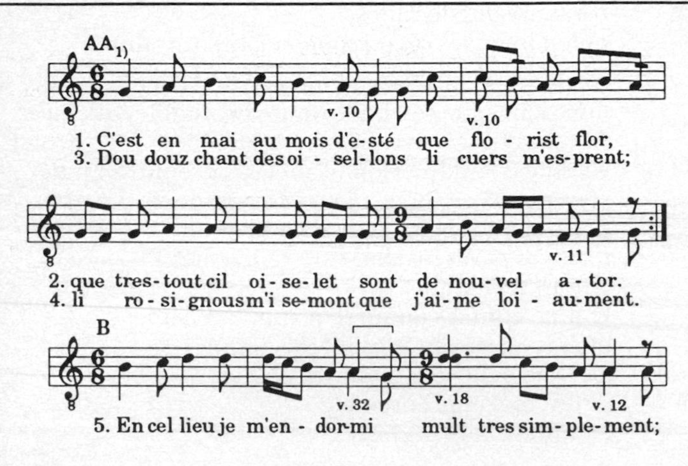

I C'est en mai au mois d'esté que florist flor,
Que trestout cil oiselet sont de nouvel ator.
Dou douz chant des oiselons li cuers m'esprent ;
Li rosignous m'i semont que j'aime loiaument.
En cel lieu je m'endormi mult tres simplement ;
Une pucelette i vint, mult cortoisement
M'esgarda sanz mautalent.

II Je la pris, si l'enbraçai demaintenant,
L'acolai et la baisai sanz nul demorement ;
Le gieu d'amors li vueil faire sanz arestement.
« Sire, que volés vos faire ? dist la pucelote ;
Vos m'avrois ançois doné ou sorcot ou cote,
Et puis si avrois dou nostre. »

III Ele avoit les euz si vairs come faucon
Et si avoit bele bochë et bele façon ;
Ele avoit les euz rians, le nes traitis,

RS 439a (=1979), L 265-298, MW 548
Ms. X 216r-v. Musique.

2)
v. 19
v. 26
6. u - ne pu - ce - lete i vint, mult cor - toi - se - ment
[7]
v. 13
7. m'es - gar - da sanz mau - ta - lent.

C'est en mai au mois d'été quand fleurit la fleur,
que tous les oiselets sont dans leurs nouveaux
[atours.
Au doux chant des oisillons mon cœur s'embrase ;
le rossignol me pousse à aimer loyalement.
En ce lieu, je m'endormis très simplement ;
une petite demoisele y vint, toute courtoise,
qui me regarda sans mauvais vouloir.

Je la saisis et l'embrassai sur-le-champ,
et l'enlaçai et lui donnai sans délai un baiser ;
je voulus lui faire sans retard le jeu d'amour.
« Seigneur, que voulez-vous faire ? demande la
[jeune pucelle ;
Vous me donnerez d'abord un surcot ou une cotte,
et après vous aurez quelque chose de moi. »

Elle avait les yeux brillants, comme un faucon,
elle avait une jolie bouche et une belle figure ;
elle avait les yeux riants, le nez bien fait,

Sa facete vermeillete com rosier floris.
Nul charbon bien alumé n'est si espris
Come je sui por celi en qui je sui assis;
Plus l'aim que touz mes amis.

IV Certes que quant la regart, il m'est avis
El me semble mult bien faite et de cors et de vis;
Ele resenble a touz ceus de paradis,
Et por ce la conois je et en fes en dis.
El me fait touz jours trenbler [sanz doner confort]
Et sospirer et fremir a si grant tort;
Mes cuers en est a la mort.

V Chançonete, tu iras en mon païs
Et si me diras a cele qui m'a [si] traïs
Que j'amoie loiaument et de bon cuer.
Di li que l'amoie plus que frere ne que suer,
Et ele ne m'amoit pas ne de moi n'ot pitié,
Et s'el mi vousist amer, mult en fusse lié,
Mes maus me fust alegié.

un petit visage frais comme le rosier en fleurs.
Nul charbon bien enflammé ne brûle si fort
que moi pour celle à qui je me suis voué ;
je l'aime plus que tous mes proches.

Certes, quand je la regarde, j'ai l'impression
qu'elle semble bien faite de cors et de visage ;
elle ressemble aux habitants du paradis,
et pourtant je la connais bien en faits et en dires.
Elle me fait toujours trembler sans me donner de [réconfort,
soupirer et frémir – c'est à grand tort ;
mon cœur en est presque à la mort.

Chansonnette, tu iras en mon pays,
tu diras de ma part à celle qui m'a trahi
que je l'aimais loyalement et de bon cœur.
Dis-lui que je l'aimais plus que frère ou que sœur,
mais elle ne m'aimait pas et n'eut pas pitié de moi ;
si elle avait voulu m'aimer, j'aurais été si heureux,
toute ma douleur en aurait été allégée.

82

Plainte funèbre

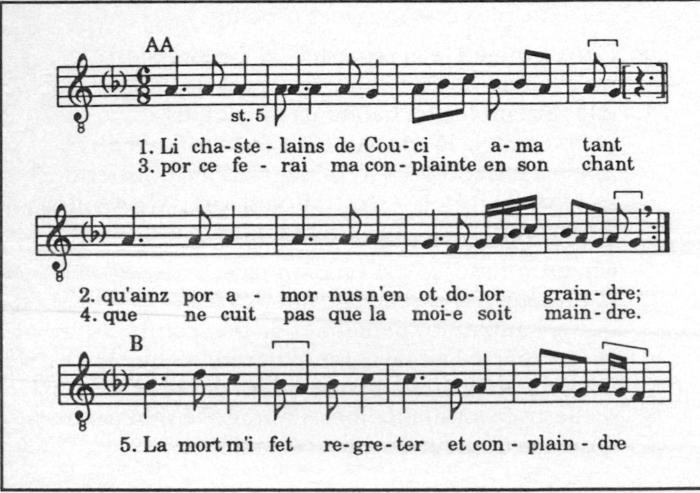
AA
st. 5
1. Li cha-ste - lains de Cou- ci a- ma tant
3. por ce fe - rai ma con - plainte en son chant
2. qu'ainz por a - mor nus n'en ot do- lor grain - dre;
4. que ne cuit pas que la moi-e soit main - dre.
B
5. La mort m'i fet re- gre - ter et con - plain - dre

I Li chastelains de Couci ama tant
Qu'ainz por amor nus n'en ot dolor graindre ;
Por ce ferai ma conplainte en son chant
Que ne cuit pas que la moie soit maindre.
La mort m'i fet regreter et conplaindre
Vostre cler vis, bele, et vostre cors gent ;
Morte vos ont frere et mere et parent
Par un tres fol desevrement mauvés.

II Por qui ferai mes ne chançon ne chant,
Quant je ne bé a nule amor ataindre ?
Ne jamés jor ne qier en mon vivant
M'ire et mon duel ne ma dolor refraindre.
Car venist or la mort por moi destraindre
Si que morir m'esteüst maintenant !
C'onques mes hom n'ot un mal si tres grant
Ne de dolor au cuer si pesant fais.

III Mult ai veü et mult ai esprouvé,
Mainte merveille eüe et enduree,

RS 358, L 265-1054, MW 1227
Mss. K 311-312, N 148r-v, P 162v-163r-v, X 197r-v.
Musique dans tous les mss.

6. vo - strecler vis, bele, et vo - stre cors gent;
7. mor - te vos ont frere et mere et pa - rent
8. par un tres fol de-se - vre - ment mau - vés.

Le Châtelain de Couci aima tant
que jamais d'amour on n'eut pire douleur;
je composerai donc ma complainte sur son air
parce que je ne crois pas que ma douleur soit
La mort me fait me plaindre et regretter [moindre.
votre clair visage, belle, et votre corps gracieux;
ils vous ont tuée, vos frères, votre mère, vos parents,
par cette séparation aussi folle que mauvaise.

Pour qui ferai-je désormais chansons et airs,
quand je ne désire plus obtenir nul amour?
Jamais nul jour de ma vie je ne veux
calmer ma peine, mon deuil ni ma souffrance.
Vienne donc la mort pour m'accabler
si bien qu'il me faille mourir sur l'instant!
Jamais un homme n'eut un chagrin si grand
ni de douleur en son cœur un fardeau si pesant.

J'ai beaucoup vu et beaucoup éprouvé,
j'ai subi et enduré bien des événements terribles,

Mes ceste m'a le cors si aterré
Que je ne puis avoir longue duree.
Or maudirai ma male destinee
Quant j'ai perdu le gent cors acesmé
Ou tant avoit de sens et de bonté,
Qui valoit melz que li roiaumes d'Ais.

IV Je departi de li outre mon gré ;
C'estoit la riens dont je plus me doloie.
Ore a la mort le depart confermé
A touz jorz mes, c'est ce qui me tout joie.
Nule dolor ne se prent a la moie,
Car je sai bien jamés ne la verré.
Hé las, chetis, ou iré, que feré ?
S'or ne me muir, je vivrai touz jorz mais.

V Par Dieu, Amors, je ne vos pris noient,
Car morte est cele pour qui je vous prisoie.
Je ne pris riens, ne biauté ne jouvent,
Or ne argent ne chose que je voie.
Pour quoi ? Pour ce que la mort tout maistroie.
Je quit amors et a Dieu les conmant.
Jamés ne cuit vivre fors en torment ;
Joie et deduit tout outreement lais.

83
Chanson à contrastes

I Oëz com je suis bestornez
Por joie d'amors que je n'ai :
Entre sages sui fous [clamez]
Et entre les fous assez sai.

II Onques ne fis que faire dui ;
Qant plus m'aïre, plus m'apais.
Je suis menanz et riens ne puis
Avoir ; mauvés sui et cortois.

mais ce dernier m'a si bien abattu
que je ne peux plus continuer de vivre
[longuement.
Je maudirai donc mon destin de malheur
puisque j'ai perdu le corps gracieux et avenant
où se trouvait tant de sagesse et de bonté
et qui valait bien plus que le royaume d'Aix.

Je me séparai d'elle contre mon gré ;
elle était ce pour quoi je souffrais le plus.
Désormais la mort a confirmé la séparation
pour toujours, voilà qui m'ôte la joie.
Nul chagrin ne peut se comparer au mien
puisque je sais que je ne la reverrai plus jamais.
Hélas, malheureux, où irai-je, que ferai-je ?
Si je n'en meurs pas, c'est que je vivrai à jamais.

Par Dieu, Amour, je ne vous accorde plus le
[moindre prix,
car elle est morte, celle pour qui je vous prisais.
Je ne prise plus rien, ni beauté ni jeunesse,
ni or ni argent ni quoi que je voie.
Pourquoi ? Parce que la mort gouverne tout.
Je renonce à l'amour, à Dieu je le recommande.
Je ne crois pas vivre désormais hors du tourment,
je délaisse tout et la joie et les plaisirs.

RS 919, L 265-1230, MW 1117:1
Ms. H 229v-230r. Sans musique.

Écoutez comme je suis sens dessus dessous
parce que je n'obtiens pas la joie d'amour :
au milieu des sages on me proclame fou ;
au milieu des fous, je suis plein de sagesse.

Jamais je n'ai fait ce que je devais ;
plus je m'irrite et plus je m'apaise.
Je suis un nanti et ne puis rien avoir,
je suis un mauvais homme et un homme courtois.

III Je sui müez por bien parler
Et sorz por clerement oïr,
Contraiz en lit por tost aler
Et coliers por toz tens gesir.

IV Je muir de faim qant sui saous
Et de noient faire sui las ;
De ma prode feme sui cous
Et en gastant lo mien amas.

V Qant je chevalz, lais mon cheval ;
De mon aler faz mon venir ;
Je n'ai ne maison ne ostal,
Si i porroit uns rois gesir.

VI Aigue m'enivre plus que vins ;
Miel me fait boivre plus que seus ;
Prodom sui et lechierres fins
Et si vos dirai briément queus :
Alemanz sui et Poitevins,
Ne l'un ne l'autre, ce set Dieus.

VII La rotroange finera,
Qui maintes foiz sera chantee ;
A la pucele s'en ira
Par cui Amors m'ont bestorné.

VIII Se li plaist, si la chantera
Por moi qui la fis en esté.
Et Dieus ! se ja se sentira
Mes cors de la soe bonté !

Je suis muet mais je parle bien
et je suis sourd mais j'entends clairement,
infirme au lit mais marchant vite,
portefaix mais toujours couché.

Je meurs de faim quand je suis rassasié
et je suis las à force de ne rien faire ;
je suis fait cocu par ma vertueuse femme
et j'amasse mes biens en les dilapidant.

Quand je chevauche, j'abandonne mon cheval,
de mon aller je fais mon retour ;
je ne possède ni maison ni hôtel,
pourtant un roi y pourrait bien dormir.

L'eau m'enivre plus que le vin ;
le miel me pousse à boire plus que le sel :
je suis un honnête homme et un fin trompeur
et je vais en bref vous expliquer comment :
je suis un Allemand et un Poitevin
et ni l'un ni l'autre, Dieu sait !

Ici finira ma rotrouenge
qui sera chantée bien souvent ;
elle s'en ira à la demoiselle
pour qui Amour m'a mis sens dessus dessous.

Si elle lui plaît, elle la chantera
pour moi qui la composai en été.
Dieu, que mon corps se ressente
un jour de sa bonté !

84
Tenson

AA a
1)
1. "Trop sui d'a- mors en- ga - nez
3. a qui je me sui do - nez;
a'
2. quant ce - le ne m'ai-me mi - e
4. si fet trop grant mu- sar - di - e

I « Trop sui d'amors enganez
Quant cele ne m'aime mie
A qui je me sui donez ;
Si fet trop grant musardie
Cuer qui en fame se fie
S'il n'en a grant seürtez,
   Quar tost est müez
Cuer de fame et tost tornés.

II – Conpaign, ne vos esmaiez !
Lessiez ester la folie,
Car s'el ne vos veut amer,
Tost avrés plus bele amie ;
Et s'el s'est de vos partie,
D'autretel gieu li jouez ;
   Si vos en partez,
Car bien voi ja n'en jorés.

III – Mauvés conseil me donés
De lessier si bele amie ;
Mon cuer a enprisoné,
Ravoir ne.l pouroie mie.
Ainz vaintra sa felonie
Ma grant deboneretė

RS 925, L 265-1712, MW 996
Mss. P 179r-v, X 215r. Musique dans les deux mss.

B
5. cuer qui en fa- me se fi- e 6. s'il n'en a grant se - ur - tez,

a
7. quar tost est mu- ez 8. cuer de fame et tost tor - nés."

«Je suis trop abusé par l'amour
quand ne m'aime pas
celle à qui je me suis donné ;
il fait une très grande sottise,
le cœur qui se fie à une femme,
s'il n'en obtient de solides assurances,
car le cœur d'une femme
a vite fait de varier et de changer.

– Compagnon, ne vous effrayez pas.
Laissez de côté votre folie,
car si elle ne veut pas vous aimer,
vous aurez vite une amie plus belle ;
et si celle-là vous a délaissé,
jouez lui le même jeu,
quittez-la donc,
car je vois bien que vous ne jouirez pas d'elle.

– Vous me donnez un mauvais conseil :
abandonner une si belle amie !
Elle a emprisonné mon cœur,
je ne pourrais le ravoir.
Mais ma grande générosité,
ainsi que ma loyauté,

Et ma loiauté,
Si serai amant clamé.

IV – Conpains, se tant atendez,
Dont vos est joie faillie.
Que de li soiez amez!
Il est bien honis qui prie,
Et si muert a grant haschie
Qui pent; autretel ferez,
Se tant atendez
Que de li soiez amez.

V – Conpains, vos me ranponez,
Si fetes grant vilanie,
Quant departir me voulez
De ma douce conpaignie;
C'est la riens ou plus me fie.
Je cuit que vos i baez,
Si me sui pensez
Que departir m'en voulés. »

85

Débat

I Consilliés moi, signor,
D'un jeu perti d'amors

vaincra sa félonie,
et je serai proclamé amant.

– Compagnon, si vous attendez si longtemps,
toute votre joie est faillie.
Vous seriez aimé d'elle !
Il est déshonoré, celui qui supplie,
et il se meurt en de grandes souffrances,
celui qu'on pend. Vous ferez de même
si vous attendez
jusqu'à ce que vous soyez aimé d'elle.

– Compagnon, vous vous moquez de moi,
vous faites là une bien vilaine action
à vouloir me séparer
de ma douce compagnie ;
c'est la créature en qui j'ai le plus confiance.
Je crois que vous la convoitez,
et je m'aperçois
que vous voulez m'en séparer. »

RS 2014, L 265-381, MW 451
Mss. C 40v-41r, U 119r. Sans musique (voir *infra* p. 960).

Conseillez-moi, seigneurs,
pour un jeu-parti d'amour

A keil je me tanrai
Sovant sospir et plour
Por celle cui j'aiour
Et grief martyre en ai ;
Maix une autre en proiai
(Ne sai se fix folour)
Ke m'otriat s'amor
Sens poene et sens delai.

II Se jai celle m'atour,
Je ferai traïtour
De mon fin cuer verai.
Losengier jangleour
Voldroient ke des lour
Fuxe, maix ne.l serai.
A celi me tanrai
Por cui seux en errour :
Se tenrai a gringnor
Ma joie, se je l'ai.

III Or ai je trop mal dit,
Quant celi ke m'ocist
Veul ameir et proier,
Et celi ki ait dit
Ke m'aime sens respit
Veul guerpir et laissier.
La poene et li doingier
M'avrait mort et traï ;
Nonporcant, Deus aïst
Celi cui j'ai plux chier !

IV K'est ceu, Deus ! c'ai je dit ?
Por ceu se m'escondist,
Je ne la doi laissier :
Siens seux sens contredit,
De si fin cuer eslit
Ke pertir ne m'en quier.
Nuls ne doit avancier
Ke son signor renist,
Maix celle ke m'ocist
Ain plux ke riens sous ciel.

et je m'en tiendrai à vos conseils.
Souvent je soupire et je pleure
pour celle que j'adore
et j'en souffre trop dur martyre.
Mais j'en ai prié d'amour une autre
(je ne sais si j'agis comme un fou)
qui m'a octroyé son amour
sans peine ni retard.

Si je me tourne vers celle-ci,
je transformerai en traître
mon cœur sincère.
Les calomniateurs hypocrites
voudraient que je sois
des leurs, mais je n'en ferai rien.
Je m'en tiendrai à celle-là
pour qui je suis dans la douleur :
ainsi je ferai plus grand cas
de ma joie, si je l'obtiens.

Non, j'ai trop mal parlé,
puisque celle-là me tue
que je veux aimer et prier
et que celle qui a dit
m'aimer sans cesse,
je veux la laisser et l'abandonner.
La souffrance et la résistance
m'auront tué et trahi ;
pourtant, que Dieu assiste
celle qui m'est la plus chère !

Quoi, Seigneur, qu'ai-je dit ?
Même si elle me refuse,
je ne dois pas la laisser :
je suis à elle sans contredit,
de cœur si vrai et si excellent
que je ne veux l'abandonner.
On ne doit pas connaître d'avancement
pour avoir renié son seigneur,
mais celle qui me tue,
je l'aime plus que tout sous le ciel.

V Andous sont avenans,
Maix l'une est plux pouxans
De ma joie doneir;
Trop serai mescheans
S'a celi seux faillans
Ne l'autre lais aleir;
Celle veul aquiteir
As felons medixans,
Car l'autre est plux vaillans.
Se me doignoit ameir!

86

Jeu-parti

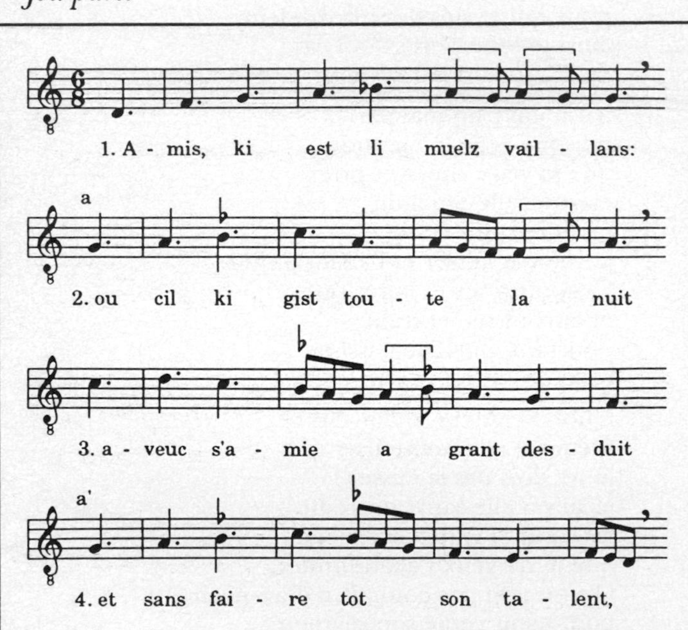
1. A - mis, ki est li muelz vail - lans:
a
2. ou cil ki gist tou - te la nuit
3. a - veuc s'a - mie a grant des - duit
a'
4. et sans fai - re tot son ta - lent,

Les deux sont charmantes,
mais l'une a plus le pouvoir
de me donner la joie ;
je serai un misérable
si je lui fais défaut
ou si je laisse aller l'autre ;
celle-ci, je veux l'abandonner
aux félons médisants,
car la première a plus de valeur.
Ah, si elle daignait m'aimer !

RS 365, L 265-52, MW 2354
Mss. C 2v-3r, I 3:27a, O 13v. Musique dans O.

5. ou cil ki tost vient et tost prent
6. et quant il ait fait, si s'en fuit,
a'
7. ne ju - e pais a re - me - nant,
8. ains keut la flor et lait le fruit?

I «Amis, ki est li muelz vaillans :
Ou cil ki gist toute la nuit
Aveuc s'amie a grant desduit
Et sans faire tot son talent,
Ou cil ki tost vient et tost prent
Et quant il ait fait, si s'en fuit,
Ne jue pais a remenant,
Ains keut la flor et lait le fruit ?

II – Dame, ceu ke mes cuers en sent
Vos dirai, maix ne vos anuit :
Del faire viennent li desduit
Et ki lou fait tan soulement
Partir s'en puet ligierement ;
Car tuit li autre fait sont vuit
S'on ne.l fait aprés ou davant ;
Dont valt muelz li faires, je cuit.

III – Amis, muelz valt li acoleirs
Et li jüers et li joïrs,
Li desduires et li sentirs,
Li proiers et li esgardeirs
Que li faires et puis aleirs,
S'a faire n'est li grans loixirs ;
Car trop est doulz li demorers
Et trop est griés li departirs.

IV – Dame, moult est boens li jueirs
Et li baixiers et li gesirs,
Li desduires et li sentirs,
Li proiers et li esgardeirs ;
Sans lou faire c'est li tueirs,
C'est la racine des sospirs
Et ceu k'en amors est ameirs ;
Dont valt muelz faire et li foïrs.

V – Amis, ne tieng pais a amor
Lou tost faire ne tost aleir :
Teille amor ne fait a amer,
Car elle n'ait poent de savor.
Maix cil n'ait pais moult grant dolor

« Ami, qui a le plus de valeur :
celui qui couche toute la nuit
avec son amie à grand plaisir
mais sans accomplir son désir,
ou celui qui vient vite et vite prend
et, une fois satisfait, s'enfuit,
qui ne joue pas au reviens-y
mais qui cueille la fleur et laisse le fruit ?

– Dame, ce qu'en pense mon cœur,
je vous le dirai, si cela ne vous ennuie pas :
le plaisir vient de "le faire"
et celui qui "le fait" et rien d'autre
peut s'en aller le cœur léger ;
car toutes les autres actions sont vaines
si on ne "le fait" après ou avant ;
il vaut donc mieux "le faire", à mon avis.

– Ami, mieux vaut enlacer,
et lutiner et savourer,
s'amuser et caresser,
prier et contempler
que de "le faire" et puis s'en aller,
si pour "le faire" on n'a pas tout son temps.
Car il est très doux de rester ensemble
et très triste de se quitter.

– Dame, lutiner est agréable,
donner des baisers, se coucher,
s'amuser et caresser,
prier et contempler ;
mais sans "le faire", c'est mourir,
c'est la racine des soupirs
et c'est l'amertume en amour.
Donc mieux vaut "le faire" et puis s'enfuir.

– Ami, je ne tiens pas pour de l'amour
le fait de "le faire" vite et d'aussitôt partir :
on ne peut aimer un tel amour,
car il n'a point de saveur.
Mais celui qui peut enlacer à loisir

Ke puet a loisir acolleir,
Et baissier ait joie grignor.
En teil amor fait sen entreir.

VI – Dame, onc ne vi guerir nul jor,
Por soi deleis s'amie esteir,
Nullui ki fust navreis d'ameir,
S'on ne li fist aucun boen tor.
Teil amor semble feu en for
Ke ne s'en ait par ou aleir,
Mais enclos ait si grant chalor
C'on ne le puet desalumeir.

VII – Amis, or öeis ke je di :
Quant la bouche et li eul se paist
De la chose c'a cuer li plaist,
Dont n'en ist li feus par ici ?
– Dame, je ne di pais ensi,
Maix quant li eulz plux se refait,
Dont trait Amors a cuer son vis
Ke par loial cuer son dairt trait.

VIII « Dame, por Deu, or escouteis :
Li jeus et li gais et li ris
Averont maint home mal mis
Ke li faires ait repaisseis ;
Dont valt muelz li faires aisseis,
Tesmoing de Gauteir de Pontis,
C'an amor s'an est acordeis.
Or finons la kerelle ci. »

n'éprouve pas de grande douleur,
et il a une joie plus grande à embrasser.
Il est sage d'entrer en cette sorte d'amour.

– Dame, jamais je n'ai vu nul homme,
quand l'amour l'avait blessé,
trouver guérison auprès de son amie
sans qu'elle lui accordât quelque bon procédé.
Semblable amour, c'est du feu dans un four
qui ne sait par où s'échapper
mais qui renferme une telle chaleur
qu'on ne peut pas l'éteindre.

– Ami, écoutez ma parole :
quand la bouche et l'œil se nourrissent
de ce qui est plaisant au cœur,
n'est-ce pas par là que le feu sort ?
– Dame, je ne le pense pas,
mais tandis que l'œil se réconforte,
Amour lance au cœur son avis
car c'est dans le cœur loyal qu'il tire son dard.

« Dame, pour Dieu, écoutez-moi :
le jeu, la gaieté, les sourires
auront malmené plus d'un homme
que faire l'amour aurait rétabli ;
il vaut donc bien mieux "le faire",
j'en prends à témoin Gautier de Pontis
qui en amour a trouvé sa concorde.
Finissons là notre querelle. »

87

Chanson de jongleur

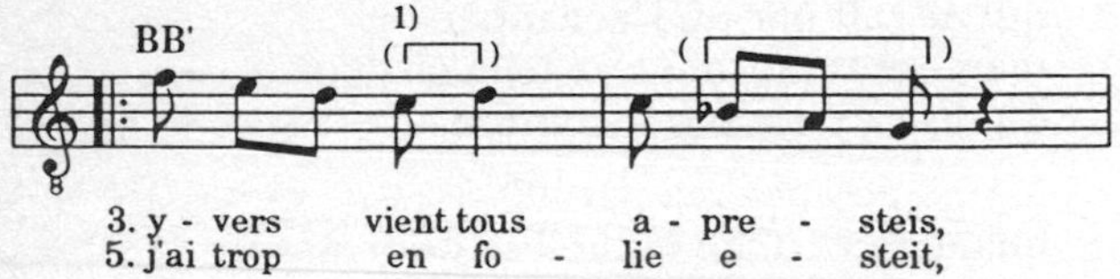

I A definement d'esteit
Lairai ma jolïeteit;
Yvers vient tous apresteis,
  Froidure repaire;
J'ai trop en folie esteit,
  Si m'an voil retraire.

II Retraire ne m'an puis mais,
Car je suis dou tout a bais;
Jeus des deis m'ont mis a baix
  Par ma ribaudie;
Or ai perdut tous mes drais
  Fors ke ma chemixe.

III Ma chemixe voirement
Si est povre garnement;
S'or vaxist ne tant ne cant,
  A geu l'euxe mize,
S'alaixe legierement
  Encontre la bixe.

IV La bixe et li autres vans
Mi guerroie mout sovent;
Per darrier et per devant
  Me pert la chair nue.

RS 436, L 265-8, MW 236
Ms. I 4:14. Sans musique (voir *infra* p. 962).

1.
2)
2.
4. froi- du - re re - pai - re;
6. si m'an voil re - trai - re.

À la fin de l'été,
je laisserai ma gaieté ;
l'hiver arrive, tout prêt,
la froidure s'installe ;
j'ai trop longtemps été fou.
Je veux m'en repentir.

M'en repentir, pourtant, je ne le puis plus,
car je suis au plus bas.
Le jeu de dés m'a jeté à terre
par ma débauche ;
j'y ai perdu tous mes habits,
sauf ma chemise.

Ma chemise, assurément,
c'est pauvre vêture,
si elle avait valu quoi que ce soit,
je l'aurais misée,
et j'irais encore plus légèrement
contre la bise.

La bise et les autres vents
me font souvent la guerre ;
par-derrière et par-devant
paraît ma peau nue.

Or mi soit Deus en aidant :
    Ma joie ai perdue.

V Ma joie et tous mes amins
Ai je perdut, lais, chaitis !
Or n'iroie an mon païs
    Por perdre la vie
Tant con je serai soupris
    De la ribaudie.

VI Rebaudie m'ait costeit
Et geteit de mon osteil ;
Les femes m'ont asoteit
    Ou je me fioie :
Cent livres m'ont bien costeit
    De bone monoie.

VII Chascun jour me covanroit
Plain un sestier de doniers ;
Se j'eüxe menoier
    Ke forgest monoie,
Il n'an savroit tant forgier
    Con j'an despandroie.

VIII J'ai plus despendut d'avoir
An folie c'an savoir ;
Ceu que me deüst valoir
    Et mettre an chivance,
Ceu ai mis en nonchaloir :
    Teille est ma jugance.

88
CHRÉTIEN DE TROYES
Chanson d'amour

I Amors tençon et bataille
Vers son champion a prise,
Que por li tant se travaille
Q'a desrainier sa franchise
A tote s'entente mise ;

Que Dieu m'assiste dorénavant :
j'ai perdu ma joie.

Ma joie et tous mes amis,
je les ai perdus, hélas, malheureux !
Je ne retournerai plus dans mon pays,
même au prix de ma vie,
tant que je sombrerai
dans la débauche.

La débauche m'a beaucoup coûté
et m'a chassé de mon logement ;
les femmes m'ont rendu sot,
qui avaient ma confiance :
elles m'ont bien coûté cent livres
de bonne monnaie.

Chaque jour il me faudrait
un plein setier de deniers ;
si j'avais un monnayeur
qui me forge de la monnaie,
il ne saurait en forger autant
que j'en dépenserais.

J'ai dépensé plus d'argent
en folie qu'en sagesse ;
tout ce qui aurait dû me valoir
et m'apporter du profit,
je l'ai négligé :
voilà mon jugement.

RS 121, L 39-1, MW 1370
Mss. U 35r-v, C 18r-v. Sans musique. Attribution dans C.

Amour a entrepris querelle et bataille
contre son champion
qui use tant sa peine pour elle
qu'il a mis tous ses soins
à défendre la liberté de sa seigneurie ;

S'est droiz q'a merci li vaille,
Mais ele tant ne lo prise
Que de s'aïe li chaille.

II Qui que por Amors m'asaille,
Senz loier et sanz faintise
Prez sui q'a l'estor m'en aille,
Que bien ai la peine aprise ;
Mais je criem q'a mon servise
Guerre et aiue li faille.
Ne quier estre en nule guise
Si frans q'en moi n'ait sa taille.

III Nuns, s'il n'est cortois et sages,
Ne puet d'Amors riens aprendre ;
Mais tels en est li usages,
Dont nus ne se seit desfendre,
Q'ele vuet l'entree vandre :
Et quels en est li passages ?
Raison li covient despandre
Et mettre mesure en gages.

IV Fols cuers legiers ne volages
Ne puet rien d'Amors aprendre.
Tels n'est pas li miens corages,
Qui sert senz merci atendre.
Ainz que m'i cudasse prendre,
Fu vers li durs et salvages ;
Or me plaist, senz raison rendre,
K'en son prou soit mes damages.

V Molt m'a chier Amors vendue
S'onor et sa seignorie,
K'a l'entreie ai despendue
Mesure et raison guerpie.
Lor consalz ne lor aiue
Ne me soit jamais rendue :
Je lor fail de compaignie,
N'i aient nule atendue.

VI D'amors ne sai nule issue,
Ne ja nus ne l'a m'en die.
Müer puet en ceste mue

c'est justice que cela lui vaille récompense,
mais Amour ne lui accorde pas assez de prix
pour se soucier de son aide.

M'attaque qui veut au nom d'Amour,
sans salaire et sans hésitation
je suis tout prêt à aller au combat
car j'ai bien appris le métier.
Mais je crains, en même temps que de mon service
de la priver de sa guerre et de son soutien.
Je ne cherche en aucune façon à être
si libre qu'Amour n'obtienne de moi son dû.

Personne, à moins d'être courtois et sage,
ne peut apprendre quelque chose d'Amour ;
mais telle est sa loi,
dont nul ne peut s'écarter :
qu'elle veut faire payer le droit d'entrée.
Et quel est le péage ?
On doit payer de sa raison
et mettre sa mesure en gage.

Un cœur fou, léger ou volage
ne peut rien apprendre d'Amour.
Mais mon cœur à moi est différent,
il sert et n'attend pas de récompense.
Avant d'imaginer que je m'y laisserais prendre,
je fus envers elle fier et sauvage ;
désormais je suis content, sans pouvoir l'expliquer,
qu'en son profit se trouve mon dommage.

Amour m'a très cher vendu
son fief et sa seigneurie
puisqu'à l'entrée j'ai dépensé
Mesure et abandonné Raison.
Que leurs conseils et leur aide
ne me soient jamais rendus :
je leur fausse compagnie,
qu'ils ne m'attendent plus.

Je ne sais nul moyen de sortir de l'amour,
et que personne ne m'en indique !
Il peut bien muer toute ma vie,

Ma plume tote ma vie,
Mes cuers n'i müerat mie ;
S'ai g' en celi m'atendue
Que je dout que ne m'ocie,
Ne por ceu cuers ne remue.

VII Se merciz ne m'en aïe
Et pitiez, qui est perdue,
Tart iert la guerre fenie
Que j'ai lonc tens maintenue.

89
BLONDEL DE NESLE
Chanson d'amour

I Cuer desirrous apaie
Douçours et confors,
Et jou d'amours veraie
Sui en baisant mors.
S'encor ne m'est autres dounez,

mon plumage, en cette cage,
mon cœur, lui, est immuable ;
j'ai mis tout mon espoir en celle
dont j'ai bien peur qu'elle ne me tue,
et pourtant mon cœur ne varie pas.

Si Pitié ne me vient en aide,
Avec Compassion qui est perdue,
la guerre se finira bien tard
que j'ai longtemps soutenue.

RS 110, L 24-8, MW 2050
Mss. M 138v, C 46r-v, T 88r, U 134v-135r (=U[1]) et 171r-v (U[2]), Z 10v-11r, a 88r-v. Musique dans MTZa. Attribution dans MTa ; attr. à Guiot de Dijon dans C.

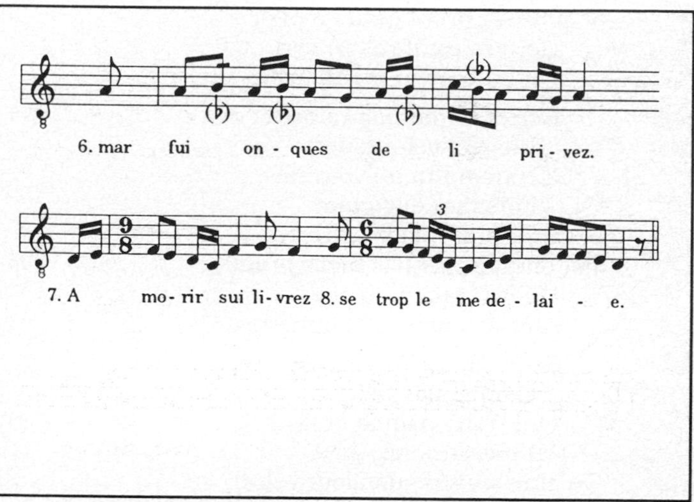
6. mar fui on - ques de li pri - vez.
7. A mo- rir sui li- vrez 8. se trop le me de - lai - e.

Un cœur plein de désir,
douceur et réconfort l'apaisent,
mais moi, par amour sincère,
je suis mort d'un baiser.
Si un autre encore ne m'est pas accordé,

Mar fui onques de li privez.
A morir sui livrez
Se trop le me delaie.

II Privez baisiers est plaie
D'amours dedenz cors;
Mout m'angoisse et esmaie,
Si ne pert dehors.
Ha, las! pour quoi m'en sui vantez,
Quant ne m'en puet venir santez
Se ce dont sui navrez
Ma bouche ne rassaie?

III Amours, vous me feïstes
Mon fin cuer trichier,
Qui tel savour meïstes
En son douz baisier.
A morir li avez apris
Se pluz n'i prent qu'il i a pris,
Dont m'est il [bien] avis
Qu'en baisant me trahistes.

IV Certes, mout m'atraisistes
Juene a cel mestier,
N'ainc nului n'i vousistes
Fors moi engignier.
Je suis li plus loiauz amis
Cui onques fust nus biens pramis.
Hé las! tant ai je pis!
Amours, mar me nourristes.

V Se je Dieu tant amaisse
Com je fais celi
Qui si me painne et lasse,
J'eüsse merci;
Qu'ainc amis de meilleur voloir
Ne la servi pour joie avoir
Com je fais tout pour voir
Sanz merite et sanz grasse.

VI Se de faus cuer proiaisse
(Dont je ne la pri),
Espoir je recouvraisse,

j'eus pour mon malheur ce moment d'intimité.
Je suis livré à la mort
si elle me le diffère trop.

Un baiser dans l'intimité est une plaie
que fait Amour dedans le corps ;
j'éprouve de l'angoisse et de l'émoi,
pourtant rien n'y paraît au dehors.
Hélas ! pourquoi m'en suis-je vanté
quand je ne peux revenir à la santé
si ma bouche ne goûte de nouveau
ce qui m'a blessé ?

Amour, vous m'avez fait
tromper mon amoureux cœur,
vous qui aviez mis une telle saveur
en son doux baiser.
Vous lui avez appris à mourir
s'il n'y prend plus que ce qu'il y a pris,
c'est bien pourquoi j'ai l'impression
que par ce baiser vous m'avez trahi.

Certes, vous m'avez entraîné
bien jeune dans cette dépendance,
et vous n'avez voulu abuser
personne d'autre que moi.
Je suis le plus loyal des amis
auxquels fût jamais bonheur promis.
Hélas ! et j'en souffre d'autant plus !
Amour, vous m'avez élevé pour mon malheur.

Si j'aimais autant Dieu
que j'aime celle
qui me torture et m'épuise tant,
j'obtiendrais sa pitié ;
jamais ami de meilleure volonté
ne la servit pour avoir la joie
comme je le fais en vérité
sans récompense, sans faveur.

Si je la priais d'un cœur hypocrite
(ce que je ne fais pas),
peut-être recouvrirais-je la santé,

Maiz n'est mie einsi ;
Ne ja Dieus ne me doint voloir
De li deçoivre sanz doloir.
Ce me tient en espoir :
Qu'Amours blece et respasse.

90
BLONDEL DE NESLE
Chanson d'amour

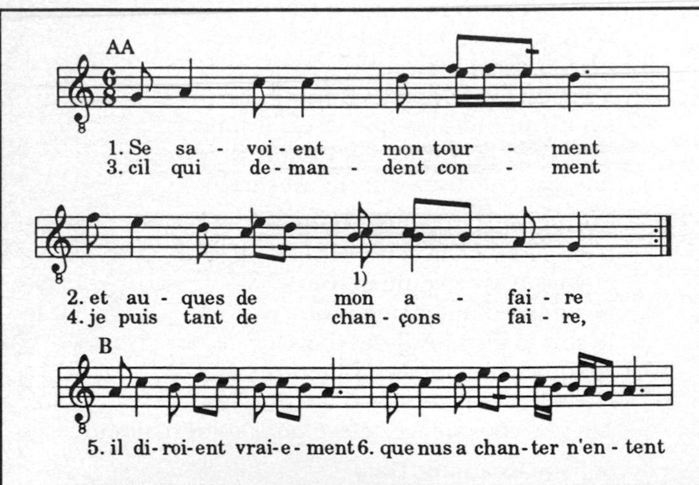
AA
1. Se sa - voi - ent mon tour - ment
3. cil qui de - man - dent con - ment
1)
2. et au - ques de mon a - fai - re
4. je puis tant de chan - çons fai - re,
B
5. il di - roi - ent vrai - e - ment 6. que nus a chan - ter n'en - tent

I Se savoient mon tourment
Et auques de mon afaire
Cil qui demandent conment
Je puis tant de chançons faire,
Il diroient vraiement
Que nus a chanter n'entent
Qui mieuz s'en deüst retraire ;
Maiz pour ce chant seulement
Que je muir pluz doucement.

mais il n'en va pas ainsi.
Que jamais Dieu ne me donne l'envie
de la tromper sans souffrir.
Ce qui me fait garder l'espoir,
c'est qu'Amour blesse et guérit.

RS 742, L 104-1, MW 633
Mss. M 143v, K 119, N 45v, P 45r-v, T 92v, U 38v-39r, V 72r-v, X 83v-84r. Musique dans tous les mss. sauf U. Attribution dans tous les mss. sauf UV.

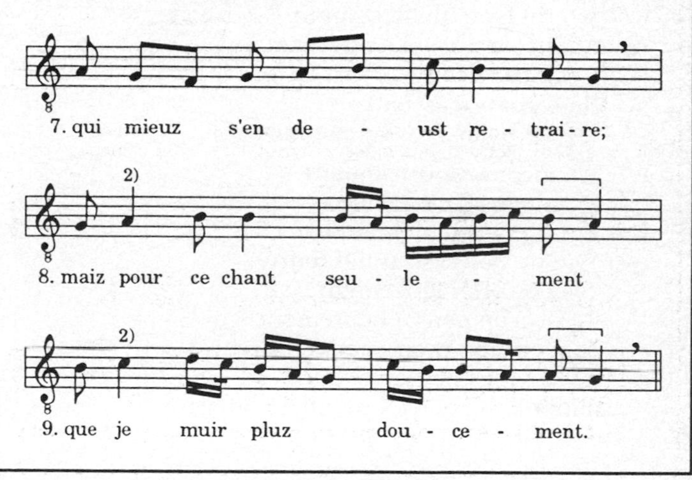
7. qui mieuz s'en de - ust re - trai - re;
2)
8. maiz pour ce chant seu - le - ment
2)
9. que je muir pluz dou - ce - ment.

S'ils connaissaient mon tourment
et un peu mes sentiments
ceux qui demandent comment
je peux composer tant de chansons,
ils diraient en vérité
que de tous ceux qui s'occupent de chanter
aucun ne devrait plus s'en abstenir.
Mais je chante pour une unique raison :
c'est que j'en meurs plus doucement.

II Trop par me grieve forment
Que cele est si debonaire
Qui tant de dolour me rent
Ce qu'a tout le mont doit plaire ;
Maiz ne me grevast nïent,
Se la tres bele au cors gent
Me feïst touz ces maus traire.
Maiz ce m'ocit vraiement
Qu'el ne set que pour li sent.

III Se seüst certeinnement
Mon martire et mon contraire
Cele por qui je consent
Que l'amour me tient et maire,
Je croi bien qu'alegement
M'envoiast procheinnement ;
Quar par droit le deüst faire,
Se reguars a escïent
De ses biaux ieus ne me ment.

IV Chançons, va isnelement
A la bele au cler viaire,
Si li di tant seulement :
Qui de bons est, souëf flaire.
Ne l'os prïer autrement,
Quar trop pensai hautement,
Si n'en puis mon cuer retraire.
Et se pitiez ne l'en prent,
Blondiaus muert, que pluz n'atent.

Cela me blesse trop fort
que ma dame qui me cause
tant de douleur soit si noble,
qualité qui doit plaire à tous ;
je n'en éprouverais toutefois nulle peine
si la très belle au corps gracieux
me faisait endurer tout ce mal.
Ce qui me tue en vérité,
c'est qu'elle ignore ce que je ressens pour elle.

Si elle connaissait assurément
mon martyre et ma douleur,
celle pour qui j'accepte
que l'amour me possède et me gouverne
je crois bien que prochainement
elle m'octroierait un adoucissement ;
car ce serait justice de le faire,
à moins que volontairement le regard
de ses beaux yeux ne soit menteur.

Chanson, va vite
à la belle au clair visage
et dis-lui simplement ceci :
Qui est de bonne souche fleure bon.
Je n'ose lui faire autrement ma prière,
car j'ai placé trop haut ma pensée,
et je n'en peux pourtant retirer mon cœur.
S'il ne lui en prend pitié,
Blondel meurt et n'attend rien de plus.

91
BLONDEL DE NESLE
Chanson d'amour

a
1. En tous tans que ven - te bi - se,
2. pour ce - le dont sui sou - pris,
a
3. qui n'est pas de moi sou - pri - se,
4. de - vient mes cuers noirs et bis.

I En tous tans que vente bise,
Pour cele dont sui soupris,
Qui n'est pas de moi souprise,
Devient mes cuers noirs et bis.
De fine amour l'ai requise,
Qui cuer et cors m'a espris,
Et, s'ele n'en est esprise,
Pour mon grant mal la requis.

II Mais la doleurs me devise
Qu'a la meilleur me sui pris
Qui ainc fust en cest mont prise,
Se j'estoie a son devis.
Tort a mon cuer qui s'en prise,

RS 1618, L 24-10, MW 757
Mss. M 140r, T 89r-v. Musique dans les deux mss. Attribution dans les deux mss.

5. De fine a - mour l'ai re - qui - se,
6. qui cuer et cors m'a es - pris,
7. et, s'e - le n'en est es - pri - se,
8. pour mon grant mal la re - quis.

En tout temps où vente la bise,
pour celle dont l'amour m'a surpris
mais qui n'est pas du mien surprise,
mon cœur devient noir et bis.
Au nom de Parfait Amour je l'ai requise,
moi dont elle a épris cœur et corps,
mais si elle n'est pas de son côté éprise,
c'est pour mon malheur que je la requis.

Mais ma douleur me raconte
que je me suis attaché à la meilleure
qu'on pourrait choisir en ce monde,
si seulement j'étais à son gré.
Mon cœur a tort de s'en estimer

Quar ne sui pas si eslis
S'ele eslit, qu'ele m'eslise !
Trop seroie de haut pris.

III Et nequedent destinee
Doune a la gent maint pensé :
Tost i metra sa pensee
S'amours li a destiné.
Je vi ja tel dame amee
D'ome de bas parenté
Qui mieuz ert emparentee,
Et si l'avoit bien amé.

IV Pour c' est drois, s'Amours m'agree,
Que mon cuer li ai douné.
Se s'amour ne m'a dounee,
Tant la servirai a gré,
S'il plaist a la desirree,
Que un baisier a celé
Avrai de li a celee,
Que tant ai desirré.

car je ne suis pas si remarquable.
Si elle choisit, qu'elle me remarque !
j'en serais de valeur bien plus estimable.

Et pourtant la destinée
donne aux gens bien des pensées.
Elle y mettra tôt son penser
si Amour lui a fixé ce destin.
Jadis j'ai vu une dame aimée
d'un homme assez bas apparenté.
Elle avait plus haute parenté
et néanmoins elle l'avait bien aimé.

C'est donc justice si Amour m'agrée,
car je lui ai donné mon cœur.
Même si elle ne m'a pas donné son amour,
je la servirai si longtemps selon son gré
que, s'il plaît à ma dame désirée,
un baiser secrètement
j'obtiendrai d'elle en secret,
comme je l'ai tant désiré.

92

CONON DE BÉTHUNE

Chanson de croisade

AA
1. A - hi, A - mours! com du- re de- par- ti - e
3. qui on- ques fust a- me- e ne ser- vi - e!
1)
2. me con- ven- dra fai- re de la meil - lour
4. Deus me re - maint a li par sa dou - çour

I Ahi, Amours ! com dure departie
Me convendra faire de la meillour
Qui onques fust amee ne servie !
Deus me ramaint a li par sa douçour
Si voirement que m'en part a dolour.
Las ! qu'ai je dit ? Ja ne m'en part je mie !
Se li cors vait servir nostre Seignour,
Li cuers remaint du tout en sa baillie.

II Pour li m'en vois souspirant en Surie,
Quar je ne doi faillir mon Creatour.
Qui li faudra a cest besoing d'aïe,
Sachiez que il li faudra a greignour ;
Et sachent bien li grant et li menour
Que la doit on faire chevalerie
U on conquiert paradis et honour
Et pris et los et l'amour de s'amie.

III Qui ci ne veut avoir vie anuieuse
Si voist pour Dieu morir liez et joieus,

RS 1125, L 50-1, MW 1347

Mss. M 46v-47r, C 1v-2r, H 227r-v, K 93-94, N 39r-v, O 90v-91r, P 29v-30r-v, R 40r-v, T 100r-v, V 74r-v, X 67v-68r, a 23v-24r, za 14. Aussi dans x : fragment de Stuttgart, maintenant perdu, publié par F.-J. Mone dans *Anzeiger für Kunde der teutschen Vorzeit* 7 (1838), 411, et dans y : Rome, Bibl. Vaticana, lat. 3208, 54r. Musique dans tous les mss. sauf CHzaxy. Attribution dans CMRTax ; attr. au Châtelain de Coucy dans KNPX.

Ah, Amour ! quelle dure séparation
il me faudra faire de la meilleure
qui fût jamais aimée et servie !
Que Dieu en sa douceur me ramène à elle,
aussi vrai que je la quitte dans la douleur.
Hélas ! qu'ai-je dit ? Je ne la quitte pas !
Si le corps s'en va servir Notre-Seigneur,
le cœur demeure entier en son pouvoir.

Pour elle, c'est en soupirant que je m'en vais en [Syrie,
car je ne dois pas manquer à mon Créateur.
Celui qui manquera à L'aider en ce besoin,
sachez-le, il manquera d'une aide bien plus [grande ;
qu'ils le sachent, les grands et les humbles,
c'est là qu'on doit agir en chevalier :
là où se conquièrent le paradis, l'honneur,
la valeur, la gloire et l'amour de son amie.

Celui qui ne veut pas vivre ici une vie pénible,
qu'il aille mourir pour Dieu dans la joie et la liesse,

Que cele mors est douce et savereuse
Dont on conquiert le regne precïeus;
Ne ja de mort nen i morra uns seus,
Ainz naistront tuit en vie glorïeuse;
Et sachiez bien : qui ne fust amereus,
Mout fust la voie et bone et deliteuse.

IV Deus ! tant avom esté preu par huiseuse !
Or i parra qui a certes iert preus;
S'irom vengier la honte dolereuse
Dont chascuns doit estre iriez et honteus,
Quar a no tanz est perduz li sains lieus
U Dieus soufri pour nous mort angoisseuse;
S'or i laissom nos anemis morteus,
A tous jours maiz iert no vie honteuse.

V Dieus est assis en son saint hiretage;
Or i parra com cil le secourront
Cui il jeta de la prison ombrage
Quant il fu mors en la crois que Turc ont.
Sachiez, cil sunt trop honi qui n'iront,
S'il n'ont poverte u vieillece u malage;
Et cil qui sain et joene et riche sunt
Ne pueënt pas demorer sanz hontage.

VI Touz li clergiez et li home d'aage
Qui en aumosne et en bienfais manront
Partiront tuit a cest pelerinage –
Et les dames qui chastement vivront
Et loiauté portent ceus qui iront;
Et s'eles font par mal conseill folage,
A lasches gens mauvaises le feront,
Quar tuit li bon iront en cest voiage.

VII Las ! je m'en vois plorant des euz du front
La ou Deus veut amender mon corage,
Et sachiez bien qu'a la meillour du mont
Penserai plus que ne faz au voiage.

car c'est une mort douce et savoureuse,
celle dont on conquiert le royaume précieux.
D'ailleurs pas un seul n'y mourra de mort,
mais tous ils y naîtront à la vie glorieuse ;
oui, sachez-le : s'il n'y avait pas l'amour,
cette voie serait bonne et délicieuse.

Dieu ! nous avons si souvent fait prouesse inutile !
Maintenant on verra qui est un preux véritable ;
nous irons venger la disgrâce douloureuse
dont chacun doit être irrité et honteux,
car aujourd'hui est perdu le saint Lieu
où Dieu souffrit pour nous l'angoisse de la mort ;
si nous y laissons nos ennemis mortels,
notre vie en sera pleine de honte à jamais.

Dieu est assiégé en son saint héritage ;
on verra bien comment ils Le secourront,
ceux qu'Il jeta de la prison ténébreuse
lorsqu'Il mourut sur la croix que les Turcs ont
[prise.
Sachez-le : déshonneur à qui n'ira pas là-bas,
si ce n'est les pauvres, les vieillards, les malades ;
mais ceux qui sont sains, jeunes et riches,
ne peuvent rester ici sans honte.

Tous les clercs et les hommes de grand âge
qui resteront, faisant aumônes et bienfaits,
auront part, tous, à ce pèlerinage,
ainsi que les dames qui vivront chastement
et garderont leur loyauté à ceux qui s'en iront.
Et si, mal conseillées, elles font une folie,
elles l'accompliront avec des lâches
car les gens de bien seront tous de ce voyage.

Hélas ! je m'en vais, pleurant des yeux du front,
là où Dieu veut amender mon cœur,
et sachez-le bien, à la meilleure du monde
je penserai plus que je ne fais au voyage.

93

CONON DE BÉTHUNE

Chanson d'amour

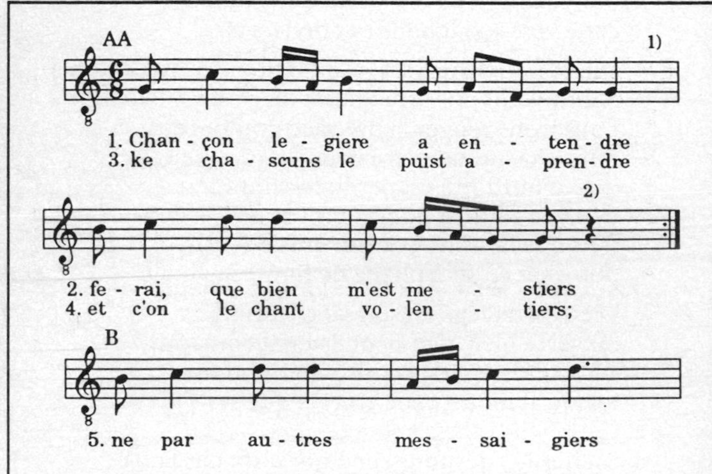
AA
1)
1. Chan - çon le - giere a en - ten - dre
3. ke cha - scuns le puist a - pren - dre
2)
2. fe - rai, que bien m'est me - stiers
4. et c'on le chant vo - len - tiers;
B
5. ne par au - tres mes - sai - giers

I Chançon legiere a entendre
Ferai, que bien m'est mestiers
Ke chascuns le puist aprendre
Et c'on le chant volentiers;
Ne par autres messaigiers
N'iert ja ma dolors mostree
A la millor ki soit nee.

II Tant est sa valors doblee
C'orgeus et hardemans fiers
Seroit se ja ma pensee
Li descovroie premiers;
Mais besoins et desiriers
Et çou c'on ne puet atendre
Fait maint hardement emprendre.

III Tant ai celé mon martire
Tos jors a tote la gent
Ke bien le devroie dire

RS 629, L 50-5, MW 1666
Mss. T 101r-v, R 10r-v, e n° 8. Musique dans TR. Attribution dans TR.

Une chanson facile à comprendre
je vais composer car j'en ai bien besoin
pour que chacun puisse l'apprendre
et qu'on la chante volontiers ;
par nul autre messager
jamais ne sera ma douleur révélée
à la meilleure qui soit née.

Sa valeur est si redoublée
que ce serait orgueil et fière hardiesse
d'oser quelque jour le premier
lui découvrir ma pensée.
Mais le besoin et le désir,
et la difficulté d'attendre
font entreprendre bien des hardiesses.

J'ai si longtemps caché mon martyre
chaque jour à tout un chacun
que je devrais bien le dire

A ma dame solement,
K'Amors ne li dist noient;
Neporquant s'ele m'oblie,
Ne l'oublïerai je mie.

IV Por quant, se je n'ai aïe
De li et retenement,
Bien fera et cortoisie
S'aucune pitiés l'em prent.
Au descovrir mon talent
Se gart bien de l'escondire,
S'ele ne me velt ochirre.

V Fols sui, ki ne li ai dite
Ma dolors ki est si grans.
Bien deüst estre petite
Par droit, tant sui fins amans;
Mais je sui si meschaans
Ke quanques drois m'i avance,
Me retaut ma mescheance.

VI Tous i morrai en soffrance,
Mais sa beautés m'est garans,
De ma dame, et la samblance
Ki tos mes maus fait plaisans,
Si ke je muir tous joians,
Ke tant desir sa merite
Ke ceste mors me delite.

VII Noblet, je sui fins amans,
Si ai la millor eslite
Dont onques cançons fu dite.

à ma dame seulement,
puisqu'Amour ne le lui dit nullement ;
et pourtant si elle m'oublie,
moi, je ne l'oublierai pas.

C'est pourquoi, même si je n'obtiens de sa part
ni aide ni geste pour me retenir,
elle agira bien et par courtoisie
si quelque compassion la saisit.
Quand je lui découvrirai mon désir,
qu'elle se garde de me rejeter,
si elle ne veut pas me tuer.

Je suis fou de ne pas lui avoir déclaré
ma douleur qui est si grande.
Elle devrait plutôt être petite
en toute justice, tant je suis fin amant ;
mais je suis si malchanceux
que tout avantage que me donne le droit,
ma malchance me le reprend.

Je mourrai dans la souffrance,
mais je trouve un garant en la beauté
de ma dame et en son apparence
qui me rend plaisants tous mes maux,
si bien que je meurs joyeux
car je désire tant sa récompense
qu'une telle mort m'est un délice.

Noblet, je suis un amant sincère,
et j'ai choisi la meilleure
que chanson ait jamais chantée.

94
CONON DE BÉTHUNE
Débat

I Ce fut l'autrier en un autre païs
Q'uns chevaliers ot une dame amee.
Tant com la dame fu en son bon pris,
Li a s'amor escondite et veee,
Jusqu'a un jor qu'ele li dist : « Amis,
Mené vous ai par parole mains dis ;
Ore est l'amour coneüe et donee :
Des or mes sui tout a vostre devis. »

II Li chevaliers la regarda el vis,
Si la vit mult pale et descoloree.
« Par Dieu, dame, mort sui et entrepris
Quant des l'autrier ne soi ceste pensee.
Li vostre vis, qui senbloit flor de lis,
M'est si torné du tout de mal en pis
Ce m'est avis que me soiez enblee.
A tart avez, dame, cest conseil pris. »

RS 1574, L 50-6, MW 626
Mss. K 226, C 98r-v, H 229r-v, I 1:14, M 45r, N 109v-110r, O 74v-75r, P 152r v, T 98v-99r, U 136v-137r. Musique dans KMNOPT. Attribution dans CMT ; attr. à Richard de Fournival dans KN.

b'
[7]
6. me - né vous ai par pa - ro - le mains dis;
b
7. ore est l'a - mor co - ne - ue et do - ne - e:
b"
8. Des or mes sui tout a vo - stre de - vis."

Il y a peu de temps, en un autre pays,
il était un chevalier qui avait aimé une dame.
Tant qu'elle fut de bon aloi,
elle lui refusa son amour et le repoussa,
et puis un jour, elle lui dit : « Ami,
je vous ai bercé de paroles bien des fois ;
maintenant, je reconnais et j'accorde mon amour :
me voilà désormais toute à votre vouloir. »

Le chevalier regarda son visage,
il le vit fort pâle et sans couleur.
« Par Dieu, dame, je suis mort et malade
de ne pas avoir su naguère ces dispositions.
Votre visage qui semblait fleur de lis
est si changé de mal en pis
que je crois bien que vous m'avez été volée.
Vous avez, dame, pris bien tard votre décision. »

III Quant la dame s'oï si ramponer,
Grant duel en ot, si dist par felonnie :
« Danz chevaliers, on vous doit bien gaber.
Cuidiez vous donc qu'a certes le vous die ?
Nenil, certes, onc ne l'oi en penser !
Voulez vous donc dame de pris amer ?
Nenil, certes, ainz avrïez envie
D'un biau vallet besier et acoler.

IV – Dame, fet il, j'ai bien oï parler
De vostre pris, mes ce n'est ore mie ;
Et de Troie ai je oï conter
Qu'ele fu ja de mult grant seignorie :
Or n'i puet on fors les places trouver.
Par tel reson vous lo a escuser
Que cil soient reté de l'yresie
Qui des or mes ne vous voudront amer.

V – Danz chevaliers, mar i avez gardé
Quant vous avez reprouvé mon aage.
Se j'avoie tout mon jouvent usé,
Si sui je tant bele et de haut parage
Qu'on m'ameroit a mult pou de biauté,
Qu'oncor n'a pas, ce cuit, un mois passé
Que li Marchis m'envoia son mesage
Et li Barrois a pour m'amor ploré.

VI – Dame, fait il, ce vous a molt grevé
Que vous fïez en vostre seignorage ;
Mes tel set ont ja pour vouz sospiré,
Se vous estiés fille au roi de Cartage,
Qui ja mes jour n'en aront volonté.
On n'aimme paz dame pour parenté,
Maiz quant ele est bele et cortoise et sage.
Vouz en savroiz par tanz la verité. »

Quand la dame s'entendit ainsi moquer,
elle fut fort en colère et dit par perfidie :
« Seigneur chevalier, on doit bien rire de vous.
Vous avez cru vraiment que j'étais sincère en
[parlant ?
Que non, certes, ça ne m'est jamais venu à l'esprit !
Voulez-vous donc aimer une dame de valeur ?
Que non, certes, vous préféreriez plutôt
les baisers et l'étreinte d'un beau jeune homme.

– Dame, fait-il, j'ai entendu parler, c'est vrai,
de votre réputation, mais c'était autrefois ;
j'ai entendu aussi parler de Troie
qui fut jadis une ville de grande puissance :
mais on n'en peut plus trouver que
[l'emplacement.
C'est pour cette raison que je vous conseille
que soient accusés d'hérésie [d'éviter
ceux qui ne voudront plus vous aimer.

– Seigneur chevalier, vous avez mal parlé
quand vous avez mis mon âge en cause.
Même si j'avais usé toute ma jeunesse,
néanmoins je suis belle et de si haut parage
qu'on m'aimerait avec peu de beauté,
car il n'y a pas un mois, je crois,
que le Marquis m'envoya son messager
et le Barrois a pleuré pour l'amour de moi.

– Dame, dit-il, ça ne vous a pas réussi
de vous fier à votre puissance ;
mais bon nombre ont soupiré pour vous
qui, fussiez-vous fille du roi de Carthage,
n'en auront plus jamais le désir.
On n'aime pas une dame pour son lignage,
mais parce qu'elle est belle et courtoise et sage.
Vous en sentirez encore la vérité. »

95

RICHARD CŒUR DE LION

Chanson historique

Rotrouenge

AA
1)
v. 19
1. Ja nus hons pris ne di - ra sa rai - son
3. mais par ef - fort puet il fai - re chan - çon.
vv. 10,22,28
2. a - droi - te - ment, se do - lan - te - ment non;
4. Mout ai a - mis, mais po - vre sont li don;

I Ja nus hons pris ne dira sa raison
Adroitement, se dolantement non ;
Mais par effort puet il faire chançon.
Mout ai amis, mais povre sont li don ;
Honte i avront se por ma reançon
Sui ça deus yvers *pris.*

II Ce sevent bien mi home et mi baron –
Ynglois, Normant, Poitevin et Gascon –
Que je n'ai nul si povre compaignon
Que je lessaisse por avoir en prison ;
Je nou di mie por nule retraçon,
Mais encore sui [je] *pris.*

III Or sai je bien de voir certeinnement
Que morz ne pris n'a ami ne parent,
Quant on me faut por or ne por argent.
Mout m'est de moi, mes plus m'est de ma gent,
Qu'aprés ma mort avront reprochement
Se longuement sui *pris.*

RS 1891, L 241-2, MW 42, B 1928
Mss. O 62v-63r, C 103v-104r, K 392-393, N 180r-v, U 104v-105r, X 252r-v, za I. Musique dans KNOX. Attribution dans C.

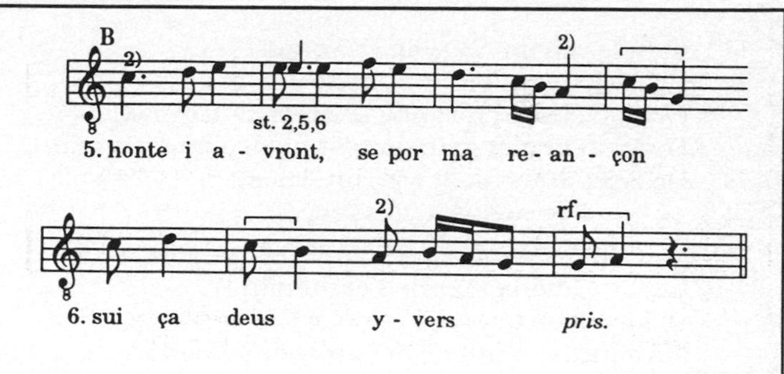

Jamais un prisonnier ne dira son propos
adroitement et sans tristesse ;
mais il peut avec peine composer une chanson.
J'ai beaucoup d'amis mais leurs dons sont pauvres ;
la honte retombera sur eux si pour voir réunie ma [rançon
je suis deux hivers durant *prisonnier.*

Mes hommes et mes barons le savent bien –
Anglais, Normands, Poitevins et Gascons –,
je n'ai nul compagnon, si pauvre fût-il,
que j'aurais laissé en prison pour une question [d'argent ;
je ne le dis pas par manière de reproche,
mais je suis encore *prisonnier.*

Maintenant qu'on me fait défaut pour or ou [argent,
je sais bien certainement
que mort ou prisonnier, on n'a plus ami ni parent.
J'en souffre pour moi, encore plus pour ma gent,
car c'est elle qui sera blâmée après ma mort
si je reste longtemps *prisonnier.*

IV N'est pas mervoille se j'ai le cuer dolant,
Quant mes sires met ma terre en torment.
S'il li membrast de nostre soirement
Que nos feïsmes andui communement,
Je sai de voir que ja trop longuement
Ne seroie ça *pris.*

V Ce sevent bien Angevin et Torain –
Cil bacheler qui or sont riche et sain –
Qu'encombrez sui loing d'aus en autre main.
Forment m'amoient, mais or ne m'ainment grain.
De beles armes sont ore vuit li plain,
Por ce que je suis *pris.*

VI Mes compaignons que j'amoie et que j'ain –
Ces de Cahen et ces de Percherain –
Di lor, chançon, qu'il ne sunt pas certain,
C'onques vers aus ne oi faus cuer ne vain ;
S'il me guerroient, il feront que vilain
Tant con je serai *pris.*

VII Contesse suer, vostre pris soverain
Vos saut et gart cil a cui je m'en clain
Et por cui je sui *pris.*

VIII Je ne di mie a cele de Chartain,
La mere Loëÿs.

Rien d'étonnant si j'ai le cœur dolent
quand mon seigneur met ma terre au tourment.
S'il lui souvenait de notre serment
que nous nous jurâmes l'un l'autre d'une seule
je sais assurément que jamais si longtemps [voix,
je ne serais *prisonnier.*

Ils le savent bien, ceux d'Anjou et de Touraine,
ces jeunes gens pour l'heure riches et sains,
je suis retenu loin d'eux en d'autres mains.
Ils m'aimaient fort, mais ils ne m'aiment plus
[autant.
De belles armes les plaines sont toutes vides
parce que je suis *prisonnier.*

Mes compagnons que j'aimais et que j'aime,
ceux de Caen et ceux du Perche,
dis-leur, chanson, qu'ils ne sont pas dignes de
[confiance,
car je n'eus à leur égard jamais le cœur faux ou
S'ils me combattent, ils agiront en vilains [vide.
tant que je serai *prisonnier.*

Sœur Comtesse, que vous conserve et vous garde
votre haute valeur Celui à qui je fais appel
et pour qui je suis *prisonnier.*

Je ne le dis certes pas pour celle de Chartres,
la mère de Louis.

96

LE CHÂTELAIN DE COUCY

Chanson de croisade

Chanson d'amour

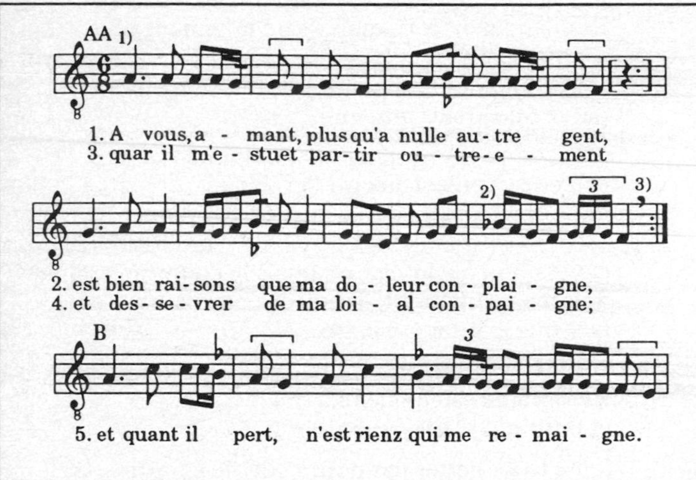
AA 1)
1. A vous, a - mant, plus qu'a nulle au - tre gent,
3. quar il m'e - stuet par - tir ou - tre - e - ment
2) 3 3)
2. est bien rai - sons que ma do - leur con - plai - gne,
4. et des - se - vrer de ma loi - al con - pai - gne;
B
3
5. et quant il pert, n'est rienz qui me re - mai - gne.

I A vous, amant, plus qu'a nulle autre gent,
Est bien raisons que ma doleur conplaigne,
Quar il m'estuet partir outreement
Et dessevrer de ma loial conpaigne ; *4*
Et quant li pert, n'est rienz qui me remaigne.
Et sachiez bien, Amours, seürement,
S'ainc nuls morut pour avoir cuer dolent,
Donc n'iert par moi maiz meüs vers ne laiz. *8*

II Biauz sire Dieus, qu'iert il dont, et conment ?
Convenra m' il qu'en la fin congié praigne ?
Oïl, par Dieu, ne puet estre autrement :

RS 679, L 38-1, MW 1228
Mss. M 52v-53r, A 153r-v, C 17v-18r, K 107-108, O 4v-5r, P 39r-v-40r, R 119r-v, T 155r, U 19v-20r, V 80r, X 76v-77r. Aussi dans le *Roman du Castelain de Couci et de la Dame de Fayel*, éd. M. Delbouille (Paris, 1936), p. 238. La strophe III se trouve aussi dans Gerbert de Montreuil, *Roman de la Violette, ou de Gerart de Nevers*, éd. D.L. Buffum (Paris, 1928), p. 184 ; et dans *La Chastelaine de Vergi*,, éd. G. Raynaud-L. Foulet (Paris, 1921), p. 10 ; éd. F. Whitehead (Manchester, 1944), p. 8. Musique dans tous les mss. sauf C. Attribution dans CKPTX.

4)
6. Et sa - chiez bien, A - mours, se - u - re - ment,
3
7. s'ainc nuls mo - rut pour a - voir cuer do - lent,
4)
8. donc n'iert par moi maiz me - us vers ne laiz.

À vous, amants, plus qu'à personne d'autre,
il est bien juste que je me plaigne de ma peine,
alors qu'il me faut partir au loin
et me séparer de ma loyale compagne ;
quand je la perds, il ne me reste rien.
Sachez-le bien, Amour, assurément,
si quelqu'un est jamais mort pour avoir le cœur [triste,
jamais par moi ne sera plus composé vers ni lai.

Seigneur Dieu, qu'adviendra-t-il et qu'en sera-t-il ?
Faudra-t-il à la fin que je prenne congé d'elle ?
Oui, par Dieu, il n'en peut être autrement :

Sanz li m'estuet aler en terre estraigne.
Or ne cuit maiz que granz maus me souffraigne,
Quant de li n'ai confort n'alegement
Ne de nule autre amour joie n'atent
Fors que de li – ne sai se c'iert jamaiz.

III Biauz sire Dieus, qu'iert il du consirrer
Du grant soulaz et de la conpaignie
Et de l'amour que me soloit moustrer
Cele qui m'ert dame, conpaigne, amie ?
Et quant recort sa simple courtoisie
Et les douz moz que seut a moi parler,
Conment me puet li cuers u cors durer ?
Quant ne s'en part, certes il est mauvaiz.

IV Ne me vout pas Dieus pour neiant doner
Touz les soulaz qu'ai eüs en ma vie,
Ainz les me fet chierement conparer ;
S'ai grant poour cist loiers ne m'ocie.
Merci, Amours ! S'ainc Dieus fist vilenie,
Con vilainz fait bone amour dessevrer ;
Ne je ne puiz l'amour de moi oster,
Et si m'estuet que je ma dame lais.

V Or seront lié li faus losengeour,
Qui tant pesoit des biens qu'avoir soloie ;
Maiz ja de ce n'iere pelerins jour
Que ja vers iauz bone volenté aie.
Pour tant porrai perdre toute ma voie,
Quar tant m'ont fait de mal li trahitour,
Se Dieus voloit qu'il eüssent m'amour,
Ne me porroit chargier pluz pesant faiz.

VI Je m'en voiz, dame. A Dieu le creatour
Conmant vo cors, en quel lieu que je soie.
Ne sai se ja verroiz mais mon retour ;
Aventure est que jamaiz vous revoie.
Pour Dieu vos pri, quel part que li cors traie,

sans elle, il me faut aller en terre étrangère ;
désormais je crois que les grandes peines ne me
[manqueront pas,
puisque je n'ai d'elle ni réconfort ni apaisement
et que je n'attends de personne la joie d'amour
si ce n'est d'elle, et je ne sais si cela sera jamais.

Seigneur Dieu, qu'en sera-t-il dans l'absence
du réconfort, de la compagnie
et de l'amour qui me venaient
de celle qui était ma dame, ma compagne, mon
Quand je me rappelle sa douce courtoisie [amie ?
et les tendres mots qu'elle savait me dire,
comment mon cœur peut-il rester dans mon
[corps ?
S'il ne s'en sépare pas, il est certes mauvais.

Dieu n'a pas voulu me donner pour rien
toutes les délices que j'ai eues en ma vie,
maintenant il me les fait cher payer ;
j'ai grand-peur que le prix demandé ne me tue.
Pitié, Amour ! Si Dieu fit jamais acte de vilain,
c'est en vilain qu'il rompt un bon amour.
Moi, je ne puis m'ôter l'amour du cœur
et pourtant il faut que je laisse ma dame.

Désormais seront contents les hypocrites
[médisants
à qui les biens dont je jouissais pesaient tant ;
mais je ne serai jamais assez pèlerin
pour avoir à leur égard de bonnes intentions.
Même si je devais y perdre le profit du voyage,
les traîtres m'ont fait tant de mal
que si Dieu voulait que je les aime,
il ne pourrait me charger d'un plus pesant
[fardeau.

Je m'en vais, ma dame. À Dieu le Créateur
je vous recommande où que je me trouve.
Je ne sais si vous verrez jamais mon retour ;
il est possible que je ne vous revoie jamais.
Mais je vous prie, pour Dieu, où que nous soyons,

Que nos convens tenez, viegne u demour,
Et je pri Dieu qu'ensi me doint honour
Con je vous ai esté amis verais.

97
LE CHÂTELAIN DE COUCY
Chanson d'amour

I Li nouviauz tanz et mais et violete
Et lousseignolz me semont de chanter,
Et mes fins cuers me fait d'une amourete
Si douz present que ne l'os refuser.
Or me lait Dieus en tele honeur monter

d'honorer notre engagement, que je revienne ou
[demeure,
et je prie Dieu de m'accorder autant d'honneur
que je vous ai été un ami sincère.

RS 985 (=986), L 38-9, MW 1507
Mss. M 53v-54r, A 155r, C 125v-126r, K 95-96, L 62v-63r, O 73v-74r, P 30v-31r, R 129-130r, T 155v-156r, U 38r-v, V 75r-v, X 69r-v, a 13v-14r. La strophe I se trouve aussi dans le *Roman du Castelain de Couci et de la Dame de Fayel*, éd. M. Delbouille (Paris, 1936), p. 227 ; et dans Jean Renart, *Roman de la Rose, ou de Guillaume de Dole*, éd. G. Servois (Paris, 1893), p. 29 ; éd. R. Lejeune (Paris, 1936), p. 22 ; éd. F. Lecoy (Paris, 1962), p. 29. Musique dans tous les mss. sauf C ; incomplète dans U. Attribution dans MAKPTXa ; attr. à « Muse en Borse » dans C.

6. que cele u j'ai mon cuer et mon pen - ser
7. tieigne u - ne foiz en - tre mes braz nu - e - te
8. ainz que j'aille ou - tre - mer.

La saison nouvelle, mai et la violette
et le rossignol me demandent de chanter
et mon cœur épris me fait d'un nouvel amour
si doux présent que je n'ose le lui refuser.
Qu'aujourd'hui Dieu me laisse accéder à un tel
[honneur

Que cele u j'ai mon cuer et mon penser
Tieigne une foiz entre mes braz nüete
Ainz que j'aille outremer.

II Au conmencier la trouvai si doucete,
Ja ne quidai pour li mal endurer ;
Mes ses douz vis et sa bele bouchete
Et si vair oeill bel et riant et cler
M'orent ainz pris que m'osaisse doner ;
Se ne me veut retenir ou cuiter,
Mieuz aim a li faillir, si me pramete,
Qu'a une autre achiever.

III Las ! pour coi l'ai de mes ieuz reguardee,
La douce rienz qui Fausse Amie a non,
Quant de moi rit et je l'ai tant plouree ?
Si doucement ne fu trahis nus hom.
Tant com fui mienz, ne me fist se bien non ;
Mes or sui suenz, si m'ocit sans raison,
Et c'est pour ce que de cuer l'ai amee !
N'i set autre ochoison.

IV De mil souspirs que je li doi par dete,
Ne m'en veut pas un seul cuite clamer ;
Ne Fausse Amours ne lait que s'entremete,
Ne ne me lait dormir ne reposer.
S'ele m'ocit, mainz avra a guarder ;
Je ne m'en sai vengier fors au plourer ;
Quar qui Amours destruit et desirete
Ne s'en set ou clamer.

V Sour toute joie est cele courounee
Que j'ai d'Amours. Dieus ! i faudrai je dont ?
Oïl, par Dieu, teus est ma destinee,
Et tel destin m'ont doné li felon.
Si sevent bien qu'il font grant mesprison,
Quar qui ce tolt dont ne puet faire don,
Il en conquiert anemis et mellee :
N'i fait se perdre non.

que celle en qui j'ai mis mon cœur et ma pensée,
je la tienne une fois dans mes bras, toute nue,
avant de partir outre-mer.

Au début je la trouvai si douce
que je croyais ne jamais souffrir pour elle ;
mais son doux visage, sa jolie petite bouche,
ses beaux yeux brillants et rieurs et clairs
m'eurent saisi avant que j'ose me donner ;
si elle ne veut ni me retenir ni me libérer,
j'aime mieux échouer auprès d'elle, tout en ayant
que de réussir auprès d'une autre. [sa promesse,

Hélas ! pourquoi l'ai-je de mes yeux regardée,
la douce créature qui a pour nom Fausse Amie,
quand elle se rit de moi qui tant ai pour elle
[pleuré ?
Jamais homme ne fut trahi si doucement.
Tant que je m'appartins, elle m'apporta le
[bonheur ;
maintenant que je suis sien, elle me tue sans
[raison,
et c'est parce que je l'ai aimée de tout cœur !
Elle n'a pas d'autre raison.

Des mille soupirs que je lui dois en dette,
elle ne veut pas me tenir quitte d'un seul ;
et Fausse Amour ne manque pas de s'en mêler
qui ne me laisse dormir ni reposer.
Si elle me tue, elle aura moins à prendre garde ;
je ne sais m'en venger qu'en pleurant ;
celui qu'Amour détruit et déshérite
ne sait où réclamer justice.

Sur toutes les joies, celle que me donne Amour
porte la couronne. Mon Dieu, vais-je donc
Oui, par Dieu, telle est ma destinée, [échouer ?
et ce destin les perfides me l'ont donné.
Ils savent bien qu'ils font une grande erreur
car à ravir ce qui ne peut être donné,
on en récolte ennemis et bataille :
on ne fait qu'y perdre.

VI Si coiement ai ma doleur celee
Qu'a mon samblant ne la coneüst on ;
Se ne fussent la gent maleüree,
N'eüsse pas souspiré en pardon :
Amours m'eüst doné son guerredon.
Maiz en cel point que dui avoir mon don,
Lor fu l'amour descouverte et moustree.
Ja n'aient il pardon !

98
LE CHÂTELAIN DE COUCY
Chanson d'amour

I La douce voiz du rosignol sauvage
Qu'oi nuit et jor cointoier et tentir
Me radoucist mon cuer et rassouage ;
Lors ai talent que chant pour esbaudir.
Bien doi chanter puis qu'il vient a plesir

J'ai caché si habilement ma peine
qu'on ne la connaît pas à me voir ;
s'il n'y avait ces gens de malheur,
je n'aurais pas soupiré en vain :
Amour m'aurait donné sa récompense.
Mais au moment où je devais obtenir le don,
mon amour fut découvert et révélé.
Que jamais ils n'en soient pardonnés !

RS 40, L 38-7, MW 1051

Mss. K 69-70, A 154v, C 135r-v, F 108v-110r, M 54v-55r, O 74v, P 33v-34r, T 157r-v, V 76v-77r, X 71v-72r, a 13r-v. Aussi dans le *Roman du Castelain de Couci et de la Dame de Fayel*, éd. M. Delbouille (Paris, 1936), pp. 29-30. Musique dans tous les mss. sauf C. Attribution dans tous les mss. sauf OV.

6. ce - le qui j'ai de cuer fet lige hon - ma - ge;
7. si doi a - voir grant joie en mon co - ra - ge,
8. s'e - le me veut a son oés re - te - nir.

La douce voix du rossignol sauvage
que nuit et jour j'entends gazouiller et retentir
adoucit et console mon cœur ;
alors j'ai le désir de chanter pour m'enhardir.
Je dois bien chanter puisque cela fait plaisir

Cele qui j'ai de cuer fet lige hommage,
Si doi avoir grant joie en mon corage,
S'ele me veut a son oés retenir.

II Onques vers li n'oi faus cuer ne volage,
Si me deüst por ce melz avenir ;
Ainz l'aim et serf et aor par usage,
Si ne li os mon penser descouvrir.
Car sa biauté me fet si esbahir
Que je ne sai devant li nul langage ;
Ne regarder n'os son simple visage,
Tant en redout mes euz a departir.

III Tant ai en li ferm assis mon corage
Qu'ailleurs ne pens, et Deus m'en dont joïr,
C'onques Tristans, cil qui but le buvrage,
Si coriaument n'ama sanz repentir.
Car g'i met tot : cuer et cors et desir,
Sens et savoir – ne sai se faz folage,
Ançois me dout qu'en trestout mon aage
Ne puisse li ne s'amor deservir.

IV Je ne di pas que je face folage,
Nes se pour li me devoie morir,
Qu'el mont ne truis si bele ne si sage
Ne nule riens n'est tant a mon plesir.
Mult aim mes euz qui me firent choisir :
Lués que la vi, li lessai en ostage
Mon cuer qui puis i a fet lonc estage,
Ne jamés jor ne l'en quier departir.

V Chançon, va t'en pour fere mon mesage
La ou je n'os trestorner ne guenchir,
Que tant redout la male gent honbrage
Qui devinent, ainz que puist avenir,
Le bien d'amors. Deus les puist maleïr,
Qu'a maint amant ont fet ire et outrage ;
Mes j'ai de ce touz jorz mal avantage
Q'il les m'estuet seur mon cuer obeïr.

à la dame à qui j'ai fait hommage ;
je dois avoir en mon cœur une grande joie
si elle veut me retenir pour son service.

Jamais envers elle je n'eus un cœur faux ni volage,
cela devrait me réserver un meilleur sort ;
mais je l'aime, je la sers, je l'adore sans cesse,
sans pourtant oser lui découvrir mon cœur.
Car sa beauté me trouble au point
que je ne sais plus devant elle nul langage ;
je n'ose plus regarder son visage ingénu,
tant je redoute d'en détacher mes yeux.

J'ai mis en elle si fortement mon cœur
que je ne pense à personne d'autre. Dieu m'en
[donne la joie !
Jamais Tristan, lui qui but le breuvage,
n'aima sans regret d'un tel cœur.
Car je m'y mets tout entier, cœur, corps, désir,
entendement et savoir – je ne sais si c'est folie,
mais j'ai peur de ne pouvoir
de toute ma vie mériter ni elle ni son amour.

Je ne dis pas que je fais une folie,
même si pour elle je devais mourir,
car je n'en trouve au monde de si belle, de si sage
et aucune n'est à ce point à mon gré.
J'en aime mes yeux qui me la firent apercevoir :
dès cet instant, je lui laissai en otage
mon cœur qui depuis y a fait un long séjour
et jamais je ne veux l'en séparer.

Chanson, va-t-en délivrer mon message
là où je n'ose retourner ni me rendre,
car je redoute tant les méchants ombrageux
qui devinent, avant qu'il puisse advenir,
le bien d'amour. Dieu puisse-t-Il les maudire !
Ils ont causé douleur et tort à maint amant,
mais moi, j'ai chaque jour ce désavantage :
il me faut à contrecœur leur obéir.

99

GACE BRULÉ

Chanson d'amour

I Les oxelés de mon païx
 Ai oïs en Bretaigne.
A lors chans m'est il bien avis
 K'en la douce Champaigne
  Les oï jadis,
  Se n'i ai mespris.
Il m'ont en si douls penseir mis
K'a chanson faire m'en seux pris
 Tant que je perataigne
Ceu k'Amors m'ait lonc tens promis.

RS 1579, L 65-45, MW 586
Mss. C 131v, K 69-70, L 53r-v, M 23r, N 24r-v, P 11r-v, R 120v-121r, T 158v-159r, U 34r-v, V 34v, X 53r. Musique dans tous les mss. sauf CU. Attribution dans KMNPTX ; attr. à Guiot de Provins dans C.

8. k'a chan - son fai - re m'en seux pris
a'
9. tant que je per - a - tai - gne
b'
10. ceu k'A - mors m'ait lonc tens pro - mis.

Les oiselets de mon pays,
je les ai entendus en Bretagne.
À écouter leur chant, je crois bien
que jadis je les entendis
dans ma douce Champagne,
si je ne me trompe.
Ils m'ont mis en un penser si doux
que je me suis mis à composer une chanson
dans l'espoir d'obtenir
ce qu'Amour m'a promis depuis longtemps.

II En longue atente me languis
Sens ceu ke trop m'en plaigne ;
Ceu me tolt mon jeu et mon ris,
Ke nuls c'Amors destraigne
N'est d'el ententis.
Mon cors et mon vis
Truis si mainte foix entrepris
Ke fol semblant en ai enpris.
Ki k'en Amors mespraigne,
Je seux cil k'ains riens n'i forfix.

III En baixant, mon cuer me ravi
Ma douce dame gente ;
Moult fut fols quant il me guerpi
Por li ke me tormente.
Lais ! ains ne.l senti
Quant de moy parti ;
Tant doulcement lou me toli
K'en sospirant le traist a li ;
Mon fol cuer atalente,
Maix jai n'avrait de moy merci.

IV Del baixier me remenbre, si,
Ke je fix, k'en m'entente
Il n'est hore – ceu m'ait traï –
K'a mes leivres ne.l sente.
Quant elle sousfri
Ceu ke je la vi,
De ma mort ke ne me gueri !
K'elle seit bien ke je m'oci
En ceste longue atente,
Dont j'ai lou vis taint et pailli.

V Pués ke me tolt rire et jueir
Et fait morir d'envie,
Trop sovant me fait compaireir
Amors sa compaignie.
Lais ! n'i ous aleir
Car por fol sembleir
Me font cil fauls proiant dameir.

En longue attente je languis.
sans trop me plaindre.
J'y ai perdu le goût du jeu et du rire ;
car celui qu'Amour met à la torture
ne pense pas à autre chose.
Tant de fois j'ai montré
un corps, un visage bouleversés
que j'ai l'air d'un fou.
D'autres peuvent manquer à Amour,
mais moi, je ne l'ai jamais trahi.

Par un baiser elle m'a dérobé mon cœur,
ma noble et douce dame.
Il fut bien fou quand il m'abandonna
pour celle qui est mon tourment.
Hélas ! et je n'ai rien senti
quand il me quitta.
Elle me le vola avec tant de douceur
qu'elle le tira à elle dans un soupir.
Mon fou de cœur, elle le fait vivre de désir,
mais jamais pour moi, elle n'aura de pitié.

Ce baiser-là, je m'en souviens tant et tant,
que je lui donnai, si bien qu'en ma pensée
il n'y a pas d'heure – c'est ce qui m'a trahi –
où sur mes lèvres encore je ne le sente.
Puisqu'elle a bien souffert
que je la regarde,
que ne m'a-t-elle sauvé de la mort !
Elle le sait bien que je me meurs
dans cette longue attente.
J'en ai le visage tout pâle et blêmi.

Puisqu'il me fait perdre le goût du rire et du jeu,
et me fait mourir de désir,
il me fait trop cher payer,
Amour, sa compagnie.
Hélas ! Je n'ose aller près d'elle
car pour mon air d'amoureux fou
les hypocrites soupirants me font condamner.

Mors seux quant je.s i vol palrleir,
    Ke poent de tricherie
Ne puet nulz d'eaus en li troveir.

100
GACE BRULÉ
Chanson d'amour

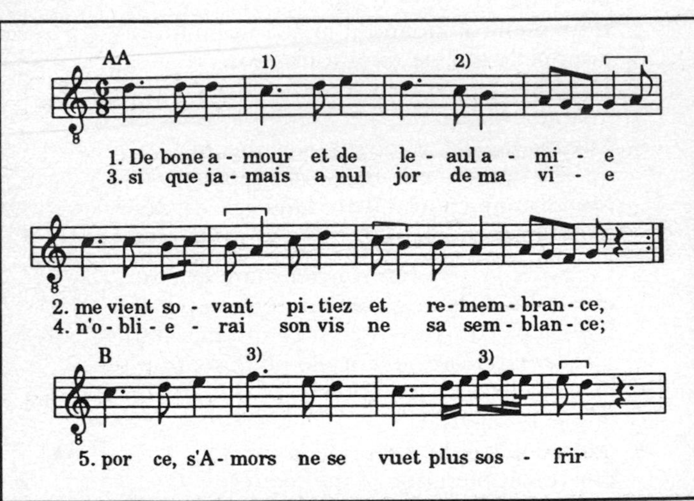

I De bone amour et de lëaul amie
Me vient sovant pitiez et remembrance,
Si que jamais a nul jor de ma vie
N'oblïerai son vis ne sa semblance ;
Por ce, s'Amors ne se vuet plus sosfrir
Qu'ele de touz ne face son plaisir
Et de toutes, mais ne puet avenir
Que de la moie aie bone esperance.

J'en meurs quand je les vois lui parler
alors que nul d'entre eux
ne pourrait trouver en ma dame la moindre
[perfidie.

RS 1102, L 65-25, MW 2052
Mss. Version intégrale : O 41r-v, C 58r-v-59r, H 226r, L 56v, U 10r-v, za II.
Version abrégée : M 31r-v, F 103v-104r, K 79-80, N 29r-v, R 84v-85r, T 167r, V 37r-v, X 58v-59r, a 20v. Musique dans tous les mss. sauf CHTza. Attribution dans CFKMNTXa.

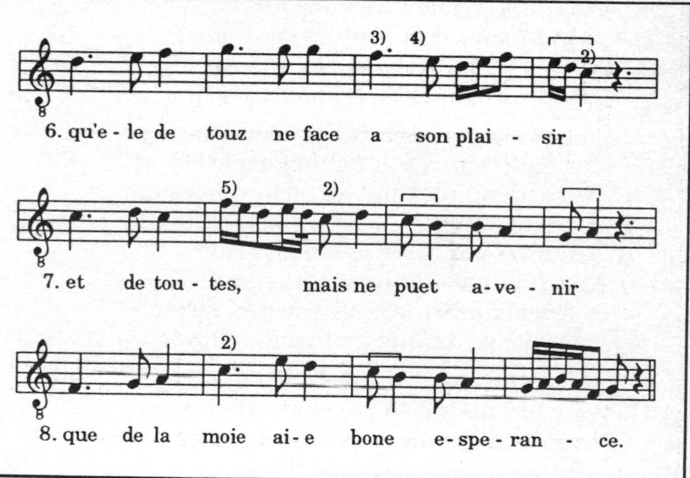

Du bon amour et de ma loyale amie
souvent me viennent émotion et souvenir,
si bien que nul jour de ma vie
je n'oublierai son visage ni son apparence;
si donc Amour ne veut pas renoncer
à mener toutes et tous à son gré,
il ne peut jamais m'advenir
d'avoir de mon amour bonne espérance.

II Coment porroie avoir bone esperance
A bone amor et a leal amie,
Ne a biaus yeuz n'a la douce semblance
Que ne verrai jamés jor de ma vie ?
Amer m'estuet, ne m'en puis plus sosfrir,
Celi cui ja ne vanra a plaisir ;
Siens sui, coment qu'il m'en doie avenir,
Et si n'i voi ne confort ne ahie.

III Coment avrai je confort ne ahie
Encontre Amour, vers cui nus n'a puissance ?
Amer me fait ce qui ne m'ainme mie,
Donc ja n'avrai fors ennui et pesance ;
Ne ja nul jor ne l'oserai gehir
Celi qui tant de maus me fait sentir ;
Mas de tel mort sui jugiez a morir
Dont ja ne quier veoir ma delivrance.

IV Je ne vois pas querant tel delivrance
Par quoi amors soit de moi departie,
Ne ja n'en quier nul jor avoir poissance ;
Ainz vuil amer ce qui ne m'ainme mie.
N'il n'est pas droiz je li doie gehir
Por nul destroit que me face sentir ;
N'avrai confort, n'i voi que dou morir,
Puis que je voi que ne m'ameroit mie.

V Ne m'ameroit ? Ice ne sai je mie,
Que fins amis doit par bone atendance
Et par soffrir conquerre haute amie ;
Mes je n'i puis avoir nulle fiance,
Que cele est teus, por cui plaing et sopir,
Que ma dolor ne doigneroit oïr ;
Si me vaut mieuz garder mon bon taisir
Que dire riens qui li tort a grevance.

VI Ne vos doit pas trop torner a grevance
Se je vos aing, dame, plus que ma vie,
Que c'est la riens ou j'ai greignor fiance,
Que par moi seul vos oi nonmer amie.
Et por ce fais maint doloros sopir

Comment pourrais-je avoir bonne espérance
du bon amour et de ma loyale amie,
de ses beaux yeux, de sa douce apparence
que je ne reverrai nul jour de ma vie ?
Il me faut aimer, je ne peux plus y renoncer,
celle qui ne le prendra jamais en gré ;
je suis à elle, quoi qu'il doive m'en advenir,
pourtant je ne vois en elle ni réconfort ni aide.

Comment aurai-je réconfort ou aide
encontre Amour, contre qui nul n'a de pouvoir ?
Il me fait aimer celle qui ne m'aime pas,
aussi ne connaîtrai-je que douleur et souffrance ;
jamais je n'oserai l'avouer
à celle qui me fait tant souffrir ;
mais je suis condamné à mourir de cette mort
dont je ne veux jamais voir ma délivrance.

Je ne vais pas cherchant une délivrance
qui me ferait abandonner l'amour
et je ne veux un jour en avoir le pouvoir ;
je veux au contraire aimer celle qui ne m'aime pas.
Et il ne convient pas que je le lui avoue,
quelque tourment qu'elle me fasse souffrir ;
je n'aurai pas de réconfort, partout je vois ma mort
puisque je vois qu'elle ne m'aimera pas.

Elle ne m'aimera pas ? Voilà ce que je ne sais pas,
car un parfait amant doit par l'attente patiente
et par la souffrance conquérir une si précieuse
mais je ne puis avoir nulle confiance [amie ;
car celle pour qui je pleure et je soupire
est dame à ne pas daigner dans ma douleur
[m'entendre ;
Mieux vaut donc garder ce sage silence
que de dire un mot qui la puisse blesser.

Cela ne doit pas vous blesser,
ma dame, si je vous aime plus que ma vie,
car c'est sur ce point que j'ai le plus de confiance,
car par moi seul je vous entends nommer amie.
Et j'en pousse plus d'un douloureux soupir

Qu'assez vos puis et veoir et oïr,
Mais quant vos voi, n'i a que dou taisir,
Que si sui pris que ne sai que je die.

VII Mes biaus conforz ne m'en porra garir ;
De vos amer ne me porrai partir,
N'a vos parler, ne ne m'en puis taisir
Que mon maltrait en chantant ne vos die.

VIII Par Deu, Hüet, ne m'en puis [plus] soffrir,
Qu'en Bertree est et ma morz et ma vie.

I De bone amour et de loial amie
Me vient souvent pitiez et remembrance,
Si que jamaiz a nul jour de ma vie
N'oublïerai son vis ne sa samblance ;
Por quant, s'Amours ne me veut pluz soufrir
Qu'ele de touz ne face a son pleisir
Et de toutes, mais ne puet avenir
Que de la moie aie bone esperance.

II Conment porroie avoir bone esperance
De bone amour et de loial amie
As ieuz, au vis, a la douce samblance ?
Ja n'avendra a nul jour de ma vie.
Amer m'estuet, car ne m'en puis tenir,
Cele qui ja ne vendra a pleisir
Et de tel mort m'a jugié a morir
Dont ja ne puiz veoir ma delivrance.

III Je ne voiz pas querant tel delivrance
Par coi amours soit de moi departie,
Ne ja nul jour n'en quier avoir puissance,
Ainz amerai ce qui ne m'aime mie ;
Car cele est tieux, pour cui plaing et souspir,
Que ma doleur ne deigneroit oïr ;

car je peux vous voir souvent et vous entendre,
mais quand je vous vois, je ne suis plus que silence,
je suis si épris que je ne sais que dire.

Désormais nul beau réconfort ne m'en pourra
[guérir ;
je ne pourrai jamais me dégager de cet amour
ni vous en parler, et je ne puis m'en taire ;
ma douleur, il faut que par mon chant je vous la
[dise.

Par Dieu, Huet, je ne peux plus y renoncer,
car en Bertrée sont et ma mort et ma vie.

Du bon amour et de ma loyale amie
souvent me viennent émotion et souvenir,
si bien que nul jour de ma vie
je n'oublierai son visage ni son apparence ;
pourtant si Amour ne veut plus m'accorder
de le voir mener tous et toutes à son gré,
il ne peut jamais m'advenir
d'avoir de mon amour bonne espérance.

Comment pourrais-je avoir bonne espérance
du bon amour et de ma loyale amie,
par ses yeux, son visage ou sa douce apparence ?
Cela ne m'arrivera jamais de la vie.
Il me faut aimer, car je ne m'en peux retenir,
celle qui ne le prendra jamais en gré
et je suis condamné à mourir de cette mort
dont je ne peux voir ma délivrance.

Je ne vais pas cherchant une délivrance
qui me ferait abandonner l'amour,
et je ne veux un jour en avoir le pouvoir,
au contraire, j'aimerai celle qui ne m'aime pas ;
car celle pour qui je pleure et je soupire,
est dame à ne pas daigner dans ma douleur
[m'entendre ;

S'aim assez mieuz garder mon bon taisir
Que dire rienz qui li tourt a grevance.

IV Ne vous devroit pas tourner a grevance
Se je vous aim, dame, plus que ma vie,
Car c'est la rienz u j'ai greigneur fiance
Quant par moi seul vous os nomer amie.
Et pour ce faiz maint dolereus souspir,
Quant ne vous puis ne veoir ne oïr ;
Et quant vous voi, n'i a fors du taisir,
Car si sui pris que ne sai que je die.

101
GACE BRULÉ
Chanson d'amour

I Quant voi le tans bel et cler
Ainz que soit nois ne gelee,
Chant pour moi reconforter,
Car trop ai joie oublïee.

j'aime donc bien mieux garder sagement le silence
que de dire un mot qui la puisse blesser.

Cela ne devrait pas vous blesser,
ma dame, si je vous aime plus que ma vie,
car c'est sur ce point que j'ai le plus de confiance,
quand par moi seul je vous entends nommer amie.
Et j'en pousse plus d'un douloureux soupir,
quand je ne puis vous voir ni vous entendre ;
et quand je vous vois, je ne suis plus que silence
car je suis si épris que je ne sais que dire.

RS 838, L 65-71, MW 619
Mss. M 25v, K 80, L 56v-57r, N 29v-30r, O 112r, P 22r-23v, T 161r-v, U 133v-134r, X 59r-v. Musique dans tous les mss. sauf PU. Attribution dans tous les mss. sauf LOU.

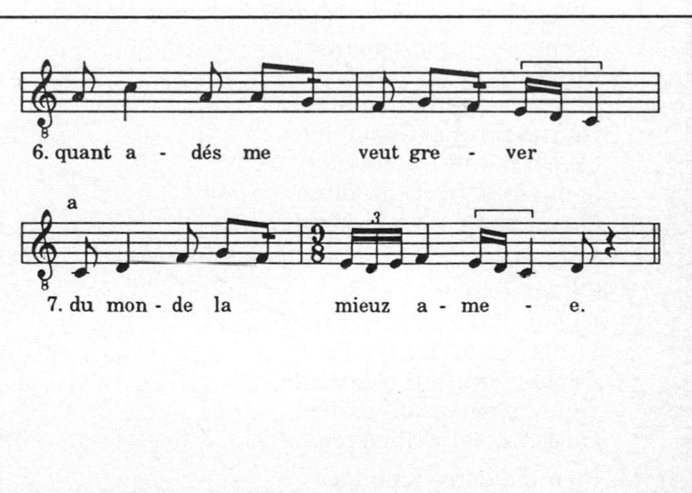

Quand je vois le temps bel et clair
avant qu'arrivent la neige et la gelée,
je chante pour me réconforter,
car j'ai bien trop oublié la joie.

Merveill moi com puis durer
Quant adés me veut grever
Du monde la mieuz amee.

II Bien set ne m'en puis torner;
Pour ce criem que ne me hee.
Maiz n'en faiz mie a blasmer,
Car teus est ma destinee :
Je fui faiz pour li amer.
Ja Deus ne m'i laist fausser,
Nis s'ele a ma mort juree.

III Mout me plaist a reguarder
Li païs et la contree
U je n'os sovent aler
Pour la gent mal apensee;
Maiz si ne savront guarder,
S'el me veut joie doner,
Que bien ne lor soit emblee.

IV Quant oi en parole entrer
Chascun de sa desirree
Et lor mençonge aconter
Dont il font tel assamblee,
Ce me fait m'ire doubler;
Si me font grief souspirer
Quant chascuns son trichier nee.

V Amours, bien vous doit membrer
S'il est a aise qui pree.
Quant pluz cuit merci trover,
Et pluz est m'ire doublee;
Ce me fait mout trespenser
Que n'os maiz a li parler
De rienz, s'il ne li agree.

VI Bien me deüst amender
Sanz ce qu'ele en fust grevee;
Maiz, pour Dieu, li vueill mander,
Quant n'i ai merci trovee,
Qu'autre n'i vueille escouter,
Car mout li devroit peser
S'ert de faus amanz gabee.

Je reste stupéfait de pouvoir survivre
alors que sans cesse me veut tourmenter
la dame la mieux aimée du monde.

Je le sais bien, je n'y puis renoncer
et je crains que cela ne m'attire sa haine.
Mais je n'agis pas de manière blâmable
puisque telle est ma destinée :
je fus créé pour l'aimer.
Que Dieu jamais ne me laisse la tromper,
même si elle a juré qu'elle me tuerait.

J'aime tant contempler
le pays et la contrée
où je n'ose me rendre souvent
à cause des gens malveillants ;
mais ils ne sauront empêcher,
si elle veut m'accorder la joie,
qu'elle ne leur soit enlevée.

Quand j'entends chacun converser
de celle qui est son désir
et raconter ces mensonges
dont ils amassent une telle quantité,
cela redouble mon chagrin ;
ils me font profondément soupirer
quand chacun nie sa perfidie.

Amour, vous devriez bien vous remémorer
s'il est à son aise celui qui prie.
Plus je crois trouver compassion
et plus mon chagrin redouble ;
cela me rend tout pensif
de n'oser maintenant lui parler
de rien, s'il ne lui plaît.

Elle devrait bien avoir pitié de moi
sans en être pour autant blessée ;
du moins, mon Dieu, je veux lui demander,
puisque je ne trouve pas en elle de compassion,
de ne pas vouloir en écouter un autre,
car il devrait lui être fort pénible
qu'un faux ami se moque d'elle.

VII Ma chançon vueill definer.
Gui, ne vous puis oublïer ;
Pour vous ai la mort blasmee.

102
GACE BRULÉ
Chanson d'amour

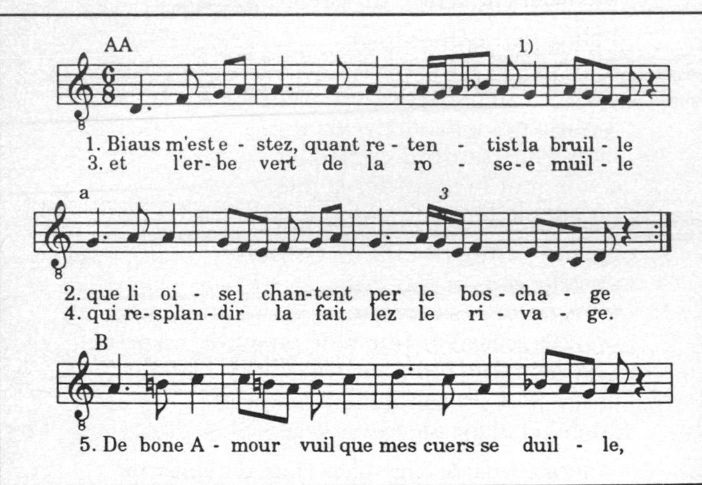
AA
1)
1. Biaus m'est e - stez, quant re - ten - tist la bruil - le
3. et l'er - be vert de la ro - se - e muil - le
a
3
2. que li oi - sel chan - tent per le bos - cha - ge
4. qui re - splan - dir la fait lez le ri - va - ge.
B
5. De bone A - mour vuil que mes cuers se duil - le,

I Biaus m'est estez, quant retentist la bruille,
Que li oisel chantent per le boschage
Et l'erbe vert de la rosee muille
Qui resplandir la fait lez le rivage.
De bone Amour vuil que mes cuers se duille,
Que nuns fors moi n'a vers li fin corage ;
Et nonpourquant trop est de haut parage
Cele cui j'ain ; n'est pas droiz qu'el me vuille.

II Fins amanz sui, coment qu'Amors m'acuille,
Car je n'ain pas con hon de mon aage,

Je veux terminer ma chanson.
Guy, je ne peux vous oublier ;
à cause de vous j'ai réprouvé la mort.

RS 1006, L 65-8, MW 885
Mss. O 15v-16r, C 175v-176r, M 25v-26r, P 22v-23r, T 161v-161r.
Musique dans MO. Attribution dans MPT et dans le texte.

a
6. que nuns fors moi n'a vers li fin co - ra - ge;
7. et non-pour - quant trop est de haut pa - ra - ge
8. ce-le cui j'ain; n'est pas droiz qu'el me vuil - le.

Il me plaît bien, l'été, quand les bois retentissent,
que les oiseaux chantent parmi le bocage
et l'herbe verte se mouille de rosée
qui la fait étinceler au long des rives.
Je veux que mon cœur souffre de Bon Amour
car nul n'a un cœur aussi loyal que le mien.
Et toutefois elle est d'une si haute naissance,
celle que j'aime : il n'est pas légitime qu'elle me
[veuille.

Je suis un fidèle amant quoi qu'Amour m'accorde,
mais je n'aime pas comme un homme de ce temps,

Qu'il n'est amis qui aint ne amer suille
Que plus de moi ne truit Amors sauvage.
Ha, las ! chaitis ! ma dame qui s'orguille
Vers son ami, cui dolors n'assoage !
Merci, Amors, s'ele garde a parage :
Donc sui je mors ! mais pansés que me vuille.

III De bien amer Amors grant sen me baille,
Si m'a trahi s'a ma dame n'agree.
La voluntez pri Deu que ne me faille,
Car mout m'est bon quant ou cuer m'est
[entree ;
Tuit mi panser sunt a li, ou que j'aille,
Ne riens fors li ne me puet estre mee
De la dolor dont sopir a celee.
A mort me rent, ainz que longues m'asaille.

IV Mes bien amers ne cuit que riens me vaille,
Quant pitiez est et merciz oblïee
Envers celi que si grief me travaille
Que jeus et ris et joie m'est veee.
Hé, las ! chaitis ! si dure dessevraille !
De joie part, et la dolors m'agree,
Dont je sopir coiement, a celee ;
Si me rest bien, coment qu'Amors m'asaille.

V En mon fin cuer me vient a grant mervoille,
Qui de moi est et si me vuet ocire,
Qu'a essïent en si haut lieu tessoille
Dont ma dolor ne savroie pas dire.
Ensinc sui morz, s'Amours ne mi consoille,
Car onques n'oi per li fors poinne et ire ;
Mais mes sire est, si ne l'os escondire :
Amer m'estuet, puis qu'il s'i aparoille.

VI A mie nuit une dolors m'esvoille,
Que l'endemain me tolt jöer et rire,
Qu'a droit consoil m'a dit dedanz l'oroille
Que j'ain celi pour cui muir a martire.

car nul ami aimant et accoutumé d'aimer
ne trouve autant que moi Amour cruel.
Hélas ! malheureux, quel orgueil montre ma dame
à son ami dont elle n'apaise pas la douleur.
Pitié, Amour ! Si elle regarde la naissance,
me voilà mort. Faites plutôt qu'elle me veuille !

Pour bien aimer Amour me forme l'esprit.
Il m'a donc trahi si je ne plais pas à ma dame.
J'en prie Dieu : que cette volonté de plaire ne me
[quitte point
car il me plaît qu'elle soit entrée en mon cœur.
Toutes mes pensées sont pour ma dame où que
[j'aille.
Elle seule peut être mon médecin
et guérir la peine dont je soupire en secret.
Je me rends à la mort plutôt que d'endurer un tel
[assaut.

J'ai peur que bien aimer ne m'apporte rien
puisque pitié et compassion sont oubliées
par celle qui me torture si fort.
Tous jeux, tous rires et toute joie me sont interdits.
Hélas ! malheureux, quelle déchirante séparation !
Je quitte la joie et je savoure la douleur
dont je soupire à la dérobée, en secret.
Cependant tout m'est bien, d'Amour peu importe
[l'assaut.

Amour pénètre terriblement dans mon fin cœur :
ce cœur qui m'appartient et pourtant veut me
[tuer,
lui qui aspire délibérément à un si haut objet.
Je ne saurais exprimer toute ma douleur.
Je suis bien mort si Amour ne m'apporte son aide,
car d'elle je n'ai obtenu que peine et chagrin.
Mais il est mon maître, je n'ose le contredire.
Il me faut aimer pour peu qu'il l'ait décidé.

À minuit, une souffrance m'éveille
qui le lendemain me prive des jeux et des rires ;
elle me murmure à bon droit dans l'oreille
que j'aime celle pour qui je meurs dans le martyre.

Si fais je voir, mes el n'est pas feoille
Vers son ami, qui de s'amour consire.
De li amer ne me doi escondire ;
Nou puis noier, mes cuers s'i aparoille.

VII Gui de Pontiaux, Gasçoz ne set que dire :
Li deus d'amors malement nos consoille.

103
GACE BRULÉ
Chanson d'amour

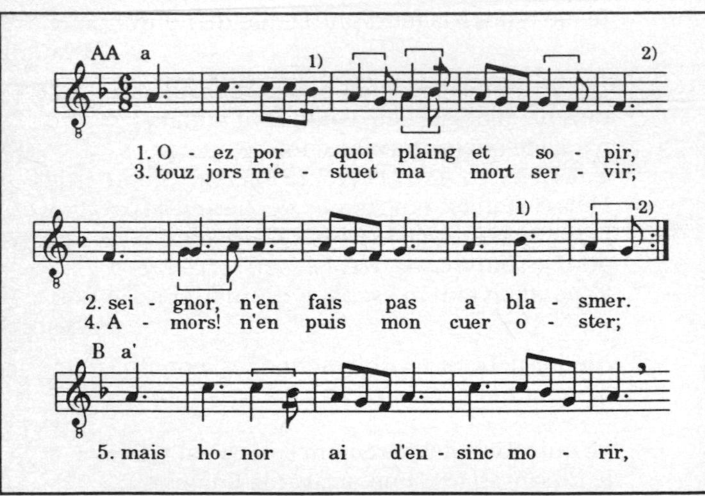

I Oëz por quoi plaing et sopir,
Seignor, n'en fais pas a blasmer.
Touz jors m'estuet ma mort servir –
Amors ! n'en puis mon cuer oster ;
Mais honor ai d'ensinc morir,
Si en vuil bien les maus souffrir
Tant qu'a plus en puisse monter.

C'est vrai, je le fais, mais elle n'est pas loyale
envers son ami qui est privé de son amour ;
et pourtant de l'aimer, je ne dois pas m'en dédire.
Je ne peux le nier, mon cœur l'a ainsi décidé.

Guy de Ponceaux, Gace ne sait plus que dire :
le dieu d'Amour nous donne de bien méchants
[conseils.

RS 1465, L 65-54, MW 611
Mss. O 89v-90r, C 170r-v, K 92, L 61r-v, M 26v-27r, N 36v, P 27v-28r, T 162v-163r, V 73r, X 66v-67r. Musique dans tous les mss. sauf CP. Attribution dans KMNPTX et dans le texte.

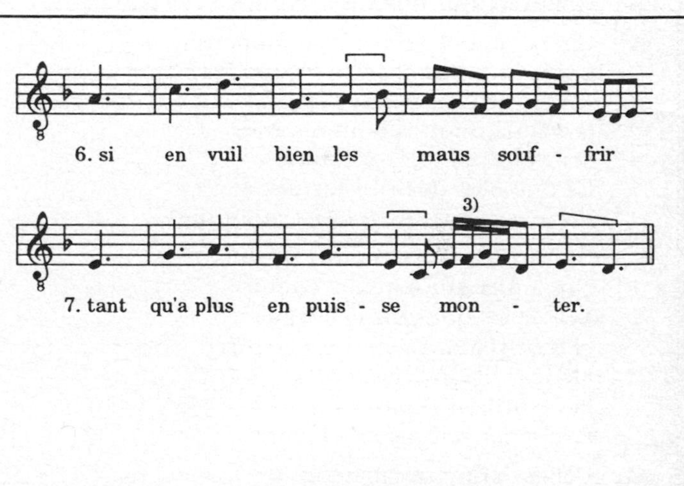
6. si en vuil bien les maus souf - frir
3)
7. tant qu'a plus en puis - se mon - ter.

Écoutez pourquoi je me plains et soupire,
seigneurs, je ne fais rien de blâmable.
Tous les jours je dois servir ma mort –
Amour ! je n'en puis libérer mon cœur ;
mais c'est un honneur de mourir ainsi,
et je veux bien souffrir cette douleur
de façon à pouvoir augmenter ma valeur.

II S'Amors me fait ses maus sentir,
Il ne m'en doit mie peser,
Qu'autres nou puet mais soustenir
Une hore sanz soi reposer,
Mais je suis amis sanz mentir.
Ja Deus ne m'en lait repentir,
Car en amant vuil bien finer.

III Amors, tele hore fu jadis
Qu'estre me laissïez en pes ;
Mair or sui je verais amis,
N'autre riens ne m'agree mes.
Serai je donc de vos ocis ?
Nenil ! Trop avrïez mespris,
Quant je tout por vos servir les.

IV Cuers, qu'en puis mes se sui pensis,
Quant tu m'as chargié si grief fes ?
« Ha ! cors, de neant t'esbahis :
Ja n'ama onques hom mauvais.
Ser tant que tu aies conquis
Ce que plus desirres toz dis. »
Voire, cuers, mes la morz m'est pres.

V Gui de Pontiaus, en fort prison
Nos a mis Amors, sanz confort
Vers celes qui sanz achoison
Nos ocirront. Dont n'est ce tort ?
Oïl, car léaument amon ;
Ja ne nos en repentiron :
Bon amer fait jusqu'a la mort.

VI Gaçot define sa chançon.
Ha ! fins Pyramus, que feron ?
Vers Amors ne somes jor fort.

Si Amour me fait ressentir ses douleurs,
je ne dois pas en être accablé ;
un autre ne pourrait soutenir cela
plus d'une heure sans se reposer,
mais moi je suis, sans mentir, un ami.
Que Dieu jamais ne me laisse y renoncer,
car c'est en ami que je veux mourir.

Amour, il y eut jadis une époque
où vous me laissiez vivre en paix ;
maintenant je suis un véritable ami,
et plus rien d'autre ne me plaît.
Serai-je donc tué par vous ?
Que non ! Vous feriez une trop grande faute,
puisque je laisse tout pour vous servir.

Mon cœur, qu'y puis-je si je suis préoccupé
alors que tu m'as chargé d'un si lourd fardeau ?
« Ah, corps, tu t'épouvantes de rien :
jamais un homme mauvais n'éprouva d'amour.
Sers jusqu'à obtenir la conquête
de ce que tu désires tous les jours davantage. »
Certes, mon cœur, mais je suis près de mourir.

Guy de Ponceaux, dans une forte prison
nous a mis Amour, sans protection
contre celles qui sans aucune raison
vont nous tuer. N'ont-elles pas tort ?
Oui, car nous aimons en toute foi ;
jamais nous n'y renoncerons :
il est bon d'aimer jusqu'à la mort.

Gace finit sa chanson.
Ah ! fin Pyrame, qu'allons-nous faire ?
Contre Amour nous sommes toujours sans forces.

104
GACE BRULÉ
Chanson d'amour

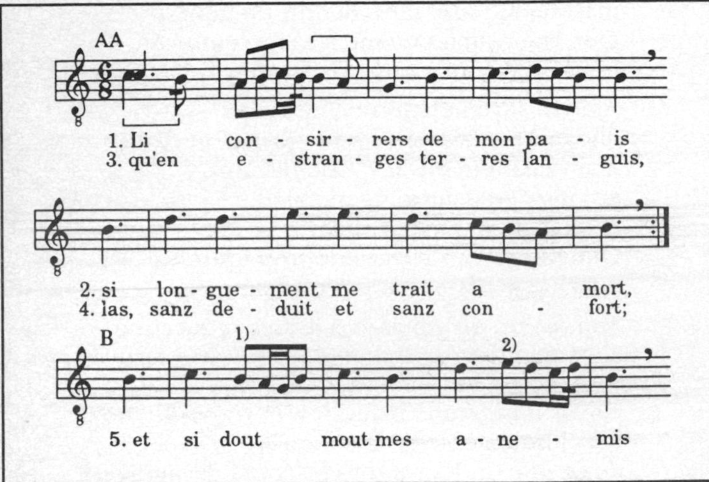

I Li consirrers de mon païs
Si longuement me trait a mort,
Qu'en estranges terres languis,
Las, sanz deduit et sanz confort;
Et si dout mout mes anemis
Qui de moi mesdïent a tort,
Maiz tant sent mon cuer vrai et fort
Que, se Dieu plaist, ne m'en iert pis.

II Ma douce dame, ne creez
Touz ceus qui de moi mesdiront.
Quant vous veoir ne me pöez
De vos biauz ieus qui soupris m'ont,
De vostre franc cuer me veez;
Maiz ne sai s'il vous en semont,
Quar tant ne dout rienz en cest mont
Comme ce que vous m'oublïez.

RS 1578, L 65-46, MW 891
Mss. M 38r, H 223v-224r. Musique dans M. Attribution dans M.

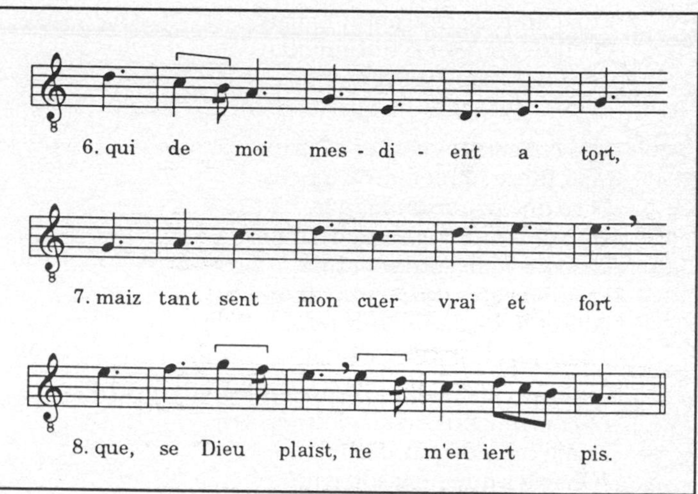
6. qui de moi mes - di - ent a tort,
7. maiz tant sent mon cuer vrai et fort
8. que, se Dieu plaist, ne m'en iert pis.

Le regret douloureux de mon pays
m'entraîne si interminablement vers la mort,
que j'en languis en terre étrangère,
hélas, sans plaisir ni réconfort ;
et je redoute fort mes ennemis
qui médisent de moi injustement,
pourtant je sens en mon cœur tant de force et de [foi
que, s'il plaît à Dieu, mon sort n'empirera pas.

Ma douce dame, ne croyez pas
tous ceux qui médiront de moi.
Alors que vous ne pouvez me voir
de vos beaux yeux qui m'ont séduit,
vous me voyez du fond de votre noble cœur ;
mais je ne sais pas s'il vous y pousse,
car il n'y a rien que je redoute au monde
comme la possibilité que vous m'oubliiez.

III Par cuer legier de feme avient
Que li amant doutent souvent,
Maiz ma loiautez me soustient,
Dont fusse je mors autrement.
Et sachiez, de fine amour vient
Qu'il se doutent si durement,
Car nus n'aime seürement
Et fainte est amours qui ne crient.

IV Mes cuers m'a guari et destruit,
Maiz de ce va bien qu'a li pens,
Et ce que je perdre la quit
Me fait doubler mes pensemens.
Ensi me vient soulaz et fuit
Et nonpourquant, selonc mon sens,
Penser a ma dame touz tens
Tieng je, ce sachiez, a deduit.

V Chançon, a ma dame t'envoi
Ançoiz que nus en ait chanté,
Et si li dites de par moi
(Guardez que ne li soit celé) :
Se trecherie n'a en foi
Et trahison en loiauté,
Donc avrai bien ce qu'avoir doi,
Quar de loial cuer ai amé.

Il arrive que, par le cœur volage des femmes,
bien souvent les amants soient dans la crainte,
mais ma loyauté m'apporte son soutien,
autrement, certes, je serais déjà mort.
Et sachez-le bien, c'est par amour parfait
que les amants éprouvent tant de crainte
car personne n'aime d'un cœur assuré
et l'amour sans peur n'est que feinte.

Mon cœur m'a tour à tour guéri et détruit,
mais penser à elle lui fait du bien
et croire que je vais la perdre
fait redoubler mon inquiétude.
Ainsi le réconfort me vient et me fuit ;
pourtant, selon ce que je juge,
penser sans cesse à ma dame
est pour moi, sachez-le bien, un plaisir.

Chanson, je t'envoie à ma dame
avant que nul ne t'ait chantée,
et dis-lui de ma part
(garde-toi bien de le lui cacher) :
Si la foi ne comporte pas de tricherie
et la loyauté pas de trahison,
alors j'aurai bien ce que je dois avoir,
car j'ai aimé d'un cœur loyal.

105
GACE BRULÉ
Chanson d'amour

A
1. A la dou - çor de la be - le se - son,
2. que tou - te riens se re - splent en ver - dor,
A'
3. que sont biau pré et ver - gier et buis-son
4. et li oi - sel chan - tent de - seur la flor,

I A la douçor de la bele seson,
Que toute riens se resplent en verdor,
Que sont biau pré et vergier et buisson
Et li oisel chantent deseur la flor,
Lors sui joianz quant tuit lessent amor,
Qu'ami loial n'i voi mes se moi non.
Seus vueil amer et seus vueil cest honor.

II Mult m'ont grevé li tricheor felon,
Mes il ont droit, c'onques ne.s amai jor.
Leur deviner et leur fausse acheson
Fist ja cuidier que je fusse des lor ;

RS 1893, L 65-2, MW 1277
Mss. N 35r-v, C 22r, K 89-90, L 60r-v, O 4r-v, P 27r-v, V 41v-42r, X 65r-v.
Musique dans tous les mss. sauf CP. Attribution dans KNPX.

B
5. lors sui joi - anz quant tuit les - sent a - mor,
6. qu'a - mi loi - al n'i voi mes se moi non.
7. Seus vueil a - mer et seus vueil cest ho - nor.

À la douceur de la belle saison,
quand toute plante retrouve sa verte splendeur,
que les prés, les vergers et les buissons sont beaux
que chantent les oiseaux sur les fleurs,
alors j'éprouve de la joie, car tous délaissent
[l'amour,
si bien que d'ami loyal je ne vois que moi seul.
Seul je veux aimer, seul je veux cet honneur.

Les traîtres trompeurs m'ont beaucoup nui
mais ils ont raison car je ne les ai jamais aimés.
Leurs insinuations et leurs allégations menteuses
ont naguère fait croire que j'étais de leur clan ;

Joie en perdi, si en crut ma dolor,
Car ne m'i soi garder de traison ;
Oncore en dout felon et menteor.

III Entor tel gent ne me sai maintenir
Qui tout honor lessent a leur pouoir ;
Tant com je m'aim, les me couvient haïr
Ou je faudrai a ma grant joie avoir.
C'est granz ennuis que d'aus amentevoir,
Mes tant les hé que ne m'en puis tenir ;
Ja leur mestier ne leront decheoir.

IV Or me dont Deus ma dame si servir
Q'il aient duel de ma joie veoir.
Bien me devroit vers li grant lieu tenir
Ma loiauté, qui ne puet remanoir ;
Mes je ne puis oncore apercevoir
Qu'ele des biens me vuelle nus merir
Dont j'ai sousfert les maus en bon espoir.

V Je n'en puis mes se ma dame consent
En ceste amour son honme a engingnier,
Car j'ai apris a amer loiaument,
Ne ja nul jour repentir ne m'en qier ;
Si me devroit a son pouoir aidier
Ce que je l'aim si amoureusement,
N'autre ne puis ne amer ne proier.

VI Li quens Jofroiz, qui me doit consoillier,
Dist qu'il n'est pas amis entierement
Qui nule foiz pense a amour laissier.

j'y perdis ma joie, mon chagrin s'en accrut,
car je ne sus me garder de leur trahison ;
maintenant encore je redoute félons et menteurs.

Envers de telles gens je ne sais comment me
[conduire,
eux qui délaissent tant qu'ils peuvent l'honneur ;
il me faut autant les haïr que je m'aime
ou je ne pourrai pas obtenir ma grande joie.
C'est bien fâcheux d'évoquer ces gens-là,
mais je les hais tant que je ne puis m'en retenir ;
ils ne changeront jamais leurs façons.

Que Dieu m'accorde donc de tant servir ma dame
qu'ils aient le dépit de contempler ma joie.
Mon indéfectible loyauté
devrait bien aux yeux de ma dame avoir grande
mais je ne peux encore entrevoir [valeur ;
que ma dame veuille m'accorder en récompense
[aucun des biens
correspondant aux maux que j'ai soufferts.

Je n'y puis rien si ma dame consent
à tromper en cet amour son homme lige,
car j'ai appris à aimer loyalement
et jamais je ne cherche à y renoncer ;
elle devrait me soutenir de tout son possible,
voyant que je l'aime si amoureusement
et que je ne puis ni en aimer ni en prier une autre.

Le comte Geoffroi, qui doit me conseiller,
dit qu'il n'est pas un ami véritable,
celui qui parfois pense à renoncer à l'amour.

106
GACE BRULÉ
Chanson d'amour

AA'
1. Quant voi ren - ver - dir l'ar - broi - e,
3. d'une a - mor qui me mai - stroi - e
1.
2.
2. que li tens d'e - stey re - vient,
4. et en grant do - - lor me tient
B
5. vo - len - tiers me com - plain - droi - e,

I Quant voi renverdir l'arbroie,
Que li tens d'estey revient,
D'une amor qui me maistroie
Et en grant dolor me tient
Volentiers me complaindroie,
  Quant il me sovient
  Que je ne porroie
Müer ce qu'estre covient.

II Si covient qu'en Amors croie,
Qu'ele me garde et maintient;
Nonporquant sovent s'esfroie
Fins cuers qui tel fais soutient.
Trop me desconforteroie,
  Mais mout me retient
  Mes duelx et ma joie,
Qu'en li va et de li vient.

RS 1690, L 65-72, MW 764
Ms. O 123v-124r. Musique. Anonyme (voir *infra* p. 991).

6. quant il me so - vient 7. que je ne por - roi - e
8. mu- er ce qu'e - stre co - vient.

Quand je vois les bosquets reverdir,
que s'en revient la saison d'été,
d'un amour qui me gouverne
et me tient en grand chagrin
je me plaindrais volontiers,
car il me vient à l'esprit
que je ne pourrais pas
changer ce qui doit être.

Il me convient de croire en Amour
qui me protège et me soutient ;
pourtant bien souvent s'effraie
le cœur amoureux qui porte un tel fardeau.
Cela me serait trop douloureux,
mais je trouve un grand soutien
dans ma peine et ma joie :
elles procèdent d'elle, elles y retournent.

III Bele et bone, simple et sage,
Dame qui mon cuer avez,
Ne me tenez a folage
Ce que trop haut sui montez;
Se mi dui droit seignorage,
Amors et Beautez,
M'en font faire outrage,
Por Deu moi le pardonez.

IV Amors ne quiert haut parage
Ne richece ne fiertez,
Mais se donne en fin corage
Et i met totes bontez.
Ses douz espirs, par usaige
De grace donnez,
Donte le sauvage,
Atempre les destemprez.

V Amors veint par sa poissance
Toute riens, bien le savez :
Cuens ne dus ne rois de France
Ne nuns, tant soit hauz levez,
N'est en si bone cheance
Ne tant honorez
Com cil, sanz dotance,
Qui bien aimme et est amez.

VI Douce amors, douce esperance,
Douce volentez,
En vostre creance
Croi que je serai sauvez.

Belle et bonne, simple et sage,
dame qui possédez mon cœur,
ne m'accusez pas de folie
si j'ai visé trop haut ;
si mes deux maîtres légitimes,
Amour et Beauté,
me font commettre un outrage,
pour Dieu, pardonnez-le-moi.

Amour ne regarde pas la naissance
ni la richesse, ni la fierté,
mais elle se donne en cœur raffiné
et elle y met toutes les qualités.
Son doux esprit accordé,
à l'accoutumée, par sa grâce,
dompte le sauvage,
modère les immodérés.

Amour vainc par sa puissance
toutes créatures, vous le savez :
comte, duc, roi de France,
nul homme, si haut soit-il placé,
ne connaît une aussi grande chance,
et n'est l'objet de tant d'honneurs
que celui, sans nul doute,
qui aime bien et est aimé.

Doux amour, douce espérance,
doux désir,
à croire en vous,
je crois que je serai sauvé.

107
JEAN BODEL
Pastourelle

AA
1. Les un pin ver - doi - ant 2. tro - vai l'au - trier chan - tant
3. Ce - le va lui bai - sant 4. et cil li a - co - lant
1)
3. pa - store et som pa - stor.
6. par joie et par a - mor.
B
7. Tor - nai m'en un des - tor: 8. De ve - oir lor do - çor
2)
9. oi faim et grant ta - lant.

I [Les un pin verdoiant
Trovai l'autrier chantant
Pastore et som pastor.
Cele va lui baisant
Et cil li acolant
Par joie et par amor.
Tornai m' en un destor :
De veoir lor doçor
Oi faim et grant] talant.
Mout grant piece de jor
Fui iluec a sejor
Por veoir lor samblant.

RS 367, L 132-5, MW 463, B 1408
Mss. M 99r, T 85v-86r. Musique dans les deux mss. Attribution dans M.

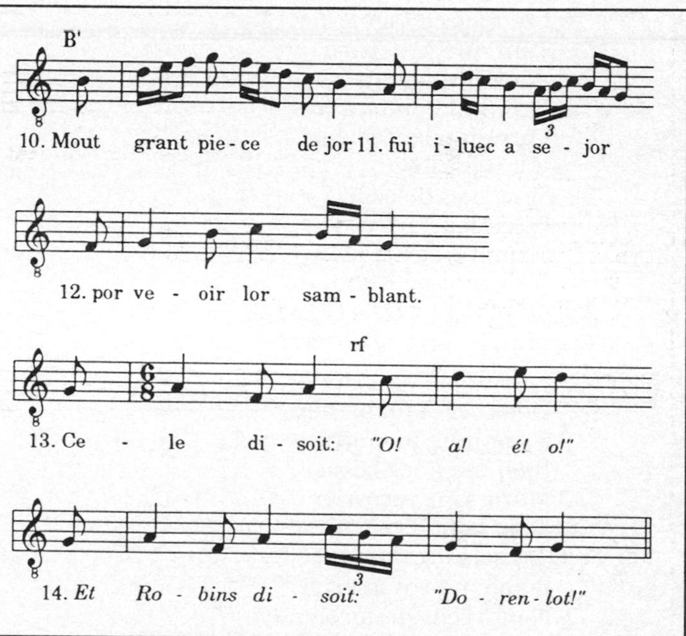
B'
10. Mout grant pie - ce de jor 11. fui i - luec a se - jor
3
12. por ve - oir lor sam - blant.
rf
13. Ce - le di - soit: "O! a! é! o!"
14. Et Ro - bins di - soit: "Do - ren - lot!"
3

Près d'un pin verdoyant,
j'ai trouvé l'autre jour chantant
une bergère et son berger.
Elle s'occupe à l'embrasser
et lui à l'enlacer
par joie et par amour.
Je me dirigeai vers un lieu écarté :
j'avais grande envie, grande faim
de voir leur doux ébats.
Une grande partie de la journée,
je demeurai là immobile
pour voir leur contenance.

Cele disoit : « *O ! a ! é ! o !* »
Et Robins disoit : « Dorenlot ! »

II Grant piece fui ensi,
Car forment m'abeli
Lor gieus a esguarder,
Tant que je departi
Vi de li son ami
Et ens el bois entrer.
Lors eu talent d'aler
A li por salüer ;
Si m'assis delez li,
Pris a li a parler,
S'amor a demander,
Maiz mot ne respondi.
Ançois disoit : « *O ! a ! é ! o !* »
Et Robins el bois : « Dorenlot ! »

III « Touse, je vos requier,
Donez moi un baisier ;
Se ce non, je morrai.
Bien me pöez laissier
Morir sanz recovrier
Se je le baisier n'ai.
Sor sains vos jurerai :
Ja mal ne vos querrai
Ne forceur destorbier. »
« Vassal, et je.l ferai ;
Trois fois vos baiserai
Por vos rassoagier. »
Ele redit : « *O ! a ! é ! o !* »
Et Robins el bois : « Dorenlot ! »

IV A cest mot, pluz ne dis ;
Entre mes bras la pris,
Baisai l' estroitement ;
Maiz an conter mespris,
Por les trois en pris sis.
Ele dit en riant :
« Vassal, a vo creant
Ai je fait largement

Elle disait : « *O ! a ! é ! o !* »
Et Robin répondait « Dorenlot ! »

Je restai un long moment ainsi,
car il me plaisait fort
de regarder leur jeu,
si bien que je vis le berger
se séparer d'elle
et entrer dans le bois.
Alors me prit l'envie d'aller
vers elle pour la saluer ;
je m'assis auprès d'elle,
je me mis à lui parler,
à lui demander son amour,
mais elle ne me répondit rien.
Elle disait plutôt : « *O ! a ! é ! o !* »
Et, du bois, Robin répondait : « Dorenlot ! »

« Bergère, je vous le demande,
donnez-moi un baiser ;
ou sinon j'en mourrai.
Vous risquez de me laisser
mourir sans rémission
si je n'obtiens pas ce baiser.
Je vous le jure sur les reliques,
je ne chercherai à vous faire aucun mal
ni violence contre votre gré. »
« Chevalier, eh bien, je le ferai ;
trois fois je vous embrasserai
pour vous soulager. »
Elle redit : « *O ! a ! é ! o !* »
Et, du bois, Robin répondit : « Dorenlot ! »

À ces mots, je n'ajoutai rien ;
je la pris entre mes bras,
je l'embrassai étroitement ;
mais je me trompai dans mon compte,
au lieu de trois, je lui en pris six.
Elle dit en riant :
« Chevalier, à votre demande,
j'ai répondu avec largesse

Pluz que ne vos pramis ;
Or vos proi bonement
Que me tenez covent,
Si ne me querez pis. »
Cele redit : « *O ! a ! é ! o !* »
Et Robins el bois : « Dorenlot ! »

V Li baisier par amor
Me doublerent l'ardor
Et pluz en fui destrois.
Par desous moi la tour,
Et la touse ot paor
Si s'escria trois fois.
Robins oï la vois,
Gautelos et Guifrois
Et cist autre pastor ;
Corant issent du bois
Et je, gabez, m'en vois,
Car la force en fu lor.
Puis n'i ot dit « *O* » *n'*« a, é, o » *;*
Robins ne dit puis « dorenlot ».

plus que je n'avais promis ;
maintenant je vous prie bonnement
que vous teniez votre engagement
et ne me demandiez pis. »
Et de redire : « *O ! a ! é ! o !* »
Et, du bois, Robin répondit : « Dorenlot ! »

Ces baisers d'amour
redoublèrent mon ardeur
et je fus bien plus pressant.
Je la culbute sous moi,
et la bergère prit peur,
par trois fois elle poussa un cri.
Robin entendit sa voix,
tout comme Gautelos et Guifrois
et d'autres bergers ;
ils accourent et sortent du bois
et moi, sous les railleries, je m'en vais
car la force était de leur côté.
Il n'y eut plus alors de « O » ni d'« a ! é ! o ! »
Robin ne dit plus : « Dorenlot ! »

108
RICHARD DE SEMILLY
Pastourelle

AA a
st. 2,4
1. L'au-trier che-vau-choi - e de - lez Pa - ris,
3. de - scen-di a ter - re, lez li m'as - is
a'
st. 3,5
2. trou-vai pa-sto - re - le gar - dant ber - biz;
4. et ses a-mo - re - tes je li re - quis.
BB b
5. El me dist "Biau si - re, par saint De - nis,
7. ja, tant conme il soit ne sains ne vis,
b'
st. 4
6. j'aim plus biau de vos el mult meuz a - pris.
8. au - tre n'a - me - ré, je le vos ple - vis,
c
9. car il est et biaus et cor-tois et se - nez."
rf c'c
1)
1.
2.
10. Deus, je sui jo - nete et sa - dete et s'aim tes
11. qui j'oen-nes est, sa - des et sa - ges as - sez!
st. 2
20. ja - més vif ne me trou - ve - rez."
21. dou - ce da - moi - se - le, vos m'o - cir - rez,

RS 1583, L 224-5, MW 27
Strophe I : B 537, str. II : B 620 (+ deux sources), str. III : B 1900, str. IV : B 1282, str. V : B 462.
Mss. N 81r-v, K 170bis-ter, P 185v-186r-v, V 45r-v, X 121v-122r. Musique dans tous les mss. Attribution dans KN.

I L'autrier chevauchoie delez Paris,
Trouvai pastorele gardant berbiz,
Descendi a terre, lez li m'assis
Et ses amoretes je li requis.
El me dist : « Biau sire, par saint Denis,
J'aim plus biau de vos et mult meuz apris.
Ja, tant conme il soit ne sains ne vis,
Autre n'ameré, je le vos plevis,
Car il est et biaus et cortois et senez. »
Deus, je sui jonete et sadete et s'aim tes
Qui joennes est, sades et sages assez !

II Robin l'atendoit en un valet,
Par ennui s'asist lez un buissonet,
Qu'il estoit levez trop matinet
Por cueillir la rose et le muguet,
S'ot ja a s'amie fet chapelet
Et a soi un autre tout nouvelet,
Et dist : « Je me muir, bele », en son sonet,
« Se plus demorez un seul petitet,
Jamés vif ne me trouverez. »
Tres douce damoisele, vos m'ocirrez
Se vos volez !

III Quant ele l'oï si desconforter,
Tantost vint a li sanz demorer.
Qui lors les veïst joie demener,
Robin debruisier et Marot baler !
Lez un buissonet s'alerent jöer,
Ne sai qu'il i firent, n'en quier parler,
Mes n'i voudrent pas granment demorer,
Ainz se releverent por meuz noter
Ceste pastorele :
Va li durëaus li durëaus lairrele !

IV Je m'arestai donc illec endroit
Et vi la grant joie que cil fesoit
Et le grant solaz que il demenoit
Qui onques Amors servies n'avoit,
Et dis : « Je maudi Amors orendroit,
Qui tant m'ont tenu lonc tens a destroit ;

L'autre jour je chevauchais près de Paris,
je rencontrai une bergère gardant ses brebis ;
je mis pied à terre, près d'elle je m'assis
et je lui demandai son amour.
Elle me répondit : « Seigneur, par saint Denis,
j'aime un homme plus beau que vous et mieux
Jamais tant qu'il sera sain et sauf, [appris.
je n'en aimerai un autre, je vous le garantis,
car il est beau, courtois et sage. »
Dieu, je suis toute jeune et jolie et j'en aime un
qui est jeune, joli et très sage !

Robin l'attendait dans un vallon ;
par ennui, il s'assit près d'un buisson,
car il s'était levé de bon matin
pour cueillir la rose et le muguet ;
il avait déjà tressé une couronne pour son amie
et une autre toute fraîche pour lui-même.
Il disait : « Je me meurs, belle » en sa chanson ;
« Si vous tardez un peu plus,
vous ne me trouverez plus vivant. »
Très douce demoiselle, vous me tuerez,
si c'est là ce que vous voulez !

Quand elle l'entendit se désoler ainsi,
elle accourut sans tarder près de lui.
Qui les aurait alors vus mener leur joie,
Robin se courber et Marot danser !
Ils allèrent jouer près d'un buisson,
je ne sais ce qu'ils y firent, je ne veux pas en parler,
mais ils ne voulurent pas y rester longtemps ;
ils se relevèrent vite pour mieux chanter
cette pastourelle :
Va li durëaus, li durëaus, lairrele !

Je m'arrêtai donc en cet endroit
et vis la grande joie qu'il éprouvait
et le grand plaisir qu'il manifestait,
lui qui n'avait jamais servi Amour.
Alors je dis : « Maintenant je maudis Amour
qui m'a si longtemps torturé ;

Je.s ai plus servies qu'onme qui soit
N'onques n'en oi bien, si n'est ce pas droit;
Por ce les maudi. »
Male honte ait il qui Amors parti
Quant g'i ai failli !

V De si loing conme li bergiers me vit,
S'escria mult haut et si me dist :
« Alez vostre voie, por Jhesu Crist,
Ne vos tolez pas nostre deduit !
J'ai mult plus de joie et de delit
Que li rois de France n'en a, ce cuit ;
S'il a sa richece, je la li cuit
Et j'ai m'amïete et jor et nuit,
Ne ja ne departiron. »
Danciez, bele Marion !
Ja n'aim je riens se vos non.

109
RICHARD DE SEMILLY
Pastourelle

I Je chevauchai l'autrier la matinee ;
Delez un bois, assez pres de l'entree,
Gentil pastore truis.

je l'ai plus servi que nul autre au monde
sans en avoir jamais de bonheur, ce n'est pas juste ;
voilà pourquoi je le maudis. »
Honte et malheur à celui à qui Amour donne sa faveur
alors que moi, j'y ai failli.

D'aussi loin que le berger me vit,
il cria très fort et il me dit :
« Passez votre chemin, par Jésus-Christ,
ne nous volez pas notre plaisir !
J'ai plus de joie, plus de délice,
que n'en a, je pense, le roi de France ;
il peut bien être riche, je l'en tiens quitte,
moi, j'ai ma petite amie, jour et nuit,
et jamais nous ne nous quitterons. »
Dansez, belle Marion !
Je n'aime rien si ce n'est vous.

RS 527, L 224-4, MW 536, B 1299
Mss. P 97r-v, K 174-175, N 83v-84r, V 47r-v, X 124v-125r. Musique dans tous les mss. Attribution dans KNPX.

Je chevauchais l'autre matin ;
le long d'un bois, non loin de l'entrée,
je rencontrai une gentille bergère,

Mes ne vi onques puis
[Ne] si plaine de deduis
Ne qui si bien m'agree.
Ma tres doucete suer,
Vos avez tot mon cuer,
Ne vos leroie a nul fuer ;
M'amor vos ai donee.

II Vers li me tres, si descendi a terre
Por li vöer et por s'amor requerre.
Tot maintenant li dis :
« Mon cuer ai en vos mis,
Si m'a vostre amor sorpris ;
Plus vos aim que riens nee. »
Ma tres [doucete suer,
Vos avez tot mon cuer,
Ne vos leroie a nul fuer ;
M'amor vos ai donee].

III Ele me dist : « Sire, alez vostre voie !
Vez ci venir Robin qui j'atendoie,
Qui est et bel et genz.
S'il venoit, sanz contens
N'en irïez pas, ce pens,
Tost avrïez meslee. »
Ma tres doucete [suer,
Vos avez tot mon cuer,
Ne vos leroie a nul fuer ;
M'amor vos ai donee].

IV « Il ne vendra, bele suer, oncor mie,
Il est dela le bois ou il chevrie. »
Dejoste li m'assis,
Mes braz au col li mis ;
Ele me geta un ris
Et dit qu'ele ert tuee.
Ma [tres doucete suer,
Vos avez tot mon cuer,
Ne vos leroie a nul fuer ;
M'amor vos ai donee].

jamais depuis je n'en ai vu
d'aussi charmante,
ni qui me plût autant.
Ma très douce petite sœur,
vous avez tout mon cœur,
je ne vous quitterais à aucun prix,
je vous ai donné mon amour.

Je me dirigeai vers elle, je mis pied à terre,
pour la voir et lui demander son amour.
Sur-le-champ je lui dis :
« J'ai mis mon cœur en vous,
votre amour m'a si bien surpris ;
je vous aime plus que tout au monde. »
Ma très douce petite sœur,
vous avez tout mon cœur,
je ne vous quitterais à aucun prix,
je vous ai donné mon amour.

Elle me répondit : « Seigneur, passez votre chemin !
Voici venir Robin que j'attendais.
Il est beau et charmant.
S'il venait, à mon avis,
vous ne partiriez pas sans vous quereller,
vous auriez tôt fait de vous battre. »
Ma très douce petite sœur,
vous avez tout mon cœur,
je ne vous quitterais à aucun prix,
je vous ai donné mon amour.

« Il ne viendra pas encore, chère amie,
il est au-delà du bois, à garder les chèvres. »
Je m'assis près d'elle,
je lui mis mes bras autour du cou ;
elle me fit un sourire
et dit que je l'étranglais.
Ma très douce petite sœur,
vous avez tout mon cœur,
je ne vous quitterais à aucun prix,
je vous ai donné mon amour.

V Quant j'oi tot fet de li quanq'il m'agree,
Je la besai, a Dieu l'ai commandee.
Puis dit, q'on l'ot mult haut,
Robin qui l'en assaut :
« Dehez ait hui qui en chaut !
Ç'a fet ta demoree. »
[Ma tres doucete suer,
Vos avez tot mon cuer,
Ne vos leroie a nul fuer ;
M'amor vos ai donee].

110
RICHARD DE SEMILLY
Chanson d'amour

a
1. Par a-mors fe-rai chan-çon 2. pour la tres be - le lo - er;

a
3. tout me sui mis a ban- don 4. en li ser- vir et a - mer;

B
5. mult m'a fet maus en-du - rer, 6. si.n a - tent le guer- re- don,

I Par amors ferai chançon
Pour la tres bele löer ;
Tout me sui mis a bandon
En li servir et amer ;
Mult m'a fet maus endurer,

Quand j'eus obtenu d'elle tout ce que je voulais,
je l'embrassai et la recommandai à Dieu.
Elle dit, bien fort pour qu'on l'entende,
à Robin qui la querelle :
« Malheur à qui cela importe !
C'est ton retard le responsable. »
Ma très douce petite sœur,
vous avez tout mon cœur,
je ne vous quitterais à aucun prix,
je vous ai donné mon amour.

RS 1860, L 224-10, MW 1237, B 417
Mss. K 171-172, N 82r-v, P 101r-v-102r, V 46r-v, X 122v-123r. Musique dans tous les mss. Attribution dans KNPX.

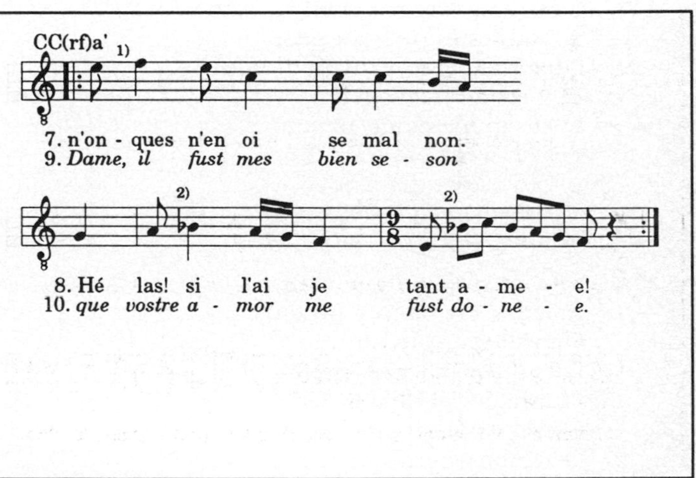
CC(rf)a'
1)
7. n'on - ques n'en oi se mal non.
9. *Dame, il fust mes bien se - son*
2)
2)
9
8
8. Hé las! si l'ai je tant a - me - e!
10. *que vostre a - mor me fust do - ne - e.*

Par amour, je ferai une chanson
pour louer la très belle ;
je me suis entièrement abandonné
à son service, à son amour ;
elle m'a fait endurer bien des peines

Si.n atent le guerredon,
N'onques n'en oi se mal non.
Hé las ! si l'ai je tant amee !
Dame, il fust mes bien seson
Que vostre amor me fust donee.

II Onques riens mes cuers m'ama
Fors la bele pour qui chant,
Ne jamés riens n'amera,
Ce sai je bien autretant.
Ma douce dame vaillant,
Bien sai, quant il vos plera,
En pou d'eure me sera
Ma grant paine guerredonnee.
Dame qui je aim pieç'a,
Et quant m'iert vostre amor donee ?

III Dame ou touz biens sont assis,
Une riens dire vos vueil :
Se vous estes de haut pris,
Pour Dieu, gardez vous d'orgueil
Et soiez de bel acueil
Et aus granz et aus petiz ;
Vos ne serez pas touz dis
Ensi requise et demandee.
Dame ou j'ai tout mon cuer mis,
Et quant m'iert vostre amor donee ?

IV Se vous vivez longuement,
Dame, il ert oncore un tens
Ou viellece vous atent.
Lors diroiz a toutes genz :
« Lasse, je fui de mal sens,
Que n'amai en mon jouvent,
Ou requise iere souvent ;
Or sui de chascun refusee. »
Dame que j'aim loiaument,
Et quant m'iert vostre amor donee ?

V Chançon, va tost sanz delai
A la tres bele au vis cler
Et si li di de par moi

et j'en attends la récompense,
mais je n'ai obtenu d'elle que chagrin.
Hélas ! moi qui l'ai pourtant tant aimée !
Dame, il serait désormais bien temps
de me donner votre amour.

Mon cœur n'a jamais aimé personne
si ce n'est la belle pour qui je chante,
et il n'en aimera nulle autre,
je le sais tout autant.
Ma douce dame de valeur,
je le sais, quand il vous plaira,
en peu de temps sera
récompensée ma grande peine.
Dame que j'aime depuis longtemps,
quand donc me sera donné votre amour ?

Dame en qui se trouvent toutes les qualités,
je veux vous dire quelque chose :
si vous avez une grande valeur,
pour Dieu, gardez-vous d'orgueil
et soyez bien accueillante
aux grands comme aux humbles ;
vous ne serez pas toujours
ainsi priée et convoitée.
Dame où j'ai mis tout mon cœur,
quand donc me sera donné votre amour ?

Si vous vivez une longue vie,
dame, il viendra encore un jour
où la vieillesse vous attend.
Alors vous direz à tous :
« Hélas, je fus mal avisée
de ne pas aimer en mon jeune âge
où j'en étais souvent priée ;
aujourd'hui chacun me refuse. »
Dame que j'aime avec loyauté,
quand donc me sera donné votre amour ?

Chanson, va vite sans t'attarder
à la très belle au clair visage,
et dis-lui de ma part

Que je muir por bien amer,
Car je ne puis plus durer
A la dolor que je trai;
Ne ja respas n'en avrai,
Puis que ma mort tant li agree.
Dame que j'aim de cuer vrai,
Et quant m'iert vostre amor donee ?

111
GONTIER DE SOIGNIES
Chanson satirique

I Li xours comence xordement :
Xors est li siecles devenus
Et xort en sont toute la gent.
Xors est li siecles et perdus :
Ki de l'autrui veult maix noient,
Moult xordement est respondus;
Et malvestiés le mont porprent,
Ke les barons fait xors et mus.
Chanteis, vos ki veneis de cort,
La xorderie por lou xort !

II Duel ai del clergiet tout avant
Ki nos devroient chaistoier,
Ki en lor sen se fient tant
Ke il veullent Deu engingnier;
Prendre veullent et mentir tant
....
....
Et adés avoir faus lueir.
Chanteiz, [vos ki veneis de cort,
La xorderie por lou xort] !

III Duel ai des dames ki mesfont
Et a tort laissent lors maris,
Ke signors boens et loiaulz ont
Et sor ceaus aimment les faillis.
Lais ! ces dolentes, ke feront

que je meurs à bien l'aimer.
Je ne peux plus résister
à la douleur que j'endure ;
jamais je n'en aurai de guérison
puisque ma mort lui plaît tant.
Dame que j'aime d'un cœur sincère,
quand donc me sera donné votre amour ?

RS 723, L 92-14, MW 823, B 340
Ms. C 137v-138r. Sans musique. Attribution.

Le sourd commence sourdement :
le siècle est devenu sourd
et tous en sont assourdis.
Sourd est le siècle et perdu :
celui qui aujourd'hui quémande du bien d'autrui,
il a droit à une réponse de sourd ;
la méchanceté s'empare du monde,
elle rend les barons sourds et muets.
Chantez, vous qui venez de la cour,
ma sourderie pour les sourds !

Je suis bien triste avant tout pour les clercs
qui devraient nous reprendre,
ils ont tant confiance en leurs facultés
qu'ils veulent abuser Dieu ;
ils veulent tant prendre et mentir
....
....
et obtenir sur-le-champ un faux salaire.
Chantez, vous qui venez de la cour,
ma sourderie pour les sourds !

Je suis bien triste pour les dames qui agissent mal
et à tort délaissent leurs époux,
elles ont des maris bons et loyaux
mais elles leur préfèrent les lâches.
Hélas ! les malheureuses, que feront-elles

Quant vanrait a jor del juïs,
Ke li martir i trambleront ?
Lors les consaut sains Esperis !
Chanteis, vos ki veneis de cort,
[La xorderie por lou xort] !

IV Duel ai des povres cheveliers
Dont si haus suet estre li nons,
Car on les soloit tenir chiers
Et faire signors des barons.
Or est grans chose li maingiers
Et en tout l'an uns petis dons,
Et, s'un pouc monte li dongiers,
Aincor en est li respis lons.
Chanteis, vos [ki veneis de cort,
La xorderie por lou xort] !

V Amors soloit faire jaidis
Plux de miraicles ke li saint,
Maix or est tous perdus ses pris
Et li bruis des tornois remaint.
Je ne sai dix en nul païx
Dont nulz de bien faire se poent.
Gontiers deproie ses amis
Et lors lowe ke chascuns aint.
Chanteis, vos ki veneis de cort,
La xorderie por lou xort !

quand viendra le jour du Jugement
quand même les martyrs trembleront?
Que le Saint-Esprit leur donne alors son aide!
Chantez, vous qui venez de la cour,
ma sourderie pour les sourds!

Je suis bien triste pour les pauvres chevaliers
dont le renom avait une si grande valeur,
car on était habitué à les estimer,
à les tenir pour les maîtres des barons.
Maintenant leur grande affaire, c'est de manger
et d'obtenir, pour toute une année, un petit
[cadeau,
et si un don s'avère un peu plus important,
encore faut-il attendre bien longtemps.
Chantez, vous qui venez de la cour,
ma sourderie pour les sourds!

Jadis Amour avait coutume de réaliser
plus de miracles que les reliques,
mais voilà qu'on n'en fait plus de cas
et la renommée des tournois retombe.
Sur dix hommes, en quelque pays que ce soit,
il n'en est pas un seul qui se pique de bien agir.
Gontier en prie ses amis
et leur conseille à chacun d'aimer.
Chantez, vous qui venez de la cour,
ma sourderie pour les sourds!

112
GONTIER DE SOIGNIES
Rotrouenge

a
1. Chan - ter m'e - stuet de re - co - mens
a'
1)
2. quant l'ore est doche et clers li tens,
a''
3
3. et non - pour - quant si sui do - lens.

I Chanter m'estuet de recomens
Quant l'ore est doche et clers li tens,
Et nonpourquant si sui dolens.
Oiés pour quoi :
Quant cele a qui sui atendens
Ne velt avoir merchi de moi.

II Molt aim ma dame et voil et pri,
Mais d'une cose m'a traï :
Quant li paroill, si m'entrobli.
Oiés pour quoi :
Tant par desir l'amor de li
Ke tous sui faus quant je la voi.

III Ne puis mon coraige covrir.
De ço ke plus voil et desir,
Bien m'en devroie repentir.
Oiés pour quoi :
Car molt voi a noient venir
Çou dont on fait plus grant desroi.

RS 636, L 92-3, MW 178, B 1926
Ms.T 115r. Musique. Attribution.

Il me faut chanter une fois de plus
car l'heure est douce et clair le temps,
et pourtant je suis bien triste.
Écoutez pourquoi :
C'est que la dame à qui j'aspire
ne veut pas avoir pitié de moi.

J'aime fort ma dame, je la veux, je la prie,
mais je suis trahi sur un point :
quand je lui parle, je m'oublie.
Écoutez pourquoi :
J'ai un si grand désir de son amour
que j'en deviens fou quand je la vois.

Je ne peux dissimuler mon cœur.
Ce que je veux et convoite le plus,
je devrais m'en abstenir.
Écoutez pourquoi :
C'est que je vois se réduire à néant
ce dont on fait le plus grand cas.

IV Se ma dame seüst le voir
Com je sui siens a mon pooir,
De moi aroit merci, espoir.
Oiés pour quoi :
Car ne me puis de li movoir ;
Som plaisir faice, je l'otroi.

V Iceste amors me fait soulas
Sol del penser, quant plus n'en fas,
Et si resui dolans et mas.
Oiés pour quoi :
Quant je me gis, si m'en porchas ;
Por el ne.l di ne m'i anoi.

VI Ma rotruenge finera ;
Bien puet savoir ki amé a
Se bien ou malement m'esta.
Oiés pour quoi :
Car je sui chil ki l'amera,
Si n'en fera plus grant effroi.

113
GONTIER DE SOIGNIES
Rotrouenge

I Je n'em puis mon cuer blasmer quant il sospire,
Car je vif a grant dolor et a martire ;
Grans dolors est de penser, ki n'ose dire,
Et plus grief [est] de proier pour escondire.
De legier me puet la belle desconfire,
Quant li pains de som païs me samble chire ;
Car mieus aim de li songier
Belle mençoigne
K'avoc une autre couchier
De jor sans soigne.

Si ma dame savait en vérité
comme je lui appartiens de tout mon pouvoir,
peut-être qu'elle aurait pitié de moi.
Écoutez pourquoi :
C'est que je ne peux me séparer d'elle ;
qu'elle fasse ce qu'elle veut, je le lui permets.

Cet amour m'apporte la consolation
à simplement y penser, je ne fais rien de plus,
et en même temps j'en suis triste et abattu.
Écoutez pourquoi :
C'est que même couché, je suis préoccupé ;
je le dis comme ça : cela ne me pèse pas.

Ici se terminera ma rotrouenge ;
celui qui a déjà aimé peut savoir
si j'endure bien ou mal.
Écoutez pourquoi :
C'est que je suis celui qui l'aimera,
sans, pourtant, en faire plus de tapage.

RS 1505a (=768), L 92-5, MW 41, B 306
Ms. T 116r-v. Sans musique. Attribution.

Je ne peux critiquer mon cœur de soupirer,
car je vis dans une grande douleur et dans le
[martyre ;
il souffre une grande douleur à penser, celui qui
[n'ose pas parler,
et plus douloureuse est la prière, pour qui n'attend
[que refus.
La belle peut facilement me défaire
puisque le pain de son pays me semble de la cire.
Car j'aime mieux rêver d'elle
un beau mensonge
que coucher avec une autre
en plein jour, sans chandelle / rêver.

II Je tenroie volentiers s'obedïense,
K'il n'a nule si vaillant dusk'en Provence,
Certes, jou aim mieus assés k'ele me mence
C'une autre me desist voir ki mains m'agence.
Bien fust m'ame em paradis tot em presence
Se je sosfrisse por Dieu tel penitence.
Car [mieus aim de li songier
Belle mençoigne
K'avoc une autre couchier
De jor sans soigne].

III Je ne puis entroblïer mon grant damaige,
Dont je sospir nuit et jor ens mon coraige ;
Mais tant ai de reconfort ki m'asouage
Ke ne li sui riens forfais par men folage.
Ses hom serai a tos jors, ja n'ier salvage.
Bien venroie d'outremer par son message,
Car [mieus aim de li songier
Belle mençoigne
K'avoc une autre couchier
De jor sans soigne].

IV A mon cuer n'avroit pas [fait] si grant outraige,
Tant par est mieudre de moi, sans signoraige ;
Ne portant si humelie mon coraige,
C'ainc n'oï k'amors vausist gaigier paraige.
Bien saice pour li irai en hermitaige,
Et se li ferai conter par mon messaige ;
Car [mieus aim de li songier
Belle mençoigne
K'avoc une autre couchier
De jor sans soigne].

Volontiers je resterais à ses ordres
car il n'y a pas de dame d'une telle valeur jusqu'en
[Provence ;
certes je préfère de loin qu'elle me mente
plutôt qu'une autre me dise une vérité moins
[flatteuse.
Mon âme serait à l'instant en paradis
si pour Dieu je souffrais une telle pénitence.
Car j'aime mieux rêver d'elle
un beau mensonge
que coucher avec une autre
en plein jour, sans chandelle / rêver.

Je ne puis oublier mon grand dommage
dont nuit et jour je soupire du fond du cœur ;
mais je trouve un grand réconfort qui m'apaise
en ce que jamais je ne lui ai causé de tort par ma
[folie ;
je serai toujours son homme lige et jamais
[insoumis.
Je reviendrais bien d'outre-mer à son seul appel,
Car j'aime mieux rêver d'elle
un beau mensonge
que coucher avec une autre
en plein jour, sans chandelle / rêver.

Elle n'aurait pas fait si grand tort à mon cœur :
elle vaut tellement mieux que moi, sans même
[compter sa noblesse ;
néanmoins j'humilie devant elle mon cœur, car
[jamais
je n'ai entendu dire que le rang fût un gage
[d'amour.
Qu'elle le sache bien : pour elle, je me retirerai
[dans un ermitage
et je le lui ferai savoir par mon messager.
Car j'aime mieux rêver d'elle
un beau mensonge
que coucher avec une autre
en plein jour, sans chandelle / rêver.

V Se jou l'aim de tot mon cuer, drois est ke.l faice,
Car molt doit grant joie avoir qui ele embraice.
Ele me fist l'autre soir une manaice,
Pour qui il m'estuet canter ; si m'en solace.
Las ! se çou avient jamais k'ele me bace,
Pis arai ke forsenés ki porte mace ;
Car [mieus aim de li songier
Belle mençoigne
K'avoc une autre couchier
De jor sans soigne].

VI Mes chanters n'est pas soshais, quoi que on die,
Mais si voil mon duel mener ke on en rie.
Bien vous di, et puis jurer, tel cortoisie,
K'amors se velt bien garder sans villonie ;
En tel lieu velt asambler sa compaignie
Ki ne li consent a faire villonie.
Car [mieus aim de li songier
Belle mençoigne
K'avoc une autre couchier
De jor sans soigne].

VII Rotruenge, je t'envoi droit em Borgoigne
Au conte ke jou molt aim, k'il te despoigne ;
Car ne sai trover som per dusqu'en Gascoigne.
A lui voill plaindre mon duel et ma besoigne ;
Par amors li voil proier c'un don me doigne :
Qu'en chantant le laist savoir et le tiesmoigne.
Car [mieus aim de li songier
Belle mençoigne
K'avoc une autre couchier
De jor sans soigne].

Si je l'aime de tout mon cœur, c'est légitime
car celui qu'elle embrasse doit connaître une
[grande joie.
Elle me menaça l'autre jour,
celle pour qui il me faut chanter : ainsi je me
[console.
Hélas ! s'il advient jamais qu'elle me frappe,
je souffrirai plus que le fou furieux qui porte une
[massue.
Car j'aime mieux rêver d'elle
un beau mensonge
que coucher avec une autre
en plein jour, sans chandelle / rêver.

Mon chant n'est pas de plaisir, quoi qu'on en dise,
mais je veux exprimer mon chagrin de façon
[agréable.
Je vous l'affirme, je vous le jure, cet aspect de la
[courtoisie :
Amour veut rester exempt de toute vilenie ;
il veut rassembler ses compagnons en un lieu
qui ne leur suggère pas de commettre de vilenie.
Car j'aime mieux rêver d'elle
un beau mensonge
que coucher avec une autre
en plein jour, sans chandelle / rêver.

Rotrouenge, je t'envoie droit en Bourgogne
au comte que j'aime tant pour qu'il t'interprète ;
je ne sais lui trouver d'égal jusqu'en Gascogne.
Devant lui je veux me plaindre de ma peine et de
[mon souci ;
par amitié, je veux le prier de m'accorder un don :
qu'il le fasse savoir et en témoigne par le chant.
Car j'aime mieux rêver d'elle
un beau mensonge
que coucher avec une autre
en plein jour, sans chandelle / rêver.

114
GONTIER DE SOIGNIES
Rotrouenge

AA
3
1)
(♭)
1. Li tans nou - veaus et la dou - çors
3. me fait e - stre pen - sieu d'a - mors
1)
2. ki nous re - trait her - bes et flors
4. et re - no - vel - le mes do - lors.

I Li tans nouveaus et la douçors
Ki nous retrait herbes et flors
Me fait estre pensieu d'amors
Et renovelle mes dolors.
Ce dont me plaing sor tote rien
Tenroit uns autres a grant bien.

II Vers une dame de haut pris
Avoie mon coraige mis ;
Trop legierement le conquis,
Autrui fust boin et moi est pis.
Ce dont [me plaing sor tote rien
Tenroit uns autres a grant bien].

III Savés por quoi je m'en deshait ?
Ele estoit molt de riche fait ;
Or croi ke mains de bien i ait,
Quant jou si tost i trovai plait.
Ce dont [me plaing sor tote rien
Tenroit uns autres a grant bien].

IV Un grant termine li celai
C'onques jehir ne li osai ;

RS 2031, L 92-12, MW 79, B 312
Ms. T 113r-v. Musique. Attribution.

B (rf)
3
5. Ce dont me plaing sor to - te rien
6. ten - roit uns au- tres a grant bien.

La saison nouvelle et la douceur
qui nous ramènent herbes et fleurs
me rendent tout pensif d'amour
et renouvellent mes chagrins.
Ce dont plus que tout je me plains,
un autre le tiendrait pour un grand bonheur.

J'avais mis mon cœur
en une dame de haute valeur ;
je la conquis sans nulle peine,
à autrui cela aurait paru bon, pour moi, c'est pire.
Ce dont plus que tout je me plains,
un autre le tiendrait pour un grand bonheur.

Savez-vous ce qui me chagrine ?
Elle avait bien de riches attraits ;
je crois aujourd'hui qu'elle en a moins,
puisque si vite j'ai trouvé en elle satisfaction.
Ce dont plus que tout je me plains,
un autre le tiendrait pour un grand bonheur.

Pendant longtemps je lui dissimulai
ce que jamais je n'osais lui avouer ;

Et tantost ke jou li proiai,
Tout quanques je quis i trovai.
Ce dont [me plaing sor tote rien
Tenroit uns autres a grant bien].

V Molt li seüsse millor gré
S'un petit m'eüst refusé
Ou tart ou a envis doné
Çou ke jou avoie rové.
Ce dont [me plaing sor tote rien
Tenroit uns autres a grant bien].

VI Or proi Gontier ke chant en haut
Et si li die ke poi vaut
Chasteaus c'om prent par un assaut ;
K'il se tiene, ou autrui n'en chaut !
Ce dont [me plaing sor tote rien
Tenroit uns autres a grant bien].

mais aussitôt que je lui fis ma prière,
j'obtins absolument tout ce que je demandais.
Ce dont plus que tout je me plains,
un autre le tiendrait pour un grand bonheur.

Je lui en aurais su meilleur gré,
si elle s'était refusée un petit moment
et m'avait accordé plus tard ou avec réticence
ce que je lui avais demandé.
Ce dont plus que tout je me plains,
un autre le tiendrait pour un grand bonheur.

Je prie aujourd'hui Gontier de chanter fort
et de bien lui dire que petite valeur
a le château qui tombe au premier assaut ;
qu'il résiste, sinon on le dédaigne !
Ce dont plus que tout je me plains,
un autre le tiendrait pour un grand bonheur.

115
GAUTIER DE DARGIES
Descort

I AA a
1. La dou-ce pen-se - e 2. qui me vient d'a-mour
5. tant l'ai de-sir - re - e, 6. la dou-ce do-lour,
a
3. m'est u cuer en-tre - e 4. a touz jours sanz re-tour;
7. que rienz qui soit ne - e 8. ne m'a tel sa-vour.
II BBB b
II. 9. Dou - ce da - me, ainc ne vous dis nul jour
11. Mort m'ont mi oeill, qui m'ont mis en er-rour,
13. je lor par-doinz, quar tant m'ont fait d'o-nour
b'
10. ma grant do - lor, ainz l'ai touz jours ce - le - e.
12. dont la pain - ne n'iert ja jour a - che - ve - e;
14. que la meil - leur du mont ai en - a - me - e.
III CCCC
15. Qui voit sa cri - gne bloi - e,
17. et son col qui blan - choi - e
19. c'est ma dame et ma joi - e
21. cer - tes, je ne vou - droi - e
1. 2. 3.
4.
16. que sam - ble qu'el soit d'or,
18. de - souz le biau chief sor,
20. et mon ri - che tre - sor;
22. sanz li va - loir He - ctor.
IV DDD
23. De si bel - le, dame a - mer
25. puiz qu'a-mours m'i fait pen-ser,
27. con - ment por - roie a - che-ver,
24. ne se por - roit nus des-fen - dre;
26. el mi de - vroit bien a - pren - dre
28. puiz qu'ail-leurs ne puis en - ten - dre.

RS 539, L 73-16, MW 689, 60
Mss. M 90v-91r, C 137r-v, T 147v-148r-v. Musique dans MT. Attribution dans MT.

V EE c
8) c'
29. Se je li di-soi-e 30. que s'a-mours fust moi-e,
31. grant or-gueill fe-roi-e, 32. ne-is se.l pen-soi-e.
VI FFF
33. Ainz sou-fer-rai mon mar-ty-re!
35. se par pi-tié ne re-mi-re
37. car tant re-dout l'e-scon-di-re
9)
34. Ja ne sa-vra mon pen-ser,
36. les maus que me fait por-ter;
38. de sa tres grant vo-len-té,
F'
39. tel cho-se por-roi-e di-re 40. dont el me sa-vroit mal gré.
VII G
41. La ou Deus a as-sam-blé
42. pris et va-leur et bon-té
1)
43. t'en va, des-cors, sanz pluz di-re
45. c'on puet bien par toi es-li-re
d
1.
2.
44. fors i-tant, pour l'a-mour Dé,
46. que je ne chant fors pour lé,
d'
47. dont Deus me doint estre a-mé.

I La douce pensee
Qui me vient d'amour
M'est u cuer entree
A touz jours sanz retour ;
Tant l'ai desirree,
La douce dolour,
Que rienz qui soit nee
Ne m'a tel savour.

II Douce damë, ainc ne vous dis nul jour
Ma grant dolor, ainz l'ai touz jours celee.
Mort m'ont mi oeill, qui m'ont mis en errour,
Dont la painne n'iert ja jour achevee ;
Je lor pardoinz, quar tant m'ont fait d'onour
Que la meilleur du mont ai enamee.

III Qui voit sa crigne bloie,
Que samble qu'el soit d'or,
Et son col qui blanchoie
Desouz le biau chief sor,
C'est ma dame et ma joie
Et mon riche tresor ;
Certes, je ne voudroie
Sanz li valoir Hector.

IV De si belle dame amer
Ne se porroit nus desfendre ;
Puiz qu'amours m'i fait penser,
El mi devroit bien aprendre
Conment porroie achever,
Puiz qu'ailleurs ne puis entendre.

V Se je li disoie
Que s'amours fust moie,
Grant orgueill feroie,
Neïs se.l pensoie.

VI Ainz souferrai mon martyre !
Ja ne savra mon penser,
Se par pitié ne remire
Les maus que me fait porter,

La douce pensée
qui me vient d'amour
m'est entrée dans le cœur
à jamais, sans retour ;
je l'ai tant désirée,
cette douce souffrance,
que rien qui existe
n'a pour moi autant de saveur.

Douce dame, je ne vous ai jamais dit
ma grande douleur, mais je vous l'ai toujours
[cachée.
Mes yeux m'ont tué en me jetant dans ce trouble
dont jamais je n'épuiserai la peine ;
je le leur pardonne car ils m'ont fait assez
[d'honneur
en me faisant aimer la meilleure du monde.

Qui voit sa blonde chevelure,
qui ressemble à de l'or,
et son cou à l'éclatante blancheur
sous sa tête dorée !
Elle est ma dame, elle est ma joie,
elle est mon riche trésor ;
certes, je ne voudrais pas,
sans elle, valoir autant qu'Hector.

Aimer une si belle dame,
nul ne pourrait s'en empêcher ;
puisqu'Amour m'y fait penser,
il devrait bien aussi m'apprendre
comment je pourrais parvenir à mes fins,
puisque je ne peux envisager un autre amour.

Si je lui disais
que son amour devrait être mien,
je serais trop orgueilleux,
même si je ne faisais que le penser.

Je souffrirai plutôt mon martyre !
Elle ne saura jamais ma pensée,
si elle ne considère par compassion
les maux qu'elle me fait endurer,

Car tant redout l'escondire
De sa tres grant volenté ;
Tel chose porroie dire
Dont el me savroit mal gré.

VII La ou Deus a assamblé
Pris et valeur et bonté
T'en va, descors, sanz pluz dire
Fors itant, pour l'amour Dé,
C'on puet bien par toi eslire
Que je ne chant fors pour lé,
Dont Deus me doint estre amé.

je redoute tant qu'elle me rejette
par son très grand pouvoir ;
je pourrais bien dire telle parole
dont elle me saurait mauvais gré.

Là où Dieu a réuni
le prix, la valeur et la beauté,
va-t-en, mon descort, sans dire davantage
que ceci, pour l'amour de Dieu :
qu'on peut bien, grâce à toi, discerner
que je ne chante que pour ma seule dame,
Dieu me donne d'en être aimé !

116
GAUTIER DE DARGIES
Chanson d'amour

(♯)
1. Des- que ci ai touz jorz chan - té
2. de mult bon cuer fin et loi - al en- tier,
3. n'ainc de chan- gier 4. n'oi de- denz mon cuer vo - len - té,
5. ne ma pai - ne ne m'i ot onc me - stier.

I Desque ci ai touz jorz chanté
De mult bon cuer fin et loial entier,
N'ainc de changier
N'oi dedenz mon cuer volenté,
Ne ma paine ne m'i ot onc mestier.
Bien m'a Amors a son oés esprouvé ;
Detenu m'a ; ja ne la qier lessier,
Et s'en voit on les pluseurs mes targier.

II Ne sont cil fol maleüré
Dont il est trop por Amors guerroier ?
Par lor pledier

RS 418, L 73-9, MW 2396
Mss. K 127-128, C 104r-v, M 88v-89r, N 75r-v, P 53r-v-54r, T 144r-v, U 61v, X 88v-89r, a 17r-v. Musique dans tous les mss. sauf C. Attribution dans tous les mss. sauf U.

[7]
6. Bien m'a A - mors a son oés es- prou - vé;
[7]
7. de - te - nu m'a; ja ne la qier les - sier,
8. et s'en voit on les plu - seurs mes tar - gier.

Jusqu'ici j'ai toujours chanté
d'un cœur très pur et entièrement loyal ;
jamais volonté
de changer n'est entrée en mon cœur,
et ma peine ne m'a pas valu grand-chose.
Amour m'a mis de tout son pouvoir à l'épreuve ;
il m'a retenu ; je ne veux jamais le quitter,
même si l'on en voit plus d'un aujourd'hui s'en
[dispenser.

Ces gens-là ne sont-ils pas de malheureux fous
dont tant sont occupés à faire la guerre contre
Par leurs propos [Amour ?

Avront maint amant destorbé,
Ne ja nul d'aus n'i verrez gaaingnier.
De ce deüssent estre porpensé :
Que tels puet nuire qui ne puet aidier ;
Mes envïeus ne se puet chastïer.

III Tele gent ont petit amé
Qui se painent de nos contralïer.
Ce n'a mestier,
Car ja tant n'avront devisé
Que nus doie pour els amors lessier.
Non fera il, s'en li n'a fausseté.
Deus ! qui n'aime, de quoi se set aidier ?
Voist soi rendre, qu'au siecle n'a mestier.

IV Je me tieng mult a honoré
De ce qu'onc jor n'oi talent de trichier
Ne de boissier ;
Ainz me truis tous tens alumé
Si freschement com fui au conmencier,
Oncore m'ait guerredons demoré.
Je me confort en ce qui puet aidier :
En loiauté vueil perdre ou gaaignier.

V L'en m'en a mainte foiz blasmé
De ce que trop me sui mis en dangier,
Mes foloier
Voi touz ceus qui le m'ont moustré ;
Car nus ne puet melz sa poine enploier :
Tost a Amors le plus haut don doné.
Si ne s'en doit nus hons trop merveillier :
Pour sa joie se doit on traveillier.

VI A vous le di, compains Gasse Brullé :
Pensés d'Amors, de son non essaucier,
Que mesdisant le veulent abaissier.

ils auront perturbé bien des amants,
et vous ne verrez jamais l'un d'eux y gagner.
Ils devraient bien penser à ceci :
qui ne peut aider peut en revanche nuire ;
mais rien ne corrigera un envieux.

Ces gens-là ont peu aimé
et ils se peinent de nous critiquer.
Point n'est besoin :
ils n'auront jamais tant bavardé
qu'on doive pour eux abandonner l'amour.
On ne le fera pas à moins d'être un hypocrite.
Dieu ! celui qui n'aime pas, quel profit peut-il [avoir ?
Qu'il s'en aille se cloîtrer, il n'est pas utile au [siècle.

Je me juge rempli d'honneur
de n'avoir jamais eu l'envie de mentir
ni de tromper ;
mais je me trouve en tous temps embrasé
aussi vivement que je le fus au premier jour,
et pourtant la récompense ne m'est pas encore [advenue.
Je mets mon réconfort en ce qui peut m'aider :
je veux perdre ou gagner par ma seule loyauté.

Assez souvent l'on m'a blâmé
de m'être trop mis au pouvoir d'autrui,
mais je vois agir en fous
tous ceux qui m'ont fait cette remontrance ;
car on ne peut mieux employer sa peine :
Amour a vite fait de donner le plus beau des dons.
Aussi nul ne doit-il s'en étonner :
pour sa joie on doit éprouver du tourment.

C'est à vous que je le dis, mon compagnon Gace [Brulé :
pensez à rehausser le renom d'amour
que les médisants veulent tant abaisser.

117
GAUTIER DE DARGIES
Chanson d'amour

I Cançon ferai molt maris
D'Amors, ki tant seut valoir.
Faus l'ont laissié dechaoir,
S'en est peris
Li mons et vencus et faillis ;
Drois est, puis k'Amors n'a pooir,
Ke li siecles ne puet mais riens valoir.

II Molt nos ont a noient mis
Amors, ki donoit savoir
Dames, barons et valoir ;
Honors et pris
En est durement amatis,
Si ke vous savés tot de voir
Largesce et biens se fait mais peu paroir.

III Soulas, depors, gieus et ris,
Cortoisie et dire voir
Voit on mais bien remanoir ;

RS 1565, L 73-7, MW 2359
Mss. T 145r-v, A 157r-v, K 130, M 94v-95r, N 76v, P 55v-56r, X 90v, a 16r-v. Musique dans tous les mss. Attribution dans tous les mss.

5. li mons et ven-cus et fail - lis;
6. drois est, puis k'A-mors n'a po - oir,
7. ke li sie-cles ne puet mais riens va - loir.

Je composerai une chanson dans le chagrin
sur Amour qui avait tant de valeur.
Les menteurs l'ont fait déchoir,
et il en est mort,
le monde, il en est vaincu, venu à sa fin ;
et c'est justice, puisqu'Amour n'a plus de pouvoir ;
l'époque en perd toute sa valeur.

Ils nous ont réduit à néant
l'amour qui donnait aux dames
et aux barons sagesse et valeur ;
l'honneur et le prix
en sont durement abattus,
vous pouvez en être tout à fait sûrs,
la largesse, la bonté, on les voit peu paraître.

Jeux et amusements, divertissements et rires,
courtoisie, paroles sincères,
tout cela, on le voit, a cessé désormais ;

Bien est traïs
Chil, cele ki s'en fait eschis,
Car nus ne puet grant joie avoir
K'il ne conviegne en douce amor manoir.

IV Molt par est faus et chaitis
Ki n'en set le mieus veoir;
Ce est legier a savoir,
Et j'ai apris
A estre a boine Amor sosgis.
Ki ke le mece en nonkaloir,
Ses liges sui, o li voil remanoir.

V Amors m'a loié et pris;
Tos jors serf a mon pooir
Celi ki me fait doloir;
Molt m'esjoïs
En çou ke je sui fins amis.
Se loiautés i doit valoir,
Pas ne faurrai a guerredon avoir.

VI Molt sui garis,
Quant je sui et serai tos dis
La ou suel; quoi k'en doie avoir,
Sa volenté voil en gré recevoir.

il est bien trahi,
elle l'est aussi, celui ou celle qui s'y soustrait,
car on ne peut obtenir la grande joie
si l'on ne s'applique pas à demeurer en doux
[amour.

Bien fou, bien malheureux
celui qui ne sait pas discerner ce qu'il y a de
c'est facile à savoir, [mieux ;
moi, j'ai appris
à être le sujet de Bon Amour.
On peut le mettre en dédain,
moi je suis son homme lige, je veux rester à ses
[côtés.

Amour m'a capturé et lié ;
chaque jour je sers autant qu'il est en mon pouvoir
celle qui est ma souffrance ;
et je me réjouis fort
d'être un fin amant.
Si la loyauté a quelque pouvoir,
je ne manquerai pas d'obtenir récompense.

Je suis tout guéri
puisque je suis et serai toujours
là où j'ai pris coutume d'être ; quel que soit le
je veux m'incliner devant sa volonté. [résultat,

118
GAUTIER DE DARGIES
Chanson d'amour

AA
1)
1. Hé, Dieus! tant sunt maiz de vi - lain- nes gens
4. qu'il cui - doi - ent que teus fust mes ta - lenz
2. qui en si pou de tens
5. que Joi - es et Jou - vens
3. ont de moi dit fo - li - e,
6. et A - mours fust guer - pi - e
B
7. touz jors par moi, maiz ein - si n'est il mi - e:

I Hé, Dieus ! tant sunt maiz de vilainnes gens
Qui en si pou de tens
Ont de moi dit folie,
Qu'il cuidoient que teus fust mes talenz
Que Joies et Jouvens
Et Amours fust guerpie
Touz jours par moi, maiz einsi n'est il mie :
Ainz sui et iere a ses conmandemens ;
Et lor parlers, vous di que c'est noienz,
Qu'envers Amour ne fis jour trecherie
Ne ne ferai a nul jour de ma vie.

II Ahi, felon plain de grant mautalent,
A pou d'afaitement,

RS 684, L 73-1, MW 452
Mss. M 95v-96r, C 93v, K 128-129, N 75v-76r, P 54r-v, X 89r-v. Musique dans tous les mss. sauf C. Attribution dans tous les mss. sauf C.

a
8. Ainz sui et iere a ses con - man - de - mens;
9. et lor par - lers, vous di que c'est noi - enz,
a'a''
1.
2.
10. qu'en- vers A - mour ne fis jour tre- che- ri - e.
11. ne ne fe- rai a nul jour de ma vi - e.

Ah, mon Dieu ! qu'il y a aujourd'hui de méchantes [gens
qui en si peu de temps
ont dit des folies sur mon compte,
ils croyaient que j'avais le désir
d'abandonner Amour,
Joie et Jeunesse
pour toujours ; mais il n'en est rien :
je suis, comme je l'étais, aux ordres d'Amour ;
et leurs propos, je vous le dis, c'est du vent,
car envers Amour, je n'ai commis nulle perfidie
et je ne le ferai jamais de ma vie.

Ah, félons, pleins de mauvaise foi,
mal dégrossis,

Sanz point de courtoisie !
De fauseté estes conmencement,
De mal esmouvement
Et de grant felenie.
Mout vaut petit chascun sa vilanie :
De mesdire n'est nus profitemens,
Si n'est nus preus, ce sachiez, ne nus sens ;
Ainz eschivent tuit cil lor conpaignie
Ou il a sens, soulaz et vaillandie.

III Trestuit cil sunt de mout fol enscïent
Qui pour lor janglement
Jöent de repentie ;
Quar la painne, li travauz, li tourmens
Est drois avancemens
D'avoir joie furnie,
Car autrement n'a nus loial amie ;
Et qui la quiert par ses losengemens,
C'est li cochés qui guenchist a touz vens :
Or amera et puis tantost oublie ;
N'est pas sage qui en celui se fie.

IV Douce dame, li vostres biaus cors gens,
Vostre vis rouvelens
Conme rose espanie,
Bele bouche vermeille et blans les dens
Pluz que lis ne argens,
Gorge blanche et polie :
De grant biauté portez la seignourie.
N'est merveille se je a celi pens,
C'une douçours me vient au cuer dedenz
Qui m'aliege mon mal et ma haschie,
Et je sui cil qui del tout l'en mercie.

sans nulle courtoisie !
Vous êtes l'origine de la fausseté,
la source du mal
et de la grande trahison.
Sa vilenie rapporte peu à tout un chacun :
il n'y a nul profit à médire,
on n'y trouve, sachez-le, nul avantage, nulle
[sagesse ;
mais ceux qui ont sagesse, gaieté, vaillance,
ils évitent tous leur compagnie.

Ils sont totalement empreints de folie,
ceux qui pour les médisances de ces gens
choisissent de renoncer ;
car la peine, la souffrance, le tourment,
sont le moyen légitime
d'obtenir la joie entière,
autrement nul ne possède une loyale amie ;
et celui qui la recherche par ses flatteries,
c'est le coq qui tourne à tous les vents :
il aimera un jour, le lendemain il oublie ;
on est peu sage si on se fie à lui.

Douce dame, votre beau corps agréable,
votre visage aux fraîches couleurs
comme la rose épanouie,
votre belle bouche vermeille, vos blanches dents,
plus claires que lis ou argent,
votre gorge blanche et lisse :
de toute grande beauté vous êtes la souveraine.
Ce n'est pas merveille si je pense à cette dame,
car une douceur naît au fond de mon cœur
qui allège ma peine et ma souffrance,
et je suis homme à la remercier pour tout.

119
GAUTIER DE DARGIES
Chanson d'amour

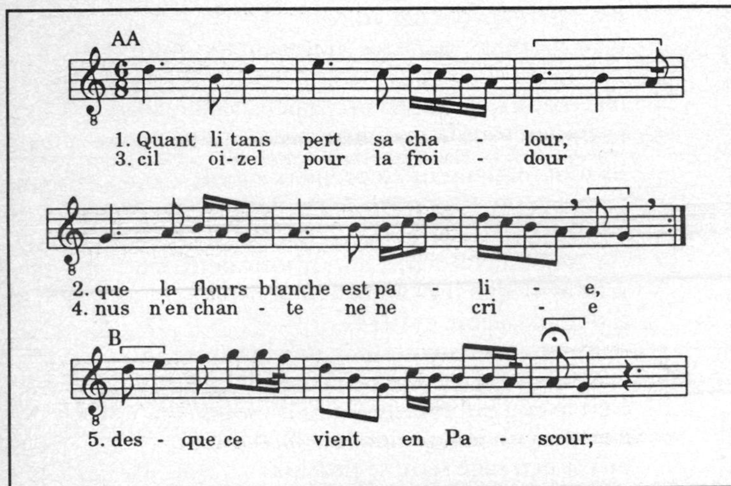
AA
1. Quant li tans pert sa cha - lour,
3. cil oi-zel pour la froi - dour
2. que la flours blanche est pa - li - e,
4. nus n'en chan - te ne ne cri - e
B
5. des - que ce vient en Pa - scour;

I
Quant li tans pert sa chalour,
Que la flours blanche est palie,
Cil oizel pour la froidour
Nus n'en chante ne ne crie
Desque ce vient en Pascour ;
Lors chantent et nuit et jour !
Hé las ! chaitis, einsinc ne m'est il mie :
Touz jours ai duel, ainc n'eu joie en ma vie.

II
Se je vif en grant poour,
Ne vous en merveilliez mie,
Puis que li faus trahitour
Ont tout le mont en baillie.
Largece, pris et hounour
Et sour toute rienz valour

RS 1969, L 73-22, MW 651
Mss. M 92v-93r, A 156r-v, C 202r-v, I 1:19, K 254-255, N 124v-125r, P 113v-114r-v, R 121r-v, T 143v, U 123v, V 96v-97r, X 171v-172r. Musique dans tous les mss. sauf CIU. Attribution dans MACT ; attr. à Sauvage d'Arras dans KNPX.

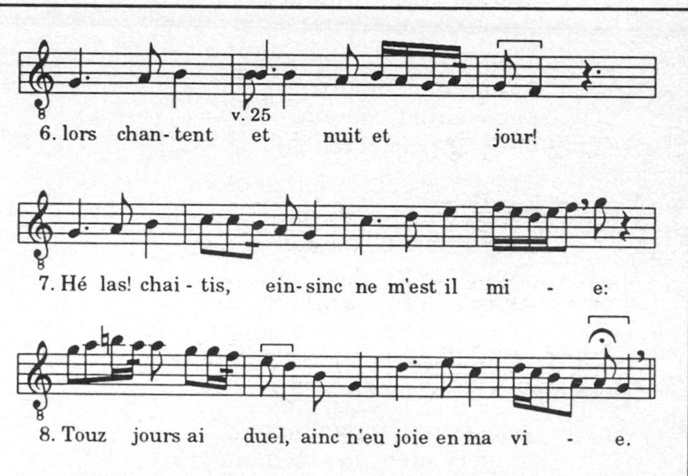
v. 25
6. lors chan- tent et nuit et jour!
7. Hé las! chai - tis, ein- sinc ne m'est il mi - e:
8. Touz jours ai duel, ainc n'eu joie en ma vi - e.

Quand le temps perd sa chaleur,
que la fleur blanche est fanée,
les oiseaux, devant le froid,
ne chantent ni ne gazouillent plus
jusqu'à ce que revienne Pâques ;
alors ils chantent nuit et jour !
Hélas ! malheureux, il n'en va pas ainsi pour moi :
ma souffrance est sans fin, de ma vie je n'ai eu de [joie.

Si je vis dans une grande crainte,
ne vous en étonnez pas,
puisque les traîtres menteurs
ont le monde entier sous leur coupe.
Largesse, prix, honneur,
et par-dessus tout valeur

Nous ont einsi du tout apeticie
Et ont tant fait que merciz est faillie.

III Mout ai au cuer grant dolour,
Qu'Amours pert sa seignorie,
Qui ja ot pris et valour
Et joie en sa guarantie.
Or l'unt leissié li plusour,
Li losengier menteour,
Ou il par a itant de villonie
Et trahison, orguel et felenie.

IV Mout souvent souspir et plour,
Ne sai que face ne die ;
Et si travaill et labour
Tout adés par jalousie
Que j'ai u cuer a sejour ;
Si me dout de ceste amour :
Chascuns m'i nuist, ele ne m'i veut mie,
Einsi puis je bien faillir a amie.

V Adés pens a la meillour,
Maugré suen : pas ne m'en prie !
Et s'il me tourne a folour,
Autrui n'en blasmerai mie,
Fors mes ieus et son atour
Et sa tres fresche coulour
Et sa bouche qui tant me contralie ;
Maiz ne li vaut : ja par moi n'iert guerpie.

VI Par Dieu le haut creatour,
Mout dout ceste gent haïe
Ou il n'a point de douçour
Ne pitié ne courtoisie.
Il m'ont mis en grant tristor ;
Maiz toutes voies aour
Droit cele part u je sai m'anemie,
Si coiement qu'ele ne m'i set mie.

VII Adés gieu de mon poiour,
Quar ce que j'aim de la mort me desfie,
Ne nule autre ne me puet faire aïe.

ils nous les ont ainsi tant diminués
et ils ont tant fait que la pitié est morte.

J'ai grande peine dedans mon cœur
à voir Amour perdre son pouvoir,
lui qui eut jadis prix et valeur
et joie sous sa protection.
Aujourd'hui la plupart l'ont abandonné,
les hypocrites flatteurs
en qui il y a tant de vilenie,
de trahison, d'orgueil et de félonnie.

Bien souvent je soupire et je pleure,
je ne sais que faire ni que dire
et ainsi je souffre, je suis dans un tourment
incessant à cause de la jalousie
qui est à demeure en mon cœur ;
cet amour me cause tant de crainte :
chacun me nuit, ma dame ne veut pas de moi,
ainsi il se peut bien que je fasse défaut à mon amie.

Sans cesse je pense à la meilleure,
malgré elle : elle ne me le demande pas !
Et si j'en deviens fou,
je n'en blâmerai pas un autre,
mais mes yeux et son maintien
et son teint si frais
et sa bouche qui me résiste si bien ;
mais elle n'y gagne rien : jamais je ne la quitterai.

Par Dieu, le Très-Haut, notre Créateur,
je redoute fort cette gent haïssable
où l'on ne trouve pas de douceur
ni de pitié ni de courtoisie.
Ils m'ont plongé en une grande tristesse ;
mais toutefois j'adore
cet endroit précis où je sais que vit mon ennemie,
de façon si secrète qu'elle ne le sait point.

Sans cesse je joue au perdant
car celle que j'aime me défie à mort
et nulle autre ne peut me venir en aide.

120
THIBAUT DE BLAISON
Pastourelle

AA a
1)
1. Hui main par un a - jour - nant
3. les l'o - rie - re d'un pen - dant
b
2. che - vau - chai les un buis - son;
4. guar-doit be - stes Ro - be - çon.
B c
5. Quant le vi, mis l'a rai - son:
6. "Bre - gier, se Dieus bien te dont,

I Hui main par un ajournant
Chevauchai les un buisson ;
Les l'oriere d'un pendant
Guardoit bestes Robeçon.
Quant le vi, mis l'a raison :
« Bregier, se Dieus bien te dont,
Eüs ainc en ton vivant
Pour amour ton cuer dolant ?
Quar je n'en ai se mal non.

II – Chevalier, en mon vivant
Ainc n'amai fors Marion,
La courtoise, la plaisant,

RS 293, L 255-8, MW 1492
Mss. M 18v, K 122-123, N 72v-73r, P 61v-62r, T 108r, V 50r, X 85v-86r, a 109v-110r. Musique dans tous les mss. Attribution dans tous les mss. sauf Va.

a
7. e - us ainc en ton vi - vant
b
8. pour a - mour ton cuer do - lant?
c'
3
9. Quar je n'en ai se mal non."

Ce matin au point du jour
je chevauchais près d'un buisson ;
au détour d'un versant
Robeçon gardait ses bêtes.
Quand je le vis, j'entamai la conversation :
« Berger, que Dieu soit avec toi !
As-tu jamais eu en ta vie
souffrance d'amour dans le cœur ?
Car, pour moi, je n'en connais que la peine.

– Chevalier, toute ma vie,
je n'ai jamais aimé que Marion,
la courtoise, la plaisante,

Qui m'a doné riche don,
Panetiere de cordon,
Et prist mon fermaill de plom.
Or s'en vait apercevant
Sa mere qui li deffant,
Si l'en a mise a raison. »

III A pou ne se vait pasmant
Li bregiers pour Marion.
Quant le vi, pitiez m'en prent,
Si li dis en ma raison :
« Ne t'esmaie, bregeron ;
Ja si ne l'enserreront
Qu'ele lait pour nul tourment
Qu'ele ne t'aint loiaument,
Se fine Amours l'en semont.

IV – Sire, je sui trop dolens
Quant je voi mes compaignons
Qui vont joie demenant ;
Chascuns chante sa chançon
Et je sui seus environ ;
Affuble mon chaperon,
Si remir la joie grant
Qu'il vont entour moi faisant.
Confors n'i vaut un bouton.

V – Bregier, qui la joie atent
D'amours fait grant mesprison,
Se les maus en gré n'en prent
Touz sanz ire et sanz tençon :
En mout petit de saison
Rent amours grant guerredon,
S'en sunt li mal plus plaisant
Que on a soufert devant
Dont on atent guarison.

VI – Chevalier, pour rienz vivant
N'os parler a Marion
Et si n'ai par cui li mant
Que je muir en sa prison
Pour les mesdisans felons

qui m'a donné un joli cadeau,
un petit sac de ruban pour le pain,
et a reçu en retour ma broche de plomb.
Or voilà que sa mère
s'en est aperçue, lui a défendu de me voir
et l'a raisonnée. »

Peu s'en fallut que le berger
ne se trouve mal pour Marion.
À le voir j'éprouve de la pitié,
je lui tins donc ce discours :
« Ne t'effraie pas, berger,
jamais ils ne l'enfermeront assez
pour qu'elle renonce dans sa peine
à t'aimer avec loyauté
si Fine Amour l'y pousse.

– Seigneur, je suis trop triste
quand je vois mes compagnons
qui s'adonnent à la joie ;
chacun chante sa chanson
et je suis tout seul ici ;
j'enfile mon chaperon,
je contemple ce grand bonheur
qu'ils manifestent autour de moi.
Nul réconfort ne vaut rien.

– Berger, celui qui attend la joie
de l'amour fait grande folie
s'il n'en accepte pas de bon cœur les douleurs,
sans la moindre colère ou protestation ;
en très peu de temps,
Amour rétribue par une très grande récompense,
et les maux en sont plus agréables
qu'on a endurés auparavant
en attendant la guérison.

– Chevalier, pour rien au monde
je n'ose parler à Marion
et je n'ai personne pour lui faire dire
que je me meurs en sa prison
à cause des médisants félons

Qui ne dïent se mal non,
Ainz vont trestout racontant
Que j'aim la niece Coustant,
La fillastre dant Buevon. »

121
THIBAUT DE BLAISON
Chanson d'amour

I Amors, que porra devenir
Li vostres frans hons naturiaus,
Quant cele ne me veut guerir
Qui je sui fins amis loiaus ?
  Hé, Deus ! pour quoi fui je tiaus
  Que li osai descouvrir
  Les maus qu'el m'a fet sentir ?
  Et touz jorz la truis cruaus.

II Enquerant va chascuns vassaus
Qui cele est pour qui je souspir.
Et qu'en tient il a desloiaus ?
Mes lessent moi vivre ou morir !
  Bien me devroit Deus haïr,
  Se g'iere si conmunaus

qui ne disent que du mal.
Ils vont racontant partout
que j'aime la nièce de Constant,
la belle-fille de sire Beuvon. »

RS 1402, L 255-2, MW 1095
Mss. K 123-124, C 14v-15r, N 73r, O 6r-v, P 62r-v, T 107r, U 167v-168r, V 80v, X 86r-v, a 30v-31r. Musique dans tous les mss. sauf CU. Attribution dans KNPTX.

BB'
5. Hé, Deus! pour quoi fui je tiaus
7. les maus qu'el m'a fet sen - tir?
6. que li o - sai des - cou- vrir
8. Et touz jorz la truis cru - aus.

Amour, que pourra devenir
votre noble homme lige
quand celle dont je suis le fin ami loyal
ne veut pas me guérir ?
Ah, Dieu ! pourquoi eus-je l'idée
d'oser lui découvrir
les maux qu'elle m'a fait ressentir ?
Toujours je la trouve aussi cruelle.

Chacun des jeunes nobles s'en va demandant
quelle est la dame pour qui je soupire.
Quelle importance pour ces déloyaux ?
Qu'ils me laissent vivre ou mourir !
Dieu devrait bien me haïr
si j'étais assez indiscret

Que g'eüsse dit entre aus
Dont mal li deüst venir.

III Ançois me leroie partir
Les menbres et trere a chevaus
Qu'osasse dire ne gehir
Qu'amasse nule riens charnaus ;
Que li siecles est si faus
Que l'uns veut l'autre traïr.
Ançois diront, sanz mentir,
De quoi servi li graaus.

IV Assez plus cointes et plus biaus
Avendroit il a li servir
Que je ne sui, ne cent itaus ;
Et si sui cil qui plus desir
A fere tout son plesir,
Car sui ses amis coriaus
Et sai bien celer mes maus
Et en gré prendre et sousfrir.

V Mult par se set bien contenir,
Et mult li siet bien ses mantiaus.
Avis m'est, quant je la remir,
Que soit angres esperitaus
Que li rois celestïaus
Ait fet de lassus venir
Pour moi la vie tolir ;
Et si sui je ses fëaus.

VI Ma douce dame coraux,
Qui senblés, aprés dormir,
La rose qui doit florir,
Alegiés moi mes douz maux !

pour le proclamer devant eux,
ce qui pourrait lui causer du mal.

Je me laisserais plutôt démembrer
et écarteler à quatre chevaux
que d'oser dire et avouer
que j'aime un être de chair ;
car notre époque est si hypocrite
que chacun veut trahir l'autre.
Ils n'hésiteront pas à dévoiler, sans mentir,
quel fut le service du Graal !

Il faudrait pour la servir
quelqu'un de bien plus habile et plus beau
que moi ou que cent comme moi ;
et pourtant je suis celui qui désire le plus
accomplir toute sa volonté
car je suis son ami du fond du cœur
et je sais bien dissimuler mes tourments,
les prendre en bon gré et les souffrir.

Quel élégant maintien !
comme son manteau lui sied bien !
Il me semble quand je la contemple
que c'est un ange céleste
que le Roi des cieux
a fait venir d'en haut
pour me voler ma vie ;
et ainsi je suis son fidèle.

Ma douce dame de cœur,
qui ressemblez après le sommeil
à la rose qui va fleurir,
allégez-moi mes doux maux !

122
THIBAUT DE BLAISON
Chanson de rencontre

I Quant se resjoïssent oisel
Au tens que je voi renverdir,
Vi deus dames soz un chastel
Floretes en un pré coillir.
La plus jone se gaimentoit
A l'ainneie se li disoit :
« Dame, conseil vos quier et pri
De mon mari qui me mescroit,
Et se n'i a encor nul droit,
C'onques d'amors n'oi fors lo cri. »
A tort sui d'amors blasmeie,
Lasse ! si n'ai point d'ami.

II « Conseil vos donrai boen et bel,
Por lui faire de duel morir,
Ke vos faites ami novel,
Que d'amer ne se doit tenir
Nule dame qui jone soit,
Ainz face ami cointe et adroit ;
Et vos avez cors seignori,
Graille et grasset et lonc et droit.
S'uns chevaliers de vostre endroit
Vos prie, s'en aiez merci. »
Mal ait qui por mari
Lait son leial ami.

III « Mout m'avez bien selonc mon cuer
Conseillie, se Deus me saut.
Or ne m'en tenroie a nul fuer,
Car qui n'aime mout petit vaut,
Si com li monz tesmoigne et croit,
Que por mari lassier ne doit
Joune dame ne face ami.
Uns beals cheveliers m'en prioit ;

RS 584, L 255-11, MW 2072
Strophe I : B 189 (+ une source), str. II : B 1277 (+ une source), str. III : B 1782, str. IV : B 1137, str. V : B 65 (+ cinq sources), str. VI : B 347, str. VII : B 1061 (+ une source).
Mss. U 72r-v-73r, C 117r-v, H 228v-229r. Sans musique. Anonyme (voir *infra* p. 1005).

Quand les oiselets se réjouissent,
à la saison où je vois tout reverdir,
je vis deux dames au pied d'un château
cueillir des fleurs en un pré.
La plus jeune se plaignait
à son aînée en lui disant :
« Dame, je vous demande un conseil, je vous prie,
au sujet de mon mari qui croit que je le trompe
et il n'en a pas encore le droit
puisque d'amour je ne connais que le renom. »
Je suis à tort blâmée d'aimer,
hélas ! car je n'ai point d'ami.

« Je vous donnerai un conseil bel et bon
pour le faire mourir de chagrin :
choisissez-vous donc un ami nouveau,
car nulle jeune dame
ne doit se retenir d'aimer ;
qu'elle se choisisse plutôt un ami gracieux et bien [fait.
Vous avez un joli corps,
fin et potelé, long et élancé.
Si un chevalier de cette contrée
vous prie d'amour, ayez pitié de lui. »
Malheur à celle qui, pour un mari,
délaisse son loyal ami.

« Vous m'avez tout à fait conseillée
selon mon cœur, que Dieu me préserve !
Je ne m'en abstiendrai plus à aucun prix,
car qui n'aime pas ne vaut pas grand-chose,
comme tout le monde le croit et en témoigne,
pour son mari une jeune dame
ne doit pas renoncer à avoir un ami.
Un beau chevalier m'en faisait prière ;

Or lo desir, or lo covoit,
Or li outroi m'amor desci. »
Toz li monz ne me garderoit
De faire ami.

IV « Mout m'anuie, ma bele suer,
Quant li jalous ou lit m'asaut;
Adonc en voldroie estre fuer
En prez ou en bois ou en gaut
Avoc celui qui me soloit
Proier et qui de cuer m'amoit;
Car li jalous m'anuie si,
De Deu maldi, et j'ai bien droit,
Qui lo me dona, qui qu'il soit,
C'onques si tres malvais ne vi. »
Je fui mal mise al marïer,
Si me vuel amander d'ami.

V Quachiez m'iere soz un ramier
Pres d'eles por lo meuz oïr.
Atant ai veu un chevelier
A cheval par lo pré venir,
Qui mout biaus et jones estoit.
Tantost com la dame aperçoit,
Del cheval a pié dessendi,
Envers eles lo cors aloit;
Et qant la tres bele lo voit,
Andeus ses biaus braz li tendi.
Ainsi va bele dame
A son ami.

VI S'onques li fist mal ne dongier,
La dame bien li sot merir
De bel parler et d'acointier
Et de faire tot son plaisir.
Celle qui toz les biens savoit
Petit et petit s'esloignoit
....
Et quanques cil adés baisoit,
K'es biaus braz s'amie gisoit,
El chante et note et dit ensi :

maintenant je le désire, je le convoite
et je lui accorde désormais mon amour. »
Le monde entier ne m'empêcherait pas
de me choisir un ami.

« Combien m'importune, ma chère amie,
le jaloux, au lit, avec ses assauts ;
j'aimerais mieux être dehors,
dans un pré ou un bois, dans la forêt,
avec celui qui souvent m'adressait
sa requête et de cœur m'aimait ;
car le jaloux me harcèle à tel point
(maudit de Dieu soit celui – c'est mon droit de le [dire –
qui me le fit épouser, quel qu'il soit !)
que je n'ai jamais vu d'homme plus mauvais. »
Je fus mal lotie à mon mariage,
je veux améliorer mon sort avec un ami.

Je m'étais caché sous la ramée,
près d'elles, pour mieux les entendre.
Soudain j'ai vu un chevalier
venir à cheval à travers pré,
c'était un très beau jeune homme.
Aussitôt qu'il vit la dame,
il descendit de son cheval,
il courut vers elles
et quand la très belle le vit,
elle lui tendit ses beaux bras.
Ainsi une belle dame va
avec son ami.

Si jamais elle lui avait résisté ou fait du mal,
la dame sut bien lui donner sa récompense
par de belles paroles, par un doux entretien
et par l'octroi de tout ce qu'il désirait.
L'autre dame, qui s'y connaissait en courtoisie,
s'éloignait petit à petit.
....
et tandis qu'il couvrait de baisers son amie
et gisait entre ses beaux bras,
elle chantait et disait ces paroles :

Chescuns [me] dist : « Bele, amez moi. »
Deus ! et j'ai si loial ami !

VII Li chevaliers est retornez
Quant il ot fait tot son plaisir.
L'autre, qui trestous les biens seit,
Est revenue vers celi ;
Et cele un pou se hontioit,
Et la dame li demandoit :
« Ai vos je boen conseil doné ?
– Oïl, mais petit m'a duré,
Que trop tost sumes desevré,
Car je l'aim plus que mon mari. »
Je li ai tot mon cuer doné,
Si n'en ai point avueques mi.

123
AUDEFROI LE BÂTARD
Chanson de toile

I Bele Ysabiauz, pucele bien aprise,
Ama Gerart et il li en tel guise

Chacun me dit : « Belle, aimez-moi ! »
Mon Dieu ! alors que j'ai un ami si loyal !

Le chevalier est reparti
après avoir comblé ses désirs.
L'autre dame, qui s'y connaît en courtoisie,
est revenue vers sa jeune compagne
qui éprouvait un peu de vergogne.
Mais la dame lui demanda :
« Vous ai-je donné un bon conseil ?
– Oui, mais cela a bien peu duré
et nous nous sommes trop vite séparés,
car je l'aime plus que mon mari. »
Je lui ai donné tout mon cœur,
je n'en ai plus en moi.

RS 1616, L 15-5, MW 397, B 712
Mss. M 148r-v, T 57r-v, C 33r-v. Musique dans MT. Attribution dans tous les mss.

5. que mieuz de li guar - da s'ou - nour.
rf
6. *Et joie a - tent Ge - rars.*

Belle Isabeau, une jeune fille bien apprise,
aimait Gérard et lui l'aimait de telle façon

C'ainc de folour par lui ne fu requise,
    Ainz l'ama de si bone amour
    Que mieuz de li guarda s'ounour.
        Et joie atent Gerars.

II Quant pluz se fu bone amours entr'eus mise,
Par loiauté afermee et reprise,
En cele amour la damoisele ont prise
    Si parent et douné seignour,
    Outre son gré, un vavassour.
        Et joie atent [Gerars].

III Quant sot Gerars, cui fine amour justise,
Que la bele fu a seigneur tramise,
Grains et mariz fist tant par sa maistrise
    Que a sa dame en un destour
    A fait sa plainte et sa clamor.
        Et joie atent [Gerars].

IV « Amis Gerart, n'aiez ja couvoitise
De ce voloir dont ainc ne fui requise.
Puis que je ai seigneur qui m'aimme et prise,
    Bien doi estre de tel valour
    Que je ne doi penser folour. »
        Et joie [atent Gerars].

V « Amis Gerart, faites ma conmandise :
Ralez vous ent, si feroiz grant franchise.
Morte m'avriez s'od vous estoie prise.
    Maiz metez vous tost u retour ;
    Je vous conmant au Creatour. »
        Et joie [atent Gerars].

VI « Dame, l'amour qu'ailleurs avez assise
Deüsse avoir par loiauté conquise ;
Maiz pluz vous truis dure que pierre bise,
    S'en ai au cuer si grant dolour
    Qu'a biau samblant souspir et plour. »
        Et joie [atent Gerars].

VII « Dame, pour Dieu, fait Gerars sanz faintise,
Aiez de moi pitié par vo franchise.

qu'il ne lui réclama jamais les dernières faveurs,
au contraire, il l'aimait de si bon amour
qu'il gardait son honneur mieux qu'elle ne le
Et Gérard en attend la joie. [gardait elle-même.

Alors qu'un amour réciproque les unissait
affermi et redoublé par la loyauté, [parfaitement,
tout aimante qu'était la demoiselle, ses parents
la prirent et la marièrent,
contre son gré, à un vavasseur.
Et Gérard en attend la joie.

Lorsque Gérard que Fine Amour gouverne
sut que la belle était donnée à un mari,
chagrin, désolé, il fit tant par ruse
qu'en un lieu écarté il a fait
à sa dame sa plainte et sa lamentation.
Et Gérard en attend la joie.

« Ami Gérard, n'ayez jamais le désir
de ce que vous ne m'avez jamais réclamé.
Maintenant que j'ai un époux qui m'aime et
je dois avoir une telle vertu [m'estime,
qu'elle m'empêche de penser à un amour
Et Gérard en attend la joie. [coupable. »

« Ami Gérard, obéissez à mon ordre :
allez-vous-en, vous agirez noblement.
Vous auriez causé ma mort si l'on me surprenait
[avec vous.
Mettez-vous plutôt sur le chemin du retour ;
je vous recommande au Créateur. »
Et Gérard en attend la joie.

« Dame, l'amour que vous avez voué à un autre,
je devrais l'avoir obtenu par ma loyauté.
Je vous trouve plus dure que la pierre bise,
et j'en ai au cœur une si grande peine
que je vous la révèle par mes pleurs et mes
Et Gérard en attend la joie. [soupirs. »

« Dame, pour Dieu, dit Gérard avec sincérité,
ayez pitié de moi, de par votre noblesse.

La vostre amour me destraint et atise,
Et pour vous sui en tel errour
Que nus ne puet estre en greignour. »
Et joie [atent Gerars].

VIII Quant voit Gerars, qui fine amours justise,
Que sa dolour de noient n'apetise,
Lors se croisa de duel et d'ire esprise,
Et pourquiert einsi son atour
Que il puist movoir a brief jour.
Et joie [atent Gerars].

IX Tost muet Gerars, tost a sa voie quise;
Avant tramet son esquïer Denise
A sa dame parler par sa franchise.
La dame ert ja pour la verdour
En un vergier cueillir la flour.
Et joie [atent Gerars].

X Vestue fu la dame par cointise;
Mout ert bele, grasse, gente et alise;
Le vis avoit vermeill come cerise.
« Dame, dit-il, que tres bon jour
Vous doint cil qui j'aim et aour ! »
Et joie [atent Gerars].

XI « Dame, pour Deu, fait Gerars sanz faintise,
D'outre mer ai pour vous la voie emprise. »
La dame l'ot, mieus vousist estre ocise.
Si s'entrebaisent par douçour
Qu'andui cheïrent en l'erbour.
Et joie [atent Gerars].

XII Ses maris voit la folour entreprise;
Pour voir cuide la dame morte gise
Les son ami. Tant se het et desprise
Qu'il pert sa force et sa vigour
Et muert de duel en tel errour.
Et joie [atent Gerars].

L'amour de vous me torture et m'embrase,
et pour vous je suis dans un tel égarement
que personne n'en peut connaître de plus grand. »
Et Gérard en attend la joie.

Quand Gérard que Fine Amour gouverne
voit quc rien ne diminue sa douleur,
alors, dans sa peine et son tourment, il prend la
et s'occupe ainsi des préparatifs [croix
pour pouvoir s'en aller sous peu.
Et Gérard en attend la joie.

Gérard se met vite en route, vite il s'en va ;
à sa dame il envoie en avant,
son écuyer Denis pour qu'il lui parle en son nom.
Elle se trouvait pour goûter la verdure
en un verger à cueillir des fleurs.
Et Gérard en attend la joie.

Elle était vêtue avec recherche ;
elle était bien belle, potelée, avenante et délicate ;
elle avait un visage vermeil comme cerise.
« Dame, dit-il, que Dieu que j'aime et adore
vous accorde un très bon jour. »
Et Gérard en attend la joie.

« Dame, pour Dieu, dit Gérard avec sincérité,
j'ai pour vous décidé de prendre le chemin
[d'outre-mer. »
La dame l'entend, elle aimerait mieux être morte.
Alors ils s'enlacent avec tant d'affection
que tous deux tombèrent sur l'herbe.
Et Gérard en attend la joie.

Le mari les voit abandonnés à l'amour ;
il est sûr que sa dame gît morte auprès de son ami.
Il en conçoit contre lui-même haine et mépris
à en perdre sa force et sa vigueur
et il meurt de chagrin dans son égarement.
Et Gérard en attend la joie.

XIII De pasmoisons lievent par tel devise
Qu'il firent faire au mort tout son servise.
Li deus remaint. Gerars par sainte eglise
A fait de sa dame s'oissour.
Ce tesmoignent li ancissour.
Or a joie Gerars.

124
GUIOT DE DIJON
Chanson de croisade
Chanson de femme
Rotrouenge

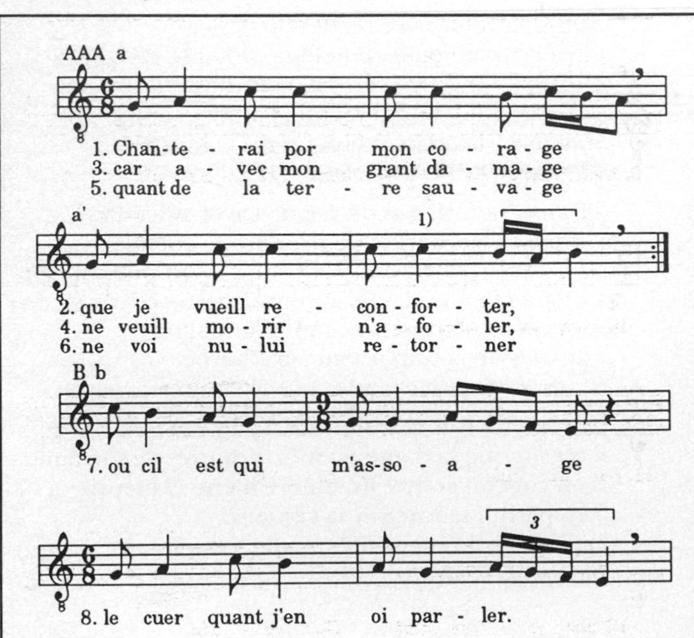
AAA a
1. Chan-te - rai por mon co - ra - ge
3. car a - vec mon grant da - ma - ge
5. quant de la ter - re sau - va - ge
a'
1)
2. que je vueill re - con - for - ter,
4. ne veuill mo - rir n'a - fo - ler,
6. ne voi nu - lui re - tor - ner
B b
7. ou cil est qui m'as-so - a - ge
3
8. le cuer quant j'en oi par - ler.

Alors ils se relèvent de leur pâmoison
si bien qu'ils firent faire au mort des obsèques
[solennelles.
Le deuil cesse. Gérard devant la sainte Église
a fait de sa dame son épouse,
ce dont témoignent les ancêtres.
Maintenant Gérard a sa joie.

RS 21, L 106-4, MW 861, B 552
Mss. M 174v, C 86v-87r, K 385-386, O 28r, T 128v-129r, X 248r-248v. Musique dans tous les mss. sauf C. Attribution dans M ; attr. à la Dame de Fayel (héroïne fictive du *Roman du Castelain de Couci*) dans C.

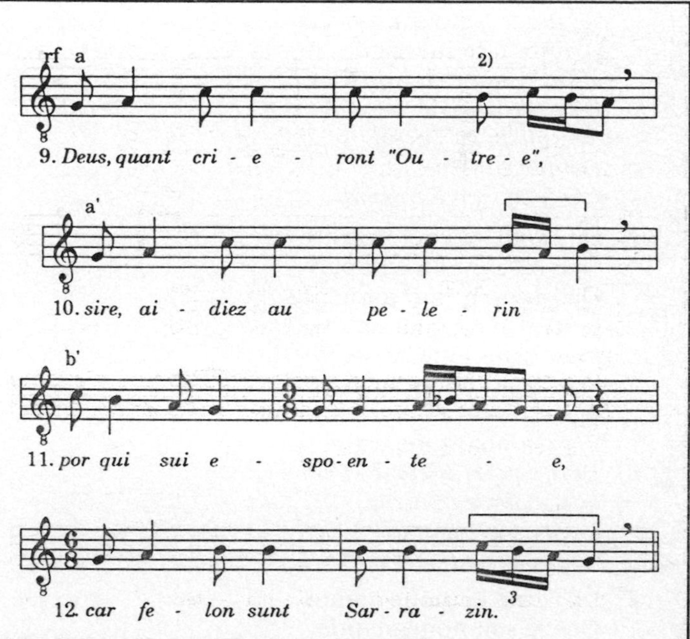

I Chanterai por mon corage
Que je vueill reconforter,
Car avec mon grant damage
Ne vueill morir n'afoler,
Quant de la terre sauvage
Ne voi nului retorner
Ou cil est qui m'assoage
Le cuer quant j'en oi parler.
Deus, quant crïeront « Outree »,
Sire, aidiez au pelerin
Por qui sui espöentee,
Car felon sunt Sarrazin.

II Souffrerai en tel estage
Tant que.l voie rapasser.
Il est en pelerinage,
Dont Deus le lait retorner.
Et maugré tot mon lignage
Ne quier ochoison trover
D'autre face mariage;
Folz est qui j'en oi parler.
Deus, [quant crïeront « Outree »,
Sire, aidiez au pelerin
Por qui sui espöentee,
Car felon sunt Sarrazin].

III De ce sui au cuer dolente
Que cil n'est en cest païs
Qui si sovent me tormente;
Je n'en ai ne gieu ne ris.
Il est biaus et je sui gente.
Sire Deus, por que.l feïs?
Quant l'une a l'autre atalente,
Por coi nos as departis?
Deus, [quant crïeront « Outree »,
Sire, aidiez au pelerin
Por qui sui espöentee,
Car felon sunt Sarrazin].

IV De ce sui en bone atente
Que je son homage pris;

Je chanterai pour mon cœur
que je veux réconforter,
car malgré ma profonde souffrance
je ne veux ni mourir ni devenir folle,
alors que je ne vois personne revenir
de cette terre sauvage
où se trouve celui qui apaise
mon cœur lorsque j'entends parler de lui !
Mon Dieu, quand ils crieront « En avant ! »
ô Seigneur, aidez le pèlerin
pour lequel je tremble,
car impitoyables sont les Sarrasins.

Je souffrirai mon malheur
jusqu'à ce que je le voie repasser la mer.
Il est en pèlerinage,
Dieu le laisse en revenir !
Et malgré toute ma parenté
je ne cherche nulle occasion
d'en épouser un autre.
Bien fou qui j'entends m'en parler !
Mon Dieu, quand ils crieront « En avant ! »
ô Seigneur, aidez le pèlerin
pour lequel je tremble,
car impitoyables sont les Sarrasins.

Ce qui me peine le cœur,
c'est qu'il ne soit plus dans mon pays,
lui qui est cause de mon tourment.
Je ne connais plus ni jeux ni rires.
Il est beau, moi, je suis gracieuse :
Seigneur Dieu, pourquoi as-Tu fait cela ?
Puisque l'un et l'autre, nous nous désirons,
pourquoi nous as-Tu séparés ?
Mon Dieu, quand ils crieront « En avant ! »
ô Seigneur, aidez le pèlerin
pour lequel je tremble,
car impitoyables sont les Sarrasins.

Ce qui me rassure en mon attente,
c'est que j'ai reçu son hommage ;

Et quant la douce ore vente
Qui vient de cel douz païs
Ou cil est qui m'atalente,
Volentiers i tor mon vis;
Adont m'est vis que je.l sente
Par desoz mon mantel gris.
Deus, [quant crïeront « Outree »,
Sire, aidiez au pelerin
Por qui sui espöentee,
Car felon sunt Sarrazin].

V De ce fui mout deceüe
Que ne fui au convoier.
Sa chemise qu'ot vestue
M'envoia por embracier.
La nuit, quant s'amor m'argüe,
La met delez moi couchier,
Toute nuit a ma char nue,
Por mes malz assoagier.
Deus, [quant crïeront « Outree »,
Sire, aidiez au pelerin
Por qui sui espöentee,
Car felon sunt Sarrazin].

125
GUIOT DE DIJON
Chanson d'amour

I Chanteir m'estuet por la plux belle
Ke soit ou monde vivant,
Car s'amor m'est tous dis novelle,
S'en ai le cuer plux joiant.
Biaus tres dous Deux, quant
Iere je de sa bouchete
Appelleis loiauls amans?

II Cuer et cors li doing come celle
Ke en ferait son talent,

et quand souffle la brise douce
qui vient de ce doux pays
où se trouve celui que je désire,
volontiers je tourne vers là-bas mon visage ;
alors il me semble le sentir
par-dessous mon manteau gris.
Mon Dieu, quand ils crieront « En avant ! »
ô Seigneur, aidez le pèlerin
pour lequel je tremble,
car impitoyables sont les Sarrasins.

Ce qui m'a bien déçue,
c'est de n'avoir pas été là à son départ.
La chemise qu'il avait revêtue,
il me l'a envoyée pour que je l'embrasse.
La nuit quand son amour m'aiguillonne,
je la mets coucher auprès de moi,
toute la nuit contre ma chair nue,
pour adoucir mes douleurs.
Mon Dieu, quand ils crieront « En avant ! »
ô Seigneur, aidez le pèlerin
pour lequel je tremble,
car impitoyables sont les Sarrasins.

RS 589, L 106-6, MW 1322
Mss. C 40r-v, I 5:74. Sans musique. Attribution dans C.

Il me faut chanter pour la plus belle
qui soit au monde,
car son amour m'est tous les jours nouveau
et j'en ai le cœur plus joyeux.
Dieu de bonté, quand
serai-je de sa petite bouche
appelé son loyal amant ?

Je lui donne et cœur et corps
pour qu'elle en fasse son bon plaisir,

Et li proi ke de ma destresce
Me faicë aligement,
Car a li me rant
Sens faintixe et sens peresce
M'otroi a son biaul cors gent.

III Plux est ke rose vermillete
Celle por cui je vos chans,
Si est simple et jone et tandrete
Et grailete per les flans;
De tous biens ait tant
C'onkes ne vi sa pareille
Ne de biaulteit ne de sen.

et je la prie qu'à ma détresse
elle apporte quelque apaisement,
car je me rends à elle
sans mentir et sans paresse
je m'octroie à son beau corps avenant.

Elle est plus rose que la rose,
celle pour qui je chante.
Elle est simple, jeune et tendre
et elle a la taille bien prise ;
elle a tant de qualités
que je n'ai jamais vu sa pareille
ni en beauté ni en sagesse.

126
MONIOT D'ARRAS
Chanson d'amour
Chanson de femme

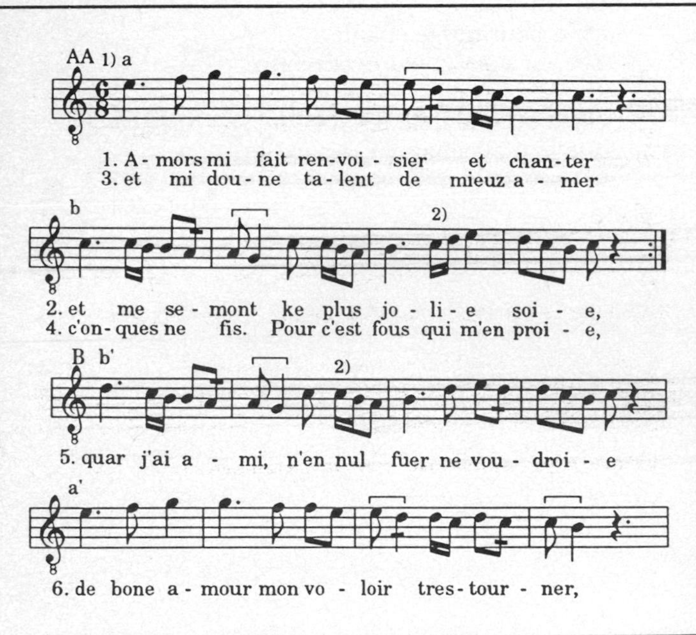

I Amors mi fait renvoisier et chanter
Et me semont ke plus jolie soie,
Et mi doune talent de mieuz amer
C'onques ne fis. Pour c' est fous qui m'en proie,
Quar j'ai ami, n'en nul fuer ne voudroie
De bone amor mon voloir trestourner,
Ains amerai et serai bien amee.
Quant pluz me bat et destraint li jalous,
Tant ai je pluz en amours ma pensee.

RS 810 (=796), L 185-3, MW 1469, B 1555 (+ deux sources)
Mss. M 118v-119r, T 118r-v, a 44r-v. La strophe I se trouve aussi dans Gerbert de Montreuil, *Roman de la Violette, ou de Gerart de Nevers*, éd. D. L. Buffum (Paris, 1928), p. 20. Musique dans M. Attribution dans tous les mss.

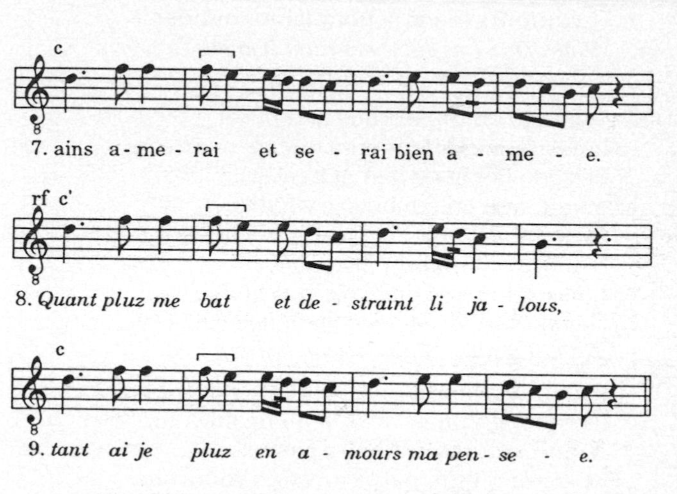
c
7. ains a - me - rai et se - rai bien a - me - e.
rf c'
8. *Quant pluz me bat et de - straint li ja - lous,*
c
9. *tant ai je pluz en a - mours ma pen - se - e.*

Amour me fait me réjouir et chanter
et me pousse à être plus enjouée ;
il me donne le désir de mieux aimer
que jamais. Bien fou donc qui m'adresse sa
[demande
puisque j'ai un ami et qu'à aucun prix je ne
détourner mon cœur du bon amour. [voudrais
Non, j'aimerai et serai bien aimée.
Plus le jaloux me bat et me tyrannise,
plus ma pensée se tourne vers l'amour.

II Mon cuer voudrai metre en amor guarder,
Quar sanz amour ne puet nus avoir joie
Et d'amours doit bele dame amender ;
Pour c' est fole qui son tanz n'i emploie.
Quant li jalouz me bat pluz et chastoie,
Lors me fait pluz esprendre et alumer,
Qu'amours n'iert ja pour jalous oublïee.
Quant pluz [me bat et destraint li jalous,
Tant ai je pluz en amours ma pensee].

III Quant je mi doi dormir et reposer,
Lors me semont amours qui me maistroie
Et si me fait et veillier et penser
A mon ami en cui braz je voudroie
Estre touz jours ; et quant a moi dosnoie
Et il me veut baisier et acoler,
Lors est ma joie enforcie et doublee.
Quant [pluz me bat et destraint li jalous,
Tant ai je pluz en amours ma pensee].

IV Biau m'est quant puiz ochoison controuver
Par quoi g'i puisse aler, c'on ne mi voie,
A mon ami conseillier et parler.
Et quant g'i sui, partir ne m'en voudroie,
Et quant n'i puis aler, si i envoie
Mon cuer au mainz ; ce ne puet trestourner
Qu'il ne voist la u j'ai m'amour dounee.
Quant [pluz me bat et destraint li jalous,
Tant ai je pluz en amours ma pensee].

V Nus ne me doit reprendre ne blasmer
Se j'ai ami, car plevir vous porroie
C'on ne porroit en mon mari trouver
Nule teche dont on amer le doie.
Il me gaite, maiz son tans pis emploie
Que cil qui veut sour gravele semer,
Quar il iert cous, ja n'iere si guardee.
Quant [pluz me bat et destraint li jalous,
Tant ai je pluz en amours ma pensee].

VI Trestuit li bien c'on porroit deviser
Sont en celui a cui del tout m'otroie ;

Je voudrais mettre mon cœur en la garde d'Amour,
car sans amour nul ne peut connaître la joie,
et une belle dame accroît sa valeur à aimer ;
c'est donc une folle, celle qui ne s'y emploie pas.
Quand le jaloux me bat et me sermonne,
il me fait d'autant plus m'éprendre et brûler,
car jamais on n'oubliera l'amour pour un jaloux.
Plus le jaloux me torture et me bat,
plus j'ai la pensée tournée vers l'amour.

Quand je dois dormir et me reposer,
alors Amour me presse qui est mon maître,
il me fait veiller et penser
à mon ami dans les bras de qui je voudrais
être toujours. Et quand il me fait l'amour
et qu'il veut m'embrasser, m'enlacer,
alors ma joie se renforce et redouble.
Plus le jaloux me torture et me bat,
plus j'ai la pensée tournée vers l'amour.

Je suis contente quand je peux trouver un prétexte
pour aller là-bas, sans qu'on me voie,
tenir des conciliabules et parler avec mon ami.
Quand j'y suis, je ne voudrais plus en partir,
et quand je n'y puis aller, alors j'y envoie
mon cœur, du moins ; rien ne peut le détourner
d'aller là où j'ai donné mon amour.
Plus le jaloux me torture et me bat,
plus j'ai la pensée tournée vers l'amour.

Personne ne doit me réprimander ou me blâmer
d'avoir un ami car, je pourrais vous le jurer,
on ne peut découvrir en mon mari
aucun trait qui le fasse aimer.
Il m'espionne mais il perd encore plus son temps
que celui qui veut semer sur le sable ;
il sera cocu, jamais je ne serai si bien gardée !
Plus le jaloux me torture et me bat,
plus j'ai la pensée tournée vers l'amour.

Toutes les qualités qu'on pourrait énumérer
sont en celui à qui je me donne entièrement ;

Bien set son cuer envers autrui celer
Et envers moi volentiers le desploie.
Non pluz c'on puet Tristan n'Yseut la bloie
De lor amour partir ne dessevrer,
N'iert ja l'amours de nous deux dessevree.
Quant [pluz me bat et destraint li jalous,
Tant ai je pluz en amours ma pensee].

127
MONIOT D'ARRAS
Chanson de rencontre

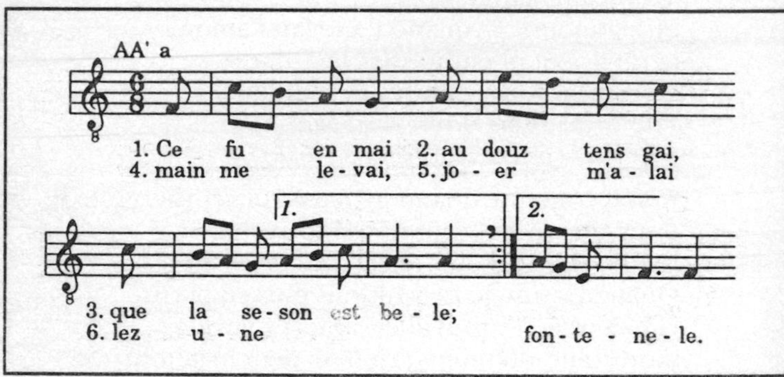
AA' a
1. Ce fu en mai 2. au douz tens gai,
4. main me le - vai, 5. jo - er m'a - lai
1.
2.
3. que la se - son est be - le;
6. lez u - ne fon - te - ne - le.

I Ce fu en mai
Au douz tens gai,
Que la seson est bele ;
Main me levai,
Jöer m'alai
Lez une fontenele.
En un vergier
Clos d'esglentier
Oï une vïele ;
La vi dancier
Un chevalier
Et une damoisele.

il sait bien cacher son cœur aux autres
et devant moi il le révèle volontiers.
De même qu'on ne peut séparer ou détacher
Tristan et Iseut la Blonde de leur amour,
jamais de nous deux l'on ne séparera notre amour.
Plus le jaloux me torture et me bat,
plus j'ai la pensée tournée vers l'amour.

RS 94, L 185-10, MW 477
Mss. N 79r-v, H 218r, K 135-136, P 59r-v, V 82v-83r, X 93v-94r. Musique dans tous les mss. Attribution dans KNPX.

BB' a'
7. En un ver-gier 8. clos d'es - glen-tier
10. la vi dan-cier 11. un che - va - lier
1.
2.
9. o - i u-ne vi - e - le;
12. et u-ne da-moi - se - le.

Ce fut en mai
au doux temps joyeux
où la saison est belle ;
je me levai tôt,
je m'en allais me divertir
près d'une source.
En un verger
clos d'églantiers,
j'entendis une vièle ;
je vis danser
un chevalier
et une demoiselle.

II Cors orent gent
Et avenant,
Et Deus ! tant biau dançoient !
En acolant
Et en besant,
Mult biau se deduisoient.
En un destour,
Au chief du tor,
Dui et dui s'en aloient ;
Desor la flor,
Le gieu d'amor
A lor plesir fesoient.

III J'alai avant,
Trop redoutant
Que nus d'aus ne me voie,
Maz et pensant
Et desirant
D'avoir autretel joie.
Lors vi lever
Un de lor per,
De si loign con g'estoie,
A apeler,
A demander
Qui sui et que queroie.

IV J'alai vers aus,
Dis lor mes maus :
Que une dame amoie
A qui loiaus,
Sanz estre faus,
Tout mon vivant seroie,
Por qui plus trai
Paine et esmai
Que dire ne porroie.
Las, or morrai,
Car bien le sai,
S'ele ne mi ravoie.

V Cortoisement
Et gentement

Ils avaient un corps gracieux,
avenant,
et, mon Dieu, qu'ils dansaient bien !
En se tenant par le cou,
en se donnant des baisers,
ils se réjouissaient fort.
Dans un endroit écarté,
après la danse
ils s'en allaient deux par deux ;
le jeu d'amour,
sur les fleurs,
ils le faisaient à leur gré.

Je poursuivis ma route,
redoutant fort
que l'un d'eux me voie,
accablé, pensif,
et désireux
de connaître même joie.
Alors je vis se lever
l'un des leurs,
si loin que je fusse,
il m'appela
et me demanda
mon nom et ce que je cherchais.

J'allai à eux,
je leur dis ma peine :
que j'aimais une dame
pour laquelle je serais
loyal et sans perfidie
durant toute ma vie.
Pour elle, je supporte
peine et souffrance
plus que je ne saurais dire.
Hélas, j'en mourrai,
je le sais bien,
si elle ne me console pas.

Courtoisement
et gentiment,

Chascun d'aus me ravoie
    Et dient tant
    Que Deus briément
M'envoit de cele joie
    Por qui je sent
    Grant marrement;
Et je lor en rendoie
    Merciz mult grant
    Et, en plorant,
A Deu les conmandoie.

chacun d'eux me console
et ils me souhaitent
que Dieu bien vite
m'envoie de cette joie
pour laquelle je suis
dans un si grand égarement;
et je leur en rendis
grâces mille fois
et, en pleurant,
à Dieu je les recommandai.

128
MONIOT D'ARRAS
Chanson d'amour

aa
1. Dame, ains ke je voise en ma con - tre - e,
2. vous iert ma can - çons dite et chan - te - e.
B
3. S'e - le vous a - gre - e, 4. tost vous ert a - pri - se,
5. car mes fins cuers tant vous pri - se
6. k'ail - lors n'a pen - se - e, 7. bien le puis tes - moi - gnier.
rf 1)
8. Au - tre - ment n'os a vous par - ler
9. fors qu'en chan - tant: mer - chi vous quier.
st. 2
15. joi - e ne tro - ve - e 16. k'au - tre ke vous ne voil a - mer.
rf
17. Je ne sai si loins a - ler 18. ke je vous puisse entr - ou - bli - er.

RS 503, L 185-7, MW 315
Strophe I : B 197, str. II : B 1102, str. III : B 321 (+ une source), str. IV : B 405 (+ deux sources), str. V : B 392.
Mss. T 120r-v, M 120v-121r. Musique dans les deux mss. Attribution dans les deux mss.

I Dame, ains ke je voise en ma contree,
Vous iert ma cancons dite et chantee.
S'ele vous agree,
Tost vous ert aprise,
Car mes fins cuers tant vous prise
K'aillors n'a pensee,
Bien le puis tesmoignier.
Autrement n'os a vous parler
Fors qu'en chantant : merchi vous quier.

II Dame, en chantant vous iert demandee
Vostre amors, ke j'ai tant desiree.
S'or ne m'est donee
Ou au mains pramise,
Jamais n'ert ens mon cuer mise
Joie ne trovee,
K'autre ke vous ne voil amer.
Je ne sai si loins aler
Ke [je] vous puisse entroublïer.

III Dame, lonc tans vos avrai celee
Ceste amor, mais or vos ert mostree.
Dieus, ki vous fist nee,
Mete en vous franchise,
Si ke l'amors ki m'atise
Soit ens vos doblee ;
Lors ert ma dolors garie.
Ce m'ochist ke je ne vous voi
Plus sovent, douce amie.

IV Dame, proi vos ne soiés iree
De çou k'amie vos ai clamee,
Car la renomee
De vo vaillandise,
Ke Dieus en vous a asise,
M'a fait que nomee
Vous ai ensi.
Dame de fin cuer amee,
Merchi !

V Dame, a droit porriés estre blasmee
Se en vous n'estoit merchi trovee.

Dame, avant que je m'en aille en mon pays,
ma chanson vous sera dite et chantée.
Si elle vous plaît,
vous l'aurez tôt apprise,
car mon cœur amoureux vous estime tant
qu'il ne pense pas à une autre,
je vous en porte mon témoignage.
Je n'ose autrement vous parler
qu'en chantant : je vous demande votre pitié.

Dame, je vous demanderai, en chantant,
votre amour, que j'ai tant désiré.
S'il ne m'est accordé maintenant,
ou du moins promis,
jamais dans mon cœur la joie
n'entrera ni ne se trouvera,
car je ne veux aimer nulle autre que vous.
Je ne sais aller si loin
que je puisse vous oublier.

Dame, je vous aurai longtemps caché
mon amour mais aujourd'hui il vous sera révélé.
Dieu qui vous a créée
mette en vous la générosité
pour que l'amour qui m'embrase
redouble aussi en vous ;
alors ma douleur sera apaisée.
Cela me tue de ne pas vous voir
plus souvent, ma douce amie.

Dame, je vous prie de ne pas vous fâcher
parce que je vous ai appelée mon amie ;
c'est la renommée
de cette valeur,
que Dieu a mise en vous,
qui m'a poussé
à vous nommer ainsi.
Dame, aimée de cœur sincère,
pitié !

Dame, on pourrait légitimement vous blâmer
si on vous trouvait impitoyable.

Ore iert esprovee
Vostre gentelise,
Car, se l'amors ke j'ai quise
M'aviés refusee,
Saichiés ke pour vous morroie.
Dame, amer ne porroie
Nule autre ke je voie.

129
MONIOT D'ARRAS
Chanson d'amour

a
1. A- mors, s'on-ques en ma vi - e 2. fis riens a vo - stre ta - lent,
b
b
3. vo- stre ven-gan - ce de-mant 4. de ce - le qui j'ai ser - vi-e,
a
5. qui de moi s'est es-loi-gni-e 6. et vet au-tres a-coin-tant.

I Amors, s'onques en ma vie
Fis riens a vostre talent,
Vostre vengance demant
De cele qui j'ai servie,
Qui de moi s'est esloignie
Et vet autres acointant.
De deus ne me plaing je mie,
Mes se le tiers la renvie,

Maintenant votre noblesse d'âme
va être mise à l'épreuve,
car si l'amour que je vous ai demandé
m'était refusé,
soyez sûre que pour vous j'en mourrais.
Dame, je ne pourrais aimer
nulle autre que je voie.

RS 1231, L 193-1, MW 2350
Mss. P 57r-v-58r, K 134b-135, N 79r, V 82r-v, X 93r-v. Musique dans tous les mss. Attribution dans KNPX ; attr. à Perron dans le texte.

Amour, si jamais en ma vie
je fis une action à votre gré,
je vous réclame vengeance
contre celle que j'ai servie :
elle s'est éloignée de moi
et va en fréquenter d'autres.
Il y en a deux dont je n'ai pas à me plaindre
mais si le troisième fait monter les enchères pour [l'avoir,

Jugiez, Amors, maintenant :
Doit ele estre forsbanie ?

II A pucele n'afiert mie,
Estrete de bone gent,
Qu'ele face a escïent
Chose dont chascun se rie ;
Por ce ne sai que je die
De cele qui longuement
M'a fet grant senblant d'amie.
Bien se desfent de risie
Quant si deboneremment
Fet ce que chascun li prie !

III Par le filz sainte Marie
Qui en la crois fu penez,
Je sueil estre melz amez
De nus de ma conpaignie ;
Or sui remez en la lie.
Ne sui je bien reculez ?
J'en sui hors de la baillie,
Car trop la m'ont enchierie
Trois bachelers touz jurez,
Qui vont chaçant grant folie.

IV A ma dame, que qu'en die,
Envoi toute ma chançon,
Je c'on apele Perron,
Qui merci li quiert et prie.
Se j'é dit par ma folie
De li riens se tot bien non,
Ce fet la grant seignorie,
Deus ! de s'amor, qui me lie
Si durement que reson
Est en moi tote perie.

jugez-en, Amour, sur-le-champ :
ne doit-elle pas être condamnée ?

À une jeune fille il ne sied pas,
quand elle est de bonne famille,
d'agir délibérément
de façon à être l'objet de moqueries.
Pour cela je ne sais que dire
de ma dame qui longuement
m'a payé d'une comédie d'amour.
Elle se défend bien des moqueries
quand de si noble cœur
elle fait ce que chacun lui demande !

Par le Fils de sainte Marie
qui fut supplicié sur la croix,
j'étais autrefois plus aimé
qu'aucun de mes compagnons ;
me voilà réduit à la lie.
N'ai-je pas perdu bien du terrain ?
Je suis hors jeu
car ils ont fait monter les enchères trop haut pour [moi,
ces trois jeunes nobles conjurés
qui pourchassent une grande folie.

À ma dame, quoi qu'on en dise,
j'envoie toute ma chanson,
moi qu'on appelle Perron,
je lui demande et requiers sa pitié.
Si en ma folie je n'ai pas dit
que du bien d'elle,
c'est la faute du grand pouvoir,
mon Dieu, de cet amour qui me ligote
si fort que toute sagesse
a disparu en moi.

130
ANDRIEU CONTREDIT
Chanson d'amour

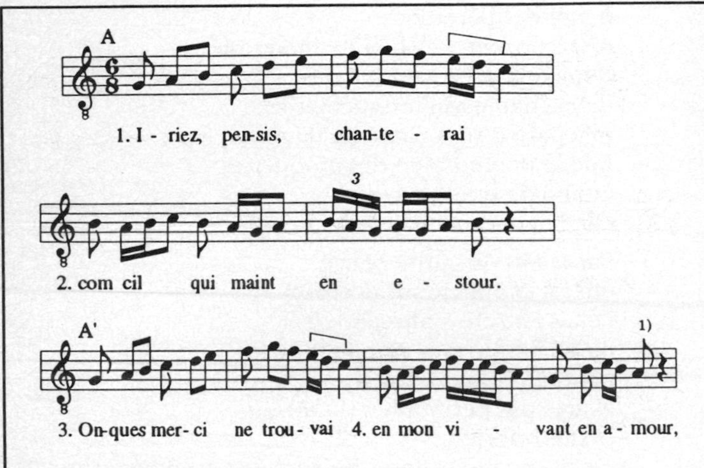
A
1. I - riez, pen-sis, chan-te - rai
3
2. com cil qui maint en e - stour.
A'
1)
3. On-ques mer- ci ne trou - vai 4. en mon vi - vant en a - mour,

I Iriez, pensis, chanterai
Com cil qui maint en estour.
Onques merci ne trouvai
En mon vivant en amour,
Ainz sui tous tanz en irour.
Ce me tient en grant esmai
Que nes un confort n'en ai,
Dont j'ai souvent grant dolour,
S'en souspir et des eus plour.

II Mescheans sui, bien le sai ;
Prouvé l'ai, ja a maint jour ;
Quant pluz l'aim, et pluz mal trai,
La bele od fresche coulour
Dont je fis trop grant folour
Quant mon cuer metre i osai ;
Maiz quant en li remirai

RS 69, L 7-9, MW 1187
Mss. M 41r-v, T 137v-138r. Musique dans les deux mss. Attribution dans les deux mss.

B
5. ainz sui toustanz en i - rour. 6. Ce me tient en grant e - smai
7. que nes un con - fort n'en ai, 8. dont j'ai sou- vent grant do - lour,
3
9. s'en sou - spir et des eus plour.

Irrité, inquiet, je chanterai
comme un homme qui passe sa vie en bataille.
Jamais je n'ai trouvé de pitié
ma vie durant dans l'amour,
au contraire, je suis sans cesse en peine.
Cela me tient dans une grande affliction
d'être sans aucun réconfort
pour souffrir grande douleur ;
j'en soupire et mes yeux pleurent.

Je suis un malchanceux, c'est tout à fait sûr ;
j'en ai eu la preuve depuis bien des jours ;
plus je l'aime et plus j'en retire de mal,
elle, la belle au teint si pur :
je me montrai bien fou
quand j'osai lui donner mon cœur ;
mais lorsque j'admirai en elle

Cors gent et plaisant atour,
Mon cuer ot sanz nul destour.

III Ne sai se secours avrai,
Quar li felon trahitour
Me font touz les maus que j'ai ;
Ne sai u faire clamour.
Nuisi m'ont a la meillour
C'ainc vi ne jamaiz verrai ;
Maiz pour Dieu li proierai
Que ne croie trecheour
Pour li ne pour sa valour.

IV Deus ! ne sai que je ferai,
Quar je n'ai tant de vigour ;
Dire ne li oserai
Mon tourment ne ma tristour,
S'ele n'i guarde s'onnour.
Bien sai que pour li morrai :
Ne set pas les maus que j'ai,
La bele a cui je aour.
Rienz fors li ne m'a savour.

V A li merci proierai,
Maiz trop avrai grant paour :
Ne sai se ja ataindrai
La tres bele sanz folour.
Maiz tant a en li douçour,
Pitié, raison, bien le sai,
Ne m'i desconforterai ;
En gré prendrai ma langour
Pour avoir joie greignour.

VI Touz sui suens, sanz nul retour.
Andrius sui, qui l'amerai.
Hors du païs m'en irai ;
Pour li ai fait lonc sejour,
Ce sachent bien li plusour.

VII Arraz, plainne de baudour,
A vous congié prenderai ;
Ne sai quant je revendrai ;

son corps gracieux et ses plaisants atours,
elle eut mon cœur sans nul retard.

Je ne sais si un jour on me secourra
car les félons, les traîtres
sont cause de tous les maux que j'éprouve ;
je ne sais devant qui porter ma plainte.
Ils m'ont nui auprès de la meilleure
que j'aie jamais vue, que jamais je verrai ;
mais je la supplierai au nom de Dieu,
pour elle comme pour sa valeur,
de ne pas croire les menteurs.

Mon Dieu, je ne sais ce que je ferai
car je n'ai pas assez d'énergie ;
jamais je n'oserai lui dire
mon tourment ni ma tristesse,
si cela doit compromettre son honneur.
Je sais bien qu'elle me fera mourir,
car elle ne sait pas les maux que je ressens,
la belle que j'adore.
Je ne trouve de saveur qu'en elle seule.

Je lui demanderai sa pitié,
mais j'aurai très grande crainte :
je ne sais si jamais j'obtiendrai
la si belle et si vertueuse.
Mais il y a en elle tant de douceur,
de pitié, de sagesse que, je le sais bien,
je ne désespérerai pas ;
je prendrai en bon gré ma langueur
pour gagner la joie la plus grande.

Je suis tout à elle, sans retour possible.
Je suis Andrieu qui l'aimerai.
Je m'en irai hors du pays
où pour elle je suis longtemps demeuré ;
qu'ils le sachent bien, tous les autres.

Arras, pleine de liesse,
je prendrai congé de vous ;
je ne sais quand je reviendrai ;

Deus vous maintieigne en hounour !
Des citez estes la flour.

131
ANDRIEU CONTREDIT
Lai
Plainte funèbre

I De belle Yzabel ferai
Un lai ke je vos dirai.
Sa grant valor retrairai
    Et s'en chanterai.
    Ne l'oublïerai.
Je l'amai de cuer verai.
Morte est. Ja ne.l chelerai,
Ja mais aillors n'amerai
    Ne n'i penserai ;
    Siens sui et serai.
Ne mais autre amor n'arai ;
Tel dame ne trouverai.
Ja vers li ne fauserai
    Ne n'i mesferai ;
    Bien m'en garderai.
    Ensi languirai
    Tant com [je] vivrai.

II Mors, ti mal sont descendu
Sor moi anvïeusement.
Ton mal talent as vendu
Ma dame et moi cruelment ;
Grant mal m'as por bien rendu
Sans nis un desfiement.
Ce ke j'avoie atendu
M'as tolu hasteement.

III   Mout tost briefment
M'estuet del mont partir ;

Dieu vous garde en votre honneur !
Vous êtes la fleur des cités.

RS 81, L 7-7, MW 14,1
Ms. T 75v-76r-v. Sans musique. Attribution.

Je composerai pour Belle Isabelle
un lai que je vous dirai.
J'évoquerai sa grande valeur
et ce sera le thème de mon chant.
Je ne l'oublierai pas.
Je l'ai aimée d'un cœur sincère.
Elle est morte. Je ne le cacherai pas,
jamais je n'en aimerai une autre
et je n'y penserai même pas ;
je suis à elle et le resterai.
Je ne ressentirai plus d'autre amour ;
je ne trouverai plus telle dame.
Jamais je ne lui ferai défaut
ni n'agirai mal envers elle ;
je saurai bien m'en garder.
Ainsi je languirai
aussi longtemps que je vivrai.

Mort, tes méfaits sont retombés
sur moi à l'envi.
Tu nous as fait payer ton mauvais vouloir
à ma dame et à moi bien cruellement ;
pour un bien tu m'as rendu un grand mal
sans même me défier.
Ce que j'avais si longtemps attendu,
tu as eu vite fait de me le dérober.

Dans un très bref délai
il me faut quitter ce monde ;

Prochainement
Me doit li cuers partir.

IV J'ai perdu kankes j'avoie,
Si me fait Dieus correchier.
[Tres]tos mes cuers se desvoie,
Si ne me puis leechier.
Dieus [me mete] en itel voie
Ke tant me puist avanchier
D'amor servir tote voie
Loialment et sans trichier.
Saichiés bien, se jou savoie
Ma mort tost adevancier,
Volentiers, se Dieus me voie,
Le vauroie porchaschier.

V Ce afichier
Puis jou et mout bien dire
Et fianchier ;
Nus ne m'en puet desdire.

VI Ma doce amie avenans,
Ke porrai je faire ?
Jouene et gente et bien venans,
Sans nului mesfaire,
Ainc ne fustes destornans
Grans honors a faire.
Je sui en contraire,
Je doi bien retraire.

VII Ahi ! belle doce amie,
Ke porrai jo devenir ?
Ne me fustes anemie :
De vos me doit sosvenir.
Je muir ; n'ai mestier de mie,
J'en voil bien a chief venir.
Li cuers me part et esmie,
La dolor m'estuet sosfrir
Por sostenir
Tes biens sans villonie.

prochainement
mon cœur doit se briser.

J'ai perdu toute ma richesse,
ainsi Dieu me fait m'affliger.
Tout mon cœur s'égare,
je ne puis plus me réjouir.
Dieu me mette en chemin
de m'élever assez
pour que j'y serve Amour tout le temps
loyalement et sans mensonge.
Oui, sachez-le, si je connaissais le moyen
d'avancer rapidement ma mort,
bien volontiers (que Dieu me protège !)
je voudrais le rechercher.

Je peux l'affirmer,
le dire et le redire,
et le garantir ;
nul ne peut me contredire.

Ma douce amie plaisante,
que pourrai-je faire ?
Jeune, gracieuse, accueillante,
vous n'avez jamais fait de mal à personne,
jamais vous n'avez été avare
de grands honneurs.
Le sort m'est contraire,
je dois bien me retirer.

Ah ! belle et douce amie,
que puis-je devenir ?
Vous ne fûtes pas mon ennemie :
je dois garder votre souvenir.
Je me meurs ; je n'ai nul besoin de médecin,
c'est le terme auquel je veux arriver.
Mon cœur se fend et se brise,
il me faut souffrir cette douleur
pour mériter
de tels biens sans vilenie.

VIII Felon, or pöés chanter :
Chaüs sul en grant torment.
Maufés vos puist deschanter !

132
GUILLAUME LE VINIER
Reverdie

I Mout a mon cuer esjoï
Li louseignolz qu'ai oï,
Qui chantant
Dit : « Fier, fier, oci, oci
Ceus par cui sunt esbahi
Fin amant.

Félons, vous pouvez chanter maintenant :
je suis tombé dans un grand tourment.
Que le diable vous fasse déchanter !

RS 1039, L 102-18, MW 453
Mss. M 110v-111r, T 30v-31r. Musique dans les deux mss. Attribution dans les deux mss.

B
7. Tra - hi - tour et mes - di - sant,
8. se la fus - siez con - su - i,
9. de faus jan - glois a - mu - i
10. fus- siez, dont a - vez dit tant 11. en men- tant."

Il a bien réjoui mon cœur,
le rossignol que j'ai entendu,
dans son chant,
dire : « Fiers, fiers, occis, occis
ceux par qui sont tourmentés
les amants sincères.

Trahitour et mesdisant,
Se la fussiez consui,
De faus janglois amuï
Fussiez, dont avez dit tant
En mentant. »

II Li dous chans tant m'abeli,
Jus de mon cheval sailli
Maintenant.
La ou le louseignol vi
Me trais, c'ainc ne s'esbati,
Ainz dist tant
U language de son chant :
« Touz loiaus amans grassi
Et loiauz dames ausi,
Qui les confortent souvant
En baisant. »

III A cest mot plus n'atendi ;
Le louseignol respondi
Simplement :
« Louseignol, pour Dieu, ne.l di !
Trop ai baisier enhaï :
Oste l'ent,
Quar baisiers que cuers ne sent
Est Judas, qui Dieu trahi.
Faintis baisiers a honi
Maint amant a grant torment,
Coiement.

Traîtres, médisants,
si vous étiez, là, frappés,
vous seriez rendus muets pour vos calomnies
que vous avez tant répandues
par mensonge. »

Tant me plut ce doux chant,
que je sautai de mon cheval
sur-le-champ.
Là où je vis le rossignol
je m'en vins avant qu'il ne s'envole :
lui disait de plus belle
dans son chant, en son langage :
« Je rends grâces à tous les amants loyaux
et aussi aux dames loyales
qui souvent les réconfortent
par un baiser. »

À ces mots je n'attendis plus ;
je répondis au rossignol
simplement :
« Rossignol, au nom de Dieu, ne dis pas cela !
J'ai conçu une haine trop forte pour le baiser :
supprime cela de ton chant,
le baiser que le cœur ne ressent pas
est celui de Judas qui trahit Dieu.
Un baiser mensonger déshonore
bien des amants, pour leur grand tourment,
sans faire de bruit. »

133
GUILLAUME LE VINIER
Pastourelle

AA'
1. Quant ces mois - sons sont cueil - li - es,
6. Cil de Feu - chiere et d'A - ti - es
1)
2. que pa - sto - riaus font ro - sti - es,
7. ont pri - ses e - sprin - gue - ri - es
3. bais - se - le - tes sont ve - sti - es,
8. et mult granz ren - voi - se - ri - es
4. ra - bar - diaus font ra - bar - di - es,
9. de sons, de no - tes d'e - sti - ves

I

Quant ces moissons sont cueillies,
Que pastoriaus font rosties,
Baisseletes sont vesties,
Rabardiaus font rabardies,
  Maint musart i va.
Cil de Feuchiere et d'Aties
Ont prises espringueries
Et mult granz renvoiseries
De sons, de notes d'estives
  Contre ceus de la.
  Mes vous orroiz ja

RS 1350, L 102-19, MW 63, B 1565
Mss. K 257-258, H 219v, I 4:11, N 126r-v, X 173v-174r. Musique dans KNX. Attribution dans KNX.

1.
2.
5. maint mu - sart i va.
10. con - tre ceus de la.
B
11. Mes vous or - roiz ja
rf
12. *que Gui - ot i vint qui tu - ru - lu - ru - ta:*
3
13. *Va-lu-ru va-lu-ru* 14. *va-lu - rai-ne va-lu-ru va.*

Quand les moissons sont cueillies,
que les bergers font griller leurs rôties,
les jeunes filles sont bien habillées,
les danseurs dansent leurs rabardies en gesticulant,
plus d'un badaud arrive.
Ceux de Fouquières et d'Aties
se sont mis à danser en bondissant
et ont ouvert les réjouissances
par des chansons, au son de leurs chalumeaux
pour rivaliser avec ceux d'à côté.
Mais vous entendrez déjà

Que Guiot i vint qui turuluruta :
Valuru valuru valuraine
Valuru va.

II Cil d'Avaines les parties
Vinrent a granz genz rengies.
En loges et en fueillies
Et en mult granz praeries
Chascuns s'envoisa.
Li ami et les amies
Orent ganz et souquanies
Et coteles haubergies
Et coifes a denz pincies.
Chascuns s'escria
Ci et ça et la,
Mes Guiot i vint qui turuluruta :
[Valuru valuru valuraine
Valuru va].

III Li filz au prestre d'Oignies,
Qui tant en a barcheignies
Que cinc en a fiancies,
Dont les trois sont engroissies,
Mult se merveilla
De Guionet : granz envies
Li prist; lors fist deablies,
Qu'il vet saillant a poignies,
Entor un chapiau d'orties.
Mult se debruisa,
Mes touz les passa
Guion; pour ce tant biau turuluruta :
[Valuru valuru valuraine
Valuru va].

IV A deus touses renvoisies,
Cointement apareillies,
Vint Poissonet et Helies,
Quant Fouques de Sapignies
Vers aus s'avança :
Des mains leur a enrachies.
Celes n'en sont mie lies,

que Guiot y vint qui turuluruta :
Valuru valuru valuraine
Valuru va.

Ceux du côté d'Avesnes
vinrent en gros bataillons.
Dans les loges, les cabanes de feuilles
et dans les larges prairies
chacun s'amusait.
Amis et amies
portaient des gants, des habits de fête,
des cottes renforcées comme hauberts,
des coiffes plissées et dentelées.
Chacun se provoquait
çà et là.
Mais Guiot y vint qui turuluruta :
Valuru valuru valuraine
Valuru va.

Le fils du prêtre d'Oignies
qui en a tellement baratiné
qu'il a promis le mariage à cinq
sur lesquelles il en a engrossé trois,
s'émerveilla fort
de ce petit Guiot : une grande jalousie
le saisit ; alors il fit des diableries :
il se mit à faire des acrobaties sur les mains,
une couronne d'orties sur la tête.
Il se tortilla dans tous les sens
mais tous furent surpassés par
Guiot ; pour cela il turuluruta si bien :
Valuru valuru valuraine
Valuru va.

Avec deux bergères épanouies,
coquettement attifées
vinrent Poissonet et Hélie,
quand Fouques de Sapignies
s'avança vers eux :
il les leur arracha des mains.
Elles n'en sont pas du tout contentes,

Ainz en sont si esmaries
Et s'en sont si corocies
Que l'une en plora.
Tost la rapaia
Guion ; por ce tant biau turuluruta :
[Valuru valuru valuraine
Valuru va].

V Antoines et Acaries
Et Pinçonnez et Helies
Jurent les saintes hachies
Que Fouques ses glotonnies
Encor conperra.
Quant Guiot vit les folies,
Lors conmença melodies,
Notes et espringueries,
Si que leur melencolies,
Tost leur rapaia.
Le pris enporta
Guion, que touz tant biau turuluruta :
Valuru [valuru valuraine
Valuru va].

elles s'en irritèrent tant
que l'une des deux en pleura.
Aussitôt la consola
Guiot ; pour cela il turuluruta si bien :
Valuru valuru valuraine
Valuru va.

Antoine et Acarie,
Poissonet et Hélie
jurent sur la sainte Passion
que sous peu Fouques paiera cher
ses insolences.
Quand Guiot vit leurs bêtises,
alors il entonna sa mélodie,
ses airs et ses danses,
si bien qu'il calma vite
toute leur fureur.
Il remporta le prix,
Guiot, car il turuluruta pour tous si bien :
Valuru valuru valuraine
Valuru va.

134
GUILLAUME LE VINIER
et THIBAUT DE CHAMPAGNE
Jeu-parti

AA a
1)
1. Si - re, ne me ce - lez mi - e
3. S'il a-vient que vostre a-mi - e
2)
2. li quelx vos iert plus a gré:
4. vos ait par - le - ment man-dé
B a'
5. nu a nu lez son co - stey
6. par nuit, que n'an ver - roiz mi - e,

I « Sire, ne me celez mie
Li quelx vos iert plus a gré :
S'il avient que vostre amie
Vos ait parlement mandé
Nu a nu lez son costey
Par nuit, que n'an verroiz mie,
Ou de jor vos bait et rie
          En un beau pré
Et enbraz, mais ne di mie
Qu'il i ait de plus parlé ?

RS 1185, L 97-1, MW 1159
Mss. O 127v-128r, A 137r-v, K 41, L 71r-v, N 9r, T 20r, V 21r-v, X 40v-41r, a 134v-135r, b 139v. Musique dans AKMOVX. Attribution dans KTX ; attr. à Guillaume dans le texte.

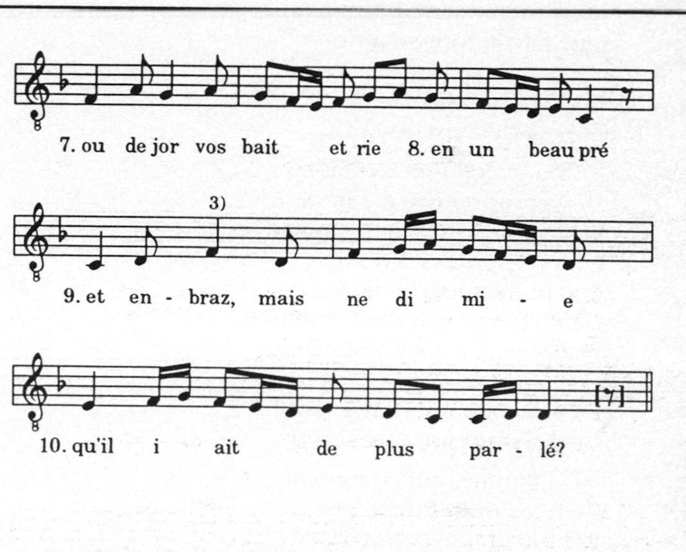
7. ou de jor vos bait et rie 8. en un beau pré
3)
9. et en - braz, mais ne di mi - e
10. qu'il i ait de plus par - lé?
[7]

« Sire, ne me le cachez pas :
quelle situation vous sera la plus agréable,
que votre amie vous demande un doux entretien,
nu à nue à ses côtés,
mais de nuit, de sorte que vous ne verrez rien,
ou qu'en plein jour elle vous embrasse et vous [sourie
en un beau pré
et vous enlace, mais je vous le dis,
sans qu'il soit question de rien de plus ?

II – Guillaume, c'est grant folie
Quant ensi avez chanté ;
Li bergiers d'une abbaïe
Eüst assez mieuz parlé.
Quant j'avrai lez mon costé
Mon cuer, ma dame, m'amie,
Que j'avrai toute ma vie
Desirré,
Lors vos quit la drüerie
Et le parlement dou pré.

III – Sire, je di qu'en s'enfance
Doit on aprendre d'amors ;
Mais mout faites mal semblance
Que vos sentez les dolors :
Pou prisiez esté ne flors,
Gent cors ne douce acointance,
Beaus resgarz ne contenance
Ne colors ;
En vos n'a point d'astenance ;
Ce deüst prendre uns priors.

IV – Guillaume, qui ce comance
Bien le demoinne folors,
Et mout a pou conoissance
Qui n'en va au lit le cors,
Que desoz beaus covertors
Prent on tele seürtance
Dont l'on s'oste de doutance
Et de freors ;
Tant comme soie en balance,
N'iert ja mes cuers sanz paors.

V – Sire, por rien ne voudroie
Que nuns m'eüst a ce mis.
Quant celi cui j'ameroie
Et qui tout m'avroit conquis
Puis veoir en mi le vis
Et baisier a si grant joie
Et embracier toute voie
A mon devis,

– Guillaume, voilà une grande folie
d'avoir chanté un tel jeu-parti ;
le berger d'une abbaye
aurait parlé plus finement que vous.
Lorsque j'aurai tout contre moi
mon cœur, ma dame, mon amie,
que j'aurai toute ma vie
désirée,
je vous laisse les galants entretiens
et la conversation dans le pré.

– Sire, je vous le dis : c'est tout jeune
que l'on doit faire son apprentissage en amour ;
mais vous donnez bien mal l'apparence
d'en souffrir les douleurs :
peu vous chaut l'été avec ses fleurs,
et le joli corps, la douce fréquentation,
les beaux regards, le beau maintien
et le teint aux belles couleurs ;
vous ne connaissez pas l'abstinence ;
votre choix aurait été celui d'un prieur.

– Guillaume, qui se lance en cette entreprise,
est gouverné par la folie,
et il n'a guère de sagesse
celui qui ne s'en va pas tout droit au lit,
car sous de belles couvertures
on acquiert assez d'assurance
pour quitter le doute
et la frayeur ;
aussi longtemps que je serai dans l'incertitude,
mon cœur ne vivra pas sans peur.

– Sire, je ne voudrais pour rien au monde
que quelqu'un m'en fasse arriver là.
Si je pouvais voir celle que j'aimerais
et qui m'aurait entièrement conquis,
et contempler son visage
et l'embrasser avec une grande joie
et, certes, l'enlacer
tant qu'il me plaît,

Saichiez, se l'autre prenoie,
Ne seroie pas amis.

VI – Guillaume, se Deus me voie,
Folie avez entrepris,
Que, se nue la tenoie,
N'en prendroie paradis.
Ja por esgarder son vis
A paiez ne m'en tendroie
S'autre chose n'en avoie.
J'ai mieuz pris,
Qu'au partir se vos convoie,
N'en porteroiz c'un faus ris.

VII – Sire, Amors m'a si sopris
Que siens sui, ou que je soie,
Et sor Gilon m'en metroie
A son devis,
Li quelx va plus droite voie
Ne li quelx maintient le pis.

VIII – Guillaume, fous et pensis
I remaindroiz tote voie,
Et cil qui ensi donoie
Est mout chaitis.
Bien vuil que Gilon en croie,
Et sor Jehan m'en sui mis. »

eh bien, sachez-le : si je prenais l'autre parti,
je ne serais pas un ami.

– Guillaume, j'en prends Dieu à témoin,
ce que vous affirmez est fou,
car si je la tenais nue,
je ne la laisserais pas pour le Paradis.
Jamais à regarder son visage,
je ne m'estimerais suffisamment payé
si je n'obtenais pas autre chose.
J'ai mieux choisi que vous ;
si à votre départ elle vous reconduit,
vous n'emporterez qu'un sourire trompeur.

– Sire, Amour m'a si bien séduit
que je lui appartiens où que je sois.
Je m'en remettrai à Gilles,
à son jugement ;
qu'il nous signifie qui a choisi la meilleur voie
et qui la pire.

– Guillaume, vous resterez
fou et chagrin à chaque fois ;
celui qui fait ainsi l'amour
est bien misérable.
Je veux bien croire Gilles là-dessus
mais je m'en suis remis à Jean. »

135

GUILLAUME LE VINIER

Chanson d'amour

AA'
1. S'on - ques chan- ters m'e - ust ai - dié,
3. non - pour - quant tant m'a a - van - cié
1.
2.
2. trop me sui de chan - ter te- us;
4. qu'en loi - au- té m'est loz cre- us.
B
5. Par cel lo - er sui de - ce - us,
6. si com cil c'on loe au - jo - er,

I S'onques chanters m'eüst aidié,
Trop me sui de chanter teüs ;
Nonpourquant tant m'a avancié
Qu'en loiauté m'est loz creüz.
Par cel löer sui deceüs
Si com cil c'on loe au jöer,
Cui tant plaist ce qu'il s'ot löer
Ne set mot s'a ses dras perdus ;
Einsinc sui de sens deceüs.

II S'Amours ot ainc en soi pitié,
Puis que sui pour loial tenus,
Trouver doi loial amistié,

RS 1086, L 102-24, MW 1752
Mss. M 108r, A 129v, T 28v, a 33v-34r. Musique dans tous les mss. Attribution dans tous les mss.

1)
7. cui tant plaist ce qu'il s'ot lo - er
8. ne set mot s'a ses dras per - dus;
9. ein - sinc sui de sens de - ce - us.

Le chant m'aurait peut-être aidé un jour,
je me suis, dans ce cas, trop retenu de chanter;
pourtant cela m'a bien avancé :
ma loyauté s'est attiré de plus en plus de louanges.
Mais ces louanges m'ont trompé
comme pour le joueur qu'on félicite
et qui prend tant de plaisir à s'entendre louer
qu'il ne voit plus s'il y perd son vêtement.
C'est ainsi que je me trouve habilement trompé.

Si Amour a jamais éprouvé de la pitié,
puisque je suis tenu pour loyal
je dois donc trouver une loyale amitié,

Car lonc tans m'i sui atendus.
Avoir la doi, se ainc l'ot nus !
Mais onques, ce me fait douter,
Cordoaniers n'ot bon soller,
N'ainc drapiers ne fut bien vestus,
N'ainc n'ot amie loiauz drus.

III De tant m'a Amours alegié,
Quant g'i vois, que bien sui venuz.
Maiz s'i truis noient d'amistié,
Lors que m'en part, m'est retoluz.
Si sui li povres durfeüs
C'on fait l'or fouir et quester ;
Se.l guaite on si pres qu'enporter
N'en puet rienz, tant l'ait bien repus ;
Si s'en depart povres et nus.

IV Et quant si me sent atirié,
Ne me feroit bon traire ensus
Ainz que plus m'ait adamagié ?
Or ai je dit que recreüs,
Si fais com l'enfes desseüs.
Quant s'est ars par trop pres chaufer,
En l'iaue court son doit bouter
Pour alegier ; lors se cuist pluz :
Char que fous blece sane fus.

car je l'ai attendue bien longtemps.
Je dois l'avoir, si quelqu'un l'a jamais eue !
Mais ceci me fait peur car jamais
cordonnier ne fut bien chaussé,
jamais drapier n'a eu un beau vêtement
et jamais non plus d'amie le loyal ami.

Amour m'a soulagé du moins en ceci
que lorsque je vais là-bas, je suis bien accueilli.
Mais si j'y trouve un brin d'amitié,
dès mon départ on me le reprend.
Je suis le pauvre misérable
qu'on fait creuser pour chercher de l'or,
et on le surveille de si près qu'il ne pourrait
en emporter, si bien l'eût-il caché ;
ainsi repart-il pauvre et nu.

Et quand je me sens si maltraité,
ne serait-il pas bon de me retirer
avant qu'on ne m'ait causé plus de dommage ?
Voilà que j'ai parlé comme un lâche renonceur,
j'agis comme l'enfant trompé.
Lorsqu'il s'est brûlé en se chauffant de trop près,
il court plonger son doigt dans l'eau
pour calmer la brûlure, qui ne lui en cuit que
[davantage :
chair blessée par le feu, le feu la guérira.

136

GUILLAUME LE VINIER

Chanson d'amour

1. Bien doit chan- ter la qui chan- çon set plai - re
2. en ma- nie - re d'a-mour et de bon - té.
3. Je.l di pour moi qui tel fois ai chan - té
4. que au- si bien u mieuz me ve-nist tai - re.
5. Maiz qui sert sanz son ser - vi - ce par - fai - re,

I Bien doit chanter la qui chançon set plaire
En maniere d'amour et de bonté.
Je.l di pour moi qui tel fois ai chanté
Que ausi bien u mieuz me venist taire.
Maiz qui sert sanz son service parfaire,
Vis m'est qu'en folour ait son tanz usé.
Pour ce, et pluz pour ma grant volenté

RS 169, L 102-3, MW 2371, B 1567
Mss. M 110r, R 99v-100r, T 30r. Musique dans tous les mss. Attribution dans MT.

Il doit bien chanter, celui dont la chanson sait
selon la règle d'Amour, comme il convient. [plaire
Je parle pour moi qui ai chanté certaine fois
quand j'aurais aussi bien fait de me taire.
Mais celui qui sert sans en venir au but,
il me semble qu'il perd sottement son temps.
Pour cette raison et encore plus pour mon vif désir

Servirai tant que je savrai partie
Quel joie est d'avoir amie.

II De bien amer avrai joie u contraire,
Qu'ensi l'ai pieç'a pramis et vöé,
Si com firent nostre ancissour ainsné
En qui cuers ot fine Amors son repaire.
Or voi chascun l'amourous contrefaire
Sanz cuer de desirrier entalenté,
Dont trop se tendroient pour engané,
S'il avoient seü une foïe
Quel joie [est d'avoir amie].

III La vïele et Amours par essamplaire
Doivent estre d'un samblant comparé,
Car la vïele et Amours sunt paré
De joie et de soulaz qui l'en set traire.
Mais cil qui ne set vïeler fait raire
La vïele, si li tolt sa bonté ;
Ausi fait l'en Amours par fausseté :
A soi la tolt ne ne set, que qu'il die,
Quel joie [est d'avoir amie].

IV Li rubis a tesmoins del lapidaire
Est des pierres sires en dignité,
Et Amours dame de jolivetė,
Resjoïssanz en fin cuer debonaire.
Mes cuers en li s'esjoïst et resclaire.
Pieç'a l'a de moi parti et sevré,
E s'il li plaist qu'ait le cors de bonté
Pour savourer cuer et cors sanz partie –
Quel joie [est d'avoir amie] !

V Com de celui qui l'or de son aumaire
A si maumis, despendu et gasté
Qu'i ne parose savoir la purté
A comfait chief li remanans puet traire
Est il de moi, quant voi cors et viaire
Furni de sens, de valour, de bonté.

je servirai jusqu'à ce que j'apprenne un peu
Quelle joie c'est d'avoir une amie

Pour bien aimer, j'aurai joie ou contrariété,
puisque je m'y suis voué par promesse depuis
[longtemps,
ainsi que firent les premiers de nos ancêtres
qui avaient fait de leur cœur le séjour de fine
[Amour.
Maintenant je vois chacun contrefaire l'amoureux
sans avoir le cœur embrasé par le désir ;
ils se tiendraient, certes, pour abusés
si une fois, une seule, ils avaient su
Quelle joie c'est d'avoir une amie.

La viele et l'amour, en manière d'exemple,
doivent être sur un certain point comparés :
car la vièle et l'amour sont ornés
de joie et de plaisir pour qui sait les en tirer.
Mais celui qui ne sait pas vieller fait grincer
l'instrument et lui ôte toute sa valeur ;
ainsi fait-on en falsifiant Amour ;
on s'en prive, on ne sait pas, quoi que l'on dise,
Quelle joie c'est d'avoir une amie.

Le rubis, au témoignage des lapidaires,
est la reine des pierres de par sa noblesse,
et Amour est dame d'allégresse
qui réjouit les fins cœurs généreux.
Mon cœur s'en réjouit et s'en illumine.
Depuis longtemps Amour l'a séparé et éloigné de
[moi,
et s'il lui plaît, qu'il prenne le corps, comme
[il convient
pour savourer un cœur et un corps sans partage –
Quelle joie c'est d'avoir une amie !

Comme l'homme qui a si mal employé,
dépensé et dilapidé l'or de son coffre
qu'il n'ose plus en apprendre la pure vérité :
à combien peut se monter ce qui reste,
moi aussi quand je vois son corps et son visage
pleins de sagesse, de valeur, de beauté.

La n'os savoir ma mort ne ma santé.
Quar, qui bon espoir pert, il ne set mie
Quel joie [est d'avoir amie].

VI Sire freres, trop vous voi demoré,
Si cuit qu'aiez seü et savouré
Quel joie est d'avoir amie.

Je n'ose plus apprendre mon arrêt de mort ou ma
[santé
car celui qui perd le bon espoir, il ne sait pas
Quelle joie c'est d'avoir une amie.

Seigneur mon frère, je vous vois bien tranquille,
et pourtant je crois que vous avez su et apprécié
Quelle joie c'est d'avoir une amie.

137
SIMON D'AUTHIE
Pastourelle

I Quant li dous estez define
Et li frois yvers revient,

RS 1381 (= 1385), L 252-6, MW 2288, B 1882 (+ quatre sources)
Mss. M 123r, T 37v-38v, U 62v-63r. Musique dans tous les mss. Attribution dans MT.

7. toz seus mon che - min er - roi - e;
8. si o - i pres de ma voi - e
9. chan - ter la bele Em - me - lot:
rf
10. "Deu - ren - leu! j'aim bien Gui - ot,
11. toz mes cuers a lui s'o - troi - e."

Quand s'achève l'été si doux,
que revient l'hiver glacé,

Que flors et fueille decline
Et ces oisiaus n'en sovient
De chanter en bois n'en brueill,
En chantant si com je sueill
Toz seus mon chemin erroie ;
Si oï pres de ma voie
Chanter la bele Emmelot :
« *Deurenleu !* J'aim bien Guiot,
Toz mes cuers a lui s'otroie. »

II Grant joie fait la meschine
Quant de Guiot li souvient ;
Je li dis : « Amie fine,
Cil vous saut qui tot maintient !
Vostre amor desir et vueill,
A vous servir toz m'acueill.
Se volez que vostres soie,
Robe vous donrai de soie,
Si laissiez cel vilain sot,
Deurenleu ! c'ainc ne vous sot
Bien amer ne faire joie.

III – Or parlez vous de folie,
Sire, foi que je doi vous,
Ja, se Dieu plaist, de s'amie
Ne sera mes amis cous.
Tournez vous ! fuiés de ci !
Ja ne lairai mon ami
Pour nul home que je voie ;
Ne m'a pas dit que je.l doie
Pour autrui entrelaissier.
Deurenleu ! pour un baisier
M'a doné gans et corroie.

IV – Hé, douce rienz envoisie,
Cuers debonaires et douz,
Recevez par cortoisie
Mon cuer qui se rent a vous,
En qui je del tout m'afi ;
Mains jointes merci vous cri,
Mes que vostre amour soit moie

que feuilles et fleurs disparaissent
et qu'à tous les oiseaux il ne souvient
de chanter dans les bois et les bocages,
en chantant à mon accoutumée,
j'allais tout seul mon chemin ;
j'entendis près de ma route
chanter la belle Emmelot :
« *Deurenleu !* J'aime bien Guiot,
tout mon cœur se donne à lui. »

La demoiselle mène grand-joie
au souvenir de Guiot.
Je lui dis : « Amie jolie,
qu'Il vous préserve, Celui qui tient tout en sa [main !
Je veux et désire votre amour,
je me mets tout entier à votre service.
Si vous acceptez que je sois vôtre,
je vous donnerai une robe de soie,
laissez donc ce sot balourd,
Deurenleu ! Il n'a jamais su
ni vous aimer ni vous faire plaisir.

– Voilà que vous racontez des sornettes,
seigneur, foi que je vous dois,
jamais, s'il plaît à Dieu, par son amie
mon ami ne sera fait cocu.
Tournez les talons, enfuyez-vous d'ici !
Je ne laisserai jamais mon ami
pour nul homme que je voie ;
il ne m'a pas dit que je doive
pour un autre le délaisser.
Deurenleu ! Contre un baiser
il m'a donné gants et ceinture.

– Ah, douce créature souriante,
cœur noble et doux,
recevez par courtoisie
mon cœur qui se rend à vous
à qui je donne toute ma foi ;
je vous crie grâce les mains jointes,
donnez-moi simplement votre amour

Qui mon cuer destraint et loie
Si que ne l'en puis sachier ;
Deurenleu ! pour embracier
Mes cuers au vostre se loie.

V – Bien m'avez ore assaïe,
Mes pou i avez conquis.
Mainte autre en avez proïe :
Ne l'avez pas ci apris,
N'encore ci ne.l lairoiz.
N'est pas li cuers si destrois
Com il pert a la parole ;
Teus baise feme et acole
Qui ne l'aime tant ne quant.
Deurenleu ! alez avant !
Ja ne mi troveroiz fole. »

qui me serre le cœur et le retient en ses liens
si bien que je ne peux le retirer.
Deurenleu ! Pour vous embrasser
mon cœur se lie au vôtre.

– Vous m'avez joliment mise à l'épreuve,
mais vous y avez peu gagné.
Vous en avez prié beaucoup d'autres :
ce n'est pas ici que vous avez appris tout cela
ni ici encore que vous y renoncerez !
Le cœur n'est point si affligé
qu'on veut bien le montrer en paroles.
Il y en a qui embrassent et enlacent une femme
sans l'aimer ni peu ni prou.
Deurenleu ! Passez votre chemin !
Vous ne me trouverez jamais volage. »

138
HUE DE LA FERTÉ
Chanson historique

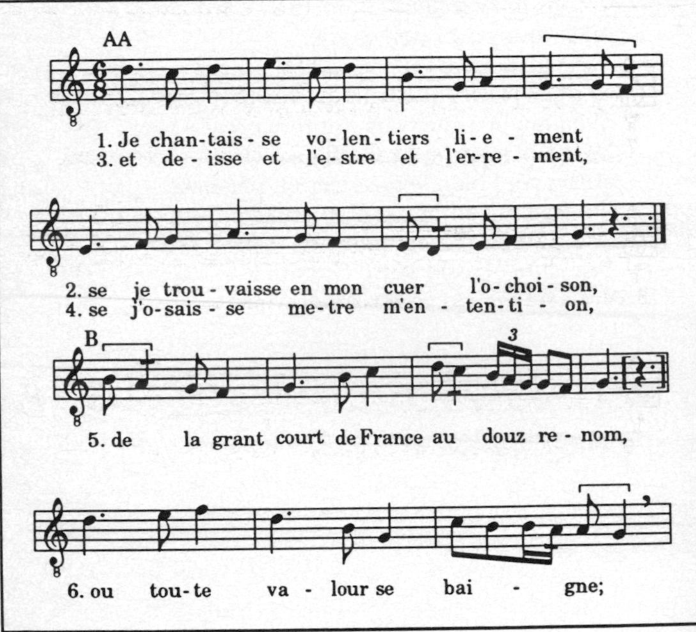

I Je chantaisse volentiers liement
Se je trouvaisse en mon cuer l'ochoison,
Et deïssë et l'estre et l'errement,
Se j'osaisse metre m'entention,
De la grant court de France ou douz renom,
Ou toute valour se baigne ;
Des preudomes me lo, qui que s'en plaigne,
Dont tant i a que bien porrons veoir,
Ce quit, par tans lor sens et lor savoir.

II De ma dame vous di je vraiement
Qu'ele aime tant son petit enfançon

RS 699, L 112-2, MW 1820
Mss. M 97r-v, T 149v-150r. Musique dans les deux mss. Attribution dans les deux mss.

1)
7. des preud - o - mes me lo, qui que s'en plai - gne,
8. dont tant i a que bien por - rons ve - oir,
2)
9. ce quit, par tans lor sens et lor sa - voir.

Je chanterais volontiers gaiement
si j'en trouvais la raison dans mon cœur,
et je décrirais la façon et les manières,
si j'osais y employer mes soins,
de la grande cour de France au doux renom
où toute valeur abonde;
je me loue des preux, même s'il en est qui s'en
[plaignent,
nombreux sont ceux dont nous pourrons constater
en temps utile la sagesse et le savoir, à mon avis.

De ma dame, je vous dis en vérité,
qu'elle aime tant son petit enfant

Qu'el ne veut pas qu'il se travaut souvent
En departir l'avoir de sa maison,
Maiz ele en doune et depart a fuison ;
Mout en envoie en Espaigne
Et mout en met en esforcier Champaigne,
S'en fait fermer chastiaux pour mieuz valoir.
De tant sunt ja par li creü si hoir.

III Se ma dame fust nee de Paris,
Et ele fust roïne par raison ;
S'a ele assez fier cuer, ce m'est avis,
Pour faire honte a un bien haut baron
Et d'alever un trahiteur felon.
Deus en cest point le maintaigne
Et guart son fius que ja feme ne praigne,
Quar par home ne puis je pas veoir
Qu'ele perde jamaiz son grant pooir.

IV Preudome sunt et sage et de haut pris,
S'en doivent bien avoir bon guerredon
Cil qui li ont enseignié et apris
A eslongier ceus de ci environ ;
Et ele a bien fermee sa leçon ;
Quar touz les het et desdaigne.
Bien i parut l'autre jour a Compaigne,
Quant li baron ne porent droit avoir
Ne ne.s deigna esguarder ne veoir.

V Que vont querant cil fol baron bregier
Qu'i ne viennent a ma dame servir,
Qui mieuz savroit tout le mont justicier
Qu'entr'eus trestouz d'un povre bourc joïr ?
Et del tresor, s'ele en fait son plaisir,
Ne voi qu'a eus en ataigne.
Conquise en a la justice roumaigne,
Si qu'ele fait les bons pour maus tenir
Et les pluseurs en une hore saintir.

qu'elle ne veut pas qu'il se fatigue trop souvent
à dépenser le bien de sa maison,
elle, pourtant, le donne et le répand à profusion ;
elle en envoie quantité en Espagne,
elle en utilise quantité à renforcer la Champagne
dont elle fait fortifier les châteaux pour qu'ils
[vaillent plus.
Voilà de quoi faire croître le bien de ses héritiers.

Si ma dame était née à Paris,
elle serait en toute justice reine ;
elle a le cœur assez fier à mon avis
pour humilier un très haut baron
et élever un traître félon.
Dieu la maintienne en ce point
et garde son fils de prendre une épouse,
car je ne peux concevoir que par un homme
elle puisse perdre jamais son grand pouvoir.

Ils sont preux, avisés et de haute valeur,
et ils doivent donc en avoir une grande
ceux qui lui ont enseigné et appris [récompense,
à éloigner les seigneurs des alentours ;
elle a bien retenu sa leçon,
car tous elle les hait et les méprise.
On le vit bien l'autre jour à Compiègne,
quand les barons ne purent obtenir aucun droit
et qu'elle ne daigna ni les regarder ni les voir.

Que cherchent-ils donc, ces fous de barons, ces
à ne pas accourir au service de ma dame, [stupides,
elle qui saurait mieux gouverner le monde entier
qu'eux, pris tous ensemble, avoir la jouissance
[d'un seul pauvre village ?
Et son trésor, si elle en fait ce qu'elle veut,
je ne vois pas en quoi cela les blesse.
Elle en a acheté la justice de Rome
et ainsi elle fait passer les bons pour des méchants
et pour bien d'autres, en une heure, elle les fait
[canoniser.

VI Deus ! li las de la Bretaigne
Trouvera il jamaiz ou il remaigne ?
S'ensi li veut toute terre tolir,
Dont ne sai je qu'il puisse devenir.

139
HUE DE LA FERTÉ
Chanson historique

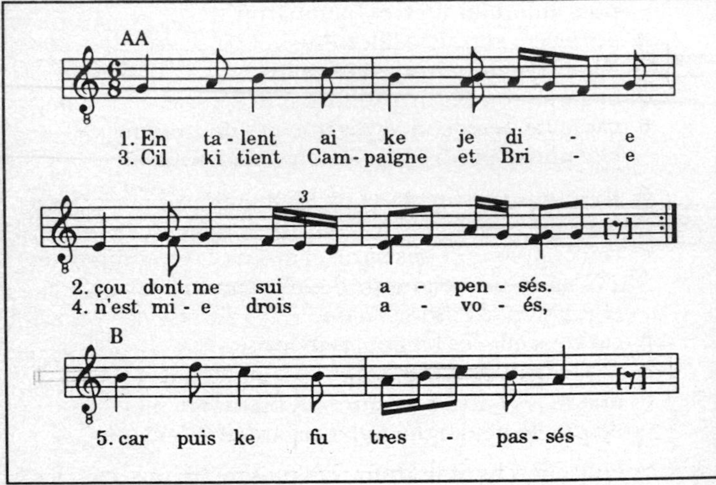
AA
1. En ta - lent ai ke je di - e
3. Cil ki tient Cam- paigne et Bri - e
3
2. çou dont me sui a - pen - sés.
4. n'est mi - e drois a - vo - és,
[7]
B
5. car puis ke fu tres - pas- sés
[7]

I En talent ai ke je die
Çou dont me sui apensés.
Cil ki tient Campaigne et Brie
N'est mie drois avöés,
Car puis ke fu trespassés
Cuens Tiébaus a mort de vie,
Saichiés, fu il engenrés.
Or gardés s'il est bien nés !

II Deüst tenir signorie
Teus hom, chasteaus ne cités,

Dieu ! Le malheureux comte de Bretagne
trouvera-t-il jamais endroit où s'établir ?
Si elle veut ainsi lui ravir toutes ses terres,
je ne vois pas ce qu'il pourra devenir.

RS 1129, L 112-1, MW 1414
Mss. T 150r-v, M 97v. Musique dans les deux mss. Attribution dans les deux mss.

J'ai le désir d'exprimer
ce qui m'est venu à l'esprit :
celui qui possède la Champagne et la Brie
n'en est pas le juste héritier,
car c'est après que fut décédé
et passé de vie à trépas le comte Thibaut,
sachez-le bien, qu'il fut engendré.
Voyez donc comme il est de noble naissance !

Devrait-il avoir en sa possession une seigneurie,
un tel homme, des châteaux, des cités,

Tresdont k'il failli d'aïe
Au roi ou il fu alés ?
Saichiés, s'il fust retornés,
Ne l'em portast garantie
Hom ki fust de mere nés
K'il n'en fust desiretés.

III Par le fill sainte Marie,
Ki ens le crois fu penés,
Tel cose a faite en sa vie
Dont deüst estre apellés.
Sire Dieus, bien le savés,
Il ne se deffendist mie,
Car il se sent encopés.
Signeur baron, k'atendés ?

IV Cuens Tiébaus, dorés d'envie,
De felonie fretés,
De faire chevallerie
N'estes vous mie alosés ;
Ançois estes mieus maullés
A savoir de sirurgie.
Vieus et ors et bosofflés ;
Totes ces teches avés.

V Bien est France abastardie
(Signeur baron, entendés !)
Qant feme l'a em baillie,
Et tele com bien savés.
Il et ele, les a les,
Le tiegnent par compaignie.
Cil n'en est fors rois clamés
Ki piech'a est coronés.

alors qu'il a retiré son appui
au roi qu'il était allé servir ?
Sachez-le bien : si le roi en était revenu,
aucun homme né d'une femme
n'aurait pu servir de garant à cet imposteur :
il aurait été déshérité.

Par le Fils de sainte Marie
qui fut supplicié sur la croix,
il a accompli une certaine action en sa vie
dont il devrait être appelé en jugement.
Seigneur Dieu, vous le savez bien :
il ne saurait se défendre
car il se sait coupable.
Barons, qu'attendez-vous ?

Comte Thibaut, doré d'envie,
paré d'hypocrisie,
en matière de faits de chevalerie,
vous n'êtes pas bien conseillé.
Mais vous êtes mieux frotté
du savoir des médecins.
Vil, sale, boursouflé,
vous avez tous ces vices.

La France est bien abâtardie –
barons, écoutez-moi ! –
quand une femme la tient en son pouvoir,
et quelle femme, vous le savez !
Lui et elle, côte à côte,
ils la détiennent de compagnie.
De roi, il n'a que le titre,
celui qu'on a couronné il y a déjà longtemps !

140

THIBAUT DE CHAMPAGNE

Chanson d'amour

1. Au - si conme u - ni - cor - ne sui
1)
2. qui s'es - ba - hit en re - gar - dant
1)
3. quant la pu - ce - le va mi - rant.
4. Tant est lie - e de son en - nui,
5. pa - sme - e chiet en son gi - ron;

I Ausi conme unicorne sui
Qui s'esbahit en regardant
Quant la pucele va mirant.
Tant est liee de son ennui,
Pasmee chiet en son giron;
Lors l'ocit on en traïson.
Et moi ont mort d'autel senblant

RS 2075, L 240-3, MW 2437
Mss. X 26v-27r, A 152r, B 1r, C 9r-v, F 131r-v-132r, K 29, M 75v-76r, O 1r, R 38v-39r, S 230v, T 13v, U 125v-126r, V 15r-v, Z 2r-v, a 7v-8r. Musique dans KMORVXZa. Attribution dans KRTXa ; attr. à Pierre de Gand dans C.

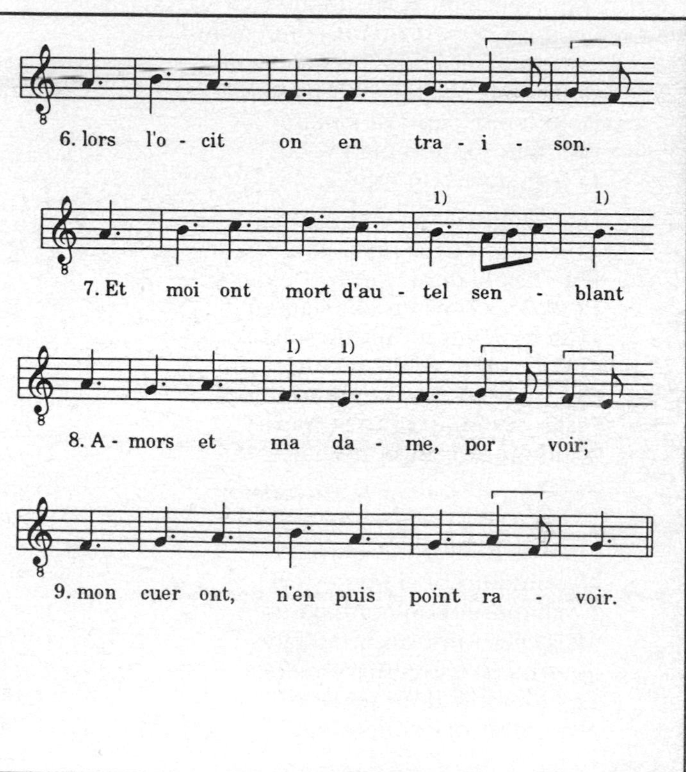
6. lors l'o - cit on en tra - i - son.
1) 1)
7. Et moi ont mort d'au - tel sen - blant
1) 1)
8. A - mors et ma da - me, por voir;
9. mon cuer ont, n'en puis point ra - voir.

Je suis semblable à la licorne
fascinée en sa contemplation
lorsqu'elle regarde la jeune fille.
Elle est si ravie de son tourment
qu'elle tombe évanouie sur le sein de la vierge.
Alors traîtreusement on la tue.
Moi aussi, j'ai été tué, et de la même façon,

Amors et ma dame, por voir ;
Mon cuer ont, n'en puis point ravoir.

II Dame, quant je devant vos fui
Et je vos vi premierement,
Mes cuers aloit si tresaillant
Qu'il vos remest quant je m'en mui.
Lors fu menés sanz raençon
En la douce chartre en prison,
Dont li piler sont de talent
Et li huis sont de biau veoir
Et li anel de bon espoir.

III De la chartre a la clef Amors,
Et si i a mis trois portiers :
Biau Semblant a non li premiers,
Et Biautez ceus en fait seignors ;
Dangier a mis a l'uis devant,
Un ort felon, vilain puant,
Qui mult est maus et pautoniers.
Cist troi sont et viste et hardi ;
Mult ont tost un home saisi.

IV Qui porroit soufrir la tristors
Et les assaus de ces huissiers ?
Onques Rollans ne Oliviers
Ne vainquirent si fors estors ;
Il vainquirent en conbatant,
Mais ceus vaint on humiliant.
Soufrirs en est gonfanoniers,
En cest estor dont je vos di,
N'a nul secors que de merci.

V Dame, je ne dout mes riens plus
Fors tant que faille a vos amer.
Tant ai apris a endurer
Que je sui vostres tout par us ;
Et se il vos en pesoit bien,
Ne m'en puis je partir por rien
Que je n'aie le remenbrer
Et que mes cuers ne soit adés
En la prison et de moi pres.

par Amour et ma dame, c'est vérité :
ils détiennent mon cœur, je ne peux le reprendre.

Dame, quand je me trouvai devant vous,
quand je vous vis pour la première fois,
mon cœur tremblant bondit si fort
qu'il resta auprès de vous quand je m'en fus.
Alors on l'emmena sans accepter de rançon,
captif dans la douce prison
dont les piliers sont faits de désir,
les portes de belle vision
et les anneaux de bon espoir.

La clef de cette prison, Amour la détient
et il y a placé trois gardiens :
Beau Semblant est le nom du premier ;
Amour leur a donné Beauté comme maître ;
devant, sur le seuil, il a mis Refus,
un répugnant traître, un rustre dégoûtant,
qui est très mauvais et méchant homme.
Ces trois-là sont prompts et hardis ;
ils ont vite fait de s'emparer d'un homme.

Qui pourrait endurer les vexations
et les assauts de ces portiers ?
Jamais Roland ni Olivier
ne triomphèrent en si rudes batailles ;
eux vainquirent en combattant,
mais ces gardiens, on les vainc en s'humiliant.
Patience est notre porte-bannière
en cette lutte dont je vous parle,
il n'y a de secours que dans la pitié.

Dame, maintenant je ne crains rien davantage
que de ne pas obtenir votre amour.
J'ai si bien appris à endurer
que je suis nécessairement tout à vous.
Même si cela vous pesait,
je ne peux plus m'en aller, rien n'y ferait,
sans en garder le souvenir,
sans que mon cœur reste toujours
dans la prison, tout en étant près de moi.

VI Dame, quant je ne sai guiler,
Merciz seroit de saison mes
De soustenir si grevain fes.

141
THIBAUT DE CHAMPAGNE
Chanson d'amour

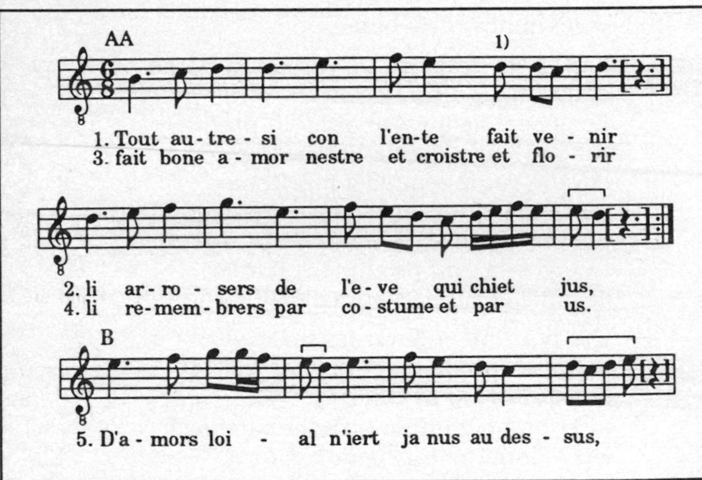

I Tout autresi con l'ente fait venir
Li arrosers de l'eve qui chiet jus,
Fait bone amor nestre et croistre et florir
Li remenbrers par costume et par us.
D'amors loial n'iert ja nus au dessus,
Ainz li covient au desouz maintenir.
Por c' est ma doce dolor
Plaine de si grant paor,
Dame, si fas grant vigor
De chanter quant de cuer plor.

Dame, puisque je ne sais pas déguiser,
il serait temps d'avoir pitié de moi
qui soutiens un si lourd fardeau.

RS 1479, L 240-53, MW 1468

Mss. X 25r-v, B 4r-v, K 26-27, M 75r-v, O 133r-v, R 73v-74r (= R[1]) et 170v-171v (= R[2]), S 314v, T 12v-13r, U 142v-143r, V 14r-v. Musique dans tous les mss. sauf STU. Attribution dans KX.

1)
6. ainz li co - vient au de- souz main- te - nir.
7. Por c'est ma do - ce do- lor 8. plai- ne de si grant pa - or,
9. da-me, si fas grant vi - gor 10. de chan- ter quant de cuer plor.

Tout comme l'ente va reprendre
d'être arrosée par l'eau qui tombe sur elle,
le bon amour naît et croît et fleurit
grâce au souvenir, c'est coutume et habitude.
Personne ne dominera jamais l'amour loyal ;
il convient au contraire de se mettre à sa merci.
Voilà pourquoi ma douce souffrance
est emplie d'une crainte si grande,
dame, et c'est un tour de force,
que de chanter quand le cœur est en larmes !

II Pleüst a Dieu, por ma dolor garir,
Qu'el fust Tisbé, car je sui Piramus !
Mais je voi bien ce ne peut avenir ;
Ensi morrai, que je n'en avrai plus.
Ahi, bele ! tant sui por vos confus !
Que d'un quarrel me venistes ferir,
Espris d'ardant feu d'amor,
Quant vos vi le premier jor ;
Li ars ne fu pas d'aubor
Qui se traist par grant douçor.

III Dame, se je servise Dieu autant
Et priasse de verai cuer entier
Con je fas vos, je sai certainement
Qu'en paradis n'eüst autel loier ;
Mais ne je puis ne servir ne proier
Nului fors vos, a qui mes cuers s'atent ;
Si ne puis aparcevoir
Que ja joie en doie avoir,
Ne je ne vos puis veoir
Fors d'euz clos et de cuer noir.

IV La prophete dit voir, qui pas ne ment,
Que en la fin faudront li droiturier ;
Et la fins est venue voirement,
Que cruautés vaint merci et prier,
Ne servises ne peut avoir mestier,
Ne bone amor n'atendre longuement ;
Ainz a plus orgueils pooir
Et beubans que douz voloir,
N'encontre amor n'a savoir
Qu'atendue sans espoir.

V Aygles, sans vos ne puis merci trover.
Bien sai et voi qu'a toz biens ai failli
Se vos ensi me volés eschiver
Que vos n'aiés de moi quelque merci.
Ja n'avrez mais nul si loial ami,
Ne ne porrois a nul jor recovrer,
Et je me morrai chaitis.
Ma vie sera mais pis

Plût à Dieu, pour apaiser ma souffrance,
qu'elle fût Thisbé puisque je suis Pyrame !
Mais je le vois bien, c'est tout à fait impossible ;
je mourrai sans en obtenir davantage.
Ah, belle, combien vous m'avez confondu !
Vous qui êtes venue me frapper d'une flèche
et m'embraser du brûlant feu d'amour
le premier jour où je vous vis.
Cet arc n'était pas fait d'aubier
qui eût tiré avec tant de douceur !

Dame, si je servais Dieu tout autant
et le priais avec une aussi profonde sincérité
que je fais pour vous, je suis sûr
qu'en Paradis je n'aurais pas le même loyer !
Mais je ne puis ni servir ni prier
nul autre que vous à qui mon cœur aspire ;
et pourtant je ne puis constater
que jamais joie m'en doive venir
et je ne puis vous voir
que les yeux clos et le cœur lourd.

Le Prophète dit la vérité, il ne ment pas :
à la fin des temps, les justes disparaîtront.
Or véritablement la fin est arrivée
puisque la cruauté triomphe de la prière et de la [pitié,
que le bon service, ni l'amour vrai,
ni la longue attente n'ont plus d'efficacité.
C'est au contraire l'orgueil et la jactance
qui ont plus de pouvoir que le doux désir...
Et devant l'amour la seule sagesse
reste d'attendre sans espoir.

Aigle, je ne peux trouver qu'en vous ma merci ;
je le sais, je le vois, j'ai perdu tout bien
si vous voulez ainsi me fuir
sans avoir aucune pitié de moi.
Jamais plus vous n'aurez ami si loyal,
vous ne pourrez jamais retrouver son pareil
et je mourrai, misérable.
Ma vie ne sera que malheur

Loing de vostre biau cler vis,
Ou naist la rose et li lis.

VI Aygles, j'ai touz jors apris
A estre loiaus amis,
Si me vaudroit melz un riz
De vos qu'estre en paradis.

142
THIBAUT DE CHAMPAGNE
Chanson d'amour

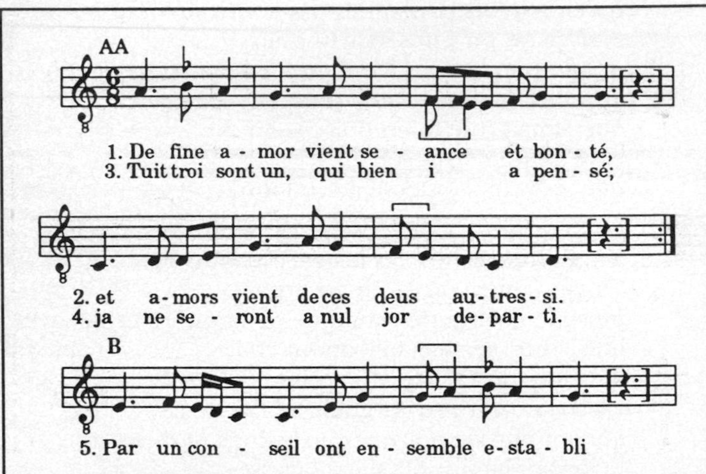

I De fine amor vient seance et bonté,
Et amors vient de ces deus autressi.
Tuit troi sont un, qui bien i a pensé ;
Ja ne seront a nul jor departi.
Par un conseil ont ensemble establi
Lor correors, qui sont avant alé.
De moi ont fet tout lor chemin ferré ;
Tant l'ont usé, ja n'en seront parti.

loin de votre beau et clair visage
où naissent la rose et le lis.

Dame, j'ai appris depuis toujours
à être un ami loyal.
Et j'aimerais mieux un sourire
de vous que me trouver au paradis.

RS 407, L 240-14, MW 1007
Mss. M[t] 68v-69r, B 2v-3r, C 50r-v, I 1:35, K 49-50, M 12r-v, N 13v-14r, O 38r-v, P 50v-51r, R 43v-44r-v, T 17r, U 122r-v, V 25r-v, X 32r-v, Z 7v-8r, a 6r-v, e III. Musique dans tous les mss. sauf CIUe. Attribution dans CKMNPRTZa.

1)
6. lor cor-re - ors, qui sont a - vant a - lé.
7. De moi ont fet tout lor che - min fer - ré;
8. tant l'ont u - sé, ja n'en se - ront par - ti.

De Fine Amour viennent sagesse et bonté
et Amour vient à son tour de ces deux qualités ;
les trois sont une même chose, si l'on y pense bien,
et jamais on ne pourra les séparer.
Ensemble ils ont établi d'un commun accord
leurs éclaireurs qui sont partis en avant.
Ils ont fait de mon cœur leur grand-route
et tant l'ont foulée que jamais ils ne la quitteront.

II Li correor sunt de nuit en clarté
Et de jor sont por la gent obscurci ;
Li douz regart plaisant et savoré,
La grant biauté et li bien que g'i vi.
N'est merveille se ce m'a esbahi :
De li a Deus le siecle enluminé,
Car qui avroit le plus biau jor d'esté,
Les li seroit obscurs de plain midi.

III En amor a paor et hardement ;
Cil dui sont troi et dou tierz sont li dui,
Et grant valor est a aus apendant,
Ou tuit li bien ont retrait et refui.
Por c' est amors li hospitaus d'autrui
Que nus n'i faut selonc son avenant.
J'i ai failli, dame qui valez tant,
A vostre ostel, si ne sai ou je sui.

IV Or n'i voi plus mes qu'a lui me conmant,
Que toz pensers ai laissiez por cestui :
Ma bele joie ou ma mort i atent,
Ne sai le quel, des que devant li fui.
Ne me firent lors si oeil point d'anui,
Ainz me vindrent ferir si doucement
Dedens le cuer d'un amoreus talent
Qu'encor i est le cous que j'en reçui.

V Li cous fu granz, il ne fet qu'enpirier ;
Ne nus mires ne m'en porroit saner
Se cele non qui le dart fist lancier,
Se de sa main i voloit adeser.
Bien en porroit le cop mortel oster
A tot le fust, dont j'ai tel desirrier ;
Mes la pointe du fer n'en puet sachier,
Qu'ele brisa dedenz au cop douner.

Les éclaireurs sont dans la lumière quand il fait
[nuit
mais le jour, à cause des autres, dans l'obscurité :
ce sont son doux regard plaisant et suave,
sa grande beauté, les qualités que je vis en elle.
Nulle merveille si j'en fus stupéfié :
de sa présence Dieu a illuminé le monde
car si l'on prenait le plus beau jour d'été,
il serait obscur auprès d'elle, en plein midi.

Dans l'amour, il y a crainte et hardiesse :
les deux sont trois et ils procèdent du troisième ;
une grande valeur leur est attachée
où tous les biens trouvent refuge et abri.
Ainsi Amour est-il l'hôtel des autres
car nul ne manque d'y trouver place à sa
[convenance.
Mais moi, dame de toute valeur, j'ai été privé
de votre hospitalité et je ne sais plus où je suis.

Je ne vois plus qu'une chose, me confier à elle
car j'ai oublié toute autre pensée que celle-ci :
j'en attends ma mort ou ma belle joie,
je ne sais laquelle des deux, depuis que je fus
[devant elle.
Alors ses yeux ne me causèrent point de tourment,
au contraire, si doucement ils vinrent me frapper
d'un désir amoureux, en plein cœur :
le coup que j'en reçus s'y trouve encore.

Ce coup fut profond, il ne cesse de s'aggraver ;
et aucun médecin ne pourrait me guérir
si ce n'est celle-là même qui lança la flèche,
si elle daignait toucher la plaie de sa main.
Elle pourrait bien guérir le coup mortel,
en ôtant tout le bois, comme je le voudrais tant ;
mais la pointe de fer, elle ne pourra la retirer
puisqu'elle s'est brisée à l'intérieur quand le coup
[fut porté.

VI Dame, vers vos n'ai autre messagier
Par cui vos os mon corage anvoier
Fors ma chançon, se la volez chanter.

143
THIBAUT DE CHAMPAGNE
Chanson d'amour

AA
1)
1. Chan- çon fe - rai, car ta - lent m'en est pris,
3. De la meil- lor? Je cuit que j'ai mes - pris.
2. de la meil - lor qui soit en tout le mont.
4. S'e - le fust tels, se Deus joi - e me dont,
B
5. de moi li fust au- cu - ne pi- tiez pri - se,
6. qui sui touz siens et sui a sa de - vi - se.
7. Pi - tiez de cuer, Deus! que ne s'est as - si - se

Dame, je n'ai d'autre messager
par qui j'ose vous envoyer mon cœur
que ma chanson... si vous voulez bien la chanter.

RS 1596, L 240-6, MW 2062
Strophe I : B 1127 (+ cinq sources), str. II : B 1225, str. III : B 583, str. IV : B 1217 (+ une source), str. V : B 1692 (+ deux sources), str. VI : B 530.
Mss. N 7r-v-8r, K 12-13, M 61v-62r, O 21v-22r, R 175r-176v, S 315r, T 5r-v, X 15v-16r, za 16. Musique dans KMNORVX. Attribution dans KNTX.

I Chançon ferai, car talent m'en est pris,
De la meillor qui soit en tout le mont
De la meillor ? Je cuit que j'ai mespris.
S'ele fust tels – se Deus joie me dont –
De moi li fust aucune pitiez prise,
Qui sui touz siens et sui a sa devise.
Pitiez de cuer, Deus ! que ne s'est assise
En sa biauté ? Dame, qui merci proi,
Je sent les maus d'amer pour vous,
Sentez les vous pour moi ?

II Douce dame, sanz amour fui jadis,
Quant je choisi vostre gente façon ;
Et quant je vi vostre tres biau cler vis,
Si me raprist mes cuers autre reson :
De vous amer me semont et justise,
A vos en est a vostre conmandise.
Li cors remaint, qui sent felon juïse,
Se n'en avez merci de vostre gré.
Li douz mal dont j'atent joie
M'ont si grevé,
Mors sui s'ele mi delaie.

III Mult a Amours grant force et grant pouoir,
Qui sanz reson fet choisir a son gré.
Sanz reson ? Deus ! je ne di pas savoir,
Car a mes euz en set mes cuers bon gré,
Qui choisirent si tres bele senblance
Dont jamés jor ne ferai desevrance ;
Ainz sousfrerai por li grief penitance
Tant que pitiez et mercis l'en prendra.
Dirai vous qui mon cuer enblé m'a ?
Li douz ris et li bel oeil qu'ele a !

IV Douce dame, s'il vous plesoit un soir,
M'avrïez vous plus de joie doné
C'onques Tristans, qui en fist son pouoir,
N'en pout avoir nul jor de son aé.

Je ferai une chanson, puisque le désir m'en a pris,
sur la meilleure qui soit au monde.
La meilleure ? Je crois que je me trompe.
Si elle l'était (Dieu m'en donne la joie !),
elle aurait pris de moi quelque pitié
puisque je suis tout à elle, à son obéissance.
La miséricorde, mon Dieu, pourquoi ne réside-
[t-elle pas
en sa beauté ? Dame, dont j'implore la pitié,
je sens le mal d'amour pour vous.
Le sentez-vous pour moi ?

Ma douce dame, jadis je vivais sans amour
quand j'aperçus votre jolie personne ;
oui, quand je vis votre clair visage si beau,
mon cœur m'apprit un autre discours :
il m'incite, il me pousse à vous aimer,
il est tout à vous, à votre pouvoir.
Et le corps reste là à subir une dure condamnation
si vous ne voulez pas en avoir pitié.
Ce doux mal dont j'attends la joie
m'a blessé si fort
que j'en mourrai si elle m'impose des délais.

Amour a une grande puissance et un grand
[pouvoir,
qui sans discernement oriente notre choix selon
[son gré.
Sans discernement ? Dieu, je dis là une sottise
car mon cœur est fort reconnaissant
envers mes yeux qui découvrirent une si belle
[créature ;
jamais je ne m'en séparerai
mais j'endurerai pour elle la dure pénitence
jusqu'à ce qu'il lui en prenne pitié et compassion.
Vous dirai-je qui m'a volé mon cœur ?
Le doux sourire et les beaux yeux qu'elle a !

Douce dame, s'il vous plaisait un soir,
vous m'auriez donné plus de joie
que Tristan, qui obtint ce qu'il voulait,
n'en eut jamais un jour de sa vie.

La moie joie est tornee a pesance.
Hé, cors sanz cuer ! de vous fet grant venjance
Cele qui m'a navré sanz defiance,
Et neporquant je ne la lerai ja.
L'en doit bien bele dame amer
Et s'amor garder, cil qui l'a.

V Dame, pour vous vueil aler foloiant,
Que je en aim mes maus et ma dolor ;
Qu'aprés les maus ma grant joie en atent
Que g'en avrai, se Dieu plest, a brief jor.
Amors, merci ! ne soiez oubliee !
S'or me failliez, s'iert traïson doublee,
Que mes granz maus por vos si fort m'agree.
Ne me metez longuement en oubli !
Se la bele n'a de moi merci,
Je ne vivrai mie longuement ensi.

VI Sa grant biautez, qui m'esprent et agree,
Qui seur toutes est la plus desirree,
M'a si lacié mon cuer en sa prison.
Deus ! je ne pens s'a li non.
A moi que ne pense ele donc ?

Ma joie se change en souffrance.
Ah, corps sans cœur ! comme elle se venge de vous,
celle qui m'a blessé sans me défier,
et pourtant jamais je ne la laisserai.
On doit bien aimer une belle dame
et garder son amour, quand on l'a.

Dame, je veux pour vous vivre dans ma folie
et chérir mes maux et ma souffrance.
C'est qu'après la douleur, j'en attends grande joie
et je l'aurai, si Dieu le veut, très bientôt.
Amour, grâce ! ne soyez pas oublieux !
Si vous me faites défaut, la trahison sera double
puisque pour vous je prends mon tourment en bon
Ne me tenez pas longtemps en oubli ! [gré.
Si la belle n'a pas pitié de moi,
je ne vivrai pas longtemps ainsi.

Sa grande beauté qui m'embrase et me plaît,
que je désire plus que toute autre,
a lié ainsi mon cœur dans sa prison.
Dieu ! Je ne pense qu'à elle.
Pourquoi ne pense-t-elle pas à moi ?

144
THIBAUT DE CHAMPAGNE
Chanson historique
Chanson pieuse

1. Deus est en - si con - me li pel - li- cans,
a
2. qui fait son ni el plus haut ar - bre sus;
3. et li mau- vais oi- siaus, qui vient de jus,
4. ses oi - sel- lons o - cit, tant est pu- anz;
b
5. li pe - res vient de- strois et an- gois- seus,

I Deus est ensi conme li pellicans,
Qui fait son ni el plus haut arbre sus;
Et li mauvais oisiaus, qui vient de jus,
Ses oisellons ocit, tant est puanz;
Li peres vient destrois et angoisseus,

RS 273, L 240-21, MW 2458
Mss. X 29v-30r-v, B 3v-4r, K 34-35, M 67v-68r, O 37r-v-38r, S 317r-v-318r, T 16r-v, V 17v-18r, za 21. Musique dans KMOVX. Attribution dans KTX.

a'
6. dou bec s'o - cit; de son senc do - le - reus
7. vi - vre re - fait tan - tost ses oi - sel - lons.
8. Deus fist au - tel quant fu sa pas - si - ons;
9. de son douz sanc ra - che - ta ses en- fans
b'
3
10. dou de - a - ble, qui mult e - stoit puis - sanz.

Dieu est semblable au pélican
qui bâtit son nid au sommet de l'arbre le plus élevé
et l'oiseau mauvais qui vient d'en bas
lui tue ses oisillons, tant il est immonde ;
le père revient, affligé, plein d'angoisse,

Dou bec s'ocit ; de son sanc dolereus
Vivre refait tantost ses oisellons.
Deus fist autel quant fu sa passions ;
De son douz sanc racheta ses enfans
Dou deable, qui mult estoit puissanz.

II Li guerredons en est mauvais et lens,
Que biens ne drois ne pitiés n'a mes nus ;
Ainz est orgueils et baraz au dessus,
Felonie, traïsons et beubans.
Mult par est or nostre estat perillous,
Et se ne fust li essamples de ceus
Qui tant aiment et noises et tençons –
Ce est des clers qui ont laissié sarmons
Por guerroier et por tüer les gens –
Jamés en Dieu ne fust nus hons creans.

III Nostre chief fait touz noz menbres doloir,
Por c' est bien drois qu'a Dieu nos en plaignons,
Et grant corpe ra mult seur les barons,
Qui il poise quant aucuns veut valoir ;
Et entre gent en font mult a blamer
Qui tant sevent et mentir et guiller.
Le mal en font deseur els revenir ;
Et qui mal quiert, mal ne li doit faillir.
Qui petit mal porchasse a son pooir,
Li grans ne doit en son cuer remanoir.

IV Bien devrions en l'estoire veoir
La bataille qui fu des deus dragons,
Si com l'en trove el livre des Bretons,
Dont il covint les chastiaus jus cheoir :
C'est cis siecles, qui il covient verser,
Se Deus ne fet la bataille finer.
Le sens Mellin en covint fors issir
Por deviner qu'estoit a avenir ;
Mes Antecriz vient, ce pöez savoir,
As maçues qu'Anemis fait mouvoir.

il se tue à coups de bec ; avec son sang, dans la
aussitôt, il redonne vie à ses petits. [douleur,
Dieu agit ainsi quand Il vécut sa Passion ;
de son doux sang Il racheta ses enfants
au diable, qui était très puissant.

La récompense en est mauvaise et lente à venir,
car nul aujourd'hui n'a plus ni valeur, ni justice, ni
c'est orgueil et fourberie qui triomphent [pitié ;
et trahison, traîtrise, forfanterie.
Notre état est maintenant des plus périlleux,
et s'il n'y avait pas l'exemple de ceux
qui aiment si fort les batailles et les querelles
(je veux dire les clercs qui ont délaissé leurs
[sermons
pour aller faire la guerre et tuer les gens),
jamais personne n'aurait plus foi en Dieu !

Notre tête fait souffrir tous nos membres,
c'est à bon droit que nous nous plaignons à Dieu ;
et il y a une forte culpabilité aussi de la part des
[barons,
cela leur pèse si quelqu'un veut démontrer sa
Ils sont bien à blâmer également, [valeur.
ceux qui savent si bien mentir et tromper.
Le mal qu'ils font retombe sur eux,
car qui cherche le mal ne manque pas de le
[trouver.
Qui s'adonne de tout son être à un petit mal,
dans son cœur le grand ne saurait se tarir.

Nous devrions bien nous rappeler l'histoire
de la bataille qui opposa les deux dragons
telle qu'on la trouve dans le *Livre des Bretons* :
leur lutte fit s'écrouler les châteaux.
Il en va de même de notre époque qui doit
si Dieu ne fait cesser cette bataille. [s'effondrer,
Il fallut que Merlin manifestât sa sagesse
pour deviner ce qui allait arriver ;
oui, l'antéchrist va venir, sachez-le,
avec les massues que l'Ennemi fait brandir.

V Savez qui sont li vil oisel punais
Qui tüent Dieu et ses enfençonez ?
Li papelart, dont li mons n'est pas nez.
Cil sont puant, ort et vil et mauvais ;
Il ocïent toute la sinple gent
Par lor faus moz, qui sont li Dieu enfant.
Papelart font le siecle chanceler ;
Par saint Pierre, mal les fait encontrer !
Il ont tolu joie et solas et pais ;
Cil porteront en enfer le grief fais.

VI Or nos doint Deus lui servir et amer
Et la dame c'on ne doit oublïer,
Qui nos vueille garder a touz jors mais
Des puz oiseaus qui ont venin es bes.

145
THIBAUT DE CHAMPAGNE
Chanson de croisade

Savez-vous qui sont ces vils et répugnants oiseaux
qui tuent Dieu et ses petits enfants ?
Ce sont les hypocrites dont le monde n'est pas [purifié.
Ils sont répugnants, sales, vils et pleins de [méchanceté ;
tous les simples qui sont enfants de Dieu,
par leurs fausses paroles, ils les font mourir ;
les hypocrites font chanceler notre temps ;
par saint Pierre, c'est malheur de les rencontrer !
Ils ont emporté la joie, la paix et la douceur.
Ils en supporteront en enfer le pesant fardeau.

Que Dieu nous fasse Le servir et L'aimer.
ainsi que Notre-Dame qu'on ne doit pas oublier,
et que toujours Il nous veuille protéger
des oiseaux méchants au bec plein de venin !

RS 6, L 240-49, MW 1980
Mss. M 13v, K 1-2, N 1v-2r, O 127r-v, S 316r-v, T 2v, V 1v, X 8v-9r.
Musique dans tous les mss. sauf ST. Attribution dans KNX.

2)
6. au haut Sei - gnor doit quer- re sa ven - jan - ce
3)
3
7. et de- li - vrer sa terre et son pa - is.

I Seignor, saichiés qui or ne s'en ira
En cele terre ou Deus fu mors et vis
Et qui la crois d'outremer ne penra
A paines mais ira en paradis.
Qui a en soi pitié ne ramembrance
Au haut Seignor doit querre sa venjance
Et delivrer sa terre et son païs.

II Tuit li mauvés demorront par deça,
Qui n'aiment Dieu, bien ne honor ne pris;
Et chascuns dit : « Ma fame que fera?
Je ne lairoie a nul fuer mes amis. »
Cil sont cheoit en trop fole atendance,
Qu'il n'est amis fors que cil, sanz doutance,
Qui por nos fu en la vraie crois mis.

III Or s'en iront cil vaillant bacheler
Qui aiment Dieu et l'eunor de cest mont,
Qui sagement vuelent a Dieu aler;
Et li morveux, li cendreux demorront;
Avugle sunt, de ce ne dout je mie.
Qui un secors ne fait Dieu en sa vie
Et por si pou pert la gloire dou mont.

IV Dieus se lessa en crois por nos pener
Et nos dira au jor que tuit vendront :
« Vos qui ma crois m'aidastes a porter,
Vos en irez la ou mi angle sont;
La me verrez et ma mere Marie.
Et vos par cui je n'oi onques aïe
Descendrés tuit en enfer le parfont. »

V Chascuns cuide demorer toz haitiez
Et que jamés ne doie mal avoir;
Ainsi les tient Anemis et pechiez
Que il n'ont sen, hardement ne pooir.
Biaus sire Dieus, ostés leur tel pensee
Et nos metez en la vostre contree
Si saintement que vos puissons veoir !

Seigneurs, sachez-le : celui qui désormais ne s'en
en cette terre où Dieu mourut et ressuscita, [ira pas
celui qui ne prendra pas la croix d'outre-mer,
il aura bien de la peine à gagner le paradis.
Quand on a en soi compassion et souvenance
du Très-Haut, on doit chercher à Le venger
et délivrer sa terre et son pays.

Tous les mauvais demeureront ici,
qui n'aiment ni Dieu, ni le bien, ni l'honneur, ni
[l'estime.
Et chacun de dire : « Que fera ma femme ?
Pour rien au monde, je ne laisserais mes amis. »
De tels hommes sont tombés dans une folle
[pensée,
car il n'y a d'autre ami que Celui, sans nul doute,
qui pour nous fut mis en la sainte Croix.

Mais ils s'en iront, les vaillants jeunes gens
qui aiment Dieu et l'honneur de ce monde,
qui veulent avec sagesse s'en aller vers Dieu ;
et les morveux, les lâches cendreux resteront.
Ce sont des aveugles, je n'en doute pas :
ne pas apporter un secours à Dieu en sa vie
et pour si peu perdre la Gloire du monde !

Dieu se laissa pour nous supplicier sur la croix.
Et il nous dira au Jour où tous seront appelés :
« Vous qui m'avez aidé à porter ma croix,
vous irez là où sont mes anges.
Là vous me verrez, ainsi que Marie, ma mère.
Et vous qui ne m'avez jamais apporté d'aide,
vous descendrez tous dans l'enfer profond. »

Chacun croit rester à l'abri
et ne jamais connaître le mal.
L'Ennemi et le péché les ont en leur possession
si bien qu'ils n'ont ni sagesse, ni courage, ni
[pouvoir.
Seigneur Dieu, ôtez-les d'une telle pensée
et accueillez-nous en votre contrée
si saintement que nous puissions Vous voir.

VI Douce dame, roïne coronee,
Prolez por nos, virge bien aüree !
Et puis aprés ne nos puet mescheoir.

146
THIBAUT DE CHAMPAGNE
Pastourelle

I J'aloie l'autrier errant
Sanz compaignon
Seur mon palefroi pensant
A fere une chançon
Quant j'oï, ne sai conment,
Lez un buisson
La voiz du plus bel enfant
C'onques veïst nus hon ;
Et n'estoit pas enfes, si
N'eüst quinze anz et demi,
N'onques nule riens ne vi
De si gente façon.

II Vers li m'en vois maintenant,
Mis l' a reson :
« Bele, dites moi conment,
Pour Dieu, vous avez non. »

Douce Dame, Reine couronnée,
priez pour nous, Vierge bienheureuse.
Ensuite nul mal ne peut nous arriver.

RS 342, L 240-27, MW 847
Mss. K 2-3, M[(t)] 13v-59r, N 2r-v, O 57v-58r, S 375v, T 2v-3r, V 1v-2r, X 9r-v. Musique dans KMNOVX. Attribution dans MOSTV.

B
9. et n'e- stoit pas en- fes, si 10. n'e-ust quinze anz et de - mi,
11. n'on- ques nu- le riens ne vi 12. de si gen - te fa - çon.

L'autre jour, j'allais me promenant
sans compagnon,
sur mon palefroi, pensant
à composer une chanson,
quand j'entendis je ne sais comment,
près d'un buisson,
la voix de la plus belle enfant
qu'on eût jamais vue.
Elle n'était pas si petite,
elle avait bien déjà quinze ans et demi.
Jamais je ne vis créature
de si mignonne tournure.

Je m'en vais aussitôt vers elle,
j'entame la conversation :
« Ma belle, dites-moi,
pour l'amour de Dieu, votre nom. »

Et ele saut tout errant
A son baston :
« Se vous venez plus avant,
Ja avroiz la tençon.
Sire, fuiez vous de ci !
N'ai cure de tel ami,
Car j'ai mult plus biau choisi,
Qu'en claime Robeçon. »

III Quant je la vi esfreer
Si durement
Qu'el ne mi daigne esgarder
Ne fere autre senblant,
Lors conmençai a penser
Confaitement
Ele me porroit amer
Et changier son talent.
A terre lez li m'assis ;
Quant plus regart son cler vis,
Tant est plus mes cuers espris,
Qui double mon talent.

IV Lors li pris a demander
Mult belement
Que me daignast esgarder
Et fere autre senblant.
Ele conmence a plorer
Et dist itant :
« Je ne vos puis esgarder,
Ne sai qu'alez querant. »
Vers li me trais, si li di :
« Ma bele, pour Dieu, merci ! »
Ele rist, si respondi :
« Nou faites pour la gent. »

V Devant moi lors la montai
De maintenant
Et trestout droit m'en alai
Vers un bois verdoiant.
Aval les prez regardai,
S'oï criant

Sur-le-champ elle bondit
sur son gros bâton :
« Si vous avancez davantage,
vous aurez la bagarre !
Seigneur, filez d'ici,
je ne me soucie pas d'un tel ami
car je m'en suis choisi un bien plus beau,
celui qu'on appelle Robeçon. »

Quand je la vis s'effrayer
si fort
qu'elle se refuse même à me regarder
et à changer d'attitude,
je commençai alors à réfléchir
pour savoir par quel moyen
elle viendrait à m'aimer
et à changer d'avis.
Je m'assis à terre auprès d'elle.
Plus je regarde son frais visage,
plus mon cœur brûle,
et mon désir redouble.

Je me mis alors à lui demander
avec une grande gentillesse
qu'elle daigne me regarder
et prendre une autre attitude.
Elle commence à pleurer
et dit alors :
« Je ne peux vous regarder,
je ne sais ce que vous cherchez. »
Je me glisse vers elle, je lui dis :
« Ma belle, pour Dieu, pitié ! »
Elle rit et répondit :
« Ne faites pas cela, il y a les autres. »

Aussitôt je la fis monter sur la selle
devant moi
et m'en allai tout droit
vers un bois verdoyant.
Je regardai en bas vers le pré
et j'entendis crier

Deus pastors parmi un blé
  Qui venoient huiant
Et leverent un haut cri.
Assez fis plus que ne di ;
Je la les, si m'en foï :
  N'oi cure de tel gent.

147
THIBAUT DE CHAMPAGNE
Pastourelle

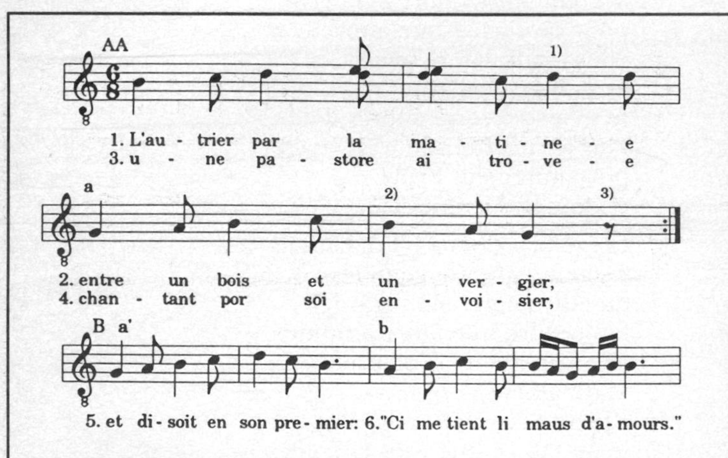

I L'autrier par la matinee
Entre un bois et un vergier,
Une pastore ai trovee
Chantant por soi envoisier,
Et disoit en son premier :
« Ci me tient li maus d'amours. »
Tantost cele part me tor
Que je l'oï desresnier,
Si li dis sans delaier :
« Bele, Deus vos doint bon jor. »

deux bergers au milieu des blés
qui venaient lançant des huées
et poussant les hauts cris.
J'en fis plus que je ne vous dis,
je la laisse, je m'enfuis.
Je ne me souciais pas de telle gent.

RS 529, L 240-33, MW 1762
Mss. X 28r-v, B 7r-v, K 31, M 66v-67r, T 14v-15r, V 16r-v. Musique dans tous les mss. sauf T. Attribution dans KTX.

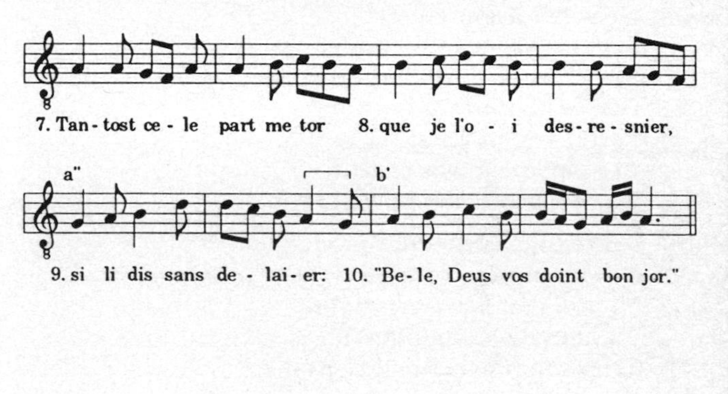

L'autre jour, par un beau matin,
entre un bois et un verger,
j'ai trouvé une bergère
qui chantait pour se divertir
et elle disait dans une première chanson :
« Voilà que me tient le mal d'amour. »
Aussitôt je tourne mes pas du côté
où je l'entendis chanter
et lui dis sans retard :
« Belle, Dieu vous donne une belle journée ! »

II Mon salu sanz demoree
Me rendi et sanz targier ,
Mult ert fresche, coloree,
Si mi plot a acointier.
« Bele, vostre amor vos quier,
S'avrez de moi riche ator. »
Ele respont : « Tricheor
Sont mes trop li chevalier ;
Melz aim Perrin mon bergier
Que riche honme menteor.

III – Bele, ce ne dites mie.
Chevalier sont trop vaillant.
Qui set donc avoir amie
Ne servir a son talent
Fors chevalier et tel gent ?
Mais l'amor d'un bergeron
Certes ne vaut un bouton.
Partez vos en a itant
Et m'amez ; je vos creant,
De moi avrés riche don.

IV – Sire, par sainte Marie,
Vos en parlés por noient.
Mainte dame avront trichie
Cil chevalier soudoiant ;
Trop sont faus et mal pensant,
Pis valent que Guenelon.
Je m'en revois en maison,
Car Perrinés qui m'atent
M'aime de cuer loiaument.
Abaisiés vostre raison. »

V G'entendi bien la bergiere,
Qu'ele me veut eschaper ;
Mult li fis longue priere,
Mais n'i poi riens conquester.
Lors la pris a acoler
Et ele gete un haut cri :
« Perrinet, traï ! traï ! »
Dou bois prenent a huper.

Mon salut, elle me le rendit
sans tarder, sur-le-champ.
Elle était fraîche, avait le teint vif,
il me plaisait de faire sa connaissance.
« Belle, je vous demande votre amour,
vous obtiendrez de moi une riche parure. »
Elle répond : « Les chevaliers
sont aujourd'hui bien perfides.
J'aime mieux Perrin mon berger
qu'un homme riche et menteur.

– Belle, ne parlez pas ainsi !
Les chevaliers sont très vaillants !
Qui donc sait avoir une amie
et la servir à son gré
sinon les chevaliers et leur pareils ?
Mais l'amour d'un berger de rien
ne vaut certes pas un bouton.
Quittez-le tout de suite
et aimez-moi ! Je vous le promets :
je vous offrirai un riche don.

– Sire, par sainte Marie,
vous parlez en vain.
Les chevaliers séducteurs
auront abusé plus d'une dame.
Ce sont des menteurs, des malintentionnés,
ils valent moins que Ganelon.
Je m'en retourne dans ma maison
car Perrinet qui m'attend
m'aime sincèrement de tout son cœur.
Laissez là votre beau discours. »

Je compris bien que la bergère
voulait m'échapper.
Je lui fis une longue prière,
mais je n'y pus rien gagner.
Alors je me mis à l'embrasser
et elle pousse un grand cri :
« Perrinet, trahison ! trahison !
Du bois s'élèvent des huées.

Je la lez sans demorer,
Seur mon cheval m'en parti.

VI Quant ele m'en vit aler,
Ele dist par ranponer :
« Chevalier sont trop hardi. »

148
THIBAUT DE CHAMPAGNE
Chanson pieuse

AA
1. Mau - vez ar-bres ne puet flo-rir,
3. et hom qui n'ai - me, sanz men-tir,
2. ainz se - che toz et va cro-lant;
4. ne por - te fruit, ainz va mo-rant.
B a
5. Fleur et fruit de coin - te sem-blant
a'
6. por - te cil en qui naist a - mors.
7. En ce fruit a tant de va-lors

Je la laisse sans tarder,
Sur mon cheval je m'en allai.

Quand elle me vit repartir,
elle me dit par manière de raillerie :
« Les chevaliers sont très courageux. »

RS 1410, L 240-37, MW 1886
Mss. M 75v, B 4v-5r, K 27-28, O 81r-v, R 76v-77r (= R[1]) et 183v-184r-v (= R[2]), S 375r-v, T 13r, V 14v-15r, X 25v-26r-v. Musique dans tous les mss. sauf ST. Attribution dans KTX.

I Mauvez arbres ne puet florir,
Ainz seche toz et va crolant;
Et hom qui n'aime, sanz mentir,
Ne porte fruit, ainz va morant.
Fleur et fruit de cointe semblant
Porte cil en qui naist amors.
En ce fruit a tant de valors
Que nus ne.l porroit esligier,
Que de toz maus puet allegier.
Fruit de nature l'apele on;
Or vos ai devisé son non.

II De ce fruit ne puet nus sentir,
Se Dieus ne le fait proprement.
Qui a Dieu amer et servir
Done cuer et cors et talent,
Cil queut dou fruit trestot avant,
Et Dieus l'en fait riche secors.
Par le fruit fu li premiers plors,
Quant Eve fist Adan pechier;
Mes qui dou bon fruit veut mengier
Dieu aint et sa mere et son non,
Cil quiaudra le fruit de saison.

III Seignor, de l'arbre dit vos ai
De nature, de qu'amours vient;
Du fruit meür conté vos ai
Que cil quiaut qui a Dieu se tient.
Mes du fruit vert me resovient
Qui ja en moi ne meürra;
C'est li fruiz en qu'Adans pecha.
De ce fruit est plains mes vergiers :
Des que ma dame vi premiers,
Oi de s'amor plain cuer et cors,
Ne ja nul jor n'en istra fors.

IV Bien cuit dou fruit ne gosteré
Que je cueilli, ainçois m'avient
Si com a l'enfant, bien le sé,
Qui a la branche se sostient
Et entor l'arbre va et vient

Un mauvais arbre ne peut fleurir
mais il se dessèche et peu à peu s'écroule;
et un homme qui n'aime pas, sans mentir,
ne porte pas de fruits, au contraire il se meurt.
Celui en qui l'amour naît porte
fleur et fruit de belle apparence.
Ce fruit recèle une valeur si grande
que nul ne pourrait l'acquérir
car il peut apaiser tous les maux :
on l'appelle « fruit de Nature »,
maintenant je vous ai donné son nom.

Ce fruit, nul ne peut le connaître
si Dieu en personne ne le veut.
Celui qui se consacre corps et âme
à l'amour et au service de Dieu,
celui-là cueille de ce fruit aussitôt
et Dieu lui donnera son riche secours.
Ce fruit causa les premières larmes
quand Ève poussa Adam au péché.
Mais qui veut manger de ce bon fruit,
qu'il aime Dieu et sa mère et son nom;
alors il cueillera le fruit en sa saison.

Seigneurs, je vous ai parlé de l'arbre
de Nature d'où vient l'amour.
Je vous ai conté le fruit mûr
que cueille celui qui se tourne vers Dieu.
Mais il me ressouvient du fruit vert
qui jamais pour moi ne mûrira :
c'est le fruit par lequel Adam pécha.
Mon verger est rempli de ce fruit.
Dès que je vis ma dame pour la première fois,
son amour emplit mon cœur et mon corps
et jamais il ne me quittera.

Je crois bien que je ne goûterai pas
du fruit que je cueillis; il en va plutôt,
je le sais bien, comme pour l'enfant
qui se suspend à la branche
et en se balançant, il monte et il redescend :

Ne ja amont ne montera ;
Ainsi mez cuers foloiant va.
Tant par est granz mes desirriers
Que je en tieng mes grans maus chiers,
Si sui afinez com li ors
Vers li, cui est toz mes tresors.

V Dieus, se je pooie cueillir
Du fruit meür de vos amer
Si com vos m'avez fait sentir
L'amor d'aval et comparer,
Lors me porroie saouler
Et venir a repentement.
Par vostre douz commandement
Me donez amer la meillor :
Ce est la precïeuse flor
Par qui vos venistes ça jus,
Dont li deables est confus.

VI Mere Dieu, par vostre douçor
Dou bon fruit me donez savor,
Que de l'autre ai je senti plus
C'onques, ce croi, ne senti nus.

jamais il ne passera par-dessus.
Ainsi mon cœur va menant ses folies.
Si grand est mon désir
que j'en chéris ma grande douleur,
et je suis raffiné comme l'or
pour ma dame qui est tout mon trésor.

Mon Dieu, si je pouvais cueillir
le fruit mûr de votre amour
tout comme vous m'avez fait ressentir
et gagner l'amour d'ici-bas,
alors je pourrais m'en rassasier
et en venir au repentir.
Par vos doux commandements,
accordez-moi d'aimer la meilleure !
C'est la fleur précieuse
par laquelle Vous êtes venu ici-bas,
pour confondre le diable.

Mère de Dieu, en votre douceur,
permettez-moi de savourer le bon fruit
car du fruit vert, j'en ai goûté plus
que personne, je le crois, n'en a jamais goûté !

149

RICHARD DE FOURNIVAL

Chanson d'amour

Chanson de femme

A(rf)A
1. On - ques n'a - mai tant que jou fui a - me - e.
3. q'A - mours m'a - voit au meil-lour as - se - ne - e
1)
2. Or m'en re - penc, se ce pe - ust va-loir,
4. pour toute hou-nour et tou - te joie a-voir,
B
5. et au plus bel de tou - te la con - tre - e;
2)
6. mais ore a il au - trui s'a - mour dou - ne - e,

I *Onques n'amai tant que jou fui amee.*
Or m'en repenc, se ce peüst valoir,
Q'Amours m'avoit au meillour assenee
Pour toute hounour et toute joie avoir,
Et au plus bel de toute la contree ;
Mais ore a il autrui s'amour dounee,
Qui volentiers a soi l'a retenu.
Lasse ! pour koi fui je de mere nee !
Par mon orguel ai mon ami perdu.

RS 498, L 223-11, MW 666, B 1427 (voir *infra* pp. 1032-1033).
Mss. a 68v, U 137v-138r. Musique dans a. Attribution dans a.

7. qui vo - len - tiers a soi l'a re - te- nu.
8. Las - se! pour koi fui je de me - re ne - e!
rf
9. *Par mon or- guel ai mon a - mi per- du.*

Jamais je n'aimai tant que je fus aimée.
Aujourd'hui je m'en repens – si cela pouvait
[encore compter ! –
car Amour m'avait destinée au meilleur qui fût
pour obtenir tout l'honneur, toute la joie,
oui, au plus beau de tout ce pays ;
mais à présent il a donné son amour à une autre,
qui l'a bien volontiers gardé pour elle.
Malheureuse ! pourquoi ma mère m'a-t-elle donné
J'ai perdu mon ami par mon orgueil. [le jour ?

II Si me doint Dieus d'amours longe duree,
Que je l'amai de cuer sans decevoir
Qant me disoit k'iere de li amee,
Mais n'en osai ains descouvrir le voir :
Des mesdisans doutoie la noumee.
Biau sire Dieus, baisie et acolee
M'eüst il or et aveuc moi geü,
Mais qu'il m'eüst sans plus s'amour dounee,
Si m'eüst bien tous li siecles veü !

III Or m'a Amours malement assenee
Quant çou que j'aim fait a une autre avoir,
Ne ne m'en laist retraire ma pensee,
Ne si n'en puis soulas ne joie avoir.
Lasse ! l'amour que tant li ai veee
Li sera ja otroiie et dounee –
Mais tart l'ai dit, car je l'ai ja perdu.
Or me convient amer sans estre amee,
Car trop ai tart mon felon cuer vaincu.

Dieu puisse-t-il me donner un amour de longue
[durée,
car je l'aimais du fond du cœur sans tromperie
quand il me disait que j'étais de lui aimée,
mais jamais je n'osai lui dévoiler la vérité :
je redoutais la renommée que vous font les
[médisants.
Seigneur Dieu, il m'aurait alors embrassée,
prise dans ses bras, il aurait couché avec moi,
cependant, m'eût-il sans plus donné son amour,
tout le monde m'aurait pourtant bien vue !

Désormais Amour m'a destiné un bien triste sort
en accordant à une autre l'objet de mon amour,
sans me permettre d'en retirer ma pensée,
si bien que je ne puis avoir ni consolation ni joie.
Malheureuse de moi ! l'amour que je lui ai tant
[refusé
lui sera désormais octroyé et donné –
mais je l'ai dit trop tard, maintenant que je l'ai
[perdu.
Il me faut donc aimer sans être aimée,
car j'ai vaincu trop tard mon félon de cœur.

150

RICHARD DE FOURNIVAL

Chanson d'amour

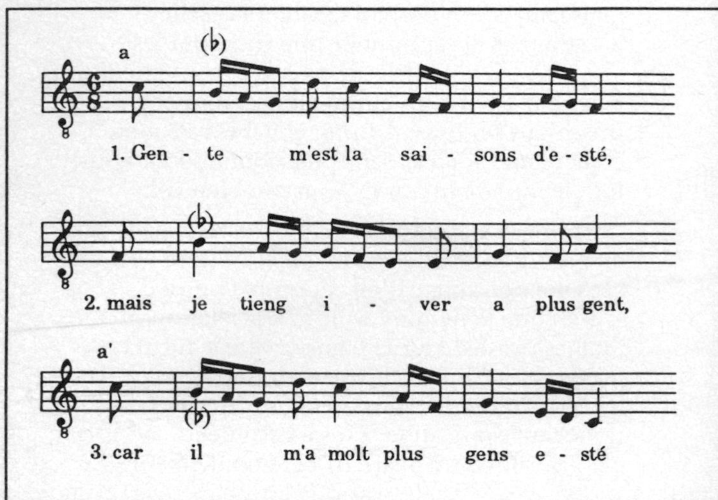

I Gente m'est la saisons d'esté,
Mais je tieng iver a plus gent,
Car il m'a molt plus gens esté
Et m'a assés plus gentement
Secouru a ma volenté ;
Si m'en lo a tote la gent.

II La gente m'a del puis jeté
Ou j'ai jeü si longement,
En qui j'ai deus coses trové
C'om n'i trove pas molt sovent :
De gentil cuer gentil pensé,
De gent cors gent contenement.

III Gentement a vers moi erré,
Car gentillece li aprent ;
Si m'a plus gentement moeublé
Ke s'ele m'eüst tot l'argent

RS 443, L 223-5, MW 688
Mss. T 96r-v, M 152v. Musique dans les deux mss. Attribution dans les deux mss.

4. et m'a as - sés plus gen - te - ment
5. se - cou - ru a ma vo - len - té;
6. si m'en lo a to - te la gent.

Gracieuse m'est la saison d'été,
mais je tiens l'hiver pour plus gracieux ;
c'est qu'il m'a été fort généreux
et il m'a, par un effet de sa générosité,
assez bien secouru selon mon désir.
Je m'en félicite devant tous.

Ma dame gracieuse m'a sorti du puits
où si longtemps je me suis trouvé captif ;
j'ai trouvé en elle deux qualités
qu'on n'y trouve pas souvent :
la gracieuse pensée d'un cœur généreux,
la généreuse conduite d'un corps gracieux.

Elle s'est gracieusement comportée envers moi,
car c'est la générosité qui l'enseigne ;
elle m'a plus généreusement équipé
que si elle m'avait fait don

Et tot l'or d'un païs doné ;
Por çou a gent don gent gré rent.

IV Mais jou en sai ausi mau gré
La male ki si malement
M'avoit el mal puis avalé
Ou nus autres maus ne se prent ;
Mais j'ai tout mon mal oublïé,
Si ke mal ne dolor ne sent.

V Maudite soit ele de Dé
Ki tant m'a fait mal et torment ;
Ke, se ele m'a mal presté,
Je li doi mal rendre ensement.
Mal li envoi tot de mon gré.
Maus li viegne prochainement !

VI Ki mal quiert mal a encontré
Et ki mal chasce mal atent ;
Ke li mal son plus tost torné
Ke li kokés ki torne au vent ;
La dont il viegnent sont alé
Ki li avoient en covent.

VII Entre le gentil genteé
Et le malaoit maltalent
S'ont esté mis en champ malé
Et combatu par jugement ;
Mais la gentillesce a outré
Et li maus est vencus, si pent.

VIII Se la gentillece a outré,
C'est a boin droit se li maus pent.

de tout l'argent et de tout l'or d'un pays ;
et donc, pour son généreux don, mon gracieux
[merci.

Mais je sais aussi bien mauvais gré
à la méchante qui si méchamment
m'avait fait descendre au puits de méchanceté
qui l'emporte sur tout autre malheur ;
mais j'ai oublié tous mes maux,
je ne ressens plus ni mal ni douleur.

Maudite soit-elle de Dieu,
celle qui m'a causé tant de maux et de tourment ;
si elle m'a prêté du mal,
je dois de même lui rendre le mal.
De bon gré, je lui envoie du mal.
Que le malheur tombe sur elle prochainement !

Qui cherche le mal, il rencontre le mal
et qui pourchasse le mal, c'est qu'il attend le mal ;
car les maux lui sont plus vite retournés
que le coq que le vent fait tourner ;
les maux retournent d'où ils viennent,
sur ceux qui les avaient promis à autrui.

La gracieuse générosité
et la méchante mauvaise volonté
se sont ainsi attaquées en champ clos
et se sont combattues par jugement de Dieu ;
mais la noble grâce a gagné
et le mal, vaincu, on l'a donc pendu.

Si la grâce a gagné,
c'est justice que le mal soit pendu.

151
RICHARD DE FOURNIVAL
Chanson d'amour

1. Quant chante oi - siauz tant se - ri
2. sor le gaut flo-ri,
3. lors m'est d'un sou - laz mem-bré
4. que j'ai a - dés e - spe-ré;

I Quant chante oisiauz tant seri
Sor le gaut flori,
Lors m'est d'un soulaz membré
Que j'ai adés espéré ;
Maiz a tart vient l'esperance,
    Qu'en tot mon aé
    D'amors ne joï
        Fors en pensé.

II Tant m'a Amors honoré
Et tant m'a doné,
Por quant que j'ai desservi,
Qu'ele m'en a fait hardi
Et m'a de bone esperance
    Mon fin cuer guarni
    Et asseüré
        D'avoir merci.

III Quar, se je mesfis vers li

RS 1080, L 223-14, MW 538
Mss. M 153r, T 97r, a 42v. Musique dans tous les mss. Attribution dans tous les mss.

5. maiz a tart vient l'e - spe-ran-ce, 6. qu'en tot mon a - é
1)
3
3
7. d'a-mors ne jo - i 8. fors en pen - sé.

Quand les oiseaux chantent si harmonieusement
dans le bois rempli de fleurs,
alors je me souviens d'une consolation
que j'ai sans cesse espérée ;
mais l'espérance vient bien tard,
car de toute ma vie
je n'ai jamais joui d'amour
sauf en pensée.

Amour m'a accordé tant d'honneur
et m'a tant donné,
pour tout ce que j'avais mérité,
qu'elle m'a rendu hardi,
elle m'a rempli le cœur
de bonne espérance
et m'a rendu sûr
d'obtenir la pitié.

Car, si j'ai mal agi envers elle

Et je l'en perdi,
Je l'ai trop chier comperé,
Se j'ai puis adés celé
Mon anui, en esperance
    Qu'el ne m'ait grevé
    Fors por son ami
        Avoir prové.

IV Et se pluz l'ai eschivé
Qu'il n'i ot dehé,
Por ce que trop la cremi,
Ja si tart ne m'iert meri
Que bien ne quit m'esperance
    Avoir acompli,
    Car tot preing en gré
        Et l'en merci.

V Chançon, va t'en, si li di
Que quant j'entendi
Qu'ele m'ot congié doné,
Se ne m'eüst conforté
Haute emprise et esperance,
    J'eüsse adiré
    Gai cuer et joli,
        Que j'ai gardé.

et que je l'en ai perdue,
je l'ai payé fort cher,
et depuis j'ai dissimulé sans cesse
mon tourment, dans l'espérance
qu'elle ne m'avait accablé
que dans le dessein
d'éprouver son ami.

Et même si je l'ai davantage
que je n'y étais condamné
évitée parce que je la craignais trop,
jamais je ne serai trop tard récompensé :
je crois bien n'avoir pas réalisé
mon espérance,
car j'accepte tout de bon gré
et l'en remercie.

Chanson, va-t-en, dis-lui donc
que lorsque j'entendis
qu'elle me donnait mon congé,
si je n'avais pas été réconforté
par ma haute entreprise et mon espérance
j'y aurais perdu
mon cœur gai et joyeux
alors que je l'ai conservé.

152
RICHARD DE FOURNIVAL
Chanson satirique

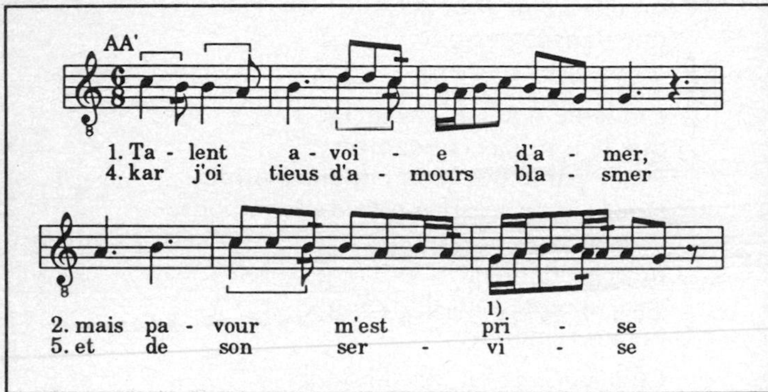
AA'
1. Ta - lent a - voi - e d'a - mer,
4. kar j'oi tieus d'a - mours bla - smer
1)
2. mais pa - vour m'est pri - se
5. et de son ser - vi - se

I Talent avoie d'amer,
Mais pavour m'est prise
Ki le m'a tolu ;
Kar j'oi tieus d'amours blasmer
Et de son servise
Ki l'ont maintenu,
S'ai percheü
K'il n'en pueent torner.

II Mais ausi com j'ai veü
Ke la beste prise
S'estraint au tirer,
Sont assés plus pres tenu
Cil ki paine ont mise
En aus delivrer
Par ramembrer
Dont seroient issu.

III Et cil ki quide eskaper
Par metre en franchise
Par a tout perdu,
Kar noiens est de flater ;
Mais ki plus la prise

RS 760, L 223-20, MW 2489
Mss. A 132v-133r, a 43r-v. Musique dans les deux mss. Attribution dans les deux mss.

J'avais envie d'aimer,
mais la peur m'a saisi
qui m'en a dissuadé ;
car j'en entends d'autres blâmer Amour
et son service
alors qu'ils s'y sont maintenus.
J'ai bien compris :
ils ne peuvent s'en libérer.

Mais tout comme j'ai vu
que la bête capturée
serre son lien à tirer dessus,
aussi sont-ils retenus de bien plus près,
ceux qui se sont mis en peine
de se délivrer
en s'ingéniant à chercher
par où ils pourraient sortir.

Quant à celui qui croit fuir
en se soumettant,
il a bien tout perdu,
car la flatterie : néant ;
mais plus on l'estime,

Plus a atendu
Et acreü
A soi envenimer.

IV C'est la maison Dedalu,
U a se devise
Set cascun entrer,
Et tout i sont deceü,
Kar en nule guise
Ne pueent trouver
Ne assener
Par u l'entree fu.

V Ge ne me kier ja mesler
De plus haute emprise
Que la Theseü,
Q'amours sans corde nouer
N'iert ja par moi prise,
Kar mains a eü
Plus de vertu
Que ains ne pot finer.

plus on est déterminé
et résolu
à s'empoisonner.

C'est la construction de Dédale,
où chacun à loisir
peut pénétrer,
et tous sont trompés à l'intérieur,
car de quelque façon que ce soit
ils ne peuvent découvrir
ni atteindre
l'endroit où se trouvait l'entrée.

Jamais je ne chercherai à me mêler
d'une tâche plus difficile
que celle de Thésée,
jamais je ne m'engagerai dans un amour
sans laisser de corde derrière moi,
car maint homme
plus fort que moi
n'a jamais pu trouver l'issue.

153
RAOUL DE SOISSONS
Chanson d'amour

AA
1) 2)
1. Quant voi la glai - e me - u - re
3. et par de - sus la ver - du - re
3)
2. et le douz ro - sier fleu - rir
4. la rou - se - e re - splen - dir,
BB'
5. lors sou - pir
6. pour ce - le que tant de- sir,
10. fet mon vis taindre et pa- lir

I Quant voi la glaie meüre
Et le douz rosier fleurir
Et par desus la verdure
La rousee resplendir,
Lors soupir
Pour cele que tant desir,
Que j'aing, las ! outre mesure.
Tout aussi conme l'arsure
Fet quanqu'ele ataint bruïr,
Fet mon vis taindre et palir
Sa simple regardeüre,
Qui me vint au cuer ferir
Pour fere la mort sentir.

II Mout fet douce bleceüre
Bonne amour en son venir,

RS 2107, L 215-5, MW 1499
Mss. V 118r-v, C 197v-198r, F 101r-v-102r, K 141-142, N 65v-66r, P 85r-v-86r, R 93v-94r, S 231r, U 128r-v-129r, X 97r-v-98r, a 29r-v. Musique dans tous les mss. sauf CSU. Attribution dans FKPXa ; attr. à Thierry de Soissons dans N, à Perrin d'Angicourt dans C.

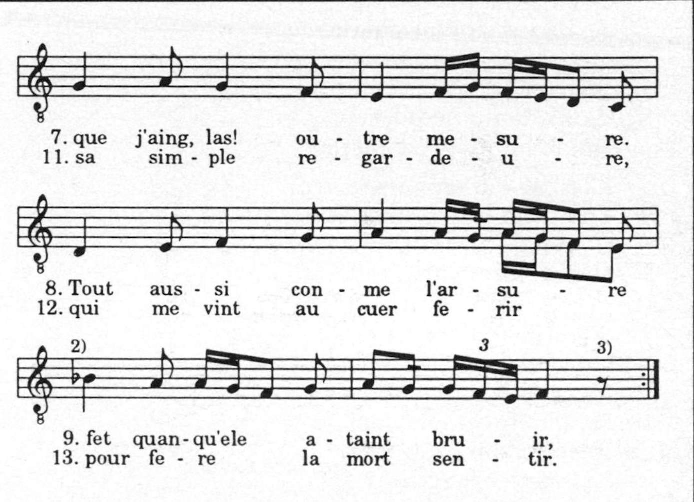
7. que j'aing, las! ou - tre me - su - re.
11. sa sim - ple re - gar - de - u - re,
8. Tout aus - si con - me l'ar - su - re
12. qui me vint au cuer fe - rir
2)
3
3)
9. fet quan - qu'ele a - taint bru - ir,
13. pour fe - re la mort sen - tir.

Quand je vois s'épanouir l'iris d'eau
et le doux rosier fleurir,
que je vois sur la verdure
la rosée resplendir,
alors je soupire
pour celle que je désire tant,
que j'aime, hélas, outre mesure.
Ainsi que la brûlure
rend cuisant tout ce qu'elle atteint,
son regard ingénu
fait pâlir et noircir mon visage,
lui qui vint me frapper en plein cœur
pour me faire sentir la mort.

C'est une douce blessure
qu'Amour nous fait quand il s'en vient,

Mes mieus vendroit la pointure
D'un escorpion sentir
Et morir
Que de ma dolour languir.
E las ! ma dame est si dure
Que de ma joie n'a cure
Ne de ma dolour guerir,
Ainz me fet vivre martir.
Tele est adés m'aventure
C'onc dame ne poi servir
Qui le mi deignast merir.

III E las ! je l'ai tant amee
Tres dont que primes la vi
C'onques puis d'autre rienz nee,
Nes de mon cuer, ne joï ;
Ainz sui si
Soupriz de l'amour de li
Que ailleurs n'est ma pensee.
Mes se ma dame honoree
Set qu'ele ait loial ami,
Bien devroit avoir merci
Se loiautez li agree ;
Mes souvent avient ainsi
Que ce sont li plus haï.

IV Bele et bonne et desirree,
Onques dame ne fu si !
Se vous m'avez refusee
La joie dont je vous pri,
Enrichi
Sont mi mortel anemi
Et leur joie avez doublee
Et a moi la mort donnee,
Qui ne l'ai pas deservi,
C'onques amans ne transi
De mort si desesperee ;
Mes bien voeil estre peri
S'a vostre amour ai failli.

mais il vaudrait mieux sentir
la piqûre d'un scorpion
et mourir
que de languir de ma douleur.
Hélas ! ma dame est si dure
qu'elle ne se soucie pas de me donner la joie
ni de guérir ma peine,
elle me fait plutôt vivre en martyr.
Tel est mon sort de toujours :
jamais je n'ai pu aimer une dame
qui daignât me récompenser.

Hélas ! je l'ai tant aimée
dès l'instant premier où je la vis,
jamais depuis d'une autre femme
ni même de mon cœur je n'ai obtenu de joie ;
mais je suis tant
épris d'amour pour elle
que ma pensée ne la quitte pas.
Pourtant si ma dame que j'honore
sait qu'elle possède un loyal ami,
elle devrait bien en avoir pitié
si la loyauté lui agrée ;
mais il arrive souvent
que les plus loyaux sont les plus haïs.

Belle et bonne et désirée,
jamais dame ne le fut tant !
Si vous m'avez refusé
la joie que je demande en prière,
plus puissants
seront mes mortels ennemis ;
vous avez redoublé leur joie
et vous m'avez donné la mort
sans que je l'aie méritée.
Jamais un amant n'a péri
d'une mort si désespérée ;
mais je veux bien être mort
si j'ai perdu votre amour.

V Dame, ne me puis desfendre
De la mort que pour vous sent,
Ne que cil c'on mainne pendre
Encontre son jugement ;
Ainz atent
Vostre douz conmandement.
Si vous fas bien a entendre :
Se vous m'ocïez sanz prendre,
Blame en arez de la gent,
Car cil qui toz jorz atent
Et qui ne se veut desfendre
Doit avoir legierement
Merci quant s'espee rent.

VI Chançon, va t'en sanz atendre
A ma dame droitement
Et li di que sanz reprendre
De moi face son talent,
Car souvent
Vif plus dolereusement
Que cil que mort fet estendre.
Mes sa douce face tendre,
Ou toute biauté resplent,
M'art si mon cuer et esprent
Que li charbons sous la cendre
N'art pas plus couvertement
Que cil qui merci atent.

Dame, je ne peux me défendre
de la mort que je ressens pour vous,
pas plus que celui qu'on mène pendre
n'a de pouvoir contre son jugement;
mais j'attends
votre doux commandement.
Je vous le laisse bien entendre :
si vous me tuez sans me prendre,
vous en serez blâmée de tous,
car celui qui attend sans cesse
et qui ne veut pas se défendre
doit obtenir sans difficulté
sa grâce quand il rend son épée.

Chanson, va-t'en sans attendre
tout droit à ma dame
et dis-lui que sans me réprimander
elle fasse de moi ce qu'elle voudra,
car bien souvent
je vis dans une plus grande souffrance
que celui que la mort abat.
Mais son doux visage tendre
où toute beauté resplendit
m'enflamme et éprend si fort le cœur
que le charbon sous la cendre
ne brûle pas plus secrètement
que celui qui attend la pitié.

154
RAOUL DE SOISSONS
Chanson d'amour

I Chançon legiere a chanter
Et plesant a escouter
Ferai conme chevaliers,
Por ma grant dolor mostrer
La ou je ne puis aler
Ne dire mes desirriers.
Si m'en sera bien mestiers

RS 778, L 258-3, MW 469
Mss. N 61v-62r, K 293-294, V 86v-87r. Musique dans les deux mss. Attribution à Thierry de Soissons dans KN.

Une chanson facile à chanter
et agréable à écouter
je ferai, comme un chevalier,
pour révéler ma grande douleur
là où je ne puis aller
ni exposer mes désirs.
J'aurai donc bien besoin

Qu'ele soit bone et legiere,
Por ce que de ma priere
Me soit chascuns mesagiers
Et amis et enparliers
A ma douce dame chiere.

II De ma douce dame amer
Ne me sai amesurer,
Ainz i pens si volentiers
Qu'en la joie du penser
Me fet amors oublïer
Touz ennuiz et touz dangiers.
Ha ! tant m'est douz li veilliers
Quant recort sa douce chiere
Et sa tres bele maniere :
Lors puis de deus eschequiers
Doubler les poinz touz entiers
De fine biauté entiere.

III Bien seroit de joie plains
Qui porroit estre certains
De s'amor par un besier.
Hé las ! c'est ma plus grant fains !
Mes de sospirs et de plainz
Sont mi boivre et mi mengier,
N'autres delices ne quier
Tant con de li me souviengne ;
Car quant plus mes maus me graigne,
Plus le truis douz et legier,
Quant amors me fet cuidier
Que par li santé me viengne.

IV Bele dame, droiz cors sains,
Je vos enclin jointes mains
Au lever et au couchier,
Car quant plus vos sui lointains,
Plus vos est mes cuers prouchains
De penser et de veillier ;
Et se merci vos requier,
Ançois que mort me sorprengne,
Por Deu, pitié vos en preigne !

que ma chanson soit bonne et facile
afin que chacun soit pour moi
messager de ma prière
et ami et plaideur
devant ma douce dame chère.

Aimer ma douce dame,
je ne sais le faire avec mesure,
mais j'y pense si volontiers
que par la seule joie d'y penser
Amour me fait oublier
tous les tourments, tous les obstacles.
Ah ! qu'il m'est doux de veiller
quand je me rappelle son doux visage
et son maintien si beau :
alors je peux sur deux échiquiers
doubler à chaque case
à cause de sa beauté pure et parfaite.

Il serait bien empli de joie,
celui qui pourrait être assuré
de son amour par un baiser.
Hélas ! voilà ce dont j'ai le plus faim !
Mais ma boisson et ma nourriture
ne sont que soupirs et plaintes,
et je ne cherche nul autre délice
que de me souvenir d'elle ;
plus mes maux m'attristent,
plus je les trouve doux et légers
pour peu qu'Amour me fasse croire
qu'elle me donnera la santé.

Belle dame, corps bien fait et sain,
je m'incline devant vous, mains jointes,
à mon lever, à mon coucher ;
plus je suis loin de vous,
plus vous est proche mon cœur,
à penser et à veiller ;
si donc je vous demande votre pitié
avant que la mort me surprenne,
pour Dieu, qu'il vous prenne en pitié !

Car ne voroie changier
La joie de vos songier
A l'empire d'Alemaigne.

V Quant je voi vostre cler vis
Et je puis avoir vo ris
De vos biauz euz esmerez,
Sachiez que moi est avis
Que d'un rai de paradis
Soit mes cuers enluminez,
Car vostre plesant bontez,
Qui tant est fine et veraie,
Me fet oublïer la plaie
Dont je sui el cors navrez ;
Mes n'en puis estre sanez
Sanz vostre douce manaie.

VI Ma dame a, ce m'est avis,
Vers eux rianz, bruns sorcis,
Cheveus plus biaus que dorez,
Biau front, nes droit bien assis,
Color de rose et de lis,
Bouche vermeille et souez,
Col blanc qui n'est pas hallez,
Gorge qui de blanchor raie.
Plesant, avenant et gaie
La fist nostre sire Des,
Plus bele et plus sage assez
Qu'en ma chançon ne retraie.

Car je ne voudrais pas échanger
la joie de songer à vous
contre l'empire d'Allemagne.

Lorsque je vois votre clair visage
et que je peux obtenir un sourire
de vos beaux yeux pleins de grâce,
sachez-le, j'ai l'impression
que d'un rayon du paradis
mon cœur a été illuminé,
car votre bonté plaisante
qui est si pure, si véritable
me fait oublier la plaie
dont je suis blessé au corps;
mais je ne puis en guérir
sans votre douce puissance.

Ma dame possède, je le sais,
des yeux brillants et rieurs, de bruns sourcils,
des cheveux plus beaux que l'or,
un beau front, un nez droit et bien dessiné,
un teint de rose et de lis,
une bouche vermeille et suave,
un cou blanc sans le moindre hâle,
une gorge qui rayonne de blancheur.
Plaisante, avenante et enjouée,
par Dieu elle fut créée
bien plus belle et plus sage
que ma chanson ne la décrit.

155

RAOUL DE SOISSONS

Chanson d'amour

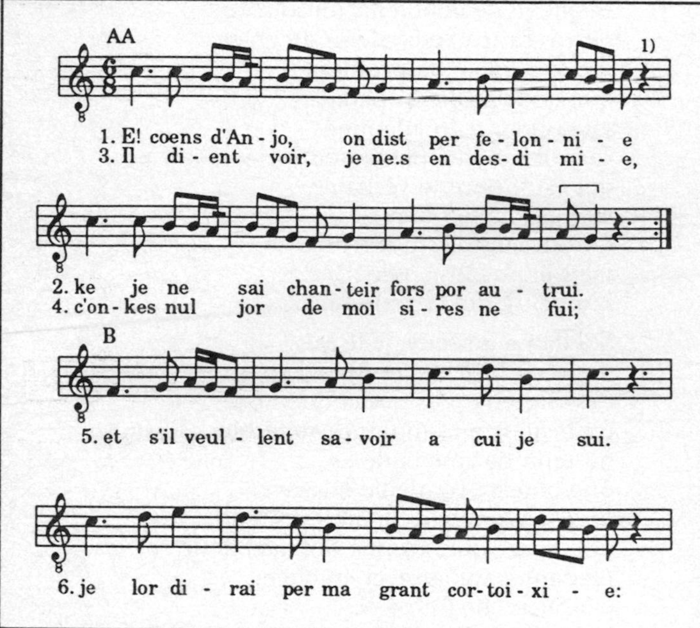

I E ! coens d'Anjo, on dist per felonnie
Ke je ne sai chanteir fors por autrui.
Il dïent voir, je ne.s en desdi mie,
C'onkes nul jor de moi sires ne fui ;
Et s'il veullent savoir a cui je sui,
Je lor dirai per ma grant cortoixie :
Saichiés, Amors m'ait si en sa baillie
Ke je n'ai sen, volenteit ne raixon
Ke je sens li saiche faire chanson.

II Sire, saichiés et si n'en douteis mie
Ke cheveliers n'iert j'ai de grant renom
Sens bone Amor ne sens sa signorie,

RS 1154, L 215-3, MW 1239
Mss. C 64v-65r, O 12v. Musique dans O. Attribution dans C.

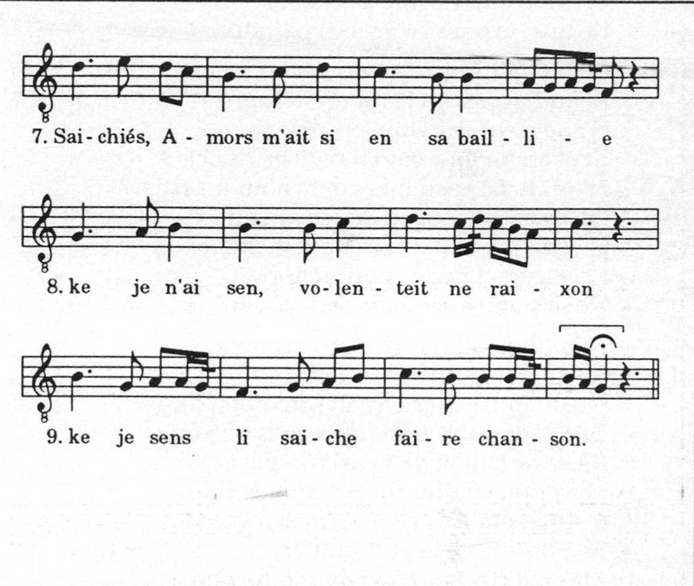
7. Sai - chiés, A - mors m'ait si en sa bail - li - e
8. ke je n'ai sen, vo - len - teit ne rai - xon
9. ke je sens li sai - che fai - re chan - son.

Ah ! Comte d'Anjou, on m'accuse traîtreusement
de ne savoir chanter que pour un autre.
Ils disent vrai, je ne m'en disculpe pas,
car je n'ai jamais été mon maître ;
et s'ils veulent savoir à qui je suis,
je leur dirai le plus courtoisement du monde :
sachez-le, Amour m'a en son pouvoir
au point que je n'ai assez d'esprit, de volonté ni de raison
pour savoir faire, sans lui, une chanson.

Sachez-le, seigneur, n'en doutez point,
jamais chevalier n'aura grand renom
sans Bon Amour, sans sa mainmise,

Ne nuls sens li ne puet estre proudom ;
Car sous ses piés met le plux hault baron,
Et le povre fait meneir haute vie ;
Prouesse, honors, solais vient de s'aïe,
Et done plus de joie a ses amis
Ke nus ne puet avoir sens paradix.

III Bien m'ait Amors esproveit en Sulie
Et en Egypte, ou je fui meneis pris,
C'adés i fui en poour de ma vie
Et chascun jour cuidai bien estre ocis ;
N'onkes por ceu mes cuers n'en fut partis
Ne decevreis de ma douce anemie,
Ne en France per ma grant maladie,
Ke je cuidai de ma goute morir,
Ne se pooit mes cuers de li partir.

IV N'est mervoille se fins amans oblie
Aucune foix son amerous desir
Quant outre mer en vait sens compaignie
Dous ans ou trois ou plux sens revenir.
Bien me cuidai de sa prixon partir,
Maix dou cuidier fix outraige et folie,
C'Amors m'ait pris et tient si fort et lie
Ke por fuïr ne la puis oblieir,
Ains me covient en sa mercit torneir.

V De l'angoixe ke j'ai por li sentie
Ne devroit nuls sens morir eschaippeir,
Et por paour de mort ke me desfie
Seux je vers li venus mercit crieir ;
Et s'en plorant ne puis mercit troveir,
Morir m'estuet sens confort d'autre amie
Et, s'elle veult, l'amor de li m'ocie !
Dur cuer avrait, felon et sens dousour,
Se me laissoit morir a teil dolor.

VI Hé ! cuens d'Anjo, per vostre chanterie
Poriés avoir joie et prix et honor ;
Maix ma joie est sens gueridon fenie
Et tuit mi chant sont retorneit a plour,
Si ke jamaix ne chanterai nul jor.

car nul homme sans lui ne peut être preux ;
Amour met le plus haut baron à ses pieds
et il exalte la vie du pauvre ;
prouesse, honneur, plaisir viennent de son [secours,
et il donne plus de joie à ses amis
que nul n'en peut avoir sinon au paradis.

Amour m'a bien mis à l'épreuve en Syrie
et en Egypte où je fus mené en captivité ;
je craignais sans cesse pour ma vie
et chaque jour je croyais bien devoir mourir.
Eh bien, mon cœur ne fut jamais pour autant [séparé
ni éloigné de ma douce ennemie ;
en France non plus, lors de ma grave maladie,
alors que je croyais mourir de la goutte,
mon cœur ne pouvait se séparer d'elle.

Rien d'extraordinaire si un loyal amant
oublie quelquefois son désir amoureux
quand il se trouve outre-mer sans compagnon,
deux ou trois ans, ou plus, sans revenir.
Je croyais bien quitter la prison de ma dame,
mais cette idée fut outrage et folie,
car Amour m'a emprisonné et si fort me tient et [me lie,
que même en fuyant je ne peux l'oublier,
il me faut, au contraire, me remettre à sa merci.

De l'angoisse que j'ai pour elle ressentie,
personne ne pourrait sans mourir réchapper,
aussi par peur de la mort qui me défie
je suis venu vers elle crier grâce ;
et si par mes larmes je ne peux obtenir ma grâce,
il me faudra mourir sans le réconfort d'une autre [amie,
et si elle le veut, que son amour me tue !
Elle aurait le cœur bien dur, félon et sans douceur
si elle me laissait mourir en une telle souffrance.

Ah ! Comte d'Anjou, par votre art de chanter,
vous pourriez obtenir joie, prix et honneur.
Moi, ma joie est finie sans possible récompense
et tous mes chants se tournent vers les larmes
si bien que je ne chanterai plus jamais.

Por ceu vos pri, et ma chanson vos prie,
Ke la chanteis tant k'elle soit oïe
Davant celi ke paisse de bonteit
Toutes celles de la crestïenteit.

VII Si voirement com je di veriteit,
Se m'envoist Deus de li joie et santeit !

Je vous le demande donc et ma chanson vous en
[prie,
chantez-la, jusqu'à ce qu'elle soit enfin entendue,
devant celle qui surpasse en valeur
toutes les dames de la chrétienté.

Aussi sûrement que je dis la vérité,
puisse Dieu m'envoyer d'elle la joie et la santé !

156
RAOUL DE SOISSONS
Chanson d'amour

1)
1. Se j'ai e - sté lonc tens en Rom- ma- ni - e
2. et ou - tre mer fait mon pe - le - ri - na - ge,
3. sous- fert i ai maint dou - le - reus da - ma - ge
4. et en - du - ré main- te grant ma - la - di - e;
5. mes or ai pis c'on- ques n'oi en Su - ri - e,

I Se j'ai esté lonc tens en Rommanie
Et outre mer fait mon pelerinage,
Sousfert i ai maint doulereus damage
Et enduré mainte grant maladie ;
Mes or ai pis c'onques n'oi en Surie,
Car bone Amor m'a doné tel malage

RS 1204, L 258-7, MW 2363
Mss. N 63v-64r, B 8v, V 59v-60r. Musique dans NV. Attribution à Thierry de Soissons dans N.

6. car bone A - mor m'a do - né tel ma - la - ge
7. dont nu - le foiz la do - lour n'a - sou - a - ge,
8. ainz croist a - dés et double et mon - te - pli - e,
9. si que la face en ai tainte et pa - li - e.

Si j'ai été longtemps en Romanie
et fait outre-mer mon pèlerinage,
j'y ai souffert bien des maux douloureux
et enduré de bien graves maladies ;
mais il en va pour moi pis aujourd'hui que naguère [en Syrie
car Bon Amour m'a donné une telle peine

Dont nule foiz la dolour n'asouage,
Ainz croist adés et double et monteplie,
Si que la face en ai tainte et palie.

II Car juene dame et cointe et envoisie,
Douce, plesant, bele et cortoise et sage,
M'a mis el cuer une si douce rage
Que j'en oublie le veer et l'oïe
Si comme cil qui dort en letardie,
Dont nus ne puet esveillier le corage ;
Car quant je pens a son tres douz visage,
De mon penser aim meuz la conpaignie
C'onques Tristan ne fist d'Iseut s'amie.

III Bien m'a Amors feru en droite vaine
Par un regart plain de douce esperance,
Dont navré m'a la plus bele de France
Et de biauté la rose souveraine.
Si me merveil quant la plaie ne saine,
Car navré m'a de si douce senblance
Q'unc ne senti si trenchant fer de lance ;
Mes senblant est au chant de la seraine,
Dont la douçour atret dolor et paine.

IV Si puisse je sentir sa douce alaine
Et reveoir sa bele contenance,
Com je desir s'amor et s'acointance
Plus que Paris ne fist onques Elaine !
Et s'Amors n'est envers moi trop vilaine,
Ja sanz merci n'en feré penitance ;
Car sa biautez et sa tres grant vaillance
Et li biaus liz ou la vi premeraine,
M'ont cent sospirs le jor doné d'estraine.

V Car sa face, qui tant est douce et bele,
Ne m'a lessié q'une seule pensee,
Et cele m'est au cuer si enbrasee
Que je la sent plus chaude et plus isnele
C'onques ne fis ne brese n'estancele ;
Si ne puis pas avoir longue duree

que jamais la douleur ne s'en apaise,
mais sans cesse elle croît, elle double, elle se
et j'en ai le visage blêmi et tout pâle. [multiplie

Car une jeune dame gracieuse et avenante,
douce, plaisante et belle, courtoise et sage,
m'a mis au cœur une rage si douce
que j'en oublie le voir et l'écouter
comme celui qui dort en une léthargie
et dont nul ne peut ranimer le sentiment ;
moi, quand je pense à son très doux visage,
j'aime mieux la compagnie de ma pensée
que Tristan celle d'Iseut son amie.

Amour m'a frappé dans la veine qu'il convient
par ce regard plein de douce espérance
dont la plus belle de France m'a blessé,
elle, la rose souveraine de beauté.
Je m'émerveille que la plaie ne saigne pas
car elle m'a blessé par une si douce apparence
que je n'avais jamais senti si tranchant fer de
il ressemble au chant de la sirène [lance ;
dont la douceur entraîne la douleur et la peine.

Puissé-je sentir sa douce haleine
et revoir sa charmante façon d'être ;
comme je désire son amour et sa compagnie
bien plus que Pâris celle d'Hélène !
Et si Amour n'use envers moi de trop mauvais
[procédés,
je ne ferai pas ma pénitence sans jamais obtenir sa
car sa beauté et sa très grande valeur, [merci ;
ainsi que le beau lit où je la vis pour la première
[fois,
m'ont donné en étrennes cent soupirs par jour.

Son visage qui est si beau, si doux
ne m'a laissé qu'une seule pensée
et elle brûle si fort dans mon cœur
que je la sens plus ardente, plus prompte
que jamais nulle braise ou étincelle ;
je ne peux pas longtemps survivre

Se de pitié n'est ma dame navree,
Qu'en ma chançon li dirè la nouvele
De la dolor qui por li me flaele.

157
ÉTIENNE DE MEAUX
Chanson de femme

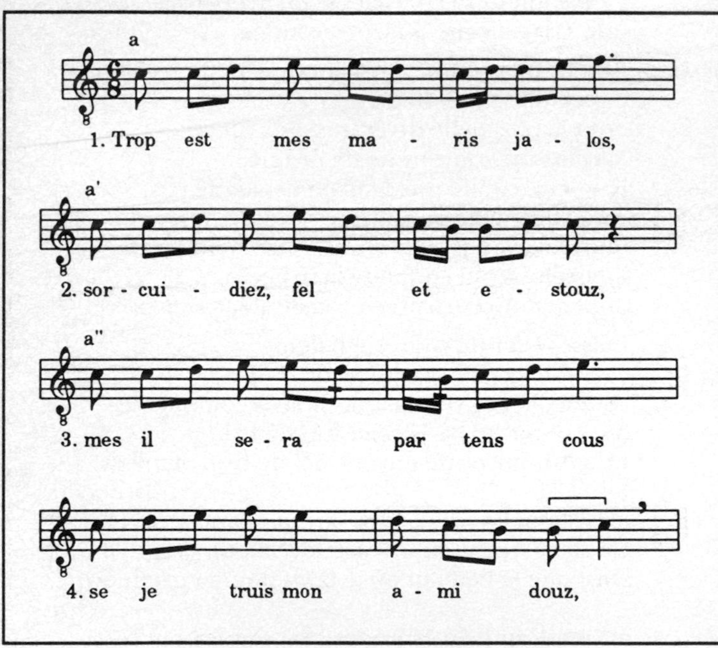
a
1. Trop est mes ma - ris ja - los,
a'
2. sor - cui - diez, fel et e - stouz,
a"
3. mes il se - ra par tens cous
4. se je truis mon a - mi douz,

I Trop est mes maris jalos,
Sorcuidiez, fel et estouz,
Mes il sera par tens cous
Se je truis mon ami douz,
Li gentil, li savoros.

si la pitié ne vient blesser ma dame ;
je lui apprendrai donc dans ma chanson cette [nouvelle :
pour son amour la souffrance me flagelle.

RS 2045, L 61-2, MW 1062
Mss. P 131v-132r-v. Musique. Attribution dans le texte.

Mon mari est par trop jaloux,
présomptueux, cruel, violent,
il sera pourtant cocu
si je trouve mon doux ami,
le gracieux, l'agréable.

Mari ne pris rien,
Q'il n'aiment nul bien.
Je.l vos di :
Dire fi
Doit on du vilain plain d'ennui.

II Quant a la fenestre vois,
Il me guete trestoz jorz ;
Sachiez q'il vit seur mon pois,
Car por lui pert mes amors.
Il set bien que j'aime aillors ;
Or se puet desver,
Car je vueil amer.
Je.l vos di :
Dire fi
[Doit on du vilain plain d'ennui].

III Cuidë il por son avoir
Metre en prison cuer joli ?
Nenil voir ! il n'a pouoir
Que soie du tot a lui ;
A m'amor a il failli.
Nus ne doit avoir
Ami por avoir.
Ce vos di :
Dire fi
Doit on [du vilain plain d'ennui].

IV Hardiement li dirai :
Fol vilain maleüros,
Amer m'estuet sanz delai,
Sachiez, un autre que vos ;
Or pöez estre jalos ;
Je vos guerpirai,
Un autre amerai !
Ce vos di :
Dire fi
Doit on [du vilain plain d'ennui].

V Por tot l'avoir de Cisteaus
Ne doit avoir cuer joli,
Ce dit Estiene de Miauz,

Les maris, je ne les estime à rien du tout
car ils n'aiment aucun bien.
Je vous le dis :
On doit faire fi
du vilain plein d'ennui.

Quand je vais à la fenêtre,
il m'espionne sans arrêt ;
sachez-le, il vit malgré moi,
car je perds pour lui mes amours.
Il sait bien que j'en aime un autre ;
il peut bien enrager,
je veux aimer.
Je vous le dis :
On doit faire fi
du vilain plein d'ennui.

Croit-il que pour son argent
il mettra en prison un cœur joyeux ?
Que non, certes ! Il ne peut faire
que je sois toute à lui ;
il a failli à mon amour.
Nul ne doit avoir
un ami pour de l'argent.
Voici ce que je vous dis :
On doit faire fi
du vilain plein d'ennui.

Je lui dirai hardiment :
fou, vil et malheureux,
il me faut aimer sans retard,
sachez-le, un autre que vous ;
vous pouvez bien être jaloux ;
je vous quitterai,
j'en aimerai un autre !
Voici ce que je vous dis :
On doit faire fi
du vilain plein d'ennui.

Pour tout l'avoir de Cîteaux,
– voilà ce qu'en dit Étienne de Meaux –
un joyeux cœur, une joyeuse dame

Jolive dame mari,
Ançois doit avoir ami.
Et je l'en crerrai
Et ami avrai.
Ce vos di :
Dire ſi
Doit on du vilain plain d'ennui.

158
JACQUES D'AUTUN
Chanson d'amour

AA
1)
1. Be - le, sa - ge, simple et ple - sant,
3. mes g'en ai plus le cuer do - lent
2)
2. de vous me cou - vient de - se - vrer,
4. que nus hons ne por - roit pen - ser.
B
5. Je ne.l di pas pour vous gui - ler,
6. bien a e - sté a - pa - ris - sant:

I Bele, sage, simple et plesant,
De vous me couvient desevrer,
Mes g'en ai plus le cuer dolent

ne doit pas avoir un mari,
mais doit plutôt avoir un ami.
Je l'en croirai,
et j'aurai un ami.
Voici ce que je vous dis :
On doit faire fi
du vilain plein d'ennui.

RS 351 (= 350), L 126-1, MW 1179
Mss. K 247-248, H 228r-v, N 121r-v, P 65v-66r, X 167v-168r. Musique dans tous les mss. sauf H. Attribution dans tous les mss. sauf H.

Belle, sage, simple et plaisante,
il me faut me séparer de vous,
mais j'en ai le cœur plus déchiré

Que nus hons ne porroit penser.
Je ne.l di pas pour vous guiler,
Bien a esté aparissant :
Cuer et cors ai mis, et argent,
Paine de venir et d'aler,
Pour cel sevrement destorner.

II Bien fui herbegiez chierement
La nuit que jui lez vo costel ;
Saint Julïens, qui bien puet tant,
Ne fist a nul honme mortel
Si douz, si bon, si noble ostel.
Ha Deus, hé las ! et je coment
Touz jorz vivrai mes languissant,
S'oncores ne l'ai autretel ?
Car nuit et jour ne pens a el.

III Mal vos diront vostre parent
Et felon mesdisant de moi,
Mes sage estes et conoissant,
Si ne.s crerrez mie, ce croi ;
Car je vos aim en bone foi
Et sui vostre loial amant
Et serai trestot mon vivant.
Certes que bien fere le doi,
Qu'assez i a reson pour quoi.

IV Je n'ai en rien confortement
Qu'en vostre debonaireté
Et en un biau petit enfant
Qu'en vostre cors ai engendré.
Graces en rent a Damledé,
Quant il de vous me lessa tant ;
Car s'il puet vivre longuement,
Norrir le ferai par chierté,
Pour ce que de vous a esté.

V Ma douce dame, a Dieu conmant
Vostre sens et vostre biauté
Et vostre parler simplement
Et voz euz plains de simpleté :
Ma conpaignie ou j'ai esté,

que nul ne pourrait le penser.
Je ne le dis pas pour vous tromper,
cela s'est révélé évident :
j'ai mis en œuvre mon cœur et mon corps, mon
et ma peine à aller et venir [argent
pour éviter cette séparation.

Je fus hébergé bien précieusement
la nuit où je dormis à vos côtés ;
saint Julien qui a tant de pouvoir
n'offrit à nul homme mortel
si douce, si bonne, si noble hospitalité.
Ah Dieu, et comment, hélas,
vivrai-je toujours dorénavant en langueur
si je ne l'obtiens pas de nouveau ?
Car nuit et jour je ne pense qu'à cela.

Vos parents vous diront du mal
de moi, ainsi que les félons médisants,
mais vous êtes sage et perspicace,
vous ne les croirez pas, je le pense,
car je vous aime en bonne foi,
je suis votre loyal amant
et je le serai toute ma vie.
Certes, je dois bien agir ainsi,
il y a assez de raisons pour cela.

Je n'ai nul réconfort
si ce n'est en votre générosité
et en ce beau petit enfant
que j'ai engendré en votre corps.
J'en rends grâces à Dieu
pour m'avoir laissé un tel cadeau de vous ;
car s'il peut vivre longuement,
je le ferai richement élever
parce que c'est vous qui l'avez porté.

Ma douce dame, je recommande à Dieu
votre sagesse et votre beauté
et votre langage simple et franc
et vos yeux pleins de franchise.
Ma compagne avec qui j'ai été,

A qui nule autre ne se prent.
Douce dame proz et vaillant,
De cuer dolent et abosmé
Vous conmant a la Mere Dé.

159

JACQUES DE DOSTI

Chanson d'amour

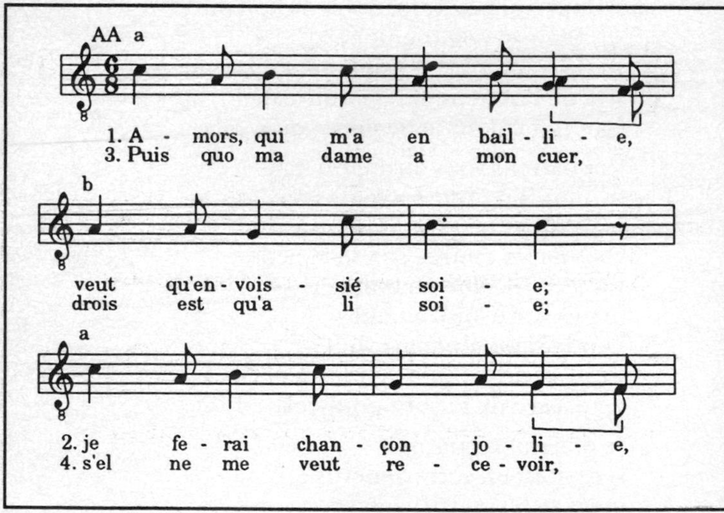

I Amors, qui m'a en baillie, veut qu'envoissié soie;
Je ferai chançon jolie, puis qu'ele l'otroie.
Puis que ma dame a mon cuer, drois est qu'a li soie;
S'el ne me veut recevoir, jamés n'avrai joie.
Bien est fous qui contre amor par force maistroie :
Amors n'ont point de seignor, je le vos otroie.

II Amor n'ont point de seignor, dire le porroie,
Car il n'est ne rois ne cuens qu'ele ne mestroie.

à qui nulle autre ne saurait être comparée,
douce dame digne et vaillante,
de tout mon cœur chagrin et abîmé en sa peine,
je vous recommande à la Mère de Dieu.

RS 1108, L 124-1, MW 18
Mss. X 238v-239r, K 365-366. Musique dans les deux mss. Attribution dans le texte.

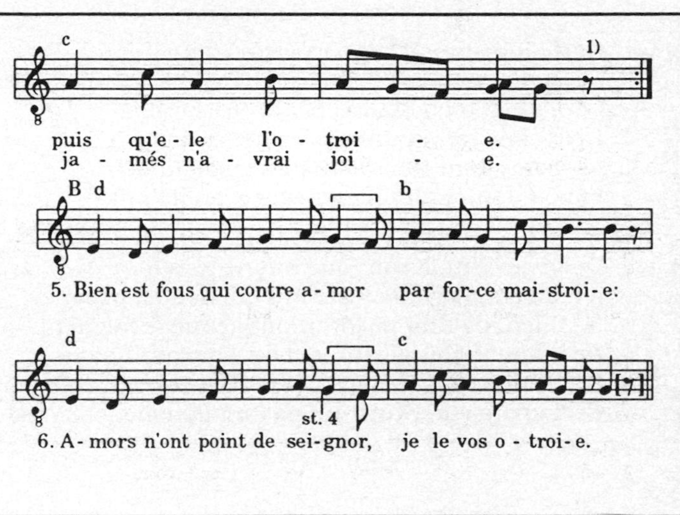
c
1)
puis qu'e - le l'o - troi - e.
ja - més n'a - vrai joi - e.
B d
b
5. Bien est fous qui contre a - mor par for-ce mai-stroi - e:
d
c
st. 4
6. A - mors n'ont point de sei-gnor, je le vos o - troi - e.

Amour qui est mon maître me veut joyeux ;
je ferai donc une chanson gaie puisqu'il le permet.
Puisque ma dame a mon cœur, il est juste que je [lui appartienne ;
si elle ne veut m'accepter, je ne connaîtrai jamais [de joie.
Il est bien fou, celui qui essaie de dominer Amour :
Amour n'a pas de maître, je vous le certifie.

Amour n'a pas de maître, je pourrais l'affirmer,
car il n'y a ni roi ni comte qu'il ne domine.

Puis qu'ele a un hom çaint desoz sa corroie,
Il ne s'en puet pas desfendre n'aler autre voie
D'amors ne me quier partir, ne faire ne.l doie,
Por tout l'avoir de cest mont ; ainz vueil que siens
[soie.

III Siens sui et serai touz dis, que que nus en die,
Mais je sui ausi con cil, voir, qui ne vit mie.
Puis que ma dame a m'amor toute en sa baillie,
Ele m'aprent et enseigne toute cortoisie.
As vilains dont Dieus mal jor et grant vilainie,
Qui mesdïent des amans, il font grant folie.

IV Grant folie font il, voir, je le vos affie ;
Ceus qui mesdïent d'amans, Jhesus les maudie,
Car il l'ont bien deservi par lor tricherie.
Deus aime les vrais amans et het vilainie ;
As vilains dont Deus mau jor et mal nuitie
Et leur doint grant mescheance, qu'il l'ont
[deservie.

V Deservie l'ont il, voir, que nus ne les aime ;
Il n'est clerc ne chevalier nus qui ne s'en plaigne.
Ne finent ne nuit ne jor, n'onques ne se faignent
De nuire les fins amans, et leur font grant paine ;
Por ce doit l'en bien garder la chose qu'en aime.
Ce dit Jaque de Dosti, qui par amors aime.

Une fois qu'il a tenu un homme en laisse,
celui-ci ne peut plus se défendre ni emprunter
[d'autre voie.
Je ne peux pas quitter Amour, je ne dois pas le
[faire,
pour tout l'or du monde ; je veux au contraire
[rester sien.

Je suis sien et le serai toujours, quoi qu'on en dise,
mais, c'est vrai, je suis aussi celui qui ne vit pas.
Depuis que ma dame a mon amour en son
[pouvoir,
elle m'apprend et m'enseigne toute courtoisie.
Que Dieu donne mauvais jour et grande vilenie
[aux vilains
qui médisent des amants, ils font là grande folie.

Ils font une grande folie, c'est vrai, je vous
[l'affirme,
ceux qui médisent des amants. Que Jésus les
ils l'ont bien mérité par leur perfidie. [maudisse,
Dieu aime les vrais amants, Il hait la vilenie ;
que Dieu donne aux vilains mauvais jour et
[mauvaise nuit,
qu'Il leur donne grande malchance, ils l'ont
[mérité.

Mérité, ils l'ont, pour sûr, car nul ne les aime ;
il n'y a clerc ni chevalier qui ne s'en plaigne.
Ils ne cessent ni la nuit ni le jour, jamais ils ne se
[lassent
de nuire aux fins amants, ils leur font bien du mal ;
on doit donc bien veiller sur celle que l'on aime.
C'est ce que dit Jacques de Dosti qui aime
[d'amour.

160

MAHIEU LE JUIF

Chanson d'amour

AA
1. Por au - trui mo - vrai mon chant,
3. S'A- mor me ju - sti - ce tant
2. quant por moi ne.l puis mo - voir.
4. qu'e - le m'o - cir - ra por voir,
B
1)
5. soi - e mer - ci, non - por - quant!
6. Mes li n'en dei - gne cha - loir.

I Por autrui movrai mon chant,
Quant por moi ne.l puis movoir.
S'Amor me justice tant
Qu'ele m'ocirra por voir,
Soie merci, nonporquant !
Mes li n'en deigne chaloir.
L'angoisse quier et demant,
Quant je pluz n'en puis avoir.
Amors, merci !
Ainc ne la vi.

I Je l'aim pluz que mon pooir
Et si n'en fui ainc joïs.

RS 313, L 175-2, MW 839, B 166
Mss. M 175r-v, T 93v-94r. Musique dans M. Attribution dans les deux mss.

(♭)
7. L'an - gois - se quier et de - mant,
8. quant je pluz n'en puis a - voir.
rf
3
9. *A - mors, mer-ci!* 10. *Ainc ne la vi.*

Je commencerai pour un autre mon chant,
puisque pour moi je ne puis le commencer.
Si Amour me tourmente au point
de me tuer à coup sûr,
eh bien, à la grâce d'Amour !
Mais elle ne daigne pas s'en soucier.
Je réclame, je demande l'angoisse
puisque je ne puis en obtenir davantage.
Amour, pitié !
Jamais je n'en vis.

Je l'aime au-delà de mes forces
et pourtant je n'en ai jamais eu de joie.

S'Amors ne li fait savoir,
Dont sui je par li trahis,
Mout me set bel decevoir.
Sachié a mon cuer del pis
Cele qui pluz puet valoir,
Por cui sui si esbahiz.
Amors, [merci !
Ainc ne la vi].

III Ja par moy n'iert maiz gehis
Mes conseus a li nul jor,
Tant redout les escondis
De li ou j'atent l'amor.
De sa biauté est delis,
Et del monde est la meillor.
Or m'en aït Jhesucris,
Dont j'ai fet novel seignor !
Amors, [merci !
Ainc ne la vi].

IV Mout me livre grant estor
Cele cui je n'os nomer,
Qu'en li a tant de valor
Qu'en cest monde n'a sa per.
Por li cria Deus la flor
Que toz li mons doit porter.
Ramembrance ait sa color
Et son bel viaire cler.
Amors, merci !
[Ainc ne la vi].

Si Amour ne le lui fait pas comprendre,
me voilà trahi par elle.
Elle sait bien me tromper ;
elle a ôté mon cœur de mon sein,
celle qui a le plus de valeur
et pour laquelle je suis si troublé.
Amour, pitié !
Jamais je n'en vis.

Jamais elle n'apprendra par moi
mes sentiments,
tant je redoute le refus
de celle dont j'attends l'amour.
Sa beauté est un plaisir,
et elle est la meilleure de ce monde.
Que Jésus m'apporte son aide,
Lui que j'ai choisi pour mon nouveau seigneur.
Amour, pitié !
Jamais je n'en vis.

Elle me livre une grande bataille,
celle que je n'ose nommer.
Il y a tant de valeur en elle
qu'au monde nulle autre ne l'égale.
C'est pour elle que Dieu créa la fleur
que le monde entier doit porter.
Que son teint frais, son beau visage clair
ne soient jamais oubliés !
Amour, pitié,
Jamais je n'en vis.

161
HENRI III, DUC DE BRABANT
Pastourelle

I L'autrier estoie montez
Seur mon palefroi anblant,
Et pris m'estoit volentez
De trouver un nouviau chant.
Tot esbanoiant
M'en aloie ;
Truis enmi ma voie
Pastore seant
Loing de gent.
Belement
La salu,
Puis li dis : « Vez ci vo dru.

II – Biau sire, trop vos hastez,
Dist la touse. J'ai amant.
Il n'est gueres loing alez,
Il reviendra maintenant.
Chevauchiez avant !

RS 936, L 56-2, MW 1761
Mss. P 90v-91r, K 242-243, N 118r-v, V 69r-v, X 164v. Musique dans tous les mss. Attribution dans tous les mss. sauf V.

7. truis en- mi ma voi - e 8. pa - sto-re se - ant 9. loing de gent.

10. Be- le - ment 11. la sa - lu, 12. puis li dis: "Vez ci vo dru."

L'autre jour, j'étais monté
sur mon palefroi allant l'amble,
et la volonté m'avait pris
de faire un chant nouveau.
Tout joyeux
je m'en allais ;
je trouve au milieu du chemin
une bergère assise,
loin de tous.
Gentiment
je la salue,
puis je lui dis : « Voici votre ami.

– Cher seigneur, vous allez trop vite,
dit la bergère. J'ai un amant.
Il ne s'est guère éloigné,
il reviendra tantôt.
Allez votre chemin !

Trop m'esfroie
Que il ne vos voie,
Trop est mescreant ;
Ne talent
Ne me prent
De vo ju ;
Ailleurs ai mon cuer rendu.

III – Damoisele, car creez
Mon conseil ; je vos creant,
Jamés povre ne serez,
Ainz avrez a vo talent
Cote traïnant
Et coroie
Ouvree de soie,
Cloee d'argent. »
Bonement
Se desfent,
N'a valu
Quanque j'ai dit un festu.

IV « Biau sire, car en alez,
Dist ele. C'est por noient.
Vostre parole gastez
Que je ne pris mie un gant,
Ne vostre beubant
N'ameroie ;
Vo don ne prendroie
Ne si n'autrement ;
Vostre argent,
Vo present
N'ai eü.
Maint prameteus ai veü.

V – Damoisele, car prenez
La çainture maintenant
Et le matin si ravrez
Trestot l'autre couvenant. »
Lors va sozriant
Et j'oi joie ;
Tant fis qu'ele otroie
Mon gré maintenant.

J'ai bien trop peur
qu'il ne vous voie.
Il est très soupçonneux ;
et je n'ai pas envie
de jouer
votre jeu ;
j'ai mis mon cœur ailleurs.

– Demoiselle, croyez donc
mes paroles ; je vous le promets,
vous ne serez jamais pauvre,
mais vous aurez à votre gré
une cotte avec traîne,
une ceinture
faite de soie,
à boutons d'argent. »
Comme il faut
elle se défend.
Tout ce que j'ai dit
ne m'a valu un fétu.

« Cher seigneur, allez-vous en donc,
dit-elle. Cela ne sert à rien,
vous perdez vos paroles
car je ne les estime pas un gant
et votre forfanterie
je ne pourrais l'aimer.
Je ne prendrais pas vos dons,
ni ainsi ni autrement.
Votre argent,
vos présents,
je ne les accepte pas.
J'ai vu bien des prometteurs.

– Demoiselle, prenez donc
la ceinture tout de suite
et demain matin vous aurez le reste
de ce que je vous ai promis. »
Alors elle me sourit
et je pus en jouir ;
je fis tant qu'elle accepta
mon désir sur-le-champ.

Le don prent
Bonement,
S'ai sentu
De quel maniere ele fu.

162
HENRI III, DUC DE BRABANT
Chanson d'amour

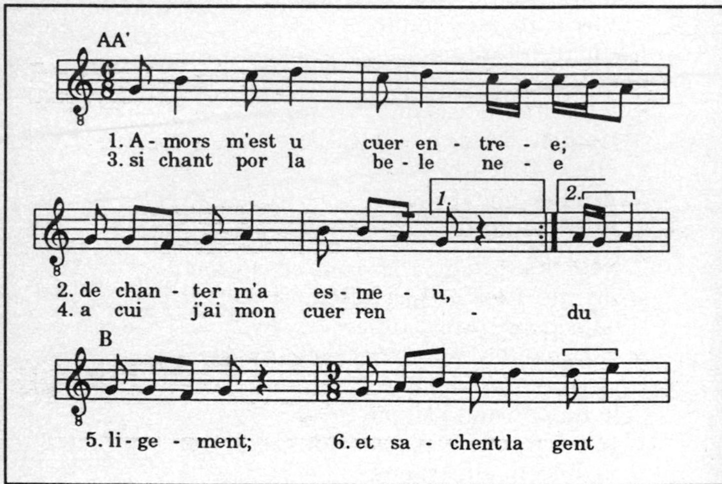

I Amors m'est u cuer entree;
De chanter m'a esmeü,
Si chant por la bele nee
A cui j'ai mon cuer rendu
Ligement;
Et sachent la gent
Mercïer
Ne doit on de mon chanter
Fors li
Cui j'aim si
Que j'en ai et cuer et cors joli.

Elle prend le don
sans façon,
ainsi j'ai senti
quelle était sa manière d'être.

RS 511, L 56-1, MW 2281, B 760
Mss. M 6r, F 116v-117r, a 24r-v. Musique dans MF. Attribution dans M.

7. mer-ci - er
8. ne doit on de
mon chan - ter
rf
9. *fors*
li
10. *cui j'aim si*
3
11. *que j'en ai et*
cuer et
cors
jo - li.

Amour m'est entré dans le cœur ;
il m'a poussé à chanter,
et je chante pour la belle créature
à qui j'ai consacré mon cœur
en homme lige ;
et que les autres le sachent :
on ne doit remercier
de mon chant nul autre
qu'elle
que j'aime tant
que j'en ai le cœur et le corps joyeux.

II Se j'ai dolor enduree
Por amor et mal sentu,
Il me plaist bien et agree.
Quant j'ai si bien esleü,
N'ai talent
D'amer faussement;
Amender
Vueill et loiaument amer
Por li
Cui j'aim si
Que j'en ai [et cuer et cors joli].

III Amors est en moi doublee
Pluz que onques maiz ne fu,
Si servirai a duree.
Deus doint c'on m'ait retenu
Temprement,
Amorousement,
Sans fausser,
Car je ne puis oublïer
Celi
Cui j'aim si
Que [j'en ai et cuer et cors joli].

IV Et s'Amors les suens avance,
De moi li doit sovenir,
Car je sui suens sanz faillance,
A toz jors sanz repentir.
Ententis
Serai mes touz dis
D'avancier
Amors et son nom haucier
Por li
Cui j'aim si
Que [j'en ai et cuer et cors joli].

V Adés me croist ma poissance
Et volentez de servir;
Sanz celi ou j'ai fiance,
Ne porrai mie guarir;
Si conquis

Si j'ai éprouvé de la peine
par amour et senti la souffrance,
cela me plaît et m'agrée.
Pour avoir si bien choisi
je n'ai désir
d'aimer avec fausseté ;
je veux
m'amender et aimer loyalement
celle
que j'aime tant
que j'en ai le cœur et le corps joyeux.

Amour est en moi redoublé
plus qu'il ne le fut jamais,
et je le servirai très longtemps.
Dieu m'accorde qu'on m'ait accepté
bientôt
amoureusement,
sans perfidie,
car je ne peux oublier
celle
que j'aime tant
que j'en ai le cœur et le corps joyeux.

Si Amour avance les siens,
il doit se souvenir de moi
car je suis à lui sans défaillance,
pour toujours et sans repentir.
Attentif
je serai toujours
à faire avancer
Amour et à rehausser son nom
pour celle
que j'aime tant
que j'en ai le cœur et le corps joyeux.

Sans cesse ma force grandit,
ainsi que ma volonté de servir ;
sans celle où j'ai placé ma foi
je ne pourrai pas guérir ;
tant m'a conquis

M'ont si tres douz ris,
Sanz cuidier,
Sai que ne puis eslongier
De li
Cui j'aim si
Que [j'en ai et cuer et cors joli].

VI Quens jolis
De Flandres, amis
Cui j'ai chier,
Me savriez vous conseillier
De li
Cui j'aim si
Que j'en ai et cuer et cors joli ?

son très doux sourire,
que, sans erreur,
je sais que je ne peux m'éloigner
de celle
que j'aime tant
que j'en ai le cœur et le corps joyeux.

Joyeux comte
de Flandre, mon ami
qui m'est cher,
sauriez-vous me donner des conseils
au sujet de celle
que j'aime tant
que j'en ai le cœur et le corps joyeux ?

163
PHILIPPE DE REMY
Tenson

a
3
1. Or me re - spon - dez, A - mours,
1)
2)
2. puis qu'a vous du tout m'o - troi - e,
a
3
2)
3. por quoi j'ai si granz do - lours.
4. Trop vo - len - tiers le sa - vroi - e,

I « Or me respondez, Amours,
Puis qu'a vous du tout [m'octroie],
Por quoi j'ai si granz dolours.
Trop volentiers le savroie,
Car certes je ne cuidoie
Qu'en vous eüst fors que joie ;
Mes tristours
Est touz diz aveuc en cours,
Car vostre douçour guerroie.

II – Ge.l vous dirai, amis douz :
Se chascun confort donnoie
Si tost c'on fet l'amourous,

RS 2029, L 199-6, MW 1494
Ms. V 56v-58r. Musique. Attribution.

5. car cer - tes je ne cui - doi - e
6. qu'en vous e - ust fors que joi - e;
7. mes tri- stours 8. est touz diz a - veuc en cours,
9. car vo - stre dou - çour guer - roi - e.

« Répondez-moi, Amour,
puisque je suis vôtre en tout,
pourquoi ai-je de si grandes douleurs ?
Je voudrais bien le savoir,
car, certes, je n'aurais pas cru
qu'il y eut en vous autre chose que joie ;
mais tristesse
s'y trouve sans cesse mêlée,
car votre douceur est une guerre.

– Je vous le dirai, mon doux ami :
Si je donnais à chacun le réconfort
aussi vite qu'il a joué les amoureux,

Trop mainz prisiee en seroie ;
Por ce m'esteut qu'aspre soie
Por oster hors de ma voie
Tricheours,
Car c'est ma plus granz paors
Que mauvés de moi n'ait joie.

III – De ce m'acort bien a vous,
A tort vous en blameroie ;
Mes de ce sui mout irous
Que j'esgart, quant faux cuers proie,
Il set mieus trouver la voie
De vous trere a sa corroie
Que tretouz
Ceus qui se tienent a vous,
Car qui mieus aime pis proie.

IV – Biaus amis, c'est la dolours
Dont mes finz mestiers s'effroie ;
Mes il i a tant priors,
Por rienz touz ne.s connistroie.
Compere fausse monnoie
A celui qui ainsi proie,
Car finz mout
Semble par fausses clamours ;
Par ce mon senz me desvoie.

V – Or vous pardoing mon corrous,
Amours, et a vous m'otroie ;
Quant vous haez traïtors,
A tort aussi vous harroie.
Mes de la simple, la coie,
M'aidiez que ele soit moie,
Car si douz
Sont si maintieng savourous
Que sienz sui, ou que je soie.

j'en serais bien moins prisé ;
il me convient donc d'être âpre
pour chasser de ma route
les perfides,
car c'est ma plus grande peur
qu'un mauvais ne tire de moi quelque joie.

– Je suis bien d'accord avec vous sur ce point,
j'aurais tort de vous en blâmer ;
mais ce qui me chagrine fort,
c'est de voir prier un homme au cœur mensonger
et le voir mieux parvenir à trouver un moyen
de vous mener en laisse
que tous
ceux qui sont vraiment des vôtres.
Car mieux on aime, moins bien on prie.

– Bel ami, c'est une question douloureuse
dont mon pur office s'alarme ;
mais il y a tant de gens qui prient
que je n'arriverais jamais à tous les connaître.
Comparable à la fausse monnaie
est celui qui prie de cette façon,
car par ses fausses clameurs
il se donne l'air d'un très loyal amant.
Pour cela, je m'y perds.

– Eh bien, pardonnez-moi donc ma colère,
Amour, et je me donne à vous ;
puisque vous haïssez les traîtres,
j'aurais tort aussi de vous haïr.
Mais pour ma simple, ma paisible amie,
aidez-moi à la faire mienne,
car si douces
sont ses charmantes attitudes
que je lui appartiens où que je sois.

164
PHILIPPE DE REMY
Chanson d'amour

I Aussi com l'eschaufeüre
Du fu fet l'iaue boulir,
Me fet la douce pointure
De fine Amour resjoïr
Et fremir.
Remenbrance, sanz mentir,
Ai touz jorz de l'aventure
Qui navra sanz perceüre
Ma car; par l'ueil assaillir
Me vint et mon cuer sesir
Amours, qui outre mesure
Me fet ses assaus sentir
Et atendre sanz merir.

II Douz est li chaus de l'arsure
Dont je me sent si benir.
Bontez et bele estature,

RS 2096, L 199-1, MW 1498
Ms. V 54v-55r. Musique. Anonyme (voir *infra* p. 1044).

1)
2)
7. ai touz jorz de l'a - ven - tu - re
11. A - mours, qui ou - tre me - su - re
8. qui na - vra sanz per - ce - u - re
12. me fet ses as - saus sen - tir
1.
2.
3)
9. ma car; par l'ueil as- sail- lir
13. et a- ten - dre sanz me- rir.

Tout comme la chaleur
du feu fait bouillir l'eau,
la douce piqûre d'Amour parfait
me fait me réjouir
et frémir.
Sans mentir, le souvenir
je l'ai toujours de l'événement
qui blessa sans que cela se voie
ma chair ; Amour vint m'assaillir
par l'œil et me saisir le cœur,
lui qui outre mesure
me fait sentir ses assauts
et attendre en vain ma récompense.

Douce est l'ardeur de la brûlure
qui m'est une telle bénédiction.
Bonté, belle stature,

Granz senz et biau maintenir
Font emplir
Mon corage et enrichir
D'une couvoitise pure,
Qu'ausement com la nature
Du douz tenz fet fruit florir
Fet ma penssee espanir
Bons espoirs, qui m'asseüre ;
Mes, encontre ce, soupir
Por doutance de faillir.

III Hé ! simple regardeüre
Qui si me fetes gemir,
N'os dire que mespresure
Feïssiez de moi traïr,
Se servir
Me fetes et obeïr
A la plus bele figure
Qui ainz vestist de vesture.
Je ne m'en doi repentir,
Que tieus biens en puet venir
Que cil qui plus maus endure
Ne porroit mes por morir
Le guerredon deservir.

IV Lis souz vermeille tainture,
Ieus vairs en front d'ecremir
Portanz en desconfiture
Mon orgueil sanz revertir,
Qu'esbahir
Me font ma dame d'oïr
Sa tres doce palleüre.
Mout m'est grief la teneüre
De tout ensemble sosfrir,
Quant sanz plus me fet languir
De sa bouche une ouverture
Que j' en riant vi ouvrir,
Dont l'odor me vint sesir.

V Chançon, a cele ou ma cure
Ai mise, va tost jehir

grande sagesse, jolie contenance
remplissent
mon cœur et l'enrichissent
d'une convoitise pure ;
tout comme la nature
du temps doux rend florissant le fruit,
le bon espoir qui est ma certitude
fait s'épanouir ma pensée ;
mais à côté de cela je soupire
car j'ai peur de faillir.

Hé, simples regards
qui me faites ainsi gémir,
je n'ose dire que ce serait erreur
de votre part de me trahir
si vous me faites
servir et obéir
à la plus belle créature
qui ait jamais porté vêtement.
Je ne dois pas m'en repentir,
car un tel bien peut m'en venir
que celui qui endure le plus
ne saurait même par sa mort
mériter cette récompense.

Lis mêlé de couleur vermeille !
Au front, yeux brillants dont les armes
jettent irrémédiablement
dans la déconfiture mon orgueil,
si bien qu'ils me troublent
quand j'entends
le très doux langage de ma dame !
Il m'est bien douloureux de souffrir
la mélodie de cet ensemble,
alors que déjà me fait languir
le simple fait qu'elle ouvre sa bouche
que je lui vis ouvrir en souriant
et dont le parfum s'en vint me capturer.

Chanson, à celle en qui j'ai mis
tout mon soin va vite rapporter

Que, s'il li plest, mort oscure
A brief tenz m'estelt sousfrir ;
Son plesir
En face, que departir
N'en vueil por nule ledure.
Tant me soit douce ne sure
S'amour, ja n'en quier issir ;
Car, se loiauté venir
Puet jamés a sa droiture,
Ne me dout pas que guerir
Ne me face et resjoïr.

165
PHILIPPE DE REMY
Chanson d'amour

st. 3
1. Quant voi ve - nir le tres douz tenz d'e - sté
st. 1
2. et la froi - du-re de l'i - ver de-par - tir
3. et je voi l'air, qui o - scur a e - sté,
1)
st. 4
4. de tou-tes pars re-luire et es-clar - cir

que, si elle le veut, en peu de temps
il me faudra souffrir une mort obscure ;
qu'elle agisse
à sa convenance car la quitter,
je ne le veux pour quelque honte que j'essuierai.
Que son amour me soit doux
ou amer, jamais je ne veux m'en libérer ;
car si jamais loyauté peut parvenir
à obtenir ses droits,
je ne doute pas qu'elle ne me fasse
guérir et obtenir la joie.

RS 450, L 199-9, MW 1009
Ms. V 55r-v. Musique. Anonyme (voir *infra* p. 1045).

I Quant voi venir le tres douz tenz d'esté
Et la froidure de l'iver departir
Et je voi l'air, qui oscur a esté,
De toutes pars reluire et esclarcir
Et ces oixiaus a leur chanz revertir,
Donques me vient une tel volenté
D'estre joliz, de chanter a plenté
De Jehanete, dont je ne quier partir.

II Partir n'en quier a jour de mon aé ;
Tant com vivrai, la voudrai je servir,
Car g'i sai tant de debonnereté
Que nus du mont ne la porroit haïr.
Bien a deus anz qu'ele deigna oïr
Ma priere dont me servi a gré,
Que departir fist tote la griété
Qui en moi ert, je n'en quier ja mentir.

III Mentir ? non certes ! Ce seroit cruauté
Se de s'amour me vouloie partir ;
Vers li nul jor ne ferai fausseté ;
Du tout m'i vueil donner et obeïr.
Si me lest Dieus en paradiz venir
Ne de mon cors me doint bonne santé,
Que j'ai trouvé en li tel loiauté
Que nus du mont ne porroit tele oïr.

IV Oïr ? vrais Dieus ! Qui verroit sa biauté
Bien se devroit de joie resbaudir ;
Plaine est de senz et de grant loiauté
Que sa pareille ne porroit on veïr.
A toz se fet et amer et chierir ;
Quant on l'esgarde de bonne volenté,
En ses vairs ieus qu'ele a u chief planté
Se puet on bien et mirer et veïr.

V Veïr ? vrais Dieus ! Mout sui bien assené,
Ce m'est avis, quant el volt consentir
Qu'ele m'amast. Or ai mon chant mené
A ce que voi que tenz est du tezir.

Quand je vois venir le très doux temps d'été
et disparaître la froidure de l'hiver,
que je vois l'air qui était obscur
briller de partout et s'éclaircir,
que les oiseaux reviennent à leurs chants,
alors il me vient une même envie
d'être joyeux, de chanter abondamment
Jeannette dont je ne veux pas me séparer.

M'en séparer, je ne le veux jamais de la vie ;
aussi longtemps que je vivrai je voudrai la servir,
car je lui connais tant de noblesse
que personne en ce monde ne pourrait la haïr.
Il y a bien deux ans qu'elle daigna écouter
ma prière, qu'elle me récompensa à mon gré
et qu'elle fit s'enfuir toute la douleur
qui était en moi, je n'en veux pas mentir.

Mentir ? non, certes, ce serait cruel
si je désirais me séparer de son amour ;
jamais je ne commettrai contre elle aucune [perfidie ;
je veux me donner tout à elle et lui obéir.
Que Dieu me laisse ainsi en paradis venir
et à mon corps donne bonne santé,
car j'ai trouvé en elle une telle loyauté
que, de comparable, personne au monde ne [saurait en évoquer.

Évoquer ? vrai Dieu ! Qui verrait sa beauté
devrait bien bondir de joie ;
elle est remplie de sagesse et de grande loyauté,
si bien qu'on ne pourrait trouver sa pareille.
De tous elle se fait aimer et chérir ;
quand on la regarde avec empressement,
dans les yeux brillants qui animent son visage,
on peut bien s'y mirer et s'y voir.

Voir ? vrai Dieu ! Je suis bien loti,
me semble-t-il, car elle a voulu consentir
à m'aimer. Maintenant j'ai mené mon chant,
à ce que je vois, jusqu'au moment de me taire.

Puis qu'ainsi est, vueille li couvenir
De moi qui sui ses amis et serai ;
Entierement li ai trestout donné
Mon cuer, mon cors ; s'en face son desir !

166
PHILIPPE DE REMY
Chanson d'amour

A
1. Ne fi - ne - rai tant que j'a - vrai trou - ve - e
2. u - ne chan - çon fe - te de vrai cou - ra - ge
A'
st. 1
3. pour la plus be - le qui soit de me - re ne - e,
3
4. et si n'a pas quinze anz en son a - a - ge.

I Ne finerai tant que j'avrai trouvee
Une chançon fete de vrai courage
Pour la plus bele qui soit de mere nee,
Et si n'a pas quinze anz en son aage.
Mout est gentilz et s'est de grant parage ;

Cela étant, qu'elle veuille bien agir à sa guise
avec moi qui suis et serai son ami ;
je lui ai tout donné, mon cœur
et mon corps ; qu'elle en fasse ce qu'elle veut !

RS 557, L 199-5, MW 1064
Ms. V 55v-56r. Musique. Anonyme (voir *infra* p. 1045).

Je ne cesserai de composer avant d'avoir fait
une chanson d'un cœur sincère
pour la plus belle qui soit née d'une femme –
et qui pourtant n'a pas quinze ans !
Elle est fort gracieuse et de noble famille ;

Sa cortoisie a ele abandonnee
A tout le mont ; mout est de senz peuplee.
Seurpriz en sui, si li vois fere honmage.

II Servirai la et soir et matinee ;
A li servir metrai tout mon courage.
Tel volenté i ai et tel pensee
N'en puis avoir nul meilleur seignorage,
Car je la voi si plesant et si sage
Et de biauté est toute enluminee.
Quant je la vi, mout tost li oi donnee
M'amour ; priz sui con li oisiaux en cage.

III Puiz que priz sui, n'i ferai demouree ;
Dire li vueil, n'i quier autre mesage.
Or doigne Dieus qu'el soit de moi privee ;
En li vueill prendre ostel et hebergage.
Bien croi que s'ele savoit le mien malage,
Qu'ele mout tost m'aroit santé prestee ;
Mout a lonc tenz que je l'ai desirree ;
S'el m'escondist, j'en cuit morir a rage.

IV Fel mesdisant, n'i puis avoir duree
La ou je vueil detenir mon estage :
C'est la bele que vous ai devisee.
Encor li pri que ele m'assouage ;
S'ele ne.l fet, trop avra cuer volage,
Bien porrai dire qu'amors est enversee
A touz amanz et du tout bestournee.
Baillier li vueil et cors et cuer en gage.

V Chançon, va t'ent, car tu es achevee,
De brief deport, n'i fai ja lonc musage ;
Di a la bele que ele est recouvree
El tenz d'esté et el tenz yvernage,
Que, s'ele vieut, je l'en menrai a nage

sa courtoisie est reconnue
de tout le monde ; elle est pleine de sagesse.
Elle m'a séduit, et je vais donc lui faire mon
[hommage.

Je la servirai soir et matin ;
à la servir je mettrai tout mon cœur.
J'en ai le désir et l'intention,
je ne puis trouver meilleur maître,
car je la vois si plaisante et si sage
et de beauté tout illuminée.
Dès que je la vis, j'eus vite fait de lui donner
mon amour ; je suis captif comme un oiseau en
[cage.

Puisque je suis captif, je ne différerai pas ;
je veux le lui dire, je ne cherche pas d'autre
[messager.
Que Dieu m'accorde de devenir son familier ;
je veux avoir en elle ma demeure et mon auberge.
Je crois que si elle connaissait mon mal,
elle m'aurait vite ramené à la santé ;
il y a bien longtemps que j'ai ce désir ;
si elle me renvoie, je crois que je mourrai de rage.

Félons et médisants, je ne peux durer longtemps
devant cet endroit où je veux tenir ma demeure,
je veux dire la belle dont je vous ai parlé.
Je la prie encore de m'apporter de
[l'adoucissement ;
si elle ne le fait pas, elle montrera un cœur volage,
je pourrai dire qu'Amour est hostile
à tout amant et tout à fait corrompu.
Je veux lui donner mon cœur et mon corps en
[gage.

Chanson, va-t'en, car tu es achevée,
remplis vite ta charge, ne flâne pas longuement ;
dis à la belle qu'elle peut compter sur ma
[protection
en temps d'hiver comme en temps d'été,
que si elle le veut, je l'emmènerai en bateau

En mon païz sanz fere demoree.
....
Si la prendrai, s'el veut, par mariage.

167
PERRIN D'ANGICOURT
Chanson d'amour

I Quant partiz sui de Prouvence
Et du tens felon,
Ai voloir que je conmence
Nouvele chançon
Jolie
Et qu'en chantant prie

en mon pays, sans plus attendre,
....
et je la prendrai, si elle le veut, pour femme.

RS 625, L 192-23, MW 2285
Mss. N 58r-v, K 170-170b, R 124r-v, V 92r-v, X 116r-v, Z 16r-v-17r. Musique dans tous les mss. Attribution dans KNX.

9. mete a mon chant con - men - cier
10. qu'e - le me fa - ce cui - dier
11. que ma dou- ce da- me dai - gne vou - loir
12. que ja la puisse a son gré re - vo - oir.

Ayant quitté la Provence
et le temps mauvais,
j'ai le désir de commencer
une nouvelle chanson
enjouée
et en chantant de prier

Bone Amour
Que tant de douçor
Mete a mon chant conmencier
Qu'ele me face cuidier
Que ma douce dame daigne vouloir
Que ja la puisse a son gré revooir.

II Atorné m'est a enfance
Et a mesprison
Li desirs d'aler en France
Que j'ai par reson.
Folie
Fet qui me chastie
Se j'ator
Mon cuer au retor,
Quant je ne le puis lessier;
Car tout autre desirrier
Me fet metre du tout en nonchaloir
Cele sanz qui riens ne me puet valoir.

III De biauté et de vaillance
A si grant foison,
Lués que g'en oi conoissance,
Mis en sa prison
Ma vie.
Je ne mesfaz mie
Se j'aor
Et aim la meillor,
Car pour ce m'aim j' et tien chier
Que je sui en son dangier.
Deus ! quant g'i pens, je ne m'ai dont doloir,
Et mes pensers i est sanz ja mouvoir.

IV Sousfrir loial penitance
Me senble plus bon
Que avoir par decevance
Ne par traïson
Amie.
Fausse drüerie
Sanz savor
Ont li tricheor,

Bon Amour
qu'il mette assez de douceur
au début de mon chant
pour me faire croire
que ma douce dame daignera accepter
que je puisse la revoir à son gré.

Il est considéré comme un enfantillage,
comme une erreur,
mon désir, si raisonnable,
d'aller en France.
Folie
fait celui qui me reprend
si je dispose
mon cœur au retour,
alors que je ne peux omettre de le faire ;
car elle me fait prendre
tout autre désir en désintérêt,
celle sans qui rien n'a pour moi de valeur.

De beauté, de valeur, elle a
une telle abondance
que sitôt que je la connus
je mis en sa prison
ma vie.
Et je ne fais pas d'erreur
en adorant
et en aimant la meilleure,
car cela me fait m'aimer et apprécier
de me trouver en sa puissance.
Dieu ! quand j'y pense, je n'ai pas de quoi me
et mon penser s'y tient sans bouger. [plaindre,

Souffrir une loyale pénitence
me semble plus doux
que d'obtenir par tromperie
ou par trahison
une amie.
De fausses galanteries
sans saveur,
c'est ce qu'ont les tricheurs,

Q'il conquierent par pledier.
Tel joie ne m'a mestier ;
Dou porchacier n'aie je ja pouoir !
J'aim melz languir que fausse joie avoir.

V Onques n'oi cuer ne vueillance
Ne entencion
Que je feïsse senblance
D'amer s'a droit non.
Polie
Langue apareillie
A folor
En set bien le tour ;
Mes ce n'i puet riens aidier,
Qu'a la parole afetier
Puet on choisir qui bee a decevoir ;
Et Deus en lest ma dame apercevoir !

VI Fenie,
Chançon, envoïe
Sanz demor
Seras a la flor
Des dames a droit jugier ;
Et par pitié li reqier,
S'eürs te fet devant li aparoir,
Q'il li plese que je vive en espoir.

qui les conquièrent par leurs discours.
Je n'ai pas besoin d'une telle joie.
Que jamais je n'aie le pouvoir de la rechercher !
J'aime mieux languir que de jouir d'une fausse
[joie.

Jamais je n'ai eu le cœur ni le vouloir
ni l'intention
d'avoir l'air
d'aimer si ce n'est sincèrement.
Langue polie,
bien préparée
à dire des folies
connaît bien ce genre de tours ;
mais cela n'apporte aucune aide,
car à sa façon de tourner une phrase
on reconnaît bien celui qui veut tromper ;
Dieu fasse que ma dame s'en rende compte !

Terminée,
ma chanson, tu seras envoyée
sans délai
à celle qui est la fleur des dames,
par jugement irréfutable ;
par pitié je lui demande,
si la chance te fait paraître devant elle,
qu'il lui plaise que je vive dans l'espoir.

168
PERRIN D'ANGICOURT
Chanson d'amour

I J'ai un jolif souvenir
Qui en moi maint et repaire,
Qu'Amours i a fet venir
Pour moi conpaignie faire,
A servir
Ma dame sanz defaillir
Et sanz mesfaire.
Amours, qui tant puet merir,
Li dont voloir d'amenrir
Les maus que je vueil bien traire.

II Tout adés quant je remir
Son gent cors, son cler viaire,

RS 1470, L 192-10, MW 635
Mss. N 54r-v, C 106v-107r, K 167, O 63v-64r, R 154r-v, S 320v, V 90v, X 112r-v-113r, Z 15r-v, a 96r-v. Musique dans tous les mss. sauf CS. Attribution dans CKNXa.

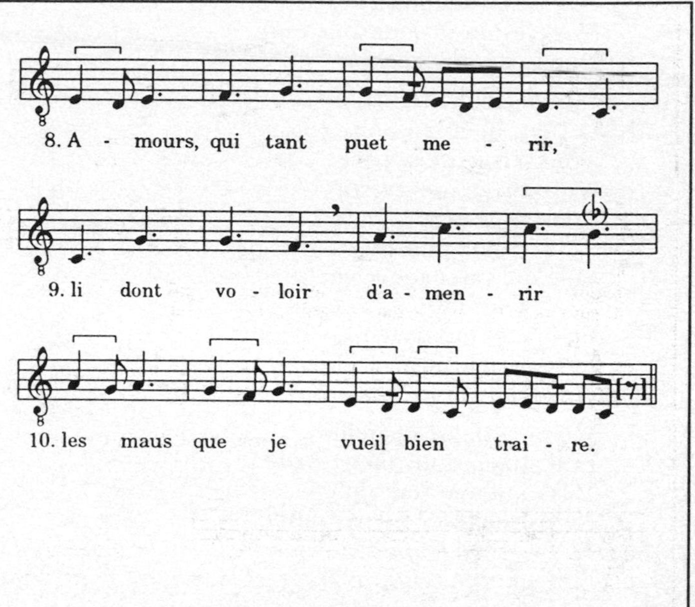
8. A - mours, qui tant puet me - rir,
9. li dont vo - loir d'a - men - rir
10. les maus que je vueil bien trai - re.
[7]

J'ai un gai souvenir
qui demeure et reste en moi,
Amour l'y a fait venir
pour me tenir compagnie,
afin que je serve
ma dame sans défaillance
et sans mal faire.
Qu'Amour qui peut tout récompenser
lui donne le désir d'atténuer
les maux que j'accepte d'endurer !

Sans cesse quand je contemple
son gracieux corps, son clair visage,

Ses euz qui a cuer sesir
Ont senblant si debonaire,
Sanz sentir
Me done Amours de joïr
Un essamplaire ;
Mes c'est pour moi soustenir,
Que je ne puisse cheïr
En volenté de retraire.

III Ja Deus ne m'en doint loisir :
Trop seroie demalaire ;
Je voudroie melz vestir
Tout mon eage la haire
Que guerpir
Cele qui puet convertir
Tout mon asfaire
En joie et moi retenir,
Et me puet plus enrichir
Que faire roi de Cesaire.

IV Bien me deüst recueillir
Et d'aucun douz mot refaire,
Mes el ne me veut oïr
Ne par chanter ne par taire ;
S'en souspir
Et d'amoreus cuer m'aïr
Quant el n'esclaire
Moi qui ne li puis guenchir,
Ainz me fet plus maus sousfrir
Qu'Alixandres ne fist Daire.

V Dame, je sui sanz mentir
Vostres et sanz contrefaire.
Riens ne me porroit nuisir
Se mes chanz vous pouoit plaire.
A ! languir
Aim bien pour vous et palir
Tant q'il i paire,
Voire, s'il vous plest, morir.
Ne me sousfrez a perir,
Gentius cuers de bon afaire !

ses yeux qui pour saisir un cœur
ont une si noble apparence,
Amour me montre
ce que c'est que la jouissance
sans contact charnel ;
mais c'est pour me soutenir,
afin que je ne puisse tomber
dans le désir de la quitter.

Que Dieu ne m'en donne jamais le loisir :
je serais par trop vil ;
j'aimerais mieux endosser
la haire toute ma vie
que de quitter
celle qui peut transformer
tout mon sentiment
en joie et me retenir pour sien,
qui peut me rendre plus riche
que si j'étais le roi de Césarée.

Elle devrait bien m'accueillir
et me rétablir par un doux mot,
mais elle ne veut pas m'écouter
ni en mon chant ni en mon silence ;
j'en soupire,
je m'irrite en mon cœur amoureux
de voir qu'elle ne me soulage pas,
moi qui ne peux m'échapper ;
au contraire, elle me fait plus endurer de maux
qu'Alexandre à Darius.

Dame, sans mentir, je suis
à vous, et sans feindre.
Rien ne pourrait me nuire
si mon chant pouvait vous plaire.
Ah ! languir
me plaît bien pour vous et pâlir –
si fort que cela se voit –
même, si cela vous plaît, mourir.
Ne souffrez pas que je périsse,
noble et digne cœur !

VI Maintenir
Loiauté sanz repentir
Ne puet desplaire
A cuer qui sert sanz traïr,
Mes li faus s'en veut partir
Lués q'un pou de mal le maire.

169
PERRIN D'ANGICOURT
Chanson d'amour

1. Il cou - vient k'en la can - deil - le
2. ait tre - ble su - stan - ce,
3. ains k'e - le soit en vail - lan - ce
4. ne k'ele ait po - oir
5. k'e-le fa-che son de- voir;

I Il couvient k'en la candeille
Ait treble sustance,
Ains k'ele soit en vaillance
Ne k'ele ait pooir

Maintenir
la loyauté sans repentir
ne peut déplaire
au cœur qui sert sans trahir,
mais le perfide désire s'en échapper
dès qu'un peu de douleur l'accable.

RS 591, L 192-7, MW 2336
Mss. a 97r-v-98r, O 66r-v. Musique dans les deux mss. Attribution dans a.

6. car il i doit par rai-son 7. a-voir cire et lu-mi-gnon,
8. et el cief met on le fu; 9. et dont a ver-tu
10. de fai-re l'au-trui ser-vi-ce
11. tant qu'ele est arse et re-mi-se.

Il convient qu'en la chandelle
la matière soit triple,
pour qu'elle soit valable
et qu'elle ait la possibilité

K'ele fache son devoir;
Car il i doit par raison
Avoir cire et lumignon,
Et el cief met on le fu;
    Et dont a vertu
De faire l'autrui service
Tant qu'ele est arse et remise.

II Et je sui tout en tel guise
    Et en tel samblanche :
Espris d'un fu k'Amours lanche,
    Ke me fait ardoir
Le cuer et le cors doloir
Et fondre sans garison.
Cis fus me vint par enson,
Car jou m'en senti feru
    Loés que j'euc veü
Çou dont li mons s'esmerveille,
Dont j'art et souspir et veille.

III Mais cuers qui se desconseille
    Par desesperance
Fait trop vilaine chevanche,
    Car, au dire voir,
Cuers ki chiet en desespoir
Par delai de gerredon
Sanle le faus campion
Sain et haitié recreü;
    Mais j'ai esleü
A morir en la justice
D'Amour, dont li fus m'atise.

IV Mais qant la candeille est mise
    Par mescounissance
En liu u vens la balance
    Ne face mouvoir,
Il couvient par estouvoir
K'ele en ait mais de fuison.
Et se mesdisant felon
Sont, de moi grever, creü,
    Ves moi lués fondu,

d'accomplir sa tâche ;
car il est nécessaire qu'elle comprenne
de la cire et un lumignon,
et en haut on allume la flamme ;
et ainsi elle a la force
d'accomplir le service d'autrui
jusqu'à ce qu'elle soit brûlée et usée.

Moi, je suis tout à fait semblable,
je suis de même façon :
épris d'un feu qu'Amour lance
qui me fait brûler
le cœur et souffrir le corps
et fondre sans rémission.
Ce feu m'atteignit à la tête,
car je m'en sentis frappé
dès que j'eus aperçu
ce dont le monde entier s'émerveille,
qui me fait brûler, soupirer et veiller.

Mais le cœur qui se décourage
par désespérance
prend de bien mauvaises dispositions,
car, à dire vrai,
le cœur qui tombe dans le désespoir
pour trop attendre sa récompense
ressemble au faux champion
sain et sauf qui se rend ;
pour moi, j'ai décidé
de mourir sous l'arbitrage
d'Amour dont le feu m'attise.

Mais quand la chandelle est placée
par mégarde
en un lieu où le vent la balance
et la fait bouger,
il faut bien par nécessité
qu'elle fonde plus vite.
Si l'on en croit les perfides
qui médisent de moi,
me voilà vite fondu,

Se la bele a grant merveille
A pité ne se conseille.

V Bele et boine sans pareille
U j'ai ma fiance,
Car daigniés metre en soufrance
Et en noncaloir
Çou c'onques ossai voloir
De vostre amour le haut don.
Et jou, pour la mesproison
Del bel tort que j'ai eü
Qui grans est et fu,
M'otroi a vostre devise
De merci u de juïse.

VI Dame, par vostre franchise,
Faites m'aleganse
Tele k'en vostre ligance
Puisse tant manoir
Que mercis me puist valoir,
Se jou serf sans traïson;
Et recevés ma cançon;
Si m'ert si bien avenu
Que tot m'ert rendu
....
Çou dont mes cuers se traveille.

à moins que la belle, ô merveille,
ne prenne conseil de pitié.

Belle et bonne sans pareille
en qui j'ai foi,
daignez donc accepter
et tolérer
le fait que j'aie osé vouloir
le haut don de votre amour.
Et moi, n'ayant pas reconnu
le beau forfait que j'ai commis,
qui fut grand et l'est toujours,
je m'en remets à votre volonté
de pitié ou de jugement.

Dame, de par votre noble pouvoir,
donnez-moi un soulagement tel
que je puisse demeurer
votre homme lige
jusqu'à ce que la pitié m'apporte son aide,
si je sers sans trahison.
Recevez ma chanson ;
il me sera ainsi advenu une telle chance
que tout me sera rendu
....
ce qui torture mon cœur.

170
PERRIN D'ANGICOURT
Chanson d'amour

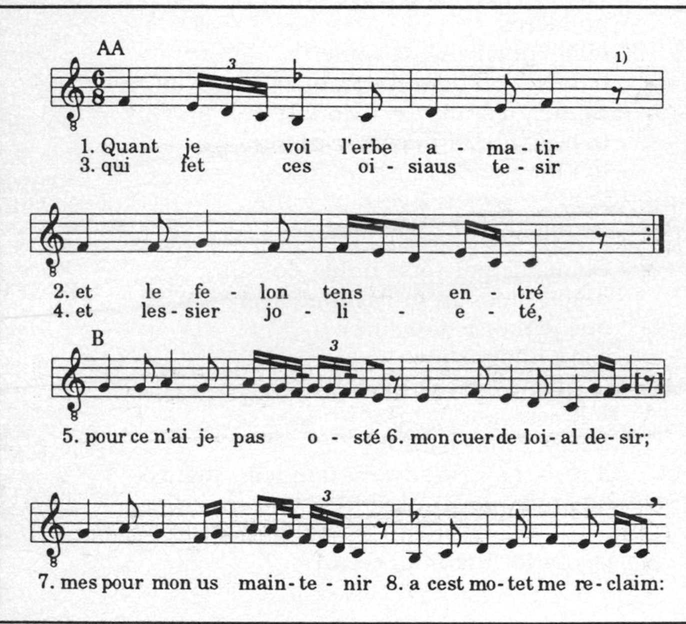

I Quant je voi l'erbe amatir
Et le felon tens entré
Qui fet ces oisiaus tesir
Et lessier jolieté,
Pour ce n'ai je pas osté
Mon cuer de loial desir ;
Mes pour mon us maintenir
A cest motet me reclaim :
Je sui jolis por ce que j'aim.

II J'aim loiaument sanz traïr,
Sanz faindre et sanz fausseté
Cele qui me fet languir

RS 1390, L 192-19, MW 1246
Strophe I : B 1133, str. II : B 426 (+ une source), str. III : B 1638, str. IV : B 289 (+ trois sources).
Mss. K 162-163, N 52r-v, O 118v-119r, V 88v, X 109v-110r. Musique dans tous les mss. Attribution dans KNX.

Quand je vois l'herbe disparaître
et le temps mauvais arriver
qui fait taire les oiseaux
et délaisser la gaieté,
je n'ai pas pour autant ôté
mon cœur du loyal désir ;
mais pour maintenir ma coutume,
de ce petit mot je fais un appel :
Je suis gai parce que j'aime.

J'aime loyalement et sans trahir,
sans feindre, sans fausseté
celle qui me fait languir

Sanz avoir de moi pité
Et bien set de verité
Que je sui siens sanz guenchir,
Mes en espoir de joïr
Li ert cest motet chantez :
Dame, merci ! vos m'ocïez.

III Vous m'ocïez sanz reson,
Dame sanz humilité.
Ne pert pas a vo façon
Qu'en vo cuer ait cruauté,
Mes grant debonereté ;
Pour ce sui g' en soupeçon ;
Simple vis et cuer felon
M'ont mis en grant desconfort.
Sa biauté m'a mort.

IV Mort m'a sanz point d'acheson
Cele en qui j'ai atorné
Mon sens et m'entencion
Pour fere sa volenté.
S'or le daignoit prendre en gré,
Pour tout autre guerredon
Mis m'avroit fors de friçon,
Si diroie sanz esmai :
Bone amor que j'ai mi tient gai.

sans avoir pitié de moi,
tout en sachant bien en vérité
que je suis à elle sans pouvoir m'en aller ;
mais dans l'espoir de connaître la joie
je lui ferai chanter ce petit mot :
Dame, pitié, vous me tuez !

Vous me tuez sans raison,
dame sans humilité.
Il n'apparaît pas à votre air
qu'il y ait en votre cœur de la cruauté,
mais bien une grande générosité ;
c'est ce qui me met dans le doute ;
visage ingénu et cœur perfide
m'ont grandement désolé.
Sa beauté m'a tué.

Tué, elle m'a tué sans aucune raison,
celle en qui j'ai placé
mon esprit et mon attention
de façon à accomplir ses volontés.
Si elle daignait l'agréer,
par n'importe quelle récompense,
elle me mettrait hors d'inquiétude ;
alors je lui dirais sans émoi :
Bon amour que j'éprouve me rend gai.

171

PERRIN D'ANGICOURT

Chanson d'amour

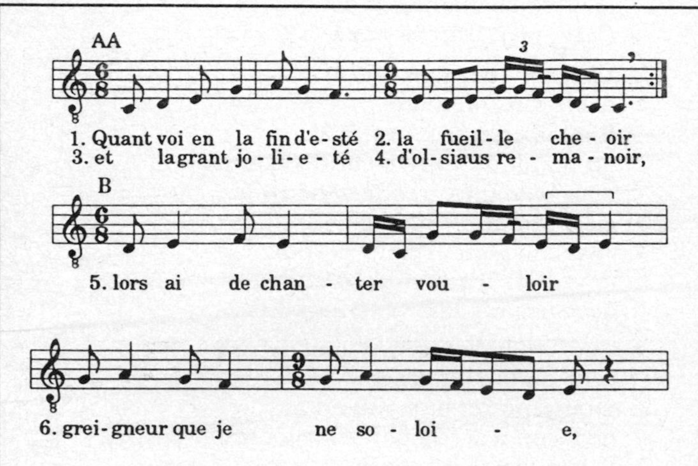
AA
3
1. Quant voi en la fin d'e - sté 2. la fueil - le che - oir
3. et la grant jo - li - e - té 4. d'ol - siaus re - ma - noir,
B
5. lors ai de chan - ter vou - loir
6. grei - gneur que je ne so - loi - e,

I Quant voi en la fin d'esté
La fueille cheoir
Et la grant jolieté
D'oisiaus remanoir,
Lors ai de chanter vouloir
Greigneur que je ne soloie,
Car cele a qui je m'otroie
Ligement
M'en a fet conmandement,
Si chanterai.
Et quant ma dame plera, joie avrai.

II Cuer qui n'aime ou n'a amé
Ne puet riens valoir ;
Pour ce, j'ai le mien doné
Sanz jamés mouvoir,
Et si sai bien tout de voir
Que par haut penser foloie.

RS 438, L 192-24, MW 1892, B 722
Mss. K 165-166, N 53v, O 118r-v, V 89v-90r, X 111r-v. Musique dans tous les mss. Attribution dans KNX.

7. car cele a qui je m'o-troi - e 8. li-ge - ment
a
b
9. m'en a fet con - man-de - ment, 10. si chan-te - rai.
rf
a+b'
11. *Et quant ma da - me ple - ra, joie a - vrai.*

Quand je vois à la fin de l'été
la feuille tomber
et s'éteindre la grande gaieté
des oiseaux,
alors j'ai envie de chanter
encore plus que je n'en avais coutume,
car celle à qui je me donne
comme son homme lige,
m'en a signifié l'ordre,
je chanterai donc.
Et quand il plaira à ma dame, je connaîtrai la joie.

Cœur qui n'aime ou n'a aimé
ne peut rien valoir ;
pour cela j'ai donné le mien
sans jamais le reprendre,
et je sais bien en vérité
que je suis fou de penser en si haut lieu.

Conment qu'avenir m'en doie,
Loiaument
A Amors servir me rent,
Tant com vivrai.
Et quant ma dame [plera, joie avrai].

III Tant me plest sa grant biauté
A ramentevoir,
Que j'ai tout autre pensé
Mis en nonchaloir,
Las ! et si ne puis savoir
Se mon penser bien enploie,
Car pour rien ne li diroie
Que je sent,
Fors qu'en chant si fetement
Li gehirai.
Et quant [ma dame plera, joie avrai].

IV Dame, en droite loiauté
Et sanz decevoir,
En vo deboneretë
Met tout mon pouoir.
Car me daigniez recevoir,
Dame en qui touz biens ondoie !
Vo grant biauté me guerroie
Si griément,
Se je n'ai alegement,
Pour vous morrai.
Et quant [ma dame plera, joie avrai].

V Mesdisanz, vo mauvesté
M'a mult fet doloir,
Et s'ai mainte foiz douté
Vostre apercevoir.
Mau feu les puist touz ardoir
Si voir com je le voudroie !
Hé, bone Amor qui g'en proie,
Vengiez m'en !
Donez chascun un torment
Tel com je ai.
Et quant ma dame plera, joie avrai.

Quoi qu'il doive m'advenir,
loyalement
j'entre en religion au service d'Amour
aussi longtemps que je vivrai.
Et quand il plaira à ma dame, je connaîtrai la joie.

Il me plaît tant de me remémorer
sa grande beauté
que j'ai mis en négligence
toute autre pensée,
hélas ! et je ne puis savoir
si j'emploie bien ma pensée,
car pour rien au monde je ne lui avouerais
ce que je ressens,
si ce n'est en mon chant où ainsi
je le lui confierai.
Et quand il plaira à ma dame, je connaîtrai la joie.

Dame, en toute loyauté
et sans mentir,
à votre noble personne
je remets tout mon pouvoir.
Daignez donc m'accepter,
dame, en qui tous les biens affluent !
Votre grande beauté me fait la guerre
si cruellement
que, si je n'ai quelque soulagement,
pour vous je mourrai.
Et quand il plaira à ma dame, je connaîtrai la joie.

Médisants, votre méchanceté
m'a fait bien souffrir,
et plus d'une fois j'ai redouté
que vous ne me guettiez.
Qu'un feu mauvais les brûle tous,
aussi vrai que j'en exprime le désir !
Ah, Bon Amour que j'en implore,
vengez-moi d'eux !
Donnez-leur à chacun un tourment
égal à celui que je sens.
Et quand il plaira à ma dame, je connaîtrai la joie.

172

RAOUL DE BEAUVAIS

Chanson de rencontre

Débat

I Delez un pré verdoiant
Trouvai deus dames seant.
« Que ferai, dist l'une a l'autre,
De mon ort vilain puant,
Qui, pour mon ami le cointe,
Me va tote jour batant ?
Et vous savez vraiement :
Jolis cuers doit bien amer
Par amors mignotement.

II – Conpaingnete, or m'entendez
Et le mien conseil creez :
Se li vilains vous deboute,
Onques garde n'i pernez,
Mes soiez cointe et mignote,

RS 368, L 213-2, MW 497
Strophe I : B 1169 (+ une source), str. II : B 1839, str. III : B 1188 (+ une source), str. IV : B 1769, str. V : B 362 (+ une source).
Mss. K 208-209, N 100v, P 124v-125r, T 101v. Musique dans tous les mss. Attribution dans KP ; attr. à Jean Erart dans N et à Gilles le Vinier dans T.

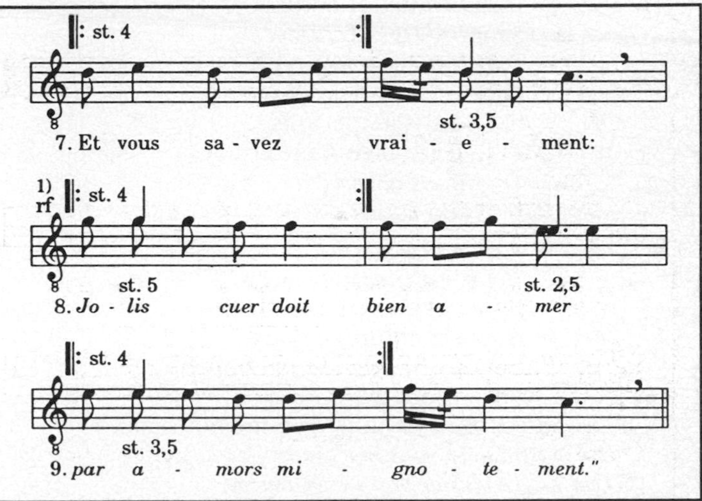

Près d'un pré verdoyant
je trouvai deux dames assises.
« Que vais-je faire, demandait l'une à l'autre,
de mon vilain répugnant et affreux ?
Il passe tout son jour à me battre
à cause de mon aimable ami,
et vous le savez bien :
Cœur joyeux doit bien aimer
par amour galamment.

– Ma petite compagne, écoutez-moi
et faites confiance à mon conseil :
si le vilain vous bouscule,
n'y prenez nulle garde,
mais restez gaie et galante,

Ou jamés bon jor n'avrez,
Et dites hardiement :
Vilain jalos, il n'est joie
Que d'amer bien par amors.

III – Conpaignete, je ne puis :
Il siet toute jor a l'uis.
Se je vois a la fenestre,
Tant est cismes et requis
Que je n'i ose mes estre,
Si felon vilain le truis.
Mes je li faz bien a savoir :
La joliveté de moi
Fera vilain le cuer doloir.

IV – Bele conpaigne, or vaut pis ;
Tel n'est mie mes maris.
Il ne me fiert ne ne touche,
Ainz est cointes et jolis
Le jor q'il puet de ma bouche
Seulement avoir un ris.
Enondieu ! tant en ai je trop meilleur mai. »
Tel mari n'avez vous mie conme j'ai,
Qui me dit q'il me batra ou j'amerai.

V « Conpaignete, or vous crerrai.
Ja d'amer ne recrerrai ;
Et se li vilains en groce,
Savez vous que g'en ferai ?
Je n'iere point vers li douce,
Mes trop bien le baterai,
Jamés ne mengera de pain. »
Ci le me foule, foule, foule,
Ci le me foule le vilain.

ou vous n'aurez jamais la vie belle,
et dites hardiment :
Vilain jaloux, il n'est de joie
que de bien aimer d'amour.

– Ma petite compagne, je ne peux pas :
il est toute la journée assis à la porte.
Et si je vais à la fenêtre,
il est si perfide et rusé
que je n'ose pas y rester,
voilà combien je le trouve félon et vil.
Mais je le lui ferai bien savoir :
Ma gaieté fera
souffrir le cœur du vilain.

– Ma belle amie, c'est bien dommage ;
mon mari n'est pas ainsi fait.
Il ne me frappe ni ne me touche,
mais il est agréable et gai
le jour où il peut seulement obtenir
un sourire de ma bouche.
Au nom de Dieu, j'en ai bien plus de plaisir. »
Vous n'avez pas un mari comme le mien
qui me dit qu'il me battra si je ne l'aime pas.

« Ma petite compagne, je vous en croirai donc.
Je ne cesserai jamais d'aimer ;
et si le vilain en grogne,
savez-vous ce que je ferai ?
Je ne me montrerai pas douce envers lui,
mais je le battrai bel et bien,
il ne mangera plus de pain. »
Foule-le-moi aux pieds, foule, foule,
foule-le-moi aux pieds le vilain.

173
JEAN ERART
Plainte funèbre

AA'
3
1. Nus chan- ters mais le mien cuer ne le - e - che
3. ki des ho - nors iert la voie et l'a - dre - che,
1.
2.
2. des ke chil est del sie- cle de- par- tis
4. lar - ges, cor- tois, sai- ges, nes de mes- dis.
B
5. Grans do - lors est ke si tost est fe - nis;

I Nus chanters mais le mien cuer ne leeche
Des ke chil est del siecle departis
Ki des honors iert la voie et l'adreche,
Larges, cortois, saiges, nes de mesdis.
Grans dolors est ke si tost est fenis ;
A oés tos ceaus a cui estoit amis,
D'aus honorer et aidier n'ot perece.

II Gherart, amis, la toie mors me blece,
Quant me sosvient des biens ke me fesis.
Dieus, ki en crois soffri mort et destreche
Pour son pule jeter des andecris,
Le vos rengë ensi com jou devis ;
K'il vous otroit le sien saint paradis :
Bien avés deservi c'om vos i mece.

III Mors, villaine iés, en toi n'a gentillece,
Car tu as trop villainement mespris ;
Bien deüssiés esparnier le jonece,

RS 485, L 154-18, MW 1477
Ms.T 130v-131r. Musique. Attribution.

Aucun chant ne réjouit plus mon cœur
maintenant qu'il a quitté ce monde,
celui qui était la voie et le chemin de l'honneur,
large, courtois, sage, exempt de médisance.
C'est une grande douleur qu'il soit si tôt défunt ;
pour l'intérêt de tous ceux dont il était l'ami,
jamais il ne fut lent à les honorer et les aider.

Gérard, mon ami, ta mort me blesse,
quand il me souvient des bienfaits que tu me fis.
Dieu, qui en croix souffrit la mort et le supplice
pour délivrer son peuple des antéchrists,
vous le rende comme je vous le souhaite ;
qu'il vous accorde son saint paradis :
vous avez mérité qu'on vous y mette.

Mort, tu es vile, il n'y a en toi nulle noblesse,
tu t'es trop vilement méprise ;
tu devrais épargner le jeune homme,

Et le cortois, le large, au siecle mis.
Mais tel usaige as de piech'a apris
Ke nus n'en iert tensés ne garandis,
Ne haus ne bas, jonece ne viellece.

IV N'i puet valoir ne avoirs ne richesse
Contre la mort; de çou soit chascuns fis.
Pour çou se fait boin garder c'on n'endece
L'armë en tant ke on n'i soit sospris.
Ki en honor et em bien faire iert pris
Et avra Dieu par ses biens fais conquis,
Il avera faite boine pröeche.

V Mors, tolu m'as et men blé et me veche
Et mes cortieus; tos les mes as ravis.
Bien est raisons ke ma joie demece
Puis ke tu m'as tolu et jeu et ris.
Bien mi deüst reconforter Henris,
Robers Crespins, ou j'ai mon espoir mis :
En ceaus ne sai nule mauvaise teche.

VI Des serventois va t'en tos aatis;
Signeur Pieron Wyon et Wagon dis
Ke petit truis ki me doinst ne promece.

le courtois, le généreux de ce monde.
Mais tu connais depuis longtemps un usage tel
que nul n'en sera protégé ni garanti,
ni riche ni humble, ni jeunesse ni vieillesse.

Rien ne sert, ni fortune ni richesse,
contre la mort; que chacun en soit sûr.
Il faut donc se garder d'endetter
son âme pour ne pas être surpris dans cet état.
Celui qui sera pris en train d'agir bien et
[honorablement,
qui aura conquis Dieu par ses bienfaits,
il aura accompli une juste prouesse.

Mort, tu m'as ravi et mon blé et mon herbe
et mon jardin ; tout, tu m'as tout ravi.
Il est bien juste que ma joie s'éteigne
puisque tu m'as dérobé les jeux et les rires.
Henri devrait bien m'apporter son réconfort,
et Robert Crespin en qui j'ai placé mes espoirs :
en ces deux-là je ne connais pas de défauts.

Va-t'en, des serventois le plus empressé,
au seigneur Pierron Wyon et à Vaugon va dire
que j'en trouve peu qui me donnent ou me
[promettent quelque chose.

174
GILLEBERT DE BERNEVILLE
Chanson d'amour

AA a
1)
1. J'ai sou- vent d'A- mors chan- té; 2. on - core en chant:
3. Toz jorz sui et ai e - sté 4. en son con - mant.

B
5. S'a la foiz m'a fet do - lent 6. et des- con - for - té,

a
7. or m'a si bien as - se - né 8. qu'a mon vi - vant

I J'ai souvent d'Amors chanté ;
Oncore en chant :
Toz jorz sui et ai esté
En son conmant.
S'a la foiz m'a fet dolent
Et desconforté,
Or m'a si bien assené
Qu'a mon vivant
N'oi mes tant
De joie a ma volenté
N'a mon devis
Con en amer *Bietriz.*

II Cil qui sont espoanté
Et esmaiant
Par fame sont tost maté
Et recreant ;
Or ferai plus que devant

RS 414 (= 412), L 84-16, MW 1218, B 1911
Mss. K 148-149, C 105r-v, N 69r-v, O 65v-66r, U 110r-v, V 43r-v, X 101v-102r. Musique dans tous les mss. sauf CU. Attribution dans KCNX.

J'ai souvent chanté l'Amour,
et je le chante encore :
j'ai toujours été et je suis
sous son commandement.
Si parfois Amour m'a causé du chagrin
et affligé,
il m'a donné aujourd'hui un tel cadeau
que de ma vie
jamais je n'ai eu autant
de joie à mon vouloir
et à mon désir
que j'en éprouve à aimer *Béatrix.*

Ceux qui sont épouvantés
et remplis d'inquiétude,
sont vite matés par les femmes
et abandonnent ;
mais je ferai plus qu'auparavant

De jolivété.
Pour ce, s'on m'a marié,
N'ai je talent,
Poi ne grant,
Que ja soient mi pensé
Ailleurs assis
Qu'a la bele *Bietriz.*

III Toutes dames ont bonté,
Mien encïent,
Mes sachiez, pour verité,
Le vous creant,
Que la lune tost luisant
Soleil en esté
Passe de fine clarté;
N'a son senblant
Ne se prent,
N'a la tres grande biauté
Ne au doz ris
De la bele *Bietriz.*

IV Clers soleus sanz tenebror
Enluminez
Passe toute autre luor,
Bien le savez;
Autresi a sormontez
Toz cuers de valor
Cele qui de tout honor
Est dame et clés.
Ja mes grez
N'iert que j'aie bien nul jor
Nes paradis
Sanz la bele *Biatriz.*

V Bele dame qui j'aor,
Qui tant valez,
Je me tieng a grant seignor
Quant mes pensez
Est en vos servir tournez;
Et pour vostre amor
Sui de mon cuer sanz retor

preuve de gaieté.
Car si l'on m'a marié, pour autant
je n'ai pas envie
ni grande ni petite,
de fixer mes pensées
ailleurs
qu'en la belle *Béatrix.*

Toutes les dames ont des qualités,
à mon avis,
mais sachez-le, c'est une vérité
que je vous certifie,
le soleil en été passe
par sa pure clarté
la lune tôt levée,
mais il n'est pas comparable,
ni pour l'apparence
ni pour la grande beauté
ni pour le doux sourire
à la belle *Béatrix.*

Le clair soleil, sans la moindre ombre
illuminé,
passe toute autre lumière,
vous le savez bien ;
ainsi elle a surpassé par sa valeur
tout autre cœur,
celle qui est dame et clef
de tous les honneurs.
Jamais je ne prendrai en gré
quelque bonheur qui m'advienne,
même le paradis,
sans la belle *Béatrix.*

Belle dame que j'adore,
qui valez tant,
je me tiens pour un grand seigneur
quand ma pensée
est occupée à vous servir ;
et pour votre amour
je suis déshérité sans retour

Desheritez :
Vous l'avez,
Si que n'ai mal ne dolor,
Tant m'esjoïs,
Quant j'oi nonmer *Bietriz.*

175
GILLEBERT DE BERNEVILLE
Chanson d'amour

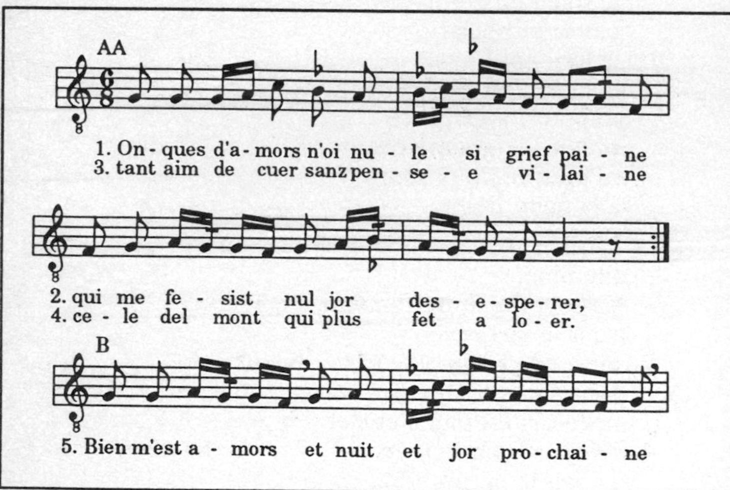

I Onques d'amors n'oi nule si grief paine
Qui me fesist nul jor desesperer,
Tant aim de cuer sanz pensee vilaine
Cele del mont qui plus fet a löer.
Bien m'est amors et nuit et jor prochaine
Qu'el cuer me maint ; ne me verra aver,
Car je li doing quanque li puis doner :
Et cuer et cors et pensee souvraine.

de mon cœur :
c'est vous qui l'avez,
si bien que je n'ai ni mal ni peine,
tant j'ai de joie
quand j'entends dire le nom de *Béatrix.*

RS 138, L 84-27, MW 883
Mss. N 69v-70r, K 149-150, O 91v, R 118r-v-119r, V 43v-44r, X 102r-v.
Musique dans tous les mss. Attribution dans NKX.

Jamais par amour je n'ai éprouvé si grande peine
que cela m'ait une fois conduit au désespoir,
Tant j'aime du fond du cœur et sans vile pensée
celle qui est la plus digne de louanges en ce
L'amour jour et nuit m'est tout proche [monde.
car elle habite mon cœur ; jamais elle ne me verra
[avare,
moi qui lui donne tout ce que je puis donner :
et cœur et corps et ma haute pensée.

II Onques amors ne fu de moi loingtaine
Ne je de li, tres ce que soi amer ;
Tout a mon cuer en son lige demaine,
Et si sai bien que ne m'en puet sevrer.
Longue atente tant soit a moi grevaine,
Tant m'a conquis qu'el me fet aorer
Li, et la croi tant qu'el me fet senbler
Que c'est li deus de la joie mondaine.

III Cele qui j'aim est tant de bonté plaine
Qu'il m'est avis que la doi conperer
A l'estoile qu'on claime tremontaine,
Dont la bonté ne puet onques fauser.
Le marinier par mi la mer hautaine
Fait ravoier et a droit port sigler,
Et set et voit quel part il doit aler
Par l'estoile, dont la vertuz est saine.

IV Ausi vos di qui forvoie en outrage,
En fauseté, en penser folement,
S'il vuet en bien müer son fol usage,
Voist esgarder le biau contenement
Et la valor de la tres bone et sage :
Ravoiez ert en bon ensaignement
Con marinier a qui l'estoile aprent
Par mi la mer le plus seür passage.

V Tant set, tant vaut, tant a loial corage
Que touz li biens en li croist et reprent ;
Honor a pris en son cuer son ostage,
Si ne porroit manoir plus hautement
Ne ou feïst plus de son avantage ;
Ce c'onnor veut, veut ses cuers bonement.
Por ce, me lo d'amors, qui la me rent,
Et met mon cuer de tout a heritage.

VI Cuens d'Anjou, j'ai mis mon cuer en ostage
Que vers amors n'ouverrai fausement ;
Toz jorz serai loial en son honmage.
Hé ! filz de roi, car li fetes present

Jamais l'amour ne fut loin de moi
ni moi d'elle depuis que je sus aimer ;
elle a tout mon cœur en sa suzeraineté
et je sais bien qu'elle ne peut m'en séparer.
Quelque pénible que soit ma longue attente,
Amour m'a conquis à m'en faire adorer
ma dame, et je crois tant en elle qu'elle passe
à mes yeux pour le dieu de la joie en ce monde.

Celle que j'aime est si constante
qu'il me semble qu'on doit la comparer
à l'étoile qu'on appelle polaire
dont la constance ne peut jamais fléchir.
Elle remet sur sa route le marin
en haute mer et le fait cingler à bon port ;
il sait, il voit dans quelle direction il doit aller
grâce à cette étoile à la vertu parfaite.

Je vous le dis : qui s'égare dans l'excès,
dans la fausseté et les folles pensées,
s'il a l'intention de changer ses folles habitudes,
qu'il aille regarder le beau maintien
et la valeur de la très bonne, la très sage :
il retrouvera le droit chemin par ce bel
[enseignement
comme le marin à qui l'étoile apprend
au milieu de la mer le plus sûr passage.

Elle sait tant, elle vaut tant, elle a un cœur si loyal
que tout le bien croît en elle et y reprend vie ;
Honneur a pris pension en son cœur,
il ne pourrait habiter une plus riche demeure
ni en trouver une où il puisse mieux prospérer ;
ce qu'Honneur veut, son cœur le veut bien.
Voilà pourquoi je me loue d'Amour, qui me la
et en fait tout l'héritage de mon cœur. [donne,

Comte d'Anjou, je promets, mon cœur mis en
[gage,
qu'envers Amour je n'agirai jamais perfidement ;
toujours je serai loyal et à son service.
Ah, fils de roi, faites-lui donc présent

De vostre cuer ! Ja n'i avrez damage,
Et s'en croistra vostre honor ensement ;
Car il n'est nus, se fine amor l'emprent,
Ne soit adés plus cortois son aage.

176
GILLEBERT DE BERNEVILLE
Chanson d'amour

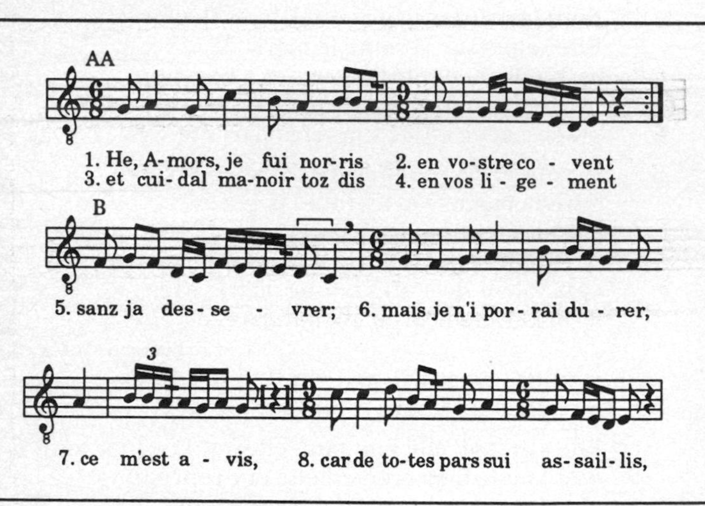
AA
1. He, A-mors, je fui nor-ris 2. en vo-stre co - vent
3. et cui-dal ma-noir toz dis 4. en vos li - ge - ment
B
5. sanz ja des-se - vrer; 6. mais je n'i por-rai du - rer,
3
7. ce m'est a - vis, 8. car de to-tes pars sui as-sail-lis,

I Hé, Amors, je fui norris
En vostre covent
Et cuidai manoir toz dis
En vos ligement
Sanz ja dessevrer ;
Mais je n'i porrai durer,
Ce m'est avis,
Car de totes pars sui assaillis,
Se n'i ai mort deservie ;
Mes bien vueill qu'amors m'ocie.

de votre cœur ! Vous n'y aurez pas de dommage,
et votre honneur en même temps s'accroîtra ;
car il n'est personne, si l'Amour parfait s'empare
[de lui,
qui n'en devienne plus courtois pour toute sa vie.

RS 1573, L 84-13, MW 1971, B 1733
Mss. M 160r-v, K 145-146, N 68r, P 193v-194r, R 115r-v, U 144v-145r, X 100r-v, a 80r-v. Musique dans tous les mss. sauf U. Attribution dans KNX ; attr. à Robert de la Pierre dans Ma.

Hé, Amour, je fus élevé
sous votre loi
et je croyais rester toujours
des vôtres fidèlement
sans jamais vous quitter ;
mais je n'y pourrai tenir,
à mon avis,
car je suis assailli de tous côtés,
même si je n'ai pas mérité la mort ;
mais je veux bien qu'Amour me tue.

II

Ainc mais nus si entrepris
Ne fu por noient,
N'onques si loiaus amis
N'ot tant de torment
Con j'ai por amer,
Car ceus ou me doi fier
Truis anemis.
Deus m'en doint venjance a mon devis,
Car n'i ai mort [deservie;
Mes bien vueill qu'amors m'ocie].

III

Mout est mes cuers esbahiz
Qui tant de maus sent,
Si ne.s ai pas deservis,
Ne ne sai conment
M'en puisse eschiver.
Hé las ! por li foi porter
Sui je trahis,
Si que des malvés en sui haïs,
Si n'i ai mort [deservie;
Mes bien vueill qu'amors m'ocie].

IV

Et puis que sui acueilliz
De si male gent,
Bele, en qui j'ai mon cuer mis,
Car aiez talent
De moi conforter,
U je ne puis eschaper
De lor mains vis;
Et se vos volez, je sui garis,
Car n'i ai mort [deservie;
Mes bien vueill qu'amors m'ocie].

V

Tout le pooir mout pou pris
Et le nuisement
De ceux dont je sui faidis,
S'en vo biau cors gent
Puis merci trover.
Aidiez m' a resvigorer,
Car vos porfis
Iert, s'eschaper puis sanz estre ocis,

Jamais personne ne fut aussi bouleversé
inutilement
et jamais si loyal ami
ne subit autant de tourment
que moi pour mon amour,
car ceux auxquels je me dois fier,
je les trouve hostiles.
Dieu m'en donne vengeance selon mon désir,
car je n'ai pas mérité la mort ;
mais je veux bien qu'Amour me tue.

Mon cœur en est bouleversé,
lui qui sent tant de douleurs ;
je ne les ai pas méritées,
et je ne sais comment
je les pourrais éviter.
Hélas ! parce que j'ai foi en lui,
je suis trahi,
au point d'en être haï des mauvais.
Pourtant je n'ai pas mérité la mort ;
mais je veux bien qu'Amour me tue.

Et puisque je suis attaqué
par d'aussi mauvaises gens,
belle en qui j'ai mis mon cœur,
ayez donc le désir
de me réconforter,
sinon je ne puis échapper
vivant d'entre leurs mains ;
et si vous le voulez, je suis guéri,
car je n'ai pas mérité la mort ;
mais je veux bien qu'Amour me tue.

Toute la puissance du monde, je la prise peu
et toute la nuisance
de ceux dont je suis persécuté,
si je peux trouver pitié
en votre belle et gracieuse personne.
Aidez-moi à recouvrer mes forces,
ce sera pour votre profit
si je puis sans être tué m'échapper,

Car n'i ai mort [deservie;
Mes bien vueill qu'amors m'ocie].

VI Damoisele de grant pris,
Tasse, proiez l'ent
Qu'a ceus par cui sui nuisis
Prende vengement.
Par moi rapeler,
Les cuers lor feroit crever,
De ce sui fis;
Et je n'ai pas ces maus deservis;
E quant n'ai mort deservie,
N'est pas drois qu'amors m'ocie.

177
GILLEBERT DE BERNEVILLE
Chanson satirique

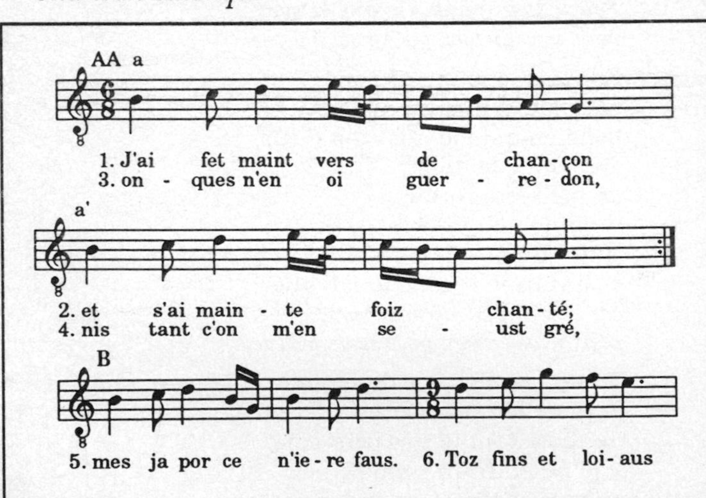

I J'ai fet maint vers de chançon
Et s'ai mainte foiz chanté;

car je n'ai pas mérité la mort;
mais je veux bien qu'Amour me tue.

Demoiselle de haut prix,
Tasse, priez l'en,
que de ceux par qui je suis tourmenté
je puisse tirer vengeance.
Si elle m'appelait à elle,
elle leur ferait crever le cœur,
j'en suis persuadé;
et je n'ai pas mérité ces souffrances.
Et puisque je n'ai pas mérité la mort,
il n'est pas juste qu'Amour me tue.

RS 1857, L 84-15, MW 2222, B 440

Mss. N 68r-v, I 1:48, K 146-147, P 116v-117r-v (= P[1]) et 138v-139r (= P[2]), U 92v-93r, X 100v-101r. Musique dans tous les mss. sauf IU. Attribution dans KNP[1]X.

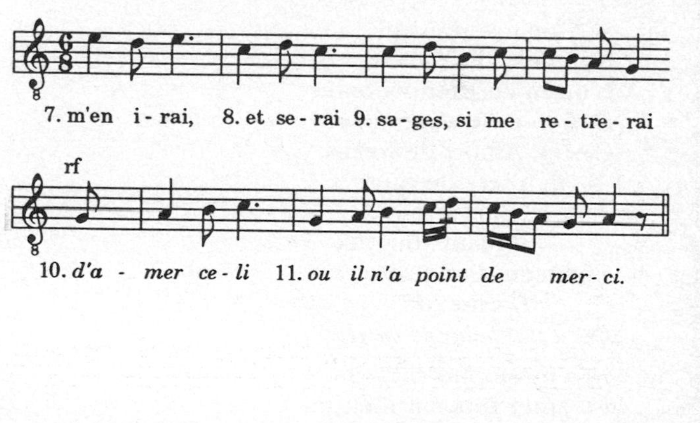

J'ai composé bien des vers de chanson
et j'ai bien souvent chanté;

Onques n'en oi guerredon,
Nis tant c'on m'en seüst gré,
Mes ja por ce n'iere faus.
Toz fins et loiaus
M'en irai,
Et serai
Sages, si me retrerai
D'amer celi
Ou il n'a point de merci.

II Je ne donroie un bouton
D'Amors ne de sa fierté ;
Issuz sui de sa prison,
Ou j'ai maint mal enduré.
Amors n'est fors paine et maux,
Tormenz et travauz ;
Joie n'ai
Quant les ai ;
Et por ce me retrerai
D'amer [celi
Ou il n'a point de merci].

III Se j'amasse traïsson
Ne medit me fauseté,
L'on m'eüst tenu a bon
Et si m'eüst on amé.
Certes, Amors desloiaus,
Ja n'iere de çaus,
Ainz ferai,
Quant voudrai,
Chançon, si me retrerai
[D'amer celi
Ou il n'a point de merci].

IV Nus ne se puet avancier
En amer fors par mentir ;
Et qui meuz s'en set aidier,
Plus tost en a son plesir.
Qui fame justisera
Ja ne l'amera
Par couvent

jamais je n'en eus de récompense,
on ne m'en a même pas su gré,
pour autant je ne serai pas infidèle.
Tout pur et loyal,
je m'en irai
et serai
sage, je renoncerai donc
à l'amour de celle
en qui il n'y a point de pitié.

Je ne donnerais pas la valeur d'un bouton
contre Amour et sa fureur ;
je me suis échappé de sa prison
où j'ai enduré bien du mal.
Amour n'est que peine et maux,
tourments et souffrances ;
je n'ai pas de joie
quand j'endure cela ;
c'est pourquoi je renoncerai
à l'amour de celle
en qui il n'y a point de pitié.

Si j'avais aimé la trahison,
la médisance, la fausseté,
on m'aurait estimé homme de bien
et ainsi m'aurait-on aimé.
Certes, Amour déloyal,
je ne serai pas de ces gens-là,
mais je ferai,
quand je le voudrai,
une chanson et donc je renoncerai
à l'amour de celle
en qui il n'y a point de pitié.

Personne ne peut progresser
en amour si ce n'est en mentant,
et celui qui sait le mieux s'en tirer
en aura plus vite son plaisir.
Qui dominera une femme,
ne l'aimera jamais
selon sa promesse,

Loiaument;
Et por ce je me repent
D'amer [celi
Ou il n'a point de merci].

V Certes, ja celer ne.l quier :
G'enpris ma dame a servir;
Rendu m'en a tel loier
Qu'ele me cuida traïr.
Voirs fu, s'amor m'otroia,
Mes el me gaba
Por vil gent.
Vengement
M'en doint Deus ! Je me repent
D'amer celi
[Ou il n'a point de merci].

178
GILLEBERT DE BERNEVILLE et LA DAME DE GOSNAI
Jeu-parti

I « Dame de Gosnai, gardez
Que soiez bien conseillie ;
A Robert Bosquet parlez
Tant qu'il soit de vostre aïe.
Je vous part : seignor avrez ;
S'a vo voloir le prenez,
C'iert sans le gré vos amis
– Ensi est le jeu partis –
Ou vous l'avrez par leur gré
Maugré vostre volenté.

II – Gilebert, c'est grans vieutez
A dame d'user sa vie
Aveuc home qui amez
N'est de lui ; mes ne doi mie
Contre tous mes foulz pensez,

loyalement ;
voilà pourquoi je me repens
de l'amour de celle
en qui il n'y a point de pitié.

Certes, je ne cherche pas à le cacher :
j'entrepris de servir ma dame ;
elle m'a rétribué d'un tel salaire
qu'elle m'a presque trahi.
C'est vrai, elle me donna son amour
mais elle se joua de moi
à cause de vilaines gens.
Vengeance
m'en donne Dieu ! Je me repens
de l'amour de celle
en qui il n'y a point de pitié.

RS 931, L 84-31, MW 685
Ms. b 168r-v. Sans musique. Attribution.

« Dame de Gosnai, prenez garde
à être bien conseillée ;
parlez à Robert Bosquet
jusqu'à ce qu'il vous apporte de l'aide.
Je vous offre le choix : vous aurez un époux ;
si vous le prenez à votre gré,
ce sera contre la volonté de vos proches
(tel est mon jeu-parti)
ou bien vous l'aurez à leur vouloir
mais ce sera contre votre gré.

– Gillebert, c'est une grande vilenie
pour une dame de passer sa vie
avec un homme qu'elle n'aime pas ;
mais je ne dois pas
avoir folie en tête contre l'avis de tous,

S'aim mieus faire pis assez
Par leur los et par leur dis.
A ce me tenrai tout dis,
Ne ja ne m'iert reprouvé
Qu'aie conseil refusé.

III – Dame, retenu avez
Le pïour en vo partie.
De joie vous departez,
Si estes trop forvoïe.
Des ore mais soufferrez
Soulas trop malz savourez,
S'iert vos jugemens enquis
As vrais amans du païs
De ce qu'avez trespassé
Ce qu'Amours a commandé.

IV – Gilebert, vous mesprenez.
Amours veult bien et otrie
Que joie et ses biens doublez
Ait dame qui se marie,
Et je croi tant mes privez
Qu'a leur pooir m'iert donnez
Autieux ou mieudres maris
Que se je l'eüsse pris ;
S'aim bien ce que m'ont greé,
Et s'ai grant blasme eschivé.

V – Dame, bien sai que savez
Assez sens et cortoisie ;
Tant iert vo cuers plus desvez
S'Amours est par vous traïe.
Pour Dieu, or vous repentez !
Jamais Robert ne creez !
Bien sai qu'il a conseil mis
A ce que vous avez pris.
Portez Amours loiauté,
Si vous iert tout pardonné.

VI – Gilebert, vous me tenez
A sage et a bien norrie ;
Pour tant cuidier ne devez

j'aime donc mieux agir moins bien
par leurs conseils et leurs paroles.
Je m'y tiendrai toujours,
et on ne me fera jamais le reproche
d'avoir refusé leurs conseils.

– Dame, vous avez choisi
le pire pour votre partie.
Vous vous écartez de la joie,
vous vous êtes bien fourvoyée.
Désormais vous endurerez
des consolations de bien mauvaise saveur,
votre jugement sera rapporté
aux amants loyaux de ce pays
car vous avez outrepassé
les commandements d'Amour.

– Gillebert, vous vous méprenez.
Amour veut bien et accepte
qu'une dame qui se marie
ait joie et bonheur redoublés
et j'ai tant de confiance en mes intimes
que selon leur pouvoir me sera donné
un mari tel ou encore meilleur
que si je l'avais moi-même choisi.
Ainsi j'aime ce qu'ils ont trouvé bien,
tout en ayant fui un grand blâme.

– Dame, je sais que vous possédez
beaucoup de sens et de courtoisie ;
votre cœur en sera d'autant plus égaré
si Amour par vous est trahi.
Pour Dieu, repentez-vous-en !
Jamais ne croyez Robert !
Je sais qu'il a pesé en faveur
du choix que vous avez fait.
Portez loyauté à Amour,
ainsi tout vous sera pardonné.

– Gillebert, si vous me tenez
pour sage et bien apprise,
vous ne devez pas pour autant croire

Que je face desverie,
Ains m'est li mieudres remez

....

Robert m'a bon conseil quis,
Mes vous vous estes partis
Du droit, s'avez mal ouvré,
S'avrez blasme et je bonté.

VII – Hue d'Arras, soustenez
Le droit d'Amours et parlez
Adés droit de nos estris.
En vous m'en sui du tout mis,
Et, s'il vous plest, si chantez
Ce chant quant apris l'arez. »

179
GILLEBERT DE BERNEVILLE
Rotrouenge

aa
1. De moi do - le - reus vos chant.
2. Je fui nez en des - crois - sant,
B b
3. n'on - ques n'eu en mon vi - vant 4. deus bons jors.

I De moi dolereus vos chant.
Je fui nez en descroissant,
N'onques n'eu en mon vivant
Deus bons jors.
J'ai a nom Mescheans d'Amors.

que j'agisse comme une folle,
c'est le meilleur choix qui m'est resté
....
Robert m'a bien conseillée,
mais vous, vous vous êtes écarté
du droit, vous avez mal fait,
vous serez blâmé et moi, louée.

– Hue d'Arras, soutenez
le droit d'Amour et décidez
avec justice de notre querelle.
Je m'en suis remis à vous sur tout;
si donc cela vous plaît, eh bien chantez
ce chant quand vous l'aurez appris. »

RS 317, L 84-10, MW 312, B 915
Mss. M 174v, T 35r (= T[1]) et 84v (= T[2]). Musique dans tous les mss.
Attribution dans T[1]T[2]; attr. à Guiot de Dijon dans M.

C'est moi, douloureux, que je vous chante.
Je suis né par lune décroissante,
jamais de ma vie je n'ai connu
deux bons jours.
Mon nom est le Malheureux en amour.

II Adés vois merci criant :
Amors, aidiez vo servant !
N'ainc n'i peu trover noiant
De secors.
J'ai a nom [Mescheans d'Amors].

III Hé ! trahitor mesdisant,
Con vos estes mal parlant !
Tolu avez maint amant
Lor honors.
J'ai a nom [Mescheans d'Amors].

IV Certes, pierre d'aÿmant
Ne desirre pas fer tant
Con je sui d'un douz samblant
Covoitoz.
J'ai a nom Mescheans d'Amors.

180
COLIN MUSET
Chanson de jongleur

I Qant je lou tans refroidier
Voi et geleir
Et ces arbres despoillier
Et iverneir,
Adonc me voil et aizier
Et sejorneir
A boen feu leiz lou brazier
Et a vin cleir
An chade mason,
Por lou tans fellon.
Ja n'ait il pardon
Ki n'amet sa garison !

II Je ne voil pais chivachier
Et feu bouteir,
Et se haz mout garroier
Et cris leveir

Sans cesse je vais criant grâce :
Amour, aidez votre serviteur !
Et jamais je n'ai pu y trouver un rien
de secours.
Mon nom est le Malheureux en amour.

Ah ! traîtres médisants,
comme vous parlez méchamment !
Vous avez volé à maints amants
leur honneur.
Mon nom est le Malheureux en amour.

Certes, la pierre d'aimant
ne désire pas le fer autant
que je suis d'un doux semblant
avide.
Mon nom est le Malheureux en amour.

RS 1298, L 44-9, MW 851
Ms.U 136r-v. Sans musique. Anonyme (voir *infra* p. 1057).

Quand je vois le temps se refroidir
et geler
et les arbres se dépouiller
et l'hiver s'installer,
alors je veux me mettre à l'aise
et séjourner
près du brasier d'un bon feu,
avec du vin clair,
dans une maison chaude,
à cause du temps mauvais.
Qu'il ne connaisse jamais de pardon,
celui qui n'apprécie pas son bien-être.

Je ne veux pas chevaucher
et aller mettre le feu,
je hais fort la guerre
et les cris qu'on fait lever,

Et grans proës acoillier
Et jant robeir :
Aseiz i et fol mestier
A tot gasteir.
A poc d'ochoson
Se prannent baron ;
Par consoil bricon
Muevent gerres et tanson.

III Asseis valt muez tornoier
Et behordeir
Et grosses lances brisier
Et bial josteir
Et joie rancomansier
Et tout doneir
Et despandre sans dongier
Et fors geteir.
Avoirs an prison
Ne valt un bouton.
Kant plus ait prodon,
Plus vient avoirs a foison.

IV Qant je seus leis lou brasier
Et j'oz vanteir
Et je voi plain lou hastier
A feu torneir
Et lou boen vin dou sillier
Amont porteir,
Adonc voil boivre et maingier
Et repozeir
A feu de charbon.
Se j'ai grais chapon,
N'ai pas cuzanson
D'aisaillir a un donjon.

V Nen a [un] plonjon
Tandut sus glaison
N'avrai gueridon
Par ceste froide saison.

VI A Saillit, Guion,
Ki antant raison,

la prise du bétail et le brigandage
aux dépens d'autrui :
voilà bien une folle occupation
de tout dévaster.
Il faut peu d'excuses
aux barons pour s'y mettre ;
par suite de conseils déloyaux
ils suscitent guerres et batailles.

Il vaut bien mieux participer aux tournois
et jouter,
briser de grosses lances,
s'affronter avec élégance
et recommencer la fête,
tout distribuer,
et dépenser sans hésitation,
jeter l'argent alentour.
L'argent en prison
ne vaut pas un bouton.
Plus un prud'homme est riche,
plus il continue à s'enrichir.

Quand je suis près du brasier
et que j'entends souffler la bise,
que je vois la broche toute chargée
tourner sur le feu
et que l'on apporte le bon vin
qui remonte du cellier,
alors je veux boire et manger
et me reposer
près du feu de charbons.
Si j'ai un chapon bien gras,
je n'éprouve pas de démangeaison
d'aller à l'assaut d'un donjon.

Ni dans un abri de branchages
dressé sur la terre nue
je ne trouverai de bien-être
par cette froide saison.

À Sailly, à Guy
qui comprend bien la raison,

Anvoi ma chanson,
Voir se je fas bien ou non.

181
COLIN MUSET
Chanson de jongleur

I Ancontre le tens novel
Ai le cuer gai et inel
A termine de Pascor;
Lors veul faire un triboudel,
Car j'ain moult tribu martel,
Brut et bernaige et baudor;
Et quant je suis en chaistel
Plain de joie et de rivel,
Lai veul estre et nuit et jor.
Triboudaine et triboudel!
Deus confonde le musel
Ki n'aime joie et baudor!

II De toute joie m'est bel,
Et quant j'oi lou flaihutel
Soneir aveuc la tabor;
Damoiselles et donzel
Chantent et font grant rivel;
Chascuns ait chaipel de flour;
Et verdurë et brondelz
Et li douls chans des oixels
Me remet en grant badour.
Triboudainne, triboudel!
Plus seux liés, per saint Marcel,
Ke teils ait chaistel ou tour.

III Ki bien broiche lou poutrel
Et tient l'escut en chantel
A comencier de l'estor
Et met la lance en estel,
Por muelz vancre lou sembel

j'envoie ma chanson ;
il verra si j'agis bien ou non.

RS 582, L 44-1, MW 443, B 1897
Ms. C 6v-7r. Sans musique. Attribution.

À la saison nouvelle,
j'ai le cœur gai et plein d'entrain
quand c'est le moment de Pâques ;
alors je veux faire un *triboudel*
car j'aime fort l'agitation,
le bruit, les festivités et l'allégresse ;
quand je suis dans un château
plein de joie et d'animation,
je veux bien y rester nuit et jour.
Triboudaine et triboudel !
Dieu confonde le musard
qui n'aime pas joie et allégresse !

Toutes les joies me plaisent,
et d'entendre le flûteau
résonner avec le tambour ;
les demoiselles et les jeunes gens
chantent et mènent grande allégresse ;
chacun porte une couronne de fleurs ;
et verdure et rameaux
et le doux chant des oiseaux
me remettent en grande liesse.
Triboudaine, triboudel !
Je suis plus heureux, par saint Marcel,
que tel possesseur de château ou de tour.

Celui qui broche bien son jeune coursier
et tient son écu sur le bras, prêt
pour commencer la bataille,
et met sa lance en pièces,
pour mieux triompher à la joute,

Vait asembleir a millour ;
Cil doit bien avoir jüel
De belle dame et ancl –
Per drüerie, s'amor.
Triboudainne, triboudel !
Por la belle a chief blondel
Ki ait frexe la color.

IV Teilz amesce en un moncel
Mil mairs et fait grant fardel
Ki vit a grant deshonor ;
Jai n'en avra boen morcel,
Et diauble en ont la pel,
Cors et aime sens retor.
Por ceu veul jeu mon mantel
Despandre tost et inel
En bone ville a sejor.
Triboudainne, triboudel !
K'i valt avoirs en fardel,
S'on ne.l despent a honor ?

V Quant je la tieng ou praiel
Tout entor clos d'airbrexelz
En esteit a la verdour
Et j'ai oies et gaistel,
Pouxons, tairtes et porcel,
Buef a la verde savor,
Et j'ai lou vin en tonel,
Froit et fort et friandel,
Por boivre a la grant chalor,
Muels m'i ain k'en un baitel
En la meir en grant poour.
Triboudainne, triboudel !
Plux ain le jeu de praiel
Ke faire malvaix sejor.

va se mesurer au meilleur ;
celui-là doit bien avoir un joyau
d'une belle dame et son anneau,
et, par galanterie, son amour.
Triboudaine, triboudel !
pour la belle aux cheveux d'or
qui a de si fraîches couleurs.

Tel amasse en un monceau
mille marcs et fait un gros paquet,
qui vit dans le déshonneur ;
jamais il n'en tirera un bon morceau
et les diables auront sa peau,
son corps et son âme pour l'éternité.
Pour cela, je veux dépenser vite et gaiement
jusqu'à mon manteau,
en paix, dans une bonne ville.
Triboudaine, triboudel !
À quoi bon un tas de richesses
si on ne les dépense pas honorablement ?

Quand je la tiens dans la prairie,
tout entourée d'arbrisseaux,
en été dans la verdure,
quand j'ai oies et gâteaux,
poissons, tartes et porcelet,
et du bœuf à la sauce verte
et du vin dans le tonneau,
frais, fort, agréable
à boire par forte chaleur,
j'aime mieux être là que dans un bateau
sur la mer en grande frayeur.
Triboudaine, triboudel !
J'aime mieux le jeu de la prairie
que d'être dans un endroit désagréable.

182
COLIN MUSET
Chanson de jongleur

I Qant li malos brut
Sor la flor novele
Et li solaus luist
Qui tout resplandelle,
Lour mi plaist la damoizelle,
Qui est jone et jante et belle,
Et por li suis an grant joie
Aseis plus que ne soloie.
Je suis siens et elle est moie.
Dehait ait qui ne l'otroie,
Que por riens n'en partiroie.

II Joie et grant desduit
Ai por la donselle ;
G'i pans jor et nuit,
Et s'amor m'apelle.
Je l'oï an la praielle
Chanter a la fontenelle
Par desoz une codroie,
Soule, an un blïaut de soie ;
Chapial d'or ot et coroie.
Deus ! com elle s'esbanoie
Et com elle se cointoie !

III Ki ainmet valour
Et met sa pansee
A lëaul amor
Et il l'ait trovee,
Bien ait sa joie doblee ;
N'an doit partir por riens nee.
Qui se met an avanture
D'amer, Amor l'aseüre
De joie et d'anvoiseüre
Et de bien et de mesure ;
Toute sa vie li dure.

RS 2079, L 44-11, MW 1552
Ms. U 103v-104r. Sans musique. Anonyme (voir *infra* p. 1059).

Au premier bourdonnement
sur la fleur nouvelle
et quand le soleil brille
qui fait tout resplendir,
alors la demoiselle me plaît
qui est jeune, gracieuse et belle ;
pour elle, je suis dans une grande joie
bien plus que d'habitude.
Je suis à elle, elle est à moi.
Maudit qui ne l'accepte pas,
car pour rien, je ne la quitterais.

J'éprouve joie et grand plaisir
pour la demoiselle ;
j'y pense jour et nuit,
et son amour m'appelle.
Je l'entendis dans la prairie
chanter à la source
par-dessous la coudraie,
seule, dans son bliaut de soie ;
elle portait diadème d'or et ceinture.
Dieu ! comme elle se divertissait
et comme elle se parait !

Celui qui aime la valeur
et met sa pensée
dans l'amour loyal,
quand il l'a trouvé,
il éprouve bien une joie redoublée ;
il ne doit le quitter pour rien au monde.
Celui qui se met en quête
d'aimer, Amour lui donne assurément
la joie et la gaieté,
le bien et la mesure ;
et cela dure toute sa vie.

IV J'ain lou grant signor
C'an haut honor beie,
Large doneour,
Et bien fiert d'espee
Cant il vient a la melee;
Iceu me plaist et agree.
Mais des mavais n'ai ge cure,
C'on ne s'en poroit desduire;
Plain sont de malle faiture;
N'i ait raison ne droiture;
Fous est qui s'i aseüre.

V J'ain lou chevalier
Qui bien met sa terre
An bial tornoier
Et a lous conquere.
Ceu li doit an bien soferre :
Puis qu'il son avoir n'anserre,
Brut d'armes et drüerie
Maintient et chevalerie
Aveu bone compaignie,
Lors avra bien deservie
L'amor de sa douce amie.

VI Je ne quier aler
An poingnis de gerre,
Mais ou froit celier;
La me puet on querre.
A Boin Ferreit que bien ferre,
La voil mon argent offerre;
Et se j'ai trute florie,
Gastiaus et poille rostie,
Bien i vodroie m'amie,
Qui sanble rose espanie,
Por faire une raverdie.

J'aime le grand seigneur
qui aspire à un honneur élevé,
large dispensateur,
qui frappe bien de son épée
quand il entre dans la mêlée.
Voilà ce qui me plaît et m'agrée.
Quant aux mauvais, je ne m'en soucie pas
car on ne peut se divertir avec eux ;
ils sont de mauvaise façon ;
ils ne possèdent ni raison ni droiture ;
il faut être fou pour les croire.

J'aime le chevalier
qui dépense tout ce qu'il tire de sa terre
en beaux tournois
pour conquérir la gloire.
Cela doit agir en sa faveur :
dès qu'il n'enferme pas ses richesses
et qu'il perpétue la gloire des armes
et la galanterie, la chevalerie
avec une bonne compagnie,
alors il aura bien mérité
l'amour de sa douce amie.

Je ne désire pas aller
dans la charge guerrière des chevaux,
mais dans le frais cellier ;
c'est là qu'on peut me chercher.
Au « Bon Ferré » qui ferre bien le buveur,
c'est là que je veux offrir mon argent ;
et si j'ai une truite fleurie,
des gâteaux, une poule rôtie,
j'aimerais bien y avoir mon amie,
qui ressemble à une rose épanouie,
pour composer une reverdie.

183
COLIN MUSET
Reverdie
Lai

I Sospris sui d'une amorette
D'une jone pucelette.
Belle est et blonde et blanchette
Plus que n'est une erminette,
S'a la color vermeillette
Ensi com une rosette.

II Itels estoit la pucele,
La fille au roi de Tudele ;
D'un drap d'or qui reflambele
Ot robe fresche et novele ;
Mantel, sorcot et gonele
Mout sist bien a la donzelle.

III En son chief ot chapel d'or
Ki reluist et estancele ;
Saphirs, rubiz ot encor
Et mainte esmeraude bele.
Biaus Deus, cor fusse je or
Amis a tel damoisele !

IV Sa ceinture fut de soie,
D'or et de pieres ovree ;
Toz li cors li reflamboie,
Ensi fut enluminee.
Or me doinst Deus de li joie,
K'aillors nen ai ma panseie.

V G'esgardai son cors gai,
Qui tant me plaist et agree.
Je morrai, bien lo sai,
Tant l'ai de cuer enameie.
Se Deu plaist, non ferai,
Ainçois m'iert s'amors donee.

VI En un trop bel vergier
La vi cele matinee

RS 972, L 44-14, MW 4,16
Mss. U 78r-v-79r-v, C 226v-227r. Sans musique. Attribution dans C.

Je suis surpris par une amourette,
pour une jeune fillette.
Elle est belle, elle est blonde et blanchette,
plus que ne l'est l'herminette,
et elle a des couleurs vermeillettes
tout comme une rosette.

Telle était la demoiselle,
fille du roi de Tudèle ;
d'un drap d'or qui flamboie
elle avait une robe fraîche et nouvelle,
un manteau, un surcot, une gonelle,
tout cela seyait bien à la demoiselle.

Sur la tête elle avait un diadème d'or
qui luisait et étincelait ;
des saphirs, des rubis s'y trouvaient
et de belles émeraudes en quantité.
Grand Dieu ! Ah, si je pouvais être
l'ami d'une telle demoiselle !

Sa ceinture était de soie,
tout parée d'or et de pierreries ;
tout son corps irradiait,
elle était ainsi illuminée.
Que Dieu me donne d'elle la joie,
je n'ai pas ailleurs ma pensée.

Je contemplai son corps joyeux
qui me plaît tant et tant m'agrée.
Je mourrai, je le sais bien,
car je l'ai trop aimée de tout mon cœur.
Si Dieu le veut, cela ne sera pas
mais son amour me sera donné.

Dans un très beau verger,
je la vis un matin

Jüer et solacier;
Ja par moi n'iert obliee,
Car bien sai, senz cuidier,
Ja si bele n'iert trovee.

VII Lez un rosier s'est assise
La tres bele et la sennee;
Ele resplant a devise
Com estoile a l'anjornee.
S'amors m'esprent et atise,
Qui enz el cuer m'est entree.

VIII El regarder m'obliai
Tant qu'ele s'en fu alee.
Deus! tant mar la resgardai,
Quant si tost m'est eschapee,
Que ja mais joie n'avrai
Se par li ne m'est donee.

IX Tantost com l'oi regardee,
Bien cuidai qu'ele fust fee.
Ne lairoie por riens nee
Q'encor n'aille en sa contree,
Tant que j'aie demandee
S'amor, ou mes fins cuers bee.

X Et s'ele devient m'amie,
Ma granz joie iert acomplie,
Ne je n'en prendroie mie
Lo roialme de Surie,
Car trop meine bone vie
Qui aime en tel seignorie.

XI Deu pri qu'il me face aïe,
Que d'autre nen ai envie.

s'amuser et se divertir ;
jamais je ne l'oublierai,
car je le sais, sans erreur possible,
jamais on n'en trouvera d'aussi belle.

Près d'un rosier elle s'est assise,
si belle et si sage ;
elle brille à souhait
comme l'étoile du petit matin.
Son amour m'enflamme et m'embrase
qui est entré au fond de mon cœur.

Je m'oubliai à la regarder
jusqu'à ce qu'elle s'en fût allée.
Dieu ! je la regardai pour mon malheur,
elle qui s'est si tôt échappée.
Jamais plus je n'aurai de joie
si cette joie ne m'est par elle donnée.

Dès que je l'eus regardée,
je crus que c'était une fée.
Personne ne me ferait renoncer
à aller encore en sa contrée
et à y réclamer son amour
auquel aspire mon fin cœur.

Et si elle devient mon amie,
ma grande joie sera accomplie,
et je ne prendrais pas en échange
le royaume de Syrie,
car c'est mener trop belle vie
que d'aimer sous sa seigneurie.

Je prie Dieu de m'apporter son soutien,
car je n'en désire pas une autre.

184
COLIN MUSET
Descort

I Quant voi lo douz tens repairier,
Que li rosignols chante en mai,
Et je cuiz que doie alegier
Li mals et la dolors que j'ai,
Adonc m'ocïent li delai
D'Amors, qui les font engregnier.
Lais ! mar vi onques son cors gai
S'a ma vie ne lo conquier.

II Amors de moi ne cuide avoir pechiez
Por ceu que sui ses hom liges sosgiez.
Douce dame, pregne vos en pitiez !
Qui plus s'abasse, plus est essauciez.

III Et qant si grant chose empris ai
Con de vostre amor chalengier,
Toz tens en pardons servirai
Se tout n'en ai altre loieir.
Ma tres douce dame honoree,
Je ne vos os nes proier :
Cil est mout fols qui si haut bee
Ou il nen ose aprochier.

IV Mais tote voie
Tres bien revoudroie
Vostre amors fust moie
Por moi ensengnier,
Car a grant joie
Vit et s'esbanoie
Cui Amors maistroie ;
Meux s'en doit prosier.

V Qui bien vuet d'amors joïr
Si doit soffrir
Et endurer
Qan k'ele li vuet merir ;
Au repentir

RS 1302, L 44-12, MW 902, 17
Mss. U 77r-v-78r, C 170r-v. Sans musique. Attribution dans C.

Quand je vois le temps doux s'installer
et que chante le rossignol en mai
et que je crois que doivent s'apaiser
le mal et la douleur que j'ai,
alors me tuent les délais
d'Amour qui les rend plus écrasants.
Hélas ! j'aurai vu pour mon malheur son corps [joyeux
si de ma vie je ne le possède pas.

Amour ne croit pas m'avoir lésé
parce que je suis son homme lige soumis.
Douce dame, prenez pitié de moi !
Qui plus s'abaisse, plus est élevé.

Moi qui ai entrepris si haute tâche
que de prétendre à votre amour,
je servirai toujours en pure perte,
si je n'obtiens d'autre salaire.
Ma très douce dame honorée,
je n'ose même pas vous prier :
Il est bien fou, celui qui aspire si haut,
à ce qu'il n'ose pas approcher.

Mais toutefois
je voudrais bien fort
que votre amour fût mienne
pour me faire progresser,
car en une grande joie
vit et se divertit
celui qu'Amour domine ;
il s'estime de plus haut prix.

Qui veut jouir de l'amour,
il doit souffrir
et endurer
tout ce dont elle veut bien le payer ;
s'en repentir

Ne doit panser,
C'om puet bien tot a loisir
Son boen desir
A point mener.
Endroit de moi, criem morir
Meuz que garir
Par bien amer.

VI Se je n'ai la joie grant
Que mes fins cuers va chacent,
Deffenir m'estuet briément.
Douce riens por cui je chant,
En mon descort vos demant
Un ris debonairement,
S'en vivrai plus longemant ;
Moins en avrai de torment.

VII Bele, j'ai si grant envie
D'embracier vostre cors gent,
S'Amors ne m'en fait aïe,
J'en morrai coiteusement.
Amors ne m'en faudrat mie,
Car je l'ai trop bien servie
Et ferai tote ma vie
Senz nule fause pansee.
Preuz de tote gent löee
Plus que nule qui soit nee,
Se vostre amors m'est donee,
Bien iert ma joie doublee.

VIII Mon descort ma dame aport,
La bone duchesse, por chanter.
De toz biens a li m'acort,
K'ele aime deport, rire et jüer.

IX Dame, or vos voil bien mostrer
Que je ne sai vostre per
De bone vie mener
Et de leialment amer.
Adés vos voi enmender
En vaillance et en doner :

on ne doit pas y penser,
car on peut, tout à loisir,
mener à bien
son bon désir.
Mais, pour ma part, je crains de mourir
et non pas de guérir
à bien aimer.

Si je n'obtiens la grande joie
que mon fin cœur va pourchassant,
il me faut mourir rapidement.
Douce créature pour qui je chante,
dans mon descort je vous demande
un sourire généreux,
j'en vivrai plus longtemps,
j'aurai moins de tourment.

Belle, j'ai si grand désir
d'embrasser votre corps avenant,
que si Amour ne m'aide pas,
j'en mourrai sans délai.
Amour ne me fera pas défaut
car je l'ai trop bien servie
et le ferai toute ma vie
sans nulle pensée perfide.
Dame vertueuse, louée par tous
plus que toute autre,
si votre amour m'est accordé,
ma joie en sera redoublée.

J'apporte mon descort à ma dame,
la bonne duchesse, pour qu'elle le chante.
Je suis en accord avec elle sur tout ce qu'il y a de [bon,
car elle aime la joie et les rires et les jeux.

Dame, maintenant je veux vous montrer
que je ne connais pas votre égale
pour mener la belle vie
et aimer loyalement.
Sans cesse je vous vois progresser
en vaillance et en largesse :

Ne.l lassiez ja por jangler,
Que ceu ne vos puet grever.

185
COLIN MUSET
et JACQUES D'AMIENS
Tenson

I « Colins Musés, je me plaing d'une amor
Ke longuement ai servie
De loiaul cuer, n'ains pitiet [ne retor]
N'i pou troveir, nen aïe;
S'i truis je mult semblans de grant dousor,
Maix ce m'est vis ke il sont traïtor,
Ke bouche et cuers ne s'i acordent mie.

II – Jaikes d'Amiens, laissiés ceste folor!
Fueis fauce drüerie,
N'en biaul semblant ne vos fieis nul jor :
Cil est musairs ki s'i fie.
Pués ke troveis son cuer amenteor,
Se plux l'ameis, sovent duel et irour
En avereis, et pix ke je ne die.

III – Colin Muset, ne m'iert pais deshonor
Se de li fais departie.
Pués c'ai troveit son samblant tricheor,
Porchaicerai moy d'amie,
Car je li ai veü faire teil tour
Et teil samblant et teil ensaigne aillors
Per coy je hais li et sa compaignie.

IV – Jaikes d'Amiens, il n'est duels ne irour
Fors ke vient de jalousie.
Povres amans sousfre mainte dolor
Ki baie a grant signorie,
Et un usaige ont borjoises tous jors :
Jai n'amerait, tant soit de grant richour,
Home, s'il n'ait la borce bien garnie.

ne cessez pas pour des calomnies
car elles ne peuvent vous atteindre.

RS 1966, L 119-6, MW 607
Ms. C 35v-36r. Sans musique. Attribution à Jacques d'Amiens.

« Colin Muset, je me plains d'un amour
que j'ai longtemps servi
de cœur loyal, jamais pitié, ni réciprocité
ni aide je n'y ai pu trouver ;
je trouve, certes, une apparence de grande
mais il me semble que c'est traîtrise : [douceur,
bouche et cœur ne sont pas d'accord.

– Jacques d'Amiens, laissez cette folie !
Fuyez les galanteries trompeuses,
ne vous fiez jamais en une belle apparence :
bien léger qui s'y fie.
Puisque vous trouvez son cœur mensonger,
plus vous l'aimerez, plus souvent vous aurez
chagrin et peine, et pis encore que je ne vous dis.

– Colin Muset, ce ne sera pas un déshonneur
pour moi si je la quitte.
Puisque je lui ai trouvé une apparence menteuse,
je me chercherai une autre amie,
car je lui ai vu faire à d'autres
tels tours, tels semblants, tels signes
que je la hais, elle et ses fréquentations.

– Jacques d'Amiens, il n'y a peine ni chagrin
qui ne viennent de jalousie.
Un amant pauvre souffre grande douleur
lorsqu'il aspire à un grand pouvoir ;
les bourgeoises ont toujours cette habitude :
elles n'aimeront jamais, si riches soient-elles,
un homme qui n'a pas une bourse bien remplie.

V – Colins Musés, gentils dame ait honor
Ke a ceu ne baie mie,
Maix lai ou voit sen, prouesce et valour,
Joliveteit, cortoisie.
La fauce lais por ceu, se m'en retour
A la belle, la blonde et la millor
Ki onkes fust d'amors nul jor proïe.

VI – Jaikes d'Amiens, et j' arant m'en retour
As chaippons a jance aillie
Et as gastiauls ki sont blanc come flor
Et a tres boen vin sor lie.
As boens morcés ai donee m'amor
Et as grans feus per mi ceste froidour :
Faites ensi, si moinrés bone vie !

VII – Colin Muset, kier t'aixe et ton sejor
Et je querrai d'amors joie et baudor,
Car consireir d'amors ne me puis mie. »

– Colin Muset, honneur à la dame généreuse
qui n'a pas ce genre d'aspiration,
mais désire aller là où elle voit esprit, prouesse,
gaieté et courtoisie. [valeur,
Je laisse l'infidèle, je m'en retourne
à la belle, la blonde, la meilleure
qu'on ait jamais priée d'amour.

– Jacques d'Amiens, et moi, sur-le-champ, je m'en
aux chapons à la sauce à l'ail [retourne
et aux gâteaux blancs comme fleur de farine
et au délectable vin sur lie.
J'ai donné mon amour aux bons morceaux
et aux grands feux par cette froidure :
faites comme moi, vous aurez la vie belle.

– Colin Muset, cherche tes aises et ton repos
et moi, je chercherai amour et liesse,
car je ne peux me priver d'amour. »

186
JEAN BRETEL
Chanson d'amour

AA
1. Pois - sans A - mours a mon cuer e - spi - ié
3. par chou que mors m'en a - voit es - lon - gié,
2. qui, pas - sé a lonc tans, n'a - voit a - mé
4. ne mais n'a - voie a a - mer en - pen - sé;
B
5. se j'a-mai jour de ma vi - e

I Poissans Amours a mon cuer espiié
Qui, passé a lonc tans, n'avoit amé
Par chou que mors m'en avoit eslongié,
Ne mais n'avoie a amer enpensé ;
Se j'amai jour de ma vie
Ma douche dame jolie,
Dont mors et Dius ont fait lor volenté,
Jou me cuidai avoir bien aquité.

II Avoir cuidai a tous jours renonchié
A bien amer, u j'ai tout conquesté,
Et tant je ai le musage paiié
Que me deüst bien avoir deporté ;
Mais Amours, qui tout maistrie,
M'a remis en l'aubourdie
Et fait amer de nouvele amisté
Saje et vaillant et passant de biauté.

RS 1091, L 133-6, MW 2002
Ms. a 77r-v. Musique. Attribution.

6. ma dou-che da - me jo - li - e,
7. dont mors et Dius ont fait lor vo - len - té,
8. jou me cui - dai a - voir bien a - qui - té.

Le puissant Amour a épié mon cœur
qui depuis bien longtemps n'avait aimé
parce que la mort m'en avait éloigné,
et je n'étais plus disposé à aimer ;
en aimant tous les jours de ma vie
ma douce dame jolie
dont la mort et Dieu ont fait leur volonté,
je me croyais tout à fait quitte.

Je croyais avoir renoncé pour toujours
au bon amour, en qui j'ai acquis tout bien,
et j'ai si cher payé mes plaisirs
qu'ils auraient dû me satisfaire pleinement ;
mais Amour qui domine tout
m'a remis en son pouvoir
et me fait aimer d'un amour nouveau
une dame sage et vaillante à la beauté sans égale.

III Et puis qu'Amours m'a sus ses mains sakié,
Dame vaillans, et a vous m'a douné,
Je tiens mon cuer a mout bien enploié
Se vous deigniés seulement prendre en gré
Que de moi soiés servie ;
Et s'il ne vous plaisoit mie,
S'ert il ensi, car j'ai mout bien usé
A [vous] servir, pieche [a], et enduré.

IV De chou que n'ai, lon tans a, conmenchié
Vous a amer, me tieng a engané :
De tant m'a trop Amors despaisiié
Q'a vous servir m'a si tart descouplé ;
Nepourqant est a la fie
Uevre bien tart conmenchie
Mout pourfitans, car, s'on a bien ouvré,
Ch'a fait li cuer, nient li lonc jour d'esté.

V Dame, s'Amours m'a trop tart acointié
Le bien de vous, le sens et le bonté,
Je n'en puis mais ; j'amasse le moitié
Mieus que plus tost m'i eüst assené
Si c'un grant pan de ma vie
Vous eüsse ançois coisie ;
Mais jou ne sai u vous avés esté
Entreus que j'ai mon tans pour nient gasté.

VI Dame de valour [garnie],
Courte orison bien furnie
Vaut assés mieus, che dïent li sené,
Que s'on avoit bien longement limé.

Et depuis qu'Amour m'a repris en sa main,
dame vaillante, et m'a donné à vous,
je tiens mon cœur pour bien placé
si vous daignez seulement prendre en gré
d'être servie par moi.
Même si cela ne vous plaisait pas,
il en sera ainsi car j'ai déjà passé bien des heures
à vous servir et j'ai beaucoup enduré.

S'il n'y a pas très longtemps que je commençai
à vous aimer, je m'en tiens pour trompé :
c'est qu'Amour m'a longuement tenu hors de mon [vrai lieu
en me retenant de courir vous servir ;
cependant à la fin
une œuvre tard commencée
devient fort profitable, car si l'on a bien agi,
le résultat vient du cœur, non des beaux jours [d'été.

Dame, si Amour m'a bien tard appris à connaître
les qualités, l'esprit et la bonté qui émanent de [vous,
je n'y puis rien ; j'aimerais deux fois mieux
qu'il me l'eût plus tôt indiqué
si bien que je vous aurais alors connue
la majeure partie de ma vie ;
mais je ne sais où vous étiez
tandis que je gaspillais mon temps en pure perte.

Dame emplie de valeur,
une prière courte mais intense
vaut bien mieux, c'est l'avis des sages,
que si on l'avait longuement polie.

187

JEAN BRETEL

Chanson d'amour

AA
1)
1. Uns dous re - gars en lar - re - chin sou - tieus
3. qu'e - le me fist de l'un de ses dous ieus,
2. de ma da - me que j'ai en re-mem - bran - che,
4. re - tient mon cuer en jo - lie e - spe - ran - che
B
5. d'a - voir mer - chi qant li ven - ra en gré;

I Uns dous regars en larrechin soutieus
De ma dame que j'ai en ramenbranche,
Qu'ele me fist de l'un de ses dous ieus,
Retient mon cuer en jolie esperanche
D'avoir merchi qant li venra en gré ;
Et s'amors m'a tant de bien destiné,
J'avrai ma joie ains que soit deservie,
Car deservir ne le porroie mie.

II Se Dieus m'aït, douche dame gentieus,
Se j'avoie le roiaume de Franche
Et vous amasse aveuc chou cent tans mieus
Que jou ne faic, n'aroie jou poissanche
De deservir la merci u je bé ;
Mais vous avés de vostre autorité
Forche et pooir de faire courtoisie
A vostre ami, se vo fins cuers l'otrie.

RS 1355, L 133-7, MW 2100
Ms. a 75v-76r. Musique. Attribution.

6. et s'a-mors m'a tant de bien de-sti - né,
7. j'a-vrai ma joie ains que soit de-ser-vi - e,
8. car de-ser-vir ne le por-roi - e mi - e.

Un doux regard me vint de ma dame,
regard furtif et fin dont je garde le souvenir,
elle me le fit de l'un de ses doux yeux ;
il retient mon cœur en joyeuse espérance
d'avoir sa merci quand elle le voudra bien.
Si Amour m'a destiné tant de bonheur,
j'aurai ma joie avant de l'avoir méritée,
car la mériter, c'est pour moi impossible.

Je vous le jure, douce et gracieuse dame,
si je possédais le royaume de France
et vous aimais, en outre, cent fois mieux
que je ne le fais, je n'aurais pas le pouvoir
de mériter la pitié à laquelle j'aspire ;
mais vous avez en votre autorité
force et pouvoir d'agir en dame courtoise
envers votre ami si votre fin cœur y consent.

III Cors avenans, a bien faire ententieus,
En qui jou ai ma sovraine fianche,
Je sui adés de vos servir taskieus,
Et com plus vif, plus ai grant abondance
De desirer vo bone volenté ;
Si voie jou vo cuer entalenté
De moi aidier, com jou vous ai servie
En bone foi et servirai ma vie.

IV Bele cui j'aim, se je sui volentieus
De mon preu faire et j'eskieu vo grevanche
Et je vous serf desirans et doutieus
Et gart vo pais, ch'est bien senefianche
Que jou ne kier fors droite loiauté ;
S'aferroit bien que par humulité
Me deignisiés conforter a le fie
Cheleement, sans blasme et sans folie.

V Dame, de moi, se poins venoit et lieus
Que deignisiés a moi faire pitanche,
Si vous proi jou d'eskiever les perieus,
Vostres et miens, et toute perchevanche :
Li biens d'amours doivent si estre emblé
Que nus ne.s sache ; et qant il sont crïé,
Dame en queut blasme et joie en amenrie
Et fins amis i pert sa seignorie.

VI Sire Audefroi, qant dame fait bonté
A son ami, che doit estre en secré,
Q'amours crïee est mout adamagie ;
Garder s'en doit et amis et amie.

Corps gracieux, attentif à bien agir,
en qui j'ai ma foi entière,
je suis sans cesse attaché à votre service,
et plus je vis, plus s'intensifie
le désir de votre bon vouloir.
Que je voie donc votre cœur désireux
de m'aider comme je vous ai servie
en bonne foi, et le ferai toute ma vie.

Belle que j'aime, si j'ai la volonté
d'agir à mon profit, si j'évite de vous peser,
et si je vous sers plein de désir et de doute
en préservant votre tranquillité, c'est bien le signe
que je recherche la seule vraie loyauté ;
il conviendrait que l'humilité
vous fît daigner me réconforter à la fin,
secrètement, sans blâme et sans folie.

Dame, si pour moi venaient le temps et le lieu
où vous daigneriez m'accorder votre pitié,
je vous implore d'éviter pour vous comme pour
le péril d'être découverts : [moi,
les biens d'amour doivent être si bien cachés
que nul ne les connaisse ; quand ils sont
[proclamés,
la dame en recueille des blâmes et sa joie diminue
et son fin ami y perd son pouvoir.

Sire Audefroi, quand une dame accorde ses bontés
à son ami, ce doit être en secret,
car l'amour proclamé est fort empiré.
Ami comme amie s'en doivent bien garder.

188
JEAN BRETEL
et ADAM DE LA HALLE
Jeu-parti

1. A - dan, a moi re - spon - dés
2. con lais hom a cest af - fai - re,
3. car ne sai point de gra - mai - re,
4. et vous e - stes bien le - trés.
5. Le quel a - riés vous plus chier:

I «Adan, a moi respondés
Con lais hom a cest affaire,
Car ne sai point de gramaire,
Et vous estes bien letrés.
Le quel ariés vous plus chier :
Ou vo dame a gaaingnier

RS 950, L 133-10, MW 2464
Mss. W 26r-v, A 150-151r, Q 322v, a 178r-v. Musique dans tous les mss. sauf Q. Attribution dans W ; attr. à Adam dans le texte.

6. ou vo dame a ga - ain - gnier
7. ou - tre son gré, par droi - te tra - i - son,
8. ou li ser - vir loi - au - ment en par - don
9. tres - tou - te vo vi - e 10. et si s'en tiengne a pa - i - e?

« Adam, répondez-moi donc
comme un simple laïc sur ce point,
car je n'ai pas fait d'études
et vous êtes bien instruit.
Lequel vous plairait le plus :
d'obtenir votre dame

Outre son gré, par droite traïson,
Ou li servir loiaument en pardon
Trestoute vo vie
Et si s'en tiengne a païe ?

II – Sire, on voit les plus senés
A le fois traïson faire
Pour riqueche a eus atraire.
Que me pourfite li grés
De me dame, au droit jugier,
Qui m'ara fait traveillier
Tout mon vivant sans autre guerredon ?
A ses autres biens vœil avoir parchon,
Se n'i faurrai mie
Se le truis appareillie.

III – Adan, jamais ne prendés
Cose ou traïson repaire,
C'a tous fins cuers doit desplaire.
Certes, che me samble assés
Quant on set tant esploitier
C'on set sa dame paier
Par li servir en droite entention.
En li traïr conquerre ne puet on
Si grant singnourie,
Et si l'a on courouchie.

IV – Sire, a chou que dit avés,
En vous a foivle contraire.
Comment puet li hom meffaire
Qui a parture est menés
De deus maus, s'il laist glachier
Le pïeur pour li aidier
Dou mains mauvais ! Sans acomplir mon bon,
Ne porroie finer se par mort non.
Mieus vient querre aïe
C'atendre si grief haschie.

V – Adan, fort me trouverés
Et deffensavle adversaire,
Car au pïeur vous voi traire
Pour chou que trop goulousés

contre son gré, par pure trahison,
ou de la servir loyalement en vain
toute votre vie
et que cela la satisfasse ?

– Seigneur, on voit les plus sages
de temps à autre commettre une trahison
pour s'attirer quelque richesse.
À vrai dire, quel avantage aurai-je
que ma dame soit contente,
elle qui m'aura tant tourmenté
toute ma vie, sans autre récompense ?
Je veux avoir ma part des autres biens
et je n'y manquerai pas
si je la trouve en de bonnes dispositions.

– Adam, ne vous mêlez jamais
d'une chose qui cache une trahison,
cela doit déplaire à tout cœur raffiné.
Certes, il suffit, me semble-t-il
d'être capable d'agir de façon
à satisfaire sa dame
en la servant sans arrière-pensée.
À la trahir on ne peut conquérir
un si grand pouvoir
et de plus on l'a outragée.

– Seigneur, vos propos révèlent
en vous un faible contradicteur.
Comment un homme peut-il mal faire,
qui est sommé de choisir
entre deux maux, s'il laisse de côté
le pire pour s'aider
du moins mauvais ! Sans accomplir mon désir,
je n'aurais d'autre issue que la mort.
Il vaut mieux chercher de l'aide
qu'attendre une si pesante torture.

– Adam, vous trouverez en moi un adversaire
coriace et capable de se défendre,
car je vous vois tendre vers le pire
parce que vous êtes trop avide

Chou qui ne vous a mestier.
On doit savoir sans cuidier
Que loiautés est de fine boichon
Et traïson de trop vilain renon,
Par coi chascuns prie
Que traïson soit honnie.

VI – Sire, chis cas est prouvés
Que traïson ne doit plaire ;
Mais ma dame est debonnaire ;
Par coi, se je sui outrés
Par forche de desirier,
Si l'en cuit jou apaier.
A sen besoing fait on bien mesproison
Sour cuidance de pais et de pardon.
Grans pais, coi c'on die,
Gist en grant guerre a le fie.

VII – Ferri, bon se fait gaitier
De commenchier outrage ne tenchon
Sour l'espoir de venir a raenchon.
Li faus se cointie
Dont li sages se castie.

VIII – Grieviler, ne doit cachier
Vers ma dame simpleche ne raison,
Car volentiers tient femme a compaignon,
Tant l'ai assaïe,
Chelui qui bien le manie. »

de ce qui ne vous est pas nécessaire.
On doit savoir sans erreur
que la loyauté est de bon aloi
et que la trahison a bien vilain renom.
Pour cela chacun prie
que trahison soit en déshonneur.

– Seigneur, cette cause est entendue,
la trahison ne saurait plaire ;
mais ma dame est généreuse ;
c'est pourquoi, si je suis vaincu
par la force de mon désir,
je crois l'amener à faire la paix.
Dans le besoin il arrive qu'on commette une faute
avec l'espoir de la paix et du pardon.
Une grande paix, quoi qu'on prétende,
sort parfois d'une grande guerre.

– Ferri, il fait bon se garder
de commencer outrage ou querelle
tout en espérant s'en racheter.
Le fou se vante,
de ce dont le sage s'abstient.

– Grieviler, je ne dois afficher
envers ma dame ni la franchise ni la raison,
car une femme prend volontiers pour compagnon
j'en ai fait l'épreuve
celui qui sait bien la prendre en main. »

189
JEAN BRETEL et JEAN DE GRIEVILER
Jeu-parti

I « Grieviler, un jugement
Me faites de deus maris :
Li qels a plus de tourmens,
U chieus ki cuide toudis
Que sa feme aint et qu'ele soit amee,
Mais n'en set nient, se çou n'est pas pensee,
U cil ki set que sa feme a amé
Et que ses amis a sa volenté
L'eut maintes fois mais fourjuree l'a,
Et seürs est que jamais n'avenra ?

RS 693, L 133-44, MW 2250
Mss. a 154r-v, b 159v-160r. Musique dans a. Attribution dans b ; attr. à Bretel et à Jean de Grieviler dans le texte.

7. u cil ki set que sa feme a a - mé
8. et que ses a - mis a sa vo - len - té
9. l'eut main - tes fois mais four - ju - re - e l'a,
10. et se - urs est que ja - mais n'a - ven - ra?

« Grieviler, portez-moi
un jugement sur deux maris :
lequel est le plus tourmenté,
de celui qui croit sans cesse
que sa femme aime et qu'elle est aimée,
mais qui n'a pas de certitude sinon en sa pensée,
ou de celui qui sait que sa femme a aimé
et que son ami à son gré
l'a possédée bien des fois pour enfin renoncer à [elle,
et qui est assuré que cela ne recommencera [jamais ?

II – Sire Bretel, erroment
Vous en sera li voirs dis.
Cil a cuer dolent souvent
Qui de sa feme est tous fis
K'ele a esté par autrui violee,
Mais sa dolours est aukes trespassee ;
Je di que chil a trop plus de griété
Ki adés a en cuer et en pensé
Ke sa feme aint : ja dolour ne morra
En cuer jalous tant coum' il le savra.

III – Grieviler, mauvaisement
Savés jugier, ce m'est vis.
Voirs est que grant dolour sent
Cuers jalous, mais cent tans pis
A cil ki set k'il a honte prouvee ;
La vergoune est adés renouvelee
De viés pecié ; cil qui n'a riens prouvé
Se repent bien qant il a tant dasé
En sa folie, et sa dolours tresva ;
Mais cil qui set ne l'oublïera ja.

IV – Sire, sachiés vraiement
Que jou n'ai de riens mespris ;
Bien dirai raison coument
Li jalous est plus maris.
Jalous n'a pais ne soir ne matinee ;
D'ire a toustans la cervele escaufee ;
Il n'a en lui nul point de fermeté ;
Toutans cuid' il c'on li ait tout emblé.
Tel mal n'a pas li wihos qui piecha
Fu et bien set que mais n'i enkerra.

V – Jehan, trop plus cruelment
Est tourmentés et hounis
Cil qui tout certainement
Set k'il fu wihos jadis ;
A tous jours mais en harra s'espousee ;

– Seigneur Bretel, sur-le-champ
la vérité vous en sera dite.
Il a souvent le cœur chagrin,
celui qui est tout à fait sûr
que sa femme a été violée par autrui,
mais sa douleur finit par passer ;
je dis qu'éprouve plus de tourment
celui qui sans cesse a dans son cœur et sa pensée
que sa femme est amoureuse : jamais douleur ne
[s'éteindra
en cœur jaloux avant qu'il n'obtienne une
[certitude.

– Grieviler, vous ne savez pas bien
juger, me semble-t-il.
Il est vrai qu'il sent une grande douleur,
le cœur jaloux, mais celui qui sait
que sa honte est prouvée en a une cent fois pire.
La honte se représente sans cesse
d'un ancien péché ; celui qui n'a aucune preuve
se repent lorsqu'il a assez divagué
en sa folie, et sa douleur s'évanouit ;
mais celui qui sait n'oubliera jamais.

– Seigneur, sachez-le vraiment,
je ne me suis pas du tout trompé ;
je vais vous dire la raison
pour laquelle le jaloux est plus affligé.
Un jaloux n'a de paix ni le soir ni le matin ;
il a toujours la cervelle échauffée par son chagrin ;
en lui il n'y a aucune assurance ;
sans cesse il croit qu'on lui a tout volé.
Le cocu qui fut trompé jadis
n'éprouve rien de tel s'il sait que cela ne se
[représentera plus.

– Jean, c'est un bien plus cruel tourment,
un vrai déshonneur,
que de savoir avec certitude
qu'on a jadis été cocu.
Pour toujours désormais celui-là haïra son épouse,

En haant ert sa dolour demenee.
Mais li jalous mescroit par amisté ;
Jalousie vient de fine chierté ;
Ja amoureus tourment ne grevera
Tant con cil qui de haïne venra.

VI – Bretel, nus maus ne se prent
A jalous ; bien est traïs
Li hom ki teus maus souprent.
Toustans a le cuer espris
D'ire et d'anui et de paour dervee.
Li jalous boit par an mainte orde euwee,
Mais li wihos a le mal pas passé
Puis qu'il voit bien et est en seürté
Que sa feme mais autrui n'amera.
Par tant di jou que li jalous pis a.

VII – Robert amis, çou c'on set est outré,
Mais en cuidier n'a fors que vanité.
Li viés ferus plus se gramïera
Que li nouviaus manechiés ne fera.

VIII – Jaket, on doit mieus tenir a navré
Le jalous cuer que le wiot sané :
Maus trespassés ja tant ne se daurra
Coume chil fait qui tout adés tenra. »

sa douleur sera vécue dans la haine.
Le jaloux au contraire se méfie par amour ;
la jalousie naît d'une forte affection ;
jamais le tourment amoureux ne pèsera
comme le fait celui que suscite la haine.

– Bretel, aucun mal ne peut se comparer
à la jalousie ; il est bien trahi,
l'homme que ce mal accable.
Son cœur est constamment entrepris
par le tourment, par le chagrin et par une peur [insensée.
Le jaloux boit dans l'année plus d'une sale potion,
mais le cocu, lui, a passé le mauvais pas
puisqu'il voit bien, qu'il est en tout assuré
que sa femme ne sera plus amoureuse d'un autre.
Pour cela j'affirme que le jaloux a le pire sort.

– Ami Robert, ce qu'on sait, on se l'exagère,
tandis qu'en soupçon il n'y a que du vent.
Celui qui a été autrefois blessé souffre davantage
que celui qui vient d'être seulement menacé.

– Jacquet, on doit estimer plus blessé
le cœur jaloux que le cocu guéri :
un mal cicatrisé ne causera pas tant de peine
que celui qui tout le temps durera. »

190
JEAN BRETEL et JEAN DE GRIEVILER
Jeu-parti

AA
1)
1. Grie - vi - ler, se vous qui - diés
3. di - tes le quel vous pren- driés:
2. que jou vostre a - mie a - mas - se,
4. u que jou vous en - con - tras - se,
B
5. qant vous i - riés par nuit a li par- ler

I « Grieviler, se vous quidiés
Que jou vostre amie amasse,
Dites le quel vous prendriés :
U que jou vous encontrasse,
Qant vous iriés par nuit a li parler,
A mon issir, si deüssiés entrer,
U cant vous en issisiés
Et g'i entraisse tous liés ?

II – Sire Jehan, che sachiés :
Se courechier vous ossaise,
Ja respondus n'en fuisiés,
Car ne voi bonté ne grasse
En nul des deus ; mais pour vous hounerer
Responc : je vous aim mieus a encontrer
Qant vous entrer i devriés
Et j'en istroie paiiés.

RS 1346, L 133-42, MW 1964
Mss. a 155v-156r, c 1v. Musique dans a. Attribution à Jean Bretel et à Grieviler dans le texte.

« Grieviler, si vous croyiez
que j'aime votre amie,
dites quel choix serait le vôtre :
ou que je vous rencontre,
alors que vous iriez dans la nuit lui parler,
quand je pars et que vous arrivez
ou bien à votre départ
quand j'arriverais à mon tour, tout joyeux.

– Seigneur Jean, sachez-le
si j'osais vous mettre en colère,
vous n'auriez jamais de réponse,
car je ne vois rien de bon, rien d'agréable
en aucun des deux ; mais pour vous honorer,
je réponds : j'aime mieux vous rencontrer
quand vous allez entrer
et que moi, je sortirais satisfait.

III – Grieviler, vous kieusisiés
Le pïeur, qui trop se quaisse
Qui d'amie est eslongiés
Et son anemi i laisse.
Cent tans de duel ariés a recorder
Les biens que je porroie en li trouver
Que se parti m'en saviés
Et vous i demouriciés.

IV – Bretel, bien voi les meschiés.
Ja a çou ne m'acordaisse,
Mais li trouvers est trop griés.
Sachiés que chil trop s'abaisse
Qui avant veut le bien [autrui] douner
Dont il languist et muert par desirer ;
Chil qui avant est baigniés
N'est mie plus cunquïés.

V – Grieviler, vous vous aidiés
De çou dont point ne m'aidasse.
Cil est assés mains quaisiés
Qui englot chou c'on li maske.
Li premiers n'a fait fors eskapeler ;
Li deerains qui fait l'uevre asoumer
Clot l'uis, s'est li mieus logiés
Li daerains aaisiés.

VI – Sire, del pïeur plaidiés ;
Envers vous bien le prouvaise
S'entendre me vausisiés.
Trop vilainement se quaisse
Qui d'amie se veut tant consirer
K'autres i puist devant lui abiter.
J'aim [mieus] a prendre haitiés
Mon deduit que courechiés.

VII – Simon Pouchin, cil qui veut sormonter
Son anemi el camp doit demourer
Daerrains : cil est plaisiés
Ki premiers en est cachiés.

– Grieviler, vous avez choisi
le pire, car il souffre trop,
celui qui est éloigné de son amie
et y laisse son ennemi.
Votre douleur serait cent fois pire à vous repasser
toutes les faveurs que je pourrais en obtenir
que si vous me saviez parti
tandis que vous demeureriez.

– Bretel, je vois bien les désagréments.
Je ne m'y résoudrais pas,
mais il est très difficile ici de trouver un argument
Sachez qu'il s'abaisse trop, [décisif.
celui qui consent à donner d'abord à autrui son
alors qu'il languit et meurt de désir ; [bien
celui qui se baigne le premier
n'hérite pas de la crasse.

– Grieviler, vous vous servez
de ce dont je dédaignerais de me servir ;
il est moins en peine
celui qui engloutit ce qu'on lui mâche !
Le premier ne fait que dégrossir le travail ;
le dernier qui porte l'œuvre à sa perfection
ferme la porte, il est le mieux logé,
le dernier, il a ses aises.

– Seigneur, vous plaidez en faveur du pire ;
je serais prêt à le prouver
si vous vouliez m'entendre.
Il s'afflige bien laidement,
celui qui accepte de se priver de son amie
au point qu'un autre puisse coucher avec elle le
J'aime mieux prendre de bon cœur [premier.
mon plaisir que furieux.

– Simon Pouchin, celui qui veut vaincre
son ennemi au tournoi doit rester
le dernier. Celui-là est écrasé
qui en est le premier chassé.

VIII – Jaket, Triamodés seut bien parler
Premierement, che li fist conquester
Maintes teres et mains fiés.
Mieus vaut li nués que li viés. » 56

191
JEAN BRETEL et JEAN DE GRIEVILER
Jeu-parti

I « Grieviler, vostre ensïent
Me dites d'un ju parti :
Se vous amés loiaument
Et on vous aime autresi,

– Jacquet, Triamodès sut bien parler
le premier, cela lui fit conquérir
maintes terres et maints fiefs.
Mieux vaut ce qui est neuf que ce qui est usagé. »

RS 668, L 133-45, MW 2191
Mss. a 144v-145r, A 144v-145r, G n° 4, Z 41v-42r, b 163r. Musique dans AZa. Attribution dans b ; attr. à Jean et à Grieviler dans le texte.

7. se - ra be - le par rai - son
8. et sage a tres grant fui - son,
9. u sa - ge rai - snau - le - ment
10. et tres bele ou - tre - e - ment?

« Grieviler, donnez-moi
votre avis au sujet d'un jeu-parti :
si vous aimez loyalement
et que l'on vous aime pareillement,

Li qieus sera mieus vos grés,
U chele qui vous amés
Sera bele par raison
Et sage a tres grant fuison,
U sage raisnaulement
Et tres bele outreement?

II – Sire Jehan, bel present
M'offrés et j'ai bien coisi.
Pour plus vivre longuement
Sans estre jalous de li,
Veil que ses cuers soit fondés
En sens, puis que bele assés
Est; sens est sans soupechon.
Biautés a plus cuer felon :
Orgeus i maint, qui souvent
Muet grant joie en grant tourment.

III – Grieviler, biautés n'entent
Ne n'ot ne voit, je vous di,
Ne n'a nul apensement
De griété faire a ami;
Mais tres grant sens est fondés
De felounie et retés
D'orguel et de traïson,
Et par si fait cas pert on;
Et biautés doune talent
Toutans d'amer asprement.

IV – Sire, sachiés vraiement
Grant biautés enorgeilli
Lucifer, qui trop vilment
Dedens infer en kaï;
Par grant sens n'est pas dampnés.
Par sens est deduis menés.
Puis que ma dame a le non
Que bele est par grant raison,
Del sens ait abondamment
Pour mieus amer fermement.

lequel sera pour vous le plus agréable,
que celle que vous aimez
soit assez belle
et d'une intelligence extraordinaire,
ou bien qu'elle soit assez intelligente
et d'une beauté remarquable ?

– Seigneur Jean, c'est un cadeau
que vous me faites-là et j'ai bien choisi.
Pour vivre plus longtemps
sans être jaloux d'elle,
je veux que son cœur s'appuie
sur la sagesse puisqu'elle est,
assez belle ; la sagesse ne cause pas de soupçon.
La beauté a le cœur plus perfide :
l'orgueil l'habite et souvent
il transforme une grande joie en grande
[souffrance.

– Grieviler, la beauté n'entend,
n'écoute ni ne voit, je vous le dis,
et n'a nullement l'intention
de faire souffrir son ami ;
mais la très grande sagesse s'appuie
sur la traîtrise et on l'accuse
d'orgueil et de perfidie,
et, dans ces circonstances, on y perd
tandis que la beauté donne le désir
d'aimer toujours ardemment.

– Seigneur, sachez-le vraiment,
une grande beauté rendit orgueilleux
Lucifer qui, à son grand déshonneur,
en tomba au fond de l'enfer ;
ce n'est pas la sagesse qui l'a damné.
La sagesse permet de vivre en joie.
Puisque ma dame a la renommée
d'être raisonnablement belle,
qu'elle ait une grande intelligence
pour aimer plus fermement.

V – Grieviler, mauvaisement
Respondés, je vous afi.
Li rois u Navare apent
Le tres grant sens desfendi
Qu'en aucun point est sieunés,
Mais tres grant fine biautés
Est tout adés en saison.
Pour tres grant biauté aim' on
Plus ferm et plus taillaument
Que pour grant sens contre un cent.

VI – Sire, si sauvagement
Ains mais parler ne vous vi.
S'uns roi parla folement
Volés vous faire autresi ?
Bons sens n'ert ja refusés
Se çou n'est de faus dervés.
Amours vous done tel don
K'adés bele amie a on
Puis c'on aime corelment.
Al grant sens pour çou m'asent.

VII – Dragon, vous nous jugerés.
Je di, et s'est verités,
Que pour le sens Salemon
N'aime on pas tant Marion
C'on fait pour son bel jouvent,
C'on n'aime pas sagement.

VIII – Demisele Oede, entendés.
Je di qu'il est faus prouvés
Qui a tele entencion.
Bons sens dure duq'en son,
Mais n'est, a droit jugement,
Biautés c'un trespas de vent. »

– Grieviler, vous répondez
mal, je vous le certifie.
Le roi qui règne sur la Navarre
défendit l'opinion raisonnable
qui est certaines fois dédaignée,
mais la très grande beauté
est toujours la bienvenue.
On aime cent fois plus fort, plus fermement
pour une très grande beauté
que pour une grande sagesse.

– Seigneur, jamais je ne vous avais entendu
parler aussi mal à propos.
Si un roi parla comme un fou,
voulez-vous faire comme lui ?
Le bon sens ne sera jamais refusé
si ce n'est par un fol insensé.
Amour vous accorde un don :
on trouve aussitôt son amie belle
pour peu qu'on l'aime du fond du cœur.
Voilà pourquoi je choisis l'intelligence.

– Dragon, vous nous jugerez.
Je dis, et c'est la vérité,
que pour toute la sagesse de Salomon,
on n'aime pas autant Marion
qu'on ne fait pour sa belle jeunesse,
car l'amour n'est pas sage.

– Demoiselle Odette, entendez-nous :
je dis qu'il est fou prouvé,
celui qui se tient à cet avis.
Le bon sens dure jusqu'à la fin
tandis que à bien y juger
la beauté n'est qu'un souffle de vent. »

192

THIBAUT II, COMTE DE BAR

Chanson historique

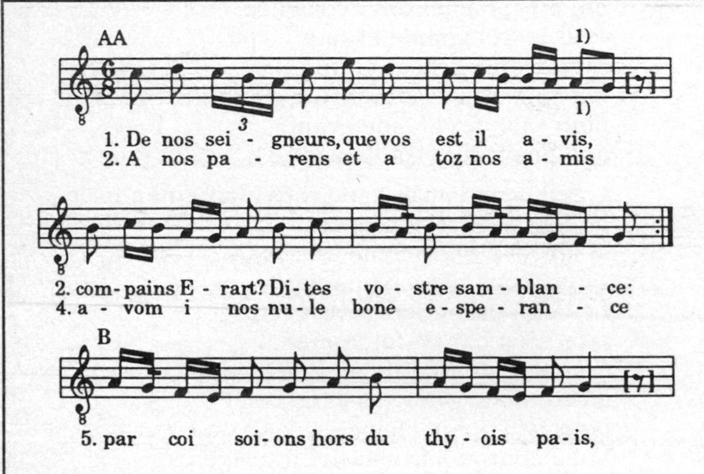

I De nos seigneurs que vos est il avis,
Compains Erart ? Dites vostre samblance :
A nos parens et a toz nos amis
Avom i nos nule bone esperance
Par coi soions hors du thyois païs,
U nos n'avom joie, soulaz ne ris ?
Ou conte Othon ai mout grant atendance.

II Dux de Brasbant, je fui ja vostre amis
Tant con je fui en delivre poissance ;
Se vos fussiez de rienz nule entrepris,
Vos eüssiez en moi mout grant fiance :
Por Dieu vos proi, ne me soiez eschis.
Fortune fait maint prince et mainte marchis
Meillor de moi avenir mescheance.

III Bele merë, ainc rienz ne vos mesfis
Par qu'eüsse vostre male vueillance ;

RS 1522, L 47-1, MW 603
Mss. M 5r, U 144r-v. Musique dans M. Attribution dans M.

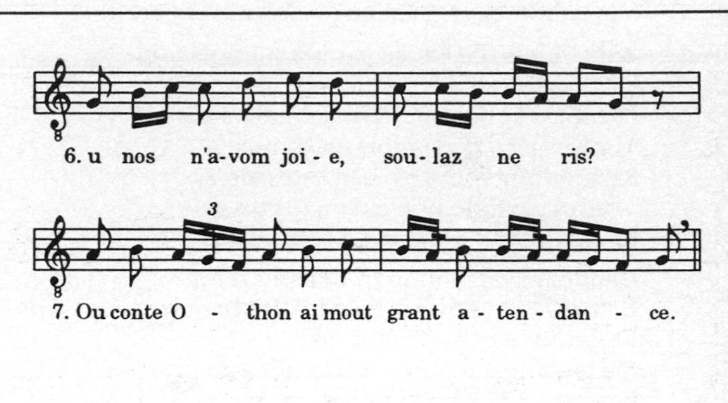
6. u nos n'a-vom joi - e, sou - laz ne ris?
3
7. Ou conte O - thon ai mout grant a - ten - dan - ce.

De nos seigneurs, quel avis avez-vous,
compagnon Erart ? Dites ce qu'il vous en semble :
pouvons-nous concevoir une bonne espérance
que, grâce à nos parents et à tous nos amis,
nous serons libérés du pays des Germains
où nous n'avons ni joie, ni consolations, ni rires ?
J'attends beaucoup du comte Othon.

Duc de Brabant, jadis je fus votre ami
tant que je fus maître de mes faits et gestes ;
si jamais vous vous étiez trouvé en quelque ennui,
vous eussiez pu avoir en moi grande confiance :
au nom de Dieu, je vous en prie, ne me trahissez [pas.
Fortune fait advenir la malchance
à maints princes et maints marquis meilleurs que [moi.

Belle-mère, je ne vous ai en rien nui
au point de mériter votre malveillance ;

Des celui jor que vostre fille pris,
Vos ai servi loiaument, des m'enfance !
Or sui por vos ici loiez et pris
Entre les mainz mes morteus anemis.
S'avez bon cuer, bien en prendrez vengance.

IV Bons cuens d'Alos, se par vos sui hors mis
De la prison ou je sui en doutance,
Ou chascun jor me vient de mal en pis –
Toz jors i sui de la mort en baance –
Sachiez por voir, se vos m'estes aidis,
Vostres serai de bon cuer a toz dis,
Et mes pooirs, sanz nulle retenance.

V Chançon, va, di mon frere le marchis
Et mes homes ne me facent faillance ;
Et si diras a ceus de mon païs
Que loiautez mainz preudomes avance.
Or verrai je qui sera mes amis
Et connoistrai trestoz mes anemis ;
Encor avrai, se Dieu plaist, recovrance.

193
LA DUCHESSE DE LORRAINE
Plainte funèbre

I Par maintes fois avrai esteit requise
C'ains ne chantai ansi con je soloie ;
Car je suix si aloingnie de joie
Que j'en devroie estre plus antreprise,
Et a mien voil moroie an iteil guise
Con celle fist cui je sanbler voroie :
Didol, qui fut por Eneas ocise.

II Ahi, amins ! tout a vostre devise
Que ne fis jeu tant con je vos veoie ?
Jant vilainne cui je tant redotoie
M'ont si greveit et si ariere mise

depuis le jour où j'ai pris votre fille pour femme,
je vous ai servie loyalement, depuis ma prime
[jeunesse !
Voilà que je suis pour vous captif et prisonnier
entre les mains de mes ennemis mortels.
Si vous avez bon cœur, vous me vengerez bien.

Brave comte de Loss, si je suis grâce à vous
libéré de cette prison où je vis dans la peur,
où chaque jour je souffre davantage
(car je suis toujours dans l'attente d'y mourir),
sachez-le, vraiment, si vous m'aidez,
je serai à vous de tout cœur pour toujours,
ainsi que mes troupes, sans aucune réserve.

Chanson, va, dis à mon frère le marquis
et à mes hommes de ne pas me faire défaut ;
dis aussi à ceux de mon pays
que la loyauté améliore plus d'un preux.
Je verrai là qui sera mon ami
et connaîtrai tous mes ennemis ;
si Dieu le veut, j'aurai encore ma délivrance.

RS 1640, L 57-1, MW 2344
Mss. U 97r-v, C 182r-v. Sans musique. Attribution dans C.

Maintes fois on m'aura demandé
pourquoi je ne chante plus comme j'en avais
c'est que je suis si éloignée de la joie [l'habitude ;
que je devrais en être encore plus empêchée,
et ce que je voudrais, c'est mourir de la même
que celle à qui je voudrais ressembler : [façon
Didon qui pour Énée fut tuée.

Ah, ami ! que n'ai-je agi en tout point,
selon votre désir tant que je vous voyais ?
Les vilaines gens que je redoutais tellement
m'ont tant blessée, tant retenue

C'ains ne vos pou merir vostre servise.
S'estre poioit, plus m'an repantiroie
C'Adans ne fist de la pome c'ot prise.

III Ains por Forcon ne fist tant Afelisse
Con je por vos, amins, s'or vos ravoie ;
Mais ce n'iert jai, se premiers ne moroie.
Mais je [ne] puis morir an iteil guise
C'ancor me rait Amors joie promise.
Si vuel doloir an leu de mener joie :
Poinne et travail, ceu est ma rante assise.

IV Par Deu, amins, en grant dolour m'a mise
Mors vilainne, qui tout lou mont gerroie.
Vos m'at tolut, la riens que tant amoie !
Or seu Fenis, lasse, soule et eschise,
Dont il n'est c'uns, si con an le devise.
Mais a poinnes m'en reconfortiroie
Se por ceu non, c'Amors m'at an justice.

que jamais je ne pus récompenser votre service.
Si cela était possible, je m'en repentirais davantage
qu'Adam ne le fit pour la pomme qu'il avait prise.

Jamais pour son Fouques ne fit tant Anfélise
que je ferais pour vous, ami, si je vous avais de
[nouveau ;
mais cela ne sera jamais, à moins que je ne meure.
Mais je ne peux mourir munie de la promesse
qu'Amour me donnera encore de la joie.
Je veux donc souffrir et non éprouver de la joie :
peine et tourment, voilà la rente qui m'est
[assignée.

Par Dieu, mon aimé, en grande douleur m'a mise
la vile mort qui guerroie le monde entier.
Elle vous a pris à moi, vous que j'aimais tant.
Me voilà Phénix, lasse, seule, repoussée,
oiseau qui est unique, comme on le raconte.
Mais j'aurais du mal à me ranimer
si ce n'était qu'Amour m'a en son pouvoir.

194
GAMART DE VILERS et JEAN LE CUVELIER
Jeu-parti

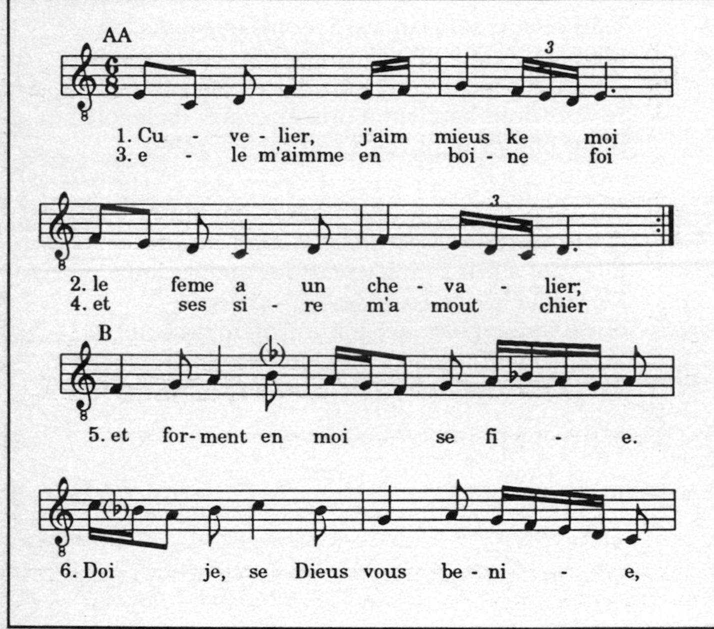

I « Cuvelier, j'aim mieus ke moi
Le feme a un chevalier ;
Ele m'aimme en boine foi
Et ses sire m'a mout chier
Et forment en moi se fie.
Doi je, se Dieus vous benie,
Pour lui la dame eslongier,
U j'en doi le dosnoiier
Prendre s'ele le m'otrie ?

RS 1671, L 67-1, MW 2019
Mss. Z 52r-v, E n° 2, b 156r, c 2r. Musique dans Z. Attribution dans b ; attr. à Gamart et à Jean Cuvelier dans le texte.

1)
7. pour lui la dame es - lon - gier,
3
8. u j'en doi le dos - noi - ier
9. pren - dre s'e - le le m'o- tri - e?

« Cuvelier, j'aime plus que moi-même
la femme d'un chevalier ;
elle m'aime en bonne foi
et son époux m'a en grande amitié,
il se fie beaucoup à moi.
Dois-je, que Dieu vous bénisse,
m'éloigner pour lui de la dame,
ou dois-je prendre mon plaisir
avec elle si elle me l'accorde ?

II – Gamart, se par son otroi
En pöés vo desirier
Avoir, n'aiés pas effroi
Ne doutance d'embrachier
S'amour et sa compaignie,
Coi ke ses maris en die.
S'ele vous veut otroier
Son deduit par bel proiier,
Dont ne le refusés mie.

III – Cuvelier, mon grant anoi
Me löés a pourchacier.
Se de li preng le dosnoi,
J'en perdrai sans recouvrier
Mon ami par ma folie,
Et s'ert la dame laidie
De lui pour moi courecier;
Lors porai vis esragier,
Et s'ert cele maubaillie.

IV – Gamart, a çou ke vous voi,
N'amés pas de cuer entier.
Vous ne devriés pour un roi
La vostre amie laissier;
Trop est peu de vous prisie
Quant si tost l'arés guerpie
Pour un homme compaignier;
S'ele vous aimme et tient chier,
C'est bontés mal emploïe.

V – Par le foi ke je vous doi,
Sire Jehan Cuvelier,
De traïson vous mescroi,
Ki me volés consillier
Ke face tel vilonnie
Ke prenge la drüerie
De celi ki est mouillier
A celui ki sans trechier
M'aimme autant comme sa vie.

VI – Gamart, ses maris, je croi,
Vous aimme sans losengier;

– Gamart, si avec sa permission
vous pouvez satisfaire
votre désir, n'ayez pas de crainte
ni d'hésitation à partager
son amour et sa compagnie,
quoi qu'en dise son mari.
Si elle veut vous accorder
son amour pour de belles prières,
vous ne devez pas le refuser.

– Cuvelier, c'est mon tourment
que vous me conseillez de rechercher.
Si je prends l'amour,
j'en perdrai sans possible retour
mon ami par ma folie,
et il maltraitera la dame
pour me faire de la peine.
Je pourrai en enrager tout vif
et elle aura un mauvais sort.

– Gamart, à ce que je vois,
vous n'aimez pas du fond du cœur.
Vous ne devriez pas pour un roi
abandonner votre amie ;
elle a trop peu de prix à vos yeux
si vous avez si vite fait de la laisser
pour la compagnie d'un homme.
Si elle vous aime et vous chérit,
c'est bonté bien mal employée.

– Par la foi que je vous dois,
sire Jean Cuvelier,
je vous soupçonne de trahison
puisque vous voulez me conseiller
d'accomplir une telle vilenie
que d'accepter une liaison
avec celle qui est l'épouse
d'un homme qui, sans mentir,
m'aime autant que sa vie.

– Gamart, son mari, je crois,
vous aime sans vous mentir ;

Mais mieus le vous vient un poi
Destourber et courechier
Ke perdre tel signourie
Com l'amour de vostre amie,
Se vous l'amés sans boisier.
Faisons ent le droit jugier
A tel ki le voir en die.

VII – Cuvelier, de ma partie
Je preng la dame jolie
De Fouencamp sans targier ;
S'en voelle le droit jugier,
S'ert no tençons apaisie.

VIII – Gamart, se Dieus me benie,
Gillart preng, de quel maisnie
Vous estes, se li requier
K'il voelle la dame aidier ;
S'ert no chose mieus jugie. »

195
SAINTE DES PRÉS
et LA DAME DE LA CHAUCIE
Jeu-parti

I « Que ferai je, dame de la Chaucie,
S'il est ensi c'on me requiert m'amour ?
Conseilliez moi, par vostre courtoisie,
El quel des deus j'avrai plus grant honnour :
Ou ce que je lesse a celui tout dire
Sa volenté, ou ançois l'escondire ?
Par fine amour, lõez m'ent le meillour.

II – Damoisele, de la moie partie
Vous loe bien et pour vostre valor
Que vous vueilliez souffrir que cil vous die
Sa volenté, sans lui metre en errour ;
Qu'en lui oiant porrez vous bien eslire

mais mieux vaut un peu
le perturber et le courroucer
que de perdre un tel pouvoir
que l'amour de votre amie,
si vous l'aimez sans tromperie.
Faisons-en juge
celui qui pourra nous en dire la vérité.

– Cuvelier, de ma cause,
je fais juge la dame jolie
de Fouencamp sans tarder ;
qu'elle veuille se prononcer
et notre querelle sera apaisée.

– Gamart, que Dieu me bénisse,
je prends Gillart à la maison duquel
vous appartenez et je lui demande
qu'il veuille aider la dame ;
notre affaire en sera mieux jugée. »

RS 1112, L 246-1, MW 1986
Ms. b 167r. Sans musique. Attribution ; attr. à la dame de la Chaucie dans le texte.

« Que ferai-je, dame de la Chaussée,
s'il arrive que l'on me prie d'amour ?
Conseillez-moi, par votre courtoisie,
en lequel des deux trouverai-je le plus d'honneur :
de laisser l'homme exprimer
tout son désir ou de le faire taire avant ?
Au nom de l'amour parfait, conseillez-moi le
[meilleur choix.

– Demoiselle, je vous recommande bien
mon choix, pour votre valeur :
Souffrez qu'il vous exprime
son désir sans le mettre en peine ;
en l'écoutant vous pourrez décider

Se il vous plaist l'otroi ou le desdire,
Et si savrez s'il dist sens ou folour.

III – Dame, c'est voirs, mes fame ne doit mie
Home escouter, ains doit avoir paour
Qu'ele ne soit a l'oïr engignie,
Quar home sont trop grant losengeour
Et leur raisons sevent tant bel descrire
Qu'en eulz oiant puet a cele souffire
Chose dont tost cherroit en deshonour.

IV – Damoisele, poi est de sens garnie
Fame qui chiet pour parole en freour
D'omme, s'il n'est cheüz en frenesie.
Bien escouter donne sens et vigour
De bel parler, ci a bel maestire.
Ja pour oïr homme n'iert fame pire
S'el ne se veult obeïr a folour.

V – Dame, bien voi tost seriez otroïe
A home oïr, se veniez a ce tour ;
Mes, se Dieu plest, je n'iere ja moquie
D'omme vivant, ne de nuit ne de jour,
Quar de bien fait sevent il tost mesdire ;
Pour ce, les vueil au premier desconfire,
Si que nulz n'ost a moi fere retour. »

s'il vous plaît de l'accepter ou de le refuser
et vous saurez s'il dit sagesse ou folie.

– Dame, c'est vrai, mais une femme ne doit pas
écouter un homme, elle doit craindre,
en prêtant l'oreille, de se faire abuser,
car les hommes sont de grands menteurs
et ils savent si bien donner leurs raisons
que, à simplement les écouter, elle pourrait
se trouver en une situation qui lui causerait du
[déshonneur.

– Demoiselle, elle n'a pas beaucoup de sagesse,
la femme qui pour la rumeur publique s'effraie
d'un homme, sauf s'il est atteint de frénésie.
Savoir écouter donne de l'esprit et stimule
l'éloquence, c'est un bel art.
Jamais une femme ne deviendra pire
en écoutant un homme si elle ne veut pas se prêter
[à des folies.

– Dame, je vois bien que vous accepteriez vite
d'écouter un homme, si l'occasion s'en présentait;
mais, s'il plaît à Dieu, jamais ne se moquera
de moi homme au monde, ni la nuit ni le jour,
car ils sont prompts à médire d'une bonne action;
pour cela je veux dès l'abord les repousser,
si bien que nul n'ose revenir contre moi pour un
[second assaut. »

196
JACQUES DE CYSOING
Chanson d'amour

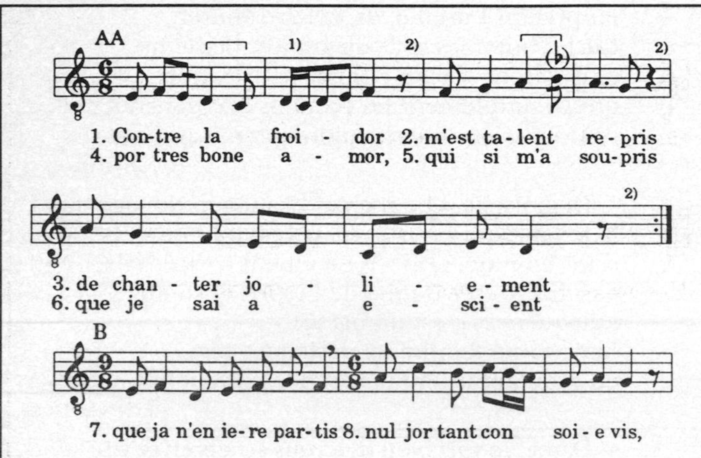

I Contre la froidor
M'est talent repris
De chanter joliement
Por tres bone amor,
Qui si m'a soupris
Que je sai a escïent
Que ja n'en iere partis
Nul jor tant con soie vis,
Ainz servirai loiaument,
Ligement,
Bone Amor a son devis.

II Ja n'iere a nul jor
Louseignolz faillis
Qui a femele se prent,
Qui pert sa baudor,
Sa joie et ses cris,
Quant vivre doit liement.

RS 1987, L 122-1, MW 2487
Mss. M 15r-v, K 219-220, N 48r-v, P 155v, V 70r-v. Musique dans tous les mss. Attribution dans ML ; attr. à Perrin d'Angicourt dans N.

9. ainz ser - vi-rai loi-au - ment, 10. li-ge-ment,
1)
11. bone A - mor a son de - vis.

À l'entrée de la froide saison
il me reprend le désir
de chanter joyeusement
pour un très bon amour
qui m'a séduit au point
que je le sais assurément
jamais je ne le quitterai
de ma vie,
mais je servirai loyalement
en homme lige
Bon Amour selon son désir.

Jamais nul jour je ne serai
le décevant rossignol
qui, une fois accouplé à la femelle,
perd son allégresse,
sa joie et ses cris,
alors qu'il devrait vivre dans la gaieté.

Se mes chanters m'est meris,
N'en doi estre mains jolis,
Maiz pluz envoisiement
        Et souvent
Doi chanter, ce m'est avis.

III   Dame de valor
        Qui maintient bon pris
Tient fin ami en jouvent ;
        S'en bee a honor
        Cuers qui est assis
En tel lieu veraiement,
Se guerredons en est pris.
Cil n'est mie fins amis
Qui n'en a amendement,
        Quant il prent
Don de si bon lieu tramis.

Si mon chant m'est récompensé,
je n'en dois pas être moins joyeux,
mais plus allégrement
et souvent
je dois chanter, à mon avis.

Une dame de qualité
qui conserve sa valeur
maintient son fin ami en sa jeunesse ;
et le cœur qui s'attache
sincèrement en un tel lieu
aspire à l'honneur
s'il reçoit sa récompense.
Celui-là n'est pas un fin ami
qui ne s'améliore pas
quand il reçoit
le don venu d'un si bon lieu.

197

MONIOT DE PARIS

Chanson de rencontre

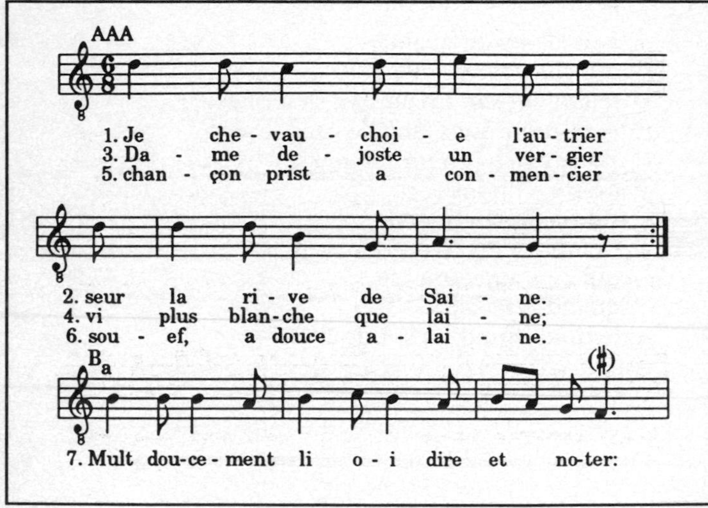
AAA
1. Je che - vau - choi - e l'au - trier
3. Da - me de - joste un ver - gier
5. chan - çon prist a con - men - cier
2. seur la ri - ve de Sai - ne.
4. vi plus blan - che que lai - ne;
6. sou - ef, a douce a - lai - ne.
Ba
(♯)
7. Mult dou-ce - ment li o - i dire et no-ter:

I Je chevauchoie l'autrier
Seur la rive de Saine.
Dame dejoste un vergier
Vi plus blanche que laine ;
Chançon prist a conmencier
Souëf, a douce alaine.
Mult doucement li oï dire et noter :
« Honi soit qui a vilain me fist doner ! »
J'aim mult melz un poi de joie a demener
Que mil mars d'argent avoir et puis plorer.

II Hautement la saluai
De Dieu le filz Marie.
El respondi sanz delai :
« Jhesu vos beneïe ! »
Mult doucement li proié
Q'el devenist m'amie.

RS 1255, L 186-3, MW 934, B 961 (+ deux sources)
Mss. P 171v-172r, K 192-193, N 92r-v. Musique dans tous les mss. Attribution dans KN.

8. "Ho - ni soit qui a vi- lain me fist do- ner!"
rf a
(♯)
9. *J'aim mult melz un poi de joie a de - me- ner*
10. *que mil mars d'ar- gent a - voir et puis plo - rer.*

Je chevauchais l'autre jour
sur la rive de la Seine.
Je vis auprès d'un verger
une dame plus blanche que laine ;
elle se mit à entonner un chant
suave, d'une voix douce.
Je l'entendis dire et chanter tout doucement :
« Honni soit celui qui me fit donner à un vilain ! »
J'aime bien mieux éprouver un peu de joie
que d'avoir mille marcs d'argent et puis pleurer.

À haute voix je la saluai
au nom de Dieu, le Fils de Marie.
Elle répondit sur-le-champ :
« Jésus vous bénisse ! »
Je lui ai demandé avec douceur
qu'elle devienne mon amie.

Tot errant me conmençoit a raconter
Conme ses maris la bat por bien amer.
J'aim [mult melz un poi de joie a demener
Que mil mars d'argent avoir et puis plorer].

III « Dame, estes vos de Paris ?
– Oïl, certes, biau sire ;
Seur Grant-Pont maint mes maris,
Des mauvés tot le pire.
Or puet il estre marris :
Jamés de moi n'iert sire !
Trop est fel et rioteus, trop puet parler,
Car je m'en vueil avec vos aler jöer. »
J'aim [mult melz un poi de joie a demener
Que mil mars d'argent avoir et puis plorer].

IV « Mal ait qui me maria !
Tant en ait or le prestre,
Qu'a un vilain me dona
Felon et de put estre.
Je croi bien que poior n'a
De ci tresqu'a Vincestre.
Je ne pris tot son avoir pas mon souler,
Quant il me bat et ledenge por amer. »
[J'aim mult melz un poi de joie a demener
Que mil mars d'argent avoir et puis plorer.]

V « Enondieu, je amerai
Et si serai amee,
Et si me renvoiserai
El bois soz la ramee,
Et mon mari maudirai
Et soir et matinee.
– Dame de Paris, amez, lessiez ester
Vostre mari, si venez o moi jöer ! »
J'aim [mult melz un poi de joie a demener
Que mil mars d'argent avoir et puis plorer].

Aussitôt elle se mit à me raconter
comment son mari la bat parce qu'elle aime.
J'aime bien mieux éprouver un peu de joie
que d'avoir mille marcs d'argent et puis pleurer.

« Dame, êtes-vous de Paris ? »
– Oui, certes, cher seigneur ;
mon mari demeure sur le Grand-Pont,
il est le pire d'entre les méchants.
Maintenant il a de quoi se fâcher !
Jamais il ne sera mon maître !
Il est trop cruel et querelleur, il peut bien parler,
je veux m'en aller m'amuser avec vous. »
J'aime bien mieux éprouver un peu de joie
que d'avoir mille marcs d'argent et puis pleurer.

« Malheur à qui me maria !
Autant pour le prêtre
qui me donna à un vilain
cruel et de sale race !
Je crois bien qu'il n'y a pas pire
d'ici jusqu'à Winchester.
Tout son argent ne vaut pas à mes yeux mon [soulier
puisqu'il me bat et m'insulte parce que j'aime. »
J'aime bien mieux éprouver un peu de joie
que d'avoir mille marcs d'argent et puis pleurer.

« Au nom de Dieu, j'aimerai
et je serai aussi aimée,
et je me réjouirai
au bois sous la ramée,
et je maudirai mon mari
soir et matin.
– Dame de Paris, aimez, laissez tomber
votre mari, venez vous amuser avec moi ! »
J'aime bien mieux éprouver un peu de joie
que d'avoir mille marcs d'argent et puis pleurer.

198
MONIOT DE PARIS
Chanson d'amour

I Quant je oi chanter l'alöete
Pour la venue du tens cler,
Lors mi semont une amorete
De chançon fere et de chanter.
    D'une pucelete
    Ferai chançonete
    Qui mult est sadete.
    Je l'aim sanz fausser.
    Bele a la bouchete,
    Color vermeillete ;
    Tant la voi sadete
    Que n'i puis durer.
Or voi je bien que sanz morir
Ne porrai ces maus endurer ;
S'ele mi let ensi fenir,
Tout li mons l'en devroit blasmer.

RS 969, L 186-8, MW 591
Mss. K 198, N 94v-95r, P 184r-v. Musique dans tous les mss. Attribution dans KN et à Jean Moniot dans le texte.

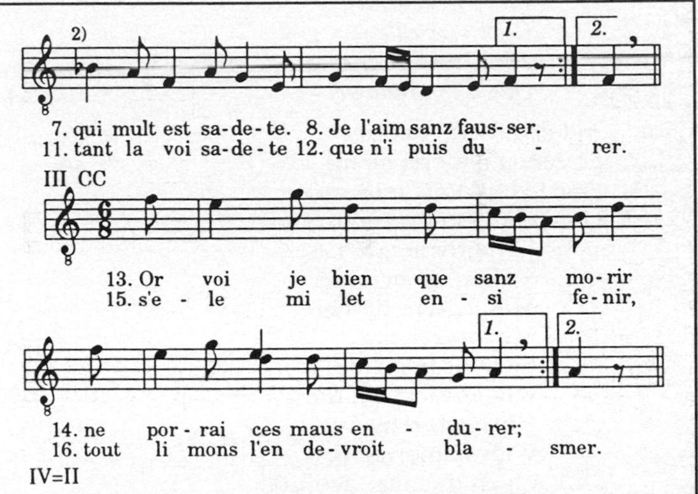
2)
1.
2.
7. qui mult est sa-de-te. 8. Je l'aim sanz faus-ser.
11. tant la voi sa-de-te 12. que n'i puis du - rer.
III CC
13. Or voi je bien que sanz mo-rir
15. s'e - le mi let en - si fe-nir,
14. ne por-rai ces maus en - du-rer;
16. tout li mons l'en de-vroit bla - smer.
IV=II

Quand j'entends chanter l'alouette
à l'arrivée des jours clairs,
alors une amourette me pousse
à composer et chanter une chanson.
Je ferai une chansonnette
pour une jeune fille
qui est fort agréable.
Je l'aime sincèrement.
Elle a une belle petite bouche
et le teint rose ;
je la vois si mignonnette
que je n'y puis tenir.
Je vois bien maintenant que sans en mourir
je ne pourrai endurer ma peine ;
si elle me laisse ainsi finir mes jours,
tout le monde devrait l'en blâmer.

D'une pucelete
[Ferai chançonete
Qui mult est sadete.
Je l'aim sanz fausser.
Bele a la bouchete,
Color vermeillete ;
Tant la voi sadete
Que n'i puis durer].

II A dolor userai ma vie
Se cele n'a merci de mi
Que je ai si lonc tens servie,
Qu'ele mi tiengne pour ami.
Je ne vivrai mie
S'ele n'est m'amie,
Mes a grant haschie
Me morrai ensi.
Se muir por s'aïe,
Jamés n'iert qui die
Chançon renvoisie
Pour l'amor de li.
Or voi bien que mar acointai
Son cors, s'el n'a merci de mi.
Sa grant biauté mar remirai ;
Je m'en tieng bien a maubailli.
Je ne vivrai mie
[S'ele n'est m'amie,
Mes a grant haschie
Me morrai ensi.
Se muir por s'aïe,
Jamés n'iert qui die
Chançon renvoisie
Pour l'amor de li].

III Oncor tenir ne mi porroie
De chanter com loiaus amis.
Je chant et plorer deveroie
Conme dolenz et esbahiz.
Se cele n'est moie
Laou mes cuers s'otroie,
Faillie est ma joie

Je ferai une chansonnette
pour une jeune fille
qui est fort agréable.
Je l'aime sincèrement.
Elle a une belle petite bouche
et le teint rose ;
je la vois si mignonnette
que je n'y puis tenir.

Je passerai ma vie dans la souffrance
si elle n'a pas pitié de moi,
celle que j'ai servie assez longtemps
pour qu'elle me considère comme son ami.
Je ne vivrai plus
si elle n'est pas mon amie,
mais en grand martyre
je mourrai ainsi.
Si je meurs faute de son aide,
il n'y aura plus personne pour lui dire
une chanson enjouée
pour l'amour d'elle.
Je vois bien maintenant que j'eus tort d'approcher
sa personne si elle n'a pas pitié de moi.
Je contemplai pour mon malheur sa grande [beauté,
je me tiens pour malchanceux.
Je ne vivrai plus
si elle n'est pas mon amie,
mais en grand martyre
je mourrai ainsi.
Si je meurs faute de son aide,
il n'y aura plus personne pour lui dire
une chanson enjouée
pour l'amour d'elle.

Je ne pourrais pourtant pas me retenir
de chanter comme un amant loyal.
Je chante mais je devrais pleurer
comme un homme dolent et ébahi.
Si elle n'est pas à moi,
celle à qui mon cœur se donne,
ma joie est perdue

Et touz mes deliz ;
Et Deus, qui g'en proie,
Dont qu'ele soit moie
Si c'oncore en soie
Joianz et jolis.
Jehan Moniot dit ensi
Q'il a en tel lieu son cuer mis
Laou il a bien du tout failli.
Gardez que ne faciez ausi !
Se cele n'est moie
Laou [mes cuers s'otroie,
Faillie est ma joie
Et touz mes deliz ;
Et Deus, qui g'en proie,
Dont qu'ele soit moie
Si c'oncore en soie
Joianz et jolis].

199
MONIOT DE PARIS
Chanson d'amour

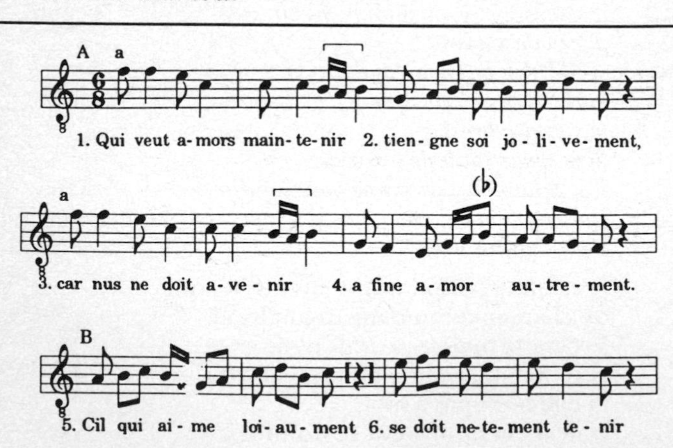

ainsi que tous mes plaisirs.
Puisse Dieu que j'en prie
faire qu'elle m'appartienne
pour que je sois encore
joyeux et enjoué.
Jean Moniot dit ainsi
qu'il a mis son cœur en ce lieu
où il a bien tout perdu.
Gardez-vous de faire comme lui !
Si elle n'est pas à moi,
celle à qui mon cœur se donne,
ma joie est perdue
ainsi que tous mes plaisirs.
Puisse Dieu que j'en prie
faire qu'elle m'appartienne
pour que je sois encore
joyeux et enjoué.

RS 1424, L 186-9, MW 1265, B 545
Mss. P 100v-101r, K 195-196, N 93v-94r, R 90r-v. Musique dans tous les mss. Attribution dans KNP.

I Qui veut amors maintenir
Tiengne soi jolivement,
Car nus ne doit avenir
A fine amor autrement.
Cil qui aime loiaument
Se doit netement tenir
Et belement contenir,
Si avra de s'amie joie.
Deus me lest anuit venir
En tel lieu que m'amie voie!

II Amors se veut detenir
Par chascun bien cointement :
Beau chaucier et beau vestir
Et aler mignotement
Et contenir sagement.
Qui veut amors retenir
De parler se doit tenir
Vilainement, se Deus me voie.
[Deus me lest anuit venir
En tel lieu que m'amie voie!]

III Braz estroitement laciez
Doit li fins amanz avoir,
Blans ganz, piez estroit chauciez,
Netes mains ; si doit savoir
Que, s'il a petit d'avoir,
Soit cortois et renvoisiez.
Lors ert d'amors essauciez
Et s'avra de s'amie joie.
[Deus me lest anuit venir
En tel lieu que m'amie voie!]

IV Net chief, cheveus bien pigniez
Doit li fins amis vouloir ;
Beaus sorciz, denz afetiez
Ne doit metre en nonchaloir ;
Riens ne li puet tant valoir
Les ungles nez et deugiez,
Le nez souvent espinciez.
Lors avra de s'amie joie.

Qui veut garder ses amours,
qu'il se tienne avec gaieté,
car nul ne peut atteindre
l'amour parfait autrement.
Celui qui aime loyalement
doit se tenir propre
et se contenir avec grâce,
il aura ainsi joie de son amie.
Dieu me laisse venir cette nuit
en tel lieu que j'y voie mon amie !

L'amour réclame que chacun
se tienne avec élégance :
se chausser bien, se vêtir bien,
aller galamment,
se comporter avec sagesse.
Qui veut retenir ses amours
doit se garder de parler
grossièrement, j'en atteste Dieu.
Dieu me laisse venir cette nuit
en tel lieu que j'y voie mon amie !

Le fin amant doit avoir
les manches lacées étroitement,
des gants blancs, le pied en étroite chaussure,
les mains propres ; et il doit savoir
que même avec peu d'argent,
il doit être courtois et enjoué.
Alors l'amour l'élèvera
et il aura joie de son amie.
Dieu me laisse venir cette nuit
en tel lieu que j'y voie mon amie !

Le fin ami doit tenir à avoir
tête propre, cheveux bien peignés ;
beaux sourcils, dents soignées,
il doit y faire bien attention ;
rien ne peut lui valoir plus
que les ongles nets, bien taillés,
le nez souvent épilé.
Alors, il aura joie de son amie.

[Deus me lest anuit venir
En tel lieu que m'amie voie !]

V Soit cortois et enseigniez
Fins amis vers tote gent ;
Euz nez, blans dras et nez piez
Et de bel acointement,
Et parot cortoisement ;
Si en sera melz prisiez.
Ja nus hons n'ert d'amors liez
Qui vilainement se cointoie.
[Deus me lest anuit venir
En tel lieu que m'amie voie !]

Dieu me laisse venir cette nuit
en tel lieu que j'y voie mon amie !

Qu'il soit courtois et bien appris,
le fin amant, à l'égard de tous ;
les yeux nettoyés, le linge blanc, les pieds propres
et une belle apparence,
qu'il parle courtoisement ;
il en sera plus estimé.
Jamais nul ne connaîtra le bonheur de l'amour
s'il se conduit comme un rustre.
Dieu me laisse venir cette nuit
en tel lieu que j'y voie mon amie !

200
ADAM DE LA HALLE
Rondeau

1./11. *A Dieu com - mant a - mou - re - tes,*
4. Do - lans lai - rai les dou - che - tes.
6. *(A Dieu com - mant a - mou - re - tes,*
8. J'en fe - roi - e ro - i - ne - tes
2./12. *car je m'en vois*
5. et mout de - strois.
7. *car je m'en vois.)*
9. s'e - stoi - e - roys;

A Dieu commant amouretes,
Car je m'en vois
Souspirant en terre estraigne.
Dolans lairai les douchetes,
Et mout destrois.

B rond. 73, refr. 12 (+ une source)
L 2-38, MW 919, Gennrich *Rond.* 70
Ms. W 33r. Musique. Attribution.

3. /13. sou - spi - rant en terre e - strai - gne.
10. com - ment que la chose em - prai - gne,

Je recommande à Dieu mes amourettes,
car je m'en vais,
soupirant, en terre lointaine.
Je les laisserai, les doucettes, tout triste,
et le cœur serré.

A Dieu commant [amouretes,
Car je m'en vois],
J'en feroie roïnetes
S'estoie roys ;
Comment que la chose empraigne,
A Dieu commant amouretes,
Car je m'en vois
[Soupirant en terre estraigne].

201
ADAM DE LA HALLE
Rondeau

A jointes mains vous proi,
Douche dame, merchi.
Liés sui quant je vous voi ;
A jointes mains vous proi :
Aiiés merchi de moi,
Dame, je vous em pri.
A jointes mains vous proi,
Douche dame, merchi.

Je recommande à Dieu mes amourettes
car je m'en vais.
Je ferais d'elles de petites reines
si j'étais roi ;
quoi que j'entreprenne,
je recommande à Dieu mes amourettes,
car je m'en vais,
soupirant, en terre lointaine.

B rond. 78, refr. 80 (+ deux sources)
L 2-39, MW 260, Gennrich *Rond.* 75
Ms. W 33v-34r. Musique. Attribution.

Mains jointes je vous prie,
douce dame, pitié.
Je suis joyeux quand je vous vois ;
Mains jointes je vous prie :
Ayez pitié de moi,
dame, je vous en prie.
Mains jointes je vous prie,
douce dame, ayez pitié de moi.

202

ADAM DE LA HALLE

Rondeau

1. / 7. *Hé, Dieus, quant ver - rai* 2. / 8. *che - li que j'aim.*
3. Cer - tes, je ne sai,
4. *hé, Dieus, quant ver - rai*
5. de vir son cors gai, 6. muir tout de faim.

Hé, Dieus, quant verrai
Cheli que j'aim ?
Certes, je ne sai,
Hé, Dieus, quant verrai.
De vir son cors gai,
Muir tout de faim.
Hé, Dieus, quant verrai
Cheli que j'aim ?

B rond. 79, refr. 823 (+ trois sources)
L 2-48, MW 282, Gennrich *Rond.* 76
Ms. W 34r. Musique. Attribution.

Ah, Dieu, quand verrai-je
celle que j'aime ?
Certes, je ne sais.
Ah, Dieu, quand verrai-je ?
De voir son corps gracieux,
j'en meurs de faim.
Ah, Dieu, quand verrai-je
celle que j'aime ?

203

ADAM DE LA HALLE

Rondeau

(♭)
1. / 7. *Tant con je vi - vrai,*
3. Ja n'en par - ti - rai
4. *tant con je vi - vrai,*
5. ains vous ser - vi - rai;
2. / 8. *n'a - me - rai au - trui*
6. loi - au - ment mis m'i

Tant con je vivrai,
N'amerai autrui que vous.
Ja n'en partirai
Tant con je vivrai, 4

B rond. 83, refr. 1759
L 2-52, MW 271, Gennrich *Rond.* 80
Ms. W 34r. Musique. Attribution.

Tant que je vivrai,
je n'aimerai nulle autre que vous.
Je n'y renoncerai jamais
tant que je vivrai,

Ains vous servirai ;
Loiaument mis m'i sui tous.
Tant con je vivrai,
N'amerai autrui que vous.

204
ADAM DE LA HALLE
et ROGIER
Jeu-parti

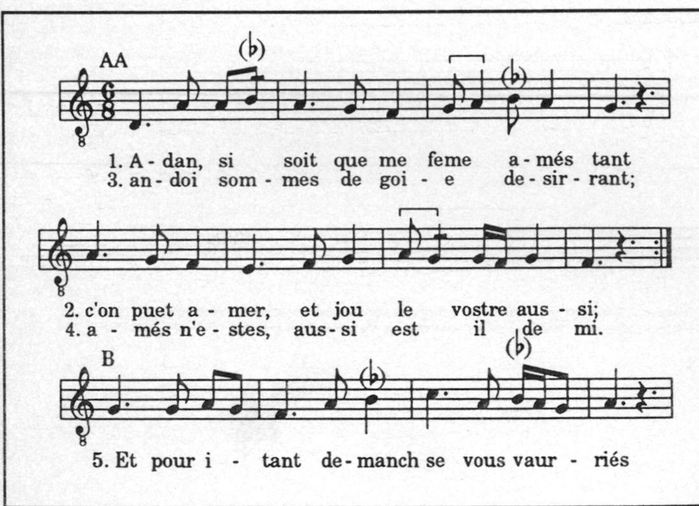

I «Adan, si soit que me feme amés tant
C'on puet amer, et jou le vostre aussi ;
Andoi sommes de goie desirrant ;
Amés n'estes, aussi est il de mi.
Et pour itant demanch se vous vaurriés
Que je fuisse de le vostre acointiés
Si tres avant c'on en puet avoir goie,
Et s'eüssiés tout autel de la moie.

mais je vous servirai,
je m'y suis consacré loyalement.
Tant que je vivrai,
je n'aimerai nulle autre que vous.

RS 359, L 236-1, MW 2087
Mss. W 30r-v, Q 320v-321r. Musique dans W. Attribution dans W; attr. à Adam et à Roger dans le texte.

6. que je fuis - se de le vostre a - coin - tiés
(♭)
7. si tres a - vant c'on en puet a - voir goi - e,
8. et s'e - us - siés tout au - tel de le moi - e.

« Adam, mettons que vous aimiez ma femme
autant qu'on peut aimer et moi la vôtre ;
tous deux sommes désireux de leur amour ;
vous n'êtes pas aimé, je ne le suis pas plus.
Donc pour cela je vous demande si vous accepte-
que je devienne l'ami de la vôtre [riez
assez pour pouvoir en obtenir la joie d'amour
tandis que vous en obtiendriez autant de la
[mienne.

II – Rogier, metés vo coc en plache avant ;
Adont sarai se j'ai le jeu parti.
Se vo feme cuidasse aussi vaillant
Con le moie, j'eüsse tost choisi.
Se pour vo feme ensi le moie aviés,
Encontre dis un tout seul meteriés,
Et cat en sac a vous acateroie
Se sans assai tel escange prendoie.

III – Adan, vers moi alés debat cachant.
A deus dames sommes andoi ami,
Et vous m'alés de coc aatissant.
Vous ne savés quant je vo feme vi.
Je vous demant le voie dont issiés,
Et par orgueil d'une autre m'arainiés ;
Et pour vous di c'amans trop se desroie
Qui ne s'assent a che c'Amours envoie.

IV – Rogier, d'Amours ne savés tant ne quant.
Se j'aim vo feme, il n'affiert point pour li
Que vous aiés le moie en vo commant,
Ne point Amours ne le commande ensi,
Et qui le fait mout en est avilliés.
Je ne sui pas, sans che faire, esmaiés,
Se l'aim et serf de cuer, que je ne doie
Avoir merchi ; mais vo cuers faut et ploie.

V – Adan, non fait, ains vous va cuers faillant
Quant refusés le deduit de merchi
Pour vo feme, que vous alés doutant,
A vo sanlant, sans amour ; pour che di
Que vous estes de sens amenuisiés.
S'en me vie m'escaoit tes marchiés
Que vous gagiés, certes trop faus seroie
Se mon desir pour mon anui laissoie.

VI – Rogier, chil sont musart et nonsachant
Qui pour un seul goïr sont si hardi
Qu'il emprendent honte et damage grant.
Prendés che bon marcié, car j'en di fi.

– Roger, mettez d'abord votre coq bien en vue ;
alors je saurai si j'ai le jeu égal.
Si je croyais que votre femme a autant de valeur
que la mienne, j'aurais vite choisi.
Si vous aviez pour femme la mienne,
vous miseriez un contre dix,
et moi, je vous achèterais chat en poche
si j'acceptais sans essai un tel échange.

– Adam, vous me cherchez là querelle.
Nous sommes tous deux amis de deux dames,
et vous me mettez au défi avec un coq !
Vous ne savez pas si j'ai vu votre femme.
Je vous demande quelle issue vous choisiriez
et avec morgue vous me parlez d'autre chose.
Je le dis pour vous : un amant s'égare trop
quand il n'accepte pas ce qu'Amour lui envoie.

– Roger, vous ne savez rien du tout sur Amour.
Si j'aime votre femme, il ne convient pas qu'à sa [place
vous ayez la mienne à vos ordres,
Amour n'en dispose pas de la sorte.
Qui agit ainsi est bien avili.
Sans avoir besoin de faire cela, je ne doute pas
si je l'aime sincèrement, d'obtenir
sa pitié. Mais vous chancelez et manquez de cœur.

– Adam, pas du tout, c'est vous qui manquez de [cœur
quand vous refusez le plaisir qu'accorde la pitié
à cause de votre femme dont vous avez peur,
cela se voit, sans l'aimer. Pour cela je dis
que vous n'avez plus toute votre tête.
Si dans ma vie on me proposait ce même marché
que vous récusez, certes je serais bien fou
d'abandonner ce que je désire pour ce qui me [pèse.

– Roger, ce sont les débauchés et les sots
qui pour simplement jouir ont la hardiesse
d'agir honteusement et à grand dommage.
Prenez ce bon marché, moi, j'en fais fi.

Mieus ameroie adés estre entre piés
Qu'estre en amour par tel cose essauchiés
Et contre Amour de vo feme gorroie,
Car che seroit marchiés que je feroie.

VII – Adan, pourfit de damage cuidiés.
Li espreviers est trop mal affaitiés
Qui refuse, quant il a fain, se proie.
Tesmoingniés le, sires de le Tieuloie.

VIII – Ferri, amours d'amie est courte et briés,
Mais sen baron sert feme en tous meschiés;
Seroie je dont faus se je laissoie
Me feme a che que tost reperderoie !

205

ADAM DE LA HALLE

Chanson d'amour

AA
1)
1. Jou senc en moy l'a - mor re - nou - ve - ler,
3. dont je so - loie en de - si - rant chan - ter,
2. ki au - tre fois m'a fait le doc mal trai - re
4. par koy mes chans re - nou - viele et re - pai - re.
B
5. C'est bons maus ki cuer es - clai - re,

J'aimerais mieux être toujours malheureux
que de me voir, par cet expédient, heureux en
[amour.
C'est en dépit d'Amour que je jouirais de votre
puisque j'aurais conclu un marché. [femme,

– Adam, vous prenez le dommage pour un profit.
L'épervier est trop mal dressé
qui refuse sa proie alors qu'il a faim.
Témoignez-en, sire de la Tieuloie.

– Ferri, l'amour d'une amie est court et bref,
mais la femme sert son époux dans le malheur ;
je serais donc bien fou si je laissais
ma femme pour ce que reperdrais si vite.

RS 888, L 2-18, MW 1718
Mss. P 214v-215r-v, Q 313r-v, R 101r-v-102r, T 228r, W 5v-6r (= W[1]) et 12v-13r (= W[2]). Musique dans tous les mss. sauf T. Attribution dans PTW[1]W[2].

I Jou senc en moy l'amor renouveler,
Ki autre fois m'a fait le doc mal traire
Dont je soloie en desirant chanter,
Par koy mes chans renouviele et repaire.
C'est bons maus ki cuer esclaire,
Mais Amors m'a le ju trop mal parti,
Car j'espoir et pens par li
Trop haut, s'est drois k'il i paire.

II Et nepourquant bien fait a pardouner,
Car quant dame est noble et de haut afaire
Et biele et boine et gent set honorer,
Tant desiert mius c'on l'aint par essemplaire ;
Et doit estre deboinaire
Enviers povre home en otriant merchi,
Sauve s'ounor, car jou di :
Ki de boins est, souëf flaire.

III Et par mi chou le m'estuet comparer :
Mes cuers me laist, ma dame m'est contraire,
Et vous, Amors, ki de ma dame amer
Dounés talent autrui por moi mal faire.
Les gens ne se poeënt taire,
Et nis pitiés s'est repunse pour mi ;
Asés de meschiés a chi,
Ains c'on en puist joie estraire.

IV Dame, vo oeil me font joie esperer,
Mais vo bouce se paine de retraire
Le largeche k'il font en resgarder ;
Par leur douçour vienc en espoir de plaire,
Car il sont en un viaire
Si amoureus, si doc et si poli
C'onkes courous n'en issi
Fors ris et samblans d'atraire.

V Pour si dous ieus doit on bien lonc aler
Et moult i a pressïeus saintuaire ;
Mais on n'i laist baisier ni adeser,
Ne on ne doit penser si haut salaire.
Drois est c'on se fraingne et maire

Je sens l'amour renaître en moi
qui autrefois m'a fait endurer le doux mal
qui me poussait à chanter de désir,
c'est pourquoi mon chant renaît et reparaît.
C'est un bon mal qui illumine le cœur,
mais Amour m'a donné en partage un rôle bien
car par sa faute j'espère et pense [difficile,
en trop haut lieu, cela ne pourra manquer de se
Toutefois c'est bien pardonnable, [voir.
car lorsqu'une dame est noble et de haut rang,
belle et bonne et qu'elle sait honorer les gens,
elle mérite d'autant plus qu'on l'aime de façon
elle doit se montrer généreuse [exemplaire ;
envers le pauvre en lui accordant sa grâce,
en tout bien tout honneur, car je le dis :
Qui est de bonne souche fleure bon.

Et néanmoins, il me faut le payer :
mon cœur m'abandonne, ma dame m'est hostile,
et vous aussi, Amour, qui donnez à autrui
le désir d'aimer ma dame pour mon plus grand
Les gens ne peuvent se taire [malheur.
et même la pitié s'est dérobée à mes yeux ;
voilà bien des malheurs
avant de pouvoir en tirer de la joie.

Dame, vos yeux me font espérer la joie
mais votre bouche s'emploie à reprendre
la largesse qu'ils me montrent par leurs regards ;
leur douceur me mène à l'espoir de plaire
car ils sont en un visage
si digne d'amour, si doux et si lisse
que jamais colère n'en sortit,
rien que des sourires et des regards attrayants.

Pour des yeux si doux on viendrait de bien loin,
ils sont en un précieux reliquaire ;
mais on ne peut ni le baiser, ni le toucher,
et on ne doit pas songer à une si haute
[récompense.
Il est juste qu'on se domine et se maîtrise

Viers tel joiel et c'on soit bien nouri,
Sans faire le fol hardi
De parole u de pres traire.

206
ADAM DE LA HALLE
Chanson d'amour

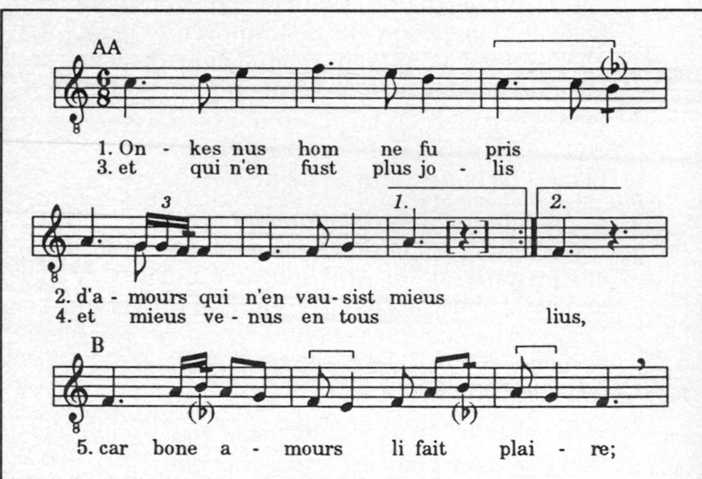
AA
1. On - kes nus hom ne fu pris
3. et qui n'en fust plus jo - lis
3
1.
2.
2. d'a - mours qui n'en vau- sist mieus
4. et mieus ve - nus en tous lius,
B
5. car bone a - mours li fait plai - re;

I Onkes nus hom ne fu pris
D'amours qui n'en vausist mieus
Et qui n'en fust plus jolis
Et mieus venus en tous lius,
Car bone amours li fait plaire;
Si est bien drois qu'il i paire,
Car toute hounours de li vient;
Faus est ki ne le maintient.

II Et puis ke jou m'i sui mis,
Grant bonté m'en a fait Dieus :
De la millour sui espris

devant un tel trésor et qu'on soit bien élevé,
qu'on évite la conduite d'un fou téméraire
en paroles ou en se rapprochant trop.

RS 1599, L 2-27, MW 2164
Mss. P 226v-227r, I 1:1a, W 9v. Musique dans P. Attribution dans PW.

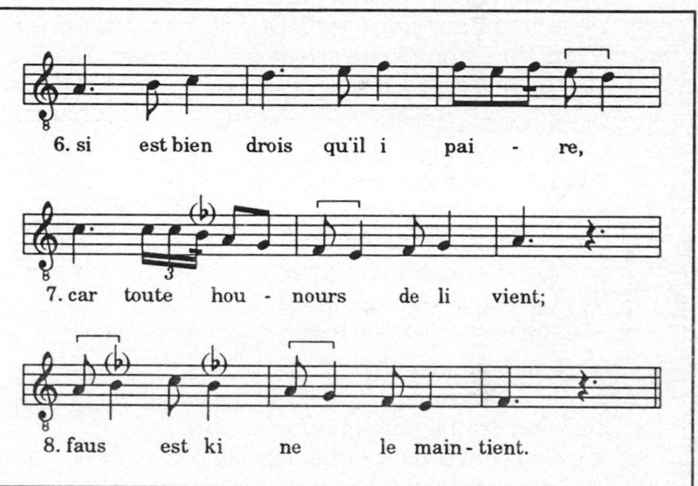
6. si est bien drois qu'il i pai - re,
7. car toute hou - nours de li vient;
8. faus est ki ne le main - tient.

Jamais homme ne fut captif d'Amour
qu'il n'en ait valu davantage
et qu'il n'en soit devenu plus enjoué
et mieux accueilli en tous lieux,
car Bon Amour rend plaisant;
et il est bien juste que cela se voie,
car tout honneur vient d'Amour;
bien fou qui ne s'attache pas à lui.

Et depuis que moi, je m'y suis employé,
Dieu m'en a fait une grande bonté :
je suis épris de la meilleure

Ki ains fust veüe d'ius.
Ne m'i sont mie contraire
Mi penser quant son vialre
Remir, car teus maus me tient
Ki en goie me sostient.

III Car si vair oel de dous ris
Et ses gens cors signouriux
Et ses dous cuers bien apris,
Ki de nature est gentius,
Dounent cuer et essamplaire
De toute honour dire et faire ;
N'il n'aime point ki ne crient
Et ki de mal ne s'astient.

IV Dame, se de paradis
Et de vous estoie a kieus,
Pres me seroit vos dous vis,
Ki a tort m'est ore eskieus ;
G'i aroie mon repaire,
Se c'estoit sans vous desplaire,
Ne ja ne m'amissiés nient,
Tant bien estre vous avient.

V Car a vous et a vos dis
Seroie si ententieus
Ke li mal dont jou languis
Seroient plus douc ke mieus.
Las ! et or ne sai u traire,
Ne jou ne m'en puis retraire,
Car mes cors si las devient
Que percevoir s'en couvient.

sur qui on n'ait jamais posé le regard.
Mes pensées ne me sont pas déplaisantes
quand je contemple son visage,
car le même mal me retient
qui me soutient dans la joie.

Ses yeux brillants aux doux sourires,
son gracieux corps majestueux
et son doux cœur bien appris
qui est noble par nature
m'encouragent et m'enseignent
à tout dire, à tout faire dans l'honneur.
Il ne connaît pas l'amour, celui qui ne connaît pas
et qui ne s'abstient pas de mal agir. [la crainte

Dame, si entre le paradis
et vous il m'était donné de choisir,
près de moi serait votre doux visage
qui à tort maintenant est soustrait à ma vue ;
j'y aurais mon refuge,
si c'était sans vous déplaire
et même si vous ne m'aimiez point,
tant le bien-être vient de vous.

Car à vous, à vos paroles
je me montrerais si attentif
que le mal dont je languis
me serait plus doux que le miel.
Hélas ! et maintenant je ne sais où aller
et je ne peux non plus m'éloigner d'elle,
car alors mon cœur devient si malheureux
que nécessairement on s'en apercevra.

207
ADAM DE LA HALLE
Chanson d'amour

1. Da - me, vos hom vous e - stri - ne
2. d'u - ne nou - ve - le can - chon.
3. Or ven - rai a vo - stre don
4. se cour - toi - sie i est fi - ne?
5. Je vous aim sans tra - i - son:

1 Dame, vos hom vous estrine
D'une nouvele canchon.
Or venrai a vostre don
Se courtoisie i est fine.
Je vous aim sans traïson :
A tort m'en portés cuerine,
Car con plus avés fuison

RS 1383, L 2-5, MW 2397
Mss. W 18v-19r, P 223v-224r, R 104r-v-105r, T 230v-231r, a 50v-51r.
Musique dans PRW. Attribution dans PTWa.

6. A tort m'en por - tés cue - ri - ne,
7. car con plus a - vés fui - son
8. de biau - té sans mes - pri - son,
9. plus fort cuers s'i en - ra - chi - ne.

Dame, votre vassal vous fait cadeau
d'une nouvelle chanson.
Au don que vous m'accorderez, je verrai
s'il s'y trouve parfaite courtoisie.
Je vous aime sans traîtrise :
vous m'en portez à tort du ressentiment,
car plus surabonde

De biauté sans mesprison,
Plus fort cuers s'i enrachine.

II Tel fait doit une roïne
Pardonner a un garchon,
Qu'en cuer n'a point de raison
Ou Amours met se saisine.
Ja si tost n'ameroit on
Une caitive meschine
Maigre et de male boichon
C'une de clere fachon,
Blanche, riant et rosine.

III En vous ai mis de ravine
Cuer et cors, vie et renon,
Coi que soit de guerredon ;
Je n'ai mais qui pour moi fine.
Tout ai mis en abandon,
Et s'estes aillours encline ;
Car je truis samblant felon
Et œvre de Guennelon :
Autres got dont j'ai famine.

IV Hé ! las, j'ai a bonne estrine
Le cunquiiet dou baston,
Quant je vous di a bandon
De mon cuer tout le couvine
Pour venir a garison.
Vo bouche a dire ne fine
Que ja n'arai se mal non
Et que tout perc mon sermon :
Bien sanlés estre devine.

V Vous faites capel d'espine,
S'ostés le vermeil bouton
Qui mieus vaut, esgardés mon,
Comme chieus qui l'or afine
Laist l'ort et retient le bon.
Je ne.l di pas pour haïne
Ne pour nule soupechon,
Mais gaitiés vous dou sourgon
Que vous n'i quaés souvine.

votre beauté sans tache,
plus un cœur s'y enracine.

Une reine doit bien pardonner
un tel comportement à un pauvre garçon,
car il n'y a pas de raison en un cœur
où Amour a placé sa mainmise.
On n'aimerait pas aussi vite
une pauvre gamine
maigre et de mauvais aloi
qu'une belle au clair visage,
souriante, au teint blanc et rosé.

Avec fougue j'ai mis en vous
mon cœur, mon corps, ma vie, mon renom,
quelle que soit ma récompense ;
je n'ai rien de plus à vous offrir.
Je vous ai tout abandonné
et pourtant vous vous tournez ailleurs ;
et je découvre en vous une attitude perfide,
une œuvre digne de Ganelon :
un autre goûte ce dont j'ai faim.

Hélas ! je reçois en cadeau
la pointe souillée de boue du bâton,
quand je vous dis librement
tout l'état de mon cœur
pour parvenir à la guérison.
Votre bouche ne cesse de dire
que je ne connaîtrai jamais que le chagrin
et que je perds tout mon discours :
vous ressemblez bien à une devineresse.

Vous faites une couronne d'épines
mais vous en ôtez les boutons vermeils
qui en font la valeur, croyez moi,
comme celui qui affine l'or
en ôte les impuretés et retient le métal fin.
Je ne le dis pas par haine
ni par aucun soupçon,
mais gardez-vous du surgeon,
de peur d'y tomber à la renverse.

VI Jalousie est me voisine,
Par coi en vostre occoison
Me fait dire desraison,
Si m'en donnés decepline.

208
ADAM DE LA HALLE
Chanson d'amour

a
3
1. Li dous maus me re - nou - vie - le: 2. A- voec le prin- tans
a'
3. doi je bien e - stre chan - tans
4. pour si jo - li - e no - vie - le,
5. c'on- kes mi - e pour plus bie - le

I Li dous maus me renouviele :
  Avoec le printans
Doi je bien estre chantans
Pour si jolie noviele,
C'onkes mie pour plus biele

Jalousie est ma voisine ;
en ce qui vous concerne,
elle me fait dire des sottises,
et c'est pourquoi vous m'en donnez la discipline.

RS 612, L 2-19, MW 2389, B 1444

Mss. P 216r-v, Q 319r, R 159v-160r, T 228r, W 6v-7r (= W[1]) et 13v (= W[2]). Musique dans PQRW[1]W[2] (mais incomplète dans Q). Attribution dans PTW[1]W[2].

Le doux mal me ranime :
avec le printemps
je suis donc bien fondé de chanter
pour une si joyeuse nouvelle,
car jamais pour une plus belle,

Ne plus sage ne millor
Ne senti mal ne dolor.
Or est ensi
Ke j'atendrai merchi.

II Au desus de ma querelle
Ai esté deus ans
Sans estre en dangier manans
De dame u de damoisiele ;
Mais vair oeil, clere maissiele
Rians et vermeille entor
M'ont cangiet cuer et coulor.
Or est ensi
Ke j'atendrai merchi.

III Tant grate kievre en graviele
K'ele est mal gisans ;
Si est il d'aucuns amans :
Tant jue on bien et reviele
Ke d'une seule estincele
Esprent en ardant amor.
Jou sui espris par cel tor.
Or est ensi
Que j'atendrai merchi.

IV Dous vis, maintiens de pucele,
Gens cors avenans,
Viers cui cuers durs c'ahymans
De joie œuvre et esquartele,
Mar fui a la fonteniele
U jou vos vi l'autre jor,
Car sans cuer fui u retor.
Or est ensi
Que j'atendrai merchi.

une plus sage, une meilleure,
je n'ai senti de mal ni de peine.
Désormais c'est ainsi
que j'attendrai la pitié.

Maître de mes affaires
je suis resté deux ans
sans subir l'empire
de dame ou de demoiselle ;
mais des yeux brillants, de claires joues roses,
entourant une bouche souriante,
ont changé mon cœur et mes couleurs.
Désormais c'est ainsi
que j'attendrai la pitié.

La chèvre fouille tant le gravier
qu'elle est mal sur sa couche,
et il en va ainsi de bien des amants :
on joue, on se divertit tant
qu'il suffit d'une étincelle
pour s'enflammer d'un ardent amour.
De même me suis-je enflammé.
Désormais c'est ainsi
que j'attendrai la pitié.

Doux visage, maintien de jeune fille,
gracieux corps avenant,
devant qui un cœur aussi dur qu'un diamant
se brise et se dilate de joie,
pour mon malheur je fus à la source
où je vous vis l'autre jour,
car j'en revins sans mon cœur.
Désormais c'est ainsi
que j'attendrai la pitié.

209

GUILLAUME D'AMIENS

Rondeau

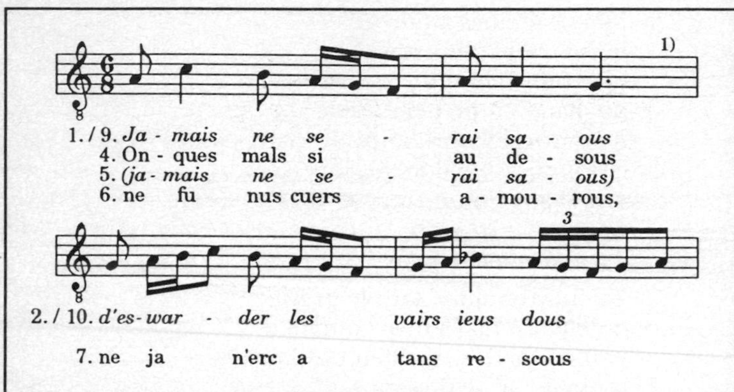
1)
1. / 9. Ja - mais ne se - rai sa - ous
4. On - ques mals si au de - sous
5. (ja - mais ne se - rai sa - ous)
6. ne fu nus cuers a - mou - rous,
3
2. / 10. d'es- war - der les vairs ieus dous
7. ne ja n'erc a tans re - scous

Jamais ne serai saous
D'eswarder les vairs ieus dous
Qui m'ont ocis.
Onques mais si au desous
– *Jamais ne serai saous* –
Ne fu nus cuers amourous,
Ne ja n'erc a tans rescous
Quant muir tous vis.
Jamais ne serai saous
D'eswarder les vairs ieus dous
Qi m'ont ocis.

B rond. 85, refr. 993
L 101-9, MW 65, Gennrich *Rond.* 42
Ms. a 117v-118r. Musique. Attribution.

2)
3)
3. / 11. *qui* *m'ont* *o* - *cis.*
8. quant muir tous vis.

Jamais je ne serai rassasié
de contempler les yeux changeants et doux
qui m'ont tué.
Jamais si vaincu
– *Jamais je ne serai rassasié* –
ne fut cœur amoureux
et je ne serai pas à temps secouru
puisque je meurs tout vif.
Jamais je ne serai rassasié
de contempler les yeux changeants et doux
qui m'ont tué.

210
GUILLAUME D'AMIENS
Rondeau

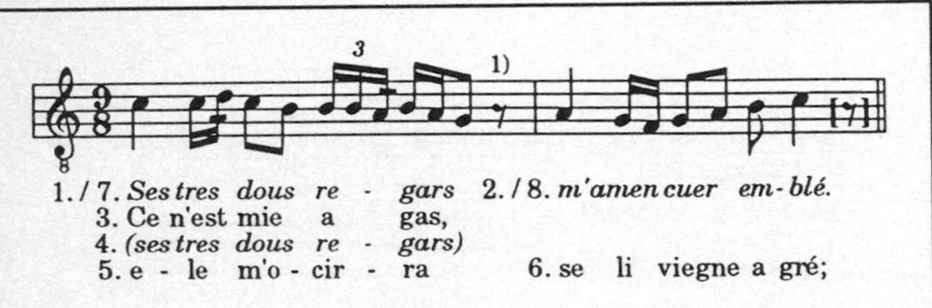

Ses tres dous regars
M'a mon cuer emblé.
Ce n'est mie a gas,
Ses tres dous rewars.
Ele m'ocirra
Se li viegne a gré ;
Ses tres dous rewars
M'a men cuer emblé.

211
GUILLAUME D'AMIENS
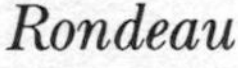
Rondeau

B rond. 87, refr. 1717 (+ deux sources)
L 101-13, MW 274, Gennrich *Rond.* 44
Ms. a 118r. Musique. Attribution.

Son très doux regard
m'a ravi mon cœur.
Ce n'est pas pour rire,
son très doux regard.
Elle me tuera
s'il lui en vient le désir.
Son très doux regard
m'a ravi mon cœur.

B rond. 90, refr. 477 (+ trois sources)
L 101-7, MW 272, Gennrich *Rond.* 47
Ms. a 119r. Musique. Attribution.

De ma dame vient
La grant joie que j'ai.
De li me souvient,
– De ma dame vient –
N'en partirai nient,
Mais tous jours l'amerai.
De ma dame vient
La grant joie que j'ai.

212
JACQUEMIN DE LA VENTE
Chanson satirique

AA a
1)
1. Ma chan - son n'est pais jo - li - e
5. Je cui - dai a - voir a - mi - e
b
2) 3)
2. ke vos vuel re - trai - re;
6. saige et de - bo - nai - re;
a
3. trop ai mu - seit a fo - li - e,
7. maix je la truis a - ne - mi - e

I Ma chanson n'est pais jolie
Ke vos vuel retraire ;
Trop ai museit a folie,
Ne m'en puis plus taire.
Je cuidai avoir amie
Saige et debonaire,

De ma dame vient
la grande joie que j'ai.
Je me souviens d'elle.
– *De ma dame vient* –
Je ne la quitterai jamais
mais toujours je l'aimerai.
De ma dame vient
la grande joie que j'ai.

RS 1171, L 128-3, MW 781, B 740
Mss. C 151v-152r, K 364-365, X 238r-v. Musique dans KX. Attribution dans C.

c
1.
2.
4. ne m'en puis plus tai - re.
8. et vers moi con - trai - re.
B (rf) d
b
9. Fau- ce fe- me soit ho- ni - e 10. et de fol a - fai - re,
d
c
11. ke de cha- scun ki la pri - e 12. veult son a- min fai - re.

Ma chanson n'est pas joyeuse
que je veux vous interpréter ;
j'ai trop perdu de temps à des bagatelles
et je ne peux plus le taire.
Je croyais avoir une amie
sage et généreuse,

Maix je la truis anemie
Et vers moi contraire.
Fauce feme soit honie
Et de fol afaire,
Ke de chascun ki la prie
Veult son amin faire.

II Autant aimme velonnie
Entor li atraire
Com elle fait cortoissie :
Bien fait a desplaire.
Pués k'elle s'est aploïe
Del tout a mal faire,
Guerpir doi sa compaignie
Et arriere traire.
Fauce feme soit honie
Et [de fol afaire,
Ke de chascun ki la prie
Veult son amin faire].

III Retenir vuel de m'amie
Un teil examplaire :
Chascuns ki a li s'otrie
En fait tout son plaire.
Teille amor est tost perie
Ke croist en teile aire ;
Longuement ne la puet mie
Moneir k'il n'i paire.
Fauce feme soit ho[nie
Et de fol afaire,
Ke de chascun ki la prie
Veult son amin faire].

IV Grant riote ait enchairgie
Cui teil femme maire,
Car il est de jalousie
Et prevos et maire ;
Et s'est cous, je n'en dout mie,
C'on ne puet defaire ;
Jamaix n'avrait bone vie,
Si ait mult grief haire.

mais je la trouve ennemie
et hostile envers moi.
Honnie soit la femme perfide
et volage,
qui de tout un chacun qui l'en prie
veut bien faire son ami.

Autant lui vaut attirer
autour d'elle la vilenie
que d'agir courtoisement.
Elle agit de façon bien déplaisante.
Puisqu'elle s'est appliquée
tout entière à mal agir,
je dois fuir sa compagnie
et me retirer de ce lieu.
Honnie soit la femme perfide
et volage,
qui de tout un chacun qui l'en prie
veut bien faire son ami.

Retenir de mon amie cette image,
voilà ce que je veux :
chaque homme qui se consacre à elle
en fait tout ce qu'il veut.
Elle est vite morte, l'espèce d'amour
qui croît en un tel lieu ;
on ne peut l'éprouver longtemps
sans que cela soit manifeste.
Honnie soit la femme perfide
et volage,
qui de tout un chacun qui l'en prie
veut bien faire son ami.

Grevé d'une lourde charge,
celui qu'une telle femme gouverne,
est accablé
par la jalousie ;
et il est cocu, je n'en doute pas,
ce qui est irréparable ;
il n'aura jamais la vie belle,
il porte une bien trop dure haire.

Fauce feme soit honie
[Et de fol afaire,
Ke de chascun ki la prie
Veult son amin faire].

V Or vos dirai k'elle endure
Per son grant folaige :
Elle ait sovent batteüre –
Tant ait d'aventaige !
En vilteit et en ordure
Ait mis son usaige.
Ce li fait honte et laidure ;
C'est per son outraige.
Fauce feme [soit honie
Et de fol afaire,
Ke de chascun ki la prie
Veult son amin faire].

VI Se jamaix ai de li cure
En tout mon ëaige,
Deus me doinst male aventure
Per mei mon visaige !
Fauce femme soit honie
Ki ait cuer volaige,
Ki a chascun ki la prie
Done son coraige.

Honnie soit la femme perfide
et volage,
qui de tout un chacun qui l'en prie
veut bien faire son ami.

Oh, je vous dirai de plus ce qu'elle endure
pour sa folle conduite :
elle est souvent battue.
Voilà ce qu'elle y gagne !
Elle mène une vie
faite de vilenies et de souillures.
Cela lui vaut honte et outrage,
mais la faute en revient à ses excès.
Honnie soit la femme perfide
et volage,
qui de tout un chacun qui l'en prie
veut bien faire son ami.

Triste aventure m'en advienne, par Dieu,
en pleine figure,
si jamais je me soucie encore d'elle
un jour de ma vie !
Honnie soit la femme perfide
qui a le cœur volage,
qui à tout un chacun qui l'en prie
donne son amour.

213
AUBERTIN D'AIRAINES
Chanson pieuse

AA
1. Re - mam - bran - ce que m'est ou cuer en - trei - e
3. mi fait lai - xier et guer - pir lai con - trei - e,
2. de Jhe - su - crist, qui por nous vout mo - rir,
4. si m'en i - rai mon droi si - gnor ser - vir.
B
5. Lou mon - de m'e - stuet guer - pir,
6. car trop du - re - mant m'a - noi - e,

I Remambrance que m'est ou cuer entreie
De Jhesucrist, qui por nous vout morir,
Mi fait laixier et guerpir lai contreie,
Si m'en irai mon droi signor servir.
Lou monde m'estuet guerpir,
Car trop duremant m'anoie,
Et pour ceu je lou renoie ;
Sor mai chairoigne di fi,
Car trop l'ai norri.

II Cant je recors la vie c'ai meneie,
Li cuers ou cors me commance a fremir ;

RS 514, L 11-2, MW 1834
Ms. C 216v-217r. Sans musique (voir *infra* p. 1080). Attribution.

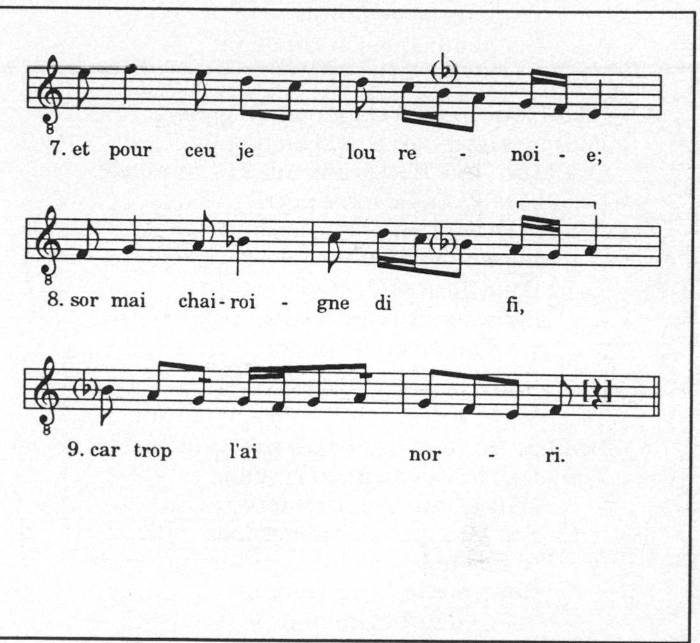
7. et pour ceu je lou re - noi - e;
8. sor mai chai-roi - gne di fi,
9. car trop l'ai nor - ri.

Il est entré dans mon cœur le souvenir
de Jésus-Christ qui voulut pour nous mourir,
pour cela je quitte et abandonne ce pays;
je m'en irai donc servir mon seigneur légitime.
Il me faut quitter le monde
car il me cause trop de tourments,
et je le renie pour cela;
je fais fi de ma charogne
car je l'ai trop nourrie.

Quand je revois la vie que j'ai menée,
en mon corps mon cœur commence à frémir;

J'ai droit, c'an dit, an fais et an panceie
M'ai maintenut com folz, n'an doi mantir.
Lais ! que puix je devenir ?
Que, se je mil ans vivoie,
Empenir je ne poroie
Les maulx que j'ai fait en mi,
S'en pri Deu merci.

III [Hé !] jone gens, a cui jonesse aigreie,
Vous ne savreis vos cors si bien polir
Que Mors, que fiert grans colz et sens espeie,
Ne vous faicë en lai terre porrir :
Bien vous en doit souvenir !
Li mondes adés tornoie,
Pouc dure solés et joie ;
Pensons au vray crucifi,
Qui en creux pendi.

IV Je di a tous, et c'est choze prouveie,
Tout ceu que nest, il lou couvient morir :
Biauteis, bonteis, orguelz, haulte panceie,
Tout ceu couvient a niant revenir ;
Mais cil qui vuet Deu servir
Son tens en boin us emploie.
Aï foi ! je ke diroie
De sa meire ? Mar vesquit
Qui sert l'ainemin.

V Meire Deu, franche dame honoreie,
Per vos pitié me voiliés consantir
M'airme ne soit perie ne dampneie
Cant Deus vorrait son jugement tenir.
Frans estandairs sens faillir,
Com pechieres que je soie,
M'airme vous don et otroie.
Dame, aieis pitié de mi,
De cuer lou vous pri.

c'est justice car en paroles, en actions et en
[pensées,
je me suis conduit comme un fou, je ne dois pas le
Hélas ! que puis-je devenir ? [dissimuler.
Car si je vivais mille ans
je ne pourrais expier
le mal que j'ai commis de mon fait,
et j'en appelle à la grâce de Dieu.

Hé, jeunes gens que la jeunesse aiguillonne,
vous ne saurez jamais si bien polir vos corps
que la Mort qui sans épée frappe de grands coups
ne vous fasse en la terre pourrir.
Il faut vous en souvenir !
Le monde tourne sans cesse,
la gaieté, la joie durent peu.
Pensons au Crucifié véritable
qui fut mis en croix.

Je le dis à tous, et c'est chose prouvée,
tout ce qui naît doit un jour mourir :
beauté, bonté, orgueil ou noble pensée,
tout cela doit retourner au néant.
Mais celui qui veut servir Dieu
emploie bien son temps.
Aïe, ma foi ! et que dirai-je
De sa mère ? Il aura vécu pour son malheur
celui qui sert l'Ennemi.

Mère de Dieu, noble dame honorée,
en votre pitié veuillez m'accorder
que mon âme ne connaisse ni la mort ni la
[damnation
lorsque Dieu voudra tenir son Jugement.
Noble étendard sans défaillance,
tout pécheur que je sois,
je vous donne et confie mon âme.
Dame, ayez pitié de moi,
je vous le demande de tout cœur.

214
JACQUES DE CAMBRAI
Chanson pieuse

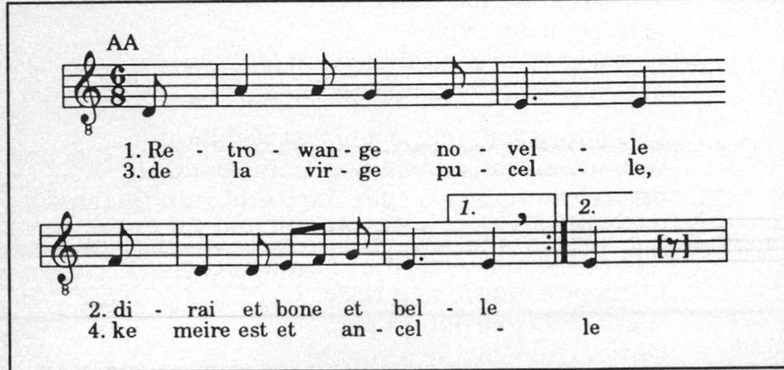
AA
1. Re - tro - wan - ge no - vel - le
3. de la vir - ge pu - cel - le,
1.
2.
[7]
2. di - rai et bone et bel - le
4. ke meire est et an - cel - le

I Retrowange novelle
Dirai et bone et belle
De la virge pucelle,
Ke meire est et ancelle
Celui ki de sa chair belle
Nos ait raicheteit
Et ki trestous nos apelle
A sa grant clairteit.

II Ce nos dist Isaïe
En une profesie :
D'une verge delgie,
De Jessé espanie,
Istroit [flors] per signorie
De tres grant biaulteit.
Or est bien la profesie
Torneie a verteit.

III Celle verge delgie
Est la virge Marie ;
La flor nos senefie,
De ceu ne douteis mie,
Jhesu Crist, ki la haichie

RS 602, L 121-12, MW 47
Ms. C 209r. Sans musique (voir *infra* p. 1080). Attribution.

B
5. ce - lui ki de sa chair bel - le 6. nos ait rai - che - teit

7. et ki tres - tous nos a - pel - le 8. a sa grant clair - teit.

Je dirai une rotrouenge nouvelle
et bonne et belle
sur la Vierge immaculée
qui est mère et servante
de Celui qui par sa sainte chair
nous a rachetés
et qui nous convie tous
à sa grande Lumière.

Isaïe nous l'avait dit
en une prophétie :
d'un rejeton gracile
poussé sur l'arbre de Jessé
naîtrait par la volonté du Seigneur une fleur
d'une très grande beauté.
Maintenant la prophétie
s'est avérée.

Ce rejeton gracile,
c'est la Vierge Marie ;
la fleur nous signifie,
n'en ayez nul doute,
Jésus-Christ qui souffrit la Passion

En la croix sousfri ;
Fut por randre ceaus en vie
Ki ierent peri.

215
GUILLAUME DE BÉTHUNE
Chanson pieuse

AA
1. On me re - prent d'a- mours qui me mai - stri - e,
3. car en - si est que jou voel de ma vi - e
2. s'est a grant tort quant au - cuns m'en re - prent,
4. a bien a - mer me - tre l'en - ten - de - ment
B
5. et par vrai cuer can - ter d'ar- dant de - sir

I On me reprent d'amours qui me maistrie,
S'est a grant tort qant aucuns m'en reprent,
Car ensi est que jou voel de ma vie
A bien amer metre l'entendement
Et par vrai cuer canter d'ardant desir
De la sainte vierge dont pot issir
Une crape de cui vint l'abondance
Del vin qui fait l'arme serve estre franke.

II Cele vigne est la tres vierge Marie,
Si fu plantee es cieus souvrainement,

pour nous sur la croix ;
ce fut pour rendre à la Vie
ceux qui étaient morts.

RS 1176, L 98-1, MW 2109
Ms. a 127r-v. Musique. Attribution.

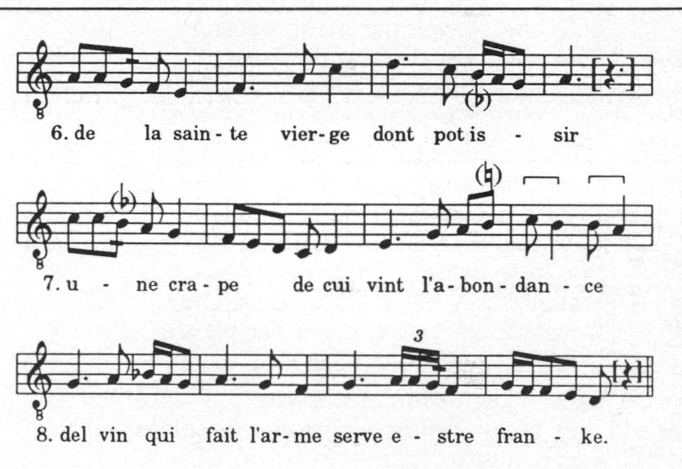
6. de la sain - te vier - ge dont pot is - sir
7. u - ne cra - pe de cui vint l'a - bon - dan - ce
8. del vin qui fait l'ar - me serve e - stre fran - ke.

On me blâme d'être gouverné par l'amour,
mais c'est à grand tort si quelqu'un m'en blâme
car il en va ainsi : je veux toute ma vie
m'appliquer à bien aimer
et à chanter d'un cœur sincère l'ardent désir
de la sainte Vierge en qui put naître
une grappe dont rejaillit en abondance le vin
qui libère l'âme asservie.

Cette vigne, c'est l'immaculée Vierge Marie ;
elle fut plantée aux cieux en majesté

Car ele fu d'ame et de cuer ficie
A Dieu amer et servir humlement
Et par çou pot au fil Dieu avenir,
Et il i vint conpaignie tenir,
Si print en li cors humain et sustance
Sans li metre de corompre en doutance.

III C'est li crape, de la vigne nourrie,
Ki vin livra pour saner toute gent
De l'enferté dont li ame est perie
Qui n'a reçut de cel vin le present;
Mais ains se vaut par meürer furnir
Que se laissast de la vigne partir,
U print roisins de si tres grant vaillance
Ke d'enricir tous mendis ont poissance.

IV Cil douç roisin dont la crape est saisie
Sont li menbre Jhesu Crist proprement,
Et li crape est ses cors q'a grief hatie
Fu traveilliés a l'estake en present;
[Si] trestous nus c'on le paut desvestir,
Fu tant batus k'il n'en remest d'entir
Le quarte part de sa digne car blance,
N'eüst de sanc u de plaie sanlance.

V De la crape qui fu ensi froisie
Doit cascuns cuers avoir ramenbrement,
Et des roisins; faus est ki les oublie,
Car mis furent en presse estroitement
Entre le fer et le fust par ferir,
Si c'onques blés k'en molin puet qaïr
Ne fu pour maure en plus fort estraignance
Con li car Dieu fu pour no delivrance.

VI El presseoir ki la crois senefie
Fist Dieus de lui osfrande entirement,
Si presenta a humaine lignie
Tel vin qui fait l'oume estre sauvement.
Qui il souvient de çou qu'il vaut sousfrir
Si voelle a Dieu son cuer et s'ame osfrir;

car elle fut et d'âme et de corps fermement
[attachée
à l'amour et à l'humble service de Dieu ;
c'est ainsi qu'elle put approcher du Fils de Dieu,
et Il vint lui tenir compagnie,
Il prit en elle corps humain et substance
en lui évitant la crainte de se voir entachée.

C'est la grappe, nourrie sur la vigne,
qui livra le vin pour sauver tous les hommes
de la maladie dont périt l'âme
de celui qui n'a pas reçu le don de ce vin.
Mais la grappe voulut se développer en mûrissant
avant de se laisser séparer de la vigne ;
Il y crût des grains d'une si grande valeur,
qu'ils ont le pouvoir d'enrichir tous les indigents.

Ces doux grains dont la grappe abonde
ce sont, en clair, les membres de Jésus-Christ,
et la grappe est son corps qui en cruel martyre
fut supplicié au poteau, en offrande ;
aussi nu qu'on avait pu le mettre,
il fut tant battu qu'il ne resta pas d'intact
le quart de sa noble chair blanche,
partout ailleurs on voyait sang ou plaie.

De la grappe qui fut ainsi foulée
chaque cœur doit garder le souvenir,
et des grains aussi. Fou qui les oublie,
car on les mit dans un étroit pressoir
entre le fer et le bois pour les écraser,
et jamais grain de blé qui tombe en un moulin
n'a été plus broyé par la meule
que le fut la chair de Dieu pour notre délivrance.

Au pressoir qui signifie la croix
le Fils de Dieu fit de Lui offrande entière,
il présenta au genre humain
un vin tel que l'homme y trouve le Salut.
Qui se souvient de ce qu'Il voulut souffrir,
qu'il veuille offrir à Dieu son cœur et son âme ;

Ensi boit on par foi et par creance
Cel vin dont Dius fait as vrais cuers pitance.

216
RUTEBEUF
Chanson satirique

I Du siecle vueil chanter
Que je voi enchanter;
Tels vens porra venter
Qu'il n'ira mie ainsi.
Papelart et Beguin
Ont le siecle honi.

II Tant d'ordres avons ja
Ne sai qui les sonja;
Ainz Dieus tels genz n'onja,
N'il ne sont si ami.
Papelart et Beguin
[Ont le siecle honi].

III Frere Predicator
Sont de mout simple ator
Et s'ont en lor destor,
Sachiez, maint parisi.
Papelart et Beguin
[Ont le siecle honi].

IV Et li Frere Menu
Nous ont si pres tenu
Que il ont retenu
De l'avoir autressi.
Papelart et Beguin
[Ont le siecle honi].

V Qui ces deus n'obeïst
Et qui ne lor gehist
Quanqu'il onques feïst,
Tels bougres ne nasqui.

ainsi boit-on par foi et par croyance
de ce vin dont Dieu abreuve les cœurs fidèles.

RS 835a, L 245-2, MW 419, B 1470
Mss. Paris, B.N. fr. 837, 314v-315r; Paris, B.N. fr. 1593, 67r; Paris, B.N. fr. 1635, 2r. (L'indication de RS, selon laquelle cette pièce serait conservée aussi dans le ms. Paris, B.N. fr. 24432, est erronée.) Sans musique. Anonyme (voir *infra* p. 1082).

Je veux chanter notre époque
que je vois ensorceler ;
tel vent pourra bien venter
qui fera qu'il n'en ira pas toujours ainsi.
Les Papelards et les Béguins
ont déshonoré le monde.

Nous avons déjà tant d'ordres,
je ne sais qui les inventa.
Jamais Dieu n'a fréquenté ces gens
et ce ne sont pas ses amis !
Les Papelards et les Béguins
ont déshonoré notre époque.

Les Frères Prêcheurs
ont un habit bien simple
et ils ont en leurs cachettes,
sachez-le, bien des sous parisis.
Les Papelards et les Béguins
ont déshonoré notre époque.

Et les Frères Mineurs
nous ont serrés de si près
qu'ils ont bien retenu
eux aussi de l'argent.
Les Papelards et les Béguins
ont déshonoré notre époque.

Qui n'obéit pas à ces deux ordres
et qui ne leur confesse pas
tout ce qu'il a fait,
jamais il ne naquit un tel hérétique !

Papelart et Beguin
[Ont le siecle honi].

VI Assez dïent de bien,
Ne sai s'il en font rien ;
Qui lor done du sien,
Tel preudomme ne vi.
Papelart et Beguin
[Ont le siecle honi].

VII Cil de la Trinité
Ont grant fraternité ;
Bien se sont aquité :
D'asnes ont fet ronci.
Papelart et Beguin
[Ont le siecle honi].

VIII Et li Frere Barré
Resont cras et quarré ;
Ne sont pas enserré :
Ja les vi mercredi.
Papelart et Beguin
[Ont le siecle honi].

IX Nostre Frere Sachier
Ont luminon fet chier ;
Chascuns samble vachier
Qui ist de son mesni.
Papelart et Beguin
[Ont le siecle honi].

X Set vins filles ou plus
A li rois en reclus ;
Onques mes quens ne dus
Tant n'en congenuï.
Papelart et Beguin
[Ont le siecle honi].

XI Beguines avons mont
Qui larges robes ont ;
Desouz lor robes font
Ce que pas ne vous di.

Les Papelards et les Béguins
ont déshonoré notre époque.

Ils disent beaucoup de belles choses,
je ne sais s'ils en accomplissent rien,
mais qui leur donne de son bien
jamais je n'ai vu tel prudhomme !
Les Papelards et les Béguins
ont déshonoré notre époque.

Les Frères de la Trinité
manifestent une grande fraternité ;
ils se sont bien débrouillés :
d'ânes ils ont fait des roncins.
Les Papelards et les Béguins
ont déshonoré notre époque.

Et les Frères Barrés
sont, pour leur part, gras et carrés ;
ils ne sont pas en cloîtres,
je les ai vus mercredi.
Les Papelards et les Béguins
ont déshonoré notre époque.

Nos Frères Sachets
ont fait enchérir les mèches de chanvre ;
chacun ressemble à un vacher
qui sort de sa maison.
Les Papelards et les Béguins
ont déshonoré notre époque.

Le roi a en cellules
sept fois vingt filles ou plus ;
jamais comte ni duc
n'en engendra autant.
Les Papelards et les Béguins
ont déshonoré notre époque.

Nous avons quantité de béguines,
qui ont de larges robes ;
et sous leurs robes ce qu'elles font,
je ne vous le dis pas.

Papelart et Beguin
[Ont le siecle honi].

XII L'ordre des Nonvoianz,
Tels ordre est bien noianz ;
Il tastent par leanz :
« Quant venistes vous ci ? »
Papelart et Beguin
[Ont le siecle honi].

XIII Li Frere Guillemin,
Li autre Frere Hermin,
M'amor lor atermin :
Je.s amerai mardi.
Papelart et Beguin
Ont le siecle honi.

217
RUTEBEUF
Chanson pieuse

I Chanson m'estuet chanteir de la meilleur
Qui onques fust ne qui jamais sera.
Li siens douz chanz garit toute doleur ;
Bien iert gariz cui ele garira.
Mainte arme a garie ;
Huimais ne dot mie
Que n'aie boen jour,
Car sa grant dosour
N'est nuns qui vous die.

II Mout a en li cortoizie et valour ;
Bien et bontei et charitei i a.
Con folz li cri merci de ma folour ;
Foloié ai s'onques nuns foloia.
Si pleur ma folie
Et ma fole vie,
Et mon fol senz plour

Les Papelards et les Béguins
ont déshonoré notre époque.

L'ordre des Non-Voyants ?
Cet ordre est un pur néant ;
ils tâtonnent là-bas :
« Quand êtes-vous venus ici ? »
Les Papelards et les Béguins
ont déshonoré notre époque.

Les Frères Guillemin,
les autres Frères Hermin,
je leur réserve mon amour,
je les aimerai mardi.
Les Papelards et les Béguins
ont déshonoré notre époque.

RS 1998, L 245-1, MW 1968
Mss. Paris, B.N. fr. 1635, 82r ; Paris, B.N. fr. 1593, 61r. Sans musique. Attribution.

Il me faut chanter une chanson de la meilleure
qui fut jamais ou qui jamais sera.
Son doux chant guérit toute douleur ;
il sera parfaitement guéri celui qu'elle guérira.
Elle a guéri mainte âme ;
aujourd'hui je ne crains pas
de ne pas avoir un bon jour,
car sa grande douceur
dépasse tout ce qu'on peut dire.

En elle abondent la courtoisie et la valeur,
ainsi que le bien, la bonté et la charité.
Comme un fou je lui crie grâce pour ma folie ;
j'ai agi en fou comme personne.
Et je pleure donc ma folie
et ma folle vie,
je pleure mon esprit de fou

Et ma fole errour
Ou trop m'entroblie.

III Quant son doulz non reclainment picheour
Et il dïent son Ave Maria,
N'ont puis doute dou maufei tricheour
Qui mout doute le bien qu'en Marie a,
Car qui se marie
En teile Marie,
Boen mariage a.
Marions nos la,
Si avrons s'aïe.

IV Mout l'ama cil qui, de si haute tour
Com li ciel sunt, descendi juque ça.
Mere et fille porta son creatour,
Qui de noiant li et autres cria.
Qui de cuer s'escrie
Et merci li crie
Merci trovera ;
Jamais n'i faudra
Qui de cuer la prie.

V Si com hom voit le soloil toute jor
Qu'en la verriere entre et ist et s'en va,
Ne l'enpire tant i fiere a sejour,
Ausi vos di que onques n'empira
La vierge Marie :
Vierge fu norrie,
Vierge Dieu porta,
Vierge l'aleta,
Vierge fu sa vie.

et mes folles erreurs
où je m'oublie trop souvent.

Quand les pécheurs invoquent son doux nom
et disent son Ave Maria,
ils n'ont plus à craindre le Malin tricheur
car il craint fort le bien qui se trouve en Marie ;
qui se marie
avec cette Marie,
il fait bon mariage.
Marions-nous avec elle,
nous aurons son aide.

Il l'aima fort, Celui qui de la si haute tour
qu'est le ciel, descendit jusqu'ici-bas.
Mère et fille, elle porta son Créateur,
Lui qui l'avait créée, comme les autres, du néant.
Qui s'écrie du fond du cœur
et lui crie grâce,
il trouvera grâce ;
jamais il n'y manquera,
celui qui la prie avec son cœur.

De même qu'on voit chaque jour le soleil
qui entre en la verrière puis ressort et s'en va
sans l'abîmer bien qu'il la frappe sans cesse,
de même, je vous le dis, elle ne fut pas abîmée,
la Vierge Marie.
En vierge, elle fut élevée,
vierge elle porta Dieu,
et vierge elle l'allaita,
vierge elle resta sa vie durant.

INDEX DES TROUVÈRES
représentés dans ce recueil

ADAM DE LA HALLE (Adam le Bossu). Le poète-musicien le plus célèbre d'Arras, né probablement dans cette ville entre 1240 et 1250, mort probablement en Italie en 1288. Fit des études à Paris. Entra vers 1280 au service de Robert II comte d'Artois, avec qui il se rendit à Naples. Composa une centaine de pièces lyriques de genres divers, tant monodiques que polyphoniques. Ses autres œuvres incluent notamment deux pièces de théâtre : Le *Jeu de la Feuillée* et le *Jeu de Robin et Marion.*

ANDRIEU CONTREDIT. Chevalier et ménestrel d'Arras, probablement mort en 1248. On lui attribue une vingtaine de pièces lyriques.

AUBERTIN D'AIRAINES (Areynes). Picard, seconde moitié du XIIIe siècle. Deux pièces lyriques.

AUDEFROI LE BÂTARD. Vécut à Arras durant le premier tiers du XIIIe siècle. Dix-sept pièces lyriques, dont cinq chansons de toile d'une manière nouvelle.

BLONDEL DE NESLE. L'un des premiers trouvères courtois, cet auteur de 24 chansons composées entre 1175 et 1200-1210 fut peut-être Jean II, sire de Nesle (Somme) de 1202 à 1241, mais ce n'est pas du tout certain. Relations amicales avec Conon de Béthune et Gace Brulé.

LE CHÂTELAIN DE COUCY. Guy de Thourotte, gouverneur du château de Coucy (Oise) entre 1170 et 1203, date de sa mort durant la quatrième croisade. Trouvère des plus prisés du Moyen Âge, auteur d'une quinzaine parmi les 30 chansons que les mss. lui attribuent ; héros légendaire du *Roman du castelain de Couci et de la dame de Fayel.* Relations amicales avec Gace Brulé et d'autres.

CHRÉTIEN DE TROYES. Champenois, le plus grand romancier du Moyen Âge, actif à partir de 1160 à la cour de Marie de Champagne, puis de Philippe de Flandre ; mort vers 1184. Les deux pièces lyriques qu'on lui attribue sont parmi les toutes premières chansons courtoises en langue française. Ses romans incluent *Érec et Énide, Cligès, Le Chevalier de la Charrette, Le Chevalier au Lion* et *Le Conte du Graal.*

COLIN MUSET. Ménestrel actif pendant le deuxième tiers du XIIIe siècle dans la région qui forme aujourd'hui le département de la Haute-Marne. Une vingtaine de pièces lyriques, la plupart de caractère non courtois.

CONON DE BÉTHUNE. Personnage politique et militaire d'origine artésienne, dont l'activité littéraire semble avoir commencé vers 1180. Héros de la quatrième croisade, nommé régent de l'empire en 1219, peu avant sa mort. Avec Blondel de Nesle, Gace Brulé, le Châtelain de Coucy, l'un des premiers trouvères ; une dizaine de chansons.

LA DAME DE GOSNAI. XIIIe siècle. N'est connu d'elle qu'un jeu-parti composé avec Gillebert de Berneville.

LA DAME DE LA CHAUCIE. XIIIe siècle. N'est connu d'elle qu'un jeu-parti composé avec Sainte-des-Prés.

LA DUCHESSE DE LORRAINE. Plusieurs identifications possibles, y compris Marguerite, fille du trouvère Thibaut de Champagne, mariée en 1255 à Ferri III, duc de Lorraine. Le ms. C lui attribue deux pièces lyriques.

ÉTIENNE DE MEAUX. XIIIe siècle. Deux pièces lyriques.

GACE BRULÉ. Chevalier de petite noblesse, champenois, né au plus tard en 1159, il vivait encore en 1212. L'un des trouvères les plus prisés de ses contemporains et de la génération suivante, auteur de 70 à 80 parmi les 108 pièces lyriques – presque toutes des chansons d'amour – que les mss. lui attribuent. Relations amicales avec Blondel de Nesle, le Châtelain de Coucy, Gautier de Dargies et d'autres.

GAMART DE VILERS. Contemporain de Jean Le Cuvelier, avec qui il composa un jeu-parti.

GAUTIER DE DARGIES. Chevalier né entre 1170 et 1175 dans la petite noblesse du Beauvaisis, il vivait encore en 1236. Vingt-cinq pièces lyriques lui sont attribuées, dont trois descorts qui sont probablement les premiers en langue française. Relations amicales avec Gace Brulé et d'autres.

GILLEBERT DE BERNEVILLE. Originaire de la région d'Arras, il fut associé à partir de 1255 environ aux cercles littéraires de cette ville et de la cour de Brabant. Une trentaine de pièces lyriques de plusieurs genres.

GONTIER DE SOIGNIES. D'origine wallonne, trouvère de profession, actif entre 1180-1190 et 1210-1220. Une trentaine de pièces lyriques, notamment des rotrouenges et d'autres chansons à refrain.

GUILLAUME D'AMIENS, dit *Le Paigneur*. Composa, vers la fin du XIIIe siècle, un *Dit d'Amour* ainsi qu'une quinzaine de pièces lyriques, principalement des rondeaux.

GUILLAUME DE BÉTHUNE. Artésien, probablement clerc, composa deux chansons pieuses, toutes deux des contrafactures, dans le dernier quart du XIIIe siècle.

GUILLAUME LE VINIER. Bourgeois d'Arras, clerc de bas rang, marié, frère du trouvère Gilles le Vinier, actif à partir de 1220 environ dans les milieux littéraires de sa ville ; mort en 1245. Une quarantaine de pièces lyriques de genres divers.

GUIOT DE DIJON. Bourguignon, composa, durant le premier tiers du XIIIe siècle, au moins six des pièces lyriques que les mss. lui attribuent.

HENRI III, DUC DE BRABANT. Trouvère, ami et protecteur de trouvères, né vers 1230, devint duc en 1248, mourut en 1261. Relations poétiques avec Thibaut II, comte de Bar, Gillebert de Berneville, Jean Erart,

Perrin d'Angicourt et d'autres. Quatre pièces lyriques.

HUE DE LA FERTÉ. Né dans la noblesse du Maine, il fut un adversaire de la régente Blanche de Castille, contre qui il composa, entre 1226 et 1230, trois serventois ; mort en 1233.

JACQUEMIN DE LA VENTE. Peut-être un clerc vagant, en relation avec les trouvères d'Arras de la seconde moitié du XIIIe siècle. Trois chansons.

JACQUES D'AUTUN. XIIIe siècle. Une chanson.

JACQUES DE CAMBRAI. Les mss. lui attribuent une douzaine de pièces lyriques, dont sept chansons pieuses, composées entre 1260 et 1290 environ.

JACQUES DE CYSOING. Membre d'une famille noble de Flandre, en relation avec les cercles poétiques d'Arras et de Lille durant le troisième quart du XIIIe siècle. Une dizaine de pièces lyriques.

JACQUES DE DOSTI. XIIIe siècle. Une chanson.

JEAN BODEL. Arrageois, né vers 1165, mort lépreux en 1209-1210. Célèbre trouvère de profession, composa des œuvres de tous genres, notamment des fabliaux, la *Chanson des Saisnes*, le *Jeu de saint Nicolas*, ses *Congés*. Les cinq pièces lyriques qu'on lui connaît sont toutes des pastourelles.

JEAN BRETEL. Riche bourgeois d'Arras, né vers 1200, dont les débuts littéraires semblent dater de 1245 environ. Désigné tôt par les trouvères arrageois comme « prince du Puy », il resta chef de leur école poétique jusqu'à sa mort en 1272. Une centaine de pièces lyriques, presque toutes des jeux-partis composés surtout avec Jean de Grieviler, Lambert Ferri et Adam de la Halle.

JEAN ERART. Probablement deux trouvères du même nom, vraisemblablement père et fils, tous deux appartenant au même milieu littéraire arrageois, tous deux morts en 1258-1259. Impossible de distinguer les œuvres de l'un de celles de l'autre. Plus d'une vingtaine de pièces lyriques, dont la moitié sont des pastourelles.

JEAN DE GRIEVILER. Clerc marié, installé à Arras, dont l'activité poétique appartient au troisième quart du XIIIe siècle. Une quarantaine de pièces lyriques, dont la plupart sont des jeux-partis presque tous composés avec Jean Bretel.

JEAN LE CUVELIER. Trouvère arrageois actif entre 1240 et 1270. Une quinzaine de pièces lyriques lui sont attribuées, la plupart étant des jeux-partis composés avec Jean Bretel, Gamart de Vilers et d'autres.

MAHIEU LE JUIF. XIIIe siècle. Deux chansons.

MONIOT D'ARRAS. Artésien, ancien moine, dont l'activité poétique se situe entre 1213 et 1239. Fréquenta les cours seigneuriales du nord de la France. Une quinzaine de pièces lyriques de genres divers, y compris au moins un motet.

MONIOT DE PARIS. Parisien, ancien moine, dont l'activité poétique semble se situer dans le troisième quart du XIIIe siècle. Neuf pièces lyriques, surtout des pastourelles, des rotrouenges.

PERRIN D'ANGICOURT. Né probablement dans le Beauvaisis, actif dans les milieux littéraires d'Arras et de la cour de Brabant entre 1245 et 1250 principalement ; il n'est pas exclu qu'il ait fait partie plus tard de l'entourage de Charles d'Anjou en Italie. Une trentaine de pièces lyriques, surtout des chansons d'amour.

PHILIPPE DE REMY, sire de Beaumanoir. Bailli, romancier, poète, né dans le Beauvaisis oriental vers 1205-1210 ; mort probablement avant 1265. Fréquenta les milieux littéraires d'Arras. Père du juriste Philippe de Beaumanoir, auteur des *Coutumes de Beauvaisis.* Une dizaine de pièces lyriques lui sont attribuées, mais il est mieux connu pour ses autres ouvrages, en particulier les romans de *La Manekine* et de *Jehan et Blonde.*

RAOUL DE BEAUVAIS. D'origine picarde ou artésienne, actif vers le milieu du XIIIe siècle. Cinq pièces lyriques.

RAOUL DE SOISSONS. Chevalier, sire de Cœuvres (Aisne), né vers 1210-1215, participa à trois croisades ; mort en 1272 ou plus tard. Relations amicales avec Thibaut de Champagne et d'autres. Les compositions lyriques que certains mss. attribuent à Thierry de Soissons, personnage inconnu, sont probablement de Raoul. Une quinzaine de pièces, composées sans doute entre 1235-1240 et 1260.

RICHARD CŒUR DE LION. Né à Oxford en 1157, deuxième fils d'Henri II Plantagenêt, roi d'Angleterre et duc de Normandie, et d'Aliénor d'Aquitaine, devenu comte de Poitiers et duc d'Aquitaine en 1169, accéda au trône d'Angleterre, comme Richard Ier, en 1189 ; mort en 1199. Participa à la troisième croisade ; sur le chemin du retour, il fut fait prisonnier, sa captivité devant durer deux ans. Deux chansons lui sont attribuées.

RICHARD DE FOURNIVAL. Fils du médecin du roi, né à Amiens en 1201, fit des études probablement à Paris ; grand érudit, chirurgien, chanoine, puis chancelier, de Notre-Dame d'Amiens ; mort en 1259 ou 1260. À part une vingtaine de pièces lyriques, pour la plupart des chansons d'amour, il fut l'auteur de plusieurs œuvres didactiques en latin mais surtout en français, y compris le célèbre *Bestiaire d'Amours* et trois arts d'aimer.

RICHARD DE SEMILLY. Clerc (?), originaire probablement de la région qui forme aujourd'hui la Haute-Marne, mais semble avoir habité à Paris. Son activité littéraire se déroula aux environs de 1200. Une dizaine de pièces lyriques de genres divers.

RUTEBEUF. Le premier grand poète parisien, d'origine champenoise, reçut une formation de clerc et resta lié aux milieux ecclésiastique et universitaire de Paris. Son activité littéraire s'étend du milieu du XIIIe siècle à 1285 environ. À part ses deux pièces lyriques, plus d'une cinquantaine d'œuvres non musicales, parfois d'un caractère (apparemment) personnel, témoignent d'un profond engagement dans les questions et querelles religieuses, morales, politiques de son époque.

SAINTE DES PRÉS. XIIIe siècle. N'est connu d'elle qu'un jeu-parti composé avec la dame de La Chaucie.

SIMON D'AUTHIE. Chanoine d'Amiens à partir de 1224, avocat de l'abbaye de Saint-Vaast à Arras ; mort en 1231-1232 (?). Une dizaine de pièces lyriques, y compris un jeu-parti composé avec Gilles le Vinier.

THIBAUT DE BLAISON. Né avant 1200 dans une famille angevine, sénéchal du Poitou pour le roi de France à partir de 1227, actif dans la vie politique et militaire, mort en 1229. Relations amicales avec Thibaut de Champagne. Une dizaine de pièces lyriques lui sont attribuées.

THIBAUT DE CHAMPAGNE, roi de Navarre. Arrière-petit-fils d'Aliénor d'Aquitaine, petit-fils de Marie de Champagne, ce grand seigneur, né en 1201, devenu roi de Navarre en 1234, connut dès sa jeunesse l'attrait de la poésie et la compagnie des poètes ; mort en 1253. À une vie politique assez mouvementée, il joignit une carrière de trouvère qui lui valut une grande réputation auprès de ses contemporains. Plus de 70 pièces lyriques : chansons d'amour, pastourelles, jeux-partis, etc.

THIBAUT II, COMTE DE BAR. Comte de 1239 à 1291, date de sa mort. Par suite de son mariage, mêlé aux querelles de Flandre de 1247 à 1256. Deux chansons historiques.

CORRESPONDANCES

des numéros de Raynaud-Spanke (RS) avec ceux de la présente édition *(Ch)*, ceux de Linker (L), ceux de Mölk-Wolfenzettel (MW) et ceux de van den Boogaard (B).

RS	*Ch*	L	MW	B
4	42	265-1630	900	
6	145	240-49	1980	
21	124	106-4	861	552
40	98	38-7	1051	
57	30	265-780	294	1222
59a	3	265-455	502	469
69	130	7-9	1187	
81	131	7-7	14, 1	
89	29	265-1009	1878	474, 1679
94	127	185-10	477	
100	50	265-990	2024	1040
110	89	24-8	2050	
121	88	39-1	1370	
138	175	84-27	883	
143	8	265-1048	302	1830
144	61	265-479	377	1889
146	49	265-79	104	1127
169	136	102-3	2371	1567
191	52	265-939	596	
273	144	240-21	2458	
292	25	265-781	10	
293	120	255-8	1492	
301a	20	265-858	21:4	
313	160	175-2	839	166

RS	*Ch*	L	MW	B
317	179	84-10	312	915
318	17	265-1737	562	
318a	59	265-1107	695	
342	146	240-27	847	
351	158	126-1	1179	
358	82	265-1054	1227	
359	204	236-1	2087	
365	86	265-52	2354	
367	107	132-5	463	1408
368	172	213-2	497	1169, 1839, 1188, 1769, 362
386	2	265-154	410	193
407	142	240-14	1007	
414	174	84-16	1218	1911
418	116	73-9	2396	
436	87	265-8	236	
438	171	192-24	1892	722
439a	81	265-298	548	
443	150	223-5	688	
450	165	199-9	1009	
485	173	154-18	1477	
498	149	223-11	666	1427
503	128	185-7	315	197, 1102, 321, 405, 392
511	162	56-1	2281	760
514	213	11-2	1834	
517	40	265-973	801	
519	66	265-1552	1483	
527	109	224-4	536	1299
529	147	240-33	1762	
537	53	265-320	1835	
539	115	73-16	689, 60	
557	166	199-5	1064	
564	56	265-287	1830	
575	28	265-595	1790	539, 1692, 1872, 281, 114, 1430
580	27	265-971	461	1854
582	181	44-1	443	1897
584	122	255-11	2072	189, 1277, 1782, 1137, 65, 347, 1061
586	13	265-618	306	792
589	125	106-6	1322	
591	169	192-7	2336	

RS	*Ch*	L	MW	B
594	0	265-674	77	18
599	23	265-1493	46	(1662, 1624, 1578)
602	214	121-12	47	
607	26	265-672	856	1463, 877, 1644, 34, 1353, 1112
608	24	265-1021	1201	1920
612	208	2-19	2389	1444
615	62	265-1454	1396	
625	167	192-23	2285	
629	93	50-5	1666	
636	112	92-3	178	1926
654a	19	265-558	96:1	
668	191	133-45	2191	
679	96	38-1	1228	
684	118	73-1	452	
693	189	133-44	2250	
699	138	112-2	1820	
723	111	92-14	823	340
724	44	265-63	479	
742	90	104-1	633	
747	6	265-978	78	123
760	152	223-20	2489	
778	154	258-3	469	
810	126	185-3	1469	1555
835a	216	245-2	419	1470
838	101	65-71	619	
866	64	265-1239	360	1799
888	205	2-18	1718	
919	83	265-1230	1117:1	
925	84	265-1712	996	
931	178	84-31	685	
936	161	56-2	1761	
950	188	133-10	2464	
969	198	186-8	591	
972	183	44-14	4, 16	
980	32	265-185	102	
985	97	38-9	1507	
1006	102	65-8	885	
1029	15	265-665	2240	892
1039	132	102-18	453	
1080	151	223-14	538	
1086	135	102-24	1752	

RS	*Ch*	L	MW	B
1091	186	133-6	2002	
1102	100	65-25	2052	
1108	159	124-1	18	
1112	195	246-1	1986	
1113	54	265-1438	1844	
1125	92	50-1	1347	
1129	139	112-1	1414	
1136	69	265-1343	2340	
1147	80	265-725	1446	
1153	60	265-677	1298	
1154	155	215-3	1239	
1156	36	265-1482	353	1126
1171	212	128-3	781	740
1176	215	98-1	2109	
1179	67	265-555	1360	
1184	4	265-1195	1859	1353
1185	134	97-1	1159	
1204	156	258-7	2363	
1231	129	193-1	2350	
1255	197	186-3	934	961
1298	180	44-9	851	
1302	184	44-12	902, 17	
1346	190	133-42	1964	
1350	133	102-19	63	1565
1352	10	265-215	61	716
1355	187	133-7	2100	
1363	31	265-30	1453	731
1370	38	265-1040	2297	1712
1371	37	265-886	1797	1220
1381	137	252-6	2288	1882
1383	207	2-5	2397	
1386	43	265-1284	835	719
1390	170	192-19	1246	1133, 426, 1638, 289
1402	121	255-2	1095	
1410	148	240-37	1886	
1424	199	186-9	1265	545
1465	103	65-54	611	
1470	168	192-10	635	
1479	141	240-53	1468	
1481	16	65-12	369	1453
1505a	113	92-5	41	306
1522	192	47-1	603	

RS	*Ch*	L	MW	B
1564	1	265-1346	417	1515
1565	117	73-7	2359	
1573	176	84-13	1971	1733
1574	94	50-6	626	
1578	104	65-46	891	
1579	99	65-45	586	
1583	108	224-5	27	537, 620, 1900, 1282, 462
1596	143	240-6	2062	1127, 1225, 583, 1217, 1692, 530
1599	206	2-27	2164	
1609	65	265-1029	1155	
1616	123	15-5	397	712
1618	91	24-10	757	
1630	55	265-337	1748	
1640	193	57-1	2344	
1645	45	265-178	662	
1646	5	265-1746	311	1223
1671	194	67-1	2019	
1690	106	65-72	764	
1698	34	265-1425	855	1396, 1348, 437, 961
1698a	21	265-1037	2	
1710	12	265-222	62	351
1713	35	265-1001	759	617, 901, 622, 1597, 264
1749	48	265-103	1368	
1780	68	265-478	2485	
1847	11	265-223	74	571
1857	177	84-15	2222	440
1860	110	224-10	1237	417
1891	95	241-2	42	1928
1893	105	65-2	1277	
1900	46	265-342	858	
1916	33	265-1470	1086	
1937	39	265-1235	827	1716
1957a	70	265-344	620	
1966	185	119-6	607	
1967	51	265-1747	1149	
1969	119	73-22	651	
1981	41	265-184	1320	
1983	47	265-1583	1253	
1984	22	265-632	518	
1987	196	122-1	2487	
1998	217	245-1	1968	

RS	*Ch*	L	MW	B
2006	18	265-596	59	
2014	85	265-381	451	
2015	14	265-722	475	884
2029	163	199-6	1494	
2031	114	92-12	79	312
2037	7	265-1485	43	869
2045	157	61-2	1875	1062
2070	63	265-864	1312	
2075	140	240-3	2437	
2079	182	44-11	1552	
2096	164	199-1	1498	
2107	153	215-5	1499	
2127	57	265-142	488	1887
–	58	–	2505	
–	71	265-692	438	
–	72	265-570	151	114/631
–	73	265-795	780	116/903
–	74	265-1681	122	125/1793
–	75	265-827	184	126/953
–	76	265-405	784	129/404
–	77	265-1653	718	140/1758
–	78	265-796	115	143/905
–	79	265-1686	130	145/1796
–	200	2-38	919	73/12
–	201	2-39	260	78/80
–	202	2-48	282	79/823
–	203	2-52	271	83/1759
–	209	101-9	65	85/993
–	210	101-13	274	87/1717
–	211	101-7	272	90/477

NOTES

1

LEÇ. REJ. I, 3 Je ne li ai rienz meffait *(corr. proposée par Bartsch),* 7 s'il] cil.

MUS. La mélodie n'est conservée que sous forme de ténor dans un motet (n° 16) de Guillaume de Machaut. Schéma mélodique : rf (=A) B A rf. • **1.** Machaut écrit *do* dièse et ajoute, après les vv. 2 et 6 :

; puis il répète les vv. 1-2 et 5-6 et termine sur *ré. Cf.* les mss. Paris, B.N. fr. 1584, f. 429v; Paris, B.N. fr. 1586, f. 220v; Paris, B.N. fr. 9221, f. 137v; Paris, B.N. 22546, f. 117v; New York, Vogüé, f. 275v. • **2.** À la place du v. 4 Machaut répète le v. 3.

EDS. Bartsch 1870 20-21, Gennrich 1921/27 1 : 102-103, 2 : 104-109, Pauphilet 864-865, Gennrich 1955 1 : 54-55, Gennrich 1958b 35-36, Chastel 774-775, Toja 129-131, Mary 1 : 298-299, Bec 2 : 166-167, Lea 70, Baumgartner 1983 364-365, Bergner 418-419, Mölk 1989 104-105.

DIAL. Traits lorrains : *ai* pour *a* : *bait* (1), *laisette* (2) ; *ei* pour *e* tonique : *acolleir* (5), *dureir* (9) ; *amin* (5) pour *ami*; *lou* (11) pour *le.*

REM. Ce poème se trouve parmi ceux que le ms. I classe sous la rubrique « pastorelles ». Il se retrouve plus tard dans un motet de Guillaume de Machaut; voir MUS. Pour une analyse du texte, voir Zumthor 1963 138-139.

2

LEÇ. REJ. III, 15 O vilains *(+1).*

EDS. Bartsch 1870 21, Gennrich 1921/27 1 : 104, 2 : 109, Bec 2 : 169-170.

DIAL. Traits lorrains : *a* (13) pour *au*; *ai* pour *a* : *pais* (4), l'adverbe *lai* (9) tout comme l'article *lai* (17), *hairt* (17) ; *nuns* (6) pour *nus*, *amins* (18) pour *amis*; *marchiet* (3) pour *marchié*; 3ᵉ pers. sing. futur en *-ait* : *ocidrait* (10), *departirait* (11).

3

LEÇ. REJ. III, 11 se] ce.

EDS. Stengel 103, Gennrich 1921/27 1 : 158-186, 2 : 129, Bec 2 : 166.

DIAL. Traits lorrains : *ai* pour *a* : *gaircent* (11) ; *ei* pour *e* tonique : *peire* (3), *greit* (8) ; *amin* (4) pour *ami*; conservation de *t* final : *proiét* (6), *deservit* (7), *greit* (8) ; 3ᵉ pers. sing. prés. indicatif *ait* (6, 7) pour *a*.

REM. Ce texte est métriquement irrégulier ; la plupart des vers comptent douze syllabes, mais jusqu'à quatre en ont onze ; de plus, la césure oscille entre la cinquième position et la huitième. Il n'y a pas de schéma sous-jacent assez clair pour justifier une correction des vers apparemment déviants, ni de mélodie pouvant étayer une telle correction. Il n'est d'ailleurs pas certain que l'irrégularité métrique ne soit pas un trait intrinsèque de cette composition. On doit considérer comme arbitraires les tentatives de régularisation qui se trouvent dans Jeanroy 1889 et dans Gennrich 1991b.

4

LEÇ. REJ. R, 1 mies ; **III**, 26 cu, 33 Ce.

EDS. Stengel 110, Bartsch 1870 46, Gennrich 1921/27 1 : 116-117, 2 : 111.

DIAL. Traits lorrains : *ei* pour *e* tonique : *bateis* (1), *leis* (7) ; *c* pour *s(s)* : *poice* (16), *pace* (28), *ce* (LEÇ. REJ., v. 33) ; *lou* (9) pour *le*; *ceu* (10) pour *ce*; *se* adverbial (30) pour *si*; 3ᵉ pers. sing. passé simple en *-ait* : *donait* (29) ; 3ᵉ pers. sing. futur en *-ait* : *doublerait* (22).

REM. • **5.** Noter que *chamin* [-i(n)] rime avec *foilli, mari.* • **16.** *se = si?* *ce?* Voir DIAL. • **18.** *ci = si?* Voir DIAL. • **26.** Plutôt que notre *cu[i],* Gennrich 1921b voit, dans la leçon *cu* du ms., *c[e]u* (= *ce*). En plus d'une certaine maladresse syntaxique créée par cette interprétation, sa correction ne tient pas compte des autres cas d'omission d'*i* dans les digrammes vocaliques qui se trouvent dans ce texte ainsi qu'ailleurs dans le ms. I; *cf. anuant* (v. 20) pour *anuiant, dont* (v. 32) pour *doint.*

5

LEÇ. REJ. En dehors du refrain et du v. 32, les crochets signalent des conjectures nécessitées par la mutilation du manuscrit. **II,** 7 nauree *(+1)*; **VII,** 32 P. la p. *(-1).*

MUS. Schéma mélodique : rf (= A) B rf. • **1.** Au v. 6, fin de la mélodie.

EDS. Bartsch 1884 581-582, Jeanroy 1889 483-484, Järnström 1927 189-191.

REM. Cette chanson est l'une des nombreuses chansons pieuses composées sur un modèle profane. « Elle a été composée, ... ainsi que l'indique le v. 3 *(Quant jacobine me fist),* pour une confrérie féminine affiliée à l'Ordre de saint Dominique, auquel appartenait le compilateur du manuscrit i » (Järnström 1927 30-31). Le refrain semble avoir été inspiré par le refrain profane, *Sa bochete vermoillete m'a mis an prixon* (B 1641).

Le texte est marqué par une homophonie assez libre et un rythme qui a fait problème. Jeanroy 1889 et Järnström 1927 font remarquer en effet que les vers longs des trois dernières strophes comptent chacun six syllabes plutôt que sept, comme c'est le cas aux str. I-IV. À cette constatation il faut pourtant ajouter que les hexasyllabes sont tous des vers féminins, alors que les heptasyllabes sont masculins, ce qui, faisant entrer l'*e* final atone dans le compte des syllabes, à l'effet de rendre tous les vers égaux.

Les conjectures proposées entre crochets sont pour la plupart celles qu'on trouve dans les éditions antérieures. Au v. 30, aucune conjecture n'a été faite ; au v. 32, Jeanroy 1889 propose, et Järnström 1927 accepte, *[Or] prions la pucele.*

6

LEÇ. REJ. En dehors des vv. 8, 14, 20, 26, 32 et 38, les crochets signalent des conjectures nécessitées par la mutilation du manuscrit.

MUS. Schéma mélodique : rf a a B (rf) (ballade). • **1.** Le ms. omet les notes du v. 8. • **2.** Au v. 2, cette note a été perdue par mutilation du ms. • **3.** Au v. 4, cette figure a été perdue par mutilation. • **4.** Au v. 3, les deux notes suivantes ont été perdues par mutilation.

EDS. Bartsch 1884 582-584, Jeanroy 1889 480-481, Järnström 1927 195-197, Bec 2 : 66-67, Dufournet 1989 68-71.

REM. Comme la chanson 5 (RS 1646), celle-ci fut composée sur un modèle non pieux. On en devine le caractère profane surtout dans le refrain typiquement féminin. • **3.** Conjecture d'après Järnström 1927 ; Jeanroy 1889 propose *de [toute s'en]tente.* • **24.** Derrière le sens manifestement abstrait du mot *nature* se cache peut-être, autrement concret, un sens sexuel.

7

LEÇ. REJ. II, 10 Raynaut] R. *ici et par la suite,* 12 Raynauz] R. *ici et par la suite* ; **IV**, 16 Iel ; **VI**, *Il manque un vers quelque part dans cette strophe, sans doute avant ou après le v. 33.* 34 recomence.

EDS. P. Paris 49, Leroux de Lincy 15-18, Bartsch 1870 3-4, Meyer 1877 365, Crépet 42-45, Bartsch 1920 45-46, Voretzsch 72-73, Pauphilet 825-826, Spaziani 1954 23-24, Cremonesi 39-40, Saba 68-69, Woledge 1961 83-84, Toja 120-122, Henry 1967 228-229, Bec 2 : 35-37, Zink 1978 93-95, Aspland 149-151, Bergner 410-415, Rieger 1983 10-13, Mölk 1989 78-81.

DIAL. Traits lorrains : *meis* (4) pour *mes* ; *lo* (4) pour *le.*

REM. • **2.** a) *Franc de France,* formule empruntée à la poésie épique, désigne les Francs du territoire assez limité que fut la France carolingienne par opposition aux Francs du reste de l'Empire ; la formule a sans doute une connotation méliorative. b) *roi (cort)* : à notre connaissance, seul exemple en ancien français d'un génitif antéposé qui ne soit ni un nom propre ni introduit par un déterminant ; on aurait prévu *le* (ou *la*) *roi cort,* à l'exemple, au v. 14, de *mon pere tor.* Selon Tobler 1905 89-90, il se pourrait que le mot *roi,* qui désigne dans une société donnée un être unique, ne demande pas plus de détermination que *Dieu.* Faral 1946-47 452 voit dans cette tournure un pseudo-archaïsme tendant à confirmer son hypothèse selon laquelle les chansons de toile seraient du « faux ancien ». Il est pourtant fort possible que la question grammaticale ou stylistique de *roi cort* ne soit qu'un faux problème. D'une part, il est normal dans le ms. U que la contraction *de* + *le* donne la forme *del* (comme *a* + *le* > *al*) ; d'autre part, il n'est pas rare qu'un copiste distrait oublie de terminer un mot. La locution *de roi cort*, donc, n'est peut-être pas autre chose qu'une façon négligée d'écrire *del roi cort.* Pour la datation des chansons de toile en général et de la chanson 7 (RS 2037) en particulier, voir Simonelli, Jonin. • **16.** Pour la locution peu commune *le mesfaire,* voir Henry 1954a. • **27.** Étymologiquement féminin, *blonde* sert aussi assez souvent de forme masculine, à côté de *blont.* • **31-34.** Il est généralement admis qu'il manque un vers quelque part dans cette strophe, encore qu'à l'exemple de Zumthor 1970 on puisse prétendre que, dans les chansons de toile, il n'est pas nécessaire que les strophes soient toutes de même longueur, et que par conséquent la présente strophe est sans doute complète telle qu'elle est. Le texte édité par Voretsch comporte, insérée entre les vv. 31 et 32, une conjecture attribuée à H. Suchier : *Plorant la vit, dont l'en prist grant tendror.* • **34.** Cremonesi conserve la leçon du ms. *recomence* et substitue à *premieres* le singulier *premiere*; *amors,* en ancien français, peut être singulier ou pluriel. L'*e* final non élidé que cette modification introduit dans le vers n'est pas inhabituel dans la poésie médiévale; *cf. que avuec* (v. 21).

8

LEÇ. REJ. I, 2 germainne, 4 li r., 5 santrainmet soweit; **II,** *Cette strophe suit le dernier refrain ; elle est suivie de* cist dairiens vers doit aleir apres lou premier. 7 Gaiete] orior, 8 ses] ces, 10 santrainme; **III,** 11 aures, 15 santrainme; **IV,** 16 orious, 18 gaiete sa suer *(corr. Bartsch),* 19 li r., 20 santrainmet; **V,** 25 santrainmet.

EDS. Leroux de Lincy XLII, Dinaux 4 : 315-316, Bartsch 1870 8, Crépet 46-48, Paris-Langlois 278-280, Bartsch 1920 46, Brittain 115-116, Pauphilet 827-828, Cremonesi 44-45, Saba 72-73, Chastel 400-403, Toja 126-128, Mary 1 : 92-93, Bec 2 : 43-44, Zink 1978 100-101, Lea 66, Baumgartner 1983 296-299, Bergner 406-409, Rieger 1983 14-17.

DIAL. Traits lorrains : *a* pour *au* : *a* (1), *fat* (1) ; *ai* pour *a* : *Gerairs* (6), *laise* (21) ; conservation de *t* final : *crollet* (4), *chosit* (7), *vat* (16), *laxiét* (22), *torneit* (26) ; 3e pers. sing. prés. indicatif *ait* (7) pour *a*; *ei* pour *e* tonique : *soweif* (5), *torneit* (26), *citeit* (27) ; 1re pers. sing. en *-a* plutôt que *-ai* : *remainra* (13), *j'a* (22) ; absence de prothèse dans *strainte* (8), *stinte* (16) ; *lou* (1) pour *le.*

REM. Le décasyllabe ici est d'un type peu commun qui place la césure après la sixième syllabe.

La bibliographie abondante qu'a engendrée cette chanson inclut : Pieltain, Joly 58, Batany 112-113, Godzich, Planche 1977, Zink 1978 98-99, Fernandez. • **4.** Ici et dans les reprises du refrain, Bartsch préfère la leçon modifiée *li raim crollent.* • **7.** Le premier mot du vers devrait sans doute être *Se* non élidé (= francien *si*), ce qui donnerait une césure « épique » (6 + *e* atone / + 4) plutôt que « lyrique » (5 + *e* atone / + 4) ; la césure « épique », beaucoup plus fréquente dans les chansons de toile, se rencontre ici aux vv. 12 et 26 (au v. 8 aussi, si l'on admet la forme corrigée *prise*).

9

LEÇ. REJ. II, 9 enserre ; **V**, 26 *suivi du vers surnuméraire* bels sire douz ia mauez uos formee, 27 oblie.

MUS. Schéma mélodique : a a a b rf (ballade). • **1.** Au v. 2, le ms. répète cette note, ce qui rendrait *l'onde* dissyllabique.

EDS. P. Paris 37, Bartsch 1870 13, Gennrich 1925 22-24, Gennrich 1955 1 : 36-37, Saba 60-62, Gennrich 1958b 12-13, Toja 114-116, Mary 1 : 96-97, Bec 2 : 41-42, Zink 1978 85-88, Baumgartner 1983 292-295, Rieger 1983 18-21.

DIAL. Traits lorrains : *ei* pour *e* tonique : *destineie* (7), *meis* (9), *penseie* (26) ; *ie* pour *iee* : *laidangie* (19), *maisnie* (21).

REM. Sur les chansons de toile en général et celle-ci en particulier, voir Payen 1968 262-269.

10

LEÇ. REJ. VI, 31 poul ; **VII**, 37 poul ; **VIII**, 38 *(-3)*, 43 poul.

MUS. Schéma mélodique : A A rf. • **1.** Au v. 4, le ms. donne *do.* • **2.** Les mélodies des seconds vers du refrain, conjecturales, sont des variantes de celle des vv. 4-5.

EDS. P. Paris 46, Bartsch 1870 5-6, Gennrich 1925 18-20, Brittain 116-117, Cremonesi 41-42, Saba 66-67, Gennrich 1958b 8-9, Groult 1 : 167-168, Toja 118-120, Maillard 1967 74-77, Mary 1 : 92-95, Zink 1978 89-92, Baumgartner 1983 288-293, Chickering 1 : 165-166.

DIAL. Traits lorrains : *ei* pour *e* tonique : *nomeie* (32), *fauseie* (33), *entreie* (34) ; *ie* pour *iee* : *drecie* (16), *adrecie* (17), *correcie* (18).

REM. Sur l'âge de cette chanson, voir Joly 61-63 ; sur sa perspective féminine, voir Nichols. • **7.** *s'est* = *s'ait*, forme lorraine de *si a* « et il a ».

11

LEÇ. REJ. II, 9 *(-1).*

MUS. Schéma mélodique : a a B rf (ballade ?). • **1.** Au v. 2, le ms omet cette note.

EDS. P. Paris 39, Bartsch 10, Gennrich 1955 1 : 37-39, Saba 62-63, Gennrich 1958b 9-10, Toja 116-118, Zink 1978 76-79.

DIAL. Traits lorrains : *boen* (2) pour *bon* ; *se* adverbial (20) pour *si* ; *lo* (33,34) pour *le*; peut-être *a* (34) pour *au*.

REM. • **8.** Décasyllabe à césure « lyrique » (3 + *e* atone / + 6), beaucoup moins fréquent dans les chansons de toile que ceux à césure « épique » (4 + *e* atone / + 6) ; cf. les vv. 13 et 19. • **34.** *A[u] to[u]r françois*, locution bien attestée pour une manœuvre d'équitation mal définie et dont la valeur métaphorique n'est donc pas claire. L'absence de pronom sujet et le caractère épicène du pronom *l'* complément d'*estent* rendent le sens de ce vers encore plus obscur.

12

EDS. P. Paris 53, Bartsch 1870 9, Pauphilet 826-827, Cremonesi 46-47, Saba 69-70, Toja 122-124, Zink 1978 96-97.

REM. • **3.** À la place de *Cost*, Saba, suivant l'exemple de Bartsch, donne *Co'st* (= *c'est*). • **31.** À la place de *Covegne t'en*, Paris donne *Sovegne t'en* « Qu'il t'en souvienne », leçon adoptée par Boogaard 1969 qui la corrige pourtant en « Çovegne ten ». Cette interprétation est sans doute motivée par la tendance des copistes lorrains à confondre *s* et *c*, mais elle nous paraît mal fondée dans le présent texte qui, à la différence de bien d'autres transmis par le ms. U, comporte peu de traits lorrains.

13

LEÇ. REJ. II, 6 *précédé du vers surnuméraire.* Elle se plaint la belle an sospirant ; **IV**, 17 si] ci 18 *(-1)* ; **V**, 22 ses] ces ; **VI**, 27 ses] ces.

EDS. P. Paris 70, Leroux de Lincy XLVI, Bartsch 1870 7, Cremonesi 43-44, Saba 71-72, Toja 124-126, Zink 1978 98-99.

DIAL. Traits lorrains : *ai* pour *a* : *lais* (3), *laise* (6), *estrainge* (7) ; *ei* pour *e* tonique : *esteir* (16), *ploreis* (17), *ameir* (18), *loeiz* (22), *greit* (23) ; *boen* (18) pour *bon* ; *amins* (4) pour *amis* ; pronom rel. *ke* (22) pour *qui* ; *seus* (5) pour *sui* ; prés. indicatif *ait* (11) pour *a* et futur *amerait* (28) pour *amera* ; imparf. indic. en *-e(i)ve-* : *apeleivet* (12).

14

LEÇ. REJ. II, 15 poors ; **III**, 26 Naient ; **V**, 48 pas paor f.

MUS. Schéma mélodique : A A rf.

EDS. P. Paris 66, Leroux de Lincy 139-143, Schläger 1895 89, Restori 4-22, Bartsch 1920 167-168, Brittain 159-161, Cocito 49-56, Bec 1973 17-33, Bec 2 : 27-30, Aspland 151-154, Lea 100, Rieger 1983 38-43, Dufournet 1989 42-47.

REM. Ce texte a suscité un nombre exceptionnel de commentaires. Deux principales questions se posent : 1° s'agit-il d'une œuvre de caractère dramatique, peut-être chorégraphique, ou d'une composition purement lyrique, 2° quelles sont les voix qui se font entendre dans les différentes strophes ? Puisque le ms. ne comprend que le texte et la mélodie, les hypothèses sont des plus variées. Voir, entre autres, Jeanroy 1889 79, Restori et le compte rendu de Jeanroy dans *Romania* 33 (1904) 615-616, Bédier 1906, Woledge 1965 388-389, Becker 169-173. Plus récemment, Cocito a soutenu que la pièce combinait un chant de veilleur traditionnel (d'origine occitane) et une chanson d'aube *stricto sensu* ; Bec 1973 se sert de cette idée dans une étude magistrale qui affirme la nature foncièrement lyrique de la composition. C'est sa distribution des strophes – ainsi que son argument selon lequel les refrains constituent une unité lyrique indépendante des personnages – que nous considérons comme la plus persuasive, c.-à.d., str. 1 : l'amant, str. 2-5 : le guetteur, str. 6-7 : l'amant. Voir cette étude reprise dans un contexte plus large dans Bec 1977-78 1 : 90-107. • **8.** Le pronom *l'*, sans antécédent, désigne sans doute le « jaloux », c.-à-d., le mari de la dame, *traïtor* au v. 16 et qu'on n'ose nommer au v. 39. • **13.** *Blancheflor*, nom d'héroïne dans nombre de romans médiévaux, notamment dans *Floire et Blancheflor* ; voir Flutre 30. Il est fort possible que le nom figure ici non pour une raison ayant une pertinence particulière dans ce contexte mais pour sa valeur évocatrice générale • **24.** *A cest tor*, terme technique de la danse selon Bédier 1900 421 qui voit dans cette acception une preuve du caractère chorégraphique de notre chanson ; la locution ne signifie pourtant pas autre chose que « maintenant, à cet instant » ; de même, *a cestui tor* (v. 60).

15

LEÇ. REJ. I, 11 Si meut *(corr. Bartsch)*; **II**, 13 se] ce 15 Il me b. bien .iii. fois *(corr. Bartsch)*.

EDS. Bartsch 1870 27-28, Brittain 150-151, Woledge 1961 88-89, Woledge 1965 370-371, Bec 2 : 25-26, Lea 94, Baumgartner 1983 278-279, Bergner 420-423.

DIAL. Traits lorrains : *ai* pour *a* : *mairdi* (2), *lai* (4) ; *leis* (2) pour *les*; *anfruine* (14) pour *enfrune*; *amin* (1) pour *ami*; *neut* (19) pour *nuit*; *w* intervocalique : *jowant* (3) ; *x* pour *s(s)* : *vocexiens* (18), *dixant* (20) ; *s* pour *c* et *c* pour *s* : *vocexiens* (18) et *sant* (19) ; 3e pers. sing. passé simple en *-ait* : *ajornait* (5), *chantait* (6) ; 3e pers. sing. imparf. subj. en *-est* : *durest* (19) ; pronom rel. *ke* ou *k'* (2,7) pour *qui*.

REM. Ce poème se trouve parmi ceux que le ms. I groupe sous la rubrique « pastorelles ». Voir les commentaires de Saville, Saíz, Wolf.

16

LEÇ. REJ. III, 15 *suivi du vers surnuméraire* medixant men ont fait partir.

EDS. Tarbé 1850 134, Bartsch 1920 190, Petersen Dyggve 1951 441-442, Pauphilet 878-879, Woledge 1961 89-90, Woledge 1965 371-372, Toja 181-182, Bec 2 : 26-27, Baumgartner 1983 176-179, Bergner 424-427, Rosenberg 1985 266-269, Mölk 1989 90-91.

DIAL. Traits lorrains : *ai* pour *a* : *depairt* (6) ; *poent* (15) pour *point*; *amin* (4) pour *ami*; *se* adverbial (9,16) pour *si*; *lou* (29) pour *le*.

REM. Il est possible que cette aube ait été composée par Gace Brulé, à qui le ms. l'attribue. Comme le fait remarquer pourtant Petersen Dyggve 1951 156, « cette attribution, vu le peu d'exactitude des rubriques de C en général, ne constitue pas une garantie suffisante » – d'autant moins que le corpus attribuable à Gace, remarquablement grand, comprend presque exclusivement des chansons d'amour ;

dans ce contexte, notre aube détonnerait étrangement. Sur la place de ce texte dans l'évolution de l'aube, voir Wolf; voir aussi Seto. • **6.** *ke* sert ici de pronom relatif (d'où notre traduction, « qui ») ou de conjonction de cause. • **10.** La leçon du ms. *enuious* est ambiguë, car le copiste médiéval ne distingue pas les lettres *u* et *v*. La forme peut représenter, comme ici et dans Petersen Dyggve 1951, « ennuyeux » (au sens médiéval de ceux qui font de la peine, qui nuisent) ou bien, comme c'est le cas dans Bartsch 1912 et ailleurs, « envieux ». Les deux sens conviennent parfaitement au contexte.

17

VAR. I, 3 Ui lains X ; ne le N ; 4 uns cheualiers X ; **II**, 8 dermin X ; 10 out N, auoit X ; 11 flor X ; **III**, 15 er N ; 17 furent] erent X ; **IV**, 19 Et NX ; 22 derriers N, deriers X ; **V**, 30 dou X ; **VI**, 31 rosingnoyr N ; 34 ma mẽ N ; 35 chantee en la m. seraine X ; 36 haut *omis par N*; **VII**, 37 bien fussies X ; 40 pere *omis par N*; 41 donee *omis par N.*

MUS. Schéma mélodique : oda continua.

EDS. Bartsch 1870 23-24, Spanke 1925 26-28, Brittain 155-156, Pauphilet 863-864, Gennrich 1955 1 : 49-51, Gennrich 1958b 23-24, Chastel 404-407, Woledge 1961 119-121, Maillard 1967 80-81, Mary 1 : 292-295, Bec 2 : 60-61, Baumgartner 1983 262-265, Chickering 1 : 160-161.

REM. Cette pièce qui célèbre l'amour et le printemps est peut-être la chanson la plus enchanteresse en ancien français. C'est « le chef-d'œuvre de cette poésie printanière, ... pleine d'une charmante et bizarre poésie, bien rare dans notre littérature », selon Gaston Paris 1912 255, et les jugements d'écrivains plus récents ne sont pas bien différents. Pour le fond folklorique et le genre de cette pièce ainsi que certaines autres questions, voir Schossig 139, Tyssens 1971 589-603, Drzewicka, Bec 1977-78 1 : 136-141, Lods, Planche 1989b.

Noter qu'aucun sujet, même pronominal, n'identifie la vision féminine décrite d'une façon si frappante dans les str. 2-4; ce n'est que par la suite, aux vv. 28 et 37, qu'elle reçoit le simple nom de *Bele*. La versification du poème n'est pas moins insolite que son contenu, car elle mélange rime et assonance – y compris un cas d'homophonie très approximative (*soie* [v. 9] : *chauçade* [v. 12]) –, varie le schéma rimique, introduit des participes provençalisés en *-ade* dans un texte purement français et fait correspondre aux hexasyllabes des str. 1-4 des pentasyllabes dans les str. 5-7. • **10.** *jaglolai*, l'une des variantes anciennes de *glaiuel* et ayant la même valeur que *glai*. Ces vocables désignent parfois le glaïeul, parfois la fleur jaune qu'on nomme communément l'« iris des marais ».

18

LEC. REJ. I, 5 du] au, 11 lorion, 12 rosignon ; **II**, 18-19 = *les derniers vers du texte,* 18 a un son, 19 Onc ni ot a. j. *(+1)*, 26 deporz sa s. de ses dangiers, 27 Ses escuz fu de cartiers de besier et de sozrire, 33 Sa lance est de c. e. de flor de g., 34 Ses.

VAR. Ordre des vers dans U : (f. 152r) 1-8, 11-17 ; (f. 151r) 9-10 suivis d'un troisième vers de 14 syllabes, 18-34. La str. I est suivie, f. 152r, d'une version apocryphe des vv. 9-17 (voir *infra*). Le bord droit du f. 151 est coupé ; nous présentons ici entre crochets les leçons qui manquent.

I, 1 aurit a tant ; 2 Ke nest la fueille et la flor ; 3 au] a ; 4 Ch. et loie son signor ; 6 Si men antra an .j. jardin ; 8 Les ozeles an lour l. ; 9 Un petit me tras auant ke veoir voi lor f. ; 10 Ne s. m. ca[nt] de lor gent vis v. et d., *suivi de* il an i ot plus de .c. toz de diue[rse] faiture ; 11 loriour ; 12 rasignor ; 15 *omis* ; 16 Et t. d. a. ozillons dont je ne s. dire l. n. ; 17 Ke desor l. sasisent chacuns chantait sa ch. ; **II**, 18 Tut commansent a un son ; 20 [soz] la tor ; 21 amors ; 22 Se regarda p. un p. ; 23 Lou duc damo[r] viz ch. ; 25 escuei[er] ; 26 Ces ; celle ; 27 Ces ; fu *omis* ; d an gier ; cen estrier ; 28 Ces ; 30 C[es] ; 31 De diuers c. ; 33 e. ot de ; 34 mignotise esperon.

Seconde version des vv. 9-17 :

Un petit me trais arriere,
ke corresier ne.s osoie,
et se.s pris a regardeir
la joe ke il monoient.
Vi lou roisignor
demeneir badour.
Tut sont antor lui, et grant et menour,
et chantent tut antor lui et demoinnent feste grignor,
ke d'une grande luee puet on oïr la tantour.

Je me mis un peu en retrait
car je n'osais les courroucer,
et je me pris à regarder
la joie qu'ils menaient.
Je vis le rossignol
manifester son allégresse
et tous sont autour de lui, grands et petits,
ils chantent autour de lui en montrant une joie plus grande [encore
au point qu'à une grande lieue à la ronde on peut en entendre [la clameur.

MUS. Schéma mélodique : A A B B c c' D (lai ?).

EDS. Bartsch 1870 25-27, Spanke 1925 241-242, Pauphilet 837-838, Gennrich 1955 1 : 47-49, Woledge 1961 117-119, Tyssens 589-603, Bec 2 : 58-59, Baumgartner 1983 260-263.

REM. Les deux sources manuscrites de cette pièce, corrompues, présentent des problèmes considérables ; ceux-ci examinés de près et largement résolus par Tyssens 1971, ont rendu possible une version reconstruite dont le texte que nous proposons ici a beaucoup profité. Sur la description du dieu d'Amour dans cette chanson et son rapport avec la description allégorique propre aux récits, voir Lecompte (introduction). Sur le rapport des reverdies avec les pastourelles françaises et la poésie des Goliards, voir Delbouille. Voir en outre Saíz, Edwards 20-23, Planche 1989b.

19

LEÇ. REJ. I, 24 uoi ; **II,** 44 P. ceu ai t. *(+1)* ; **III,** 50 *(-1)* ; **IV,** 63 Cil 65 *(-1)*.

EDS. Streng-Renkonen 24-26.

DIAL. Traits lorrains : *ai* pour *a* : *airdant* (23), *pair* (54), *jai* (65) ; *ei* pour *e* tonique : *volanteit* (6), *doneit* (7), *biautei* (56) ; *nuns* (42) pour *nus*, *amin* (48) pour *ami* ; *facement* (31) pour *faussement* ; *x* pour *s* : *anvoixie* (5), *voix* (29) ; conservation de *t* final : *doneit* (7), *mercit* (47), *pitiet* (55) ; *ceu* (29) pour *ce* ; 3e pers. sing. prés. indicatif *ait* (7) pour *a* (mais subjonctif au v. 47) ; 3e pers. sing. futur en *-ait* : *averait* (49).

REM. Pour la définition de l'estampie, les rapports entre texte et musique, etc., voir Bec 1977-78 1 : 241-246, Cummins 1979 et 1982, Vellekoop, Billy 1987a. • **44.** Le ms. porte une syllabe de trop. Streng-Renkonen propose de corriger en *Por c'ai tant*, mais le vers ainsi modifié n'a pas de sens bien clair. • **65-66.** Streng-Renkonen donne, en un seul vers, *Soient mi mal, de joli cuer l'otri*. Hans Spanke, dans son compte rendu (*Zeit. f. rom. Phil.* 52 [1932] 637-640), a raison de voir que le vers doit être divisé, mais la division qu'il propose – *Soient mi mal, de joli / Cuer l'otri* – n'établit pas l'identité métrique avec les vv. 60-61 que la forme du poème exige.

20

LEÇ. REJ. I, 9 cestant, 19 Ci, **II,** 26 ce, 37 Et *(+1)*; ce; **III** 59 cil.

EDS. Strong-Renkonen 35-38.

DIAL. Traits lorrains : *ai* pour *a* : *regairt* (18), *saiges* (28), *pairleir* (33), *jai* (64) ; *ei* pour *e* tonique : *cleir* (15), *ameir* (25), *teil* (80), *dezirei* (67) ; *cut* (60) pour *cuit*; *c* initial pour *s* (voir LEÇ. REJ.) ; *x* pour *s* : *plaixant* (14), *saixit* (20) ; conservation de *t* final : *saixit* (20), *pitiet* (40) ; *w* initial pour *vu* : *welt* (25) ; *ceu* (43) pour *ce*; *lou* (36,47) ou *lo* (48) pour *le*; 3e pers. sing. prés. indicatif *ait* (15) pour *a*.

REM. Le texte se divise en quatre strophes bipartites de longueur et de mètre variables. Les deux moitiés de chaque strophe sont métriquement identiques à l'exception des deux derniers vers de chaque moitié. Noter que le v. 80 est plus long de quatre syllabes que son homologue, le v. 71 ; pas plus que Streng-Renkonen, nous n'avons de correction à proposer.

21

LEÇ. REJ. III, 9 ditez.

MUS. Schéma mélodique : A A B. • **1.** Au v. 2, le ms. porte une barre. • **2.** Au v. 2, le ms. ne porte pas de barre.

EDS. Brakelmann 1868 331-332, Bartsch 1870 194-195, Spanke 1925 174-175, Rivière 1975 2 : 121-122, Baumgartner 1983 320-323.

REM. Les vers longs de cette pièce sont divisés en deux dans les éditions de Bartsch 1887 et de Spanke 1925. Ce dernier fait remarquer, p. 389, que « der metrische Aufbau der Strophe ist unklar und inkonsequent » (la structure métrique de la strophe est peu claire et irrégulière), et c'est en effet l'impression que l'on a lorsque les mots *chevauchoie, pastorele, vermeille,* etc. se trouvent à la rime mais ne riment avec rien. Il vaut mieux voir dans ce texte des vers de quinze syllabes, du type étudié, p. ex., dans Jeanroy 1889 345-349 ou Burger 63-64 ; MW les identifie comme tels et le texte de Rivière ne diffère pas à cet égard du nôtre. Les vers longs se composent de deux hémistiches heptasyllabiques, le premier augmenté parfois à la césure d'un *-e* atone qui n'entre pas dans le compte des syllabes (hémistiche dit féminin, césure dite épique). • **20.** Noter que le récit qui a commencé à la première personne s'achève ici à la troisième. Persuadés qu'il s'agissait d'une erreur de copiste, Bartsch 1887 et Spanke 1925 ont corrigé ; ils donnent tous deux *mes braz l'ai.* Compte tenu de l'existence de plusieurs autres chansons du même genre, p. ex., RS 1709 et RS 1699 (rédaction du ms. U), où l'on trouve un même déplacement de voix narrative, nous préférons retenir la leçon du ms.

22

LEÇ. REJ. I, 1 En mai.

VAR. I, 1 En mai NPX ; 8 par *omis par X*; **II**, 9 ert] est NP ; 10 El N ; a] out P ; vairs X ; la *omis par N*; 11 beneet NPX ; le NX ; 13 Quele e. N, Ele e. P ; 14 a terre P ; 16 V. a amor P ; **III**, 17 Eele P ; 18 folie] proiere PX ; 19 Car fui a. N ; **IV**, 26 Coucha P ; 28 Si li ui la X ; **V**, 34 maintenant *omis par N*; 38 Ne m. uos mie X.

MUS. Schéma mélodique : A A B B'. • **1.** Au v. 2, le ms. porte une barre.

EDS. La Ravallière 2 : 95, Tarbé 1850 23, Bartsch 1870 184-185, Spanke 1925 32-33, Gennrich 1955 2 : 8-10, Toja 176-178, Rivière 1975 2 : 111-113, Paden 1 : 284-287, Baumgartner 1983 314-317.

REM. La structure métrique des décasyllabes de ce texte est variable, ce qui n'est pas très rare dans les pastourelles et les compositions similaires. On y trouve : 5 + *e* atone + 4 (v. 1), 5 + *e* atone en hiatus + 4 (v. 2, 9), 5 + 5 (v. 10, 17), 5 + *e* atone + 5 (v. 18), et ainsi de suite. Cette question est étudiée dans Burger 44-46. Noter en outre que le texte introduit quelques assonances parmi ses rimes, p. ex., *arbroie* : *s'envoisent, baudor* : *amors* (str. 1), *destre* : *damoisele* (str. 2). • **1.** À l'instar de Bartsch 1870, Rivière accepte la leçon du ms., *mai.* Il traduit : « "En mai, à la rosée, quand naît la fleur...", *la rousee* étant un complément de temps sans préposition ». • **10.** *verz* = *vairs.* • **11.** *Benoet* est dissyllabique. • **17.** *Sire champenois,* selon Spanke 1925 360, nom donné à un chevalier frivole, peu digne de foi.

23

LEÇ. REJ. II, 11 Sa, 13-14 si mi p. lamelete durer ; **V**, 40 la *manque*; **VI**, 48 rient.

VAR. Tableau des strophes :

X I II III IV V VII
KP I II III IV V

I, 8 quen P ; **II**, 15 Reson P ; **III**, 19 *omis par X*; 20 nus K ; 21 Car iai touz iorz oi dire K ; 22 et p. v. reconter X ; **IV**, 26 P. auoir K ; 28 Par la main lalai prendre K; **V**, 34 seur KPX; dure P; **VII**, 50 Si cest X; 53 q. ie ne f. n. X; 56 Que ie a masse t. X.

MUS. Schéma mélodique : A A B. Voir la chanson 214 (RS 602).

EDS. Bartsch 1870 191-193, Bartsch 1920 217-218, Spanke 1925 14-16, Rivière 1975 2 : 135-138, Paden 1 : 294-297.

REM. De son analyse métrique et mélodique, Spanke 1925 conclut, pp. 355-356, que les deux derniers vers de chaque strophe doivent constituer un refrain et, étant donné le contenu des derniers vers des str. 1, 2 et 3, il identifie ceux-ci en conséquence. Le premier se trouve effectivement dans deux autres sources manuscrites et figure dans Gennrich 1921b (N° 138) et dans Boogaard 1969 (B 1662). Les autres figurent aussi dans Boogaard (B 1624 et 1578, resp.), et Rivière 2 : 138 reconnaît que tous les trois « peuvent être considérés comme des refrains ». MW, pourtant, n'indique pas la présence de refrains dans cette chanson.

Noter les rimes irrégulières aux vv. 7, 21, 27 (explication dialectale ?), 33, 34, 47. Étant donné la présence fréquente d'assonances dans les textes relativement anciens – et cette chanson est sans doute de leur nombre –, le seul cas surprenant est celui du v. 7, *assouage*; chose curieuse, c'est aussi le seul mot-rime irrégulier dont l'authenticité est assurée par des sources externes (voir par. précédent). • **12.** *verz* = *vairs.* • **29-30.** Il serait peut-être préférable de mettre ces vers après les vv. 31-32. • **43-44.** Il est possible, à l'exemple de Rivière, de lire ces vers comme une question.

24

MUS. Schéma mélodique : A A B. • **1.** Au v. 1, le ms. a *mi.* • **2.** Au v. 4, le ms. présente cette figure à la seconde supérieure.

EDS. Brakelmann 1868 334-335, Bartsch 1870 197-199, Spanke 1925 245-247, Rivière 1975 2 : 130-132, Paden 1 : 292-295.

REM. D'une manière exceptionnelle, cette pastourelle aristocratise la bergère et formule la requête d'amour en termes courtois. Ce changement de registre se voit sans doute le mieux dans le remplacement d'un refrain populaire, *Jolivetement* (str. 1-3), par une déclaration courtoise, ... *servirai / De fin cuer verai* (str. 4-5). La substitution d'un refrain par un autre, marquée en plus par une telle modification de contenu, est fort exceptionnelle. • **15-16.** Il est normal dans les pastourelles que le chevalier offre un ou plusieurs cadeaux à la bergère ; ces articles, en général des parures, ont souvent une valeur érotique ;

voir à ce propos Schossig 196-214. Il est rare, comme c'est le cas ici, que ce soit la bergère qui en offre au chevalier.

25

LEÇ. REJ. V, 20 aurais.

VAR. Les str. VII, VIII et IX ne figurent pas dans P. **I,** 3 gente X ; **II,** 5 pastorele X ; 6 Mes ne NPX ; el NP ; 8 Onc de P ; vi plus bele P ; **III,** 10 qui reno N ; **IV,** 13 Ch. ce mest mlt bel P ; **V,** 18 dormon P ; lez a lez *omis par X*; 20 aurez NP ; **VI,** 22 Na NP ; 24 onc ne X ; **VII,** 26 Quant de NX ; 28 en uostre p. N ; **VIII,** 29 que dex N ; 31 le proie que X ; 32 gaingneries X ; **IX,** 33 Pastore X.

MUS. Schéma mélodique : A b b'.

EDS. Monmerqué 44-45, Tarbé 1850 20, Bartsch 1870 183-184, Spanke 1925 12-13, Pauphilet 831-832, Gennrich 1955 2 : 2-4, Groult 1 : 189-190, Toja 171-174, Rivière 1975 2 : 107-110, Paden 1 : 282-285, Lea 84, Baumgartner 1983 318-321.

DIAL. Traits picards : *aigniaus* (4), *biau* (12) pour *aigneaus, beaus*; *vo* (28) pour *vostre*; *pernez* (31) pour *prenez.*

REM. Les vv. 3 et 4 de chaque strophe comptent chacun onze syllabes ; c'est un mètre assez répandu dans les pastourelles et les compositions similaires, surtout dans les plus anciennes, auxquelles s'apparente sans doute la présente chanson. Noter aussi la mobilité de la césure. Voir à propos de tels vers Jeanroy 1889 343 et s., Burger 54-57. Noter en outre l'enchaînement lexical qui relie les str. 3-5 et 6-8 : *reverd- / reverd-, dorm- / dorm-* puis *cure / cure, proie / proie.* • **11.** *herbes,* seule assonance du texte, probablement due à une erreur de copiste. Cette leçon se retrouve pourtant dans tous les mss, malgré l'affirmation de Bartsch 1870, répétée par Gennrich 1955-56, que X donne *toute herbele.* • **32.** Spanke 1925 et Gennrich 1955-56 ajoute *Vous* au début pour avoir un vers de onze syllabes ; on peut obtenir le même résultat sans modifier la leçon du ms., en divisant *gaaigneriez* en cinq syllabes.

26

LEÇ. REJ. **I**, 2 lez un uergier, 7 Mes ele en fesoit, 8 M. tres g. d. *(+1)*; **II**, 20 Auroie p. c. *(+1)*, 21 Garin q. f., 22 Lez c. v.; **III**, 34 D. il ialos; 37 T. e. durete, 38 De uos amors, 39 le uous pris a fame, 40 Souuiengne uous, 41 Et se, 43 Dont, 46 Ne lera, 47 Saderalidore samor; **IV**, 49 D. suer doucete, 53 Ce dist ioanete, 58 *manque*, 62 *manque*, 64 trai.

VAR. La str. IV ne figure pas dans T; à l'exception du premier vers et du premier mot du deuxième vers, cette strophe manque aussi dans U[1].

I, 2 Mantra latre ier U[2], trouai lautrier TU[1], lez un uergier NPX; 3 Vne p. T, Vne bergerete U[1], Troua bergerete U[2],; 5 La bergiers U[1], bergier NP; la pele P; 7 Mes ele en fesoit NPX, Et ele lan fist (len faisoit T) TU[1]U[2]; 8 Tres g. d. X, M. tres g. d. NPU[1]U[2]; 9 mies U[1]; 10 ce]se U[1], ceu U[2], ele P; f. en sa baillie T; 11 Sauoit TU[1]U[2]; 13 Car *omis par U[1]*; Car s. m. *omis par TU[2]*; 14 H. e. t. can halt sescrioit U[1]U[2]; 15 lanelez N; dou d. XTU[1]U[2]; 16 seus U[1]U[2]; marie NP; **II**, 18 Sire(s) bergiers U[1]U[2]; 19 pure s. U[2]; sa coutele N; 20 Auroie p. c. NPX; 21 Guerin N, Garin X, Robin P, celi ke U[1]; fresteleomis *par X*; 22 Lez c. v. NX, Lez loliuier P; cel TU[2], cest U[1]; 23 *omis par P*, A la f. T, Leis la fontenelle (fontenete U[2]) U[1]U[2]; 24 *omis par P*; Lez le rogier N, Sous cele pumier T, Soz loliuier U[1]U[2]; 25 Ke vous ne la s. T, Ke de vos la s. U[1]U[2]; 26 Dans Jehans de N. U[1]; 27 Mes or (ore X) iai f. NX, Lasse mais f. T, Or i ai (ait U[1]) f. U[1]U[2]; 28 lai ce T; se p. U[1]U[2]; 31 Honi NX; Mau dehait m. T; maris PU[1]U[2]; **III**, 33 En m. T, Dun m. U[1]U[2]; m. bergerete U[1]U[2], s. douce T; 34 D. li ialos NX; 36 me NU[1]U[2]; fist X; 37 Saichies bregerete T; straingete] estrainge U[2], durete NPX; 38 De uos amors NPX, Par mal de vous T; 39 Trop mestes d. T, le uos pris a fame NPX; 40 Por vos a. TU[1]U[2], Souuiengne uos NPX; 41 Et se NPX, Mais se (si U[2]) vos aues (auies U[2]) la bee TU[1]U[2]; 42 soiez] fuissiez U[1]U[2]; 43 Dont NP, omis par TU[1]U[2]; 44 cest v. U[1]; 45 dit PX; lui XTU[1]; 46 Ne PXT, Non (nou ?) U[1]U[2]; l. ai a. U[2]; 47 Saderalidore (Saderalidure N, Vaderalidonde P) samor NPX, Hadelareudous diex samors T, Vadalaridon deu samor U[1], Deus vadelaritonde samor U[2]; 48 Ne me U[1]; durer *mot final du texte de T*; **IV**, 49 D. suer doucete NPX; D. Jehennete U[1]U[2]; 51 Folle *mot final du texte de U[1]*; F. u(n ?)icelete U[2]; 52 cuj ameis v. U[2]; 53 La bergiere dist U[2], Ce (se P) dist ioanete (iouante N) NPX; 54 Biaz U[2]; 55 T. m. garselete U[2]; 58 *omis par N*, rien U[2]; 59 Plus ainmes garnier U[2]; 60 Qui qui est P; cel rochier N; 61 faiz NP; moi P; Ke tu ne fais moi ne ne toi U[2]; 62 *omis par NPX*; die U[2]; 63 Amin amin amin U[2]; 64 trai NPX; Deus amoretes mosient U[2].

Les mss. présentent deux continuations différentes, ni l'une ni l'autre ne reproduit entièrement les schémas métrique, rimique ou mélodique des quatre premières strophes :

Mss. K (et NPX)

Amoretes m'ont traïe !

V « Traï voir, fet ele,
Vilain chetis !
Traï estes vous, je
Le vous plevis ;
Car li miens amis est
Mult melz apris
De vous et plus biaus
Et plus jolis,
Si li ai m'amor donee.
– Hé, fole desmesuree,
Pour l'amor de Garnier,
Le conperrez ja chier. »
Et la touse li escrie :
Ne me batez pas, dolereus mari,
Vous ne m'avez pas norrie !
Se vos me batez, je ferai ami,
Si doblera la folie !

« Trahi, certes, dit-elle,
vilain malheureux !
Vous l'êtes, trahi,
je vous le jure,
car mon ami est
bien mieux appris
que vous et plus beau
et plus agréable,
je lui ai donc donné mon amour.
– Eh, folle sans mesure,
l'amour de Garnier,
vous allez le payer cher ! »
Et la bergère s'écrie :
Ne me battez pas, misérable mari,
vous ne m'avez pas élevée !
Si vous me battez, je prendrai un amant
et la folie sera double !

Ms. U[2]
Deus, amoretes m'ocïent !
V « Occïent, bergiere,
Non font, par foi.
– Si font, biaz douz sire,
Foi ke vos doi ;
Il ont traïsons
Dites de moi.
– Tu mans, garselete,
Je ne te croi,
Ke tu es trop janglerece

Et trop fole vanteresse. »
Il la vait ferir
Si k'il la fist cheïr.
Celle a redrecier vit ses dras honis,
Vint a bergier, si s'escrie :
Ne me bateis pais, delirous maris,
Vos ne m'aveis pas norrie !

VI « Norrie, bergiere,
N'ai je pais toi,
Mais tu ais ta foit
Mentit ver moi. »
Garnier ki frestelle
En oït l'efroi,
Si vint a bergier
De grant deroi.
De son frestel leis l'oïe
Li ait doneit teil congnie
K'il lou fist verseir
Et en halt s'escrïer.
Par la main la bele ait prise,
Ceste chanson vat notant :
J'an moins par les dois m'amie,
S'an voix plus mignotemant !

Mon Dieu, mes amours me tuent !

« Tuent, bergère ?
Non, certes, elles ne le font pas.
– Si, elles le font, mon cher seigneur,
foi que je vous dois.
Ils vous ont dit des mensonges
sur mon compte.
– Tu mens, jeune garce,
je ne te crois pas,
car tu es trop traîtresse
et tu sais trop bien parler. »
Il va la frapper
au point de la faire tomber.
Elle se redresse, voit son linge souillé,
elle s'approche du berger et s'écrie :
Ne me battez pas, fou de mari,
vous ne m'avez pas élevée !

« Élevée, bergère ?
Non, je ne t'ai pas élevée
mais ta foi envers moi,
tu l'as trahie. »
Garnier qui joue du frestel
entend cette querelle,

il court vers le berger,
plein d'impétuosité.
De son frestel sur l'oreille
il lui donne un tel coup
qu'il le fait choir
et pousser un grand cri.
Par la main il prend sa belle
et il s'avance en chantant :
J'emmène par la main mon amie,
j'en marche plus gracieusement.

Mss. KNPX : **V**, 72 et] est P ; 76 conparroiz N ; 79 pas *omis par P*; norrie *mot final du texte de KX*; 80 fera P.
Ms. U² : **V**, 64 mosient ; 65 Occie ; 69 Il uos traison *(corr. Bartsch)*; 77 v. ces d. ; **VI**, 88 kest de g. d. ; 92 En halt cest escrieis *(corr. Bartsch).*

Il est à noter que les traits dialectaux du ms. U² sont typiquement lorrains, notamment *a* (vv. 77, 78, 87) pour *au, ai* (vv. 83, 90) pour *a, ei* (vv. 79, 89) pour *e, t* final (vv. 82, 83) pour Ø.

MUS. Schéma mélodique : A A B rfv. La mélodie est apparentée à celle de la chanson 34 (RS 1698). • **1.** Aux vv. 5-6, le ms. donne, à la place de ces trois notes, *fa la si.* • **2.** La conclusion mélodique des str. II à IV, conjecturale, est analogue à celle de la str. I. Il est vrai que T fournit un refrain apparenté à celui de la str. II, mais avec une mélodie différente, et qu'un motet du ms. Montpellier H 196 (Mo) (n° 178, f. 231 r-v), contient un refrain apparenté à celui de la str. III, avec, là aussi, une mélodie différente. Les voici :

T
[?]
II. 31. Mau de-hait ma - ri ki du-re 32. plus d'un mois.

Mo
III. 47. Sa-de-ra, li douz Dieus! 48. s'a - mour ne mi les - se du-rer.

EDS. Monmerqué 46-47, Bartsch 1870 143-145, Spanke 1925 100-105, Rivière 1975 2 : 92-98.

REM. Le lien entre refrain et dialogue dans ce texte est renforcé par la répétition du dernier mot ou de la dernière petite phrase de chaque refrain au début de la strophe suivante ; c'est le procédé des

« coblas capfinidas ». Ce texte, ainsi que sa mélodie, semble avoir été le modèle de la chanson 34 (RS 1698) ; voir Marshall 1984. • **15-16.** Les deux derniers vers de la strophe comptent chacun neuf syllabes, alors que le refrain est composé d'octosyllabes. Cette différence ne se retrouve pas dans les strophes suivantes qui, elles, se terminent en vers métriquement identiques au refrain. La différence textuelle est confirmée par la musique. • **21.** *frestele(r),* verbe dérivé de *frestel(e),* sorte de multiflûte rustique, flûte de Pan. • **55.** Sur la variante *garselete* du ms. U, voir Rivière 1972 389.

27

LEÇ. REJ. I, 8 soz ; **VI,** 71 pinkenpot.

MUS. Schéma mélodique : A A B rf (ballade) ; la mélodie de l'envoi est celle des vv. 7-11. • **1.** Au v. 5, le ms. porte une barre.

EDS. Bartsch 1870 135-137, Bartsch 1920 216-217, Cremonesi 59-61, Gennrich 1958b 22-23, Mary 1 : 244-247, Zink 1972 136-138, Rivière 1975 2 : 77-80.

DIAL. Traits lorrains : *chaingier* (2) pour *changier*; *lo* (4) pour *le.*

REM. • **8.** C'est peut-être la ressemblance entre *herboie* « lieu couvert d'herbe » et *arbroie* « lieu planté d'arbres » qui explique que le ms. donne *soz* « sous » à la place de *sor; cf.* au v. 34, *arboie,* variante certaine d'*(h)erboie.* Noter de même, aux vv. 20 et 21, *chescuns* et *chescune* mais *chascuns* au v. 67. • **69.** Bartsch 1870 et Bartsch 1920 remplacent la leçon du ms. par *Tancré et Mansel.*

28

LEÇ. REJ. III, 30 *(-1) (corr. Bartsch).*

MUS. Schéma mélodique : A A B rfv. • **1.** Au v. 1, *novel* et ses deux figures ne paraissent que dans la marge gauche du ms. • **2.** Le ms. ne contient de musique que pour le premier des six refrains. La mélodie du rf. 2 provient d'un motet du ms. Wolfenbüttel 1206 (f. 232v-233r) (voir aussi le rf. 5 de la chanson 143 [RS 1596]). La musique du rf. 5 provient du même ms., où elle se retrouve dans deux motets (f. 201v-202r et f. 243v-244r) ; dans le second cas, la mélodie est écrite à la quinte supérieure et présente quelques variantes. On peut chanter le rf. 4 sur la mélodie des vv. 7-8, et le rf. 6 sur celle du rf. 5.

EDS. Brakelmann 1868 325-326, Bartsch 1870 134-135, Brakelmann 1896 82-83, Pinguet 82-89, Maillard 1964 40-42, Zink 1972 133-135, Rivière 1975 2 : 74-76, Bec 2 : 49-51.

DIAL. Traits lorrains : *chamoi* (3) pour *chaumoi*; *lo* (14) pour *le*; *ceu* pour *ce*; *boichette* (55) pour *bo(u)chete.*

REM. Cette pièce a été attribuée tantôt à Thibaut de Blaison, tantôt à Ernoul de Gastinois; voir Pinguet xiv, Maillard 1964 40-41. Nous n'avons pourtant pas trouvé d'arguments probants en faveur de l'une ou de l'autre de ces attributions.

29

LEÇ. REJ. I, 5 Sors; **III**, 26 Sor; **IV**, 38 Sai.

EDS. Hofmann 1865 316, Bartsch 1870 112-113, Rivière 1975 2 : 33-35.

DIAL. Traits lorrains : *a* (1) pour *au*; *ei* pour *e* tonique : *ameit* (9), *chanteir* (51); *poent* (35) pour *point*; conservation de *t* final : *ameit* (9); *x* pour *s* : *oxelet* (3), *fix* (50); *lou* (49) pour *le*; 3e pers. sing. prés. indicatif *ait* (38) pour *a*; 3e pers. sing. passé simple en *-ait* : *laissait* (39), *rescriait* (40).

REM. On peut se demander si les strophes 2 et 3 constituent de véritables « strophes similaires », chose tout à fait exceptionnelle dans les pastourelles, ou un effort du copiste pour rassembler en une seule rédaction deux versions divergentes du texte. • **38.** Rivière, à la différence de Bartsch, conserve la leçon du ms. *S'ai,* alors que le contexte demande *Robins* comme sujet du verbe.

30

LEÇ. REJ. III, 19 Se; **IV**, 30 Maikes p.

EDS. Bartsch 1870 169-170, Rivière 1974 1 : 142-144, Paden 2 : 392-395.

DIAL. Traits lorrains : *ai* pour *a* : *sai* (4), *jai* (33); *ei* pour *e* tonique : *jueir* (1), *leis* (2), *chanteiz* (25), *grei* (29); *heu* (1) pour *hui*; *amin* (8) pour *ami*; *boin* (37) pour *bon*; *s* pour *c* : *sainturelle* (28, voir aussi LEÇ. REJ.); *lei* (9) pour *li*; *lou* (19) pour *le*; *vos* (35, 36) pour *vostre*; 3e pers. sing. prés. indicatif *ait* (18) pour *a*.

Noter que *(r)oi* a dans ce texte la même valeur phonétique que *ai* : *pallefroi* (35) rime avec *ferai, lairai,* etc.

31

LEÇ. REJ. III, 30 xauing.

EDS. Bartsch 1870 160-161, Rivière 1974 1 : 119-120.

DIAL. Traits lorrains : *a* pour *au* : *Gatier* (17) ; *ai* pour *a* : *lai* (1), *Jaiket* (18), *airme* (26) , *ei* pour *e* tonique : *mandei* (8), *destoupeit* (10), *anfleit* (20), *peire* (26), *puéz* pour *puis*; *c* pour *ss* : *acirent* (14) ; conservation de *t* final : *destoupeit* (10), *anfleit* (20) ; *x* pour *s(s)* : *ruxel* (28), *Xavin* (30) ; *lou* (8) pour *le*; 3e pers. sing. prés. indicatif *ait* (10) pour *a*; 3e pers. sing. passé simple en *-ait* : *jurait* (25) ; 3e pers. sing. futur en *-ait* : *comencerait* (27), *geterait* (28) ; pronom rel. *ke* (11) pour *qui.*

32

LEÇ. REJ. I, 8 qui est *(+1)*; 11 qui a *(+1)*; **II,** 15 d. assez en auerez; **III,** 26 a. ne, 33 qui en *(+1),* 36 Qui aiment *(+1)*; **IV,** 43 plaig.

VAR. I, 2 N. en N; inde X; 5 ele N; 7 Au q. seroit a. N; 8 qui est (ert P) NPX; 9 l. conme .i. (comme X) rois PX; 10 biau P; 11 qui a NPX; 12 M. il na en li b. N; **II,** 14 i aueres P; 15 d. assez en auerez (aures X) PX; 16 lames de riens q. N; q. aies m. X; a sousfraite nauerez P; 24 sanz] et N; **III,** 26 a. ne NPX; nus N; 28, nus N; 31; *omis par P*; 33 *omis par P*; Poir N; qui en NX; 35 Toute N; iesu P; maudi P; 36 Qui aiment NPX; d. ce est g. ribaudie X. **IV,** 38 et j. N; ni NP 40 lui et nuit X; jors P; 44 m'amor *omis par X*; 45-46 *omis par X*; 47 di li q'il avra *omis par X*; 48 Et P; boune *omis par N.*

MUS. Schéma mélodique : aa bb CC bb (lai ?). • **1.** Au v. 8, tous les mss donnent *qui est* ou *qui ert,* mais seuls K et N répètent cette note.

EDS. Jeanroy 1889 465-468, Spanke 1925 107-109.

REM. Le texte de Jeanroy 1889 présente une disposition différente des vers : 10 10 7 6 7 6 7 7 6 7 7 6 7 6 7 6. Ce schéma a amené le grand philologue à voir des irrégularités de rime là où il n'y en avait pas et à juger que « notre poète n'était pas scrupuleux ». De plus, Jeanroy inclinait à croire que « la pièce était incomplète et n'avait que les trois premiers couplets dans l'original ; un interpolateur, la jugeant trop courte, aurait ajouté le quatrième ».

33

LEÇ. REJ. I, 4 des t., 5 arboisiel, 7 a. remisemunt *(corr. Petersen Dyggve)*; **II,** 10 chante; **IV,** 25 j. letroi *(corr. Bartsch),* 28 *(-1)*; **VI,** 42 mai; **VII,** 44 q. eses.

EDS. Bartsch 1870 47-48, Camus 239, Petersen Dyggve 1938 133-135.

REM. • **16.** *ver = vert.* • **20.** *dun = dont.* • **25.** Petersen Dyggve 1938 corrige la leçon du ms. *je letroi* en *je le croi.* • **34.** *m'et = m'est.* • **41-44.** Ces deux distiques, qu'on ne peut guère considérer comme des envois, sont vraisemblablement des refrains encore que la présence de refrains à la fin d'une composition qui autrement n'en comporte pas soit tout à fait exceptionnelle. Bartsch 1870 les relègue dans les Leçons Rejetées; Petersen Dyggve 1938, en revanche, les intègre dans le texte au point d'en faire la conclusion de la dernière réplique de la jeune fille. Les deux distiques ne figurent pas parmi les refrains de Boogaard 1969; il est pourtant vrai que le premier ressemble au refrain B 167, *Amour m'est el cuer entree, / ja n'en partirai nul jour,* et que le premier vers du second est identique au refrain d'un seul vers B 114, *A mes premieres amors me tenrai.*

34

LEÇ. REJ. II, 19 A mult g. e. *(+1),* 26 *(-1)*; **III,** 31 D. bele et gente, 34 Et la n. et le j. *(+2).*

VAR. I, 2 seul NX; **II,** 17 ele N; 19 A mult g. e. NX, 25 Ele X; 26 S. d. v. s. NX; 27 Mes *omis par N*; 30 Sire *omis par N*; **III,** 31 D. bele et gente NX; 33 cues N; 34 Et *omis par X*; la n. et le j. NX; 36 uerdure X; 37 nostre N; 40 a *omis par X*; 42 n. degras X; 43 greuer N; **IV,** 47 renuoisee X; 54 lui NX; 59 fet trop N; 60 Et saim trop n. N, Et saim m. X.

MUS. Schéma mélodique : A A B rfv. La mélodie est apparentée à celle de la chanson 26 (RS 607). • **1.** Au v. 10, le ms. porte une barre. • **2.** Au v. 11, le ms. n'indique pas de silence. • **3.** Dans la str. III, le ms. omet le v. 13. • **4.** Le ms. ne contient pas de musique pour les rf. 2 à 4. On peut chanter le rf. 2 sur la mélodie du rf. 1; les rfs. 3 et 4 sont inclus dans les chansons 197 (RS 1255) et RS 1362. • **5.** La mélodie du v. 59, conjecturale, est dérivée de celle du v. 13.

EDS. Bartsch 1870 50-51, Spanke 1925 132-134.

DIAL. Traits picards : *ie* pour *iee* : *renvoisie* (47) ; *no* (37) pour *nostre* et *vo* (52) pour *vostre.*

REM. Ce texte, avec sa mélodie, est vraisemblablement une contrafacture de la chanson 26 (RS 607) ; voir Marshall 1984.

35

LEÇ. REJ. I, 5 lescrine blowe, 8 d. de son *(+1)*; **II,** 11 se] ce, 16 malle estrute, 17 *suivi de* et le dobonaire disoit ; **III,** 22 otroeie.

EDS. Bartsch 1870 41-42, Långfors 1929 215-218.

DIAL. Traits lorrains : *a* (18) pour *au*; *ai* pour *a* : *jai* (23), *bairbe* (26) ; *ei* pour *e* tonique : *leis* (3), *sereiz* (34), *greit* (44) ; *puéz* (31) pour *puis*; *amins* (10) pour *amis*; conservation de *t* final : *marit* (13), *foit* (25), *faillit* (38), *greit* (44) ; *lou* (44) pour *le*; 1re pers. sing. prés. indic. *taing* (17) pour *tien*; 3e pers. sing. prés. indicatif *ait* (14) pour *a*; 3e pers. sing. futur en *-ait* : *tanrait* (33).

REM. Ce poème se trouve parmi ceux que le ms. I classe sous la rubrique « pastorelles ». Sur la contrafacture RS 1746a, voir Långfors 1929. • **27.** Le sens de *wiris* n'est pas clair. Långfors 1929 pense que le mot peut être une variante de *uisif/oisif* ou de *wihot* « cocu » ; à ces possibilités nous ajoutons *vuidif* « oisif ».

36

LEÇ. REJ. I, 1 ce] se, 4 b. pees ; **II,** 9 m. moneir bone uie ; **III,** 13 cescriait ; 14 Deus ke seans m. m., 16 Ne ni vesterai cotte ne gonelle ; **V,** 27 Et uint a la porte de celle, abaie *manque,* 29 mals *suivi de* desous.

VAR. Ordre des strophes : I III V II. La str. IV est omise. **I,** 1 est florie ; 4 De dans vn bosket leis vne a. ; 5 a ma senturett ; 6 nonnet ; **II,** 7 Ke n. mest fist ; 8 Je ne dirai maist v. ; 9 Car asets aim m. ; 10 Ki est d. ; **III,** 13 com] trop ; 17 les dous mas ; **V,** 25 Cant li amans.

EDS. Bartsch 1870 28-29, Bartsch 1920 220-221, Cremonesi 67-68, Bec 2 : 20-21.

DIAL. Traits lorrains : *ei* pour *e* tonique : *leis* (5), *moneir* (21) ; *senturete* (5) pour *ceinturete*; *lou* (7) pour *le*; *jeu* (15) pour *je*; *seux* (13) pour *sui*; *amaixe* (9) pour *amasse*; 3e pers. sing. prés. indicatif *ait* (16) pour *a*; 3e pers. sing. passé simple *-ait* : *escriait* (13), *getait* (28) ; pronom rel. *ke* (6,10) pour *qui.*

REM. Il se trouve parmi les chansons de femme quelques textes qui expriment les désirs amoureux d'une jeune religieuse. Ce texte, ainsi que le suivant, en sont des exemples.

37

LEÇ. REJ. III, 23 v. present *(corr. Bartsch),* **IV**, 31 ma sainturette *(corr. Bartsch),* 36 Ke ie n. p. pucelle *(corr. Bartsch)*; **V**, 44 Ce.

EDS. Bartsch 1870 43-44.

DIAL. Traits lorrains : *ai* pour *a* : *mainches* (4), *jai* (33), *pailette* (47) ; *ei* pour *e* tonique : *preit* (5), *escouteir* (8), *preneiz* (23) ; *u* pour *ui* : *luxant* (2), *desdus* (8) ; *neut* (22) pour *nuit*; *boin* (38) pour *bon*; *nuns* (18) pour *nus*; conservation de *t* final : *preit* (5) ; *x* pour *s* : *luxant* (2), *dixoit* (12), *fix* (17) ; *lou* (11, 14) pour *le*; 1re pers. sing. passé simple *ou* (15) pour *oi* (= *j'eus* en fr. mod.) ; 3e pers. sing. passé simple en *-ait* : *ozait* (48).

REM. Ce poème se trouve parmi ceux que le ms. I classe sous la rubrique « pastorelles ».

38

LEÇ. REJ. II, 16 cescrie ; **III**, 30 cescrie, 33 *suivi de* se plus suis.

EDS. Bartsch 1870 29-30, Meyer 1877 378, Bec 2 : 55-56.

DIAL. Traits lorrains : *ai* pour *a* : *lai* (6) ; *ei* pour *e* tonique et conservation de *t* final : *preit* (24), *osteit* (26) ; *lou* (25) pour *le*; 3e pers. sing. prés. indicatif *ait* (29) pour *a*; 3e pers. sing. passé simple en *-ait* : *resgardait* (24).

REM. Ce texte se trouve parmi ceux que le ms. I groupe sous la rubrique « pastorelles ». Comme le précédent, il met en scène une jeune religieuse amoureuse.

39

LEÇ. REJ. I, 6 deplaig, 10 Plust ; **II,** 11 qui.

VAR. I, 3 j. ait en li e. ; 4 nuls bien damors ; **II,** 13 loiaul ; **III,** 25 Asauoir.

MUS. Schéma mélodique : A A B rf (ballade).

EDS. Schutz 202-203.

REM. Il n'est pas possible de savoir si cette chanson fut composée par une femme ou si elle appartient au petit groupe de chansons courtoises dont la voix est féminine mais qu'on a lieu de croire composées par un homme. À propos de ces chansons « de femme » d'origine inconnue et en citant la str. 2 de notre pièce, Jeanroy 1889 estime, p. 96, qu'il faut les attribuer à des trouvères masculins : « Si ces chansons étaient dues à des femmes on y trouverait sans doute un accent plus tendre, plus ému, plus de discrétion surtout et quelque ombre de pudeur féminine. » À cent ans de distance, ce jugement révèle non seulement une sensibilité typique du XIXe siècle mais aussi une méconnaissance de l'esthétique formaliste du « grand chant ».
• **25-28.** *Cf.* Ovide, *Métamorphoses* IV, 142-146 :

« Pyrame, clamavit, quis te mihi casus ademit ?
Pyrame, responde ! tua te carissima Thisbe
nominat : exaudi vultusque attolle iacentes ! »
ad nomen Thisbes oculos a morte gravatos
Pyramus erexit visaque recondidit illa.

« Pyrame, cria-t-elle, quelle disgrâce t'arrachera à mon amour ? Pyrame réponds-moi ; c'est ta chère, si chère Thisbé qui t'appelle. Entends-la et soulève vers elle ton visage abattu ! » Au nom de Thisbé, Pyrame leva ses yeux déjà appesantis par la mort et, quand il l'eut vue, les referma. (Traduction de J. Chamonard, éd. Garnier-Flammarion.)

Dans l'adaptation du XIIe siècle, ce passage devient :

« Piramus, ves ci vostre amie.
Car l'esgardez, si ert garie. »
Li jovenciaus, la ou moroit,
Entr'oevre les iex et si voit
Que ce iere Tisbé s'amie
Qui l'apeloit toute esmarie.

(*Piramus et Tisbé*, éd. C. de Boer [Paris, 1921], vv. 892-897). Noter que dans la chanson c'est au personnage masculin que le « je » féminin se compare ; que, de plus, la chanson n'évoque pas la mort qui dans le récit va suivre immédiatement le regard que Pyrame pose sur sa bien-aimée.

40

LEÇ. REJ. I, 2 refroidier, 8 *manque*; **III**, 26 j. uo, 30 douraige ; **V**, 42 finei *(corr. Bartsch-Wiese).*

EDS. Bartsch 1920 222-223, Bec 2 : 8-10, Mölk 1989 94-97.

DIAL. Traits lorrains : *ai* pour *a* : *outraige* (21), *lai* (24), *porchaiscier* (27), *laisse* (31) ; *ei* pour *e* tonique : *ocieis* (22), *ameir* (29), *fineir* (42) ; *c* pour *s(s)* et *s* pour *c* : *justice* (32), *fauceir* (46), *rasine* (43) ; conservation de *t* final : *beüt* (49) ; 3e pers. sing. prés. indicatif *ait* (3) pour *a*; *seux* (14) pour *sui.*

REM. On ne peut pas savoir si cette chanson fut composée par une femme ; voir la pièce précédente, REM. • **8.** Bartsch 1920 propose de combler cette lacune avec *Par desir.*

41

LEÇ. REJ. I, 4 Et, 7 quil *(-1)*; **IV**, 26 ioiir.

VAR. La str. VI ne figure pas dans C. **I**, 1 Uers lou nouel de la f. ; 6 Cest ; acort ; 7 kil ; **II**, 8 ken la ; 12 Tuit saichent ; 13 Del mont souant s. et p. ; 14 Ne del dire nai herdement ; **III**, 16 plor et ; 17 Ne iai nul ior nen p. ; 19 Se v. ; 21 le me ; **IV**, 25 amor ; 26 daigne ; 27 Quant ; 28 Et a. sens repentir ; **V**, 34 nonpeirs.

EDS. Schutz 269-270.

42

LEÇ. REJ. I, 2 *(-1)*, 3 Kan *(-1)*; **II**, 19 celle, 22 aurai ; **III**, 23 fenise ; **V**, 50 li, 54 en sa p. *(+1)*; 55 haro ie la *(+1).*

EDS. Schutz 254-256.

DIAL. Traits lorrains : *ai* pour *a* : *faice* (9), *jai* (15), *airt* (24), *esbaihis* (27) ; *a* pour *au* : *jane* (38) ; *ei* pour *e* tonique : *troveir* (34), *teil* (48) ; *boen* (46) pour *bon*; *amins* (37) pour *amis*; *sendre* (11) pour *cendre*; *x* pour *s* : *baixier* (21), *plux* (21) ; conservation de *t* final : *doneit* (4), *congiet* (5), *tolut* (20) ; *lou* (8) pour *le*; *ceu* (40) pour *ce*; 3e pers. sing. prés. indicatif *ait* (3) pour *a*; 3e pers. sing. futur en *-ait* : *plairait* (18), *avrait* (22), *serait* (53) ; *seux* (23) pour *sui.*

Noter que *plaindre* (2) rime avec *prandre* (= *prendre*) (4), etc., et *avrai* (15) avec *covandrait* (17), etc. ; propres au dialecte lorrain, de telles rimes indiquent l'origine régionale du texte et non seulement celle du manuscrit, autrement dit, une intention d'auteur plutôt que de copiste.

REM. • **24.** *li* = *lui*, employé ici comme pronom réfléchi.

43

LEÇ. REJ. I, 7 Kel *(corr. Schutz)*.

EDS. Schutz 211-212.

DIAL. Traits lorrains : *ai* pour *a* : *dairt* (13) ; *ei* pour *e* tonique : *leis* (4), *teil* (14) ; conservation de *t* final : *volenteit* (8), *navreit* (12) ; équivalence phonétique de *ainne, oinne, egne, oene, enne*; *x* pour *s* : *saixine* (5), *plux* (27) ; 3ᵉ pers. sing. prés. indicatif *ait* (12) pour *a*; *seux* (25) pour *sui*; pronom rel. *ke* (12, 16, 24) pour *qui*.

REM. Sur l'influence de Jaufré Rudel, voir Formisano 1982. • **12.** *k*' « [celle] qui ».

44

LEÇ. REJ. I, 2 Quan que a, 5 Son *répété*; **III**, 42 Que dex a en v. m. *(+1)*; **IV**, 47 Sertes, 52 Ne li f. n. *(+1)*.

VAR. I, 1 sorprent ; 3 sorpris ; **II**, 24-25 *intervertis*; **III**, 32 Ensi ; 35 Quil n. t. b. ; **IV**, 52 Ne li f. n. ; **V**, 63 prie ; 67 Ne d. uos m.

MUS. Schéma mélodique : A A B. • **1.** Au v. 6, le ms. n'indique pas de silence.

EDS. Spanke 1925 71-73.

REM. La réponse de la dame que constitue la strophe finale – réponse tout à fait exceptionnelle – serait inconcevable dans une chanson d'amour normale ; mais la versification a déjà suggéré une certaine légèreté.

45

LEÇ. REJ. I, 10 poïst] deust, 12 ne prist] neust, 13 *(-1),* 14 si] son; ne.l] ne; **IV,** 32 ne] nel. *Toutes ces corrections sauf la dernière ont été proposées par Jeanroy.*

MUS. Schéma mélodique : A A B B'.

EDS. Jeanroy 1896 265-266, Spanke 1925 224-225.

REM. Comme le fait remarquer Jeanroy 1896 243, ce texte est l'un des très rares à parler, et d'une manière manifestement personnelle, de mariage. Les autres sont les chansons 166 (RS 557, Philippe de Remy), et RS 518 (anon.) ; *cf.* aussi la chanson 158 (RS 351, Jacques d'Autun).

Deux traits prosodiques sont à noter. D'abord, les mots qui riment en *-ire* ne se trouvent qu'au vers final de chaque strophe, c.-à-d., ne se répondent que de strophe en strophe, et leur écho phonique est renforcé par leur sens. Puis, le rythme normal du décasyllabe « a minori », c.-à-d., composé de 4 syllabes + 6, est souvent brisé par un traitement spécial de la césure (voir les vv. 5, 10, 16, 32) ou par l'enjambement (voir les vv. 7, 8, 15, 16, 33). • **30.** Spanke 1925 remplace sans nécéssité *apertement* par *apartenant.*

46

LEÇ. REJ. I, 3 Il; **II,** 13 amis] ami, 15 et pleui; **III,** 21 A. soit, 24 poueece, 27 sanz lauoir; **V,** 41 celui, 43 li dis.

VAR. I, 2 alegier; **II,** 20 contenu; **III,** 22 Et traire et d.; 23 V. li; 28 Amors; 30 fausse; **IV,** 33 a *manque*; 39 ioement; 40 de] por; **V,** 42 te *manque*; 44-45 *manquent*; 46 de] en.

MUS. Schéma mélodique : A A B; la mélodie de l'envoi est celle des vv. 3-10. • **1.** Au v. 4, le ms. n'indique pas de silence.

EDS. Spanke 1925 69-71.

REM. Ce texte ne devient une chanson d'amour que dans l'envoi (str. 5), toutes les strophes précédentes ayant constitué une attaque contre l'amour.

Ni Spanke 1925 ni Boogaard 1969 ne considèrent cette composition comme une chanson « avec des refrains ». Ce dernier classe pourtant le v. 40 parmi les refrains, puisqu'il se retrouve en fin de strophe dans un autre texte aussi (62 [RS 615)], str. 2) : « il s'agit de deux chansons de la même structure sans refrain (!) qui se suivent de très près dans les mss PX; dans les quatre premières strophes de R[S]

1900 le poète exprime la même idée dans le vers final qui fonctionne comme une sorte de refrain » (p. 160). • **4.** Noter que *amor(s)* est pluriel au v. 4, féminin singulier au v. 10, masculin singulier au v. 16 ; aucune de ces valeurs grammaticales n'est exceptionnelle pour ce mot en ancien français. • **35.** Ce vers est sans doute corrompu : *L'un,* comme c'est le cas aux vv. 32-33, appelle *l'autre,* mot correspondant qui ne paraît pas ; *tormens* ne s'intègre pas dans le schéma des rimes ; *suesfre,* comme *tormens,* semble anticiper fautivement le v. 40 ; enfin, le mot-rime normal en *-oit* ne conviendrait nullement au contexte fourni par *toz les ...-s.* • **46**. La réduction de [wɛ] à [ɛ] expliquerait la rime de *foi* avec *verai* et *commençai.*

47

LEÇ. REJ. III, 25 Or s. nuit et ior ; **IV,** 33 taig, 34 prengn, 36 Uuueil.

VAR. II, 12 Me P ; **III**, 24 lui] li KPX ; 26 dauoir merci X ; 27 fins X ; **IV**, 28 son] si KPX ; 29 Lonc t. pensa n. X ; 32 amors KPX ; 34 Bon KX ; 36 Woil P, Uueil X ; **V**, 38 d. dame c. X ; 43 ce] se P.

MUS. Schéma mélodique : A A B.

EDS. Spanke 1925 111-113.

REM. • **42**. Noter que *je* sert ici, très exceptionnellement, de complément d'objet direct.

48

LEÇ. REJ. I, 7 Que ; **III**, 21 Mes el *(+1).*

VAR. I, 5 et ele moi NX ; 6 Mes ja NX ; 7 Que NX ; li me partirai N ; **II**, 9 quier N ; 10 poir N ; 11 a la N ; **III**, 17 cudai celai c. N ; cele m. X ; 22 deus *omis par X*; 23 Tuit X.

MUS. Schéma mélodique : A A B B'.

EDS. Spanke 1925 142-143, Schutz 269-270.

REM. Noter un traitement assez libre des rimes : alors que *a* est constant dans les trois strophes, *b* change dans la str. 2 et ce nouveau *b* est retenu dans la str. 3 ; de plus, le *b* du v. 10 donne une assonance plutôt qu'une rime. • **7.** Notre correction de *Que* en *Se* est nécessitée par le sens des vv. 6-7. La construction de *se* « si » avec le futur n'est pas inconnue en ancien français ; voir, p. ex., Tobler-Lommatzsch 9 :

col. 278. • **16**. Au lieu de *la mi*, on peut lire *l'ami*, comme le fait Spanke 1925. Le jeu de mots est sans doute voulu, surtout étant donné le v. 13.

49

LEÇ. REJ. III, 17 tous] tor ; **V**, 36 Lauel.

MUS. Schéma mélodique : a a b rf (ballade ?). • **1.** Au v. 1, le ms. porte une barre.

EDS. Noack 103, Jeanroy 1921 37-38, Spanke 1925 256-257.

REM. Ce poème qui célèbre la puissance de l'amour est rangé par Jeanroy 1921 parmi les chansons dites « contre l'amour ». C'est un classement difficile à comprendre.

Noack et Jeanroy 1921 modifient le refrain pour obtenir, en deux vers, *Je sent les maus d'amer por vos, par m'ame, / Et vos, por moi sentés les vos, ma dame ?* MW, citant B8 C2' B8 C2' comme étant le schéma métrique du refrain, reconnaît par là la présence de quatre vers, mais se trompe de séquence. • **10.** Jeanroy 1921 corrige en *Et ma dame a [a] son talent.* Ce changement ne s'impose ni métriquement ni surtout pour le sens, car il introduit une idée étrangère au poème, lequel n'affirme la puissance de l'amour que sur les amants masculins.

50

LEÇ. REJ. III, 28 ai uee.

VAR. I, 8 que riens nee P ; **II**, 13 men X ; 14 Lasse et male e. N ; 16 pitie et r. P ; 20 forsee N ; **III**, 25 trouuee P ; **IV**, 39 leur eus ; 40 estoupees X ; 45 meffait X ; **V**, 49 ua ten s. P ; 55 P. recouuree N ; 56 sil P ; 57 Que NX ; maus P.

MUS. Schéma mélodique : A A B rf (ballade).

EDS. Jeanroy 1889 499-501, Noack 40, Spanke 1925 114-116, Gennrich 1955 2 : 37-40, Gennrich 1958b 34-35, Bec 2 : 7-8.

REM. Par son texte et sa mélodie cette chanson s'apparente à RS 939 de Gillebert de Berneville, dont elle est considérée comme une contrafacture plutôt que le modèle ; voir Fresco 124.

Variation graphique et adaptation dialectale occultent le fait que, hormis les deux derniers vers du refrain, ce texte est marqué par une homophonie exceptionnellement restreinte : pour *a* il a -[e] ; pour *b*, l'équivalent féminin -[eə]. *A* est représenté par *-ai*, *-é*, *-er*, *-ez* et même *-ier*, à quoi il faut ajouter, pour les vv. 17 et 10, *a*. En effet, les mots-rimes *pria* et *a* de la str. 2 perdent leur aspect irrégulier dès qu'on voit dans ce texte la transcription francienne d'un original lorrain, lequel aurait présenté ce passé simple et ce présent de l'indicatif, de manière tout à fait normale, comme *priait* et *ait*.

51

LEÇ. REJ. I, 4 ses] ces, 10 ses] les ; **III**, 25 *manque*, 26 ses] ces, 30 main ; **IV**, 37 lueir (*corr. Bartsch-Wiese*), 39 Sil ; **V**, 49 keuce *(corr. M. Cornu,* Romania *10 [1881], 218).*

VAR. I, 2 Anveilliez ; 4 refrais ; 7 Promet a ; 10 Dont v. il ces ; **II**, 14 A. aurait et p. ; 16 Ke ; 18 ki plus aurait bien f. ; **III**, 24 honorablement ; 26 b. an mi s. ; 28 Et la straing a. ; 30 P. piez p. mains ; **IV**, 31 reprouier ; 35 ait] mat ; 36 ki] ke ; 37 Si meist il m. b. lueir ; 38 P. per afaitemant ; 39 Car ki ; 40 F. e. cil a ; **V**, 43 Teis ; 46 Car cant la ; 47 Et il ne p. ne piez ne mains ; 49 keuse ; 50 vient] est.

EDS. Meyer 1877 369, Bédier 1909 19-24, Bartsch 1920 166-167, Cremonesi 69-71, Groult 1 : 169-170, Bec 2 : 90-92, Schöber 237-251.

DIAL. Traits lorrains : *a* pour *au* : *a* (15), *pames* (16) ; *ai* pour *a* : *pais* (2), *saichiés* (13), *aiseis* (14), *tairt* (50) ; *per* (6) for *par*; *ei* pour *e* tonique : *ameis* (1), *keil* (20) ; *amins* (23) pour *amis*; *o* ou *eu* pour *oi* : *crox* (25), *creux* (8) ; *oen* pour *ein* ou *oin* : *poene* (9), *poent* (41) ; *boens* (32) pour *bons*; *(u)ls* pour *us* : *ceals* (7), *aignials* (27), *douls* (27), *ceauls* (36) ; conservation de *t* final : *greit* (20), *oït* (31), *prout* (39) ; *panront* (8) pour *prendront*; 3e pers. sing. prés. indicatif *ait* (33,35) pour *a*; 3e pers. sing. passé simple en *-ait* : *amait* (22, 23), *portait* (28) ; 3e pers. sing. futur en *-ait* : *donrait* (7), *vairait* (10, = *verra*), *serait* (13) ; *mosterrait* (17), avec métathèse, pour *mostrera*; *averait* (14), avec épenthèse, pour *avra*.

REM. Cette pièce date soit de la troisième croisade (1189-1192), comme le croit Bédier 1909 20, soit du début de la quatrième (1202), comme le propose Schöber 237-238. Voir aussi à ce propos Riley-Smith. • **1-3.** Ces vers représentent une adaptation religieuse d'éléments normalement caractéristiques d'une chanson d'aube. Selon Paris 1912 585, « le chant d'éveil adressé non à une femme mais à un ensemble de personnes qui doivent sans doute célébrer une fête, a dû être assez répandu, mais ne nous a guère laissé de monuments ; on a une chanson de croisade [la présente chanson]...

qui nous en offre une parodie pieuse et nous atteste par là l'existence ». Voir aussi Wolf 47-48. • **2.** La plupart des éditeurs, sans doute désireux de clarifier le sens de ce vers, ont remplacé *pais* (*pas* dans le ms. U) par *mais* « plus ». Il est parfaitement possible, pourtant, que *pa(i)s* ne soit pas la faute de deux copistes lorrains mais la leçon originale, ce qui suggérerait la Lorraine comme lieu d'origine du texte ; ce n'est en effet que dans cette région que le mot français dérivé du latin *passu-* peut rimer avec *retrais, paix,* etc. • **32.** Morawski, proverbe 291. • **33-34.** Variante des proverbes 1852-1854 répertoriés par Morawski. • **49.** Pour une interprétation qui diffère de la nôtre, voir p. 444 du compte rendu de Bédier 1909 publié par A. Jeanroy dans *Romania* 38 (1909), 443-446.

52

EDS. Brakelmann 1870 19-20, Jeanroy 1889 498-499, O. Schultz-Gora, *Zeit. f. rom. Phil.* 15 (1891), 237, Lindelöf 302, Bédier 1909 275-279, Bec 2 : 10-11, Dufournet 1989 48-49, Mölk 1989 92-93.

REM. Il convient de considérer comme anonyme cette émouvante plainte dont Dronke 107-108 parle en termes particulièrement admiratifs. La rubrique du ms. l'attribue à Gautier d'Épinal, attribution niée par Lindelöf 230 ; la table du même ms. la donne à Jean de Neuville, mais Richter rejette cette possibilité. Quant à la croisade qui inspira la chanson, on n'a pas pu l'identifier. Nul doute que cette composition ne soit un fragment : l'identité des rimes dans les str. 2 et 3 laisse croire que, composé en « coblas doblas », le texte devrait comprendre au moins quatre strophes, dont la présente str. 1 serait soit la première soit la deuxième ; il faut ajouter qu'après la str. 3 (originairement la str. 4), le ms. laisse en effet en blanc assez grand pour contenir deux strophes de plus. • **12-13.** Lindelöf et Bédier 1909 suppriment les césures « épiques » en remplaçant *remembre* par *membre* et en éliminant *je* devant *soloie* ; correction superflue. • **18.** Nous interprétons *n'a pas c'* de la même façon que Bédier 1909, c.-à-d., en donnant à cette construction son sens moderne ; en ancien français, pourtant, la tournure était ambiguë et il n'est pas du tout exclu que le sens souhaité ait été « n'a que ».

53

LEÇ. REJ. II, 13 chaingeu.

MUS. Schéma mélodique : AAB. Cette pièce, conservée sans musique, est un contrafactum de la chanson RS 500 d'Adam de la Halle ; la mélodie que nous présentons provient de W (f. 9r-v), l'une des huit sources de cette dernière. (Voir aussi la chanson RS 514.) • **1.** Au v. 5, le ms. met un bémol devant le *sol.*

EDS. Arnaud 70-71, Långfors 1945 40-42.

DIAL. Traits lorrains : *a* pour *au* : *varroit* (12), *chafee* (19) ; *ai* pour *a* : *chainge* (13), *faice* (21) ; *ei* pour *e* tonique : *chanteir* (2), *teil* (11) ; conservation de *t* final : *biauteit* (29) ; *x* pour *s(s)* : *plaixans* (10), *poix* (19), *fuxiés* (28) ; *lou* (4) pour *le*; *ceu* (23) pour *ce*; *ju* (17) pour *je*; 3e pers. sing. prés. indicatif *ait* (7) pour *a*; *varroit* (12), sans épenthèse, pour *vaudroit.*

REM. Le modèle de cette contrafacture est la chanson RS 500 d'Adam de la Halle. Pour les procédés parodiques, voir Hoffman 120-121 et *passim.* • **4.** D'après Långfors 1945 13-15, *Adangier* représente Audigier, héros grossier d'une parodie épique, identification qui pour Flutre 22 devient : « héros d'un fabliau ordurier, d'où terme de mépris ». • **37.** Arnaud lit *hallegoitree,* mot qui signifierait « parée de pierres précieuses ». • **40.** Le sens de ce vers n'est pas clair.

54

LEÇ. REJ. I, 1 chausiee, 3 maistree, 4 Lou ; **II,** 12 foie *(+1),* 17 eskerrai.

EDS. Arnaud 76-77, Långfors 1945 57-59.

DIAL. Traits lorrains : *ai* pour *a* : *jai* (8) ; *ei* pour *e* tonique : *fosseis* (2), *ameir* (23), *donnei* (38) ; *u* pour *ui* : *mur* (16) ; *ss* pour *s* : *alaissiez* (8), *misse* (28) ; conservation de *t* final : *biauteit* (27) ; *lou* (30) pour *le*; *ceu* (10) pour *ce*; *ju* (34) pour *je*; 3e pers. sing. futur en *-ait* : *serait* (8), *eskerrait* (17).

Non pour le ms. mais pour le poème, certaines rimes indiquent une origine picarde, p. ex., *chausie* (1), plutôt que *chauchiee,* qui rime avec *maistrie* (3), *franche* (15) qui rime avec *mescheance* (16). Noter aussi *k* plutôt que *ch,* trait picard, dans *eskerrait* (17).

REM. • **3-4.** Prenant *qui* pour une variante graphique de *cui,* Långfors 1945 traduit : « et que [= quand] celui qu'elle maîtrise la fait danser devant lui » mais il ajoute que « tout cela n'est pas bien clair ». Noël

Dupire (*Romania* 69 [1946], 266), qui conserve la leçon du ms. *Lou fait,* traduit : « et que celui qui tient [un autre] sous son autorité le fait danser devant lui ». Si la première de ces gloses n'est pas claire, la seconde est syntaxiquement discutable et ne tient pas compte du fait que les quatre premiers vers présentent une seule et même image d'accouplement ; d'où notre traduction. • **10-13.** La dame médecin est capable de guérir le mal d'amour du poète à l'aide de sa « boîte » de médicaments. Le sens de cette métaphore n'est pas douteux. • **26-27.** Nous indiquons les ambiguïtés de ces vers en donnant deux traductions. C'est Långfors 1945 qui propose de voir dans *torchiés* une variante de *troussés* (ou *torsés*) « chargés ». • **34-36.** La syntaxe et le sens de ces vers ne sont pas bien clairs. • **38.** Notre traduction donne le double sens possible de *roster.*

55

LEÇ. REJ. I, 4 elle me *(+1),* 9 deuiser *(+1)* ; **II,** 10 ans iuiue, 11 se] ce ; **III,** 26 Cil la ; **V,** 39 soz] sus.

EDS. Arnaud 73-74, Långfors 1945 47-51, Henry 1967 1 : 236-238.

DIAL. Traits lorrains : *a* pour *au* : *a* (1), *mavais* (38) ; *ai* pour *a* : *saiche* (20), *saige* (38) ; *ei* pour *e* tonique : *chanteir* (1), *esteit* (10), *asseis* (35) ; *nuns* (8, 16) pour *nus* ; *s* pour *c* ou *c* pour *s* : *mersi* (12), *serisse* (37), voir aussi LEÇ. REJ. ; variation libre de *s* et *ss* en position intervocalique : voir les rimes en *-is(s)e* ; conservation de *t* final : *biauteit* (7), *esteit* (10) ; *ceu* (27, 31) pour *ce* ; *lou* (3, 9) pour *le* ; *les* (40), *mes* (48) pour *la, ma* ; 3e pers. sing. prés. indicatif *ait* (10) pour *a.*

Certaines formes laissent paraître l'origine picarde du texte, p. ex., *saroit* (9) pour *savroit* ; *aroit* (17) pour *avroit* ; *deskirer* (36) pour *deschirer* ; *ens on* (39) pour *en* ou *au.*

REM. • **7-8**. Notre traduction fait voir le double sens de *doublee.* • **16.** Långfors 1945, à la différence d'Arnaud et d'Henry 1967, corrige *a une alenee* en *a une leuee* « à une lieue à la ronde » ; correction superflue. • **30.** Arnaud corrige *la* en *lou,* croyant sans doute que le pronom devrait avoir pour antécédent la phrase infinitive du v. 29 ou toute la proposition des vv. 28-29 ; correction superflue, puisque *la* peut très bien représenter *pansee* ou *entente* (v. 28). • **31.** Le couronnement, c'est le fait de remporter le prix dans un des concours organisé par les « puys » littéraires. • **47.** D'après Långfors 1945, le sobriquet *Escardee* pourrait signifier « écaillée ». Dans son compte rendu (*Romania* 69, [1946], 257-270) A. Henry affirme, p. 261, que « sans aucun doute possible » le terme veut dire « édentée, brèche-dent ».

56

LEÇ. REJ. I, 3 capairelle, 4 ces ; **III**, 25 Se, 27 se ; **V**, 37 trelle, 43 Celle, ci.

EDS. Arnaud 82-83, Långfors 1945 81-84.

DIAL. Traits lorrains : *ai* pour *a* : *lai* (1), *jai* (27), *ambraisier* (44) ; *ei* pour *e* tonique : *teil* (3), *aleir* (4), *porteis* (40) ; *er* pour *ar* : *merchiet* (13), *wernemens* (20) ; *oil(l)e* pour *eille* : *Chandoile* (1), *mervoille* (10) ; *u* pour *ui* : *cude* (11), *dedus* (44) ; *nuns* (31) pour *nus*; *s* pour *c* ou *c* pour *s* : *visouce* (16), *serchier* (22), voir aussi LEÇ. REJ. ; *ss* pour *s* ou *s* pour *ss* : *arousse* (42), *ambraisier* (44) ; conservation de *t* final : *merchiet* (13) ; *lou* (1) pour *le*; *ceu* (8) pour *ce*; 3ᵉ pers. sing. prés. indicatif *ait* (12, 16) pour *a*; 3ᵉ pers. sing. futur en *-ait* : *serait.*
Noter que, d'après les rimes, les graphies *oil(l)e, eille* et *aille* auraient toutes la même valeur phonétique.

REM. • **24.** Arnaud lit *Ainmi, douce, si en tousse !* • **28.** Hersent, dans le *Roman de Renart,* est une louve, épouse du loup Isengrin. • **32.** *esrajaist* = *arrachast.* • **35.** *arajeir* = *arracher.* • **37.** Långfors 1945 fait remarquer que la *dame* pourrait être ou bien la sainte vénérée dans un lieu nommé La Treille, ou bien – ce qui, étant donné le sens normal de *treille,* paraît plus probable – la femme qui tient la taverne fréquentée par le poète ; dans ce dernier cas, *saint Jehans leans* (v. 40) serait son mari. De son côté, N. Dupire, dans un compte rendu de Långfors 1945 (*Romania* 69 [1946], 257-270), croit, p. 268, que *treille* désigne plutôt un « treillis de fer » et que le poète fait allusion à une statue de la Vierge à Lille qu'on appelle Notre-Dame de la Treille. Ce ne serait assurément pas une erreur d'admettre à la fois la deuxième et la troisième de ces interprétations, c'est-à-dire, d'accepter que dans une sotte chanson ces deux sens ne soient pas mutuellement exclusifs. • **42.** Pour le sens et la syntaxe de *c'arousse,* nous nous rangeons du côté d'Arnaud. Långfors 1945 y voit un adjectif *carousse,* tout comme A. Henry et N. Dupire dans leur compte rendu collectif (cité ci-dessus) ; chacun des trois a une hypothèse sur le sens et l'origine de ce vocable.

57

LEÇ. REJ. I, 12 ce en *(+1)*; **X**, 120 ce en *(+1).*

EDS. Jubinal 1842 382-386, Meyer 1877 373, Jeanroy 1898 36-39, Berger 1981 128-134.

DIAL. Traits picards : *iaus* pour *eaus* : *biaus* (13), *Miaus* (21) ; *c* ou *k* ou *qu* pour *ch* : *cascuns* (55), *trequerie* (43), *dekiet* (49) ; *gh* pour g :

bourghesie (44), *verghe* (56) ; *l(l)* pour *il(l)* : *voel* (59), *travelle* (80) ; *le* (43, 56) pour *la*; adj. poss. *te* (23) pour *ta*; adj. poss. *sen* (64) pour *son*; *jou* (72) pour *je*; *fra* (96) pour *fera*; *aront* (91) pour *avront*.

REM. Le poète s'indigne de la déchéance d'Arras et plus particulièrement d'un cas scandaleux de fraude impliquant nombre de riches bourgeois et d'échevins de cette ville ; le texte, dont bien des allusions restent obscures, daterait de 1269 selon Jeanroy 1898 10 et 24-26, mais de 1254-1255 selon Berger 1981 128-129. • **16.** « Qui est l'*apoiaus* d'Arras dont la loyauté a permis à la *fausseté* de s'introduire dans la ville ? » s'interroge Berger 1981 qui penche pour le maire d'Arras plutôt que pour le seigneur de l'Artois. • **26.** *Frekins as Sorçus,* d'après Berger 1981, probablement Ermenfroi Crespin, riche bourgeois dont le comte Guy de Châtillon a fait saisir les biens ; le surnom donné par le poète exprimerait son mécontentement. • **49.** Ce vers semble jouer sur la ressemblance entre la graine d'une plante qui, arrivée au terme de sa maturation, tombe et l'homme « haut de grain », ou grand personnage, qui déchoit; c'est sans doute, pour Berger 1981, le châtelain d'Arras. • **54-56.** Allusion aux proverbes *Meint home cuillent la verge dont il sunt batu* et *Teus cuelt la verge dont il meïsmes est batu* (Morawski 1154 et 2335). • **74-75.** « L'Artois étant pays de droit coutumier, » dit Berger 1981, « il ne peut s'agir ici que de la charte urbaine. » • **81.** Selon Jeanroy 1898, *Hardrés* serait « un nom symbolique désignant le peuple » et *Aloris* « un nom imaginaire symbolisant le menu peuple », alors que pour Berger 1981 ces gens « qui agissent au mépris de la constitution urbaine (vv. 73-75) et tiennent la ville en servage (v. 82) s'identifient parfaitement avec les échevins ». Les noms eux-mêmes se rencontrent dans nombre de chansons de geste, où ils désignent des traîtres; voir Langlois 1904 22 et 325. • **95.** Il s'agit d'une combinaison de la goutte et de la paralysie. • **98.** *Guion de Saint Pol* serait, pour Jeanroy 1898, « un magistrat qui avait poursuivi et saisi quelques-uns des bourgeois coupables de fausses déclarations. C'est ainsi, du moins, – mais peut-être à tort – que nous comprenons le passage où on le compare (v. 103) à un *peskieres* qui prend un poisson riche (v. 106) dans un endroit où il n'y a point d'eau (vv. 104-105) ». Berger 1981 corrige et précise que Guion « ne peut être que Gui III de Châtillon, comte de Saint-Pol, ... et sa pêche merveilleuse le brillant mariage qu'il contracte avec la veuve de Robert d'Artois et qui le fait seigneur de la province ». • **109.** Celui qui va prendre un verdier dans son filet serait, d'après Berger 1981, Adam de Givenchy, doyen du chapitre de Lens et familier de l'évêque. « Reste à déterminer la cause de la capture. » • **118.** Jeu de mots sur le verdier oiseau et Bertoul Verdière, « l'un des plus gros financiers de sa génération », selon Berger 1981.

58

LEÇ. REJ I, 4 gerdon *(-1)*, 6 *(-1)*, 8 Ne d. coe qe il aueront p. *(+3)*; **II**, 12 C dient, 14 *(-1)*, 16 De ma manantise *(+1)*, 17 T. qe k. vous auerez eu la p. *(+1)*, 18 *(-1)*; **III**, 21 *(-1)*, 22 ne auera *(+2)*, 24 de estaunce *(+1)*, 25 de un *(+1)*, 26 auera, de enf. *(+2)*; **IV**, 29 *(-1)*, 32 *(-1)*, 33 *(-1)*, 34 desseu, 36 La ioie du c. aueront p. *(+2)*.

EDS. Michel 1839 113-114, Aspin 169-173.

DIAL. Traits anglo-normands : *aun* pour *an* : *taunt* (17), *esperaunce* (19) ; *(o)un* pour *on* : *garisoun* (2), *ount* (9), *sunt* (6), *sun* (20), *Dunt* (22) ; *g* pour *gu* ou *j* : *geredon* (4), *gise* (7), *sergans* (11) ; *çoe* (5) pour *ce*; *joe* (15) pour *je*; *dorront* (8), *dorray* (15) pour *don(e)ront, don(e)rai.*

REM. Ce texte sur l'ingratitude des suzerains date probablement d'environ 1300; une version anglaise l'accompagne dans le ms. Le schéma métrique voulu semble avoir été 8 8 8 8 8 8 4/8 8 8. Nous avons pu écarter certaines des nombreuses irrégularités en faisant des conjectures assez évidentes; les autres, plus résistantes à la correction, ont été conservées (et commentées ci-dessous). • **8.** Les fautes de genre, comme dans *promise,* ne sont pas rares dans l'anglo-normand de l'époque tardive. • **14.** Corrigé en octosyllabe, ce vers pourrait servir de protase – *Se me servez a mon talent* – à la proposition qui commence au vers suivant. • **18.** La correction en octosyllabe pourrait donner *Vou serrez riches e manant.* • **28-29.** Pour Aspin 173, « la syntaxe de ces vers fait problème, car ils ne comportent pas de proposition principale dont *Deu* puisse être le sujet, à moins que l'on supplée *est* au début du v. 29 ». Nous interprétons *Deu* comme un vocatif, prenons *justise* pour sujet du verbe *fra* et n'avons à suppléer que la conjonction *et,* laquelle fait du v. 29 un octosyllabe.

59

LEÇ. REJ. I, 7 defent] soutient; **IV**, 28, Des offices a. *(+2)*.

EDS. Långfors 1916 531, Jeanroy 1921 12-13.

REM. • **7.** La leçon du ms. *soutient,* fautive pour la rime, est sans doute due au copiste. • **29-31.** Dans le texte de Jeanroy 1921 : ... *enmasser/ (Clerc et lai sont de ce baton feru), /L'un* ...; cette ponctuation semble supposer que *ce baton* fait une allusion métaphorique à l'attaque que constitue le présent texte. Nous estimons au contraire que *ce baton* signifie le désir d'amasser de l'argent.

60

LEÇ. REJ. III, 16 *(-1)*; **IV,** 24 drueries; **VI,** 38 ferait.

EDS. Jeanroy 1921 8-9.

DIAL. Traits lorrains : *ai* pour *a* : *raisine* (11) pour *racine*, *amaisseir* (7), *gaibe* (21) ; *ei* pour *e* tonique : *loiaulteis* (3), *guilleir* (6), *keil* (36) ; *muels* pour *mieus*; *s* pour *c* et *c* pour *s* : *raisine* (11), *fauceir* (40) ; *x* pour *s* : *prixiés* (14), *plux* (14) ; conservation de *t* final : *regneit* (22) ; *ceu* (36) pour *ce*; 3ᵉ pers. sing. prés. indicatif *ait* (6) pour *a*; 3ᵉ pers. sing. futur en *-ait* : *covandrait* (37) ; pronom rel. *ke* ou *k'* ou *c'* (6, 16, 27) pour *qui*.

REM. • 16. Jeanroy 1921 résout le problème de la syllabe manquante en remplaçant *k'en* par *ki en*; cette correction ne tient pourtant pas compte du décasyllabe 4 + 6 qui est caractéristique du poème. Noter que le pronom *k'/ke* (= *que*) n'est aucunement étranger au ms. C en fonction nominative.

61

LEÇ. REJ. III, 12 Ceu ; **IV,** 17 proeir.

VAR. Le ms. Add. 16559 contient une version anglo-normande :

Quant primes me quintey de amors
A luy me donay a tuz jors,
Mes unkes n'oy se dolur non *ms.* non] noyn
E peyne.
Va ester ke dundens va, etc.

Je em la plus bele du pays ;
Kaunt je m'ene pens, si sui jolifs ;
Je l'em plus ke ne fit Paris
Heleyne.
Ester, etc.

Les chevoyz li lusent cumme fil de or ;
Ele a le col lung et gros,
Si ne y pirt frunce ne os
Ne veyne.

Elle ad les oyz vers et rianz,
Les denz menu rengé devant,
Buche vermayle fete cume teynt
En greyne.

Ele ad beu braz pur acoler,
Ele ad duz cors pur deporter ;
Un mort purra resuciter

Sa alayne.

Kaunt ele git entre mes braz
Et je le acole par grant solaz,
Lor vint le jor ke nus depart
A payne.

Ore voil ma dame reprover
Ke ele me dedeyne amer.
Plus est gente ke un espervir
K'en reclayme.

Ma dame, a Deu vus kemaund.
Seez tuz jors leal amaunt ;
Nul ne pout estre vaylaunt
S'i n'eyme.
Ester ke dundele, etc.

Dès lors que j'ai rencontré Amour,
je me donnai à lui pour toujours ;
mais je n'en ai jamais eu que douleur
et peine.
Va ester ke dundens va...

J'aime la plus belle du pays ;
quand j'y pense, je suis gai ;
je l'aime plus que Pâris n'aima
Hélène.
Ester...

Ses cheveux luisent comme des fils d'or ;
elle a le cou long et rond,
il n'y paraît ni ride ni os
ni veine.

Elle a les yeux clairs et riants,
les dents bien serrées devant,
la bouche vermeille comme teint
en écarlate.

Elle a de beaux bras pour enlacer,
un doux corps pour donner du plaisir ;
son haleine pourrait ressusciter
un mort.

Quand elle repose dans mes bras
et que je l'enlace par grand plaisir,
alors vient l'aube qui nous sépare
avec peine.

Maintenant je veux reprocher à ma dame
qu'elle dédaigne de m'aimer ;

elle est plus noble que l'épervier
qu'on rappelle.

Ma dame, je vous recommande à Dieu.
Soyez toujours amante loyale ;
nul ne peut avoir de valeur
s'il n'aime.
Ester ke dundele...

EDS. Meyer 1890 104-105, Gennrich 1921/27 1 : 289, 2 : 228, Jeanroy 1921 33-34, Chaytor 155-156, Bec 2 : 109-110.

DIAL. Traits lorrains : *a* pour *au* : *chat* (7) ; *ei* pour *e* : *peirt* (14) ; *oi* pour *ei* : *poinne* (5), *voine* (15) ; *u* pour *ui* : *nut* (3) ; conservation de *t* final : *servit* (3), *aligiet* (19) ; *lou* (13) pour *le*; *seus* (7) pour *sui*; 3e pers. sing. prés. indicatif *ait* (13) pour *a*; 3e pers. sing passé simple en *-ait* : *aimait* (9) ; 3e pers. sing. futur en *-ait* : *avrait* (19).

REM. • **18.** *gest*, 3e pers., prés. subj. de *geter* « jeter ».

62

LEÇ. REJ. I, 10 amors ; **III**, 21 Ele *(+1)*; **IV,** 36 Q. ele mi, 38 *(-1)*, 40 *(-1)*.

VAR. I, 10 amors ; **II,** 20 a. entre en t. ; **III,** 21 Ele ; 30 li a bone a. ; **IV,** 34 P. erent c. que argent ; 36 aidier *manque*; 38 sanz *manque*; 40 Mi senblent ; e. et plain de v. **V,** 45 Souf a f. d. ; 49 cler *manque*; 50 descolore ; froit.

MUS. Schéma mélodique : A A B C. • **1.** P a *si* naturel. • **2.** Le ms. a un bémol. • **3.** Le ms. répète cette note, ce qui rendrait *paine* dissyllabique.

EDS. Jeanroy 1921 68-69, Spanke 1925 73-75.

REM. Les huitième et neuvième vers de chaque strophe forment une unité métrique composée de onze syllabes. Puisque le v. 8 se termine en *-e* atone et que le v. 9 commence avec une consonne, il est donc normal que celui-ci ne contienne que trois syllabes ; le *-e* du v. 8 comptant, il n'est nul besoin d'adopter la correction de Spanke 1925, *Sanz [nul] retor.* • **26.** Spanke 1925 368 propose, pour *fait amer*, le sens « aime », pensant sans doute aux factitifs apparents tels que *fist lancier* « lança » (142 [RS 407]) et *font aboier* « aboient » (RS 324), et il est assurément vrai que d'une dame ayant autant d'*amis* que le prétend notre poète on peut dire qu'elle « aime follement ». Mais il est au moins tout aussi probable qu'il s'agit ici d'un vrai factitif et que par conséquent la « folie » qualifie non pas l'amour de la dame mais celui éprouvé par le poète ; noter que *pert*, au v. 29, peut être tout aussi bien à la première personne qu'à la troisième. (Sur l'emploi non factitif de *faire* + infinitif en ancien français, voir Tobler 1905 25-29.)

63

LEÇ. REJ. II, 10 si] ki *(corr. Jeanroy-Långfors)*; **V,** 31 Celle.

EDS. Jeanroy 1921 64-65.

DIAL. Traits lorrains : *ai* pour *a* : *pair* (4), *pairleir* (4), *airt* (21), *pais* (22) ; *ei* pour *e* tonique : *conforteir* (2), *irei* (9), *povreteis* (13), *teils* (21) ; *amins* (24) pour *amis*; conservation de *t* final : *mercit* (26), *desireit* (28) ; *x* pour *s* : *plux* (2), *raixon* (23) ; *se* adverbial (12) pour *si*; *ceu* (14) pour *ce*; *lou* (9) pour *le*; *seux* (12) pour *sui*; 3e pers. sing. prés. indicatif *ait* (3) pour *a*; pronom rel. *ke* (21, 32) pour *qui*.

REM. La répétition d'*ariere* aux vv. 10 et 13, ainsi que celle de *mestier(s)* aux vv. 32 et 33, est problématique. L'emploi d'*ariere* au v. 20 est sans aucun doute fautif, car le mot ne produit ni rime ni assonance avec *fie* (v. 15) et *desire* (v. 17). • **17-18.** Au lieu d'un point d'interrogation, Jeanroy 1921 met un point à la fin de ces vers et constate que « la phrase ne se construit pas ; faut-il suppléer *En d.*, ce qui donnerait une césure épique ? »

64

LEÇ. REJ. II, 7 a. mesfait de p. *(+1).*

VAR. I, 4 Char ele e. ; **II,** 9 Que il ne ; 10 Se il de bon c. ; **III,** 13 auon. Dans les str. V et VI, P se différencie totalement de X :

Tuit estion a Dieu descordé
Et mal cordé,
Tuit fusmes par li racordé
Et en grant seignorie.
Virge [douce Marie,
Ne nos oublïez mie].

Bien nos devon a li tuit corder
Et racorder,
Puis qu'ele nos veut descorder
De tote vilanie.
Virge douce [Marie,

Ne nos oublïez mie].

Nous étions tous en discorde avec Dieu
et mal accordés,
nous avons par elle obtenu la concorde
et une riche puissance.
Douce Vierge Marie,
ne nous oubliez pas !

Nous devons tous nous attacher à elle,
nous rattacher,
car elle veut nous détacher
de toute vilenie.
Douce Vierge Marie,
ne nous oubliez pas !

MUS. Schéma mélodique : a b c d rf (d'd).

EDS. Noack 122, Järnström 1927 121-123, Gennrich 1966 8.

REM. Les chansons pieuses sont souvent, dans leur mélodie et leur forme poétique, des contrafactures de chansons d'amour ; voir Meyer 1888, Järnström 1910 13-14, Meyer 1911, Gennrich 1921a 329-338, Spanke 1928, Bec 1977-78 1:142-150. Le modèle de la présente composition est une chanson de Richard de Semilly, RS 868.

65

LEÇ. REJ. I, 3 A donc *(-1),* 10 li *manque* ; **III,** 22 Repris, 33 *le second* dou *manque,* 36 ciel *manque.*

VAR. I, 7 m. ois ; **II,** 11 r. ioli ; 12 Chantent ; 14 ien ai ; **III,** 30 hom ; **IV,** 31 caillo ; 37 chascuns ; 39 si] sui ; **V,** 46 Kil ; 47 Et moi ki uos *répété* ; pri.

MUS. Schéma mélodique : a b a c B. • **1.** Le ms. a *si* naturel. • **2.** Le ms. a *la* ; correction d'après les vv. 1 et 8. • **3.** Cette note est presque illisible dans le ms.

EDS. Järnström 1910 26-28.

REM. Bien que bon nombre de chansons pieuses soient manifestement des contrafactures de compositions profanes, il est extraordinaire d'en trouver une qui reconnaisse explicitement son modèle, ce qui se produit ici dans la str. 2. Il s'agit de RS 1559, chanson d'amour composée par le Châtelain de Coucy ou par Raoul de Ferrières et qui est conservée dans plusieurs chansonniers, y compris les deux sources de la contrafacture. • **30.** La Lys, affluent de l'Escaut, est bien moins connue hors de sa région que le Rhône hors de la sienne ; sa présence dans ce texte suggère donc l'aire d'activité du poète.

66

LEÇ. REJ. II, 8 de bonte, 9 triaie, 12 languour ; **V,** 32 li *répété.*

VAR. I, 1 iallee ; 3 cellee ; **IV,** 28 rousee ; 32 li aingele a.

MUS. Schéma mélodique : A A B. • **1.** Il semble que les cinq notes qui suivent forment une ligature, surtout au v. 3. • **2.** Aux vv. 4 et 6, cette note est répétée.

EDS. Järnström 1910 44-47, Bec 2 79-80, Baumgartner 1983 220-223.

REM. • **8.** Nous avons substitué la leçon du ms. C *biaulteit* (= *biauté*) à celle du ms. de base *bonté* parce que cette dernière est peu compatible avec *flour* ou avec l'adjectif *esmeree* qui sert normalement à qualifier une entité ou une qualité physiques. • **20-21.** La Vierge et le Christ sont tous deux symbolisés au Moyen Âge par la panthère, qui était censée dégager une douce odeur capable d'attirer d'autres animaux (c'est-à-dire, des âmes) ; voir Järnström 1910 45-46. • **26.** La tigresse qui se contemple dans une glace symboliserait normalement une vaine et dangereuse concentration sur sa propre beauté. Comme le fait remarquer Järnström 1910 46-47, cette image doit s'entendre différemment ici où il s'agit sûrement d'une simple allusion à la beauté extraordinaire de la Vierge.

67

LEÇ. REJ. II, 13 *(-1),* 15 Et *(+1)* ; **III,** 23 p. auoir *(+1)* ; **IV,** 27 Qui, 30 uee, 31 Ensi *(+1).*

MUS. Schéma mélodique : A A B. • **1.** Au v. 4, le ms. porte une barre.

EDS. Järnström 1927 149-150, Gennrich 1966 26.

REM. D'un caractère curieusement personnel, cette chanson ne révèle pas pourquoi le poète désireux de se convertir au christianisme se voit refuser le baptème. • **15.** Au lieu de supprimer la syllabe *Et,* Järnström 1927 résout le problème de l'hypermétrie de ce vers en considérant *crestiens,* normalement trisyllabique, comme dissyllabe. • **23.** Järnström 1927 accepte la leçon du ms. *Con fait crestienté por avoir* malgré le trisyllabe évidemment fautif (cf. les vv. 20 et 30) et une construction syntaxique maladroite ; il admet pourtant la possibilité de supprimer *por.*

68

LEÇ. REJ. I, 1 soloil, 2 Donc ; **II,** 9 paroil ; **III,** 22 atort.

EDS. Järnström 1910 69-70.

REM. Le complexe schéma des rimes, exceptionnel dans la poésie des trouvères, s'inspire sans doute de la versification des troubadours. Noter que *a, c* et *e* ne riment que de strophe en strophe, mais que *a* et *c,* ainsi que *b* et *d,* ne diffèrent l'un de l'autre que par leur genre (rimique). • **17.** Dans cette métaphore pour la Vierge, la dénomination du Saint-Esprit dérive du latin *spiritus consilii.*

69

LEÇ. REJ. I, 8 leu m. ; **IV,** 26 Quon *(-1).*

MUS. Schéma mélodique : oda continua. • **1.** Le ms. répète cette note.

EDS. Järnström 1927 152-154, Gennrich 1966 29.

REM. Expression de piété, célébration de la Vierge, ce texte est aussi, et peut-être davantage, une diatribe contre les hypocrites.

70

LEÇ. REJ. II, 8 *(-1).*

MUS. Schéma mélodique : A A B.

EDS. Järnström 1927 99-100.

DIAL. Traits picards : *ch* pour *c* : *douchour* (6), *enfanche* (9), *cheli* (12), *che* (30) ; *c* pour *ch* : *pecca* (9) ; *l(l)* pour *il(l)* : *voel* (1), *apparelliés* (24), *mellour* (32) ; *deverions* (22), avec épenthèse, pour *devrions* ; *le* (8) pour *la.*

REM. Sur cette chanson et le contexte latin des poèmes sur Marie-Madeleine, voir Fünten 192-193.

Noter que les terminaisons *-ours, -ours, -ous* et *-uns* appartiennent toutes à un même groupe homophonique. • **2.** Que le poète précise que sa chanson concerne un être (purement) humain ne doit pas surprendre, car son sujet, Marie-Madeleine, est unique dans le corpus des chansons pieuses.

71

LEÇ. REJ. I, 5 puis ihesu *(-1)*; **IV**, 33 Ore, ore *(+2)*; **V**, 39 *(-1)*.

MUS. Schéma mélodique : AA BB C D EE (lai). La mélodie, qui ne se trouve que dans le ms. Guildhall, dérive ses sections 1, 2, 3, 7 et 8 de la séquence *Planctus ante nescia* de Godefroy de Saint-Victor (fl. 1170-90) ; voir Dobson 1979, pp. 83-86. • **1.** Au v. 4, le ms. répète cette note. • **2.** Le ms. porte deux notes sans plique ; corrigé. • **3.** Au v. 40, le ms. répète cette note. • **4.** Au v. 37, le ms. porte une barre. • **5.** D'ici à la fin, le ms. ne donne plus de notes.

EDS. Delpit 28-29, Ellis 423-439, Gennrich 1928 346-348, Brown 10-13, Reese 204, Aspin 1-11, Dobson 110-111.

DIAL. Traits anglo-normands : *ei* pour *oi* : *veirs* (7), *mei* (8, 9) ; *ui* diphtongue descendante plutôt qu'ascendante, de sorte que *sui* (4) rime avec *fu* et *Jhesu*; *u* représentant non seulement [ü], comme en francien, mais aussi *ou* [u] ou, devant consonne nasale, *o* [o] : *vus* (8), *dulçur* (41), *sumes* (14), *prisun* (9) ; prés. subj. en *-ge* : *prenge* (8) pour *prenne*; 1e pers. plur. en *-um* : *suffrum* (26).

REM. On ne sait rien sur l'auteur de cette chanson de captivité ni sur les circonstances de sa composition, mais il est probable qu'elle fut composée vers le milieu du XIIIe siècle et qu'elle reflète une expérience réelle. Elle est accompagnée dans le ms. d'une version anglaise, laquelle paraît dans Page 1976 (n° 7). Pour des remarques détaillées, voir Dobson 83-86, 112-120 et 296-297 ; noter que nombre de points, surtout concernant l'interprétation textuelle et la correction, sont discutables.

Nous n'avons corrigé les irrégularités métriques que dans les cas où le sens et/ou la musique imposaient la correction. Ainsi, nous avons allongé le v. 5 pour qu'il corresponde au v. 2 (tout comme le v. 4 correspond, avec ses sept syllabes, au v. 1, et le v. 6, avec ses six syllabes, correspond au v. 3), parce que la mélodie fournit deux notes pour le monosyllabe *puis* et parce qu'une interprétation telle que celle d'Aspin – *tres puis* « très bientôt » – nous paraît improbable. De même, le v. 33 a été réduit à six syllabes (comme tous les autres vers de la str. 4) parce que la musique n'accorde qu'une seule note à chaque occurrence du mot *ore.* Enfin, le v. 39 a été allongé pour qu'il corresponde, avec six syllabes, au v. 44 (tout comme les vv. 35-38, heptasyllabes, correspondent aux vv. 40-43), parce que le sens demande la conjonction *et* et parce que la mélodie fournit une note supplémentaire au bon endroit.

Ces quelques corrections laissent subsister les irrégularités métriques suivantes, toutes confirmées par la musique : Dans la str. 2, le v. 7, heptasyllabe, correspond à l'octosyllabe qu'est le v. 11 ; de même, le v. 10 compte sept syllabes alors que le vers correspondant, le v. 8, en compte huit. Dans la str. 3, le v. 26 a six syllabes alors qu'il n'y en a que cinq dans le v. 20 (et dans les vv. 17 et 23). • **25.** *ki = cui* « de qui ». • **27.** *ke* fonctionne ici comme sujet ; de même aux vv. 34 et 36.

72

EDS. Gennrich 1921/27 1 : 88, 2 : 98-99, B 66.

73

LEÇ. REJ. 2 *et* 8 D. de grant v. *(+1)* 4 *et* 16 D. ie nai a.

EDS. Gennrich 1921/27 1 : 89, 2 : 99, B 67.

DIAL. Traits lorrains : *a* pour *au* : *faceir* (13) ; *ei* pour *e* tonique : *ameit* (1), *fa(u)ceir* (1, 13) ; *sai* (10) pour *sa*; *welt* (3) pour *vueut*; *neut* (6) pour *nuit*; *ameit* (1) pour *amé.*

74

EDS. Gennrich 1921/27 1 : 92, 2 : 100, B 69.

REM. Interprétant la rime *-ai* comme interne, Gennrich et Boogaard impriment les vv. 1 et 2 comme un seul vers ; de même, les vv. 4 et 5, 8 et 9, 11 et 12.

75

LEÇ. REJ. 1 *l'initiale manque.*

EDS. Gennrich 1921/27 1 : 93, 2 : 100, B 69-70.

DIAL. Traits lorrains : *ostest* (5) pour *ostast*; *lai* (6) pour *la.*

76

EDS. Gennrich 1921/27 1 : 94, 2 : 101, B 70-71.

DIAL. Traits lorrains : *ei* pour *e* tonique : *bonteit* (9), *ameir* (12) ; *amin* (6) pour *ami.*

77

EDS. Gennrich 1921/27 1 : 97, 2 : 102, B 74.

REM. Il est exceptionnel qu'un rondeau de cette époque prenne la forme d'un dialogue.

78

EDS. Gennrich 1921/27 1 : 98, 2 : 102, B 75.

DIAL. Traits lorrains : *ameit* (1) pour *amé*; *amin* (4) pour *ami*; *lou* (6) pour *le*; *ait* pour *a* indicatif.

79

LEÇ. REJ. 5 *(-2) (corr. Gennrich).*

EDS. Gennrich 1921/27 1 : 99, 2 : 102, B 76.

DIAL. Traits lorrains : *amins* (3) pour *amis*; *mercit* (4) pour *merci.*

80

LEÇ. REJ. III, 32 le] ne.

MUS. Schéma mélodique : A A B.

EDS. Leroux de Lincy 215-220, Spanke 1925 159, Gennrich 1955 I : 21-23, Gennrich 1958b 7-8.

REM. Les efforts persistants de Louis IX pour étendre l'autorité administrative et juridique de la monarchie au prix de l'autonomie des barons culminèrent en une série d'ordonnances qui, entre autres choses, bannirent les combats judiciaires (1260) et autorisèrent les baillis royaux à régler les conflits féodaux par des « enquêtes » pacifiques. C'est cet aspect du programme royal de réformes, et notamment l'établissement des « enquêtes » (voir le v. 5), que déplore l'auteur anonyme de notre chanson, lui-même un seigneur féodal (voir le v. 30). Le poète se présente comme un royaliste déçu, craignant que Louis ne se soit livré à son insu au diable. • **9.** Le poète joue sur la ressemblance entre *France* et *franche* « libre, noble ». • **22.** Spanke 1925, comme Leroux de Lincy avant lui, fait remarquer que l'ami anonyme de Louis est sans doute le chapelain du roi, Robert de Sorbon. • **25-26.** D'après Spanke 1925, ces vers font allusion au système des indulgences.

81

LEÇ. REJ. II, *Il manque un vers en* -ent (*ou* -ant) *soit avant soit après le v. 10.* 10 s. nul a *(+1)*; **III,** 17 come *(+1)*; **IV,** 25 *(-5)*; **V,** 29 me di a *(-1) avant la césure; (corr. Bartsch), (-1) après la césure.*

MUS. Schéma mélodique : A A B. • **1.** Dans la str. II, le ms. omet le v. 3. • **2.** Le ms. répète cette note, ce qui rendrait *pucelete* tétrasyllabique.

EDS. Bartsch 1870 54-55, Spanke 1925 84-85.

REM. Les mètres de ce poème sont irréguliers, chaque vers sauf le dernier de la strophe comprenant une séquence de sept syllabes – parfois augmentée d'une huitième, *-e* final atone, qui ne compte pas –, suivie d'une séquence de quatre à sept syllabes. C'est peut-être l'un des mètres « libres » étudiés par Burger, entre autres, qui mentionne effectivement, p. 62, notre v. 10 ; et il est certain que la liberté métrique s'accorde bien avec la remarquable irrégularité qu'on trouve dans les rimes de ce texte. Mais il se peut au contraire que l'instabilité métrique soit le fait d'un copiste ignorant ou inattentif ; en effet, on pourrait sans difficulté reconstruire une version régulière du texte dont le schéma serait celui fourni par MW : 11 (7+4), 13 (7+6), 11 (7+4), 13 (7+6), 12 (7+5), 12 (7+5), 7. Si l'on admet la présence de mètres libres dans ce poème, il reste néanmoins possible que certaines de ses irrégularités soient fautives. Or c'est là ce que suggère la mélodie qui l'accompagne. Nous avons donc régularisé les mètres dans la mesure où cette opération restait compatible avec la musique ; pousser plus loin notre intervention aurait mis en cause sans nécessité le principe même de la liberté métrique. Pour nos corrections, voir LEÇ. REJ. ; noter aussi, au v. 15, *bochë* en deux syllabes.

Le schéma des rimes ne présente pas moins de difficultés que le schéma métrique ; nous n'avons pas voulu le « corriger ». Il est à remarquer que le contenu de cette chanson, lui aussi, semble résister à la correction, c.-à-d., à un classement normal, car il réunit des éléments de la pastourelle, de la reverdie et de la chanson courtoise.

Sur la pièce 81 (RS 439a) en tant que contrafacture de la chanson RS 738 de Thibaut de Blaison, voir Marschall 1984 et Billy 1989 46-47. • **24.** Spanke 1925 remplace, sans donner de raison, *por ce* par *nonporquant.* Métriquement, cela ne change rien puisque *je* se lit indifféremment comme la septième syllabe ou, avec une césure « épique », une huitième qui ne compte pas. Au point de vue du sens, il n'est pas certain que le vers exige un adverbe adversatif ; il n'est pas certain non plus que *por ce* ne soit lui-même adversatif (voir notre traduction). • **25.** Bartsch 1870 ne propose rien pour combler la lacune ; Spanke 1925 supplée *sanz nul confort.*

82

LEÇ. REJ. V, 38 cuit.

VAR. I, 4 Ne ne c. X ; 5 et plaindre X ; 6 gent cors X ; 7 Mortel X ; 8 un *omis par X* ; **II**, 11 en] a X ; **III**, 24 li reaume de france X ; **IV**, 25 De parti de li X ; 28 me toust j. N ; **V**, 33 ne *omis par N* ; 38 cuit N, qui X ; 39 cuit] quier P ; 40 deduis X.

MUS. Schéma mélodique : A A B.

EDS. La Borde 1780 306, Michel 1830 101-102, Spanke 1925 20-21, Groult 1 : 191-192, Baumgartner 1983 138-141.

REM. Le poète reconnaît, aux vv. 1-3, s'être inspiré d'une chanson (96 [RS 679] du Châtelain de Coucy. Le modèle déplore la perte de la dame aimée, perte causée non par la mort mais par le départ du trouvère-amant devenu croisé.

Sur cette composition et le statut de la plainte funèbre, voir Rosenberg 1983. • **7-8**. Il est exceptionnel dans une chanson courtoise que l'amant blâme la famille de sa dame pour l'échec de son amour ; il s'agit sans doute de circonstances réelles. Pour deux autres cas, voir les chansons 158 (RS 351, Jacques d'Autun) et 45 (RS 1645, anon.).

83

LEÇ. REJ. I, 3 *(-2) (corr. Meyer),* 4 a. iai *(corr. Meyer)*; **II,** 6 mapai, 7 menaz; **III,** 10 sozz; **V,** 17 j. cheual lez *(corr. Meyer)*; **VII,** 27 la r. finerai *(corr. Meyer),* 28 chatee.

EDS. Meyer 1890 102-106, Camus 244, Voretzsch 74, Gennrich 1925 33-34, Petersen Dyggve 1938 170-173, Spaziani 1954 57-59, Henry 1967 1 : 229-230, Bec 2 : 114-116.

REM. « Cette pièce cocasse s'inscrit bien dans le cadre registral de la poésie du non-sens », dit Bec 1977-78 2 : 115 qui la rattache, d'une part, à certaines chansons de troubadours et, d'autre part, aux exemples postérieurs dont le plus connu est peut-être la « Ballade des contre-vérités » de François Villon.

Le texte paraît organisé de la façon suivante dans le ms. : I 1-6, II 7-12, III 13-16, IV 17-20, V 21-26, VI 27-34. Les tentatives de correction de cette irrégularité ont abouti à nombre de différences parmi les éditions du texte. Petersen Dyggve 1938 présente une vue d'ensemble des corrections antérieures, et Henry 1967 fournit des données plus récentes. À la différence de Petersen Dyggve 1938, nous partons du principe que les structures strophique et métrique doivent être régulières ; l'organisation du texte qui en résulte ne laisse subsister qu'un seul problème, c'est la longueur exceptionnelle de la str. 6 qui compte deux vers de trop. Nous n'y trouvons pourtant pas de vers mal placés ni visiblement apocryphes et estimons par conséquent que tout raccourcissement de la strophe serait inadmissiblement arbitraire.

Nous avons résolu le problème des rimes dans les vers pairs des deux premières strophes, et en même temps le problème de la division de celles-ci, en corrigeant *m'apai* (v. 6) en *m'apais,* forme qui rime avec *cortois* -[tɛs]. La question de la rime *dui* : *puis* (vv. 5 et 7) n'est toujours pas réglée. *Cf.* la correction radicale de Voretzsch : ... *m'apai ;/mananz sui, riens avoir ne pui ;/ mauvés sui et cortoisie ai.*

La rime *chantee* : *bestorné* dans la str. 7 est curieuse mais acceptable sans modification parce que l'*e* féminin du premier de ces mots s'élide devant *A* au vers suivant ; *cf.* la correction de Voretzsch : *que maintes foiz ai ja chanté.* Quant à la str. 8, elle est peut-être d'origine tardive : c'est le seul couplet à reprendre les rimes d'un couplet précédent ; ce qui est peut-être plus probant, c'est qu'après la str. 7 qui a annoncé la fin de la chanson et dont la conclusion a marqué un retour *(bestorné)* au début du texte, la str. 8 semble bien superflue ; pour l'opinion contraire, voir Billy 1989 61. • **27.** D'après ce vers, cette chanson serait une rotrouenge. Certains prennent cet auto-classement au sérieux, et la pièce figure effectivement dans Gennrich 1925 bien qu'elle soit rimée *abab* et qu'elle ne comporte pas de refrain. Pour Petersen Dyggve 1938 171, au contraire, « cette qualification ne doit être regardée, ainsi que tous les autres propos dans le poème, que comme une plaisanterie, ayant pour but d'évoquer l'hilarité des auditeurs qui savaient bien qu'une rotrouenge était une chanson à refrains ». Bec 1977-78 2 : 116 estime qu'il s'agit plutôt d'une « chanson » que d'une rotrouenge.

84

LEÇ. REJ. I, 8 et] est ; **II**, 9 Conpaig, 14 gouez ; **III**, 21 sa folie *(-1).*

VAR. I, 7 *omis par X*; **II**, 12 bele mie ; 13 cest ; **III**, 24 ami ; **IV**, 25 Conpaing ; **V**, 33 Conpaign.

MUS. Schéma mélodique : A A B. • **1.** Au v. 3, le ms. n'indique pas de silence.

EDS. Jeanroy 1889 470-471, Spanke 1925 79-80.

REM. • **27.** Exclamation moqueuse, qui laisse entendre que l'interlocuteur ne saura point gagner l'amour de sa dame.

85

LEÇ. REJ. Le ms. intervertit les str. IV et V.

VAR. Les str. IV et V ne figurent pas dans U.
I, 3 man t. ; 6 m. an tras ; 7 A u. a. an parla ; **II**, 11 celi macor ; 14 Medisans j. ; 15 Dient ke cest dolor ; 16 Mais certes non serait ; 18 Cuj ieu emme et aour ; 19 Satandra a g. ; **III**, 21 Qest ceu deus ke iai d. *(= v. 31)*; 24 Et celle ke me dist ; 29 Et por tant d. ; 30 Celle ke.

MUS. Schéma mélodique : A A B. Cette pièce, conservée sans musique, est, tout comme RS 1881, un contrafactum de la chanson RS 123 de Colin Muset, telle qu'elle est donnée dans le ms. O (f. 44v-45r).

EDS. Schutz 98-100.

DIAL. Traits lorrains : *ai* pour *a* : *aiour* (5), *jai* (11) ; *er* pour *ar* : *perti* (2) ; *ei* pour *e* tonique : *keil* (3), *ameir* (23) ; *doingier* (27) pour *dongier*; *poene* (10) pour *peine*; *x* pour *s(s)* : *fix* (8), *fuxe* (16), *pouxans* (42) ; conservation de *t* final : *otriat* (9), *eslit* (35) ; *seux* (18) pour *sui*; 3ᵉ pers. sing. futur en *-ait* : *avrait* (28) ; pronom rel. *ke* (22, 38, 39) pour *qui*.

REM. La rubrique du ms. et le v. 2 identifient cette pièce comme un jeu-parti, ce qu'elle n'est pas : il s'agit plutôt d'un débat adoptant la forme d'un monologue intérieur alors qu'il s'adresse à un public.

86

LEÇ. REJ. I, 6 si] et, 8 flor] foille ; **II,** 14 s. ueut ; **III,** 21 *manque (leçon d'après O)*; **IV,** 30 r. de son pis, 31 c. ke amors ; **V,** 40 f. son sen e. *(+1)*; **VI,** 41-43 Dame on kes ne vi guerir. nulluj ki damors fust naureis. por deleis samie seir. Ne por deleis samie esteir *(corr. Långfors)*; **VIII,** 62-64 *manquent (leçon d'après I).*

VAR. Les str. IV-VIII ne figurent pas dans O.
I, 1 ki] quelx O ; 4 touz ses talanz O ; 5 c. ke ; et tot I ; 7 Et naime p. au r. I, Ne bee p. au r. O 8 flor] foille I ; **II,** 9 Amie ce q. m. c. sent O, D. sonkes m. c. ot san I ; 11 De f. uienne I ; li geu tuit O ; 12 Et quil ont f. I, Car cil qui tost vient et tost prent O ; 14 autres I ; fait] geu O ; son veut I ; 15 Sil O ; 16 faire IO ; ce c. O ; **III,** 17 li deporters O ; 18 Et li iuer I ; Et li ueoirs et li sentirs O ; 19 Li baisiers et li acolers O ; 20 esgarder I ; Et li parlers et li tenir O ; 21 *omis par I*; Que li tost faire et p. aler O ; 22 Sans I, Sau O ; 23 est] iert I, *omis par O*; 24 est] iert I ; **IV,** 26 baisier ; 29 *omis*; 31 Et ceu camors iert li meris ; 32 foir ; **V,** 33 ting, amors ; 34 ne] lou ; 37 M. cilz en ait moult grant dosour ; 38, Qui p. a l. escoler ; 40 fait sans antrer ; **VI,** 41-43 Dame onkes ne vi garir. nelui qui damor fut naurez. ne por deleis samie oster ; 44 f. an aucun t. ; 45 Teile ; 46 Ki ; 47 en si] anci ; 48 Qui ; **VII,** 50 b. o les eus s. ; 53 di mies e. ; 54 li oil ; 55 amor an c. ; 56 Qui, soudart t. ; **VIII,** 61 dasseis.

MUS. Schéma mélodique : oda continua.

EDS. Långfors 1926 2 : 202-206.

DIAL. Traits lorrains : *a* (7, 51) pour *au*; *ai* pour *a* : *pais* (7), *dairt* (56), *gais* (58) ; *ei* pour *e* tonique : *acoleirs* (17), *aleir* (34), *teille* (35), *deleis* (42) ; *poent* (36) pour *point*; *boen* (44) pour *bon*; *ceu* (9) pour *ce*; *lou* (12) pour *le*; 3ᵉ pers. sing. prés. indicatif *ait* (6) pour *a*. Noter, pourtant, la forme *averont* (59) dont l'épenthèse est caractéristique du picard.

REM. C'est une dame qui pose la question : vaut-il mieux qu'un homme passe la nuit entière avec sa maîtresse sans faire l'amour ou qu'il lui fasse l'amour aussitôt et s'en aille tout de suite après ? Le partenaire choisit de défendre la seconde position. Gautier de Pontis est prié de juger le débat.

Les str. 1 à 6 se composent de trois groupes de « coblas doblas » ; les str. 7 et 8 font exception à ce schéma, d'où un certain doute sur l'authenticité de l'une, de l'autre ou des deux. • **21.** De même que Långfors 1926, nous avons corrigé la leçon du ms. *li tost faire* parce qu'il est normal dans ce texte d'employer le *-s* final du cas-régime et parce que *tost* anticipe maladroitement sur le vers suivant. • **37.** Långfors 1926 substitue sans explication la leçon du ms. I, dont le seul avantage semble consister dans son manque d'ironie. • **41-44.** Ce passage est corrompu dans les deux mss. Nous avons adopté la reconstruction de Långfors 1926. • **55-56.** Ces vers peu clairs sont sans doute corrompus.

87

LEÇ. REJ. I, 5 esteit en folie ; **III**, 14 Si ait, 18 Contre *(-1)*; **V**, 26 lai ; **VII**, 39 menoie, 42 despanderoie *(+1).*

MUS. Schéma mélodique : A B B'. • **1.** La mélodie que nous présentons provient du ms. Oxford, New College 362 (f. 87v) qui la donne comme ténor d'un motet, en notation mesurée ; les crochets indiquent les ligatures qui s'y trouvent. • **2.** Cette note, répétée, donne un groupe : brève-longue.

EDS. Jeanroy 1889 507-509, Mary 1 : 216-219, Dufournet 1989 74-77.

DIAL. Traits lorrains : *ai* pour *a* : *bais* (8), *alaixe* (17), *lais* (26) ; *a* pour *au* : *vaxist* (15) ; *ei* pour *e* tonique : *esteit* (1), *deis* (9), *osteil* (32), *teille* (48) ; nasalisation progressive : *amins* (25) ; conservation de *t* final : *esteit* (1), *perdut* (11), *costeit* (31) ; *x* pour *s(s)* : *baix* (9), *chemixe* (12), *euxe* (16), *alaixe* (17) ; *ceu* (45, 47) pour *ce*; 3ᵉ pers. sing. prés. indicatif *ait* (31) pour *a*; 3ᵉ pers. sing imparf. subj. en *-est* : *forgest* (40) ; pronom rel. *ke* (40) pour *qui.*

REM. Ce poème se trouve parmi ceux que le ms. I classe sous la rubrique « pastorelles », ce qui, une fois de plus, ne s'accorde pas avec le classement moderne des genres lyriques.

Les strophes sont reliées entre elles par le procédé des « coblas capfinidas » : les dernières syllabes de chaque strophe se répètent, parfois légèrement modifiées, au début de la strophe suivante. Le procédé n'est pas appliqué ici avec une entière rigueur, ce qui peut bien être le fait d'un copiste négligent plutôt que d'un trouvère inexpert. C'est en effet la négligence du scribe qui explique l'absence de rime au v. 5 : *J'ai trop esteit en folie*, facilement corrigé en *J'ai trop en folie esteit*. Si la même cause explique l'irrégularité des « coblas capfinidas », nous pouvons proposer les corrections suivantes : vv. 25-26 (perdue) Perdus ai tous mes amins/Et ma joie, lais, chaitis ! v. 37 (monoie) De monoie covanroit v. 43 (despandroie) Despandut ai plus d'avoir.

88

LEÇ. REJ. IV, 28 Ainz ; **V**, 33 chier] bien, 34 Samor ; **VI**, 47 qui.

VAR. I, 6 Nest drois ca sa mercit faille ; **II**, 9 amor ; 11 s. ken ; 13 c. ken ; 15 Ne ueul ; **III**, 18 riens damors ; 21 v. a lautre ; 24 gaige ; **IV**, 25 ne] et ; 26 riens ; 32 Ke cest prous ; **V**, 33 amor ; **VI**, 42 men me ; 43 en cest m. ; 45 *manque* ; 46 Sai en ; 47 j. crien ; **VII** 51 Tant.

EDS. Brakelmann 1870 44-46, Crescini 628, Foerster 205-209, Voretzsch 108-110, Cremonesi 76-78, Toja 185-188, Zai 57-74, Rieger 1983 44-47.

DIAL. Traits lorrains : *entreie* (35) pour *entree* ; *cudasse* (29) pour *cuidasse* ; *müerat* (45) pour *müera* ; *lo* (7) pour *le* ; *ceu* (48) pour *ce*.

REM. • 6. Zai substitue la leçon de C (avec une graphie adaptée à U), *N'est drois qu'a sa merci faille*, prétendant que la série de répétitions de rimes *faille* (vv. 6, 14), *aprendre* (vv. 18, 26), *atendue* (vv. 40, 46), série qui reflète la division du texte en « coblas doblas » (str. 1-2, 3-4, 5-6), est plus compatible avec « cette recherche formelle... essentielle dans la poésie lyrique ».

89

LEÇ. REJ. I, 3 jou] joie *corr. dans le ms.* ; 6 li] lui ; **II**, 12 Et si *(+1)* ; **III**, 23 *(-1)* ; **VI**, 42 Donc, 48 trespasse.

VAR. Tableau des strophes :

TZ	I II III IV V VI
a	I II III IV V
U^1	II I IV
U^2	II I III IV V VI
C	(voir *infra*)

I, 1 Cuers TZaCU^1 ; desires Z, desirans U^2 ; rapaie(t) U^{1}U^2 ; 2 Dousor aCU^{1}U^2 ; confort U^{1}U^2 ; 3 Par ioie CU^{1}U^2 ; damors TaC ; vraie TaCU^{1}U^2 ; 5 autre a ; 6 M. f. de li onques p. a ; 7 Ca la mort U^1, Kar lamor U^2 ; 8 Se] Que a ; le *omis par C* ; Celle trop mi d. U^{1}U^2 ; **II**,

9 Premiers aCU^1U^2 ; b. et p. a ; 10 Amors C ; D. d. le (mon a) c. Za ; 11 M. angoixe la plaie C ; amaie U^2 ; 12 Et si TXC ; ne] ni U^1U^2 ; 13 p. que me s. a ; 14 Ja ne puet il uenirs s. a, Ja ne mi CU^1U^2 ; peust U^1U^2 ; 15 ce] je TZ ; s. vanteis C ; 16 me r. C ; b. nairasaie U^2 ; **III**, 17-20 = *25-28 dans C*; 17 Amor U^2 ; 19 Quant CU^2 ; 20 son] cel U^2 ; 21-28 *omis par* U^2 ; 21 m. laues ap. Z ; li] mi C ; 22 pran ke ieu ai pris C ; i] ni TZa ; 23 D. il mest b. a. TZ ; 24 Que a ; **IV**, 25-28 = *17-20 dans C*; 25 Amors uos (trop U^1) mapreistes CU^1 ; 26 Jonet a ; a tel TZ ; 27 Nains a ; Ains nelui ne v. C ; Onkes ne lo feistes U^1 ; 28 F. ke (por U^1) m. ZU^1 ; 29 s. uostre l. U^1 ; 30 Qui TaU^2 ; bien U^2 ; meris a ; Ki jai de vous nan kier partir U^1 ; 31 A tort maues guerpit U^1 ; 32 Amor U^2 ; **V**, 33-36 = *41-44 dans C*; 33 Se ie a tant deus a. U^2 ; 34 Comme j. a ; 35 Ke C ; si] tant Z ; Por cui poinne et trauaille U^2 ; 36-43 *omis par* U^2 ; 36 Ie eusse m. ZC ; 37 Kains aC ; ami Z, nuls hons C ; de gringnor v. C ; 38 pour] sens C ; 39 C. iai fait t. p. v. a, C. ieu ai fait p. v. C ; **VI**, 41-44 = *33-36 dans C*; 47 E. ke j. r. T, E. ke r. Z ; 49 Amors trop me faites doloir CU^2 ; 50 deceuoir Z ; Et se uos ser sens deceuoir C, Et si vos cers san ioie auoir U^2 ; 51 Si U^2 ; 52 blece] neure CU^2.

MUS. Schéma mélodique : A A' B. Z donne une mélodie différente pour la section B ; le ms. a présente une deuxième mélodie. • **1.** Le ms. omet cette note.

EDS. Keller 293-294, Mätzner 51-52, Tarbé Blondel 23, Brakelmann 1870 151-153, Wiese 150-152, Bartsch 1920 162-163, Nissen 11-12, Spaziani 1957 104-107, vdWerf 1977 6-9, Alvar 244-247, Lea 162.

90

LEÇ. REJ. Les lacunes signalées ci-dessous, dues à la mutilation du feuillet, ont été comblées avec le texte des autres manuscrits.
I, 8 M. – – –r ; voirement, 9 Q. – – m ; **II**, 11 – –e c, 12 t. – – d, 13 le – ont, 14 me – – –uast, 15 c. – –nt, 16 m. – –aire, 18 – uel ne ; **IV**, 32 penser a.

VAR. Les str. II, III et IV sont différentes dans U ; voir *infra*.
I, 1 De K ; m. corage P ; 3 Ceus V ; 4 p. tante chanson f. U ; 5 Bien U ; voirement KNPXVU ; 7 se d. T ; 8 *omis par U*; voirement T ; 9 *omis par U*; Q. gen KNPXV ; **II**, 10 T. me grieue malement V ; 11 Quele est si po d. V ; 12 me tent T ; 14 men g. T ; 16 ses m. X ; 17 uoirement KNPXV ; 18 Ke T ; **III**, 19 Cel V, Sil T ; 20 M. anui et V ; 22 Kamors me T, Q. la mort me KNPXV ; 24 Mon voiast T ; 26 regart P ; 27 Et sa biaute ne me r. P ; **IV**, 28 Chancon KNPXV ; 29 A la plesant debon-

naire V ; 30 di tant *omis par T*; 31 Ke T ; des X ; 32 penser a. T ; 33 *omis par P*; 35 pitie P ; 36 muer P.

II' Bien me revient ausiment
Quant de chanter me puis traire,
Que celi pitiez n'en prent
Qui tel dolor me fait traire ;
Mais qank'a l'amor apant
M'estuet faire bonement.
D'un dolz regart debonaire
M'aguise si mon talent,
Per que je muir si sovent.

III' Qant tuit li bien sont en li,
De tant li ferai proiere :
Qu'ele regart son ami
Et qu'ele soit droituriere ;
Mais trop sont nostre enemi
De granz mençonges garni
Et de gaber par derriere ;
Por ce cuide avoir failli
Guioz, qui tant a servi.

IV' Bien la revoil esgarder
Cui chaut se j'en muir d'envie ;
Et quant j'oi de li parler
Neis la ou ele n'est mie,
Je ne querroie finer
De respondre ou d'escouter.
Beauté, sens et cortoisie
Ne sot unques Deus ovrer
C'on ne puisse en li trover.

22 droitureire, 34 Beate.

Il m'est bon aussi
de pouvoir cesser mon chant,
car elle n'éprouve pas de pitié
celle qui me fait endurer une telle peine ;
mais tout ce qui concerne l'amour
je dois le faire bravement.
D'un doux et noble regard
elle aiguise mon désir
au point que j'en meurs bien souvent.

Puisque toutes qualités sont en elle,
je lui ferai cette prière :
qu'elle regarde son ami
et qu'elle se montre équitable ;
mais nos ennemis sont très occupés
à faire de grands mensonges

et à se moquer par-derrière ;
pour cette raison Guiot qui a tant servi
croit bien qu'il a failli à l'amour.

Je veux bien la revoir
à qui cela importe-t-il si je meurs de désir ?
et quand j'entends parler d'elle
même là où elle ne se trouve pas,
je ne voudrais pas cesser
de répondre ou d'écouter.
Dieu n'a jamais su créer
beauté, intelligence et courtoisie
qu'on ne puisse en elle retrouver.

MUS. Schéma mélodique : A A B. KNPX donnent une deuxième mélodie ; V, une troisième. • **1.** Au v. 4, le ms. répète cette note. • **2.** Par suite d'une mutilation, cette note, avec une partie du mot coordonné, manque au ms.

EDS. Tarbé Blondel 59, Brakelmann 1870 182-185, Wiese 141-143, Cremonesi 101-103, Toja 219-221, vdWerf 1977 35-39, Lea 150.

REM. • **31.** Morawski, proverbe 1886. Le poète-amant veut dire que, si – ou puisque – la dame est noble et bonne, elle va assurément faire preuve de tendresse pour lui. Pour d'autres occurrences de ce proverbe et pour d'autres interprétations, voir Wiese 188-189.

91

LEÇ. REJ. I, 4 Deuers ; **IV**, 30 celee, 31 cele.

VAR. I, 2 celj ; **II**, 13 Cort a mes cuers ; **III**, 17 non por quant ; **IV**, 29 Si li p. a la d. ; 30 Cun dolc b. ; 31-32 *manquent.*

MUS. Schéma mélodique : a b a c B.

EDS. Tarbé Blondel 31, Brakelmann 1870 159-160, Wiese 153-154, Toja 225-226, vdWerf 1977 106-107, Lea 160.

REM. Le Vot 1987 se sert en partie d'une transcription musicale de cette pièce pour illustrer son approche de la notation des trouvères. La rime grammaticale, principal trait formel de ce texte, n'est pas particulièrement rare dans la poésie des trouvères ; MW (fiche 65) compte 86 poèmes qui en font usage.

92

LEÇ. REJ. Ordre des strophes : I II V VI III IV.
II, 11 besoig ; **III**, 20 Donc, 22 A. naisteront en v. g., 23 Qui reuendra mout sera eureus, 24 A touz iours maiz en iert honors sespeuse ; **IV**, 29 Qua nostre t., 30 mort glorieuse ; **V**, 34 com] se ; **VI**, 42 en b. morront, 45 *manque*, 47 A recreanz et mauvais le feront ; **VII**, *(ms. C)* ; 49 Lais ie m. uoix p. d. eulz del f., 50 Lai ou d. ueult amendeir m. coraige, 51 Et saichies b. ca la millor dou m., 52 P. plux ke ne fais a uoiaige.

VAR. Tableau des strophes :

T	I II V VI III IV
Ra	I II V VI III
Hyza	I II V
C	I II IV III VI V VII
O	I II IV III VI V
x	I II IV III VI
KNPVX	I II III V VI

I, 1-4 *omis par y* ; 1 He R, Oimi Ox ; com] si Ox ; 2 Moi Haza ; couient C ; faire] sofrir Hza ; de] por HKNPVXza, apardre C ; 4 ramaine T ; lui Vza ; por za ; 5 Si vraiement RVXa ; v. com ien COKNPVXHxyza ; vait a d. x ; 6 Deus q. CKNOPVXx ; quaie d. Hza, que ai je R, ka je T ; ja] che Hy, ie Oza ; depart mie Hyza ; 7 li] mos (mes za) Hyza ; va ORTaza, uai H ; Ainz ua mes cors s. n. s. KNPVX ; 8 Li] Mes HKNPVXy, Mi za ; Tous li miens cuers remaint en sa b. COx ; **II**, 9 lui Rza, lei H ; en su ensulie R ; 10 Que COPx ; nus ne doit f. son c. COKNPVXax ; 11 Ke C, Quant V ; a *omis par V* ; ce R ; Quar qui li (le) faut en ses b. (besoignes H) Hyza ; un dia H, saia y, oblie za ; 12 S. de voir quil faudra a g. KNPVX, Sache de voir faudra li a g. COx, Bien croi que deus (cades y) li faldreit (faudra za) al (a za) g. Hyza ; 13 Et sachiez KNOPX ; 15 Con en c. COx, Con i c. KNPVX ; on *omis par R* ; 16 los et pris CHVaxyza ; de sa vie x ; **III**, 17 ci] or Cx ; v. mener honteuse uie N ; vie honteuse KPVX ; Q or v. a. honte et v. a. O ; 18 Si v. morir lies et baus et j. COx, Saille morir por dieu l. et j. KNPVX ; ioianz OV ; 19 Car CKNOPVXx ; ceste KNPVX, tele Ra ; mort RV ; est bone et glorieuse KNPVX ; 20 *omis par P* ; Con (Quen K) i (en X) c. le (la K) r. glorieus KNVX, Ou conquis est paradis et honor (honors O) COx ; 21 *omis par V* ; des mors C ; i aurait C ; un KX ; soul C ; 22 naisteront en RTa, uiuront tuit en COx ; v. precieuse B ; 23 *omis par a* ; Ie ni sai plus q. KNPVX ; ke ne C ; Qui reuenra mult sera (par ert R) eureus RT ; 24 *omis par a* ; Trop f. KNPVX ; v. bele et delitouse O ; A tos iors mais en iert honors (a honneur R) sespeuse RT ; *suivi dans V du vers surnuméraire* pour dieu vengier le pere precieus ; **IV**, 25 Lonc tens a. COx ; prex p. T ; p. por Cx ; 26 Or verra on ki T ; 27 Quil voist v. Cx, Uescu auons a h. d. O ; 28 D. (donc O) tous (tout x) li mons est i. et h. COx ; 29 Quant a (en x) nos t. COx ; 30 Ou d. por nos s.

COx ; engoisse C, et engoisse x, glorieuse T ; 31 Or ne nos (vos x) doit retenir nule honors COx ; 32 Daler vengier ceste perde h. COx ; **V**, 33 son haut O, droit V, gran y, s. s. iraie a ; 34 i *omis par HO* ; p. bien c. O ; coment za, se Ta ; cil *omis par Hy*, il a ; li Hyza ; secorreront Hy ; 35 Qui Pa, Que KNRVX ; gete Ta ; A ceus quil trais d. H, Iceu qel trais d. y, Cel qil lai trait d. za ; p. de o. Hy ; 36 Dont Hyza ; mors] mis CHKNOPVXyza ; q. tuit o. COVza ; 37 Certes tuit cil sont h. q. ni uont CO, Bien sont honi (honis X) (Aunit siont H, Hon siot y, Oni soient za) tuit cil qui remaindront HKNPVXyza ; 38 Si a ; ou mellee ou maillage C ; Se nes retient pouretez (pourete V) ou m. KNPVX, Si (se za) veill (uieuz za) non es (nestoit y, nest o za) paubretes (poure za) e (o y, por za) m. Hyza ; 39 E tuit c. q. j. za ; q. j. et s. O ; et r. et j. R ; E (Mais y) tut li rics que sans e j. s. Hy ; Et c. (cil *omis par V*) q. riche (riches V) et sain et fort (f. et s. V) seront KNPVX ; 40 Ni KNPVX ; porront CO ; p. remanoir Hyza ; **VI**, 41 Tout a, Tuit CKNOPVX ; clergie KNOPVX ; 42 aumosnes KPVa ; biens Ta ; fait KNPRX ; morront RT, mauront a ; Qui de bien (biens O) fais et daumosnes viuront COx ; 43 tout Ta, touz R ; en c. C ; ce RV ; 44 d. ke C ; chastes se tendront O, chastee tendront KNPVX ; 45 *omis par RTVa* ; loialteis porte C ; Se l. font a ceus qui i uont KNPX ; 46 Se V ; celes CPRX, eles V ; 47 Aus TV ; g. et mauuais Ta, g. et a mauez R ; Ha les quex gens mauuese le (mauuaises les O) f. Ox, Elais keilz gens menasces lor f. C ; 48 tout RTa ; b. sen vont KNPX ; ce RV, cel C ; voi voiage P.

MUS. Schéma mélodique : A A B B ; la mélodie de l'envoi est celle des vv. 5-8. Dans la version transmise par O, la mélodie, donnée dans une notation mesurée incomplète, est écrite à la quarte supérieure et révèle encore d'autres différences importantes, en particulier dans la section B. KNPX donnent une deuxième mélodie ; R, une troisième ; V, une quatrième ; le ms. a, une cinquième. • **1.** Aux vv. 2, 5 et 6, le ms. n'indique pas de silence.

EDS. La Borde 1780 2 : 302, Michel 1830 85-88, P. Paris 93, Leroux de Lincy 113-115, Dinaux 3 : 397-398, Keller 254-256, Mätzner 7-10, Brakelmann 1870 75-78, Scheler 1876 1-5, Wallensköld 1891 224-228, Sudre 140, Oulmont 286-288, Bartsch 1920 160-161, Bédier 1909 27-37, Voretzsch 116-117, Wallensköld 1921 6-7, Brittain 134-136, Pauphilet 865-866, Spaziani 1954 27-28, Cremonesi 93-95, Woledge 1961 108-111, Lerond 187-192, Toja 204-207, Mary 1 : 214-217, vdWerf 1977 285-292, Bec 2 : 94-96, Schöber 106-126, Frank 1 : 29-33, 2 : 35-42, Alvar 248-251, Lea 128, Baumgartner 1983 244-249, Rieger 1983 52-55, Dufournet 1989 124-127.

REM. À en juger par la richesse et la complexité de sa tradition manuscrite, cette pièce, datant de 1188, fut l'une des plus connues des chansons de croisade. Sur l'attribution à Conon plutôt qu'au Châtelain de Coucy et sur la place de cette composition dans tout un réseau d'actes intertextuels, voir Bédier 1909 28-29 ; Wallensköld

1921 x-xii, xviii, 21; Wentzlaff-Eggebert 152-155; d'Heur 1963; Räkel 1973; Gruber; Jung. Pour d'autres questions, voir Payen 1968 271-274, Planche 1989a.

Étant donné la nature des nombreux problèmes posés par les diverses rédactions de cette chanson, nous avons estimé convenable de prendre une position plus interventionniste qu'à l'ordinaire dans l'établissement de notre texte, et ce dans l'espoir d'en présenter une version un peu plus proche de celle de l'auteur que ne l'est aucune des versions des différents mss. Nous avons notamment modifié l'ordre des strophes et ajouté aux six conservées dans M l'envoi qui ne se trouve que dans C; pour les détails, voir LEÇ. REJ. et VAR. Le nouvel ordre des couplets résulte des considérations suivantes : -1. Les mss sont unanimes sur la position des str. I et II. -2. Le schéma de liaison strophique est celui de « coblas doblas », ce qui signifie que les str. III et IV sont inséparables, que les str. V et VI le sont également et que cette dernière paire, dont les rimes se retrouvent dans l'envoi, doit précéder immédiatement celui-ci. -3. Les str. II, III et IV se suivent d'une manière logique, car l'idée de récompense apparue à la fin de la str. II est développée dans la str. III dont le dernier vers prépare à son tour le motif de la croisade que la str. IV va traiter. -4. La str. IV amène naturellement la str. V, en ce sens que cette dernière développera les motifs, apparus dans celle-là, de Jérusalem assiégée et de la honte des hommes qui ne voudront pas participer à la croisade; en plus, les deux couplets sont reliés par les mots initiaux de leurs premier et deuxième vers : *D(i)eus* et *Or i parra*. -5. La str. VI commence par poursuivre l'énumération des types d'hommes qui partiront ou non; puis elle considère les femmes que les croisés auront quittées, ce qui va la relier à l'envoi et en même temps représente un retour au thème initial du poème. Pour des interprétations différentes, voir les éditions de Lerond et de Schöber. • **36.** Les Sarrasins ont pris Jérusalem en 1187.

93

LEÇ. REJ. V, 35 Ne; **VI,** 42 ceste amors.

VAR. I, 2 F. car Re; il m. m. R; 3 la p. R; 5 Car e; autre Re; messagier e; 6 doulour R; **II,** 8 ualour R; montee e; 9 Que orguelz et R, Orgiex et e; hardement R; 10 ja] ie e; 12 besoing R; **III,** 19 dit R; 20 Et non p. q. ce m. R; 21 Nemoublirai R; **IV,** 22 se *omis par R*; 23 et] ne e; recouurement R; 25 Se aucune partie R; **V,** 29 Faus R; fui quant ne e; 30 dolor Re; grant R; 32 fin e; 34 quanque droit R; **VI,** 36 Tout R; 37 la e; biaute R; 38 et] a R; 41 ma R; 42 mort R; **VII,** 43 Robers R; 44 Si ainc e; 45 chancon R; fust Re.

MUS. Schéma mélodique : A A B ; la mélodie de l'envoi est celle des vv. 5-7. R donne une deuxième mélodie. • **1.** Au v. 3, le ms. porte une barre. • **2.** Au v. 4, le ms. n'indique pas de silence.

EDS. P. Paris 81, Dinaux 3 : 385-387, Brakelmann 1870 71-72, Scheler 1876 15-16, Wallensköld 1891 218-220, Wallensköld 1921 1-3, Cremonesi 91-92, Maillard 1967 39-40, vdWerf 1977 283-284, Lea 124.

DIAL. Traits picards : *le* (3, 4) pour *la*; *millor* (7) pour *meilleur*; *çou* (13) pour *ce*; *ochirre* (28) pour *ocirre*; *cançons* (45) pour *chançons*; *retaut* (35) pour *retout*.

REM. Petersen Dyggve 1951 montre, p. 52, que ce texte fut composé avant 1201, date à laquelle Conon a quitté la France pour participer à la quatrième croisade, probablement vers 1185. Sur le poème en général, voir Frappier 126-127 ; sur ses rapports intertextuels avec la chanson 154 (RS 778) de Raoul de Soissons ainsi que quelques pièces occitanes, voir Venturi. • **43.** D'après Petersen Dyggve 1951 45-53, *Noblet* désignerait Guillaume de Garlande V, ami de Conon de Béthune comme de Gace Brulé et de Pierre de Molins, et destinataire de chansons composées par chacun de ces trois trouvères.

94

LEÇ. REJ. I, 4 uee, 6 M. mauez p., 41-48 *manquent ; leçon d'après M.*

VAR. La str. VI ne figure pas dans NOP.
I, 1 Lautrier auint HIMOTU, Il auint iai C ; un] cel CHIMOTU ; 3 Et la dame toz jors e. s. b. p. IOU ; 4 Li out H ; escondit U ; vee CHNP ; 5 Tant ka C, Puis fu HMT ; un iors HMT ; Kant uint apres ce (si O, se U) li ait (a O) dit a IOU ; 6 Menez M, Ame O ; paroles CH ; main N, maint HO ; Par parolles uos ai meneit tous iors (tot dis U) IU ; 7 lamors HOTU ; conneuee N, conue IU ; esprouee IU, prouee CHO, mostree M, gree T ; 8 Tres P ; Des ore (or U) mais suis a (an U) uostre plaisir (soiez li miens amis H) CHIU ; Si ferai mais dou tout uostre deuis O ; Dore en auant serai a vo deuis MT ; **II**, 9 ch. le T ; lesgardait ens el v. C ; 10 Se CU, Mout O ; v. paule tainte et O, v. mult tainte et T, v. tinte pale et U ; 11 Par dieu dame fait il mal sui bailliz H ; Dame fait il certes mal sui baillis MT ; Dame fait (dit O) il mort mauez (bien sui morz O) et trait (trahiz O) CIOU ; 12 Que (Quant O) neustes pieca (lautrier O) c. p. HMOT ; Q. des lautre an nostes c. p. C ; Cant de lautre an ne sai (soi U) vostre p. IU ; 13 uostres N ; Vostre (Vostres CT) cler (clers M, biaus C) v. CHMOT ; Ke uostre uis me s. f. (flors U) de l. IU ; 14 tornez COP ; Est si alez dame de m. en p. HMT ; Qui or est si (ci U) aleis de m. an p. IU ; 15 Quil CHMOT ; av. uos IU ; que uos mestes e. H ; 16 Ad N ; a. uers (a M) moi cest (ce O) HMO ; c.

quis H ; **III**, 17 d. si soi T ; 18 G. honte en out si di(s)t par sa folie (p. felonie H) HMT ; Vergoigne an ot a (au I) cuer lan prist ire CIU ; Honte en ot grant si respondi marrie O ; 19 Par dieu vassal (vassals CIOU) CIMOTU ; on (lan I, an U) vos doit bien ameir CIU ; iel (ge H) di(s) por vos (vous dis pour M) gaber HMT, ie uos sai bien g. O ; 20 Ne cuidiez pas H ; C. v. d. (donkes U) ca certes lou deisse CIU ; 21 N. (Onques O) par deu CIOU, Onques (Conques H) nul ior HMT ; ainz n. O, on n. P ; ne me vint en p. CHIMTU ; 22 Savriez vos HMOT ; dont MT, *omis par HO* ; Conkes nul (nuns I) ior ie uos doignasse am. CIU ; 23 N. par dieu HM ; a. vos prendroit e. MT, plus auez grant e. H ; Ke uos aveis par deu (souent C) grignor e. CIU ; 24 Du NP ; garcon HO ; escoleir I ; **IV**, 25 Certes dame O, Per deu dame CIU ; conter H ; 26 De uo (uos IU) biautei CIU ; ores mies IU ; 27 troiez TU ; rai MOT ; roi ie ia H ; oir U ; 28 Que fu iadis O ; grant *omis par N* ; 29 p. lon HM ; fors] que IU ; la place CIOU ; 30 Ensi dame O ; Et si vous lo ensi a e. MT ; Si uos lo bien par tant a e. H ; Por ceu vos lo (loz I, loi U) dame a (ai U) e. CIU ; 31 Ke tuit c. I, Kil c. U ; repris HO, arresteit I, aratteit U ; dazerie I, deresie U, de lerisie HN, liresie M, leresie O, larecie P, iresie T, tricherie C ; 32 Ke CIU ; ne uoldroient H ; **V**, 33 Par dieu vassal (vassals CHIOU) CHIMOTU ; mout auez fol pense M, trop aues fol penser T, mar uos uint en penser (pense HO) CHIOU ; 34 Que CHIOU ; mauez CHIMOTU ; 35 Se ie auoie CI, Car se iauoie H, Se ieusse O ; mon iouuent tout MT, ia tout mon tens O ; 36 j. tant riche et O, si riche et H, riche et de CIMTU ; si grant p. MT, mout haut p. CIU ; 37 On CU, Lon I ; a petit de b. CHIMTU ; m. p. dauantage O ; 38 un *omis par N* ; Certes (Ne il O) n. p. encor (ancor n. p. CU) deus (un O) mois p. CIOU ; Encor n. p. (Na pas ancor H) un mois entier p. CMT ; passeiz CI, passeit U ; 40 bretons C, boriois I, bauiers O, baruois P ; alait por moi C, ait por moi mult U ; iouste HIMT, iosteir C ; **VI**, 41 Certes dame H, Per deu dame CIU ; ce uos puet bien (mult U) greuer CIU ; 42 Q. uos gardes (fiez H) tous iors en (a IU) s. CHIU ; 43-48 = *46-48 suivis de 43-45 dans CIU* ; 43 M. t. quatorze ont p. v. s. H ; On (Ont U) naime pas dame por parenteit (signoraige C) CIU ; 44 Sor estiez f. H ; Ainz (An U) laime (l)on cant elle est prous (belle C) et sage CIU ; 45 Vos an saurez (en saueis C) par tans la ueriteit (tenson la verteit C) CIU ; 46 Len H ; Car teil (teilz IU) cent (sant I) ont por vostre amor ploreit (iosteit C) CIU ; 47 est cortoise et prox et sage H ; Ke cesties (sistieiz I, sastiez U) fille a roi de kartage CIU ; 48 Nan auront (nauront U) il (Nen aueroient C) iamais lour (la C) uolenteit CIU.

MUS. Schéma mélodique : A A B. La mélodie de K se retrouve dans NP ; M donne une deuxième mélodie ; O, une troisième ; T, une quatrième.

EDS. La Borde 1780 2 : 194, P. Paris 107, Leroux de Lincy 36-39, Dinaux 3 : 394-395, Bartsch 1870 76-77, Brakelmann 1870 84-86, Scheler 1876 20-25, Wallensköld 1891 239-243, Wallensköld 1921

17-18, Pauphilet 866-868, Spaziani 1954 31-32, Chastel 416-421, Woledge 1961 106-108, Groult 1 : 172-173, Toja 212-214, Mary 1 : 216-219, vdWerf 1977 306-309, Lepage 131-136, Collins 95-97, Lea 136, Baumgartner 1983 152-157, Rieger 1983 56-59, Dufournet 1989 120-123.

DIAL. Trait picard : *aront* (45) pour *avront.*

REM. Voir Frappier 137-139 sur cette remarquable « petite comédie de mœurs », texte satirique où Conon révèle une phase tardive de l'amour dit courtois. Sur la femme qui vieillit, voir Luce-Dudemaine et Notz ; sur la femme méprisée, voir Rieger 1987.

Malgré la rubrique de KN (Richard de Fournival), on n'a jamais émis de doutes sérieux sur l'attribution à Conon ; voir Wallensköld 1921 x. • **31.** L'« hérésie » en question est l'homosexualité ; *cf.* les vv. 23-24. • **39-40.** Il paraît que les deux hommes sont des personnages historiques ; selon Wallensköld 1921 xii, il s'agit du marquis Boniface II de Montferrat (mort en 1207), l'un des héros de la quatrième croisade, et de Guillaume des Barres, chevalier renommé pour sa force physique et pour la victoire qu'il a remportée sur Richard Cœur de Lion dans un combat singulier en 1188. • **44.** Carthage représente ici la plus illustre noblesse.

95

LEÇ. REJ. II, 8 normanz ; **III**, 12 Car, 14 Q. ie ne p. ne a. ne p., 17 lor m. aurai ; **IV**, 20 met] mest ; **V**, 28 F. maidessent m. il nen oient g. ; 29 li] et ; **VI**, 32 de chaeu ; **VII**, 39, Et p. ce sui ie p.

VAR. Tableau des strophes :

C	I II III IV V VI VII VIII
Uza	I II III IV VI V VII VIII
NX	I II III IV V VII VIII
K	I II III IV V

I, 1 hon N ; 2 A. sensi com dolans n. CU, A. si com hom dolanz n. za ; 3 esfors KNX, confort CUza ; 4 Pro a za ; damis CUza ; p. en s. KNX ; son le d. za ; 5 i] en CU ; 6 S. ces .ii. CU, candeus za ; **II**, 7 Se C ; Bien lo seuent mi za ; 9 n'ai *omis par X* ; Q. j. nauoie si CUza ; 10 Cui U ; par za ; 11 mie *omis par za,* pas CNU ; par za ; 12 Car KNX ; **III**, 14 morz] ie KNX ; priset U ; ne KNUX ; amins U ; 15 mi za ; faut] lait CU ; ne] et X ; 16 por ma g. za ; 17 ma] lor KN, la X ; nauront za ; reproche (reprochier U) grant CU ; 18 Car tant ai este pris za ; **IV**, 19 Ne me merueil seo hai le cor d. za ; 20 Q. mi za ; met met X, tient CU ; en] a U ; 21 Sor CU, Se za ; menbroit CU ; de nostre de nostre X ; 22 fesismes X ; amdeus za ; 23 Bien CU ; *le premier mot est illisible dans za* ; s. ie bien q. za ; q. seans (ceu ans U) l. CU ; trop] plus za ; 24 ça] pas CU, çi za ; **V**, 25 Se C, Or U ; Bien le seuent a. za ; 26 Li za ; q. sont deliure e s. za ; riche] fort U ; 27 Quenconbre N ; autrui CUza ; mains CU ; 28 Bien za ; maidassent m. il (meil N) ne (ni U, na za) uoient (uoien N) g. KNUX za ; maimme g. C ; 29 belle U ; ores CU, or s za ; li] et KNX, cil U ; 30 ce] tant CU ; **VI**, 31 Mi compagnon za ; cui CU ; ie amoie za ; cui CU ; 32 Cealz C, Cil za ; dou U ; caheu C, cahiul U, chaieu za ; ceaulz C, cil za ; dou U ; 33 Me di ch. CU, Chanzon di lor za ; qui U ; 34 Nonkes C ; Que ie eusse uers els f. za ; nan oi (no le C) cuer faus CU ; 35 Cil U, Sor mi za ; il] trop za ; il font moult q. CU ; qi v. za ; 36 Por tant ke ie seux p. C ; soie p. za ; **VII**, 38 gar N ; sil U, celle za ; a] por za ; cu U, qui NX ; je *omis par za* ; me CNX, mi za ; 39 Por ce que je s. p. N ; per CU ; 40 nou U, nel za ; di pas CU ; a] de C, por za ; celi CU.

MUS. Schéma mélodique : A A B ; la mélodie du premier envoi est celle des vv. 4-6 ; du second, celle des vv. 5-6. Trois chansonniers occitans transmettent une seconde mélodie, apparentée à la nôtre. • **1.** Aux vv. 1 et 4, le ms. a une brève. • **2.** Le ms. a une longue.

EDS. Leroux de Lincy 50-59, Tarbé 1862 114-117, Brakelmann 1870 222-224, Paris-Langlois 283-286, Bartsch 1920 161-162, Gennrich 1925 20-22, Spanke 1925 201-203, Pauphilet 841-842, Spaziani 1954 36-38, Gennrich 1955 1 : 12-15, Gennrich 1958b 6-7, Mary 1 : 232-233, Archibald 149-158, Bec 2 : 124-125, Collins 73-74, Alvar 238-241, Dufournet 1989 96-99, Lepage 1993 907-910.

REM. Le roi Richard composa cette rotrouenge pendant sa captivité (1192-94), avant de recevoir l'assurance que l'immense rançon demandée par l'empereur allemand Henri VI serait effectivement payée. Une version occitane existe aussi ; voir Lepage 1993.

Normalement, le refrain d'une rotrouenge occupe l'intégralité du dernier vers de chaque strophe ; ici il n'est formé que de la seule et puissante syllabe *pris.* Il est exceptionnel aussi de voir dans les vers d'un même texte lyrique des césures à la fois « lyriques » (v. 20) et « épiques » (vv. 10, 11, etc.).

Pour quelques commentaires sur cette pièce, voir Zumthor 1963 197-198, Dronke 212-213, Lepage 1993. • **20-22.** Selon Lepage 1993 907, *mes sires* désigne Philippe Auguste, suzerain de Richard ; le *soirement* serait vraisemblablement « celui que les deux rois échangèrent en Terre sainte, à la fin de juillet 1191, avant que Philippe Auguste ne rentre en France ». • **37.** *Contesse suer* désigne Marie, comtesse de Champagne, demi-sœur que Richard chérissait, à ne pas confondre (voir les vv. 40-41) avec l'autre demi-sœur, Alix, comtesse de Chartres et mère de Louis, à l'égard de laquelle il n'avait pas des sentiments bien chaleureux.

96

LEC. REJ. Par suite de la mutilation du ms., le premier vers manque ainsi que les deux premières syllabes du deuxième vers ; leçon d'après A. **III**, 19 *et* 22 *intervertis*, 19 Et des douz mauz dont seut a moi parler, 21 sa douce conpaignie, 22 Et les soulaz quel me soloit moustrer, 24 Quil ; **VI**, 45 en quel lieu que ie soie.

VAR. Tableau des strophes :

AT	I II III IV V VI
U	I II III IV V VI VII (voir *infra*)
C	I III II IV V VI
O	I II III IV VI V
KPRVX	I II III IV VI

I, 1 amanz KPX, amors OUV ; ains ka nul T ; 2 Et (Est P) il PR ; reson CKPVX ; 3 Quant CKOPVX ; p. or autrement A ; 4 ma loyalz R, douce ACU ; 5 Et se (quant O) la KOPRVX ; perz U ; nai C, naim U ; rien CU ; 6 Si TO ; saiche C ; certeinement AO, uraiement K, ueraiement PX, tout uraiement RV ; 7 Sainz AOUV, Se CKPX ; ni C ; morixe C, moront U ; 8 Dont TA ; p. m. esmeus sons ne l. A ; Iamais par (por C) m. niert leuz (meus C, chantez U) v. n. l. CKOPRUVX ; **II**, 9 Beau AO, Douce dame C, Ahi (Iai P, Hai R, Por deu U) amors KPRUVX ; ceu ke iert et C, quen iert d. O, q. ce d. U ; donc KORUX ; ne c. A ; 10 C. il TAKPRVX, moi C, Iert tex la fins O ; qua KPX ; ke ia li c. p. A, a (en U) la f. c. prandre CU, quil mestuet c. prendre O ; 11 O. certes n. KRVX ; 12 Morir m. V ; Aler (Por uos CU) m. (men vois CU) morir en CKPRUX ; 13 *omis par R* ; quic T ; nus AO ; q. g. deus AO ; Ne cuidiez pas (malz C) ke g. duels (cautres malus C) m. s. CU, Et si ne cuit q. dolor m. s. KPVX ; 14 *à l'exception de* car, *omis par C* ; Que UR ; ie nen ai U ; c. ne garison O ; Q. (Que R) de cest (dicest R, ces V) mal (maus V) nen ai al. KPRVX ; 15 Ne *omis par C* ; nul A ; a. auoir AOU ; Ne de nului guerredon nen atent KPRVX ; 16 Forques R, Plus que O ; de uos C ; se cest C ; **III**, 17 Beau Ao ; Douce dame C ; q. il des consires A, que iert du desirrer O ; Par dieu amors grief mest (miert U) a consirrer KPRUVX ; 18 Des CU, Le KPRX ; douz s. ACOUV ; et la grant c. KPRX ; 19 Et des dols maus dont seut a moi parler T ; Dou bel samblant C, Et le samblanz U, Et le deduit (deduiz V) KPRVX ; quel KP ; 20 Quant uos mesties C, Quant ele mestoit U ; mest AO ; d. et loiaus a. A, et compaigne et a. ORU, douce dame et a. V, et ma dame et mamie KPX ; 21 recorz U ; la C ; douce compaignie TA ; 22 Et le soulas ke me soloit mostrer T ; dont s. AO ; qua moi soloit paller V ; sueil a li p. KPRX ; 23 le (li O) cuer KOPRX ; 24 Kil A, Ke C, Que O ; il ne p. V, ne me p. AKOPRX ; il] mout AKOPRUX, trop CV ; **IV**, 25 Ne me v. p. d. en perdon d. U, Ne me ueut dex pas p. n. trouer O, Ne (De P) ma dont dex par (por V) droit n. done KPRVX, Or uoi ie bien kil mestuet compareir C ; 26 T. l. deduis ACU, Trestous les biens (bien K) KOPRVX ; eu AKPR ; a ma X ; 27 le A ; meffait T, ma f. KR, mestuet X ; Deus ne mi uolt en pardon rien doneir C ; 28 p. ses AO ;

Ansois crien molt c. C ; Et se dot molt que samors ne m. U ; Quant il mestuet departir de mamie KPRVX ; 29 M. a. ke d. heit v. C, M. a. fut ainz tels v. U, Si fera il sains d. f. v. AO, M. li cri (pri R) quainz ne fis v. KPRVX ; 30 Que ACOU, Car KPRVX ; uilain CPRV ; font C, faiz O ; f. de la mort A ; amors T ; 31 Et O ; Et ie ni poi A ; Et j. n. p. mon cuer de li o. C ; p. de li mon cuer o. U ; Ne de mon cuer ne puis samor o. KPRVX ; 32 Si (Se C) me couient CKPRVX ; j. mamie l. KPVX ; **V**, 33 Or seuent bien A ; li felon traitor U ; 34 Cui TO ; de b. T ; Cauoient duel d. CU ; 35 perins T ; Iai palerins ne serait a nul j. C, M. pelerins ne serai ia lo j. U ; 36 Q. ie O ; bien v. A ; Por ceu ka els (caous C) en bone pais me soie (paix resoie C) CU ; 37 t. peux bien p. CU ; Si en porai toute perdre A, Sen porrai bien tote perdre O ; 38 Que AO ; traietour A ; Et saichent bien li felon menteor (fals losengeor U) CU ; 39 uolsist kil raussent C ; 40 poroient A ; doner U ; c. nul O ; grignor AO ; **VI**, 41 Se P ; 42 Ki soit a (o U) uos CU, C. uos c. P, Vous conmant ie KRV ; quel (que P) que l. q. j. s. KPX, quel que part q. j. s. V, quelle part q. j. s. R ; Uos lais qui soit a vos ou q. j. s. O ; 43 Ne s. se mais en uenres m. r. A, Ne s. se ia uerrai mais lo r. U, Et saichies bien nians iert dou r. C, Car ie men vois corrociez et dolanz KPRVX ; 44 Et si ne cuit KPRVX ; se j. A ; 45 Mon cuer avez en la uostre manoie KPRVX ; en quel lieu que ie soie T, ken keil leu ke ie soie C, ou que tengne ma uoie U ; 46 Q. mes CU ; Q. uos penses au cuer v. ou d. AO, Fere en poez du tout vostre conmant (talent P) KPRVX ; 47 Ie si ferai se dieus me d. h. AO, Ma douce dame a ihesu vos conmant KPRVX ; 48 Que AO ; urais A ; Ie nen puis mes certes se ie uos les KPRVX.

De tous les mss. collationnés ici, U est le seul à conserver un envoi. Nous présentons ces vers corrigés d'après le texte de Ch[1] *(Roman du Castelain de Couci et de la Dame de Fayel)* cité par Bédier-Aubry et Lerond :

De moie part di, chançons, (si t'en croie !)
Que je m'en vois servir Nostre Seignor ;
Et bien sachiez, dame de grant valor,
Se je revieng, que por vous servir vois.

2 Q. sols m. v. que nai altre s. ; 4 s. nais.

De ma part, dis-lui, chanson (Puisse-t-elle te croire !)
que je m'en vais servir Notre-Seigneur ;
et sachez-le bien, dame de grande valeur,
si je reviens, que je pars pour vous servir.

MUS. Schéma mélodique : A A B. Les mss, et en particulier KU, présentent de nombreuses variantes mélodiques. • **1.** La lacune du v. 1 et des six premières syllabes du v. 2, causée par la mutilation du ms., est comblée ici avec la musique des vv. 3-4. • **2.** Au v. 4, le ms. n'indique pas de bémol. • **3.** Au v. 4, le ms. n'indique pas de silence. • **4.** Aux vv. 6 et 8, plusieurs mss ont *mi.*

EDS. La Borde 1780 2 : 300, Michel 1830 79-84, Brakelmann 1870 103-105, Fath 36, Paris-Langlois 287-290, Bédier 1909 99-106, Woledge 1961 101-103, Lerond 57-62, Maillard 1967 26-30, Mary 1 : 206-209, vdWerf 1977 224-231, Bec 2 : 96-97, Schöber 205-222, Aspland 154-156, Collins 23-26, Baumgartner 1983 236-241.

REM. On ne sait si la croisade à laquelle cette chanson se rapporte est la troisième (1189) ou la quatrième (1202) ; sur le problème de la datation, voir Lerond 16-20, Schöber 207. Sur le rapport de ce texte avec, entre autres, la chanson 92 (RS 1125) de Conon de Béthune, voir Gruber et Jung ; sur son rapport avec *La Chastelaine de Vergi*, voir Zumthor 1978. Voir aussi les remarques de Dronke 127-128.

La transmission manuscrite de cette pièce étant assez trouble (voir Schwan 137 et 165, Bédier 1909 99-100, Lerond 61), nous avons cru justifié d'adopter certaines variantes qui, sans s'imposer absolument, semblaient plus compatibles que les leçons du ms. de base avec le grand art du poème ; voir en particulier la str. III. • **23-24.** Lerond met le point d'interrogation à la césure du v. 24 et retient la leçon du ms. *Qu'il*; mais dans ce cas la forme verbale devrait être *parte*, au subjonctif. • **29-30.** Dans d'autres chansons de croisade aussi, Dieu se trouve accusé d'avoir séparé cruellement deux amants fidèles ; voir, par exemple, les pièces 124 (RS 21) et 52 (RS 191) ou encore le poème italien de Rinaldo d'Aquino, *Già mai non mi conforto.* • **35-36.** Comme le fait remarquer Bédier 1909 106, le vœu prononcé par les croisés (les « pèlerins ») à leur départ comprenait la promesse de pardonner toutes les offenses de leurs ennemis. • **45.** *traie* rime avec *soie, revoie,* etc.

97

LEÇ. REJ. I, 8 Ancoiz quaille o. ; **II**, 14 Maiz sor me v. r. et c. ; **III**, 19 tant amee ; **IV**, 32 Ne len doit on blasmer ; **V**, 34 Que jaim damours d. f. i ie d., 35 Nenil ; **VI**, 41 Si c. est ma doleurs cele, 42 la recounoist on.

VAR. Tableau des strophes :

ORTa	I II III IV V VI
A	I II III IV V
KLPVX	I II IV V III
CU	I II IV III

I, 1 nouuiau KP ; Li tens deste et CU ; 2 Li ros. KLPVX ; mi ARa ; semoignent OU ; s. damer OU ; 3 me] mi LR, ma CKPVX ; 4 Un KPVX, Dun L ; p. nel doit nus O ; q. ie nos KLPVX, q. ne doi CU ; 5 mi R ; laist ACRTa, doint KLPUVX ; en] a U ; tel CLOPTUX, cele Aa ; 7 Soit OR ; foiz] nuit CU ; 8 A. ken T ; aille T, voise AKRXa, men voise L, ie uoise U ; A. q. men doie aler P ; **II**, 9 la] le Aa ; A. c. fu (fu fu C) si franche et d. CO ; simplette U ; 10 Ja *omis par C*, Ie O, Que U, Quainc R, Quains LP, Quonc KVX ; li] lui L ; maus KOPRVX ; 11 Et L ; son LOV ; cler (clers KPX) v. KLOPRVX ; Ces (ses U) simples v. CU ; sa] se a ; bele] douce O, dolce U, simple C, fresche KLPVX ; 12 si] sui C, sei U ; bel o. ACKLPTVX ; o. vair CLTVX, ver P, uert K, qui sont r. Aa ; 13 Mont si sorpris que KLPVX ; que mi soie O, mi peusse A, mi puisse a, ne mi soi CKLPUVX ; donez O, garder KLPVX ; 14 Sel L, Si U, Or C ; mi KLORTVX ; Mais sor m. veut (vient T) AORTa ; ou] et AORTa ; r. a son per R, naquiter CU, ou cuidier L ; 15 Iam (Jaim a) mieus Aa ; M. uuel U ; lui L ; li seruir O ; faillir a li (lui V) CV ; si prometrey O ; 16 Ka nulle a. C ; eschiuer CL ; **III**, 17 Deus si mar fut d. CU ; esgardee CLOV ; 18 La france r. R ; rien L ; que CO ; amor ALa ; 19 Ele me rit (rist ACa, mocit V) ACKPUVXa, Sele me het L ; et iai li t. U ; t. amee LV ; 20 fut C ; f. naures R ; hons P ; 21 c. ie f. L ; fut C ; miex T ; ne mi R ; m. fuit C, vint R ; 22 Et Aa ; Or sui ie R ; sui] seux C ; siens ACKLOPRTUVXa ; mocist ACLORTVa ; 23 Et (Seul KLPVX) por itant q. ACKLPUVXa ; 24 Ni sai C, truiz V, trueue KLPX ; **IV**, 25 De cent KLPVX ; s. kelle ait de moy C ; q. le ior d. O ; par dete] de rente KLPVX ; 26 Ne me CKOPRUVX, mi Aa ; uoeil R ; pas] ele CKLPUVX ; p. dun tout seul aquiter AORTa ; 27 Nen P, Sa C ; fole KLPVX ; amor KLPRTVX laist ARTa, uuet COU ; ne doit metre sentente KLPVX ; 28 Ne ne mi laist Aa, Ne me laisse R, Ne mi laist pas T, De moi laissier COU, A li fere KLPVX ; ne] et O ; 29 Cele CX ; mocist ACLRTa ; moc. saura moins a CU ; 30 Si ne AORa ; f. a ACLa, quau PU ; 31 *uniquement* doit et deserte *dans L* ; Car cui CU, Qui fole KPVX ; amor KVX ; ocit KPVX, destraint C ; et desire T, deserite CKOPVX ; 32 Ne se P, Len ne O ; Ne len doit on blasmer ATa ; **V**, 33 Pour T ; toutes AORVa ; ioies OR, choses Aa, riens KLPV, rien X ; 34 Cui iaim d. T, Qui damors vit (uient Aa) AKLPVXa ; d. faurai i ie d. T ; 35 Nennil R, Naie T ; tel L, tele V ; 36 Que O, Quar ARTa ; ce d. KVX, cel P ; me (mi RT) donent (doiuent R) AORTa ; 37 Qui mont tolu de mamie le don (mon bon K) KLPVX ; 38 Et KLPVX ; dont] il KLPVX ; 39 Auoir i (en K) puet a. KLPVX ; **VI**, 41 Si que ie ment R ; ai] est RTa ; dolors Ta ; d. menee O ; 42 ne le Oa ; reconoist RTa ; lon R ; 43 Si feissent la g. mal apensee R ; 45 Rendu m. amors mon g. O, Ainz mot amours rendu le g. R ; 46 ce O, tel a ; lieu a ; q. deubs R, puis a ; 47 lamors T, mamour a, mamors O, ma mort R ; descouverte] ensegnie ORTa ; 48 *omis par R.*

MUS. Schéma mélodique : A A B. KLX donnent une deuxième mélodie pour la section B, et le ms. P s'accorde avec eux pour les vv. 7-8 ; O donne pour la section B une troisième mélodie. R transmet une deuxième mélodie ; V, une troisième. • **1.** Au v. 3, le ms. ne porte pas *si* bémol. • **2.** Au v. 3, le ms. ne porte pas de barre.

EDS. La Borde 1780 2 : 270, Michel 1830 33-35, Brakelmann 1870 114-116, Fath 54, Bédier 1909 89-96, Bartsch 1920 164-165, Brittain 140-142, Pauphilet 873-874, Spaziani 1954 33-35, Cremonesi 107-110,

Lerond 76-81, Toja 229-232, vdWerf 1977 243-150, Alvar 256-259, Baumgartner 1983 240-245, Bergner 458-461, Dufournet 1989 114-119.

REM. À l'exception de Lerond, tous les éditeurs précédents ont vu dans ce poème un exemple de « coblas ternas », c.-à-d., une série de trois couplets répétant les mêmes rimes (AAA) suivie d'une seconde série de trois répétant des rimes différentes. L'ordre des strophes que nous présentons, AAB + ABB, fait de ce texte une composition unique dans le corpus des trouvères (cf. Dragonetti 446 et s.) et peut de ce fait paraître suspect. L'innovation n'était toutefois pas inconnue des trouvères, et il est d'ailleurs incontestable que les cinq mss de la chanson 97 (RS 985) qui conservent toutes les six strophes présentent celles-ci dans l'ordre que nous avons adopté. De plus, le texte organisé de cette façon révèle un développement d'idées progressif et particulièrement satisfaisant. Voir à ce propos Lerond 80.

C'est apparemment à cause du seul v. 8, *Ainz que j'aille outremer,* que cette pièce a été considérée comme une chanson de croisade et inclue dans Bédier 1909. Cette raison ne suffit pas, à notre avis, pour justifier ce classement, encore que le vers en question se réfère manifestement à une croisade, soit la troisième (1189), soit la quatrième (1202). Sur le problème de la datation, voir Lerond 16-20.

Pour une analyse du texte, voir Vaina-Pusca et Zumthor 1974. • **31.** Au lieu de lui substituer *Oïl,* Lerond conserve la leçon du ms. *Nenil* et explique : « la négation *nenil* ne répond pas à la question du v. 34 *(Diex, faudrai i je dont ?),* mais reprend plutôt le sens négatif du verbe *faudrai*; le poète veut dire : "Non, je n'obtiendrai pas la joie d'amour : telle est ma destinée" ».

98

LEÇ. REJ. I, 3 c. et mon corage, 5 doit, 8 Sele meut a ; **V**, 39 M. de ce ai je t. *(+1).*

VAR. Tableau des strophes :

ACFMTVXa	I II III IV V
O	I V II
P	I II

I, 1 Ma A ; 3 Madoucist si (tout Oa) MOTa ; le c. VMTOa ; et mon (le V) corage PVX ; 4 Quor M, Cor oi T ; resbaudir CFO ; Que ne me puis de chanter plus tenir V ; 5 Si chanterai p. F ; ch. quant il v. O ; 6 A cele q. X, Celi q. ACFOTa ; j. fait de cuer l. MT ; de mon cuer fait h. O ; 7 Sen F, Bien O ; doie C ; 8 Cele CX ; mi v. V ; me doigne FO ; s. euls C, vues F ; **II**, 9 fait c. O ; ne corage V ; 10 Si men ACFMOTa ; deuroit CMOTa, deueroit A ; ce] tant CMT ; c. bien a. O ; 11 A. aing O ; ser CFO ; 12 Se A, Mais MT ; Li cui ie nos m. O ; pense M ; Mais mon penser ne li os d. F ; 13 Que O ; biautes AFMOTa ; si] tant M ; 15 Nis AMTa ; nose s. douch v. F ; s. s. uiaire A, visage *omis par T*; 16 redouch F ; au d. FPT ; **III**, 17 en] ens T, uers F ; li aissis mon fin c. C ; mon corage *omis par X*; 18 dont] laist AMTa ; 19 Onques FV ; C. t. qui but le beuerage M ; de b. F ; 20 Plus MT ; loiaument FMT ; 21 = *29 dans F*; Que ACVXa, Quat M ; mat C ; t. cors et quer et F ; 22 = *30 dans F*; Sen C, Force MT ; et pooir FMT ; 23 = *31 dans F*; Encor ACMTa ; Et si ne quit q. F ; 24 = *32 dans F*; Ne *omis par F*; p. asses li et samor (ne F) samor (amor F) seruir ACFMTa ; **IV**, 25 *suivi dans T par les vers redondants* encoir me dout ke trestot mon eaige ne puisse asses li et samor seruir Ie ne di pas ke iou faice folaige ; 26 Ne FV, Nis ACMTa ; li men couenoit a. F ; me deuoie *répété dans T*; 27 Q. monde na si F ; si] tant CMT ; bele] simple V ; 28 Ne rienz el mont n. V ; rien CF ; r. tant soit a F ; mon desir MT ; 29 = *21 dans F*; quel m. V ; q. mi AFTa ; 30 = *22 dans F*; Lors FM ; li] si X ; ostages F ; 31 = *23 dans F*; ke p. Aa ; 32 = *24 dans F*; Ne ia nul j. FM ; **V**, 33 Chancons FX ; 34 trestorner] ne aler F, ne parler O ; guenchir] uenir F, tentir O ; 35 Car FMTVX ; male] fole MT, pute F ; g. sauuage FO ; 36 Ke F ; deuienent Aa, deuient F ; quil p. FMVX ; 37 Les biens (b. *omis par A*) ACFMTVa ; De noz amors d. lor doint male entente O ; 38 A FMT ; tant a. FO ; amanz O ; on F ; ire] honte V ; et damage FMOT ; 39 M. de ce ai je t. VX, M. de cai j. ACFa ; jorz] diz V ; male A ; M. iai de ce mout cruel a. MT ; Por ce dit bien guioz quen son aage O ; 40 Si T ; la V, le Aa ; sus Aa, sos T ; cuer] pois MT, gre CAa ; Que sor mon cuer les mestuet o. F ; Ne porroit bien eurs amors seruir O.

MUS. Schéma mélodique : A A B. Dans le dernier vers, AOa se différencient les uns des autres ainsi que du ms. de base, tout en restant similaires ; T donne une section B différente ; la mélodie de V, qui elle aussi comporte une section B différente, est écrite à la quarte supérieure. F donne une deuxième mélodie.

EDS. La Borde 1780 2 : 294-295, La Borde 1781 2 : 68-71, Michel 1830 69-72, Brakelmann 1870 112-114, Fath 49-51, Bartsch 1920 165-166, Pauphilet 875-876, Cremonesi 110-112, Gennrich 1958b 16-17, Chastel 422-425, Woledge 1961 95-97, Groult 1 : 176-177, Lerond 68-71, Toja 232-234, Henry 1967 1 : 221-222, Zumthor 1972 194-195, vdWerf 1977 186-193, Collins 85-87, Alvar 254-257, Lea 120, Baumgartner 1983 74-77, Rieger 1983 60-63, Dufournet 1989 112-115.

REM. Pour une analyse de ce texte où « l'énoncé se confond presque entièrement avec l'énonciation », voir Zumthor 1972 194-205 et 240-241, et, dans le cadre d'une réflexion sur l'originalité dans le lyrisme médiéval, Calin.

99

LEC. REJ. I, 6 Se gi ai m. ; **II**, 11 languis] seux mis, 14 desdaigne, 15 Niert iai atentis, 17 T. si per oures e. ; **III**, 23 q. de moy parti ; **IV**, 32 f. en manfance, 33 Kil, 34 l. ne s., 37 ne mot g.

VAR. Les str. III, IV et V ne figurent pas dans KLMNPRTVX. **I**, 1 Des U ; oiseillons KMNPRTVX, oisiaus L, oiselez U ; 2 oïs] oi RT, ueuz U ; 3 leur KLMNPRTUVX ; chant KLNPRUVX ; 4 conpaingne KLNPRX ; 5 L. ai oiz j. L, Ie fui j. R ; 6 n'i ai] gi ai KNPUVX, iai L, ie y ai R ; 8 me s. KLMNPRTUX ; 9 Si U ; 10 mont l. K ; m. toz iors p. U ; **II**, 11 De KLNPRTVX ; longe LTU ; a. mesbahis KLMNPRTVX ; 12 trop] ie KLMNPRTVX ; 13 le j. et le r. KLMNPRTVX ; 14 (Que PUX) Nus *(omis par R)* qui amors KLMNPRTUVX ; enpraingne KLNPRVX ; 15 Niert ententis U, N. delessier tentiz V ; 16 M. cuer KLNPRVX ; 17 T. mainte foiz si K, T. si par eures e. U ; maintez R ; 18 Un KLNPRVX, Cun MU, Oun T ; foiz K ; en] i KLMNRTVX ; ai *omis par LV*; apris KLMNPTVX, pris R, empris U ; 19 amer MT ; 20 Ainz (Ainc MT, Onc L) certes plus ne (ni L) li *(omis par LR)* mesfis (mesprins L) KLMNPRTVX ; **III**, 21 me toli U ; 23 Trop fu U ; 24 qui U ; 25 L. a. ne lo s. U ; **IV**, 31 Dun b. dont me me membre si U ; 32 Mest auis en mentente U ; 36 Deus ce que ie di U ; 37 me garni U ; 38 Ele U ; 39 longe U ; **V**, 41 Por coi me U ; 46 Que U ; 48 M. sui U.

Après la str. II, les mss. LMRT transmettent une continuation différente, comportant deux strophes (sauf dans le cas de L, qui n'en donne que la première). Nous présentons la rédaction de T :

III' Ainc vers Amors riens ne forfis ;
Ja de moi ne se plaigne,
Ains sui por li servir nasquis,
Coment ke me destraigne.
Par un tres douc ris
Sui de joie espris,
Ke, se iere rois de Paris
Ou sires d'Alemaigne,
N'aroie tant de mes delis
K'Amors me fait cuidier tos dis.

IV' Bien doit estre liez et jolis
Cui Amors tant adaigne
Ke il se truist loiaus amis
Et k'a amer l'apraigne.
Ne doit estre eschis
Mais adés sosgis
A celi qui proie mercis ;
Puis ke son cuer a ens li mis,
Sans partir s'i ataigne
Por estre de joie plus fis.

III', 21 Ains v. ma dame ne mesprins L; mesfis R; 22 Riens dom elle s. L; 23 Aincois p. lui s. L; 24 que mi R, que li plaiz praigne L; 25 un seul d. L; 27 ce L; giere M; 30 mi LR; font L; IV', 31 Ien doi e. R; 32 Qui R; 33 Quelle secort l. R; 34 Ce M; 37 celui R; cui M; 38 lui m. R.

Jamais je n'ai en rien manqué à Amour;
qu'il ne se plaigne pas de moi,
mais je suis né pour le servir
quoi qu'il me fasse souffrir.
Par un très doux sourire,
je suis rempli de joie,
au point que si j'étais roi de Paris
ou seigneur d'Allemagne,
je n'éprouverais pas autant de délices
qu'Amour m'en fait paraître chaque jour.

Il doit être joyeux et gai
celui qu'Amour favorise assez
pour qu'il se juge ami loyal
et apprenne à aimer.
Il ne doit pas être rétif
mais sans cesse soumis
à celle à qui il a demandé sa pitié;
lors dès qu'il a mis en elle son cœur,
qu'il s'y tienne sans l'abandonner
afin d'être plus confiant en sa joie.

MUS. Schéma mélodique : A A B A'. C ne transmettant pas de musique, nous présentons la mélodie de M. R donne une deuxième mélodie; V, une troisième. • **1.** Aux vv. 1 et 3, le bémol manque au ms. • **2.** Au v. 1, par suite d'une mutilation, cette note manque au ms. • **3.** Au v. 1, le ms. porte une barre.

EDS. La Borde 1780 2 : 196, Tarbé 1850 43, Huet 1902 40-43, Brittain 148-150, Petersen Dyggve 1951 189-193, Spaziani 1954 51-53, Cremonesi 114-116, Gennrich 1958b 15-16, Groult 1 : 174-175, Toja 245-248, Maillard 1967 45-47, Mary 1 : 238-239, vdWerf 1977 503-507, Baumgartner 1983 44-47, Rieger 1983 82-85, Rosenberg 1985 4-9.

DIAL. Traits lorrains : *ai* pour *a* : *lais* (25), *jai* (30), *pailli* (40), *compaireir* (43) ; *ei* pour *e* tonique : *penseir* (7), *leivres* (34), *jueir* (41) ; *pués* (41) pour *puis*; *poent* (49) pour *point*; *x* pour *s* : *oxelés* (1), *païx* (1), *baixant* (21) ; *ceu* (10) pour *ce*; *lou* (27) pour *le*; *seux* (8) pour *sui*; 3ᵉ pers. sing. prés. indicatif *ait* (10, 33) pour *a*; 3ᵉ pers. sing. futur en *-ait* : *avrait* (30) ; pronom rel. *ke* (24) pour *qui*.

REM. Cette chanson est l'une des plus connues de Gace Brulé. Dans son analyse de la structure du premier couplet, Dragonetti l'appelle,

p. 403, « un exemple très caractéristique des raffinements formels dont les trouvères se montrent capables ». Voir à ce propos Frappier 142 et s. ainsi que Burger ; sur ce texte et le tempérament du trouvère, voir Planche 1989a. • **2-4.** D'origine champenoise, membre du cercle littéraire de Marie de Champagne, Gace fait allusion ici à un séjour en Bretagne à la cour du frère de celle-ci, Geoffroy Plantagenêt. Petersen Dyggve 1951 36 en conclut que cette chanson fut probablement composée entre 1181, année de l'installation de Geoffroy en Bretagne, et 1186, année de sa mort.

100

VERSION INTÉGRALE

LEÇ. REJ. I, 5 vuet] puet ; **V**, 33 nameroit, 35 haute] tel, 36 nulle] bone ; **VII**, 49 m'en] len, 53 *(-1)*.
Entre la str. VI et le premier envoi, le ms. présente l'interpolation suivante :

> Hé, Clemendoz, que ferai je d'amie
> Quant je avrai trespassee m'enfance
> Et ma dame que si iert envoisie
> Avra dou tout lessié l'aler en dance ?
> Lors dira l'en : « Soffriz, sire, soffriz ! »
> Lors mal a tens me vient au repentir.
> Cil soffre trop qui laisse autrui joïr
> De ce dont a traite la penitance.

> Eh, Clémendot, que ferai-je pour avoir une amie
> quand j'aurai laissé ma jeunesse derrière moi
> et que ma dame qui était si enjouée
> aura tout à fait abandonné la danse ?
> On me dira : « Résignez-vous, seigneur, résignez-vous. »
> Alors le regret vient mal à propos.
> Il se résigne trop, celui qui laisse
> un autre profiter de ce pour quoi il a peiné.

VAR. La str. VII, ou premier envoi, ne figure pas dans CUHLza ; la str. VIII, ou second envoi, ne figure pas dans HLza.
I, 2 Mi L ; souient p. U ; pitie H ; rebrance za ; r. *suivi de* par ues samors *(voir le v. 5) dans H* ; 4 N. ses euz CHza, son cors L ; 5 Per ues s. H, P. tant s. za, Et puis kamors U ; se] sen CU, me H ; 6 tout L ; f. a son CHLU ; **II**, 9 porrai CU ; 10 En CL, De Hza ; dolor a. H, douce a. za ; et] ne CLUza, ni H ; a] en CL, de Hza ; 11 Nen U ; aus b. L, en (a U, au za) uairs CUza ; nen la C, de la za ; douz za ; 12 uerra L ; Que si mar ui ie (quant H) en (ien H) perdrai la vie Hza ; 13 plus] mais HUza ; tenir Hza ; 14 Cele LU ; qui L ; nen v. H ; Celle de cui naurai

ia nuil p. za ; 15 c. que L ; et si (se C) ne sai coment puist a. CHUza ; 16 Et *omis par L* ; Ke de li aie ne secors ne (nen U) a. CU, Qaie (Q ia za) de li ne (ni H) conseil n. a. Hza ; **III**, 17 a. ne (ni H) conseil Hza ; porrai auoir secors naie CU ; 18 Uers fine CU, De fine Hza, En uerz L ; amours L ; verz qui L, la ou CU ; ie nai p. C ; 19 Amor H, Kamer CU ; c. que CH ; q. e. mame mie za ; 20 D. ie L ; e possance H ; 21 Ne a nelui ne l. L ; Ne ne li os mon corage g. CU ; 22 Celui L ; t. ma fait (me fet L) de mal (maus L) HLza ; C. cui ia ne uenra a plaisir CU ; 23 Quar Hza, Que CU ; de cel molt H, de ce mal za ; 24 Et CU, Que L ; ja] ie Lza, io H, se CU ; quier] puis CHLUza ; **IV**, 25 Sjo n. H ; ne uoi Lza ; 26 Pour L, De Hza ; amor za ; a. se soit L ; partie Lza ; 27 N. j. nul ior nen quier CLU ; N. je ne a. auoir nule fiance Hza ; 28 A. amerai CHUza ; c. que CHU ; 29 Ne H, Se C, Ce U, E za ; dr. ke ie CHza, que iel U ; 30 d. quel L, com C ; 31 Nauroit L ; Et se ni a confort q. CU ; Car quant iel (Qar qant la za) uoi ni a che (fors za) del m. Hza ; 32 voi] sai CLU ; quele n. L ; Qar (Que H) ie sai bien q. Hza ; **V**, 33 ice] tot ce Hza ; sai] di Hza ; mie *suivi de* itele amie *(voir le v. 34) dans L* ; 34 Mais CHUza ; amans puet p. CU ; b. esperance Hza ; 35 E por za ; itele amie L ; 36 n'i] ne CHza ; p. ueoir CU ; bone atendance CU ; 37 Car Hza ; e. teille C ; c. pleure L ; 39 Por ce aim ie m. za, Per co aim m. H ; mon] me H ; 40 Ke die C ; rien CHUza ; r. ke C ; a pesance L ; **VI**, 41 Ne me d. L ; d. pas atorner a CU, d. p. dont tourner L, d. dame pas torner za ; a pesance L ; 42 a. plus dame q. za ; 43 Car Hza ; plus grant f. U ; 44 Quant CHLza ; oi] os CHLUza ; 45 Et de ceu trais moult d. CU ; sospirs C ; 46 Qu *omis par Hza* ; Que ne uos p. ne v. ne o. CU ; 47 Et CHUza ; 48 Que si soupirs L, Si sui sorpris Hza, Si sui destroiz CU ; q. ie ne H ; **VIII**, 53 Huet] compains CU ; ne uos os pl. gehir CU ; 54 Que ma dame est CU ; mort C.

Dans U, le v. 54 est suivi immédiatement, dans une écriture d'une main différente, d'une variante de la seconde moitié de la strophe interpolée du ms. O (voir LEÇ. REJ.) :

Et chascuns dist : « Sofris, sofris, sofris ! »
Aseis sofret ki voit atru merir
Sou dont il ait traite la penitance.

Et chacun dit : « Endurez, endurez ! »
Il endure forte douleur, celui qui voit autrui
obtenir la récompense de ce pour quoi il a peiné.

VERSION ABRÉGÉE

LEÇ. REJ. **I**, 7 Et des ; **III**, 21 plaig, 23 garder] celer.

VAR. Tableau des strophes :

KNPRX	I II III IV
Ta	I III IV
F	I II III
V	I II III IV V (voir *infra*)

I, 1 Bone a. de l. amie X ; 2 Mi R ; pitie RV ; 4 vis] sens F ; 5 Pour oec T, Et puis (puis *omis par X*) quamors FKNRVXa ; ne mi RTVa, ne se F ; uuelent s. KNRX, veut sentir V ; tenir F ; 6 Que ie KNVX ; du KNRTVXa ; tout FKNRTVXa ; ne] li V ; a *omis par FKNRX*; mon p. R ; 7 Et de tantes F ; Ne des autres ne uueil mes (N. d. a. mais ne mi veut R) consentir KNRVX ; 8 Q. de lamor F ; **II**, 9 porai F, porroit RV ; 10 et] ne FR ; 12 Ce ne seroit a FKNRVX ; 13 car] que FKRVX ; 14 Celi F ; ne fera mon p. FKNRVX ; 15 Et puis quamors mont FKNRVX ; 16 Et ie nen R ; puiz] quier FKNRVX ; veoir] auoir KNRVX ; **III**, 17 Ie ne quier p. auoir FKRV ; 18 de m. eslongie F ; 19 Ainz seruirai touz iourz en esperance FKNRVX ; 20 Si KNVX, Et FR ; ki naime mie T ; 21 q. plour et a ; Cest ma dame que (qui VX) iaim tant (tant ainc F) et desir FKNRVX ; 22 dolours T ; Qui ne uoudroit ma grant (a ma F) dolor oir (oir *omis par R*, partir F) FKNRVX ; 23 S. m. a. FKNRVX, Samaisse m. T ; garder] celer FKNRVX ; 24 Q. d. r. contre sa bien voillance T ; pesance a ; **IV**, 25 De T ; vous doit pas trop Ta, deuez pas trop KNRX, me deuez pas V ; tourner] tenir KNX ; pesance a ; 27 j. grandre K, plus grant Ta ; 28 os] oi R ; 29 ce] uous KNRVX ; 30 Que Ta ; Car ades cuit que ie doie morir (morir *omis par R*) ; 31 *omis par R*; Quant uos regart KNVX ; fors du] que du KNVX, que de T ; 32 Que a ; Tel poor ai q. KNRVX ; q. ie ne sai d. TV ; *dans R, ce vers est suivi de* tant a en uouz bonte sens et vaillance

Le ms. V ajoute la strophe suivante :

Merci, merci, bele tres douce amie !
Por vous trai je si tres grief penitance,
Ne ne vous os veoir que il ne dient,
Li mesdisant, qu'en vous aie fiance.
De vous me vient li maux dont crieng morir
Et la dolour dont je ne puis guerir.
....
Se de vo cors ne m'en vient alejance.

Pitié, pitié, belle amie très douce !
J'endure pour vous une si lourde peine
que je n'ose pas aller vous voir de peur
que les médisants ne racontent que je vous ai juré ma foi.
De vous viennent le mal dont je crois mourir
et la douleur dont je ne peux guérir
....
si de votre personne ne me vient pas le soulagement.

MUS. Schéma mélodique : A A B ; la mélodie du premier envoi est celle des vv. 5-8 ; du second, celle des vv. 7-8. Nous présentons la mélodie de M. La musique de FKLNX est écrite à la quinte inférieure ; celle de O, donnée en notation mesurée, est à la seconde inférieure et présente beaucoup de variantes. • **1.** O donne *do* dièse (*si* naturel). • **2.** Aux vv. 1, 6, 7 et 8, O donne *do* (*si* bémol). • **3.** Aux vv. 5 et 6, O donne *fa* dièse (*mi* naturel). • **4.** Pour les trois syllabes

suivantes, M donne :
• **5.** Au v. 7, O donne *fa* (*mi* bémol).

EDS. Huet 1902 16-19, Petersen Dyggve 1951 272-279, Pauphilet 878, Woledge 1961 92-95, vdWerf 1977 447-454, Frank 1 : 57-61, 2 : 65-71, Baumgartner 1983 36-41, Rosenberg 1985 236-243.

REM. Dans sa version complète, ce poème est remarquable par la complexité de sa versification qui met en jeu les divers schémas de liaisons strophiques que sont les « coblas capcaudadas, capfinidas, retrogradadas, retronchadas ». Pour les détails, voir Petersen Dyggve 1951 272-273, Dragonetti 454-457, Billy 1989 207 ; voir aussi Ferrand. La version abrégée est de toute évidence due à un compilateur incapable de reproduire la structure ingénieuse du texte complet.
VERSION INTÉGRALE • **53-54.** *Huet* et *Bertree,* personnages inconnus.
VERSION ABRÉGÉE • **27-28.** Petersen Dyggve 1951 traduit : « Que je serai le seul qui puisse vous nommer son amie, c'est la chose sur laquelle je compte le plus », alors que Woledge 1961 propose : « for it is the one comfort I rely upon to dare, when speaking to myself alone, to call you my love ». *Cf.* Rosenberg 1985 : « for this is the thing in which I have the greatest confidence : that I hear you called belovèd by me alone ».

101

LEÇ. REJ. IV, 28 vee.

VAR. Tableau des strophes :

OT	I II III IV V VI VII
KLNPX	I II III IV VI
U	I II II' III (voir *infra*)

I, 2 Ke napeirt U ; noif KLOU ; 4 Que OU ; mult ai KLNPX ; 5 Merveille est KLNOPUX ; cant U ; p. chanter KLNPX ; 6 Car KLNX, Quades bee a moi g. OU ; me] mi KT ; **II**, 8 B. sai que KNOP ; nen (ne P) p. KLNOPX ; passer O ; De li ne me peus osteir U ; 9 P. c. croi N, douz U ; quel ne L, quele m. KNOPX ; ne men T ; 10 fait O ; f. pas a KLNOPTX ; Se ne man doit on b. U ; 11 Que OXU ; 12 J. sui KLNO ; nes p. X ; lui L ; 13 ne men O ; doint f. LOU ; 14 N. sil K, cele LPUX ; **III**, 15 M. mi TU, M. mest bel a KLNPX ; esgarder KNOPX, remireir U ; 16 Le KNOPX, Mon T ; 17 Ou nols venir nen aleir U ; 18 la grant L ; maleuree KLNOPUX ; 19 Tant ne mi s. g. U ; ne] nou O ; 20 Celle U ; mi LTU ; **IV**, 23 Aucun K, Aucuns X, Chascuns N ; 24 Et les O ; menconges OX ; conter O ; 25 il ont KNOPX, i a L ; tele T, mainte

KLNOPX ; 27 Et L ; Si men estuet s. O ; 28 chascun PTX ; t. nie LP, nice N ; **V**, 29 A. b. doit remembrer O ; 30 q. bee O, prie T ; 31 Q. mieuz O, 32 Plus est ma poinne d. O ; 35 De rien qui ne O ; **VI**, 36 B. mj T ; peust KLNOPX ; 37 Sauf O ; en *omis par LO*; 38 li] le PT ; 39 Q. nen aj T, Q. ie nai KLNOPX ; 40 Q. ne KLNOPX ; encontrer O ; 41 li] mi X ; 42 Sest O ; amant KN

Entre les str. II et III, U présente la strophe suivante :

Moult m'avroit Deus honoreit
Se s'amours m'ieret donee.
Onkes ci tres grans biateiz (ci = si)
Ne vi an nule rien nee :
Cors ait gent, viz coloreit ;
Tut li bien sont asanbleit
An la tres bien eüree.

Dieu m'aurait fort honoré
si son amour m'était accordé.
Jamais je ne vis si grande beauté
en femme de ce monde :
elle a un corps avenant, un visage aux fraîches couleurs ;
toutes les qualités sont rassemblées
en ma dame bienheureuse.

MUS. Schéma mélodique : A A B ; la mélodie de l'envoi est celle des vv. 5-7. Nous présentons la musique de N. M donne une mélodie aux variantes uniques ; O se différencie des autres dans son premier vers et dans sa notation, mesurée vers la fin.

EDS. Brandin 252-253, Huet 1902 69-71, Petersen Dyggve 1951 216-219, vdWerf 1977 425-428, Rosenberg 1985 26-29.

REM. • **28.** C'est pour la rime que la forme insolite *nee,* tout comme *pree,* au v. 30, remplace *nie (prie)* ou même *neie (preie)* ou *noie (proie).* • **29-35.** On doit douter de l'authenticité de cette strophe qui ne se trouve que dans MOT. Elle rompt la continuité thématique des str. IV et VI, toutes deux traitant, au moins en partie, des faux amants. Le v. 31 anticipe sur un autre, le v. 39, dans une mesure exceptionnelle dans ce texte, et les vv. 32-33 ont l'air d'un remaniement suspect du v. 26. Il est d'ailleurs curieux de trouver un poème de Gace composé en « coblas unissonans » et contenant plus de cinq couplets (sans envoi) ; le corpus publié dans Rosenberg 1985, qui compte jusqu'à 27 pièces écrites en « coblas unissonans », ne comprend qu'un seul autre exemple de ce type, c'est RS 948 qui, en tant que jeu-parti, contient six couplets normalement. (L'analyse rhétorique de notre chanson que propose Zumthor 1972 236-239 ne questionne pas la présence de la str. V dans le texte.) • **44-45.** *Gui* désigne Guy de Ponceaux, à qui Gace n'adresse pas moins de cinq chansons. D'après ces vers, Guy serait mort depuis peu. Il se peut que cet ami de Gace ait été en réalité le trouvère Guy de Thourotte, châtelain de Coucy; voir Petersen Dyggve 1951 74-84. Selon ce dernier, la chanson daterait de toute façon d'environ 1200.

102

LEÇ. REJ. I, 3 de rosee se moille, 5 c. sesuoille, 6 fin] son, 7 paraige; **II**, 10 hons, 11 amis ne hons qui a. s., 13 d. a cui, 16 D. ie sui m. m. p. quele v.; **III**, 18 Si me trahit, 21 s. en li ou quele aille, 22 rien; estre amee; **IV**, 25 Vers b. amer ie cuit riens ne mi v., 28 m. uaee, 32 messaille; **V**, 34 est] uient, 35 Fiers est li cuers quen si h. l. trauaille, 36 Donc; **VI**, 41 tolc.

VAR. Tableau des strophes :

C I II III IV V VI VII
P I II III IV V VII
MT I II III IV VI* VII

* Ne contient que les vv. 47-48.

I, 1 Biau P; Or uient e. C; ke r. CMT; 2 li] cil C; 3 vers T; 4 Ke C; le f. T; 5 m. cors P; cesuelle C; 6 Car MT; ferm c. MT; 8 C. que P; droiz *omis par C*; ke CMT; moi v. C; **II**, 9 c. kelle m. C, c. chascuns m. T; 10 Mais MT; 11 Ki est T; mest auis C; kil C; a. et P; ne kamors s. C; veuille MT; 12 Qui MT; ne *omis par C*; truisse CMPT; amor MT; 13 d. a cui CP; 14 qui P; dolor CMP; nasoushaige T; 15 s. esgarde p. CMT; 16 pensers MT; qel me P; vaille MT; **III**, 17 grant] quant T; sens MPT; 19 volente MPT; ne men P; 20 Ains mest mult C; bel CMT; 21 Tout MT; pense MP; 22 mee] ree MT, mire P; 24 mort] li C; a. que que l. m. P; **IV**, 25 biens CT; amer P; ne croi C; 26 Quar MT; 27 Senuers P; cele qui MP, celuj ki T; si si g. T; 28 Ke ris et ieus C; 29 ch. com d. deseureie C; 30 dolours T; 32 bien] bon P; **V**, 33 De CP; 35 A e. et forment me trauaille P; 36 Ma grant doleur P; noseroie p. d. C; 37 Enfin C, Issi P; me c. CP; 38 o. no C; por CP; 39 M. mi P; contredire C; 40 q. i P; **VI**, 41 dolor C; 42 lou demain C; 45 mais elle nest pais fole C; 46 a. ke por s. C; 47 De bien a. C; me puis e. MT; 48 Nen p. muer MT; **VII**, 49 Guis C; ponciauls C, ponciaus M, pontiaus P, ponceaus T; iacos C, gacez P; p. ne sai de ce q. d. MT; 50 Le dieu P.

MUS. Schéma mélodique : A A B; la mélodie de l'envoi est celle des vv. 7-8. M donne une deuxième mélodie. • **1.** Au v. 1, le ms. porte une barre.

EDS. Huet 1902 4-6, Petersen Dyggve 1951 219-222, Chastel 408-413, vdWerf 1977 438-439, Baumgartner 1983 32-37, Rosenberg 1985 80-83.

DIAL. Traits bourguignons : *uil(le)* pour *ueil(le)* : *bruille* (1), *vuil* (5) ; *oille* pour *eille* : *mervoille* (33) ; *poinne* (38) pour *pein(n)e*; *nuns* (6) pour *nus*.

REM. Les rimes de ce poème sont notables, à la fois pour la finesse de la série *-uille/-aille/-oille* et pour la répétition de *parage, vuille/celee, m'asaille/escondire, aparoille* (« coblas retronchadas »).

Sur le « je » poétique, voir Ertzdorff 1960-61 ; sur les formules dans le langage poétique, voir Vance. • **13-14.** Là où, ayant corrigé *a cui* en *qui*, nous voyons une exclamation sans verbe, Huet 1902 voit une question (difficile à comprendre) : *ma dame a cui s'orgueille/Vers son ami, cui dolor n'assoage ?* Petersen Dyggve 1951, pour sa part, propose une question suivie d'une réponse : *ma dame a cui s'orgueille ?/– Vers son ami, cui dolour n'assouage,* où *a* et *vers* seraient synonymes. Baumgartner 1983, acceptant ce dernier texte, traduit : « À qui ma dame manifeste-t-elle tant d'orgueil ? – À moi, son ami, sans pour autant soulager ma douleur. » • **49.** Sur *Gui de Pontiaux,* voir la pièce 101 (RS 838), REM.

103

LEÇ. REJ. I, 5 M. en cuer ai d'e. amer, 7 Iusqua ; **II**, 10 p. mie soffrir, 11 hore *manque,* 12 Et ; **III**, 16 Que uos me l. estre en p., 18 Naurai rien qui m. m. ; **IV**, 23 tu me charges, 24 de] se, 25 hom] cuers, 26 maies, 28 est p. ; **V**, 32 N. o. nen ont il t., 33 amons, 34 repentirons ; **VI**, 36 Guiz d. *(-1),* 37 ferons.

VAR. Tableau des strophes :

CL	I II III IV V VI
KNPX	I II III IV V
V	I II IV V
MT	I II III IV

I, 1 Sauez MT ; 2 Seigneurs KNPVX ; 3 servir] hair V ; 4 Amor C, Amer L, Damors MT ; ne MT ; 5 M. anor KX, amor P, honeurs mest d. MT ; dausi P ; 6 v. mieus ma mort s. MT ; 7 qu'a *omis par P,* que CKLNVX ; monstrer LV ; **II**, 8 Amors KLNPX ; f. cest mal C ; sousfrir KLNVX ; 9 Si n. L, Ne men doit il m. p. KMNPTX ; 10 Quamors V ; nen C, nes M, mi L, ne KNPTVX ; peust sostenir L ; 11 soi deporter K ; 13 n. me M, mj T ; doinst r. CT ; 14 en riant V ; fine P ; **III**, 15 tel LM ; fut C, fui L, vi M, vic T ; 16 Quester KNPX, Que ne L, Que vous MT ; lessisiez P ; le pais T ; 17 j. urais L., loiaus MT ; 18 Cautre MT ; rien LP ; ne me grieue m. CMT ; 19 de] par MT 20 aueries CT ; 21 Car C ; 22-23 *omis par MT*; **IV**, 22 mes] ie C ; 23 si grant PVX ; fes *omis par P*; 24 Ha cuers MT ; n. esbahiz L ; 25 Ie namai LP ; hons CKNX, cuer m. L ; 26 Fors que tant t. a. c. L ; 27 C. q. as desirre V ; 28 cuer KNPX, cors MT; mort KLNPVX; **V**, 29 Guis C, Quens L; pontials C, ponciax KN, ponciaus PX, pontieu L, bouci V; 30 Vos CLV; 31 cele CL; Ke CP; 32 Vous CV; ocirra CL; d. elle ait t. C.; torz L; 33 O. quant C, pour V; amons C, amours L, amer V, 34 Ja damors ne vous partiront V; repentirons C, departiron KLNX; **VI**, 36 Iaicos C; 37 piramus C, paramus L: ferons C, feronz L; 38 V. a. nan serons ia fors L.

MUS. Schéma mélodique : A A B; la mélodie de l'envoi est celle des vv. 5-7. KLNX présentent la mélodie à la quinte supérieure; T donne une deuxième mélodie; V, une troisième. • **1.** Aux vv. 1, 2 et 3, le ms. n'indique pas de bémol. • **2.** Aux vv. 3-4, le ms porte une barre. • **3.** Le ms. a *fa* dièse.

EDS. Huet 1902 50-52, Petersen Dyggve 1951 230-233, vdWerf 1977 474-477, Rosenberg 1985 22-25.

REM. • **3-4.** Il faut sans doute entendre dans ces vers l'identification de *[m]a mort* avec *Amors.* • **29.** Sur *Gui de Pontiaus,* voir la pièce 101 (RS 838), REM. • **37.** *Pyramus,* amant de Tisbé, se retrouve souvent dans la littérature médiévale comme modèle du parfait amant. Petersen Dyggve 1951 78 voit dans la présente occurrence un « senhal » désignant Guy de Ponceaux.

104

LEÇ. REJ. III, 23 *manque,* 24 F. e. a. que on n. c.; **IV**, 32 Tieg, 39 Dont.

VAR. Dans H, les str. III et IV sont interverties.
I, 1 Le; 3 En; 4 deport; 8 Ja s.; **II**, 10 Tọt cals; 11 E qant v.; 12 b. cels; 13 fin c.; 15 Car ren tant ne dot en c. m.; 16 Cum ce q. v. ne m.; **III**, 20 Donc; 21 bone a.; 22 Je me dot si d.; 23 segurement; 24 E false est amors qui ne c.; **IV**, 25 me garist; 26 De ce me v.; 27 p. le; 30 mos s.; 32 Tien io par droit a grant d.; **V**, 33 Chancos; 35 li di bien de p. mei; 36 Garde qil n.; 38 e l.; 39-40 *intervertis*; 39 D. a. io c.

MUS. Schéma mélodique : A A B. • **1.** Au v. 5, les notes de cette figure sont groupées 1-3. • **2.** Au v. 5, les notes de cette figure sont groupées 1-2.

EDS. Jeanroy 1896 262-263, Petersen Dyggve 1951 332-335, Woledge 1961 90-92, Toja 245-248, Henry 1967 1 : 222-223, vdWerf 1977 502, Rosenberg 1985 88-91.

REM. Petersen Dyggve 1951 observe, p. 98, que cette pièce est « remarquable comme chanson d'amour. Elle semble jaillie de sentiments sincères et n'est nullement conventionnelle malgré ses ingrédients traditionnels et peu originaux. C'est l'une des plus belles chansons de Gace Brulé. » Opinion sans doute partagée bien plus tôt par le trouvère Jean de Neuville, qui en a intégré, presque sans modification, la deuxième strophe dans sa chanson RS 2072b, *D'amours me plaing, ne sai a cui.* Pour une analyse de ce texte dans le cadre d'une réflexion sur l'originalité dans le lyrisme médiéval, voir Calin. • **16.** Petersen Dyggve 1951 et Henry 1967 adoptent plutôt la leçon du ms. H, *Con ce que vous ne m'oubliez,* mais, comme en témoigne la présence même de la construction sans *ne* dans notre ms., *ne* ne s'emploie pas inévitablement en ancien français après un verbe exprimant la crainte, et la correction ne s'impose donc pas ; voir Moignet 215.

105

LEÇ. REJ. I, 5 amors ; **III**, 21 decheir ; **IV**, 23 uoir *(-1),* 36-38 *manquent.*

VAR. Tableau des strophes :

LOP I II III IV V VI
KV I II III IV V
X I II III IV VI
C I II

I, 1 douce s. L ; 2 r. se reprent CLV, r. resplandist O ; uerdure CL ; 3 Q. pre sont bel V ; 4 li] cil V ; ch. ensom O ; 5 L. ueul ameir C ; que t. O ; amors CKLPVX ; 6 l. ne CO ; 7 Se v. a. et si v. O ; ceste CLOPV ; **II**, 8 M. me grieuent V ; licheor f. C, traitor f. K, felon tricheour V ; 9 Et C ; a. nul ior X ; 10 Car leur donner et V ; deuineirs C ; et *omis par P*; 13 Cains ne mi sou C ; 14 dous f. C ; mendiours L, traitours CO ; **III**, 15 Entre O ; contenir O ; 16 toute LOPV ; 17 j. laing V, j. laime le m. L ; 19 grant ennui KX ; q. tels a. P ; 20-23 *omis par O*; 21 ne seront P ; echeir KPVX, deceu L ; **IV**, 22 si] tant LPVX ; 23 uoir KX ; 24 d. enuers li l. V ; loi t. O ; 25 loiautez LO ; que LOP ; puis L ; 26 Que j. L ; 27 v. nul L ; donner V ; **V**, 31 ap. leaument a amer O ; 32 Ne iai O ; 34 Se L ; j. aim P ; **VI**, 36 geuffroiz L, giefrois PX ; me dut LPX ; 37 Dit PX ; que li (li *omis par P*) hons (hom L) nest pas e. LPX ; 38 f. bee LX ; amors LPX.

MUS. Schéma mélodique : A A' B ; la mélodie de l'envoi est celle des vv. 5-7. V donne une deuxième mélodie.

EDS. Huet 1902 85-86, Petersen Dyggve 1951 366-368, Pauphilet 881-882, vdWerf 1977 538-540, Rosenberg 1985 130-133.

REM. • **32.** Sur le *repentir* comme renoncement, impossible pour l'amant sincère, voir Payen 1968, surtout les pp. 256-258. • **36.** *Li quens Jofroiz* désigne Geoffroy Plantagenêt, fils d'Henri II d'Angleterre et d'Aliénor d'Aquitaine, comte de Bretagne de 1181 à sa mort en 1186 ; il figure dans plusieurs des chansons de Gace Brulé. Voir Petersen Dyggve 1951 27-37.

106

MUS. Schéma mélodique : A A B ; la mélodie de l'envoi est celle des vv. 5-8. Le ms. emploie une notation mesurée.

EDS. Jeanroy 1919 20-21, Petersen Dyggve 1951 393-395, vdWerf 1977 516, Rosenberg 1985 46-49.

DIAL. Traits bourguignons : *estey* (2) pour *esté* ; *usaige* (29) pour *usage* ; *nuns* (36) pour *nus.*

REM. Sur l'attribution à Gace Brulé, voir Petersen Dyggve 1951 149, Rosenberg 1985 xxix-xxxii.

107

LEÇ. REJ. I, 1-9 *par suite de l'excision du f. 98v, manquent ; leçon d'après T.* 5 li] lji ; **III,** 42 Et R. est el b. d. ; **IV,** 45 le estroitement.

VAR. I, 11 asseior ; **II** 24 Pus le a aparler ; 27 Ancors ; **III,** 41 Ele dist ; **IV,** 44 le ; 45, le estroitement ; 48 En riant ele dist ; 55 redist ; **V,** 57 amors ; 59 en *manque* ; 69 Puis nj ot o a ne o.

MUS. Schéma mélodique : A A B B' rf (ballade). La lacune du début, causée par la mutilation du ms, est comblée ici avec la musique de T. • **1.** Au v. 6, le ms. porte une barre. • **2.** Dans M, les notes commencent ici.

EDS. Monmerqué 37-38, Bartsch 288-290, Maillard 1967 57-60.

REM. Pour une étude de ce texte et des autres pastourelles de Jean Bodel, voir Foulon 143-242. • **37.** *forceur,* forme comparative de *fort.*

108

LEÇ. REJ. I, 11 joenne est et o. ; **II,** 10 la la asamie, 17 unt, 21 morcirrez ; **III,** 23 el *(-1)* ; **IV,** 34 vit, 35 granz ; **V,** 48 mult *manque,* 49 cuiit.

VAR. Les vers 1-27 et le début du vers 28 ne figurent pas dans X sous leur forme originale ; l'actuel feuillet 121 contient une copie, faite au XVIIIe siècle, du texte du ms. N.
I, 3 delez V ; 4 Et et s. P ; 5 Il K, Ele m. V ; 6 et et P ; 7 com il V ; ne mors ne v. V ; 8 namerai KPV ; 11 Q. iones e. KPV ; **II,** 12 matendoit K ; 14 sestoit K ; 15 rousee et V ; 16 fet un ch. V ; 20 ne mi KPV ; verrez V ; 21 Tres] He V ; besselete P ; **III,** 23 ele l. P, cele l. V ; 24 lui P ; 28 que il f. V ; 29 longuement d. V ; 32 lairrele] la durele X ; **IV,** 35 quil d. X ; 36 seruie V ; 37 di PV ; 38 mont tant P ; 39 que honme q. V ; 40 b. ce nest une droiz V ; 42 cil q. a. pert V ; **V,** 44 con li KX ; 49 ce] se X ; 50 quit X.

MUS. Schéma métrique : A A b c rfv (c+c'). Par suite de la perte d'un feuillet, l'écriture de X, copiée sur N, est moderne. V donne une deuxième mélodie. • **1.** Au v. 11, le ms a *fa.* • **2.** Aucun des mss. ne fournissant de musique pour les vv. 9 et les refrains 2-5, nous proposons des mélodies bâties sur celle des vv. 9-11. • **3.** Les vv. 21-22 se retrouvent dans les pièces RS 824 et RS 979 avec une mélodie différente et dont le rythme ne convient pas à notre contexte.

EDS. La Borde 1780 214, Monmerqué 32-33, Bartsch 1870 242-243, Steffens 1902 354-356, Gennrich 1925 35-37, Johnson 27-32.

REM. La structure métrique des décasyllabes de ce texte est variable, comme c'est parfois le cas dans les pastourelles et les compositions similaires ; *cf.* la pièce 22 (RS 1984). Voir à ce propos Burger 44-46. Pour l'opinion – que nous ne partageons pas – selon laquelle cette variation refléterait non pas une intention d'auteur mais la négligence des copistes et que l'éditeur moderne devrait par conséquent régulariser les vers qui échappent au schéma métrique de base, voir le compte rendu de Steffens 1902 que A. Jeanroy a publié dans *Romania* 31 (1902) 440-443. Voir en outre, pour le rapport entre ce problème et la musique, Pascale.

109

LEÇ. REJ. I, 5 *(-1) (corr. Jeanroy).*

VAR. I, 1 cheuauchoie V ; 3 p. i truis N ; 4 Mes] Si N ; 7 douce V ; 7-8 suer uos suer Vos N ; **II,** 12 veoir XV ; 16 vos *omis par X* ; 17 douce s. V ; **III,** 21 ma dit V ; 22 robin que je ci atendoie V ; 23 biaux V ; 25 Ne mariez pas *(=m'avriez ?)* V ; 26 T. a. m. KNX, T. a. la m. V ;

27 douce s. V; **IV**, 31 encor XV; 35 el N; ma KN; gete KNXV; un douz ris X; 36 dist V; 37 douce s. V; **V**, 41 Quant ioi de li fet tot q. m. N; quant quil X; 43 dist KXV; quen K; P. d. quen len assaut X; 44 Robin son ami en haut X; 45 hui *omis par NV.*

MUS. Schéma mélodique : a a B rf (= B) (virelai). V donne une deuxième mélodie. • **1.** Au v. 2, le ms. porte une barre. • **2.** Au v. 5, le ms. omet cette note. • **3.** Au v. 5, le ms. a *mi*; correction d'après KNX.

EDS. Monmerqué 33, Bartsch 1870 243-245, Schläger 1900 xxiii, Steffens 1902 336-339, Gennrich 1925 54-56, Paden 1: 80-83, Johnson 55-59.

REM. Sur les traits métriques et mélodiques de cette pièce, voir Pascale. • **12.** Steffens 1902 dérive *vöer* de *votare* et prend *li* pour un datif, ce qui donnerait « lui avouer [son amour] ». Nous croyons plutôt, avec Jeanroy (*Romania* 31 [1902] 440-443), que *vöer* n'est qu'une variante de *veoir* (dérivé de *vedere*) et que *li* s'emploie ici comme complément d'objet direct; la leçon *veoir* qui se trouve dans X et V semble bien confirmer cette interprétation. • **32.** *chevrie,* « garde les chèvres » ou bien « joue de la chevrie ». La chevrie, ou chevrette, était une sorte de cornemuse; les deux sens de *chevrie* sont manifestement compatibles avec le contexte.

110

LEÇ. REJ. III, 26 as p.; **V**, 47 arrai.

VAR. I, 6 Si en a. P, len a. V; 9 f. bien mes s. N; **II**, 12 F. la la b. p. q. ie c. N; 13 namerai X; 14 Ce sachiez b. V; 19-20 *omis par V*; 19 que iaim grant piecea X; 20 m'iert *omis par P*; **III**, 26 au p. N, a p. X; 28 et] ne V; 29-30 D. il fust etc. V; 30 Et q. etc. N; **IV**, 32 vns t. V; 35 mas s. N; 36 ma j. P; 37 fui s. V; 39-40 D. il fust etc. V; 40 Et q. etc. N; doner X; **V**, 41 v. tent V, ten X; 42 cler vis V; 47 respons N; 48 li gree V; 49-50 D. etc. V; 49 c. uerai NX; 50 done N.

MUS. Schéma mélodique : a b a c B C rf (= C) (virelai?). V donne une deuxième mélodie. • **1.** Dans le refrain, le ms. a un *fa'* de plus. • **2.** Au v. 8, le ms. n'indique pas de bémol.

EDS. Noack 141-142, Steffens 1902 360-362, Johnson 37-41.

REM. • **31-38.** Le motif des regrets de la femme vieillie, bien connu plus tard dans la poésie de Villon, de Ronsard, etc., est rare chez les trouvères; *cf.*, pourtant, la chanson 94 (RS 1974) de Conon de Béthune.

111

LEÇ. REJ. I, 3 toutes les gens, 7 porprent] porsaint *(corr. Scheler)*; **II,** 16-17 *manquent*; **III,** 24 sors; **V,** 42 mriaicle, 43 ses] ces, 47 ses] ces.

EDS. Scheler 1879 39-41, Jeanroy 1921 3-4, Cremonesi 142-144, Toja 282-284, Formisano 1980 171-176.

DIAL. Traits lorrains : *ai* pour *a* : *chaistoier* (12), *lais* (25), *maingiers* (35), *aincor* (38), *miraicles* (42) ; *ei* pour *e* tonique : *chanteis* (9) ; *lueir* (18) pour *loier*; *boens* (23) pour *bons*; *poent* (46) pour *point*; *s* pour *z* final : *devenus* (2), *chanteis* (9), *sains* (28) ; *x* pour *s* : *xours* (1), *maix* (5) ; *lou* (10) pour *le*; 3ᵉ pers. sing. futur en *-ait* : *vanrait* (26).

REM. On a pensé que ce serventois, dirigé contre les épouses infidèles et les clercs hypocrites mais surtout contre une aristocratie indifférente et peu généreuse, visait aussi l'accent espagnol que Blanche de Castille (1188-1252) aurait introduit à la cour de France. C'est ainsi que Dinaux 4 : 278, par exemple, explique l'*x* initial de la première strophe : cette lettre représenterait « le son guttural du *jota* espagnol ». Pure fantaisie : l'une des nombreuses particularités graphiques du ms. C, seule source de cette chanson, c'est d'employer souvent *x* où l'on aurait normalement *s* ou *ss*; il n'est pas question d'une différence de valeur phonétique; voir Schutz 24. • **9-10.** Jeanroy 1921 observe, p. x : « Le sens de ce refrain paraît être : "Chantez, vous qui venez des cours, pour les sourds dont elles sont peuplées, cette *sourderie*", c'est-à-dire cette pièce, qui raille leur surdité. » Interprétation assurément préférable à celle de Scheler 1879 304 : « Chantez, réjouissez-vous, vous qui venez de la cour, mais laissez l'humeur sombre *(sorderie)* à celui qui est triste. » • **32.** *suet*, forme du présent, a néanmoins la même valeur temporelle que l'imparfait *soloit* au v. 33; voir Tobler-Lommatzsch, s.v. *soloir*, et Elwert 76-78. • **37.** Nul besoin de chercher, à l'instar de Scheler 1879 305 ou de Jeanroy 1921 136, quelque lien entre le substantif *dongier (dangier)* et l'idée de « don » ; Tobler-Lommatzsch, s.v. *dangier*, montre bien qu'il n'y en a pas. Notre forme *dongiers* n'est sans doute qu'une façon d'écrire l'infinitif substantivé *doigniers* « acte de consentir, d'octroyer, de daigner ». Le ms. C contient plusieurs occurrences de ce verbe avec la graphie *doign-* au lieu de la forme plus habituelle, *daign-*; voir Schutz 319. • **47.** Gontier se nomme souvent dans ses chansons; *cf.*, p. ex., la pièce 114 (RS 2031).

112

LEÇ. REJ. I, 2 li vens *(corr. proposée par Scheler)*; **II,** 9 li] i V, 26 Soll.

MUS. Schéma mélodique : a a' a'' B. • **1.** Le ms. divise cette figure en *mi-ré do,* ce qui rendrait *l'ore* dissyllabique. • **2.** Le ms. donne des notes pour le v. 7 et pour deux syllabes du v. 8.

EDS. Scheler 1879 11-12, Gennrich 1925 15-17, Bec 2 : 120-121, Formisano 1980 114-118.

DIAL. Traits picards : *coraige* (13), *faice* (24) pour *corage, face*; *au* pour *ou* : *faus* (12) ; *c* pour *ch* et *ch* pour *c* : *cose* (8), *doche* (2), *merchi* (6) ; *s* pour *z* final : *dolens* (3), *oiés* (4) ; *ço(u)* (14, 18) pour *ce*; *aroit* (21) pour *avroit.*

REM. Comme le fait remarquer Gennrich 1925 12-17, il y a sept chansons qui s'auto-identifient comme rotrouenges, dont celle-ci (voir le v. 31), qui est, en outre, par l'inhabituelle position de son refrain comme par le reste de sa forme, une imitation de la chanson « Dirai vos senes doptansa » du troubadour Marcabru (n° 18 dans les *Poésies complètes,* éd. J.M.L. Dejeanne [Toulouse, 1909]). • **18.** Scheler 1879 croyant voir *desir* là où le ms. a *desroi,* a « corrigé » cette leçon en *effroi*; cette modification se retrouve dans le texte établi par Gennrich 1925, puis dans celui de Bec 1977-78 2.

113

LEÇ. REJ. I, 4 *(-1),* 10 songe; **III,** 25 n'ier] niert; **IV,** 31 nauoit; *(-1) (corr. Scheler)*; **V,** 41 ke.l] ke, 46 mache, 44-46, *répétés comme suit :* P. q. il m. chanter si m. solasse L. se c. a. j. k. me bache P. a. que f. ki p. mache; **VI,** 51 q. con d. *(-1)*; **VII,** 62 desponge.

EDS. Scheler 1879 21-25, Gennrich 1925 24-25, Formisano 1980 131-135.

DIAL. Traits picards : *ai* pour *a* : *damaige* (21), *coraige* (22), *gaigier* (34), *saice* (35), *faice* (41) ; *au* pour *ou* : *vausist* (34) ; *c* pour *ch* et *ch* pour *c* : *saice (35), canter* (44), *chire* (6) ; *çou* (45), *jou* (13) pour *ce, je*; *men* (24) pour *mon*; *tenroie* (11), *venroie* (26) pour *tendroie, vendroie*; *arai* (46) pour *avrai*; prés. subj. en *-ce* : *mence* (13), *bace* (45) pour *mente, bate.*

REM. Comme la chanson précédente, celle-ci est l'une des sept qui s'auto-identifient comme rotrouenges (voir le v. 61). Noter que les onze syllabes de ses vers se divisent en 7 + 4 + *e* atone, à l'exception de celles des vv. 5, 33 et 56, divisées en 7 + *e* atone + 3 + *e* atone.

• **6.** Scheler 1879 279 trouve le sens de cette métaphore difficile à comprendre : « *cire* doit il exprimer la dureté ? » Tobler-Lommatzsch, s.v., *cire*, propose cette glose : « das Geringere was von ihr kommt, ist mir so wert wie Besseres von anderswo » (la moindre chose qui me vient d'elle a pour moi autant de valeur que la meilleure qui vient d'ailleurs), glose qui laisse entendre, avec raison, que la cire avait au Moyen Âge une valeur considérable. Noter que l'allusion à la cire va amener le dernier mot du refrain ; voir la remarque suivante. • **10.** Inexplicablement, *De jor* ne paraît pas dans le refrain des textes imprimés par Scheler 1879 et Gennrich 1925, ce qui fausse le mètre indiqué dans RS et répertorié dans MW. Noter, par ailleurs, que *soigne* peut signifier « chandelle » ou « songe/rêve » ; les deux sens sont compatibles avec le contexte. • **46.** La massue était un emblème caractéristique de la folie ; voir Ménard 1989. • **56.** Scheler 1879 297 a assurément raison de mettre en doute l'authenticité du mot *villonie*, qui s'est déjà trouvé à la rime au v. 54. Formisano 1980 le remplace par *felonie.* • **62.** Selon Petersen Dyggve 1934 57, le patron en question ici aurait été le comte de la Haute Bourgogne entre 1190 et 1200.

114

LEÇ. REJ. I, 5 plaig ; **VI**, 34 Ki se tient ou il a. n. ch. *(+1).*

MUS. Schéma mélodique : A A rf (= B). • **1.** Aux vv. 1 et 2, le ms. ne porte pas de barre.

EDS. Dinaux 4 : 273-274, Scheler 1879 43-44, Formisano 1980 84-87.

DIAL. Traits picards : *coraige* (8) pour *corage* ; *millor* (25) pour *meilleur*, *pensieu* (3) pour *pensif* ; *boin* (10) pour *bon* ; *tenroit* (6) pour *tendroit* ; *jou* (16), *çou* (28) pour *je, ce* ; *le* (9) pour *la.*

REM. L'essentiel de ce texte est surprenant dans le cadre des chansons d'amour, car le poète-amant s'y plaint d'une conquête trop facile. • **31.** Scheler 1879, comme Dinaux 4 avant lui, se méprend sur l'identité de *Gontier* qu'une mauvaise lecture du ms. déforme en *Gauthier.* Il s'agit bien du trouvère lui-même, qui a introduit son nom dans au moins deux autres de ses textes (RS 1411, RS 1914). • **32-33.** Cette affirmation d'aspect proverbial se retrouve dans un des refrains répertoriés par Boogaard 1969 : *Pou puet on le chastel prisier/qui est prins du premier assault* (n° 1528). • **34.** Des corrections de Dinaux 4 et de Scheler 1879 respectivement résultent les leçons *Et se tient vers cil cui n'en chaut* et *Ki se rent ou autrui n'en chaut,* qui ne sont ni l'une ni l'autre satisfaisantes. Formisano 1980 corrige en *Ki se tient* *ou autrui n'en chaut* qu'il traduit par « che si difende solo quando non è minacciato » ; la phrase ainsi conçue ne nous semble pas suffisamment compatible avec le contexte.

115

LEÇ. REJ. VII, 46 lé] se.

VAR. I, 2 damors TC ; **II,** 10 La gr. amor C ; 11 ke mont mis en teil e. C ; 12 n. iamaix eschiuee C ; 13 kil mont fait teile honor C ; 14 del m. en ai amee T ; **III,** 16 Ki T ; ke TC ; 18 Deseur som b. T ; Per desous son ch. C ; 19 et *omis par TC* ; 20 Cest mes riches tressors C ; 21 Tant lain ke ne v. C ; **IV,** 23 damei C ; 24 Ne me douroit nuls blaimeir C ; 26 El mi T ; Elle me d. a. C ; 27 eschiueir C ; 28 Quant aillors C ; **V,** 30 samor C ; 32 Nis se le T, Ne se iel C ; **VI,** 34 pense T ; 36 Les m. *suivi d'une lacune (contenant quatre notes musicales) suivie de* le T ; Les m. ke iai endureit C ; 37 Ke C ; 38 De ma haute v. C ; 40 D. iauroie son m. g. C ; **VII,** 42 Sen et v. et bialteit C ; 43 Chanson uai ten s. p. d. C ; 44 lamor dex T ; F. i. porais bien conteir C ; 45 p. tout e. C ; 46 Con ne trueue en nul leu sapeir C ; 47 Deus lait fait por esgairdeir C.

MUS. Schéma mélodique : AA BBB' CCCC DDD EE FFFF' ggHH'i (lai). • **1.** Aux vv. 11, 19, 45, le ms. porte une barre. • **2.** Au v. 9, le ms. n'indique pas de silence. • **3.** Au v. 10, cette note est répétée. • **4.** Au v. 10 du ms., cette figure, écrite trop tôt, est à moitié effacée. • **5.** Au v. 16, le copiste a écrit cette figure à la seconde inférieure, puis l'a effacée à moitié. • **6.** Au v. 25, le ms. porte une plique descendante. • **7.** Au v. 26, le ms. porte une ligature binaire. • **8.** Aux vv. 26 et 31, le ms. ne porte pas de barre. • **9.** Au v. 38, le ms. a d'abord, pour les deux mots qui suivent, *LA DO'* effacés.

EDS. Jeanroy 1901 5-6, Huet 1912 61-63, Spaziani 1954 42-44, Cremonesi 164-166, Toja 319-322, Raugei 1981 288-296, Baumgartner 1938 170-173.

REM. Sur la structure de cette pièce, voir Maillard 1964 141, Maillard 1971. • **4.** Malgré ses six syllabes, ce vers n'est hypermétrique qu'en apparence, car l'*e* final d'*entrée* (v. 3) s'élide devant *A*, ce qui a pour effet de réduire la longueur de ce vers ; voir la musique.

116

LEÇ. REJ. La st. VI, ou l'envoi, ne figure pas dans K; leçon d'après Ta.; **II**, 11 Pour, 12 Ont a maint f. *(-2)*, 13 nul] nus, 14 e. bien p. *(+1)*; **III**, 24 Deusse s. *(+2)*; **IV**, 26 De ce que onc noi ior t. de t. *(+1)*.

VAR. I, 1 Dusques M, Duska T, Iusca CU ; 2 De m. (mon T) fin c. bon MT ; 3 Nais Xa, Nais C, Ne U ; fausser MT, chanter a ; 5 la p. CU ; mi eust m. MTaCU ; 6 o. retenu P, atourne MT, 7 Retenu MTaCU ; m. iamais nel (nen a) q. MTa, m. ne ia nel q. CU ; 8 Et si a ; voi ie MTaCU ; p. esloignier CU ; **II**, 9 Ce MTaCU ; font c. C, folit c. U ; li f. MTa ; 10 = *18 dans CU*; par X ; amor aC ; 11 Pour PXa ; 12 Ont a maint d. NPX, Ont m. a. d. M, Ont a m. a. d. Ta ; 13 nus NP, un MTaC ; uenres a ; v. ieu g. C ; 14 deuroient MTaCU ; e. bien p. N ; 15 = *23 dans CU*; tel NX ; Tels p. n. que il ne p.a. CU ; 16 = *24 dans CU*; ne peut on (nus T) ch. MT ; **III**, 17 Cele MTa, Ceste CU ; gens TU ; 18 = *10 dans CU*; poene C ; dautrui c. MT ; 19 Se nai C ; 20 Car *omis par X*, Que PTaCU ; j. nauront tant d. CU ; 21 nus] on MT, len a, ie CU ; els] ce MTaCU ; lamer l. CU ; 22 N. fait nus (nul a, il T) voir M, fait uoir nus CU ; li] lui XMTaU ; 23 = *15 dans CU*; D. ke C ; 24 = *16 dans CU*; Deust NPX, Voi a ; se MTCU ; r. au T ; **IV**, 25 Molt CU ; t. a bon (bone a, bien C) eure MTaCU ; 26 que ainc noi ior tal. N, que noi onc ior tal. X, quainz j. n. t. PCU, conques n. t. MT, quainques n. t. a ; 28 tr. damors (damour a) a. MTaCU ; 29 franchement c. fut C ; conmencement P ; 30 Encores XC ; guerredon NX ; demore *omis par N*; 31 J.m. soulas MTa, Me solaz ie CU ; c. que aCU ; **V**, 33 On P ; maintes X ; Par maintes (mainte CU) f. ma on b. MTaCU ; 34 q. tant MT ; 36 mont blasme U ; 37 Que MTa ; ie ne puis m. ma p. e. MTaCU ; 38 p. grant CU ; 39 hom t. esmaier MTaCU ; 40 *omis par N*; sa] tel MTaCU ; on] len M ; **VI**, 41 compaigne g. et b. a ; gaices brulleis C, gazes brullez U ; 42 de s. n. enforcier M, de s. non hauchier a, sonor a es. C, de sonor es. U, 43 *omis par MT*; Car (Que U) li pluxor se poenent dabaissier CU.

MUS. Schéma mélodique : oda continua ; la mélodie de l'envoi est celle des vv. 6-8. MTUa donnent une mélodie apparentée.

EDS. Dinaux 3:188-189, Huet 1912 8-10, Raugei 1981 135-145.

REM. Sur l'élaboration rhétorique de ce texte, voir Dragonetti 299-303. • **15.** Morawski, proverbe 2366. • **16.** *envïeus* « envieux » – ou bien *enuieus* « ennuyeux » (au sens médiéval), comme le veut Raugei 1981 143 ; *cf.* la chanson 16 (RS 1481), REM. • **41.** Au trouvère Gace Brulé, Gautier adresse aussi sa chanson RS 1223.

117

LEÇ. REJ. II, 14 biens] pris ; **III,** 19 C. et celes ki sen font e. *(+1)* ; **IV,** 24 Cil est legiers, 28 sui *manque*.

VAR. Tableau des strophes :

M	I II III IV V VI
Aa	I II III IV V
KNPX	I II III V

I, 3 laissee X ; 5 et] *omis par M,* est P ; Li m. peris et uaincus et f. X ; 6 na na p. X ; 7 siecle N ; puis aA ; **II,** 8 Bien n. a a n. m. KNPX ; 9 soloit M, done KNPX ; valoir M, auoir aA ; 10 D. et barons KNPX ; sauoir MaA, 11 Honor KNPX ; 12 e. mult forment a. KNPX ; 13 Et bien sachiez uous tous de v. KNPX ; 14 bien KNPX ; font MKNPX ; **III,** 15 S. et ris et doucours aA, S. gieu et ris KNPX ; 16 Et c. aAN ; 17 on] len KNX ; bien] mout MKNPX, *omis par aA* ; 19 Chascuns qui M ; C. et celes aA ; qui chen font et chis a, ki ce font et kaitis A ; 20 nus *omis par KNPX* ; ni P ; 21 c. de d. a. mouuoir M ; Ne li c. en fine a. morir KNPX ; **IV,** 22 e. folz et M ; 24 Cil est legiers aA ; 25 Et *omis par aA* ; 28 Suens l. s. et li M ; **V,** 29 A. mont MKNPX ; laschie et p. KNPX ; 30 Et si s. KNPX ; 31 Cele X ; se f. aA ; 32 Si KNPX ; 33 En tant con (que K) sui f. a. KNPX ; 34 loiaute KNPX ; me puet v. MKNPX ; 35 Ne puis faillir faillir KNPX ; P. ne fausserai au g. a. aA ; **VI,** 38 La u ie sueill que que ien d. a. M.

MUS. Schéma mélodique : oda continua ; la mélodie de l'envoi est celle des vv. 4-7. KNPX présentent de nombreuses variantes communes, surtout aux vv. 4-5. A donne une deuxième mélodie ; M, une troisième.

EDS. La Borde 1780 2:155, Dinaux 3: 190-191, Huet 1912 6-8, vdWerf 1977 155-158, Raugei 1981 206-214.

DIAL. Traits picards : *c* ou *k* pour *ch* : *cançon* (1), *nonkaloir* (27) ; *ch* pour *c* : *chil* (19) ; *boine* (26) pour *bone* ; *çou* (33) pour *ce* ; *le* (27) pour *la* ; 3e pers. sing. *mece* (27) pour *mete* ; *faurrai* (35) pour *faudrai*.

REM. Sur le rapport entre structure poétique et structure musicale, voir Karp 1977. • **3.** *Faus,* « faux » plutôt qu'un picardisme pour « fous » ; tous les mss, y compris ceux qui n'ont aucune trace de scripta picarde, présentent la même leçon. • **9-10.** Il faut comprendre : *ki donoit savoir et valoir [aux] dames [et aux] barons.* Huet 1912, suivi par Raugei 1981, adopte la leçon de KNPX, qui donnerait *savoir [aux] dames et valoir [aux] barons,* mais compte tenu de la présence d'une asyndète pareille au v. 19, nous ne trouvons pas qu'une correction soit opportune. • **22.** *faus,* picardisme pour *fous* « fou » (*folz* dans M) plutôt que « faux » ; *cf.* le v. 3.

118

LEÇ. REJ. II, 10 sa felenie, 19 afaitemens ; **III**, 30 qu. a ses auancements ; **IV**, 37 les *manque*, 43 et mon martire.

VAR. Tableau des strophes :

KNPX	I II IV
C	I II III

I, 1 A KNPX ; Hauls C ; maiz *omis par P*; vilaine gent KNXC ; 3 dit de moi KNX ; 4 Qui KNPX ; 5 ioie et (et *omis par X*) KNPXC ; 6 faillie KNPXC ; 7 j. por C ; m. e. ne est il m. X ; 8 sui] fui KNP ; son conmandement KNPXC ; 9 Et de (del C) parler v. di quil est noient KNPXC ; 10 Kains uers C ; jour] onc KNPX ; **II**, 15 De f. est uo comencemens C ; 16 De maluestie *(-2)* C ; 18 chascun petit sa felonie P ; 19 De m. sachiez ce nest pas sens KNPXC ; 20 nul p. P ; ne nus (nul P) profitemens KNPX, ne nuls auancemens C ; 21 touz ceus KNPX ; 22 sens honor et vaillantisse C ; **III**, 25 Loent C ; 26 li trauail li torment C ; 29 Et C ; 31 C. la chose ; 33 saiges C ; **IV**, 34 uostre biau KPX ; gent KNPX ; 35 rouuelent KNPXC ; 36 esbanie N ; 37-39 *lacune dans X entre* vermeille et *et* polie ; 41 a li pens X ; 42 doucor KNPX ; 43 Q. malegre X ; 44 del] de KNPX ; l'en] la P.

MUS. Schéma mélodique : A A B. KNPX sont différents au v. 10. • **1.** Au v. 2, le ms. ne porte pas de barre.

EDS. Dinaux 3 : 194-195, Huet 1912 10-12, vdWerf 1977 144-146, Raugei 1981 157-165.

REM. • **31.** La girouette sert souvent à symboliser l'inconstance ; *cf.* la pièce 150 (RS 443), v. 34 et Tobler-Lommatzsch, s.v. *cochet.*

119

LEÇ. REJ. II, 13-14 Sour toute rienz et valour/Largece pris et hounour *(corr. Huet)* ; **III**, 20 en *manque*, 23 Ou il par a tant enuie *(-3)*, 24 Trahison et felenie *(-3)* ; **IV**, 29 Q. ia u.

VAR. Tableau des strophes :

T	I II III IV V VI VII
A	I II III V IV
KNPX	I II V IV
CI	I II IV V VI
V	I (voir *infra*)

I, 1 choulour A ; 2 Quant X ; flor AKNPXRCI ; 3 Cist A, Ozelet p. U ; 4 Ne I, Il U ; ni T, ne A ; noise V, chantent IU ; crient IU ; 5 Troske T, Tant ke AVCIU, Tresque KNPX, Jusques R ; uient el (a I) tens p. CI, se v. a la p. U ; 6 *premier* et *omis par X* ; 8 ains AVCIU, onc KNPXR ; **II**, 9 dolor KNPXRCIU ; 10 v. esmeruellies TA ; 11 tricheor AKNPXR ; Car li felon traitor CI, Car li fals losangeour U ; 12 O. si l. U ; ont *répété après* mont *dans X*; 13 Sor tote riens la valor TA, Foi et larg. et hon. KNPXR, Proesse cens et ualour U ; 14 toutes I ; rien C ; amors I ; Larg. pris et hon. TAU, Sens et proece et valor KNPXR ; 15 ainsi] il si T, isi A, ici U, amors KPXR, amor N, il pres C, si pres I ; aniantie CIU ; 16 Mais A ; tant ont f. AKNPXRU ; f. camors si C, merci NPXI, pitiez U ; **III**, 17 Tant A ; 19 pr. et honor T, bien et ricour A ; 21 Or sont remes li p. A ; 22 treceour A ; 23 U il a tant de mal et uilounie A ; **IV**, 25 Tout ades sousp. KNPXR ; 26 Ke ne mesfaice ou mesdie CI ; 27 Et sen CI ; 28 *lacune dans T jusqu'à* sie ; Dire et de j. AKNPXRI, Et dire et de j. C ; 29 u] au TCI ; 30 Mult A, Trop CI ; Si me tient et nuit et ior KNPX, Et si me tient nuit et iour R ; 31 *lacune dans T jusqu'à* ne le me v. m. ; Chascun NP ; me KNPXI ; n. nele ne me v. m. AKNPXRCI ; 32 E.P. bien tost f. CI ; **V**, 33 Ie me tient TAKNPXRCI ; 34 pas] point KNPXR ; 35 sil ne men t. T ; Et se ie faz grant f. KNPXR ; 36 *omis par T*; Nului ACI ; Nus ne men doit blasmer m. KNPXR ; 37 F. seul m. *(+1)* KNPXR ; F. mon sens A ; 39 sa] la KNPXR ; qui] dont TKNPXRCI ; tant *omis par C*, si I ; 40 par] pour A ; n'iert *omis par T;* **VI**, 41-42 *lacune dans T entre* P *et* dot c. ; 42 Moi dont I ; cele TCI ; 43 ualour CI ; 44 pitie ne de c. T, Maix orguel et felonnie (vilonie I) CI ; 45 Mis mont il T ; Se (Si I) mont greueit li pluxor CI ; 46 toute v. a iour I ; 47 p. la ou ie sai mamie I ; 48 kil ne le seuent m. T, ke nuls nel persoit m. CI ; **VII**, 50 Quant T ; 51 mj p. T.

Après la str. I, le ms. V présente la continuation suivante :

II' Je me tieng a la meillour
(Maugré sien : point ne m'en prie !)
Qui soit u mont, et l'aour.
En li a tant cortoisie,
Bonté plaine de douçour,
Senz avoeques grant valour,
Tous biens en li monteplie.
Bien me seroit avenu
Se ele m'estoit amie.

III' Je plaing souvent et si plour
Et si n'en ai nule aïe
Et si travail et labour
Et d'ire et de jalousie,
Puis que li faus tricheour
Ont toute joie abessie.
Sens, cortoisie et honour,
Prouece, largece, valour ;
Nous ont amours du tout apetisie
Et tant ont fet que merci est faillie.

IV' Se je n'ai de li secours,
Mis m'avra a grant haschie.

Mors sui, n'i voi autre tour,
Se ele ne m'est amie.
Ce est ma greignour paour,
Mes en ce me resvigour
Qu'ele est si garnie
Que tost m'avra donné santé
Par sa bonne volenté,
S'orgueil ne la contralie.

Je me donne à la meilleure
(malgré elle : elle ne me le demande pas !)
qui soit au monde et je l'adore.
Elle a en elle tant de courtoisie,
de bonté pleine de douceur,
de sagesse mêlée à sa grande valeur,
en elle tout bien se multiplie.
J'aurais beaucoup de bonheur
si elle était mon amie.

Je me plains souvent et je pleure
et pourtant je n'obtiens aucune aide ;
je me torture, je me tourmente
de chagrin et de jalousie
puisque les perfides menteurs
ont diminué toute joie,
tout esprit, courtoisie et honneur,
prouesse, largesse, valeur ;
ils nous ont complètement rabaissé l'amour
et ont tant fait que la pitié a disparu.

Si je n'ai d'elle secours,
elle m'aura mis en grande souffrance.
Je suis mort, je ne vois pas d'autre solution,
si elle n'est pas mon amie.
C'est ma plus grande crainte,
mais je retrouve de la force
en ce qu'elle est si puissante
qu'elle me rendra vite ma santé
par son bon plaisir,
si l'orgueil ne l'en empêche pas.

MUS. Schéma mélodique : A A B ; la mélodie de l'envoi est celle des vv. 6-8. KNPX sont différents aux vv. 5-7 et au début du v. 8. La mélodie de R, écrite à la quinte inférieure, est différente mais apparentée dans la section B ; celle de V est à la seconde inférieure dans la section A.

EDS. Huet 1912 22-25, vdWerf 1977 175-182, Raugei 1981 249-260.

REM. Le nom de Sauvage d'Arras, à qui KNPX attribuent, sans doute à tort, cette chanson, ne se retrouve nulle part ailleurs. • **45.** *Il* a pour antécédent *ceste gent haïe* (v. 42). • **48.** Puisqu'il s'agit principalement dans cette strophe de la réaction de l'amant à la *gent haïe,* il serait plus satisfaisant du point de vue poétique de substituer à ce vers, comme le font Huet 1912 et Raugei 1981, la leçon de T : *Si coiement k'il ne le sevent mie* « de façon si secrète qu'ils ne le savent point » ; voir VAR. pour les leçons de CI, qui corroboreraient cette interprétation.

120

LEÇ. REJ. I, 5 m. le a r. *(+1),* 6 te doint ; **II**, 17 Sa m. par mesdisanz.

VAR. Tableau des strophes :

NTa	I II III IV V VI
P	I II III IV VI
KVX	I II III IV V

I, 1 Au m. KNPX, Ier m. T ; Hui matin p. i iornant V ; 2 Chevauchoie l. V ; 4 Bestes (Beste PT) gardoit KNPTVXa ; 5 mis le a Va ; 6 te doinst Ta ; 7 onc en KNPVX ; 8 Par amors T ; dolant] joiant KNPTVX ; 9 Car ien as se T ; **II**, 10 Chevaliers PV ; ens m. T ; 11 Ains a ; Namai onc f. KNPVX ; 12 Le c. et le T ; plaisant] vaillant KNPTVX ; 15 print a ; plonc Va ; 16 Or len N ; va V ; 17 Sa m. qui lamoit tant KNPVX ; 18 mis TV ; en prison KNPV ; **III**, 19 A poi KNPVTa ; va KNPVXa ; 21 le *omis par N,* la a ; pitie KNPVX ; 22 Se li d. ens T ; 23 tesmaier KNPVX ; 24 ne la (nel te V) celeront KNPVX, ne le sara on T, ne len serreron a ; 25 Quel ne l. V ; 27 fine] vonne V ; amor KNPVXa ; **IV**, 28 trop] mult T ; dolent KNPXa ; 29 mi (maint T) conpaignon KNTX ; 31 Chascun NPa ; chante] note T ; 33 Afublez NPVX, Embronchies T ; 35 Qui v. a ; 36 Confort KNPVX ; **V**, 37 Bergiers K ; atens KNVXa ; 38 fez KNVTXa ; granz KNVa ; 39 Se] touz KNVTXa ; em boin gre preg T, gre enpren KNVX, gre lenprent a ; 40 Touz] Tout KNVXa, Et T ; 41 Ens T ; 42 Renc T ; a. le guerredon K ; 44 Que on] Quon en KVXa, Quen en N, Com on T ; 45 on] len KNVX ; a. guerredon X ; **VI**, 46 p. nul torment NP ; 48 cui] qui NPT ; 49 muir] sui NP, muire a ; 50 les] li N ; mesdisant NT ; felon NPT ; 51 non *omis par T*; 53 niece] fille NP ; 54 Ou la f. b. NP.

MUS. Schéma mélodique : A A B. KNPTXa présentent la mélodie à la quinte supérieure ; KNPX ont une mélodie différente pour le v. 9, laquelle se termine sur *fa* (= *do'*). V donne une deuxième mélodie. • **1.** Au v. 3, le ms. porte une barre.

EDS. Monmerqué 34-35, Tarbé 1850 18, Bartsch 1870 227-228, Brakelmann 1896 77-78, Faral 1923 216-217, Pinguet 42-46, Newcombe 1978 86-90.

REM. Texte tout à fait curieux que cette pastourelle qui remplace la traditionnelle bergère par un berger et la recherche d'une conquête amoureuse par un dialogue sur l'amour. Noter, surtout aux vv. 48-51, l'usage comique, que fait le berger d'un langage appartenant au registre courtois.

121

LEÇ. REJ. III, 24 De q. ueut seruir li garauz *(+1)*; **IV**, 30 Et si sui *(+1)*; **V.** 33 set] sout, 34 siet] sist; **VI**, 41-44 *manquent ; leçon d'après N.*

VAR. Tableau des strophes :

N	I II III IV V VI
P	I II III IV VI
X	I II III IV V
V	I II III V
Ta	I II III V IV VI
O	I IV V II III VI
C	I V IV II III
U	I IV III

I, 1 ki C; porrai a; 2 Si U; bostre PCU; hom VTa, et U; naturais C; 3 elle C; ne mi PVCU; lait POaCU; oir T; 4 Cui VOTC; a cuj s. U; fuj T; fin a; amans C; coraus O; 5 He *omis par X*; He las OC; fu OU; onc O, ains C, elle U; caus T, itals U; 6 Q. ie li V, Cant ne li U; **II**, 10 p. cui OaC; j. languis V; 11 Et *omis par N*; q. monte T; il as PXVT; Alor quen tient les d. O, Ken t. il a sous d. C; 12 Lessent moi ou v. V; laisse C; 13 mi a; doueroit C; 14 Sestoie s. OT; 15 Q. ie eusse d. P, Q. deisse riens e. C; Q. riens deisse entor a. O; 16 maus OTaC; me O; peust C; **III**, 17 Ainz me VO, Miels me U; l. departir OCU; 18 Mes C; Menbre a menbre t. U; m. detraire O; m. et detraire C; 19 Que osasse d. V; ne ioir T; Que puissent enquerre noir O, Ke iai per moi pust on oir C, Ke iosaise descourir U; 20 Que iainme r. O; A uos vn home ch. U; rien OC; charnal OCU; 21 Car NPXU, Et C; mondes O; si] tant Ta; mals C; 22 Q. lun NP, li uns VTa; Li uns bee a l. t. U; 23 Mais ainz (or U) sauront OU, Ains sauroient C; 24 seruoit O; D. q. ueut seruir li garaux NPX, Que ie serf conme home loiaus V, D. coi seruent si deloial U; **IV**, 25 Dasses p. cointe et a; Mout plus uaillant et leaux O, veillans et moult plus biaz U; 26 Couendroit O, Aferroit TaC; il] *omis par Ta,* bien CU; 27 s. et c. I; Mais ne sui pais de san i. C, Ke ie ne soie en nul cental U; 28 Mais ie s. OU; Ains sui cil ki plux la d. C; 29 Et C; tous ces plaisirs U; 30 Et si sui NPXT; Et sui se samis c. a, Et qui plus uers li sui feaus U; 31 Si TaC; Et si s. b. N, Et sa b. X, Et miels sai c. U; mieuz c. O; 32 et sousfrir *omis par O*; Et panre an greit et santir U; **V**, 33 se sot NXV; bel c. V; M. p. li s. b. son courir O, M. p. (Deus com C) set bien son cors cointir TaC; 34 li sist NXV; li m. O; Et com li s. b. ces bliaus C; 35 A. met a; Il mest uis C; 36 Se

C; 37 cestiaux N; 38 A O; f. entre nos v. C; de ses ciels v. O; 39 P. a m. O; 40 je s. f. *omis par T*; Qui li sui amis leaus O, Ki seux ces amis loiauls C; **VI**, 41 leaus OTa; 43 q. uuet f. O; Cors con doie enseuelir a; 44 Car nous dounes les coutiaus a.

MUS. Schéma mélodique : A A B B'; la mélodie de l'envoi est celle des vv. 5-8. V donne une deuxième mélodie.

EDS. Brakelmann 1896 73-74, Pinguet 2-7, Collins 14-16.

DIAL. Trait poitevin : *(i)aus* (< lat. *-alis* ou *-ales*) pour *(i)eus* : *tiaus* (5), *charnaus* (20), *itaus* (27).

Noter qu'en francien ces mots – *t(i)eus*, etc. – ne riment pas avec *vassaus* (9), *chevaus* (18), etc. (< *-allos*).

REM. • **23-24.** Pour bien montrer jusqu'où ses contemporains voudraient bien pousser leur perfidie, le poète affirme qu'ils révéleraient même la fonction du Graal. Sur la traditionnelle nécessité de garder le silence sur ce sujet, voir Nitze 325-326.

122

LEÇ. REJ. IV, 46 m. felon ne ui *(+2)*; **VI**, 62 soit, 65 Con cil q., 67 *manque*, 71 *(-1)*; **VII**, 75 L. q. seit de bien assez, 84 auuec *(-1)*.

VAR. Les str. IV et VII ne figurent pas H.
I, 2 radoucir C; Au doz tens qil uoient uenir H; 3 soz] en C; 4 En un pre fl. c. H; 5 La p. ioenete se plaingnoit H; 6 Et a lautre souent d. C, A sa compaigne d. H; 9 e. de quoi H; 12 He dex H; ie n. C; **II**, 14 P. le ialos faire m. H; 15 faciez H; 16 Donc dame n. H; 17 Dame nulle ke C; 18 Por son mari laissier ne doit *(= v. 30) suivi de* Por riens qele ne face ami *(= v. 31)* H; 20 Graillet et grais et C, Et gras et graisle et H; 21 bachelers H; 22 prioit H; **III**, 25 M. m. or bien consillie C, Or m. b. consel done H; 26 Selonc mon cuer s. CH; 27 ne me CH; 29 *omis par H*; 30-31 = *18-19 dans H*; 31 d. ke nait a. C; 32 Suns C; bacheliers H; me CH; 35 mi g. H; **IV**, 37 douce s. C; 38 lit me sent C; 40 preit ou en broil C; 43 Maix C; 44 Ie lou m. et sai C; 45 d. keils C; 47 J. seux C; 49-50 *omis par H*; **V**, 49 m'iere] me fui; 50 P. diluec C; 51 A. ez uos C; 52 Maintenant p. les prez v. *suivi de* Sor un palefroi cheuauchoit et si uenoit de grant air H; 53 Q. iones et mout biaus e. H; 54 Qant andos les dames connoist H; 55 A p. do ch. d. H; 56 Deuers C; Et cele qui samie estoit H; 57 De tant loing com ele le v. H; 59 A. doit en aler H; 60 *suivi de* Et plus mignotement que ie ne di H; **VI**, 61 m. et H; anuit C; 62 La bele CH; 63 Et de baisier et dacoler H; 64 De solacier de conioir H; 66 P. a p. C; saloignoit C, lesloignoit H; 67 *omis par CH*; 68 com ke sil cades C; Et cil auoit quanquil uoloit

H ; 69 Ken C ; Quentre les braz samie estoit H ; 70-72 *omis par H*; 70 Elle ch. C ; 72 se tres bel a. C ; **VII**, 76 Cest C ; 77 Celle un petit s. h. C ; 78 d. bien li dissoit C ; 84 Se ne lai pais C.

EDS. Bartsch 1870 31-33, Brakelmann 1896 84-85, Pinguet 98-107, Newcombe 1978 91-104, Dufournet 1989 160-165.

DIAL. Traits lorrains : *a* pour *ai* : *lassier* (30) ; *ei* pour *e* tonique : *ainneie* (6), *blasmeie* (11) ; *ie* final pour *iee* : *conseillie* (26) ; *boen* (13) pour *bon*; *se* adverbial (6, 9) pour *si*; *lo* (10, 33) pour *le*.

REM. Il existe de cette pièce une version provençale que le ms. attribue à Thibaut de Blaison ; voir Bartsch 1870 343-344, Newcombe 1978 98-104, Wunderli. • **10.** Notre traduction suppose *oi* « j'entends », du verbe *oïr*; une autre interprétation est possible, en admettant *oi* « j'eus » : « puisque d'aimer je n'ai jamais eu que la réputation ». • **79-81.** Suivant le schéma rimique des autres couplets, ces vers devraient se terminer an *-i, -oit, oit.* Bartsch 1870 propose, p. 343 : *... conseil forni ?/ ... petit me duroit,/ ... tost de mi desevroit.* Il est pourtant vrai que ce couplet final ne manque pas d'autres problèmes de rime : les vv. 73 et 75 devraient présenter la même rime au lieu de *retornez* et *seit*; de même, les vv. 74 et 76 qui ont *plaisir* et *celi*; enfin, le dernier mot du refrain est *mi* plutôt qu'*ami* comme c'est le cas dans tous les refrains précédents.

123

LEÇ. REJ. VIII, 43 iustice, 44 napetice ; **XIII**, 78 Et ioie atent Gerars *(leçon d'après C).*

VAR. La str. VI ne figure pas dans C.
I. 2 A. G. par amors en t. g. T ; 3 Kains de f. ne fut per luj r. C ; **II**, 7 amor C ; entre eaus CT ; 10 Sai T ; **III**, 13 amors T ; 15 tant *omis par C*; **IV**, 20 c. uos loj d. ains C ; 22 doie C ; **V**, 28 Meteis uos tost en cel r. C ; **VII**, 38 m. mercit C, 39 amors T ; 41 en *omis par T*; **VIII**, 43 amor C ; 44 dolors T ; 45 croise T ; L. sen retorne de d. et d. espris C ; **IX**, 50 Devant CT ; **X**, 56 b. graile et grasse et a. CT ; 58 fait il C ; **XII**, 68 suidait C ; 69 mesprise CT ; 71 tele e. T ; **XIII**, 73 pamison CT ; par tel *omis par C*; 74 Que (Et C) il font f. CT ; 77 tesmoigne C ; 78 Et ioie atent gierars T.

MUS. Schéma mélodique : a a B rf (ballade). T donne une mélodie différente pour la section B.

EDS. P. Paris 5, Leroux de Lincy 94-100, Bartsch 1870 57-59, Brakelmann 1896 107-109, Cullmann 99-101, Bartsch 1920 156-157, Brittain

177-179, Spaziani 1954 77-80, Cremonesi 180-183, Gennrich 1955 1 : 41-45, Saba 92-97, Toja 340-344, Bec 2 : 39-41, vdWerf 1979 476-477.

REM. Sur les différences entre les cinq chansons de toile d'Audefroi et la vingtaine d'anonymes, voir Jeanroy 1889 121 et s., Cullmann, Zink 1978 25-37. • **31-35.** Pour l'hypothèse, fondée en partie sur l'absence de ces vers dans C mais principalement sur leur contenu, selon laquelle la str. 6 serait inauthentique, voir Brakelmann 1896 107 et Cullmann 67.

124

LEÇ. REJ. II, 13-14 Ie souferrai mon damage/ Tant que lan verrai passer; **V,** 49 deceüe] engignie, 50 Quant.

VAR. Tableau des strophes :
TC I II III IV V
XKO I III II V IV

I.1 Ge ch. C; 2 resconforteir C; 3 Quauecques XKO; 4 vueill] quier XKO; ne foler X; 6 nului] mes nul XKO; 7 rassoage XKO; 8 Le cuer] Mes maus XKO; ai K; 9 crierons XKO; entree O; 10 apalerin C; 11 qui *omis par X*; enpoentee C; **II,** 13 Ie sofferrai mon damaige (outrage C) TC; 14 Tant qou uoie repasser O, Tant ke lans iert trespasses TC; 16 laist TC; Mult atent son retorner XKO; 17 Et] Ne C; Car autre (augre O) de mon l. XKO; 19 Dautrui XO, Autrui K; faites C; 20 oi] os C; Mult est fox qui en ueut par ler XKO; **III,** 25 ceu seux a cuer C; 26 Q. c. n. en biau uoisin XKO; 27 En qui iai (cui ia O) mise mentente XKO; 28 Je] Or XKO, Ke ie nai C; 29 Il]Sil XKO; 30 S. por quoi le f. XKO; Sires C; (coi C) fesis TC; 31 lun O; 32 que O; as] en XKO; **IV,** 37 fui O, seux C; entente XKO; 38 Quant XO; 39 Quant lalaine douce uente XKO; 40 Ke C; de cel] dou tres XKO; 43 Adont m. v.] dex m. v. K, et lors mestuet O, *omis par X*; ic le XK, ie la O, ie T; **V,** 49 sui T, seux C; mout] ie O; deceüe] engignie TC; 50 Quant XO; au] a C; 53 samors OT; 54 delez] auec XKO; 55 Toute n.] mult estroit XKO; 56 rassouaigier TC.

MUS. Schéma mélodique : A A A B rf. KOX donnent une mélodie apparentée. • **1.** Au v. 2, cette note manque au ms. • **2.** Le ms. a *do'*, mais *si* est confirmé par les vv. 1, 3 et 5.

EDS. Michel 1830 95-98, Leroux de Lincy 105-108, Meyer 1877 368, Crépet 188-191, Bédier 1909 107-117, Gennrich 1925 44-45, Spanke 1925 188-190, Nissen 1-3, Pauphilet 905-906, Woledge 1961 111-113, Henry 1967 1 : 227-228, Mary 1 : 226-229, Bec 2 : 92-94, Contini, Collins 39-42, Lea 76, Baumgartner 1983 248-253, Dufournet 1989 196-199.

REM. Dans son compte rendu de Nissen (*Zeit. f. franz. Sprache u. Lit.* 53 [1930] 357-363), H. Spanke met en doute l'attribution à Guiot de Dijon. Pour la question de savoir si cette pièce est une rotrouenge, voir non seulement Gennrich 1925, mais aussi Bec 1977-78 1 : 188. Pour des études du texte, voir Wentzlaff-Eggebert 156-157 et Atkinson. • **9.** Gaston Paris a identifié *Outree* comme le refrain d'une chanson de pèlerins, citant plusieurs attestations ; le mot se trouve comme complément non seulement du verbe *crier* mais de *chanter* aussi. Voir « La chanson du Pèlerinage de Charlemagne », *Romania,* 9 (1880) 1-50, surtout les pp. 44-45. • **13-14.** À l'instar de Bédier 1909, nous avons substitué la leçon de KXO à celle de M, qui est manifestement erronée. Dans le premier vers, le *Je* initial détruit un schéma strophique sans doute voulu : *Chanterai-Souffrerai/ De ce-De ce-De ce* ; dans le second vers, *passer* n'a pas le sens logique de *rapasser.* Notre correction du v. 50 est motivée pareillement. • **14.** L'enclise *que.l,* qui se retrouve au v. 30, détermina Bédier à croire que cette chanson se rapportait à la croisade de 1189 (Bédier 1909 111 et 116). Il ignorait apparemment dans quelle période se situait la carrière de Guiot, période que Nissen, dans son Introduction, pourra identifier comme étant la première moitié du XIIIe siècle. C'est aussi à tort que Bédier pensait que l'enclise en question n'avait pas survécu au XIIe siècle ; de telles formes ne disparurent qu'au moins cent ans plus tard ; voir à ce propos Ménard 1988 65. • **39.** Sur la *douce ore,* voir d'Heur 1972. • **50-51.** Bédier 1909 écrit, p. 197 : « La *chemise* est une tunique qui recouvrait les autres vêtements. Les croisés s'équipaient en pèlerins... et partaient, accompagnés jusqu'à une certaine étape par leurs parents et amis, d'ordinaire "déchauz, à pié et en langes". C'était "le convoier". À l'étape, cette sorte de cérémonie prenait fin ; le croisé se rechaussait et reprenait ses vêtements ordinaires. Ce que notre pèlerin a ici envoyé à sa dame, c'est sans doute la *chemise,* portée sur ses autres vêtements, qui avait symbolisé au départ son vœu de pèlerin ». Dans son compte rendu de Bédier 1909 publié dans *Romania,* 38 (1909) 443-446, A. Jeanroy ajoute qu'il « doit y avoir là une réminiscence du passage de *Cligès* (1640 ss.), où Alexandre, la nuit, "embrasse" la chemise, présent de Soredamors, où ont été cousus des cheveux de celle-ci. »

125

LEÇ. REJ. I, 4 Si en *(+1),* 7 l. amis ; **II**, 8 com *(-1),* 9 ke bien en *(+1)* ; **III**, 17 Cest *(-1).*

VAR. I, 2 on m. ; 3 dis *manque* ; 4 Si an ai ; 6 I ie par sa bouche ; **II**, 10 pris ; 11 faicet ; 14 biaus ; **III**, 17 Cest s. ; 21 Ne *manque* ; sant.

EDS. Nissen 21-22.

DIAL. Traits lorrains : *ai* pour *a* : *faice* (11) ; *ei* pour *e* tonique : *chanteir* (1), *appeleis* (7) ; *loiauls* (7) pour *loiaus*, *biaul* (14) pour *beau*; conservation de *t* final : *biaulteit* (21) ; *x* pour *s* : *plux* (1), *faintixe* (13) ; 3ᵉ pers. sing. prés. indicatif *ait* (19) pour *a*; 3ᵉ pers. sing. futur en *-ait* : *ferait* (9) ; pronom rel. *ke* (2, 9) pour *qui*.

REM. La versification de ce poème, surtout la façon quelque peu approximative de rimer, laisse voir un tel désaccord avec la pratique habituelle de Guiot de Dijon que Nissen observe, p. 48, que la pièce « ne peut lui être attribuée qu'avec réserves ».

126

LEÇ. REJ. I, 1-4 *Le feuillet mutilé ne contient plus que* doune talent de mieuz ame/ ques ne fis. pour ce est fous q/ men proie ; *leçon d'après T*, 4 p. ce est f. *(+1)*, 8 Que ; **III**, 21 *suivi du vers surnuméraire* quant li soulaz de mon mari manoie ; **VI**, 50 tristan dyseut.

VAR. I, 1 et] de a ; 4 fist p. ce est f. a ; me T ; 5 na nul f. nen v. a ; 7 A. ame et T ; siere b. Ta ; 9 T. aie T ; miex en amor Ta ; **II**, 12 damor T ; 14 mi destraint et ch. a ; **III**, 20 Adont me fait a. a ; 21 Toute la nuit et v. a ; *ce vers est suivi dans Ta du vers surnuméraire* quant li soulas de mon mari manoie ; 23 Estre tostans et q. T, Toutans estre car q. a ; dannoie a ; 25 Dont a ; **IV**, 28 p. amour c. a ; 32 p. parler lor j. a ; 33 ne] nen a ; **V**, 39 en] ens T ; m. ami t. a ; 43 si nere g. Ta ; **VI**, 46 Trestout Ta ; le T ; 50 Nient Ta ; pot a ; dyseut Ta.

MUS. Schéma mélodique : A A B rf (ballade ?). • **1.** Par suite de mutilation, les notes pour les vv. 1-2 et les deux premières syllabes du v. 3 sont perdues ; lacune comblée d'après les vv. 3, 4 et 6. • **2.** Une partie de cette figure est perdue.

EDS. Jeanroy 1889 496-498, Petersen Dyggve 1983 83-86, Spaziani 1954 54-56, Cremonesi 169-171, Toja 326-328, Bec 2 : 18-20, vdWerf 1979 366, Rieger 1983 100-105.

DIAL. Trait picard : *enforcie* (25) pour *enforciee*.

REM. Petersen Dyggve 1938 fait remarquer, pp. 30-33, que cette chanson doit dater d'avant 1227-1229, parce que la première strophe est citée dans le *Roman de la Violette* de Gerbert de Montreuil, composé au cours de ces années.

127

LEÇ. REJ. II, 20 dun t. ; **III**, 28 Maiz ; **IV**, 43 pl. sent, 44 et torment ; **V**, 55 q. iatent, 57 redoie.

VAR. I, 1 Lautrier en m. H ; 3 saisons HKX ; 6 A H ; 9 pucele X ; 10 dancior H, dancer K ; 12 u. dam H ; **II**, 13 genz V ; 14 auenanz V ; 15 Et molt tres b. (bien H) HK ; 18 deduioient H ; 19-20 *intervertis dans H* ; 20 de t. H ; 22-23 *intervertis dans H* ; 22 Sor l. f. X ; 23 damors PX ; **III**, 26 Molt H ; 27 nul P, no H ; hom V ; 28 Laz V ; pensanz KVX ; 29 desirranz KVX ; 30 ausi grant H, autele V ; 34 Por H, Et V ; 35 Et HV ; 36 s. ni H ; **IV**, 38 Di KX ; 39 Et cune H ; 40 cui H ; 43 cui HV ; tant V ; sent KPVX ; 44 et *omis par H* ; torment KPVX ; 45 qui *omis par H* ; iatent KPVX ; 46 Tel V ; Paine et torment H ; 48 Merci HP.

MUS. Schéma mélodique : A A' B B'. V donne une deuxième mélodie.

EDS. La Borde 1780 205, Dinaux 3 : 331-332, Bartsch 1870 78-79, Petersen Dyggve 1938 118-121, Gennrich 1958b 27-29, vdWerf 1979 312-315.

REM. Sur un problème d'attribution, voir Petersen Dyggve 1938 26. Sur musique et théâtre dans cette pièce, voir Maillard 1978. • **9.** Il s'agit sans doute de la vièle à archet plutôt que de la vielle à roue. • **28-29.** *pensant* et *desirant* plutôt que les formes grammaticalement correctes en *-anz* pour avoir des rimes régulières.

128

LEÇ. REJ. II, 11 tant *manque* ; **IV**, 29 ke amie *(+1)*.

VAR. I, 2 chanson ; **II**, 14 en ; 18 Que ie v. p. e. ; **III**, 23 lamour ; 24 en ; 25 doleur ; **IV**, 29 que amie ; **V**, 38 mercis ; 41 lamour.

MUS. Schéma mélodique : a a B rfv. • **1.** T fournit la mélodie des rf. 1 à 3 et M, celle des rf. 1 (différente de la mélodie de T) et 4 (écrite à la quinte inférieure par rapport à T) ; il n'existe pas de musique pour le rf. 5, pour lequel nous proposons celle du rf. 1. Les notes des vv. 15-16, 25, 34 et 43 sont dérivées de celles des vv. (6-)7.

EDS. Petersen Dyggve 1938 101-103, vdWerf 1979 347-349, Dufournet 1989 178-181.

DIAL. Traits picards : *c* pour *ch* et *ch* pour *c* : *cançons* (2), *merchi* (9), *ochist* (26) ; *s* pour *z* final : *soiés* (28) ; *çou* (29) pour *ce* ; *ens* (14) pour *en* ; *vo* (31) pour *vostre*.

REM. Selon Lejeune 1941 14, cette pièce aurait été composée entre 1229 et 1239.

129

LEÇ. REJ. III, 29 bacheler tuit iure ; **IV**, 37 Sc.

VAR. I, 4 qui *omis par X*, que N ; 5 c'est X ; 8 le] li KVX ; la ramaine V ; 9 amort X ; 10 f. blamee V ; **II**, 12 Estre de haute gent V ; 13 encient K ; 14 chascuns KV ; 16 q. par enuie V ; 18 dyrisie N, de resie V ; 20 F. quanque K, quant que X ; chascuns KNVX ; **III**, 21 fil N ; 24 Que KNVX ; 30 v. chantant V, querrant X ; **IV**, 31 quon d. N ; 33 quen VX ; 24 quier KN ; 35 j'é] iai KNVX ; 39 raisons X ; 40 E. toute en moi p. X.

MUS. Schéma mélodique : oda continua. V donne une deuxième mélodie.

EDS. Petersen Dyggve 1938 121-123, vdWerf 1979 371-380.

DIAL. Trait picard : *ie* final pour *iee* : *esloignie* (5), *risie* (18).

REM. À cause du nom *Perron* (v. 33) mais pour d'autres raisons aussi, Petersen Dyggve 1938 25-26 doute que cette pièce ait été composée par Moniot d'Arras. De même, Lejeune 1941 8 : « Dans cette pièce où le poète demande vengeance parce que sa dame l'a abandonné et écoute trop complaisamment les propos de trois bacheliers, il y a une ironie contenue complètement étrangère à Moniot ». • **23.** Sur l'emploi du présent *sueil* à la place de l'imparfait, voir Elwert 76-78 et Tobler-Lommatzsch, s.v. *soloir.* • **29.** Nous avons adopté la leçon *bachelers touz jurez* au lieu du cas-sujet pluriel normal *bacheler tuit juré* pour maintenir, comme tous les mss. sauf P, la rime en *-ez*.

130

LEÇ. REJ. I, 8 Donc, 9 s. des ex et p. ; **II**, 14 Donc.

VAR. I, 2 C. chis ; **II**, 11 ja] molt ; 12 aim et ; **III**, 24 ne fors li v. ; **IV**, 35 belle cui ; **V**, 39 atendrai ; 42 raisons.

MUS. Schéma mélodique : A A' B ; la mélodie des deux envois est celle des vv. 5-9. • **1.** Au lieu de cette note, le copiste a écrit d'abord, trop tôt, les trois premières notes du v. 5, puis il en a effacé la première et la troisième ; corrigé. Le v. 5 commence de toute façon correctement dans le ms.

EDS. Schmidt 42-43, Nelson 1992 77-80.

DIAL. Trait picard : *prenderai* (52) pour *prendrai.*

REM. • **47.** Il n'est pas rare qu'Andrieu se nomme dans ses textes ; sur les 18 chansons que Schmidt lui attribue, cette sorte de signature se retrouve dans pas moins de onze.

131

LEÇ. REJ. I, 17 *(-1) (corr. Jeanroy)*; **II**, 18 ti mal *répété*; **IV**, 32 *(-1) (corr. Schmidt)*, 34 *(-2) (corr. Jeanroy)*; **VIII**, 65 en *répété.*

EDS. Jeanroy 1901 22-23, Schmidt 44-45, Nelson 1992 53-58.

DIAL. Traits picards : *ch* pour *c* : *chelerai* (7), *correchier* (31), *leechier* (33) ; *arai* (11) pour *avrai*; *vauroie* (41) pour *voudroie*; *jou* (38) pour *le* (41) pour *la.*

REM. À la différence des troubadours, les trouvères ne cultivèrent pour ainsi dire pas la plainte funèbre ; voir Rosenberg 1983. Celle-ci est la seule en forme de lai. Les éditions varient un peu dans leur division des strophes, à cause, en partie, de la distribution des lettrines dans le ms., lesquelles se trouvent aux vv. 1, 18, 26, 34, 38, 42, 54, 62. Notre division des strophes a été déterminée par les changements opérés dans le schéma rimique. • **6.** Jeanroy 1901 remplace sans explication *verai* par *vrai* et divise le vers en deux trisyllabes qui riment, modification à notre avis gratuite mais implicitement admise par Spanke 1938 66. • **19.** *anvieusement* ou *anuieusement* (= *ennuieusement*), le ms. ne distinguant pas les lettres *u* et *v.* • **58.** Jeanroy 1901 remplace *mie* par *vie.* • **63.** Le ms. n'étant pas très clair ici, Jeanroy 1901 a cru voir *ces* au lieu de *tes* (= *tels*). • **62-66.** Jeanroy 1901 met les vv. 62-63 au début de la strophe suivante où, supposant une lacune, il les dispose ainsi : *Por sostenir/Ces biens .../ Sans villonie.* À propos de la strophe reconstituée de cette manière, il dit que « le sens [en] est peu satisfaisant (à qui s'adresse le vocatif du v. [64] ?) : la construction rythmique en est aussi bien singulière ; ces vers font l'effet d'une interpolation ». Schmidt 74, qui met les vv. 62-63 là où nous les plaçons, considère comme fort probable que les trois vers qui suivent ne constituent qu'un fragment de strophe. Spanke 1938 67 estime que les vv. 62-63 font partie de la strophe finale, où ils formeraient une citation tirée d'une chanson autrement inconnue et serviraient de complément d'objet direct de *chanter* (v. 64). Pour notre part, nous ne jugeons pas nécéssaire de séparer les vv. 62-63 de la str. VII, où leurs rimes sont tout à fait normales, où leur syntaxe et leur sens (avec peut-être une interprétation ironique de *biens*) sont entièrement compatibles avec le passage qui les précède. En ce qui concerne la strophe finale, le verbe *chanter* n'a nul besoin, pour être intelligible, du complément qu'auraient été les vv. 62-63 ; et le vocatif du v. 64 suffit à lui seul, sans plus de précision, à évoquer toute cette classe d'ennemis de l'amour qui abondent dans les chansons et les romans courtois. L'unique élément de la str. VIII qui continue à poser problème est le mot-rime *torment* (v. 65), qui est le seul du poème à ne pas avoir de partenaire(s) – à moins que ce ne soit les rimes en *-ment* de la str. II ; il se peut que Schmidt ait eu raison de ne voir dans ces trois vers qu'un fragment de couplet, encore qu'il soit difficile d'imaginer un quelconque énoncé faisant suite au v. 64. • **66.** Jeanroy 1901 garde le silence sur le sens de *deschanter* ; Schmidt 74 qualifie ce verbe d'obscur, mais pense que le vers en général veut dire « que le diable vous emporte ! » A. Guesnon, dans son compte-rendu de Schmidt (*Le Moyen Âge*, sér. 2, 7 [1903], 385-391) observe, p. 387 : « ... l'on comprend "Maufés vos puist *faire deschanter*", antithèse encore aujourd'hui dans l'usage. "Déchanter" après avoir "chanté", c'est tomber du triomphe dans l'humiliation, de l'espérance dans la désillusion, etc. » Spanke 1938 67 propose une glose tout à fait différente et très à propos : « die Begleitung singen » (chanter l'accompagnement). Mais nous voyons dans ce verbe un sens de plus – plaisant, celui-ci – qu'il ne faut guère écarter : "défaire/désavouer en chantant" ; voir Tobler-Lommatzsch, s.v. *deschanter.*

132

VAR. I, 1 resioi ; 5 qui.

MUS. Schéma mélodique : A A' B. Aux vv. 9-10, la mélodie de T, écrite à la quinte supérieure, est différente mais apparentée.

EDS. Bartsch 1870 83-84, Ménard 137-139, Bec 2 : 62.

DIAL. Traits picards. : *ent* (28) pour *en* ; *s* pour *z* final : *chans* (12), *amans* (20).

REM. Le corpus des trouvères ne contient qu'une dizaine de reverdies. Pour une étude de ce genre, voir Bec 1977-78 1 : 136-141. • **4.** « Frappe, frappe, tue, tue », dit le rossignol. Ce cri sanguinaire de l'oiseau emblématique du lyrisme n'est pas rare dans la littérature médiévale ; il se fait entendre pour la première fois dans la *Philomena* (v. 1467) de Chrétien de Troyes, où, comme ce sera normal, il est dirigé contre *les mauvés.* Pour d'autres attestations, voir Tobler-Lommatzsch, s.v. *oci.*

133

LEC. REJ. I, 9 de note et destiues ; **II**, 16 Virent les gr. ; **III**, 31 Qui tant, 35 Li fist, 37 chapiau, 40 G. et p. *(+1)*; **IV**, 54 G. et p. *(+1)*; **V**, 67 Tant biau turuluruta, 68 Guion que touz le pris enporta.

VAR. I, 1 ces] les H ; faillies HI ; 2 rostiees N ; Q. cil uallet f. amies H ; 3-4 *intervertis dans I*; 3 Et baiseles H ; Baisseles s. reuesties NXI ; 4 Rabardiau H ; 5 Mains muzars I ; 6 Ciz I ; feugi H ; 7 O. prise lour ballerie I ; 8 E tres H ; Et ont fait grant aaitie I ; 9 de note (notes N) et destiues (destrues H) NXH ; Ke muez uadrait lour partie I ; 10 Que celle deilai I ; 11 Mais tous les passait I ; 12 Q. guiot (guioz H) NXH ; i *omis par N*; Guiones qui uint qui lour ture lor tura ; 13-14 Vadeure vadeure vadeure deine vadeure vadeure ua H, Vallereu vallereu valereu delle vallereu va I ; **II**, 15 C. de baruain l. p. H, Aubris et cilz des p. I , 16 Virent les NX ; grant H ; rengiees NXI ; 17-18 *intervertis dans HI*; 17 *second* en *omis par N*; 18 Entre beles praeries H, An une grant praierie I ; 19 Chascun NH ; querola HI ; 20 Li amins I ; 21 ganz] ceinz H ; gens I ; et *omis par X*; 22 Et coteletes hauies H ; 23 c. dedenz N ; au dans parties I ; 24 satifa H ; satrica I ; 25 Fi H ; 26 M. guiot NX ; Qant gioz i uint qui biau tu relicta H, Guiones i uint ke ture lour turait I ; 27-28 Vadeure va. H, Val. I ; **III**, 29 fil N ; au mere dangres H ; danties I ; 30 Que t. amait bergeries I ; 31 Q. dis I ; 32 D. le fui s. H ; cinc I, engroissees XI ; 33 Grant bruit demena H ; 34 guionez N ; grant X ; De guion li prist anuie I ; 35 Li fist N ; Li uint X ; Lors fist il grant dyablie I ; 36 Il HI ; dance et balle a H ; poigneis X ; 37 En son chief ch. doities H ; durtries I ; 38 Toz H ; debrusa N ; 40 Buionetz li preuz tant biau turelicta H, Guionet ki vint ki lour turait I ; 41-42 Va. H, Valer I ; **IV**, 43 O H ; renuoisiees H ; 44 *omis par I*; apareilliee H ; 45 Tint I ; poissonez N, poinconet H, poincones I ; 46 f. cil de poingnies H ; 47 Si deuant lour vait I ; 48 D. poins HI ; errachies NXHI ; 49-50 *intervertis dans I*; 49 Eles H ; mies liees HI ; 50 en *omis par X*; en sont *omis par N*; si] mult NH ; esbaiadies H ; Con ce fut or batenie I ; 51 Ains an s. mout correciees I ; 53 Mais tout r. I ; 54 Guionez le proz tant biau turelicta H, Guiones ki vint ke lour ture lour tura I ; 55-56 Vadeure. H, Valer. I ; **V**, 57 et caries I ; 58 poisconez N ; Cosins poinconet daties H, Poincenet et vint deliez I ; 60 f. cil de poignees H ; 61 Encoparra N ; 62 Q. guiat et l. foiles H, Cant guions ot lour f. I ; 63 conmcent H ; melodie I ; 65 Et ait samie acoillie I ; 66 Totes r. H, Le pris anportait I ; 67 Tant biau turuluruta (turelicta H) NXH ; 68 Guionet de t. H ; t. le pris enporta NXH ; Guiones Ki uint ke lour ture lour turait I ; 69-70 Vaudeure vaudeure vaudeure deine Vaudeure uaudeure ua H ; Valer. valer. valer. de le aller. I.

MUS. Schéma mélodique : A A' B rf. • **1.** Au v. 7, le ms. omet cette note.

EDS. Dinaux 3 : 226-227, Bartsch 1870 273-274, Ménard 223-230.

DIAL. Traits picards : *ie* pour *iee* : *rengies* (16), *fueillies* (17), *fiancies* (31) ; *iau(s)* pour *eau(s)* : *pastoriaus* (2), *chapiau* (37).

Noter que les rimes en *-ie*, dont certaines seraient les mêmes alors que les autres se termineraient en *-iee* dans d'autres régions, reflètent l'origine picarde de ce texte plutôt qu'un simple choix de scribe.

REM. Il est question, dans cette célébration de la récolte, de deux danses rustiques ; on y parle de *rabardies* (v. 4) et d'*espringueries* (v. 7). La première, décrite dans Spanke 1925 363-364, incluait pantomime et chant ; la seconde, des sauts ou d'autres tours acrobatiques. • **6.** Ménard 1970 229 identifie *Feuchiere* comme Fouquières-lès-Lens et *Aties* comme un petit village près d'Arras. • **11.** Le terme *ceus de la* désigne un groupe d'opposants dans les danses, venu d'un autre village ; ce groupe sera nommé dans le v. 15. • **12.** Le verbe *turuluruta* est sans doute une variante enjouée de *turlu(r)eter* « jouer de la cornemuse », forme dérivée de *turelurete* « petite cornemuse ». Le refrain qui suit imiterait donc les sons de cet instrument. • **15-16.** Ménard 1970 identifie *Avaines* comme Avesnes-lès-Bapaume, près d'Arras. La traduction, dont nous le remercions, est probablement exacte, encore que le substantif *les parties*, sans préposition, n'est pas tout à fait clair. Il est possible que ce soit là une référence géographique (voir la variante du ms. I). • **59.** Il s'agit des souffrances du Christ.

134

LEÇ. REJ. II, 17 Quant laurai ; **IV,** 31 ce demande, 35 Q. soz *(-1)*, 40 paor.

VAR. Le ms. N a perdu, avec un feuillet, les vers 1-15.

Tableau des strophes :

(N)ATab	I II III IV V VI VII VIII
M	I II III VI VII VIII
VX	I II III IV V VIII
K	I II III IV V

I, 1 nel me. Kb ; 2 Le quel b ; est V, vient b ; plus] mieus AKTab ; 4 p. done M ; 6 q. ne V, nel b ; venres a ; 7 de] par Aa ; iors KTVX ; baut V ; 9 enbrast V ; dis Aa ; **II,** 11 Vuillaumes Aa ; grans Aa ; 13 Uns A, Un a ; 15 *lacune dans N jusqu'à* coste ; 16 ma da A ; d. et mamie ANVXa ; 17 Quant (Tant K) laurai KMNTVX ; 18 desiree VX ; 19 Dont b ; 20 le p. d. p. *omis par A* ; **III,** 21 quen enfance b ; 23 M. poi en f. s. b ; 24 Q. en Aa, nen MT ; ses d. M ; Q. vous en s. d. b ; 25 entes n. b ; 26 d. samblance ATab ; 27 Bel AKMXab ; regart Aa ; 30 un N ; prious ANa ; **IV**; 31 ce demande AKNTVXa ; 32 Moult b ; 34 Kil a ; ne KNVb ; 35 Quar de son b. b ; couvretour Aa, couuertos N ; 36 Prent on *omis* *par V*; P. icele b; on il t. A, on jtele a; sustanche Aa, asseurance b; 37 D. on AKNTVXab; oste V; 38 Et *omis par N*; 39 Quar b; com ie s. AKNTVXa, tant com s. b, sui V, **V**, 41 riens AKNTVXa; 43 cele ANXb; qui ANTa, que KVXb, q. ie a. X; 44 q. tant T; 50 pas] mie KNVXb; **VI**, 53 Quar b; trouuoie Aab; 55 Ne b; resgarder AMa, regarder Tb; 56 paie Aa, paiet Tb; me t. ab; 58 J. le m. p. Aa, A mon devis b; 59 sel v. ATa; Quar sau partir me c. b; 60 porterai b; **VII**, 63 sus b; m. tenroie b; 64 Et sus ses dis b; 66 Et le quel soustient le p. b; **VIII**, 67 fol Aa; 68 remaurai Aa, remaindroit T, uoies Aa; 69 qui *omis par a*; 70 mout] bien AMNTXab; E. tout pen ch. V; 72 Mais AMTab; sus Mb; me s. Mb.

MUS. Schéma mélodique : A A B; la mélodie des deux envois est celle des vv. 5-10. A donne une deuxième mélodie; V, une troisième. O présente une notation mesurée; A aussi, mais non complètement; V, dans les vv. 1-5 seulement. • **1.** Aux vv. 1 et 3, le ms. a une longue. • **2.** Au v. 4, le ms. n'indique pas de silence. • **3.** Au v. 9, le ms. a une brève.

EDS. La Ravallière 110, Tarbé 1851 107-109, Wallensköld 1925 139-144, Långfors 1926 1 : 19-23, Toja 406-409, Ménard 193-199, Baumgartner 1983 148-153, Brahney 168-173.

DIAL. Traits bourguignons : *costey* (5) pour *costé*; *nun* (42) pour *nus*; *saichiez* (49) pour *sachiez*.

REM. Il n'est pas certain que le *Guillaume* de ce texte soit effectivement Guillaume le Vinier; voir Wallensköld 1925 143, Ménard 1970 9.

Noter que les vv. 7 et 8 de chaque strophe forment une seule unité métrique de onze syllabes : 7 + *e* atone + 3 (devant consonne) ou + 4 (devant voyelle).

Guillaume pose la question : aimeriez-vous mieux faire l'amour la nuit en pleine obscurité ou prendre plaisir à voir votre amie en plein jour sans faire l'amour? Thibaut choisit le premier parti; *Gilon* et *Jehan* jugeront le débat.

135

LEÇ. REJ. II, 13 *manque; leçon d'après a*; **III,** 25 p. que porter.

VAR. I, 2 tenus Aa; 4 loiautes A; mes Aa; 5 P. tel Aa; 7 Ki Aa; 8 Kil ne set sa s. Aa; **II**, 11 loiaus Aa; 12 T. li d. l. a. T; 13 *omis par T*; t. men s. A; 14 d. sainques l. Aa; 17 Ne d. Aa; ventus a; 18 Ne n. Aa; **III**, 21 M. ni t. a; noient] samblant Aa; 22 Lues TAa; 25 p. que p. T; 27 Ains TAa; **IV**, 28 Qant ensi me Aa; 29 Dont me Aa; b. retraire

e. T; 31 Dit (Doute a) ai com falis r. Aa; 33 Q. est T; 34 A Aa; s. bras a; 36 *second* fus *omis par T.*

MUS. Schéma mélodique : A A' B. La mélodie de A, laquelle présente de nombreuses variantes, est en partie écrite à la seconde inférieure; celle de T, à la quinte supérieure; celle du ms. a, en partie à la quarte supérieure, en partie à la seconde supérieure. • **1.** Le ms. porte un *do'* supplémentaire.

EDS. Ulrix 802-804, Ménard 86-88.

DIAL. Traits picards : *iaue* (34) pour *eaue*; *fus* (36) pour *feus.*

REM. Il est remarquable qu'une chanson d'amour incorpore comme celle-ci des images et des locutions de caractère proverbial évocatrices d'activités aussi peu courtoises que le jeu, la cordonnerie, le travail des mines, etc.

136

LEÇ. REJ. III, 20 D. e. ensamble andui c., 21 s. assene *(+1)*; **IV**, 29 dignitez, 30 ioliuetez, 33 et desseure *(+1)*; **V**, 38 si *manque.*

VAR. Tableau des strophes :
R I II III IV V
T I II III

I, 1 B. doi R; cui chancons T; 3 teus f. T; a ch. R; 4 Causi b. v m. me couenist t. T; 6 ait] a R; 7 Et p. ce p. par ma g. v. R; 9 Quex T; **II**, 11 Car ainsi lai et p. et v. R; 13 Enques c. ot bone amour s. r. T; 14 chascuns R; 16 sentendroient R; pour] a RT; 17 fie R; 18 Quex. T; **III**, 21 parel T; 22 s. qui en R, s. kis en T; 23 Et R; M. cierx T; f. braire R; 24 Sa R; li *omis par T*; 25 Et cil qui fait a. R, Ausi qui faint a. T; p. folete R; 26 le t. nil ne RT; quel con d. R, quel kil d. T; 27 Queus T; **IV**, 28 et t. R; 30 Et a. et dame en j. R; 32 Mon R; cuers *omis par R*; 33 l'a *omis par R*; 34 Si li p. prengne le c. de b. R; 35 P. sauoir c. de c. s. p. R; **V**, 37 Di quil est de celi qui son afaire R; 38 despendi R; 39 purete R; 40 le remanant puist R; 41 voi vo cler v. R; 42 biaute R; 43 Dont vos s. R.

MUS. Schéma mélodique : oda continua + rf; la mélodie de l'envoi est celle des vv. 6-7 + rf.

EDS. Noack 105-106, Ménard 124-128.

REM. Bien des vers font exception à la structure normale du décasyllabe, 4 + 6; *cf.*, p. ex., les vv. 5, 6, 15. • **1.** *la qui (= cui) chançon,* c.-à-d., [celui] de qui la chanson. • **5-6**. *Cf.* Morawski, proverbe 2138 : *Qui sert et ne parsert son loier pert.* • **28.** À propos du rubis, qui est évoqué dans nombre de chansons, Dragonetti dit, p. 268 : « Les auteurs de Lapidaires attribuent [au rubis] des propriétés merveilleuses ou mystiques vraiment souveraines... ; [selon] Marbode de Rennes : "Li rubis ... est principaus sor totes pieres...". » • **46.** Ce *freres* est peut-être Gilles le Vinier, frère de Guillaume et qui apparemment a composé très peu de chansons d'amour ; on lui en attribue cinq.

137

LEÇ. REJ. II, 15 qui vous m., 22 Bien bien a. *(+1)*; **III**, 31 autrui] nul home.

VAR. Les str. III et IV ne figurent pas dans U.
I, 1 Q. la douce saisons fine U ; 2 Que li fel yuer r. U ; 4 Que ces oiselez ne tient U ; souien T ; 7 esroie R ; 8 p. dune noie U ; 9 b. aielot U ; 10 Dorenlot ; 11 lui] li T ; cuers *omis par U*; **II**, 15 ki vos m. T ; 18 Se dangniez q. U ; 19 reube T, ceyntur U, 21 Dorenlot cainz U ; **III**, 27 T. fuies vos de ci T ; **IV**, 39 vos cri merci T ; 40 amors T ; 44 M. c. a lautre se l. T ; **V**, 45 Sire or mauez essaie U ; 47 maint T ; 48 Ci ne lauez pas apris U ; 49 Nencor ci ne l. T, Nen ici ne lo l. U ; 53 Kil T ; 54 Dorenlot U ; 55 troueres TU.

MUS. Schéma mélodique : a b a c B. U présente de nombreuses variantes.

EDS. Dinaux 3 : 451-452, Bartsch 1870 137-138, Bartsch 1920 217, Gennrich 1951 84-87, Cremonesi 62-63; Zink 1972 139-140, Paden 1 : 130-133.

DIAL. Trait picard : *ie* pour *iee* : *envoisie* (34), *assaïe* (45).

REM. Dans cette pastourelle du début du XIIIe siècle, la seule attribuée à Simon d'Authie, Gennrich 1951 62-64 voit l'une des premières en français à montrer une résistance aux avances du chevalier qui soit marquée par franchise, probité... et succès. Il y discerne un symbole du déclin de la chanson aristocratique et de la montée du lyrisme bourgeois du Nord, notant que le décor même où se produit l'échec du chevalier (vv. 1-5) est, exceptionnellement, un décor d'automne.

Noter que le refrain se trouve non, comme c'est normal, à la fin de chaque couplet, mais à l'intérieur.

138

LEÇ. REJ. I, 4 Se iosaisse mention *(-3),* 8 porront ; **III,** 19 ne *(-1),* 46 la *manque.*

VAR. I, 3 desisse ; 6 valors ; 8 ki b. porront ; 9 Par tans ie quic ; **II,** 12 Ke ne v. p. ki se ; 16 enforchier compaigne ; **III,** 25 s. fill V ; 38 Kil.

MUS. Schéma mélodique : A A B ; la mélodie de l'envoi est celle des vv. 6-9. T présente la mélodie à la quarte supérieure et à partir du v. 6 présente une mélodie différente. • **1.** Le ms. met la clef une ligne trop haut, si bien que les notes pour les neuf syllabes qui suivent paraissent déplacées à la tierce inférieure ; correction d'après T ainsi que d'après les nombreuses sources du contrafactum RS 700 (à l'exception de V). • **2.** Il est possible qu'une plique ascendante ait été voulue.

EDS. P. Paris 182, Leroux de Lincy 165-168, Tarbé 1851 182, Gennrich 1955 1 : 15-17.

DIAL. Traits picards : *fius* (25) pour *fiz* ; *le* (24) pour *la* ; 1re pers. sing. imparf. subj. en *-aisse* : *chantaisse* (1).

REM. Cette pièce est une contrafacture de la chanson d'amour RS 700 du Châtelain de Coucy, dont elle imite non seulement la mélodie, le schéma rimique et les rimes, mais aussi les deux premiers vers.

L'événement historique à l'origine de ce serventois est la révolte (1226-30) d'un groupe de seigneurs féodaux, dont le poète, contre Blanche de Castille qui, à la mort de son mari, le roi Louis VIII, et à cause de la minorité de Louix IX, se fit régente de France. Hue de la Ferté attaque dans son texte le caractère de la reine, l'accusant de détournement de fonds royaux, faisant allusion à sa liaison supposée avec le puissant comte de Champagne, le trouvère Thibaut, et dénonçant sa prétendue corruption de l'Église. Pour plus de détails, voir Pernoud 150-159. • **20.** *Et* sert ici non pas de conjonction mais d'intensif ; voir Tobler-Lommatzsch, s.v. *et,* col. 1510 et s. • **37.** Les *fol baron bregier* de ce passage ironique sont, bien entendu, Hue et ses compagnons. • **46-47.** Le « malheureux » qui ne trouvera peut-être jamais le repos est Pierre Mauclerc, comte de Bretagne, ennemi particulier de la reine.

139

LEÇ. REJ. I, 7 engerres ; **II**, 13 recornes.

VAR. I, 7 engendrez; 8 Reguardez; **III**, 17 fix; 22 sen; **IV-V**, 29-40 *texte perdu par déchirure.*

MUS. Schéma mélodique : A A B. La mélodie de M est différente mais apparentée dans la section A. • **1.** Au v. 2, le ms. n'indique pas de silence.

EDS. P. Paris 186, Leroux de Lincy 169-171, Tarbé 1851 178, Gennrich 1955 1 : 17-19, vdWerf 1977 553-554.

DIAL. Traits picards : *au* pour *ou* : *maullés* (29) ; *signorie* (19), *signeur* (24) pour *seign-*; *c* pour *ch* : *Campaigne* (3), *cose* (19) ; *ch* pour *ç* : *piech'a* (40) ; *s* final pour *z* : *apensés* (2), *gardés* (8) ; *ens* (18) pour *en*; *çou* (2) pour *ce*; *le* (18, 38) pour *la.*

REM. Sur l'origine historique de ce serventois, voir la pièce 138 (RS 699), REM.; voir aussi Leroux de Lincy 153-159. Hue vise surtout Thibaut de Champagne. • **6.** Il s'agit de Thibaut père. • **9-16.** Ces vers font écho au bruit assez répandu selon lequel Thibaut, s'étant rendu auprès du roi Louis VIII à Montpensier afin de l'aider, aurait été au contraire responsable de sa mort. Au v. 13, *il* désigne le roi ; *l'* (= *li*) au v. 14 et *il* au v. 16 désignent Thibaut. • **29.** L'affirmation ironique que Thibaut est plus expert en médecine qu'en chevalerie est une allusion à la mort du roi par empoisonnement.

140

LEÇ. REJ. I, 9 ont *manque*; p. auoir; **II**, 13 vos *manque*; m'en] me, 18 de] dou; **III**, 22 biaute, 26 et *manque*; **IV**, 29 de ses; **V**, 40 je *manque.*

VAR. Les mss. A et B ayant perdu chacun un feuillet, A ne contient plus les str. I et II et la partie de la str. III qui précède le mot *puant* (v. 24), et B ne contient plus la str. I et l'intégralité de la str. II à l'exception du mot *espoir* (v. 18). F, par suite d'un grattage, ne contient plus la str. I et les quatre premiers mots de la str. II. La str. VI ne figure pas dans ACKRSU.
I, 1 Einsi MR; com lunicorne (li u. U) CORSU; seus U; 2 Ke C; esgardant R; 4 liee *omis par C*; ennui] mirer M, ami R; 6 La RZa; on] lan S; Et la locit en t. T; 7 mort] fait S; par tel R, de tel S, ditel Za; 9 ont] a a; ne le puis r. R, nel puis pas r. Za; auoir CKV; **II**, 10 Douce dame quant ie uos vi (cant uos conu U) CU; 11 Et uos conu p. C; premierent Z; 12 Li CU; malait CU, maloit R; 13 Q. se FMT, Q. i S,

Que il K, Can uos C, vos *omis par V*; je mesmui R ; m. mux C, meus U ; 15 la] vo R ; 17 sont *omis par M*, est FRZa ; 18 annes R, anials U ; dun dous e. R ; **III**, 19 a] ont CU ; le FZ, les CRSUa ; cel B, clez MCRSUa ; damours V ; 20 a] ont Cu ; tr. uxiers U ; 21 Beaus TZ ; sanblans BFTZa ; 22 biaute AKV ; ceut B, ceaus FMOTZa, cil R ; ont f. seigneur R ; Et de bonteit ont f. signor CU, Et biaute a non li secons S ; 23 Dangiers B ; a] est B, ont CRST, on U ; m. el front d. Ra ; 24 ors U ; vilain omis *par Z*, tant CU, est ARa ; mauues et R, et maus et Aa ; maus] fel BCU, faus T, mais Z ; et *omis par BC* ; pautonier R, posteis C, poestis U ; 26 Ci K, Cil FMORSTZAa ; et *omis par MR*, fort FS, molt T ; Atraians et v. B, Li dui en sont CU ; viste] uistes B, ruiste R, prou CO, prout U ; hardiz B ; **IV**, 28 les assaus SC, tormans U ; 29 Et *omis par V*, Ne B ; les tormens C, destroiz S ; des trois CU ; portiers CR ; 30 ni Aa, nen U ; 31 Ne soufrirent B ; fort BSU, grans AFMRTZa, grant C ; estor CSU ; 32 Qui S ; vancoient CFU ; 33 Amors vaint CU ; ces FMOT, ses B, cil RSZAa ; on] en ABCSa ; 34 Sousfrir RS ; Des .iij. ont fait g. C, De cortois font g. U ; 35 Mais en cestui ARZa, Sil (Cil U) est ensi CU, En cest assaut S ; com j. CU, que j. FMS ; 36 Ni at pitie C, Ni valt pitiet U ; confort S ; que] fors ABCFMORSTUZa ; ke CTU ; **V**, 37 je ne d. M, nen R ; mes *omis par V* ; rien M ; plus *omis par M* ; D. je ne redout ARSUZa ; mais plus ARa, mais riens Z, tant rien U ; Douce dame ne dout tant rien C ; 38 F. t. ne B, F. que ne S, Que t. q. MT, Ke tans me F, Ke ie ne CU, Mes t. q. V, Puis que tant ARZa ; fail ARZa ; 39 ai *omis par M* ; empris BTZa ; a] et CU ; endure VC ; 40 uostre sui M ; uostre FS ; toz uostres C, tous uostre U ; tous ARa ; 41 poise B ; Et se (sil S) uos en p. or bien CS, Et cil ne man failloit de riens U ; 42 Ne m'en] Nan R ; riens RU ; 43 *omis par U* ; je *omis par B*, ien T ; la remembrance R ; 45 la] vo ARZa, sa B ; Dedans la chartre CU ; et moi apres R ; moi] uos CFMSU ; **VI**, 46 je *omis par V* ; 47 Merci BFMTVa ; s. bien de s. m. Z ; 48 A F ; greueus BFMOT, grief Z, tres grant a.

MUS. Schéma mélodique : oda continua; la mélodie de l'envoi est celle des vv. 7-9. Aux vv. 1, 2 et 8, plusieurs mss. présentent des variantes. • **1.** Le ms. a un losange.

EDS. La Ravallière 70, Dinaux 2 : 343-344, Tarbé 1851 4-6, Scheler 1876 144-146, Voretzsch 172-173, Wallensköld 1925 111-116, Spaziani 1954 87-92, Cremonesi 194-197, Spaziani 1957 51-54, Chastel 474-479, Toja 403-406, Maillard 1967 71-73, Mary 1 : 354-357; Goldin 466-469, vdWerf 1979 290-298, Collins 20-22, Alvar 266-269, Baumgartner 1983 98-101, Rieger 1983 106-109, Chickering 1 : 140-141, Brahney 102-105, Dufournet 1989 172-175.

REM. Wallensköld 1925 note, p. lxxxvii, que vers la fin du XIIIe siècle ou le début du XIVe, le théoricien Jean de Grouchy cite cette chanson comme un exemple du *cantus coronatus*, c.à-d., de la plus haute forme de l'art monodique, chanson digne d'être « couronnée ». Voir à ce propos Stevens 431-432, Page 1987 196-201.

Pierre de Gand, à qui C attribue cette pièce, est inconnu.

Pour une brève analyse de l'allégorie, voir Dragonetti 246-247 ; voir aussi Butler, Planche 1980, Faure, Bloch. Sur la structure mélodique, voir Räkel 1982. • **1-6.** On croyait que pour capturer une licorne il fallait la mettre en présence d'une jeune vierge assise ; attirée irrésistiblement vers elle, la bête tomberait en pâmoison dans son giron ; voir Réau 1 : 89-92. Le *Bestiaire* de Philippe de Thaon (vv. 393-460) présente la version médiévale la plus connue de cette croyance. • **22.** La pluralité de *seignors,* confirmée par la rime, doit résulter d'un accord avec une forme *Biautez,* au pluriel, d'où notre correction de la leçon du ms. Apparemment du pluriel, la forme *ceus,* pour *Amors* (v. 19), sujet d'un verbe au singulier *(fait),* est grammaticalement curieuse ; il n'est cependant pas rare que *amors* change de nombre même à l'intérieur d'un seul passage, et c'est sans doute un reflet de cette variabilité que nous trouvons ici. Wallensköld, Voretzsch et d'autres éditeurs ont remplacé *ceus* par *cele,* solution que nous refusons pourtant parce que *cele* ne se lit dans aucun des quinze mss.

141

LEÇ. REJ. I, 3 n. ne c. ; **II**, 17 damors ; **III**, 23 ueraiement, 24 n. tel l. *(-1)*; **IV**, 32 Car.

VAR. Tableau des strophes :

BMOSTV	I II III IV V VI
KR^1	I II III IV V
R^2	I II III IV
U	I IV II III

I, 1 con] que R^2 ; 2 aroser R^1U ; de lente q. R^2 ; sus R^2S ; 3 F. bien U ; amors MOR^2U ; croistre et naistre OU, naistre croistre R^2 ; 4 remenbrer R^1U ; 5 Damor BOST ; loiaus MR^1R^2U ; ia mis au T ; 6 li] le BOR^2T, les R^1, la SU ; 7 P ce est BMV, P. quoi S ; ma dame S, ma tres grans U ; dolors R^2T ; 8 si *omis par T,* tres S ; g doucor(s) R^1R^2 ; 9 Dame *omis par S* ; li f. S ; 10 d. tuer p. T ; **II**, 11 p. me R^2 ; mes dolors OSV ; 12 Q. f. *omis par B* ; Que O, Quele SU ; fu R^2 ; que j. BM ; 13 ce] se B ; 14 Jci R^1 ; m. car K ; ie BS ; ne uiuvrai p. B ; q. nen aurai ia p. V ; Ke ia nul ior nan vandra a desus U ; 15 bele] dame R^1R^2, amors U ; tant com BOR^1R^2STU ; 16 Quant OR^1R^2SU ; ferir *omis par S* ; 17 ardant B, de gent V ; damors BKR^2STUV ; 18-19-20 = *19-20-18 dans* R^2 ; 18 Q. ie v. v. V ; Mult per lains de tres grant deucour U ; 19 daubours R^2 ; 20 Ke U ; Q. tr. p. si g. R^1 ; par] de SU ; g. vigor R^2UV ; **III**, 21 se le O ; j. priaisse R^2, amase U ; amesse *ajouté dans O entre* deu *et* au. ; autant *omis par V* ; 22 Et seruice d. R^2 ; vrai c. et ent. (dantier B) BR^2T, fin c. et dentie R^1, vrai c. ent. SU ; 23 b. bien s. STU ; s. a escient R^1R^2U ; 24 p. nauroit V ; autre V, nul tel MR^1R^2U ; Q. ie en p. en eusse l. S ; 26 Nule U, Cainc R^2 ; a cui BMOSTUV ; mon

c. R[1]; sentent M; 27 Se BTU; 28 Comment joie R[1]R[2]; Q. me j. V; joie] bien S; doie] puisse R[2]V; 29 Ne *omis par S,* Et R[1]R[2]TU; vos *omis par O*; **IV**, 31 Li BR[2]UV; prophetes BR[2]U, prophecie R[1]; dist R[2] TUV; qui] ne R[2]; 32 Car BKOR[1]STV, Ki U; foi f. B; 33 Et li R[2]; fin R[1]; nouuiaument R[1], maintenant R[2], droitement S; 34 Quant R[1]R[2]S; cruaute O; 35 Et R[1]; biau seruir R[1], faus seruis R[2], nul seruise S; ni BR[2]ST; Ke bone amors ni auroit mais mestier U; 36 Ne biau R[1], biauz R[2]U; amors M, parler(s) R[1]R[2], seruir U; atendre S; bonemant U; 37 orgueil KR[1], beubans R[2], ourdeanz S; o. et p. V; ponees S; 38 beubant KMT, orguex R[2]; uoloirs B; 39 Contre O, Quencontre R[1]; orgueil R[2]; na saunon O, pouoir R[1]R[2], auoir S; 40 Quat. *omis par S,* Catendroie B, Quatendre MOR[1]V, Quatente R[2], Fors catandre an bone e. U; desespoir R[1]R[2]S; **V**, 41 Aygle MR[1]T, Plaisans S; sen BR[1], en S; uont B; ni BT; 43 v. issi R[1]; vos v. R[1]S; achieuer B, essorer R[1]S; 44 de moi naiez (neussiez B) BKMOSTV; quelque] dame S; 45 James n. nul R[1]; nauriez B; m. un si S.; 46 Ne p. V, Ne nou MS; Ne iames iour ne pourrez r. R[1]; a nul jor *omis par S*; 47 me *omis par BOS,* men M; chaitis *omis par B*; 48 *suit le v. 50 dans R[1]*; sera *omis par O*; seroit miex plus S; 49 L. dou S; b. cl. vis *omis par S*; 50 Or V; est R[1]; la flours B; et le l. R[1]; **VI**, 51 Aygle MOTV; jai *omis par T,* ia B; ie O; j. corroux a. O; 51-52 la touz iors loiaus amis S; 53 Si ne O; vns r. S; 54 vos]li S; quautre par. M, kautres par. T, quautre en par. O.

MUS. Schéma mélodique : A A B; la mélodie de l'envoi est celle des vv. 7-10. R[1] donne une deuxième mélodie. • **1.** Aux vv. 1 et 6, le ms. a un losange.

EDS. La Ravallière 67, Tarbé 1851 68-70, Wallensköld 1925 68-72, Cremonesi 188-190, Toja 398-401, vdWerf 1979 220-229, Baumgartner 1983 110-115, Brahney 96-101.

REM. • **12.** L'histoire de Pyrame et Thisbé se trouve dans les *Métamorphoses* d'Ovide, Livre IV. Pour les versions en ancien français, voir Bossuat. • **31-32** Selon Wallensköld 1925, ces vers feraient allusion à I Timothée 4:1, où il s'agit de la défection des fidèles dans les derniers temps. Il nous semble tout aussi probable que Thibaut songe à l'une des « prophéties » de Merlin ou à l'une des œuvres apocalyptiques de son époque. • **41.** *Aygles* est un « senhal », surnom employé pour cacher l'identité de la dame.

142

LEÇ. REJ. I, 1 et biautez, 3 que b. i ai p., 5 o. tuit troi e., 6 avant *répété*; **II**, 10 Et de iors s.

VAR. Tableau des strophes :

OTZe	I II III IV V VI
BIKMNPRUVXa	I II III IV V
C	I II IV V

I, 1 fine] bone BCIKMNOPUXe, ienne V; bontes CUe, biaute KNPVX, biautez BMOT; 2 Et de c. d. v. bone amour a. B; (au)tressi *illisible dans e*; 3 T. t. s. *illisible dans e*; Tout TZa, Tous R, Li BKMNPVX; trois R; vns R, dun CU; que BCIKNOPUVX; ie bien iai p. B; i ai p. CIO; b. i a garde e, b. lai esprouue KNPVX; 4 Ja nen Z; Ia a BKNPVX, Ia maiz M, Ne ia CIUe; nul (nuns I, un e) ior nen (ne IUe) s. d. BCIKMNPUVXe; 5 Por CTZ; conseil *illisible dans e*; sont MR, cont BCI; ensemble] touz trois R, tout troi TZa, entreus Ue; 6 Li BCIKMNOPUVXe; correor BCKMNOPRUVXZae; qui] ke I, en O; ont Ra; auant sunt a. e, deuant sont BCIMU; 7 o. fai R, o. font T; De mon cuer o. f. l. ch. f. BCIKMNPUVXe; 8 usé] mene e; ja] mais IU; ne e; Ia a nul iour nen seront departi B; **II**, 9 de] la BIKMNPVXe; nuis T; 10 Et *illisible dans e*; dou T, le BIKMNPUVXe; lors C; les gens CU; g. en obscur O, oscureit I, occursir U, 11 regars BIRU; plaisans BI; Li d. r. et li (le R) mot (r. li mot douc e) s. ORTUZae; sauoreis I, sauoureus R; 12 Et la C, Et li IU; grans MTZae; biautes CIMUXae; et] o P; le BR, les P; biens MPTUZa, sans B; q. ie PRZ; ivi RZ; Et les granz biens quen ma dame choisi KNVX; 13 N'est *illisible dans e*; N. pas meruelle I, Ne men merueill M; merueilles BPV; ce se ma R, si ie men BKMNPUVXe, se de ce O, sel (san I) resgairt CI; mesbahi CIO, esbahiz V; 14 Ainsi a d. R; le mont e. e; 15 avroit] vairoit CIU, verroit Ma, venroit R; Quant nos aurons le OTZ; plus biau *omis par Z*, biaus I; jor *omis par C*, jours a; 16 Vers BCIMU; lui B; oscur BKNPVXa; en BIKMNUX; a miedi e, endroit meidi C; L. li si seroit oscur a miedi Z; **III**, 17 a] ai I, proece BKNPVX, pooir O; Sans et ualor sont ai vn acordant U; 18 Li BIKMNPUVX; troi Ra; font I; dui Ra, un X; et entier s. R; 19 Mult R; grans valors MOTZae, bone amour (amors U) BU; out R, ont a; en I, ai U; ceus BKMNPVX, lor O, joie e; pendanz MOTUZ, atendans e; San uient a aulz grant ualour espandant I; 20 Out R; tout RTZae, tous U; biens U, bon e; sont R, est l U; Ou amors a et BKMNPVX; recet KNPVX, reget B, recoi M, repos U; et refus U, raui R; Et lai biauteit i recest et desduit I; 21 P. ce est a. MVZ; amor I; si R; (l)i hos(pitaus) *illisible dans e*; 22 f. contre s. I; 23 Et BKMNPVX, Mais U, Je Re; iai BKMNOPUX; failli ai V; (da)me qui v(ale)z ta(nt) *illisible dans e*; 24 A mon KNPVX; amor I; se U; ne soi O; s. qui M; ou le U; fui O, seus U; **IV**, 25 Ie ORTZae; voi] a BCIKMNPUVX; plus] mais U; mes] fors BCIKMNPUVX; a ORTZae; li CIKMNOPUVX, dieu PTZa; (d)ieu me (com)mant *illisible dans e*; 26 Car CIKMNPVXe; t. biens (bien et B) fez BCIKMNPVX, consaus e ; lessie IKNPRUVZ ; celui IKNPX, celi V ; 27 Ma douce I ; joie] vie BKMNPVX, mort CU ; mort] ioie CU ; il] an U ; (m)a mort i at(ainc ?) *illisible dans e*; 28 Ne s. que cest CP ; des] mes BKMNPRVXa ; quant BKMNPRVX ; lui BR ; fu I ; (m)ais q(uant) d(eu)ant li *illisible dans e*; 29 Lors ne me f. s. C, Dont ne mi f. s. U ; me] mi O ; fissent Z ; lors *omis par B*, onc KNPV, ont X, si MRa ; si] mi OTZe, vair MRa ; s. biaul eul p. d. C ; danut U ; 30 Il M ; me] men O, mont MU ; virent Ta, naure MU ; ferir] parmi M, si tres U ; de (tout C) maintenant BCKNPVX, ou (le M) cuer dedens IM, doucetemant U, dun douc talent (talent *omis par R*) RZa ; (m)e vindrent ferir si douceme(nt) *illisible dans e*; 31 *omis par Za; tout sauf* talent *omis par R*; Par mi BCIKNPUVX ; l. cors BIKNOPUVX, giex *(?)* e ; dun dairt damors tranchans I ; tal(ent) *illisible dans e*, senblant BCKNPVX ; Dun douz reguart si amourousement M ; 32 Que R, *omis par BCIKMNPUVXe*; li c. BIMOTUZae ; coup CKNPRVX ; q. ie IKNOPRVXa, gi B ; ressu CI ; co(ls) que j'en r(eceu) *illisible dans e*; **V**, 33 cop R ; grant PR ; il] se C, si O ; fist C ; g. ne fait fors empirier e ; 34 m'en] me e, le MU ; (por)roit saner *illisible dans e*; Il nest nuns mires ki lou peust senneir I ; 35 Se c(ele) *illisible dans e*; Ce c. R ; Fors ke celee q. I ; non *omis par K*; sa main *illisible dans e*; il] mi BO ; daignoit BKMNPVXe, degnast U ; adeser *illisible dans e*; Se de samour i deignoit aseneir C, Ce de ces eulz me dignoit regardeir I ; 37 Bien *illisible dans e*, Tost BCKMNPVX ; mortel cop R ; (m)ortel (os)ter *illisible dans e*; 38 Ou BKNPVX ; A to(ut) *illisible dans e*; fust] fer R ; tel] grant BCIKMNPRUVX ; (desir)rier *illisible dans e*; Ke ia fut fais per si grant d. U ; 39 du] de B ; puet] puis RV ; p. nen porroit nuls (fors O) s. COU ; Mes la (po)inte (del) fer n'en (p)uet *illisible dans e*; 40 Que elle donna R ; brisa *illisible dans e*; (don)er *illisible dans e*, ferir C ; **VI**, 41 (D)ame vers vos n(ai a.) messagier *illisible dans e*; 42 mon messaige noncier O ; 43 se la volez chanter *illisible dans e*.

MUS. Schéma mélodique : A A B ; la mélodie de l'envoi est celle des vv. 6-8. O présente la musique en notation mesurée ; dans T, la mélodie est écrite à la quinte supérieure. • **1.** La répétition d'*avant* n'est pas reflétée dans la musique.

EDS. La Ravallière 13, Tarbé 1851 18-20, Wallensköld 1925 16-22, Spaziani 1954 85-87, Cremonesi 185-187, Spaziani 1957 80-83, Goldin 454-457, vdWerf 1979 71-78, Alvar 268-271.

REM. Sur le développement de l'allégorie dans cette chanson célèbre, voir Dragonetti 245-246. • **1.** Il est possible de voir dans *seance* une qualité un peu plus mondaine que morale ou intellectuelle : courtoisie, par exemple, ou gentillesse plutôt que sagesse ou savoir. Que le sens de ce premier vers ait été moins que certain même au moyen âge se voit dans la forme que lui donne Dante dans *De vulgari eloquentia* (I : 9 : 3, II : 5 : 4) où il cite *De fin amor si vient sen et bonté.* L'authenticité de *bonté* plutôt que la leçon du ms. de base *biautez* est suggérée par le contexte qui semble demander une qualité morale et non une qualité physique ; elle sera assurée au v. 12 par l'identification de *biauté* comme l'un des *correors* des trois qualités originelles nommées aux vv. 1-2, car la beauté ne saurait convenir aux deux endroits. • **11.** Il a fallu rejeter la leçon du ms. *et li mot* parce qu'elle ajoute un quatrième membre au groupe de *correors,* qui d'après le contexte ne doit pas dépasser le nombre de trois. • **35.** De factitif, *fist lancier* n'a que la forme.

143

LEÇ. REJ. IV, 41 g. qui laura.

VAR. Les str. V et VI ne figurent pas dans R.
I, 1 car] que MOSTVza, talenz MORSTV ; 2 Por S ; 3 le m. R ; je *omis par za* ; cuit] croi S ; 4 Cele X ; S. le fust se R ; 5 De mi R ; pitie KR ; 6 a] en S ; se d. R ; 7 Pitie SV ; Deus] las S ; quel X, qi za ; cest X ; ne soit esprise S ; 8 De S ; En uo b. R ; sui MOTza, que RS ; pri V ; 9 m. damors za ; pour vous *omis par T* ; 10 moi *omis par N;* **II,** 11 amors MOT ; fu za ; 12 j. uos ui et uo g. V ; gente] douce K, clere R ; 13 biau] bien R ; 14 Et si ni prist V ; reprist za ; 16 An R ; en *omis par M* ; A v. san ua an v. S ; a] et T ; 17 Li cuer za ; 18 Sen naues m. T ; n'en] riens S, gré *omis par R* ; 19 maus KMORSTVXza ; dou S ; iaten MT ; 20 Ma R ; Me S ; si *omis par S* ; 21 *omis par R; uniquement* se mi d. *dans S* ; Mort KX ; cele X, sil za ; me MZa ; **III,** 22 grant *omis par M,* granz za ; 23 f. chair V ; 24 je nel puis p. V ; 25 sot OSTV ; mon KX, li MST ; cuer KXza, cors T ; C. ce fu fait tout par ma volente R ; 26 Quant ie choisi R ; sa RS ; 28 p. lui M, le T ; A. s. toudis em p. R ; 29 m. et p. S ; pitie SV ; merci MRSVza ; m. li en p. za ; 30 Dont v. V ; Je uos dirai qi m. za ; q. tot m. c. K, q. m. fin c. X ; c. auez et e. ma V ; c. e. a RT ; 31 d. vis R ; bel] douc R, uair *barré dans V* ; o. que elle a R ; **IV,** 32 dame *omis par S* ; si M ; 33 vous *omis par OS* ; pl. de j. *omis par R* ; donee OSVza ; 34 trist(r)an MRX ; 35 Ne S ; a. en trestot s. ae M, a. tant comme il ot duree S ; 36 Se ma j. M ; joie *omis par O* ; t. a pensee M ; Se nest ma j. t. a grant pesance RT ; Ma j. mest a pesance tornee S ; 37 Ne za ; cuer s. cors V ; v. prent g. V, v. ai fait v. R ; uenlance za ; 39 la *omis par Rza,* li V ; aura ia V ; 40 On doit belle d. a. RT ; 41 s'amor *omis par V; g. q. laura OV, lauera za ;* **V,** 43 e. ai O ; mes dolors MS ; 44 Que par l. O ; mes m. SVza ; la g. MST ; aten T ; 45 Q. ie MS ; aura za ; sa d. za, sil uous p. V ; p. aucun j. O ; 47 S. mi V ; ciert KOTVza, cest S ; traisons MOT ; prouee S ; 49 me *omis par X,* men O ; m. tenez l. T ; 50 n'a] ne a O, nen a za ; 51 mie] pas za ; lonc temps O ; l. en fui S ; **VI,** 52 La MOSTV ; granz OSTza ; biaute MV, et magree Mza ; 53 e. belle e la pl. d. za ; 55 je] ia T ; pense MS ; p. ie s. ST ; 56 pens S.

MUS. Schéma mélodique : A A B rfv ; la mélodie de l'envoi est celle des vv. 6-8. O présente la musique en notation mesurée. • **1.** Au v. 3, le ms. n'indique pas de silence. • **2.** Le ms. ne donne pas de musique pour les rf. 2 à 6 ; le rf. 4 se retrouve dans un motet du ms. Montpellier H 196 (n° 27) ; le rf. 5 se retrouve en partie dans un motet du ms. Wolfenbüttel 1206 (W_2), f. 232v-233r ; voir aussi la chanson 28 (RS 575), rf. 2.

EDS. La Ravallière 6, Tarbé 1851 10-11, Wallensköld 1925 76-82, Pauphilet 890-891, Henry 1967 1 : 223-225, Goldin 460-463, vdWerf 1979 242-246, Baumgartner 1983 100-105, Chickering 1 : 142-144, Brahney 38-43.

REM. Il est rare de trouver des refrains variables, provenant normalement de sources populaires, dans l'aristocratisante chanson d'amour. Zumthor 1972 observe, p. 248 : « De manière très subtile, le poète souligne cette discordance, en intervertissant les formes de discours : quand la strophe parle de la dame à la troisième personne, le refrain emploie le *vous* (I et III), ou l'inverse (II, IV, V). » • **19.** *joie*, qui rime avec *delaie* (v. 21), doit se prononcer avec *e* ouvert, sans élément labial. • **34.** Tristan avait la réputation d'être le parfait amant. • **38.** *defiance*, défi formel.

144

LEÇ. REJ. II, 15 ore *(+1)*; **IV**, 35 couint ; **V**, 41 puant, 42 enfeconez, 47 chancelier, 48 Et p. s. pere *(+1)*.

VAR. La str. VI ne figure pas dans KX.
I, 1 cum li za ; 3 vient] est S ; 4 ocist BMOSTVza ; 5 angoises za ; 6 socist BMOSTV, se fiert za ; son *omis par T* ; 7 Fait reuiure S, Reuiure fet V ; 8 fu] sus B, vint T ; passion BS ; 10 mult] trop MT, tant OS ; par est p. S, est or p. V ; puanz K ; **II**, 12 Qui Bza ; bien ne (et T) droit (et T) pitie BKMOSTVza ; nen na (a S) nus BS ; 14 F. tencons M, traison SV ; 15 ore BKMOSTV ; vostre MV ; estas BOSTV ; 18 Or e. O ; de c. Mza ; laissiez MO ; 19 guerroie M ; 20 J. nus hon ne f. en deu c. za ; hon BMTV ; creant B ; **III**, 21 Nostres OT, Vostre S ; chiez BMS ; t. les m. T ; 22 P. ce est b. BMSVza ; 23 granz MO ; coupes BMOT ; c. ramaint s. B ; sus Oza ; 24 Cui MOST, Qil p. za ; a. puet auoir S ; voloir KV, ualoit M ; 25 Et entendre g. B ; genz Oza ; mult a b. *omis par za* ; desus S ; 26 *omis par za* ; Quant B ; guilir M ; 27 Le m. en f. *omis par za* ; desus S ; 28 q. quiert mal m. S ; maus ne MOST ; 30 doit] puet ; **IV**, 31 deuron mes en B ; uooir K ; 32 De la b. T ; qui fu *omis par za* ; 33 es liures K ; 34 couient MO ; le chastel S ; 35 Ce est c. O ; C. cil B, ce za, li S ; que BSza, cui MOT ; i couuint K ; 36 fait] uuet S ; 37 Le sanc MS,

Les iauz O ; couient BSTza ; 38 P deliurer qui estoit a uenir B ; a *omis par za* ; 40 A B, Es O, Au malices S ; **V**, 41 li oiselet S ; puant BKOSV ; 42 et son *omis par za* ; 43 papelars O ; dou S ; le za ; nons MT ; pas nest za ; 44 Ains B ; C. ort p. O ; s. bien o. MST ; vil|puant MT ; et mauueis et puant S ; 45 la bone g. S ; 46 Pour B ; mot qil za ; son M ; 48 Et p. BKV ; s. pere KOV ; 49 tolue B, toloit O ; *premier* et *omis par Vza* ; 50 Sen p. S ; les g. BTza ; gries B, grans Tza, grant MOS ; **VI**, 51 doinst T ; li O ; 53 Quel n. V ; 54 De O ; puz] maus MOTV ; q. si ont bes mauuais B ; venins T.

MUS. Schéma mélodique : oda continua. O présente la musique en notation mesurée, selon le troisième mode ; V, qui donne une deuxième mélodie, semble confirmer, au v. 7, le troisième mode.

EDS. La Ravallière 158, Tarbé 1851 119-121, Wallensköld 1925 194-199, Järnström 1927 41-43, Cremonesi 202-204, Gennrich 1958b 32-34, Toja 417-420, vdWerf 1972 121-125, vdWerf 1979 18-22, Chickering 1 : 148-150, Brahney 238-241.

REM. Ce serventois est unique parmi les chansons de Thibaut par sa combinaison de sentiment religieux, de considérations politiques et d'indignation morale. Il est difficile de déterminer s'il renvoie à la croisade contre les Albigeois (1226) ou aux préparatifs de la prolongation de la sixième croisade en Terre sainte (1236-1239). Dans le premier cas, les deux dragons (str. IV) représenteraient soit l'Église et l'hérésie albigeoise, soit Simon de Montfort et le comte de Toulouse ; dans le second, ils symboliseraient le pape Grégoire IX et l'empereur Frédéric II d'Allemagne, et le *chief* du v. 21 serait le pape. Pour plus de détails, voir Järnström 1927 5-8.

Sur la structure mélodique de cette pièce, voir Räckel 1982. • **1.** Sur le pélican comme symbole du Christ, voir Malaxecheverria ainsi que Réau 1 : 94-96, Schiller 2: 136-137. • **12.** La correction grammaticale aurait donné *bien, droit, pitié* ; de même, les sujets *estas* au v. 15 et *maus* au v. 28. • **29-30.** Wallensköld 1925 traduit : « Celui qui se prépare à combattre un petit mal (le pouvoir musulman en Palestine) ne doit pas garder dans son propre cœur un grand mal (l'hypocrisie) », interprétation acceptée par Cremonesi, van der Werf 1972 et al., mais qui nous paraît peu liée aux vers précédents. Il est d'ailleurs étonnant de voir attribuer à Thibaut l'idée que le « mal musulman » n'était pas un phénomène particulièrement grave. Nous préférons prendre *porchasse[r]* dans son sens habituel de « poursuivre, s'occuper de » et voir dans l'auxiliaire non une injonction mais l'expression d'un futur incontournable : en s'occupant trop de leurs querelles intestines, les barons perdront de vue leur ennemi commun (les Albigeois ? les Sarrasins ? Satan ?). • **31-34.** Il s'agit, dans cette allusion « historique », d'un château dont la construction fut empêchée par les luttes souterraines de deux dragons ; selon la légende, racontée dans *l'Historia regum Britanniae* de Geoffroy de Monmouth ainsi que dans l'adaptation française – le *Roman de Brut* – de Wace et le *Merlin* en prose, c'est le sage Merlin (le *Mellin* du v. 37) qui a révélé la cause du problème.

145

VAR. I, 1 Seigneurs K ; 3 c. por dieu or ne p. S ; 5 en soi a KNVX ; et r. TX ; **II**, 8 Tout T, Quant S ; 9 honor] amor KNVX ; 12 cheet K, assis en S ; male a. X ; 14 fu por nos KNVX ; **III**, 15 cil] li V ; v. cheualier K ; 18 Et li anuieus del mont S ; 19 s. tout ce S, s. ice T ; 20 Qui dieu ne font un secours en sa uie V ; font d. en lor uie S ; 21 gloire] ioie TV ; du KNSTV ; **IV**, 22 Bien se S ; por nos en croiz KNOSTX ; 23 que] ou KNOSTVX ; 24 ma crois *omis par S*; 25 la ou] ou tuit KNVX ; li T ; angre KNVX, ange O, angele T ; 27 p. qui KNTVX ; 28 Descendes TV ; **V**, 29 tout h. K ; 30 doie] quide T ; 31 Ensinc le O ; A. le tiennent ennemi en pechie S ; 32 sens KNTVX, sus S ; 33 Biau KX ; penser S ; 34 menez en la douce c. S ; 35 Si faitement que nos puissons auoir de noz pechiez pardon S *(+6)*; puisse T ; uoir K ; **VI**, 37 b(i)eneuree OVX, boneuree K, bone euree ST ; 38 Que p. S ; puist SV.

MUS. Schéma mélodique : A A B ; la mélodie de l'envoi est celle des vv. 5-7. O présente la musique en notation mesurée. • **1.** Au v. 2, le ms. répète cette note, ce qui rendrait *terre* dissyllabique. • **2.** Le ms. a *la,* mais le v. 7 ainsi que KNOX confirment *sol.* • **3.** Le ms. ajoute une ligature *do-si,* ce qui rendrait *terre* dissyllabique.

EDS. La Ravallière 132, Leroux de Lincy 125-127, Tarbé 1851 124-125, Meyer 1877 370, Noack 119-120, Bédier 1909 167-174, Wallensköld 1925 183-186, Wagner 80-82, Pauphilet 896-897, Cremonesi 200-202, Gennrich 1955 1 : 9-12, Toja 415-417, Mary 1 : 360-363, Goldin 476-481, vdWerf 1979 3-6, Baumgartner 1983 252-255, Brahney 226-229.

REM. Thibaut a composé cette chanson entre 1235, début de ses préparatifs pour la sixième croisade, et 1239, date de son départ pour la Palestine ; voir Bédier 1909 170. Voir aussi les remarques de Payen 1968 274-275.

146

LEÇ. REJ. II, 14 la a *(+1)*; **V,** 55 Dels.

VAR. • **I,** 1 lautre ier T ; 3 pensant] anblant NX ; 4 A fere *illisible dans O*; A] Por X ; une *omis par S*; 7 dou MOTX, dun S ; enfancon T ; 8 hons S ; 9 enfent M ; si] quil SV ; 11 Onques O ; rien T ; **II**, 13 maintenant] en riant O ; 14 la a NSVX, lai a MO ; 15 B. por deu d. m. c. O, B. d. m. por dieu c. S ; 16 Vos auez n. OS ; vous *omis par V*; 17 Et *omis par X*; tout errant] maintenant MNOSYVX ; 18 son] un S ; 20 aurez MOSV ; la *omis par S*; 22 Ie nai c. O ; 23 Car] Que OSTV ; biau] ami ; choisi *omis par T*; 24 Con S ; Quanque iai me robecon V ; **III**, 25 Lors fu esfraee S ; 27 Que MSV, Quele OTX ; me MNOSTVX ; daigna NSX ; regarder S ; 29 conmence a porpenser NS ; 30 Conmant S ; 31 *illisible dans M*; Mi p. a. S ; 33 Arriere S ; 34 Com p. regar O ; plus *omis par V*; 35 mon cuer X ; **IV**, 37 Lor M ; 38 Tout b. V ; 39 Quele me d. regarder S ; 40 autre] bel V ; 42 dit MO ; Et d. tantost S ; 43 Je *omis par OX*; puis] os V ; puis plus e. X ; escouter MT, p. oblier escouter S ; 45 dis MNOSTVX ; 47 rit MNOSTV ; 48 Non NX, Ne MT, Nel V ; dites pas a la g. S ; Uos f. paour la g. O ; **V**, 49 monte V ; 50 De *omis par X*; 51 Et *omis par S*; droit *omis par T*; 52 Lez un O ; 53 esgardai O ; 55 pastouriaus p. S ; blef OS ; 56 v. criant S ; 57 leuoient ST ; haut] grant MOST ; 58 plus bele q. S ; 60 Ne oi c. O, Ie noi c. S ; telx genz OT.

MUS. Schéma mélodique : A A B. O présente la musique en notation mesurée. • **1.** Au v. 5, le ms. a *sol*'. • **2.** Au v. 6, le ms. porte une barre. • **3.** Au v. 4, le ms. n'indique pas de silence.

EDS. La Ravallière 89, Tarbé 1851 89-91, Bartsch 1870 231-232, Wallensköld 1915 176-179, Pauphilet 902-903, Spaziani 1954 90-92, Bec 2 : 47-48, Aspland 163-166, vdWerf 1979 58-63, Paden 1 : 132-135, Brahney 150-153.

REM. Cette pièce, « qui n'est pas loin d'être un petit chef-d'œuvre » (Frappier 189), et la pièce 147 (RS 529) sont les seules pastourelles connues de Thibaut. • **33-35.** La tradition qui permet l'emploi de rimes imparfaites dans les pastourelles et les compositions similaires se manifeste peu dans ce poème : seulement dans la str. III, où la rime *c*, qui se retrouve dans tous les couplets, prend la forme de *-is* au lieu de *-i*.

147

LEÇ. REJ. I, 2 bois en un ; **IV**, 35 mal et faus ; **V**, 43 Mes li f.

VAR. • **I**, 2 Entrai un M, 5 un son MT ; el son V ; 6 Si me B ; 7 men t. MT, men cours B ; 8 del rainier B ; 9 Se li MT ; 10 Doinst KT ; **II**, 11 demore M, demorer V ; 12 Me tendi V ; 13 fresche (simple V) et c. BMTV ; 14 Se mi MT ; 16 Sauroiz BKM ; atort B ; 18 li] sil B ; 20 h. gengleour B, tricheor K ; **III**, 21 Bene ce M ; se ne B ; 25 Fois ch. B ; 26 lamors T ; 28 en vous B ; 30 auroiz B ; **IV**, 31 saintes T ; 32 en *omis par MT*; parle or por M ; 33 auront] ont or B ; trichiee KV ; 34 Sil ch. B ; 35 fox M, fol T ; 36 que] de MT ; 37 r. (vois T) en ma m. MT ; 38

Car] Que MT ; perrins B ; qui mi a. BV ; **V**, 42 Qui me uoloit e. B ; engingnier K ; 43 riens ni poi K ; ni peuc r. T ; 45 grant c. T ; crit B ; 46 a *omis par B* ; huer TV ; **VI**, 51-53 *omis par K* ; 52 Si me d. MT ; dist *omis par B* ; pour ramprosner T.

MUS. Schéma mélodique : A A B ; la mélodie de l'envoi est celle des vv. 8-10. • **1.** Au v. 3, cette note manque au ms. • **2.** Au v. 2, le ms. a un losange. • **3.** Au v. 4, le ms. n'indique pas de silence.

EDS. La Ravallière 92, Tarbé 1851 92-94, Wallensköld 1925 180-183, Bartsch 1870 232-234, Chastel 478-483, Toja 420-422, Goldin 474-477, vdWerf 1979 88-92, Rieger 1983 110-113, Paden 1 : 134-137, Brahney 154-157.

DIAL. Trait picard : *trichie* (33) pour *trichiee.*

REM. Cette pièce et la chanson 146 (RS 342) sont les seules pastourelles connues de Thibaut. • **6.** Ce vers fait partie d'un refrain connu ; voir B 354. • **36.** Ici comme dans nombre de textes médiévaux, Ganelon, le traître de la *Chanson de Roland,* est l'incarnation même de la perfidie. • **53.** Comme le suggère Wallensköld 1925, ce vers a l'aspect d'un refrain ; il ne se retrouve pourtant pas ailleurs et il n'est pas répertorié dans Boogaard 1969.

148

LEÇ. REJ. I, 7 ualor, 8 nus ne p. alegier ; **III**, 25 Du f. m. uos ai conte, 28 meurera, 31 D. q. ui ma dame p. ; **IV**, 38 va iuant, 41 granz] tant ; **V**, 53 Cest la *(+1)*, 54 uenistez, 55 deablez ; **VI**, 56 Pere dieu.

VAR. Tableau des strophes :

KR^1 I II III IV V
R^2 I II III IV VI
S I II III IV V VI VII (voir *infra*)

I, 1 arbre R^{1}V ; p. morir S ; 2 tout KR^1 ; et uait B ; crolant *omis par S* ; 3 *omis par S* ; hons KOR^{2}X ; q. lainme B ; sanz m. *omis par B* ; 4 Ne p. f. a. v. *omis par S* ; 5 Flors B, Fueille S, Fruis et flours R^2 ; de c. s. *omis par B* ; 6 *omis par B* ; Pour ce R^{1}R^{2}TV ; cil en] est faux R^2 ; en *omis par V* ; cui OR^{1}S ; na a. R^2 ; 7 En ce f. *omis par B* ; cel f. T ; tant] mult S ; ualor BKOR^{1}TVX, doucours R^2 ; 8 ne.l] ne KS, ni R^1, nen T ; alegier S ; 9 *omis par K* ; Que *omis par R^2*, Car R^{2}ST ; fait il a. S ; 10 Fleur R^1 ; lapelon BO ; 11 Or ne sai deuiser s. n. R^1 ; **II**, 12 cel f. T ; sentir] esmes B ; 13 Dieus] il S ; nou fait premierement O ; 14 Qui a de seruir a amer O ; et sentir R^1 ; 15 D. et cuer et t. S, D. c. et entendement V ; 16 Cils R^{2}T ; qui R^1, quierat B, qui en tel f. S ; du BKR^{1}R^{2}V ; f. premierement BKOR^{1}VX ; 17 l'en] li S ; 18 le] ce R^1 ; 19 Quant *omis par S* ; Eue i fist S ;

pechier] mengier K ; 20 du KR^1R^2V, de BS ; son f. B ; 21 et so son non B ; 22 *omis par V*; Gil] Si BKOR^1R^2STX ; aura le S ; du f. BKOR^1X ; **III**, 23 S. dit uos ai de larbre O, S de l. uos ai dit S ; 24 n. dont a. R^1R^2, n. de quoi a. T ; n. iuqua miex sieut S ; 25 *omis par S*; Dou R^1R^2TX ; vous conterai R^2 ; 26-32 *omis par S*; 26 c. cueillent B ; Dieu] lui R^2 ; tienent B, tiens R^1 ; 27 dou KOTX ; vers R^1 ; 28 ne meurera O, ne se tenra R^2, ne mainterra T ; 29 frui R^2 ; qu'] que BK, quoi T, dont R^2 ; Adam R^1R^2V ; 30 tel f. BT ; me v. R^2 ; 31 De q. B ; ken ma T ; vi] uit B, *omis par T*; 32 Ai de B, Euc ie de R^2 ; 33 Dont a nul S ; ia a nul T ; jor *omis par O*; ne sen i. B, nistera S ; istrai K ; **IV**, 34 B. croi C, sai R^2, qui S, quio T ; du BR^2V ; del S ; goutera OSV ; 35 Que iai c. OS, Que c. ai R^2T ; samours ne vient R^2, aincois man uient S, au cors m. V ; 36 c. de l. S ; 37 Qui en O ; a la b. se s. *omis par BKR^1VX*; se s. *omis par O*; 40 folement ua S ; 41 grant BR^2, mes granz d. O, desiries T ; 42 je *omis par X*; ie maintien S ; chies R^1 ; 43 afinez] esfraez BKR^1VX ; 44 V. lui V ; qui BKOR^1R^2TVX, *omis par S*; mes secors BK ; **V**, 46 Dou OTX ; de v. a. *omis par S*; 47 v. auez B ; 49 Bien me R^1 ; 52 Mi d. R^1, Me d. *omis par V*; daigniez B ; 53 Cest la B ; 54 Par cui BOS, quoi R^1V ; **VI**, 56 pour v. B ; 57 Du BR^2TV ; 58 Car R^2T ; Que ce B ; ai et sen senc plus R^2 ; 59 C. ie croi R^2T, C. encore B, encor OX, Concor V ; ne s.] sentist B, nen senti O, ne fist S.

S ajoute un second envoi (= str. VII) :

Phelipe, laissiez vostre errour.
Je vos vi ja bon chanteor.
Chantez, et nos dirons desus
Le chant Te Deum laudamus.

Philippe, laissez donc votre erreur.
Autrefois je vous vis bon chanteur.
Chantez, et nous dirons sur votre air
le chant du Te Deum laudamus !

MUS. Schéma mélodique : A A B ; la mélodie de l'envoi est celle des vv. 8-11. R^1 donne une mélodie différente dans la section B.

EDS. La Ravallière 161, Tarbé 1851 122-124, Wallensköld 1925 203-208, Järnström 1927 45-48, vdWerf 1979 168, Brahney 242-247.

149

LEÇ. REJ. II, 18 li] ci ; **III**, 21 Ne le me l., 23 ai uee.

VAR. Après la str. I, le ms. U présente les deux premiers vers de la str. III (19-20), suivis immédiatement des sept derniers vers de la str. II (12-18) et d'une reprise des deux derniers vers de la str. I (8-9).

Suivent, dans leur intégralité mais transposées, les str. III et II. **I**, 1 que] con ; 2 se ce] si me ; 4 P. tot desdut ; 5 Et a millou de ; 7 Ke ; l. detenut ; 8 L. con mar f. ains de m. n. ; **II**, 11 Con ie de cuer lamai s. d. ; 12 Om me d. ke de li (lui x) iere a. ; 13 Nonkes (Onkes x) nan poi (pos x) reconoistre lou v. ; 14 la criee ; 15 Biaz ; 16 m. geist ; 18 Et bien leust t. li s. v. ; **III**, 19 m'a] mont ; 20 font ai atruj a. ; 23 vee ; 24 seroit ; 25 j. la j. ; 26 Si.

MUS. Schéma mélodique : A A B. Le refrain composé des vv. 1 et 9 se retrouve dans un motet du ms. Wolfenbüttel 1206 (W_2) f. 219 bis v-220r et ailleurs. • **1.** Au v. 4, le ms., ayant donné a *toute* une valeur dissyllabique, compense cette non élision en répétant le *sol.* • **2.** Le ms. omet cette note ; correction d'après trois sources du motet.

EDS. Jeanroy 1889 501-502, Zarifopol 43-44, Gennrich 1955 2 : 40-42, Bec 2 : 11-12, Lepage 1981 122-126, Alvar 286-289.

DIAL. Traits picards : *ie* final pour *iee* : *baisie* (15), *otroiie* (24) ; *jou* (1), *çou* (20) pour *je, ce* ; *repenc* (2) pour *repent.*

REM. Cette pièce résulte de l'élaboration d'un refrain de deux vers assez connu, conservé dans plusieurs sources. Dans notre texte, il figure, en forme scindée, comme le premier et le dernier vers de la str. I ; voir, en plus de Boogaard 1969, Gennrich 1921b n° 1239. Le poème paraît dans un motet dans nombre de sources ; voir Gennrich 1958a n° 820, Tischler 1973 94. Lepage 1981 classe la pièce parmi les « chansons douteuses ».

150

LEÇ. REJ. I, 2 tieg, 5 Sescouru ; **III**, 18 Et p. *(+1)* ; **IV**, 22 a. mais mais ne *(+1)* ; **V**, 27 Ke sele *(-1)* ; **VI**, 32 ki male *(+1)* ; **VII**, 38 mal auoit m. *(corr. Jeanroy)*, 39 mis] nus ; **VIII**, 43 De.

VAR. II, 9 cui ; **IV-VII**, 20-41 *lacune entre* qui *et* (gen)tillece *par suite de la mutilation du ms* ; **VIII**, 43-44 *manquent.*

MUS. Schéma mélodique : oda continua ; la mélodie de l'envoi est celle des vv. 5-6. M donne une deuxième mélodie.

EDS. Zarifopol 15-16, Lepage 1981 50-53.

DIAL. Traits picards : *coses* (9) pour *choses* ; *çou* (18), *jou* (19) pour *ce, je* ; *boin* (44) pour *bon.*

REM. Ce poème est un exercice lexical qui joue d'abord sur *gent* (str. 1-3), puis sur *mal* (str. 4-6), et qui finit par opposer les deux lexèmes dans un combat métaphorique. • **31-32.** *Cf.* les proverbes *Qui mal dit mal luy vient, Qui mal fera mal trouvera* (Morawski, n°s 1979, 1983). • **34.** La girouette sert souvent à symboliser l'inconstance ; *cf.* la pièce 118 (RS 684), v. 31 et Tobler-Lommatzsch, s. v. *cochet.*

151

LEÇ. REJ. III, 20 puis] tot, 24 auoit esproue *(+1)*; **IV,** 31 preig ; **V,** 39 Cuer ioli *(-2).*

VAR. I, 2 foilli a, 6 Que a, 7 Damour a, 8 F. qen a ; **II**, 14 fin] haut Ta ; **III**, 17 j. mespris v. T, j. pri v. a ; 19 J. la T ; ch. aconpere a ; 20 Si ai a ; 21 M. ami T ; 22 Quele m. g. a ; 24 Auoit T ; esprouue a ; **IV**, 25 se puis a ; 26 Qui a ; 27 trop] iou T, je a ; lai a ; **V**, 33 Chancons T ; 39 Cuer ioli T ; 40 Iai garde T.

MUS. Schéma mélodique : oda continua. La mélodie du ms. a est écrite à la quarte inférieure. • **1.** Le ms. met le bémol après la note.

EDS. Zarifopol 32-33, Lepage 1981 85-88.

REM. Plusieurs procédés rimiques relient les couplets de ce poème. Les rimes *a* et *b* se retrouvent dans le même ordre dans les str. I, III et V, mais elles sont transposées dans les str. II et IV (« coblas retrogradadas ») de telle sorte que la première rime de chaque couplet répète la dernière du couplet précédent (« coblas capcaudadas »). La rime *c* ne s'emploie qu'une fois par couplet (« rim estramp ») mais est véhiculée tout le long du texte par le même mot, *esperance.*

152

LEÇ. REJ. I, 4 cieus *(corr. Jeanroy-Langfors),* 5 seruiche, 6 Kil, 7 perchu *(-1)*; **IV**, 28 issont ; **V**, 33 me] men, 35 ihesu *(corr. Zarifopol).*

VAR. IV, 28 jssont detenu.

MUS. Schéma mélodique : A A B. Le ms. a donne une deuxième mélodie. • **1.** Au v. 5, le ms. porte une queue c.o.p. • **2.** Le ms. omet cette note ; corrigé.

EDS. Zarifopol 24-25, Jeanroy 1921 24-25, Lepage 1981 92-95.

REM. Ce texte se compose de « coblas redondas » : au schéma rimique des strophes impaires, *abcabcca*, les strophes paires substituent le schéma *cbacbaac*, qui transpose les rimes *a* et *c*.

Sur le rapport entre texte et mélodie, voir Karp 1977.

Le sens de ce poème a provoqué une certaine perplexité chez les premiers éditeurs ; voir Lepage 1981 94-95. • **18-24.** Le complément d'objet sous-entendu dans ces vers est sans doute Amour ; la *franchise* « autorité » (v. 18) est celle d'Amour. • **22.** *atendu* = *entendu*. • **23.** *acreü*, participe passé d'*acroire*. • **25.** Il s'agit de Dédale, constructeur du labyrinthe de Crète, où fut enfermé le Minotaure. • **35-36.** Le roi Thésée a pu pénétrer dans le labyrinthe, y tuer le Minotaure, puis en sortir à l'aide du fil (d'Ariane) qu'il avait déroulé derrière lui.

153

LEÇ. REJ. II, 25 Conques dame ne serui ; **III**, 33 Car ; **IV**, 42 mauiez.

VAR. Tableau des strophes :

KNPXRa	I II IV III VI
F	I II IV
S	I II IV III V
C	I II III IV V
U	I II IV III VI V

I, 1-9 *omis par F*; 2 Et le rosier espanier KNPXSCUa ; 3 Et seur (Desour U, sus N, par S) la bele (douce S) v. KNPXRSUa ; 6 celi CUa ; cui SCU, qui a ; 7 Et aim l. a ; He las (Las et R, Lais cui U) iaim (ie laim N) o. m. KNPXRSCU ; 8 Car a. R, Autresi KNPX ; T. aus c. a ; 9 atent XU ; 10 m. cors a ; 11 douce r. a, tresdouche esgardeure F ; 12 Et F, Ke CU ; me vient FSU ; a c. CU ; Q. au cuer me vient f. R, Q. el cors me vint f. a ; 13 sousfrir Ca ; **II**, 15 Fine RC ; amours a ; au (et U) souenir SU ; 16 Et KNPX ; Mex me v. S ; uaudroit KNPXRSCU ; 20 Las et m. R ; 21 ma dolor nait c. CU ; 22 Ne de mes maus alegir (amerir C) SC, Ne de mes griez mals santir U, Na soi ne me veut tenir a ; 23 mi R ; a mar. FS, et languir C, et morir U ; Si mocist a son plaisir a ; 24 Et cest a. KNPXRU, Mais adies en F, Lais cest tous iors C, Mais cest a. a ; 25 Quainz PCa, Quains ma d. R, Cainc F, Maiz S, Ca U ; Conques (Onques N) dame ne serui KNX ; 26 Quele RFS ; me KNPXFSCUa ; uausist a ; **III**, 27 H. dex KNPXUa ; 28 Des primes que ie la ui KPX, Des (De U) lors que primes (premiers SU) la ui NRSU, Despues (Des ce a) ke premiers la ui Ca ; 29 Onques p. autre S ; Ke onques pues de r. C ; rien XCU ; 30-33 *omis par S*; 30 Ne KNPX ; De mon cuer ie ne j. C ; 31 A. ma s. KNPXRUa ; 32 Lessie KNXUa, Lessier P, Blecie R, Destrois C ; l'amour de *omis par C*; amour a ; lui R ; 33 Ke aillors nai ma p. C, Que ie naim autre riens nee KNPXa, Ke ie ne ains atre nee U, Et se ma dame honneree R ; 34 Et S ; M. quant a ; Qui est si france et senee R ; 35 ait] a a ; 36 B. deusse R, en doit SC ; 37 loiaute

KNPXU ; **IV**, 40 He (Le X) tres douce d. KNPX, Douce dame d. RFSU, Belle blonde d. C, A tres boine et d. a ; 41 Conques RCU ; 42 mauiez KPX ; uee KPX, deuee NFU ; 43 Lamor dont ie uos pri si U ; 46 auront d. C ; Saurez (Sauez RFSU) leur ioie d. KPXRFSU ; 48 Si KNPRSCUa ; la U ; 49 C. (Onques N) honme KNPXU, C. mais hons R, C. nus hom a, Car ainc mais hons F, Car onques hons S, Lais onkes hom C ; 50 tresesperee S ; 51 Et KNPXSU ; Bien en v. R ; periz SU ; Iainc mius ces maus a soufrir F ; 52 Puis qua samor ai f. KNPXRSU, Ca tel ioie auoir f. F, Pues ke jai a uos Ca ; **V**, 53 Elais U ; ie ne mos d. SCU ; 54 p. li s. U ; 55 Nes CU ; moinent U ; 58 Mersit debonarement U ; 59 Et si uos fais bien e. S, Et se uos ueul faire e. C, Et ci uos fas ai e. U ; 60 sanz] puis U ; faindre S ; 61 en] i CU ; 62 Et C ; q. ne se desfent SCU ; 63 Et a merci se veult randre SCU ; 65 M. ki C ; **VI**, 66 Ma cancounete je tenuoi a ; 67 mamie d. RU ; 68 Prie li que sanz mesprendre KNPXU, Si li di que sans atendre mesprendre R, Se li prie de par moi a ; 69 Te (Me U) die tout s. t. KNPXRU, Cor face tout s. t. a ; 72 cuj (qui a) mors Ua ; 73 belle RU ; facon R ; 74 toutes a, fine NRU ; biautes a ; En qui grant b. KPX ; 75 le cors KPXa ; Mon cors (cuer N) alume et e. NRU ; 76 seur a ; Li charbons desoz (dedens U) NRU ; 77 p. si s. KNPXU ; contenement a ; 78 Con fet li (le P) las qui atent, Que (Con U) ie fas quant a la (li U) pens RU.

MUS. Schéma mélodique : A A' B B. Il existe quatre contrafacta de cette chanson : 164 (RS 2096) et RS 1104, 2091, 2112, ainsi qu'un contrafactum latin d'Adam de la Bassée ; la mélodie se trouve donc aussi dans CIKNRVX (deux fois dans X) et dans le ms. Lille, Bibl. mun. 397. • **1.** Au v. 3, le ms porte une queue c.o.p. • **2.** Aux vv. 3 et 9, le ms. n'indique pas de bémol. • **3.** Aux vv. 4, 9 et 13, le ms. ne porte pas de barre. • **4.** Les huit notes suivantes sont déplacées à la seconde supérieure.

EDS. La Borde 1780 218, Keller 262-264, Mätzner 18-20, Steffens 1905 282-290, Winkler 65-69.

REM. Cette pièce était très appréciée, à en juger non seulement par le nombre et la variété de ses sources manuscrites mais encore par le nombre de chansons composées sur son modèle (voir Jeanroy 1897 521) ; voir, par exemple, la contrafacture de Philippe de Remy, notre pièce 164 (RS 2096).

Les deux éditeurs modernes, Steffens et Winkler, ayant pris K comme ms. de base, en ont complété le texte en y joignant, en position finale, la str. V conservée par le ms. V, ce qui a donné l'ordre I II IV III VI V. L'ordre du ms. V, qui met l'envoi adressé à la *Chançon* là où il se trouve normalement, nous semble plus satisfaisant. • **1.** *glaie*, non pas le glaïeul mais la fleur jaune qu'on nomme communément l'« iris des marais ». • **54.** Steffens 1905 et Winkler remplacent *la mort*, pourtant conservé dans tous les mss., par l'*amor*. La leçon *la mort* est pourtant justifiée par le présent ordre des strophes, et cette leçon aide à son tour à justifier le présent ordre, par la comparaison exprimée aux vv. 55-56 et par l'occurrence, au v. 13, de *la mort sentir.* • **73-78.** L'image du feu relie la strophe finale à la première (vv. 8-9).

154

LEÇ. REJ. II, 21 *manque,* 22 Car l. p. de ij eschiers ; **III**, 31 Quautres, 35 amors *manque* ; **V**, 53 du roi, 60 manoie ; **VI**, 67 blant, 68 roie, 70 Des] dex.

VAR. La str. VI ne figure pas dans KV.
I, 7 me KV ; grant m. K ; **II**, 21 *omis par V* ; 22 Car l. p. de d. e. KV ; 23 Doubliers V ; **III**, 28 granz V ; 31 Quautres V ; 33 mengraigne K, engreigne V ; **IV**, 44 soupraigne KV ; 46 esloignier V ; 47 La j. non pas changier V ; **V**, 52 qua V ; 53 du roi V ; 54 cors K.

MUS. Schéma mélodique : A A B. V donne une deuxième mélodie. • **1** Aux vv. 3 et 5, le ms. porte une barre.

EDS. Winkler 41-43, Baumgartner 1983 118-123.

REM. Thierry de Soissons, à qui KN attribuent cette composition, est vraisemblablement le même trouvère que Raoul de Soissons ; voir Winkler 20 et le compte rendu d'A. Jeanroy dans *Romania* 44 (1915-1917) 159-160.

Sur les rapports intertextuels avec la chanson 93 (RS 629) de Conon de Béthune ainsi que quelques pièces occitanes, voir Venturi. • **22.** Jeanroy, dans le compte rendu cité *supra,* propose de remplacer *puis* par *puet,* avec la dame pour sujet, la *fine biauté* (v. 24) étant, bien entendu, une qualité de celle-ci plutôt que du poète-amant. Si logique qu'elle paraisse, cette substitution déformerait pourtant le propos du poète, car dans le contexte de rêverie fourni par les vv. 19-21, ce n'est pas la dame elle-même qui augmente sa beauté mais la dame telle que le poète se la représente ; c'est bien la forme de la première personne *puis* qui s'impose. • **23-24.** *Doubler les poinz de l'eschequier de qqch* (ou *doubler l'eschequier de qqch*) est une locution bien attestée exprimant une quantité très grande, même infinie ; c'est littéralement le résultat du doublement géométrique des 64 cases de l'échiquier. Voir Tobler-Lommatzsch, s.v. *eschequier* ainsi que Livingston. Noter que dans ce passage le poète souligne l'immensité de *fine beauté* (v. 24) en parlant non pas d'un échiquier mais de deux. • **61-72.** Dans le compte rendu de Winkler qu'il a publié dans *Neuphilologische Mitteilungen* 17 (1915) 125-133, A. Wallensköld déclare, p. 131 : « Tout le couplet m'a l'air d'avoir été ajouté par un copiste (v. notamment la façon dont parle le poète de sa dame à la 3ᵉ personne du sing., après l'avoir apostrophée aux couplets IV-V) ».

155

LEÇ. REJ. II, 14 ses] ces ; les plux hauls barons, 15 les poures, 17 ses] ces ; **V**, 43 s'elle] celle.

VAR. Le ms. O ne conserve que la str. I.
I, 1 Avcune gent ont dit p. f. ; 2 par a. ; 4 C. un j. sires de moi ne f. ; 7 Quamors ma si dou tout en sa b. ; 9 li puisse f.

MUS. Schéma mélodique : A A B. • **1.** Au v. 3, le ms. n'indique pas de silence.

EDS. Winkler 46-48.

DIAL. Traits lorrains : *ai* pour *a* : *saichiés* (7), *saiche* (9), *jai* (11), *paisse* (53) ; *ei* pour *e* tonique : *chanteir* (2), *douteis* (10), *esproveit* (19), *teil* (45) ; *per* (6) pour *par*; *c* pour *s(s)* et *s* pour *c* : *decevreis* (24), *dousour* (44), voir aussi LEÇ. REJ. ; conservation de *t* final : *volenteit* (8), *esproveit* (19), *mercit* (36) ; *x* pour *s(s)* : *cortoixie* (6), *plux* (14), *angoixe* (37) ; *ceu* (23) pour *ce*; *seux* (40) pour *sui*; 3e pers. sing. prés. indicatif *ait* (7, 19, 34) pour *a* et *vait* (30) pour *va*; 3e pers. sing. futur en *-ait* : *avrait* (44) ; pronom rel. *ke* (39, 53) pour *qui*; *se* adverbial (56) pour *si*.

Noter que *sui* (5), employé à la rime, laisse entrevoir l'origine non lorraine du texte.

REM. Le poète assure une liaison strophique assez serrée en employant *-ie* pour la rime *a* dans tous les couplets et en faisant de chaque rime *c* la *b* du couplet suivant.

Ce texte est d'un caractère exceptionnellement personnel, surtout dans la str. III où Raoul évoque ses tribulations de croisé (1249-50). Voir à ce propos Winkler 13-15 et 26, Toury. • **1.** Le comte d'Anjou est Charles (1226-1285), frère du roi Louis IX, protecteur de plusieurs poètes et trouvère lui-même; voir Gillebert de Berneville, chanson 175 (RS 138), REM. • **19.** Le nom « Syrie » désigne la Terre sainte.

156

LEÇ. REJ. III, 26 est] sont *(corr. Winkler)*; **IV**, 29 reuieir ; **V**, 40 isnele] mellee, 42 Et si *(+1)*.

VAR. Tableau des strophes :
V I II III
B I II III IV V VI (voir *infra*)
I, 1 Se ie ai e. V ; lonc tans este B ; 3 La oi souuent maint anui maint d. V ; 5 Laz or ai p. quainz noi iour de ma vie V ; 6 Que BV ; tel] un

V ; 7 D. ma plaie nule foiz n. V ; 8 c. touz iorz et d. et monte V ; 9 ma f. en est V ; toute en p. B ; **II**, 10 Geune dame plesant et e. V ; 11 D. et p. B ; Simple et cortoise et del mont la plus s. V ; 13 Dont ien perdi la veue et l. V ; et la ioie B ; 14 Aussi com c. V ; sil B ; q. gist en V ; 15 son c. BV ; 16 Mes V ; 17 Dont iaime miex assez sa c. V ; 18 tristans B ; C. nama tristranz yseut s. V ; **III**, 19 B. mont feru amours V ; 20 P. le r. dune doce semblance V ; 21 Que V ; p. sage B ; 22 Onques ne vi si cruel fer de lance V ; 23 Si me doint diex seruir sa douce alaine V ; 24 Et reueoir sa douce contenance V ; 25 Conques ne ui si B ; Que naure ma la plus bele de france V ; 26 est] *verbe omis par B* ; Car seurpris ma au son de la s. V ; 27 doucours atant dolours B ; d. me tret anui et V ; **IV**, 29 Et retenir sa simple c. B ; 30 Que B ; 32 samour n. en moi t. v. B ; 34 biaute B ; 35 liz] B ; **V**, 38 douce p. B ; 41 fis] fu B ; 43 p. nai ma B ; 44 Quant ma c. li dira B.

Le ms. B ajoute les vers suivants :

Chançon, va t'en a Archier qui vielle
Et a Raoul de Soissons qui m'agree ;
Di leur c'amours est trop tranchant espee.

Chanson, va-t'en voir Archer qui vielle
Et Raoul de Soissons que j'apprécie.
Dis-leur qu'Amour est une épée bien tranchante !

MUS. Schéma mélodique : oda continua ; la mélodie de l'envoi est celle des vv. 7-9. V donne une deuxième mélodie, apparentée à celle de N aux vv. 1-4 ; aux vv. 1-2, elle semble écrite en notation mesurée. • **1.** Dans la première portée, le ms. a une clef d'*ut* au lieu de la clef de *fa* voulue, si bien que les huit premières notes paraissent plus élevées d'une quinte que celles de notre transcription.

EDS. La Ravallière 144, Tarbé 1851 63-65, Winkler 75-77, Baumgartner 1983 122-125.

REM. Winkler 24-25 met en doute l'attribution à Raoul (= Thierry) de Soissons. Les trois vers que B ajoute au texte (voir VAR.) et qui identifient Raoul comme son destinataire ne sont pourtant pas nécessairement authentiques et ne sauraient être suffisants pour prouver que la chanson a été composée par un autre trouvère.

Sur le motif de la croisade dans ce poème, voir Toury.
• **1.** Le nom « Romanie » désigne l'Empire byzantin. • **4.** *Cf.* l'évocation de la maladie de Raoul dans la chanson 155 (RS 1154), vv. 25-26. • **5.** Le nom « Syrie » désigne la Terre sainte.

Malgré ce qu'en pense Winkler, les trois vers ajoutés au texte par B ne constituent pas un envoi entier, car leur séquence de rimes ne reproduit pas celle des trois derniers vers de la str. V. Ils devaient sans doute former, au contraire, le début d'une sixième strophe, répétant, dans le même ordre, les rimes de la str. V et complétant par là une chaîne tripartite de « coblas doblas ». Dans le compte rendu de Winkler qu'il a publié dans *Neuphilologische Mitteilungen* 17 (1915) 125-133, A. Wallensköld fait remarquer, p. 133, que ces vers se trouvent en bas du f. 8v, là où le ms. fragmentaire qu'est B s'arrête, et suggère que si l'on possédait encore de nos jours le f. 9, on y trouverait sûrement la suite de la sixième strophe. Il est pourtant vrai que le troisième vers est suivi d'une demi-ligne laissée en blanc – espace, à notre avis, dont le copiste de B se serait servi pour continuer son travail s'il avait eu encore quelque chose à copier; tout comme Winkler bien plus tard, il a dû interpréter les trois vers supplémentaires comme un envoi entier.

157

MUS. Schéma mélodique : oda continua + rf.

EDS. Tarbé 1850 41, Spanke 1925 255-256, vdWerf 1972 142-143, Chickering 1 : 152-153.

REM. • **41.** Il s'agit de l'abbaye de Cîteaux, près de Dijon. • **42-45.** Spanke 1925 essaie de comprendre, p. 409 : « *ne doit le mari de jolive dame avoir cuer joli, ançois ami le doit avoir* (oder *ançois ele doit avoir ami?*) » ; *cf.* notre traduction. Le v. 43 sert à nommer le véritable auteur tout en maintenant la fiction qui fait du texte une chanson de femme.

158

LEÇ. REJ. I, 9 Pour la vostre amor conquester; **II,** 11 lez uoz costez, 16 longuissant; **III,** 20 f. losengier; **V,** 38 et v. bonte, 43 He dex he las et ie conment.

VAR. I, 1 et *omis par X*; Douce dame s. et plaisanz H ; 3 mon c. H ; 4 hon PH ; 5 Si H ; 6 Car il est bien a. H ; 7 Tout iai mis cors et a. H ; 9 P. cel cerement d. P, Dou deseurement destorber H, P. la uostre amor conquester NX ; **II,** 10 Mout H ; h. hautement H, richement P ; 11 lez uoz costez NPX ; 12 julien NPX ; puet bien X ; Ainc sainz juliens qui pout t. H ; 14 Si biau si b. si riche ostel H ; 15 Ha douz X ; He las chaitis he las c. H ; 16 Uiurai mais toz jorz l. H ; 17 Sancor nen ai un a. H ; 18 Que N ; n. ne j. XH.

Entre les str. II et III, H intercale la strophe suivante :

Mout fist Amors a mon talent
Qant de moi fist vostre mari,
Mais joie m'eüst fait plus grant
S'ele m'eüst fait vostre ami.

Or n'i atant fors que merci.
A vos et a Amors me rent,
Et se pitiez ne vos en prent,
Par tans em plorront mi ami,
Car longues ne puis vivre ensi.

Amour a bien agi selon mon désir
quand il a fait de moi votre mari,
mais il m'aurait donné joie bien plus grande
s'il avait fait de moi votre ami.
Je n'attends plus désormais que pitié.
À vous et à Amour je me rends,
et si vous n'êtes pas saisie de pitié,
tous mes amis en pleureront
car je ne puis vivre longtemps ainsi.

III, 20 Felon et N ; losengier d. NX ; 21 connoissanz H ; 22 Si n. en croirez pas ce c. H ; 23 Et H ; 24 Car ie sui uostres ligement H ; 25 Et le serai tout m. v. H ; 27 Car il i a assez de q. H ; **IV**, 28 riens PX ; Dame ie nai c. H ; 30 un sol p. H ; 31 Q. uoz biaus costez s. H ; 32 r. la mere de H ; 33 de ce uos l. X ; ma laissie H ; 34 Norrir le ferai docement H ; 35 Et mout bien ledefiere H ; 36 P. ce q. uos lauez porte H ; **V**, 38 et v. bonte PX ; 39 Et v. gent cors auenant H ; 41 La H ; 42 Qui a H ; 43 vaillanz H ; He diex he las et ie comment NPX ; 44 et de a. X.

MUS. Schéma mélodique : A A B. • **1.** Au v. 3, le ms. porte une barre. • **2.** Au v. 4, le copiste semble avoir écrit *si*, corrigé par la suite.

EDS. Långfors « Mélanges » (1932) 339-345, Cremonesi 211-213, Woledge 1961 158-160, Toja 432-434, Rosenberg 1975 558-559, Baumgartner 1983 134-137.

REM. Ce poème est le seul texte de trouvère à parler d'un enfant du poète-amant et de sa dame. La strophe qui ne se trouve que dans H (voir VAR.) parle de mariage aussi, ce qui constitue une évocation presque aussi rare ; *cf.* la pièce 45 (RS 1645), REM. Voir à propos de cette exception Jodogne 1964 101, Dronke 129-131, Menichetti, Zumthor 1972 208.

Notre texte est le seul à rejeter la strophe unique de H comme inauthentique ; pour l'explication, voir Rosenberg 1975.

159

LEÇ. REJ. I, 4 me uoit r.; **III**, 18 il f. uilainie; **IV**, 24 quil ont.

VAR. La str. V ne figure pas dans K.
I, 2 lotrie; 5 amors; **III**, 19 affie] otrie; **IV**, 24 grant *répété.*

MUS. Schéma mélodique : A A' B B'. • **1.** Au v. 2, le ms. n'indique pas de silence.

EDS. Spanke 1925 156-157.

REM. Les dodécasyllabes de ce texte se composent de 7 syllabes + (*e* atone) + 5 + *e* atone. Les strophes sont liées par le procédé des « coblas capfinidas », procédé employé pourtant avec une certaine liberté : le v. 7 répète le premier hémistiche du v. 6 et le répète de manière exacte, le v. 13 répète la fin du v. 12 mais en la modifiant, et ainsi de suite.

160

LEÇ. REJ. IV, 37 ai.

VAR. I, 3 Samors; **II**, 16 Saichies; 18 P. quj; **IV**, 32 C. quj; 34 som p.; 36 li] chis; 37 ai; 40 ains ne la vj.

MUS. Schéma mélodique : A A B rf (ballade). • **1.** Il est possible qu'une plique ascendante ait été voulue.

EDS. Noack 109-110, Wolff 15.

REM. • **5.** Au lieu de *soie merci* « par sa grâce », Wolff lit *so je merci* « sus je merci », ce qui fausse tout à fait le sens du passage. • **27-28.** Mahieu a dû se convertir au christianisme. *Cf.* sa déclaration dans RS 752 : *Pour vostre amour ai guerpie ma loi/ Et croi Dieu maugré touz mes amis* (vv. 51-52). • **36-38.** Après *porter,* Noack ne ponctue pas, Wolff met un point, et là où nous avons *ait* ils retiennent tous deux la leçon du ms. *ai*; il en résulte des versions peu claires.

161

LEÇ. REJ. II, 15 loig.

VAR. I, 1 Lautri X ; mestoie V ; 2 Sus X ; 3 volente N ; 7 parmi V ; 12 Et li KNVX ; **II,** 13 Biaus V ; 14 ic ai a. X ; 15 guieet res l. de ci V ; ale N ; 18 Que t. mefferoie V ; 19 vos *omis par X*; 20 mescheant V ; 23-24 De vous car aillours V ; 24 iai aillors m. c. tendu N ; **III,** 26 Mon seil N ; 28 auroiz K ; 31 Cloee de s. X ; 32 Ouuree dargent X ; 36 Quanqua dit un seul f. V ; **IV,** 37 Biaus V ; alerz N ; 40 Ie ne uos p. N ; mie] pas V ; 42 Mameroie N ; 43 Vos dons V ; 44 ainsi V ; 46 En p. V, Vos X ; 48 Mainz V ; **V,** 51 aurez V ; 58 Maintenant KX.

MUS. Schéma mélodique : A A B. V donne une deuxième mélodie, apparentée, écrite à la quinte inférieure.

EDS. La Borde 1780 72, Dinaux 4 : 112-113, Bartsch 1870 248-249, Scheler 1876 46-48, Henry 1948 75-84, Paden 2 : 336-339.

DIAL. Traits picards : *iau* pour *eau* : *nouviau* (4), *biau* (13) ; *ju* (23) pour *jeu* ; *vo* (12) pour *vostre.*

REM. Sur le rapport entre texte et mélodie, voir Pascale.

162

VAR. Tableau des strophes :
A I II III IV V VI
F I IV III

I, 1-5 *Par suite de grattage, ne reste dans F que l'initiale* A, mon cuer ren *(v. 4) et* ment *(v. 5)*; 4 qui a ; 7 mierchijet F ; 8 on] nus F ; 10 Qui Fa ; 11 cors et j. *(+1)* a ; **II,** 21 Ki a ; **III,** 25 Si] Or F ; 27 Vraiement F ; 30 p. escaper F ; 32 Qui Fa ; 33 Que] et c. F ; **IV,** 34 avance] auoie F ; 36 siens Fa ; 41 et sounou h. F ; 43 C. ie ain si a ; **VI,** 58 Qui a.

MUS. Schéma mélodique : A A' B rf (ballade) ; la mélodie de l'envoi est celle des vv. 5-8.

EDS. La Borde 1780 174, Dinaux 4 : 109-110, Scheler 1876 41-43, Henry 1948 55-65.

REM. • 56-57. D'après Scheler 1876 287 et Petersen Dyggve 1934 94, il s'agirait du comte Guillaume de Dampierre. Henry 1948 30-32 et 61 trouve plus probable que c'est Guy, frère cadet de Guillaume, et croit que la chanson fut composée entre 1252 et 1261.

163

LEÇ. REJ. I, 2 *(-2) (corr. Jeanroy),* 3 grant dolour, 7 tristece *(corr. Jeanroy)*; **II,** 18 ne j. *(corr. Jeanroy)*; **IV,** 34 mont ; **V,** 42 quele *(-1).*

MUS. Schéma mélodique : a b a c B. • **1.** Au v. 2, le ms. omet *m'otroie* et sa musique ; correction d'après le v. 6. • **2.** Dans le ms., cette note se trouve au-dessus de la première syllabe du v. 3, d'où un déplacement vers la droite de toutes les notes de ce vers à l'exception de la dernière, omise ; correction d'après le v. 1.

EDS. Jeanroy 1897 535-536, Cremonesi 260-261, Toja 482-484.

REM. Il n'existe en ancien français que quatre dialogues lyriques avec un Amour allégorique ; les autres sont une tenson de Perrin d'Angicourt (RS 1665), un jeu-parti de Gillebert de Berneville (RS 1075) et une chanson anonyme (RS 892).

164

LEÇ. REJ. I, 8 naure *(corr. Jeanroy).*

MUS. Schéma mélodique : A A' B B[1]. Cette mélodie est la même que celle de la chanson 153 (RS 2107). • **1.** Au v. 7, cette note est écrite un peu bas, presque comme un *fa.* • **2.** Au v. 7, cette note manque dans le ms. • **3.** La musique du v. 9, fautive, devrait être remplacée par celle du v. 13 ; *cf.* la chanson 153 S 2107).

EDS. Jeanroy 1897 530.

DIAL. Traits picards : *fu* (2) pour *feu* ; *iaue* (2) pour *eau(e), biau* (17) pour *beau* ; *boulir* (2) pour *bouillir* ; *car* (9) pour *char.*

REM. Voir Jeanroy 1897 517-521 sur l'attribution de cette pièce, qui est une contrafacture de la célèbre chanson 153 (RS 2107) de Raoul de Soissons. • **15.** Jeanroy 1897 note que « *si benir* n'offre pas de sens. Corr. *abenir,* éprouver un sentiment de bien-être ? *cf.* le prov. *abenar* ». Pour nous, au contraire, *si benir* n'a rien d'incompréhensible ; voir notre traduction. • **40-43.** Ces vers constituent une proposition exclamative dans laquelle *Portanz* = *portent.* • **45.** Jeanroy 1897 remplace sans nécessité *font* par *fait,* ce qui fait de *ma dame* le sujet du verbe conjugué plutôt que celui de l'infinitif *esbahir.* Il faut comprendre : « (ils) font que ma dame me trouble quand j'entends... ».

165

LEÇ. REJ. II, 13-15 Bien a .ij. anz que me serui a gre de ma priere quele deigna oir dont le mien cuer fist tant fort resioir que departir fist tote la griete *(corr. d'après Jeanroy, sauf au v. 15 où Jeanroy a* Si que partir *etc.)*; **III**, 17 cruautez ; **IV**, 28 Queisa p., 30 on] en ; **V**, 33 mont, 34 velt.

MUS. Schéma mélodique : oda continua. • **1.** Le ms. répète cette note, ce qui rendrait *reluire* trisyllabique.

EDS. Jeanroy 1897 531-532.

DIAL. Trait picard : *veïr* (28, 32) pour *veoir.*

REM. Sur l'attribution, voir Jeanroy 1897 517-521.

La césure « épique », rare dans les chansons courtoises en général, est fréquente dans ce texte (vv. 2, 8, 17, 28, 30), comme dans d'autres attribuables à Philippe de Remy; voir à ce propos Jeanroy 1897 523. Noter aussi, dans ce poème, la liaison strophique dite « coblas capfinidas ».

Il est exceptionnel qu'une chanson courtoise parle d'amour accordé plutôt que d'amour demandé et qu'elle comporte des détails personnels – même s'ils sont fictifs – tels que le nom de l'amie (v. 8) et la durée de sa liaison avec le poète (v. 13). Ce trait exceptionnel se retrouve pourtant ailleurs dans l'œuvre lyrique de Philippe ; *cf.* la pièce 166 (RS 557). • **32.** *veïr* s'emploie à deux reprises à la rime dans ce couplet. L'occurrence au v. 32 est validée par sa répétition au début du v. 33, mais au v. 28 on n'aurait pas tort de soupçonner une erreur de copiste : *veïr* pour *choisir* « voir, apercevoir » ?

166

LEÇ. REJ. V, 37 vient *(corr. Jeanroy)*, 39 la] le.

MUS. Schéma mélodique : A A' B.

EDS. Jeanroy 1897 533-534.

DIAL. Trait picard : *aroit* (22) pour *avroit.*

REM. Sur l'attribution, voir Jeanroy 1897 517-521. Pour la césure « épique » (vv. 3, 21, 30, 35), voir la pièce 165 (RS 450), REM.

Il est exceptionnel qu'une chanson courtoise s'adresse explicitement à une adolescente (v. 4) et qu'elle contienne une offre de mariage (v. 40) • **39.** D'après le schéma des rimes, il est clair qu'un vers a été omis soit avant le v. 38 soit après; selon le sens des vers finals, lequel, il est vrai, ne semble pas obscurci par l'omission, la lacune se situe entre les vv. 38 et 40.

167

LEÇ. REJ. III, 33 ie et *(+1)*; **V**, 59 P. len uoer q. ; **VI**, 63 *manque.*

VAR. La str. VI ne figure pas dans KV.
I, 3 Ai ie voloir que c. V, Ai volente ke c. Z ; que recommence R ; 7 Fine K ; 8 Qui R ; 10 mi R ; 12 reuoir KX, receuoir Z ; **II**, 15 Le desir R, Li retours Z ; 15-16 Li d. que iai en f. daler p. r. V ; 21 Car ie ne la p. l. V, Car kant ie nel p. l. Z ; 24 cui Z ; mi K ; Et mez pensers y est sanz ia mouuoir R ; **III**, 26 Oi R ; 27 Auez q. R, Lors q. V ; q. ie en oi X ; acointance R ; 30 meffis V ; 33 ie et KRVXZ ; 34 jel gen K ; 35 Ke q. Z ; q. ie i p. X ; j. ne mesmai d. d. R, j. nai mal ne dol. V ; **IV**, 38 Mi R ; 43 ualor X ; 45 Qui R, Ki Z ; 47 De p. nai ie p. R ; porchier X ; **V**, 49 cuer ne] autre V ; 50 Nentencion R ; 57 ne R ; doit r. Z ; 58 Car la p. afaitie Z ; 60 Amours en Z ; d. perceuoir K, percheuoir R, parceuoir X ; **VI**, 61-62 Bonne ch. e. R ; 62 Chancons Z ; enuoiee X ; 66 le Z ; 67 Se eurs se f. R ; Seurs li a pooir Z ; 68 Que li p. q. ie muire en e. R.

MUS. Schéma mélodique : A A B ; la mélodie de l'envoi est celle des vv. 5-12. R donne une deuxième mélodie ; V, une troisième.

EDS. Tarbé 1850, Steffens 1905 214-218, Spaziani 1957 132-135.

DIAL. Trait picard : *envoïe* (62) pour *envoiee.*

REM. À part l'attribution, la rubrique de X signale que cette chanson fut *coronee,* c'est-à-dire, jugée digne d'un prix. Steffens 1905 32 croit qu'elle date d'environ 1250. • **15.** *France* pour la partie septentrionale du pays, par opposition à *Provence* (v. 1).

168

LEÇ. REJ. I, 2 Q en, 4 En m. ; **II**, 12 uiere, 13 Si oil ; **III**, 22 de male aire, 28 *manque,* 29 plus puet, 30 Qua ; **IV**, 34 chanter] parler ; **V**, 47 me] i.

VAR. La str. VI ne figure pas dans KRSVZa.
I, 2 Q. en mon cuer m. et r. S ; 3 a] ont V ; 6 sanz defaillir *omis par S* ; messeruir O ; 7 Et s. faire S ; 8 Amor ke C ; tout p. RVZa ; 9 *omis par RS* ; pooir V, uolente X ; de menrir O ; 10 q. vuil mout b. taire O, q. veul b. tr. R, q. pour lui voeil tr. V, q. ien v. b. tr. Z, q. jen v. tr. a ; **II**, 12 Sont X ; son uiaire cler O ; 13 S. iex vairs qui a seisir R ; a] au

OSV ; 16 amor S ; de ioie RS ; Men dounent am. joir Za ; 17 Dun Za ; 19 je *omis par C*; puis bien c. O, puisse en c. V ; 20 mesfaire a ; **III**, 21 n. me O, n. mi a ; lest ioir K ; 23 Iameroie K ; mulez C ; Miex ameroie (ameroic a Z) v. VZa ; 24 Tous les iours du mont la h. V ; le h. R ; 25 Ka Za ; 26 Celi CKOSZa, Celui R ; ke C ; 27 Trestot m. O ; contraire CORSVZa ; 28 *omis par V*; et] en Ca ; reuertir C, detenir R ; 29 Ke Z ; mi R, moi Za ; 30 Ken a ; estre rois C ; **IV**, 31 Bien bien d. R ; mi V ; acueillir V ; 32 daucuns d. mos ORV ; atraire V ; 33 el] elle CSVZa, sel O ; me *omis par Za*, mi KRVX ; 34 por ch. n. por t. CORV ; 36 Et *omis par R*; damour au c. Za ; c. air a ; 37 ele CSVZ ; 38 M. ke CZ ; 39 Et RVZa ; mi RZa ; p. de m. C ; mal COSVa ; sentir Xa ; **V**, 41 faillir R, fouir V ; 43 me *omis par R*, mi CKSV ; 44 mon chant v. poist p. V ; 45 Et O ; 46 Vuil O ; miex RV ; m. touz diz et p. V ; 47 Et t. q. C, Si q. S ; i] me COS ; 48-50 *omis par S*; 48 vous] li V ; 49 mi RV ; partir Z ; 50 s. mentir X ; 56 Lors C.

MUS. Schéma mélodique : A A B ; la mélodie de l'envoi est celle des vv. 5-10. • **1.** Aux vv. 1 et 3, le ms. n'indique pas de silence.

EDS. Tarbé 1850 1, Steffens 1905 195-198, Spaziani 1957 127-129.

DIAL. Trait picard : *gentius* (50) pour *gentis.*

REM. À part l'attribution, la rubrique de C, comme celle de X, signale que cette chanson fut « couronnée » d'un prix. Dans X, le mot *coronee* est inscrit à l'intérieur d'une esquisse de couronne ; dans C, le nom du trouvère est suivi de la phrase *et si fu corenaie et arez* (= à Arras ?). • **30.** Césarée, en Palestine, s'emploie ici, à l'instar de Perse ou de Tarse dans d'autres textes, pour symboliser la puissance et la richesse ; voir Steffens 1905 312-313. • **40.** Il s'agit de la victoire qu'Alexandre a remportée sur Darius III, roi des Perses.

169

LEÇ. REJ. IV, 39 mains, 41 greue ; **VI**, 57 F. moi a. *(+1)*, 58 lingance, 65 *manque.*

VAR. Les str. IV, V, VI ne figurent pas dans O.
I, 9 dont] lors ; **II**, 18 Ce ; 20 Lors.

MUS. Schéma mélodique : oda continua. La ms. emploie une notation mesurée.

EDS. Steffens 1905 266-269, Cremonesi 246-248, Toja 460-463.

DIAL. Traits picards : *iu* pour *ieu* : *liu* (36) ; *boine* (45) pour *bone*; *u* pour *eu* : *fu* (8), *fus* (22) ; *jou* (19), *çou* (21) pour *je*, *ce*; *c* pour *ch* : *candeille* (1), *cief* (8), *campion* (29), *noncaloir* (48) ; *ch* pour *c* : *fache* (5), *samblanche* (13) ; *ge* pour *gue* : *gerredon* (18) ; *g* pour *j* : *aleganse* (57), *ligance* (58) ; *c* ou *ss* pour *s* : *service* (10), *justice* (32), *ossai* (49) ; *s* final pour *z* : *cis* (18), *vens* (36), *ves* (42), *daigniés* (47) ; *sanle* (29), sans épenthèse, pour *semble*; 1re pers. sing. passé simple *euc* (20) pour *oi* (= *j'eus* en fr. mod.).

REM. L'attribution à Perrin d'Angicourt n'est pas certaine; voir Steffens 1905 253 et 256. Comme le fait remarquer cet auteur, p. 343, il se peut que l'image centrale et la versification de ce texte aient été puisées dans la chanson du troubadour Peire Raimon, *Altressi cum la candela.*

Les couplets sont reliés d'une façon assez particulière : chaque première rime est isolée dans sa strophe (« rim estramp ») mais répète la rime des deux derniers vers de la strophe précédente (« coblas capcaudadas ») ; ce procédé est combiné avec une alternance, de strophe en strophe, des rimes *a* et *f* (« coblas retrogradadas »). • **18.** *par enson*, c'est-à-dire, par les yeux; *cf.* le v. 20. • **39.** Steffens 1905 admettant la leçon du ms. *mains*, comprend « moins de clarté, de force ». Guesnon 77 préfère corriger en *mais* pour aboutir au sens « davantage de fusion » ; *cf.*, au v. 42, l'expérience analogue du poète. C'est cette dernière interprétation que nous acceptons. • **41.** *creü*, participe passé de *croire* et non, comme le veut Steffens 1905, de *croistre.*

170

VAR. La str. IV ne figure pas dans V.
I, 2 entrer OV; 3 Que V; **II**, 11 Et s. V; 16 de merci O; 17 cist motoz O, ce m. X; **III**, 24 g'en] ie en NOVX; 27 beautez O; **IV**, 29 cui O; 30 sen O; 31 ma X; 33 toute N; t. mon a. g. X.

MUS. Schéma mélodique : A A B rfv. La mélodie de O, écrite à la quinte supérieure, est en partie en notation mesurée. V donne une deuxième mélodie. • **1.** Au v. 1, le ms. n'indique pas de silence. • **2.** Il n'existe pas de mélodies pour les rf. 2-4; celles que nous présentons sont dérivées du rf. 1.

EDS. Brandin 262, Steffens 1905 241-242, Toja 467-469.

DIAL. Trait picard : *vo* (21) pour *vostre.*

REM. Les quatre couplets sont liés non seulement par une rime *b* constante mais aussi par le procédé des « coblas capfinidas », qui servent en plus à intégrer les refrains dans le texte principal.

• **27.** Brandin et Steffens 1905 croient voir dans ce vers une lacune de trois syllabes, et le texte de ce dernier incorpore une conjecture : *Sa [très fine] biauté m'a mort.* Comme le prouvent nombre de textes, il n'est pourtant pas nécessaire dans une chanson « avec des refrains » que ceux-ci soient métriquement identiques, et on n'a pas tort de considérer ce vers comme complet tel qu'il se lit dans le ms.

171

LEÇ. REJ. IV, 34 droit *(-1).*

VAR. I, 7 cui O ; **III,** 23 granz O ; 29 riens NVX ; li] le V ; 31 quant V, que X ; chantant *(+1)* O ; fierement V ; **V,** 45 Mesdisant OV ; mauuaistiez O ; 46 Mont V ; 47 maintes X ; 49 Maus feus OV ; 51 cui OV, que X ; 52 ment VX.

MUS. Schéma mélodique : A A B+c rf (= c) (virelai ?). V donne une deuxième mélodie.

EDS. Noack 110-111, Steffens 1905 235-237.

DIAL. Trait picard : *vo* (36) pour *vostre.*

REM. • **52.** Si, à la place de *en,* le copiste avait écrit *ent,* graphie habituelle en picard, la rime avec *torment* (v. 53) serait plus apparente.

172

VAR. I, 1 un bois N ; 3 d. lun NP ; 7 veraiement N ; 8 cuer N ; Cuers iolis T ; **II,** 14 et iolie TN ; 15 j. ior bien n. P ; 17 Vilains j. i. n. deduis T ; 18 Ne solas fors ke damors T ; **III,** 20 Il se s. toz iorz a l. N ; 21 Quant ie siec a l. f. T ; 22 cismes] mauuais T ; 23 Car T ; o. plus e. T ; 24 Tant T ; 25 Et j. l. f. b. s. T ; 27 F. le v. N ; le *omis par T* ; **IV,** 28 Compaignete or va il p. T ; 29 Tex T ; 30 n. n. boute T ; 32 ki p. T ; 34 En non dieu T ; trop *omis par T* ; 35 m. ke iou aj T ; 36 Qui dit que il m. P, Il dist ki me batera T ; **V,** 38 Ia damors ne partirai T ; 39 le vilain N ; gronce T ; 40 k. ie f. T ; 41 Iamais nere v. T ; 42 M. si b. T ; 44 foule *ne figure dans T que deux fois.*

MUS. Schéma mélodique : a a B B' rf (ballade). La mélodie de T présente d'importantes variantes. • **1.** Il n'existe pas de musique pour les rf. 2-5, mais on peut les chanter sur la mélodie du premier refrain avec les modifications indiquées.

EDS. Bartsch 1870 85-86, Newcombe 1972a 144-148, Newcombe 1972b 326-329, Newcombe 1975 25.

DIAL. Traits picards : *pernez* (13) pour *prenez*; *baterai* (42) pour *batrai*.

REM. Sur le problème d'attribution, voir Newcombe 1972b 318-320. • **5.** À en juger d'après les couplets suivants, ce vers devrait rimer avec le v. 3. • **22.** L'adjectif *cisme(s)* est inconnu. Étant donné le contexte, nous suggérons la possibilité que le substantif *cismes* « schisme » s'emploie ici comme adjectif signifiant « querelleur », « hostile » ou « perfide ». La forme *requis* = *recuis*, participe passé de *recuire*. • **35-36.** Bartsch 1870 attribue ces vers au personnage ayant prononcé les vv. 28-34 ; de même, Newcombe 1972a 148 (= Newcombe 1972b 328-329) qui déclare : « Le sens de ce refrain – l'interlocutrice dit que son mari la battrait si elle ne lui démontrait pas toujours son amour – révèle que les menaces du mari sont bien plus efficaces que ne l'est son caractère (*cf.* vv. 29-31) ». Il nous paraît plus probable que ce refrain marque un retour à l'autre personnage, la mal mariée, dont il exprime clairement le triste sort ; la « voix » du refrain peut être ou bien celle de la mal mariée ou bien celle d'une sorte de chœur.

173

LEÇ. REJ. I, 7 no p. *(corr. Gennrich)*; **II,** 12 ensi en com ; **III,** 17 ionete, 21 iounete ne viellete ; **IV,** 22 Si, 24 garde con nendete.

MUS. Schéma mélodique : A A' B ; la mélodie de l'envoi est celle des vv. 5-7.

EDS. Springer 105-106, Brandin 237-238, Gennrich 1958b 37-38, Newcombe 1972a 129-132, Newcombe 1975 21.

DIAL. Traits picards : *ai* ou *e* pour *a* : *saiges* (4), *usaige* (19), *teche* (35) ; *aus* (7) pour *eus* et *ceaus* (6) pour *ceus*; *boin* (24) pour *bon*; *pule* (11) pour *pueple*; *ch* pour *c* : *leeche* (1), *chil* (2), *piech'a* (19) ; *s* final pour *z* : *departis* (2), *grans* (5), *mors* (8), *tos* (36) ; *jou* (12), *çou* (23) pour *je, ce*; *le* (17) pour *la*; *men* (29) pour *mon* et *me* (29) pour *ma*; *avera* (29), avec épenthèse, pour *avra*; 3ᵉ pers. sing. prés. subj. en *-ece* pour *-ete* : *mece* (14), *endece* (24), *demece* (31), *promece* (38).

REM. Cette plainte funèbre est la seule dans le corpus des trouvères à déplorer la mort non pas d'un être aimé mais d'un protecteur. Sur les plaintes funèbres et leur rareté en ancien français, voir Rosenberg 1983. • **8.** *amis* n'est pas tout à fait lisible dans le ms. La plupart des éditeurs, comme Petersen Dyggve 1934, y lisent *Aniel*, dont ils font le nom de famille de Gherart ; Newcombe lit *amics* (= *amis*). • **24.** Ce vers n'a pas de césure normale ; l'enjambement avec le v. 25 est tout aussi inhabituel. • **30.** *mes as* = *m'as.* • **33-34.** Selon Petersen Dyggve 1934 219, Henri et Robert Crespin auraient appartenu à l'une des familles les plus riches et puissantes d'Arras au XIIIe siècle. • **37.** Selon Petersen Dyggve 1934 203 et 247-248, Pierre et Vaugon Guion auraient appartenu à une famille de financiers à Arras ; les frères seraient morts en 1268 et 1272/1273, resp.

174

LEÇ. REJ. I, 2 Et o. *(+1)*, 5 Sa la fin me f. d., 12 De bien a. b. ; **II,** 22 penser ; **IV,** 46 Niert qaie b. *(-3)* ; **V,** 52 pensers.

VAR. Tableau des strophes :

NVX	I II III IV V
C	I II III IV V VI (voir infra)
O	I II III V
U	I IV II III

I, 1 J. tous iors U ; 2 Et o. en c. N, Et encore XU ; 3 Car touz s. V ; 4 En lor c. C ; couant U ; 5 A la VU ; Mainte f. O ; la fin me NX ; 7 Or seux si b. aseneis C ; 8 mont C ; 9 Na V, No C ; 11 Ne de delit C ; 12 De bien a. b. NX, Com de bien a. b. VC, Com iai dameir b. U ; **II,** 13 Acuns s. e. U ; 14 En N ; 15 Por C, De U ; fames NX, dame U ; 17 Lors fera U ; 19 som ait m. U ; 20 Noi X, Na U ; 21 Tant ne quant OVU ; 22 penser NOVXC, panseis U ; 24 Quen OC. **III,** 25 ont honour U ; 26 Mon X ; 27 Me N, Et U ; par O, en C, de U ; 28 Je C ; Tout uraiemant U ; 29 Nes ke la nuit vait l. C, Nes ke li rais dou l. U ; 30 Solaus C ; 31 Ne puet randre la c. C, Puet antandre la c. U ; 32 Ne lou s. CU ; 33 Si U ; 34 A O ; Ne a la t. grant b. N, Nulle autre grans b. C, Nus a la t. grant b. U ; 35 Nen U ; a CU ; **IV,** 37 Cler X ; 41 Ausement C ; sormonterz N, seurmonte V, trepesseit U ; 42 Ces U ; 43 C. de qui V ; toute NVCU ; 44 De dames est c. U ; 45 Mes iai g. C, A mon greit U ; 46 Nert quaie b. *(-3)* NVX, N. ke iaie iai nus biens U ; 47 Nan U ; 48 S. si faite b. C ; **V,** 49 bone C ; que O, cui C ; d. de valour V ; 50 Ke C ; 51 g. valour V ; 52 Q. uo X ; pensers OC ; 53 Ai OC ; en *omis par X* ; v. serimi t. N ; 58 nai nulle d. C ; 59 Si N.

Le ms. C ajoute un envoi :

Damer d'Adenairde, oiés,
Si senteis tristor.
Or n'en aiés jai paor ;
Tost la perdreis,
S'aprendeis
Mon chant : de si grant savor

Et de teil pris
Est li haus nom *Beatris.*

Dame d'Audenarde, écoutez,
si vous sentez quelque chagrin.
N'ayez plus peur ;
vous le perdrez tôt,
si vous aprenez
mon chant : si grande saveur
et tel prix
possède le haut nom de *Béatrix.*

MUS. Schéma mélodique : A A B ; la mélodie de l'envoi de C (voir les variantes) serait celle des vv. 5-12. V donne une deuxième mélodie. • **1.** Au v. 2, le ms. donne un deuxième *sol* avec le mot surnuméraire *et.*

EDS. Scheler 1876 92-95, Waitz 1899 72-74, Fresco 109-115.

REM. La personne dont le nom constitue le refrain de cette chanson est probablement Béatrice de Brabant, sœur d'Henri III, duc de Brabant de 1248 à 1261 ; elle fut protectrice de plusieurs trouvères, et Gillebert de Berneville lui adresse plus d'une composition. Selon l'envoi qui ne se trouve que dans C (voir VAR), Béatrice serait plutôt la *dame d'Adenairde (= d'Audenarde)*; sur les deux Béatrice, voir Fresco 50-51. Voir aussi Dragonetti 349-350, qui fait remarquer que « les chansons de Gillebert sont un bel exemple de cet amour fictif du trouvère à l'égard de sa protectrice ». • **29-36**. Scheler 1876 299 suivant la rédaction de C, trouve, à propos de ces vers, qu'il est « impossible d'y découvrir un sens satisfaisant ». Préférant la même rédaction que nous, Waitz 1899 111 ne trouve pourtant pas de solution satisfaisante. Dans notre interprétation (voir la traduction), qui prend le mot *soleil* pour sujet malgré sa forme de cas-régime, les éléments de cette comparaison complexe deviennent clairs : la lune renvoie à toutes les femmes, le soleil est plus brillant que la lune, Béatrice est encore plus brillante que le soleil. Pour l'importance du contraste entre soleil et lune, voir les vv. 37-40 qui réitèrent ce contraste de façon on ne peut plus claire. Pour un exposé plus détaillé du problème posé par les vv. 29-36, voir Fresco 114-115. • **45-47**. Si l'on voit dans *bien* non un complément d'objet direct (*cf.* notre traduction) mais un adverbe d'intensité et qu'on enlève les virgules avant et après le v. 47, le sens devient « Jamais à mon gré ne m'adviendra que j'aie même le paradis ».

175

LEÇ. REJ. I, 7 doig, 8 souueraine *(-1)*; **II**, 9 loigtaine ; **III**, 21 Li ; **IV**, 44 fil.

VAR. Tableau des strophes :

KOVX	I II III IV VI
R	I II III IV V

I, 2 Que R ; mi KRVX ; un j. V ; 4 La riens O ; 6 mi R, men V ; 7 Que O ; 8 Et c. et c. p. souueraine R ; **II**, 10 li puis que ie s. O, li t. dont que s. R ; 11 a *omis par X*; 12 puet] puis V ; 13 a] de V ; 14 mi f. R ; 15 Moy R ; mi R ; **III**, 17 cui O ; bontez R ; 19 qui O, quen V ; nome KORVX ; 20 o. cesser V ; 23 *second* et *omis par X*; 24 uertu VX ; Et par lestoille con nomme tresmontainne R ; **IV**, 25 que X ; se noie V ; 27 Si R ; 28 le] son ; 31 mariniers R ; a cui O, apent V ; **V**, 34 biens] sens R ; et se prent R ; 35 s. c. son cuer son estage R ; 38 Que toute honnour v. s. R ; 39 rent] tent R ; 40 du t. en h. R ; **VI**, 43 leaus OV ; 45 cors O ; 46 Et sen croistra ausiment O ; 47 amors O ; le prent V.

MUS. Schéma mélodique : A A B. R donne une deuxième mélodie ; V, une troisième.

EDS. Scheler 1876 113-115, Waitz 1899 71-72, Fresco 192-196.

REM. • **9.** En ancien français, le substantif *amors* est tantôt masculin, tantôt féminin ; dans cette strophe, le genre féminin que le poète lui donne amène une coïncidence référentielle d'amour et de dame qui est sûrement voulue. • **15.** Vers frappant à la fois par l'enjambement et par le déplacement de la césure. • **19.** Il s'agit de l'étoile polaire, employée plus fréquemment comme métaphore de la Vierge (« Stella Maris ») que pour une bien-aimée mortelle. • **35.** *ostage* « demeure », à la différence de *ostage* « otage » au v. 41, où la locution *metre en ostage* veut dire « laisser en garantie ». • **41.** La division syllabique de ce vers, 3 + 7, est si peu commune dans les chansons courtoises qu'elle ne figure même pas dans le tableau des différents types de césures que présente Dragonetti 499. *Cuens d'Anjou* désigne Charles d'Anjou (1226-1285), frère de Saint Louis, comte d'Anjou à partir de 1246, roi de Naples et de Sicile à partir de 1265, protecteur de plusieurs trouvères et trouvère lui-même ; voir Petersen Dyggve 1949 et Dragonetti 345-348.

176

LEÇ. REJ. III, 28 maiues en fui ; **V,** 43 donc ; 46 me a *(+1).*

VAR. Tableau des strophes :

KNPRX	I II III IV V
a	I II III IV VI
U	I II III' IV' (voir *infra*)

I, 1 Mamors j. f. n. P ; sui aNR ; 3 cuida U ; toudis aR ; 6 Bien uoi ni pora d. U ; 9 Si KNPRX ; Ie ni a m. d. U ; 10 Et KNRX ; mocient P ; **II,** 11 Ains a ; Onques mes se e. (ebahis U) KNPRXU ; 12 fui KNPRXU ; 13 si] mais a, nus PR ; loi a. a ; Nen onkes nus fins amins U ; 15 C. ioi R, ia U ; amour R ; 16 do f. U ; 18 devis] plesir NU ; 19 *omis par R* ; Se a, Si N, Ie U ; 20 Car mieus voeil c'a. m'o. a ; **III,** 22 Que t. de mal s. R ; 23 Si ne lai p. desserui R ; 25 Les aR, Ges KNX, Ie P ; 26 par li a ; 28 d. (de X) mesdisanz s. h. KNPRX ; 29 Se a ; deserui R ; **IV,** 31 q. ie s. X ; enuaiz KNPRX ; 33 Dame ou iai (ie ai X) tout n. c. m. KNPRX ; 36 Car KNPRX ; ni p. RX ; 38 v. v. gere g. a ; Dex men doinst ueniance a mon deuis KNPRX ; 39 *omis par R* ; 40 mocient P ; **V,** 41 T. lor p. mont pourquis KNPRX ; 42 lor KNPRX ; 43 Icil (Ycilz R) d. j. s. honiz KNPRX ; 44 Mes sen uo (uos P, son R) c. g. KNPRX ; 46 Ie porrai bien respasser (eschaper PX) KNPRX ; 47 Et KNRX ; vo KPX ; 48 s'e. en p. P ; 49 a m. N ; 50 Bien v. q. m'o. N, et b. v. q. m'o R ; **VI,** 53 c. dont je s. n. a ; 56 feroient a ; 59 Et *omis par a.*

Aux str. III et IV, le ms. U substitue les strophes suivantes :

III' Biaz dous cuers fins et antiers,
Por vos voil morir,
Ne ja de vostre dongier
Ne kier mais issir,
Ce.l volés sosfrir.
Mais ceu m'i fait resjoïr
C'a mon plaisir
Morra por celi cui tant desir.
Je n'i ai mort deservie,
Mais bien voil c'amors m'osie.

IV' Or puent li medissant
Asseis abaier,
Car j'a de l'avoir asseis
Et bleif an grenier
Et bia palefroit,
Belle dame a mon voloir
Ke bien me siet ;
Et s'ai bien cent sols tout sans dongier,
Mais je ne les gaingnai mies :
J'a troveit lou nit de pie.

Beau cœur doux, fin et sincère,
je veux bien mourir pour vous,
mais de votre domination
je ne veux jamais m'enfuir,
si vous voulez le souffrir.
Ce qui me fait me réjouir,
c'est que pour mon plaisir
je mourrai pour celle que je désire tant.
Je n'ai pas mérité la mort,
mais je veux bien qu'Amour me tue.

Maintenant les médisants peuvent
à leur aise aboyer,
car je possède assez de biens,
du blé dans mon grenier,
et un beau palefroi,
une belle dame selon mes désirs
qui m'agrée fort ;
j'ai bien en mon entière possession cent sous,
mais je ne les ai pas gagnés :
j'ai découvert le nid d'une pie.

Dans son schéma rimique la str. III' diffère un peu des strophes qui la précèdent dans U comme de celles qui figurent dans les autres sources, mais dans son sujet et dans son ton elle ne se distingue pas de ce contexte ; il convient de la considérer comme un remaniement sérieux. En revanche, la str. IV', qui se démarque nettement du texte précédent, a tout l'air d'une invention de jongleur. Son schéma de rimes, différent à la fois de celui des deux premières strophes et de celui de la str. III', reproduit exactement le schéma de la chanson pieuse RS 1570 (voir REM. ci-dessous) qui a pris pour modèle la composition de Gillebert. Il paraît donc que la str. IV' est un contrafactum comique de l'imitation pieuse de notre chanson.

MUS. Schéma mélodique : A A B rf (ballade).

EDS. Scheler 1876 86-89, Waitz 1899 66-68, Fresco 266-273.

REM. Cette pièce a servi de modèle à la chanson pieuse anonyme RS 1570 (Järnström 1927 115-117). • **51-52**. Selon Scheler 1876 297, « *Tasse* est sans doute le nom du personnage auquel la demoiselle est priée de s'adresser ». Petersen Dyggve 1934 croit au contraire, p. 238, que *Damoisele* et *Tasse* sont une seule et même personne, qu'il identifie comme Tasse Wagon, épouse d'André Wagon, riche banquier d'Arras ; elle serait aussi Tassain Wagoune, nommée dans la chanson RS 1612 de Robert de la Pierre (compositeur de la présente pièce aussi, selon la rubrique des mss Ma) ; Berger 1981 418 est du même avis. Dans ce cas, l'impératif *proiez* serait adressé à quelqu'un que le poème n'identifie d'aucune manière. Il nous semble tout aussi possible que *Tasse,* au vocatif, désigne l'un de ces personnages paraissant assez souvent dans les envois : le jongleur-messager – et pourquoi pas au féminin de temps en temps ? – que le poète charge de transmettre sa chanson à sa dame. Dans ce cas, c'est la *damoisele (= l')* qui serait priée d'effectuer la « vengeance » du poète... en le « rappelant » (v. 55) à elle.

177

LEÇ. REJ. I, 6 loiauis ; **II,** 20 Et p. ce ie men r. *(+ 1)* ; **V,** 53 men r.

VAR. Les str. II, IV et V ne figurent pas dans I.
I, 1 mains I ; 2 Sai par maintes IU ; 3 Nonkes I, Ki ains U ; 4 Ne U ; 5 Ne I ; fais I ; 6 Mais IU ; f. a leal U ; 7-8 Serai et ferai I ; riraj U ; 8 A s. U ; 9 Biaus chans si m. r. I ; men P^2 ; recroirai U ; 10 celui P^1P^2, cele U ; 11 mercis U ; **II,** 12 J. ni U ; 13 Damor U ; 14 Issu P^2, Usus U ; 15 mains K ; maus KP^1U ; 16 p. a mal U ; 17 Anujs a trauail U ; 18 Loie U ; 19 lou sai U ; 20 Et p. ce ie (si K) me retrai KP^1P^2X, Por tant si me recroirai U ; 21 celui P^2 ; **III,** 24 Maluistiet ne f. I, Mal uestie n. f. U ; 25 Len KX, On IU ; 26 Si maust on muelz a U ; 27 He a. d. I, Ei a de loial U ; 28 A nul ior niere de ciaus I ; 30 *omis par I* ; 31 Biaus chant si me r. I, Biau chan si me recroiraj U ; 32 celui P^2 ; **IV,** 35 amors IU ; 36 Sil ki muel U ; 37 en ait ces delis U ; 38 chastoiera U ; 39 lameraj U ; 40-41 *intervertis dans* P^2U ; 42 je] si X ; Por tant mes cuers se repant U ; 43 celui P^2 ; **V,** 45 C. ia nou qer noier U ; 46 prei U ; 48 Q. man U ; 49 Uoir P^1 ; est U ; 50 M. ele me g. X, M. ele g. U ; 51 Uoirement U ; 52 Por uil gent U ; 53 Por tant mes cuers se repant U ; 54 celui P^2.

MUS. Schéma mélodique : A A B rf (ballade).

EDS. La Borde 1780 2 : 166, Dinaux 2 : 190-192, Scheler 1876 89-91, Waitz 1899 94-96, Fresco 231-235.

178

LEÇ. REJ. VI, 56 *manque* ; **VII,** 63 A deus drois *(corr. Långfors).*

EDS. Waitz 1899 88-90, Långfors 1926 2 : 153-156, Fresco 207-210.

DIAL. Traits picards : *ie* pour *iee* : *conseillie* (2), *forvoïe* (24) ; *tenrai* (18) pour *tendrai* ; *arez* (66) pour *avrez.*

REM. Gillebert demande à la dame de Gosnai, personnage inconnu en dehors de ce jeu-parti, si elle aimerait mieux un mari qui lui plaise sans plaire à ses proches ou un mari qui soit au goût de ses proches mais non au sien. Elle choisit de s'incliner devant la préférence de sa famille. Une seule personne, Hue d'Arras, est appelée à juger le débat, mais il est possible que Robert Bosquet, nommé à plusieurs reprises, doive servir de second juge ; voir à ce propos Fresco 210 qui nie cette possibilité. • **14.** *lui* ici, pronom féminin. • **14-15**. Tout en remplaçant à tort *doi* par *doit*, Långfors 1926 ne se trompe pas sur l'essentiel : il faut sous-entendre un infinitif complément de cet auxiliaire ; voir notre traduction. • **47-48**. Que l'un des partenaires d'un jeu-parti reçoive les conseils d'un tiers est tout à fait inhabituel.

179

VAR. I, 3 Onques T^1T^2 ; **II,** 6 voz T^2 ; 7 seriant T^1T^2 ; 8 p. n. tr. T^1T^2 ; **III,** 12 Vos estes si m. p. T^1T^2 ; 13 Maint amant aues tolu T^1T^2 ; **IV,** 17 pas] le T^1.

MUS. Schéma mélodique : a a B rf (ballade ?). Les deux mélodies données par T sont écrites à la seconde supérieure.

EDS. Scheler 1876 74, Meyer 1877 377, Waitz 1899 82, Nissen 14-15, Gennrich 1925 49-51, Mary 1 : 228-229, Bec 2 : 119-120, Fresco 257-260.

REM. L'attribution de cette pièce à Gillebert n'est pas du tout certaine ; il est fort possible qu'elle ait été composée par Guiot de Dijon. Pour un exposé détaillé du problème, voir Fresco 259.

Sur le fait de rimer des formes telles que *jors* (v. 4) et *covoitoz* (v. 19), voir Elwert 47-52.

180

LEÇ. REJ. I, 1 Q. ie uoi l. t. r. *(+1)*, 2 Et g. *(-1)*, 3 ces] ses, 10 lou] son ; **II**, 17 acoillir, 19 mesteir, 24 tansons ; **III**, 25 tornoer, 35 prodons ; **IV**, 45 charbons, 46 chapons ; **V**, 49 *(-1)*; **VI**, 53 faillit *(corr. proposée par Jeanroy-Långfors)*.

EDS. Meyer 1877 381-382, Jeanroy 1921 74-76, Bédier 1938 25-26, Henry 1954 108-115, Cremonesi 158-160, Woledge 1961 163-165, Toja 309-312, Henry 1967 1 : 242-243, Mary 2 : 42-45, Aspland 160-163.

DIAL. Traits lorrains : *a* pour *au* : *chade* (9), *chivachier* (13) ; *ai* pour *a* : *maingier* (43), *grais* (46), *aisaillir* (48), *ei* pour *e* tonique : *geleir* (2), *leiz* (7), *pais* (13) ; *bial* (28) pour *bel* ou *beau*; *o* pour *oi* : *proes* (17), *ochoson* (21) ; *boen* (7) pour *bon*; conservation de *t* final : *amet* (12) pour *aime, tandut* (50) ; *se* adverbial (15) pour *si*; *lou* (2) pour *le*; 3ᵉ pers. sing. prés. indicatif *et* (19) et *ait* (36) pour *a*; *seus* (37) pour *sui.*

REM. L'attribution à Colin Muset, proposée par Jeanroy 1921, a été généralement acceptée. On a vu dans ce texte une esquisse des rigueurs de la vie de jongleur en hiver par opposition à l'existence facile et agréable de la société courtoise ou bourgeoise ; Henry 1954 y ajoute l'observation que la chanson a pour but très pratique de solliciter un soutien matériel de la part de Gui de Joinville, seigneur de Sailly (1206-1256), dont le nom figure au v. 53. • **35-36**. Henry remplace *vient* par *vieut* et comprend : « Plus il a, plus il veut avoir. » • **49-52**. À la différence de l'interprétation de Bédier 1938, à laquelle nous devons la nôtre, Henry 1954 114 propose la suivante : « Il n'y a même pas un grèbe tendu [dressé, le cou tendu, aux aguets, pour plonger sur sa proie] sur une motte [= l'hiver est très dur] ; je n'aurai nul recours en cette froide saison. » Banitt 164 fait remarquer que *gueridon* (v. 51) = *guerison* « protection » ; voir aussi Levy 243 et 246, Aspland 322.

181

LEÇ. REJ. II, 19 broudelz ; **V**, 50 draibexelz.

EDS. Tarbé 1850 90, Bédier 1893 119, Bédier 1938 18-20, Pauphilet 912-914, Cremonesi 156-158, Chastel 684-688, Toja 304-306, Mary 1 : 332-335.

DIAL. Traits lorrains : *a* (3, 27, 30) pour *au*; *ai* ou *e* pour *a* : *bernaige* (6), *chaistel* (7), *lai* (9), *mairs* (38), *jai* (40), *per* (23), *amesce* (37) ; *ei* pour *e* tonique : *soneir* (15), *teils* (24), *esteit* (51) ; *oi* pour *o* : *broiche* (25) ; *u* pour *ui* : *brut* (6) ; *boen* (40) pour *bon*; conservation de *t* final : *escut* (26), *esteit* (51) ; *x* pour *s(s)* ou *ch* : *oixels* (20), *pouxons* (53), *plux* (61), *frexe* (36) ; *jeu* (43), *ceu* (43) pour *je, ce*; *lou* (14) pour *le*; *seux* (23) pour *sui*; 3ᵉ pers. sing. prés. indicatif *ait* (18, 24) pour *a.*

REM. • **4-5**. Les mots *triboudel* et *tribu martel* ne sont pas attestés ailleurs. Celui-là, comme *triboudaine* (v. 10), semble désigner une sorte de chanson enjouée ; celui-ci se comprend grâce au v. 6. • **33**. Bédier 1938 se demande, p. 55, s'il ne faut pas corriger *s'amor* en *d'amor* ou *et amor.* En fait, aucune correction ne s'impose ; on n'a qu'à comprendre une série de trois compléments d'objet direct de *avoir* : *jüel de belle dame et anel [de belle dame] [et], per drüerie, s'amor.*

• **58-59**. Il est permis de douter de l'authenticité de ces vers qui donnent à la strophe un schéma rimique – *aab aab aab ab Aab* – différent de celui des strophes précédentes – *aab aab aab Aab.* S'ils étaient supprimés, la phrase qui commence avec trois propositions subordonnées parallèles (vv. 49-57) se terminerait (après le refrain syntaxiquement indépendent du v. 60) avec, comme proposition principale, les vv. 61-62.

182

LEÇ. REJ. I, 2 novele *écrit au-dessus de la ligne , d'une main plus moderne que celle du copiste*; **II**, 14 nuit et ior, 17 an la fontelle, 18 desor; **III**, 28 par r., 30 laraure; **IV**, 44 aseue; **VI**, 62 trutes flories, 63 poilles rosties.

EDS. Bartsch-1920 221-222, Jeanroy 1921 72-74, Bédier 1938 27-29, Alvar 278-283.

DIAL. Traits lorrains : *a* pour *au* : *mavais* (40), *a* (60) ; *ei* pour *e* tonique : *aseis* (8), *beie* (35), *Ferreit* (50) ; *ial* pour *el* ou *eau* : *chapial* (20), *bial* (47) ; *u* pour *ui* : *brut* (1), *trute* (62) ; *lëaul* (25) pour *le(i)al*; *boin* (60) pour *bon*; conservation de *t* final : *ainmet* (23), *Ferreit* (50) ; *lou* (34) pour *le*; 3e pers. sing. prés. indicatif *ait* (26, 27, 43) pour *a.*

REM. Bien qu'anonyme dans sa seule source manuscrite, ce poème ne laisse aucun doute quant à l'identité de son auteur ; dans son style comme dans son thème, il rappelle toute l'œuvre de Colin Muset. Sur cette attribution, voir Bédier 1938 xv-xvi. • **60**. Plutôt qu'un nom de tavernier, comme le veut Jeanroy 1921, *(Au) Bon Ferré* est sans doute, selon Bédier 1938 69-70, le nom d'une taverne, le *ferré* étant une sorte de vin (voir Tobler-Lommatzsch, s.v. *ferrer*) et l'adverbe *La* (v. 61) confirmant qu'il s'agit d'un lieu. • **65**. Le mot *raverdie* désigne normalement une sorte de chanson qui célèbre l'amour et le retour du printemps, et c'est bien là le sens que lui attribuent les éditeurs précédents de ce texte aussi bien que Tobler-Lommatzsch. Cependant, étant donné à la fois le contexte de notre occurrence et certaines attestations fournies par Tobler-Lommatzsch sous les entrées *raverdie, renverdie, reverdie,* nous suggérons comme non moins probable le sens de « pique-nique » avec une forte connotation de divertissement amoureux. *Cf.* la str. 5 de la pièce 181 (RS 582) de Colin, laquelle évoque le plaisir du *jeu de praiel.* Il n'est bien entendu pas exclu que les deux acceptions coïncident dans une occurrence donnée, et l'on connaît des cas où la mention d'une chanson ou d'une danse ne fait que masquer (de façon bien transparente) l'activité sexuelle ; voir, par ex., l'« apprentissage » du *virelai* dans les str. 5 et 6 de RS 2084 (Bartsch 1870 293).

183

LEÇ. REJ. I, 6 Plus que nest u. r. *(corr. Bédier)*; **III**, 13 chief sor ot *(+1)*, 15 rubiz i ot *(+1)*, 17 deus et cor *(+1)*; **IV**, 23 doist; **V**, 26 plaisst et agre.

VAR. I, 1 seux ; **II**, 7 Iteile est la demoiselle ; 8 Fille est a roi de t. ; 9 ke restancelle ; 12 siet ; **III**, 13 En s. ch. sor ot ch. d. ; 15 S. r. i ot entor ; 16 maintes ; 17 Et iu ke fui se ieu ; 18 A. a la d. ; **IV**, 20 oureis ; 22 Si com fust enlumineis ; **V**, 25 Ieu esgardai ; 26 Ke trop ; 27 Ien ; 29 Non ferai se deu plaist ; 30 samor ; **VI**, 31 un *manque*; 35 sai senz *manque*; **VII**, 37 Leis un uergier cest a. ; 38 belle la senee ; 41 Samor mamprant et a. ; 42 Ke ; **VIII**, 43 A li r. m. ; 44 fut ; **IX**, 49 lo esgardeie ; 51 rien ; **X**, 55 celle ; 56 grant ; aseuie ; **XI**, 61 men.

EDS. Tarbé 1850 81, Hofmann 1867 520-522, Bartsch 1870 355-357, Bédier 1893 93, Jeanroy 1901 9-11, Bédier 1938 15-17, Pauphilet 907-909, Spaziani 1954 71-73, Cremonesi 153-156, Chastel 680-685, Pottier 91-92, Toja 295-298, Bec 2 : 63-65, Baumgartner 1983 128-131, Bergner 486-491.

DIAL. Traits lorrains : *ei* pour *e* tonique : *panseie* (24), *enameie* (28) ; *lo* (27, 58) pour *le*.

REM. Les correspondances strophiques de ce poème sont remarquables, comme le fait voir le tableau ci-dessous :

	Str.	Syll.	Rimes	
A	I	7	ette	
	II	7	ele	
B	III	7	or	ele
	IV	7	oie	ee
C	V	6/7	ai	ee
	VI	6/7	ier	ee
B	VII	7	ise	ee
	VIII	7	ai	ee
A	IX	7	ee	
	X	7	ie	

C'est le bel équilibre de cette structure qui à notre avis justifie la réduction des vv. 13, 15 et 17, octosyllabes, en heptasyllabes (voir LEÇ. REJ.), les vers surnuméraires étant sûrement le fait d'un copiste inattentif. Pour l'opinion contraire, voir Bédier 1938 54, mais voir aussi Tyssens 1989 410-411.

Le corpus des trouvères ne contient qu'une dizaine de reverdies ; pour une étude de ce genre, voir Bec 1977-78 1 : 136-141. Sur le lai, voir le même volume, pp. 189-208. • **8.** *Tudele,* en Navarre, figure souvent dans les textes médiévaux comme une sorte d'emblème de richesse et de puissance ; pour les occurrences de ce nom dans la poésie lyrique, voir Petersen Dyggve 1934. • **58**. *Surie* « Syrie » désigne la Terre sainte.

184

VAR. I, 1 Or ; 3 cuit ; 4 dolour ; **II**, 9 pechiet ; 10 ces liges hons sougis ; 12 e. haities ; **III**, 13 ai *manque*; 15 perdon ; 16 Se tost ; 19 e. trop f. ; 20 Com ni o. **IV**, 22 T. b. uoroie ; 23 amor ; 26 senbanoie ; 28 Bien se d. ; **V**, 33 A ; 38 cuit m. ; 40 Por ; **VI**, 42 Ke mes cuers desire tant ; 44 rien ; **VII**, 52 prochiennement ; 53 ne me ; 54 tous iors s. ; 57 Plux ; 59 amor ; **VIII-IX**, 63-65 De tous biens moustreir ; 69 amendeir ; 72 Kil ne uos puet riens g.

EDS. Tarbé 1850 85, Bédier 1893 114, Jeanroy 1901 11-13, Bartsch 1920 250-251, Brittain 189-191, Bédier 1938 13-15, Henry 1967 1 : 241-242, Baumgartner 1983 172-179.

DIAL. Traits lorrains : *ai* pour *a* : *lais* (7) ; *a* pour *ai* : *s'abasse* (12), *lassiez* (71) ; *ei* pour *e* tonique : *loieir* (16) ; *o* pour *oi* : *prosier* (28) ; *boen* (36) pour *bon*; *meux* (28) et *meuz* (39) pour *mieuz*; conservation de *t* final : *faudrat* (53) ; *ceu* (10) pour *ce*; *lo* (1, 8) pour *le.*

REM. • **47-48**. Jeanroy 1901 transpose sans nécessité ces vers. • **61-72**. Pour Jeanroy 1901, « il paraît évident que les deux dernières [strophes] doivent être transposées », idée que rejetteront Bédier 1938 52 et, plus récemment, Verelst. La *Dame* du v. 65 est *La bone duchesse* du v. 62, mais n'est pas la même personne que *Bele,* au v. 49, ce qui transparaît avec évidence dans l'ordre des couplets du ms.

185

LEÇ. REJ. I, 1 Biaus Colins muses *(+1)*; 2 Ke lons ai s. *(-2) (corr. Bédier)*; 3 *(-3) (corr. attr. par Bédier à Gaston Paris)*; 5 semblant; **IV**, 28 H. cil; **VI**, 37 As grais chaippons et a la jancellie *(+3)*.

EDS. Tarbé 1850 94, Bédier 1893 127, Simon 47, Bédier 1938 7-9, Pauphilet 914-915.

DIAL. Traits lorrains ou picardo-lorrains : *ai* pour *a* : *Jaikes* (8), *pais* (15), *porchaicerai* (18), *lai* (31) ; *ei* pour *e* tonique : *troveir* (4), *fueis* (9), *teil* (19) ; *ie* final pour *iee* : *proïe* (35) ; *i* pour *ei* : *signorie* (25), *millor* (34) ; *loiaul* (3) pour *loial, biaul* (10) pour *bel* ou *beau*; *boen* (39) pour *bon*; *s* final pour *z* : *ains* (3), *fueis* (9), *troveis* (12), *amans* (24) ; conservation de *t* final : *pitiet* (3), *troveit* (17) ; *pués* (12) pour *puis*; *ceu* (30) pour *ce*; *se* adverbial (33) pour *si*; 3e pers. sing. prés. indicatif *ait* (28) pour *a*; 3e pers. sing. futur en *-ait* : *amerait* (27) , *avereis* (14), avec épenthèse, pour *avrez*.

REM. • *amenteor* « mensonger » n'étant pas attesté ailleurs, Bédier 1938 et d'autres ont peut-être raison de lire *a menteor*. Pourtant, la construction avec *trover* ne se rencontre pas normalement avec *a* devant l'adjectif; *cf.* le v. 17. • **26-27**. Ce passage du pluriel *(ont borjoises)* au singulier (*n'amerait* et *soit*) est peut-être maladroit mais nullement inconnu en ancien français, de sorte qu'aucune correction ne s'impose; voir Bédier 1938 49. • **36**. *arant* = *errant* « tout de suite ».

186

LEÇ. REJ. I, 5 Se jamais ; **II**, 9 tout, 11 jai *(-1)*, 15 nouuel amistie ; **III**, 24 *(-2) (corr. Raynaud)*; **IV**, 29 feie, 30 Vueure ; **VI**, 41 *(-2) (corr. Raynaud)*.

MUS. Schéma mélodique : A A B ; la mélodie de l'envoi est celle des vv. 5-8.

EDS. Raynaud 330-331.

DIAL. Traits picards : *ie* pour *iee* : *fie* (29), *conmenchie* (30) ; *iu* pour *ieu* : *Dius* (7) ; *ch* pour *c* : *douche* (6), *pieche* (24), *ch'* (32), *che* (43) , *k* ou *c* pour *ch* : *sakié* (17), *coisie* (38) ; *s* final pour *z* : *mors* (7), *tous* (9), *deigniés* (20) ; *chou* (3), *jou* (8) pour *ce, je*; *le* (34, 35) pour *la*.

REM. Il est extraordinaire qu'une chanson de trouvère parle du renouveau de l'amour après la mort de la bien-aimée.

187

LEÇ. REJ. I, 3 ieus] ius ; **IV**, 31 fie] fre ; **V**, 39 en quel ; **VI**, 43 crie.

MUS. Schéma mélodique : A A B ; la mélodie de l'envoi est celle des vv. 5-8. • **1.** Au v. 1, le ms n'a pas de bémol.

EDS. Raynaud 327-328.

DIAL. Traits picards. : *ie* pour *iee* : *fie* (31), *adamagie* (43) ; *ieu* pour *if* : *eskieu* (26), *ieus* pour *is* : *soutieus* (1), *gentieus* (9), *ententieus* (17) ; *ch* pour *c* : *larrechin* (1), *ramenbranche* (2), *merchi* (5), *ch'* (28), *che* (42) ; *s* final pour *z* : *avés* (14), *chou* (11), *jou* (12) pour *ce, je*; *le* (8, 31) pour *la*; *venra* (5) pour *vendra*; *aroie* (12) pour *avroie*; 1re pers. sing. prés. indic. en *-c* : *faic* (12) ; *vo* (16) pour *vostre.*

REM. • **41**. Selon Petersen Dyggve 1934 42-43, *Audefroi* serait Audefroi Louchart, riche bourgeois d'Arras, nommé dans plusieurs poèmes et partenaire de Jean Bretel dans quelques jeux-partis. Berger 1981 376 confirme cette identification.

188

LEÇ. REJ. I, 7 son] uo ; **III**, 23 Car, 26 C. s. de d. apaier, 28 traïr] seruir ; **IV**, 31 a] en ; **VI**, 58 cuidante.

VAR. I, 5 q. aues AQa ; 8 seruirs a ; **II**, 14 Ki a ; 15 De celi au d. j. AQa ; 16 trauuilier A ; 18 g. par cou Aa ; 19 Si Aa ; 20 li Aa ; **III**, 22 traisons Q ; 25 set] puet AQa ; 26 set] puet Q ; **IV**; 32 f. corage A ; 35 s'il laist *omis par Q*, si l. Aa ; 36 Que Q ; 38 mort] moi Aa ; **V**, 42 auersaile A ; 44 Par AQa ; 45 Conqueste qui na m. AQa ; 48 traisons Q ; 50 traisons AQ ; **VI**, 52 traisons Q ; 56 Si *omis par Q*; j. bien paiier (apaiier Q) AQa ; 59 Grant Aa ; condoie A ; **VII**, 61 garder A ; 64 cointoie A.

MUS. Schéma mélodique : oda continua ; la mélodie des deux envois est celle des vv. 6-10. A donne une deuxième mélodie ; le ms. a, une troisième. • **1.** Au v. 1, le ms. omet cette note ; corrigé.

EDS. Coussemaker 152-156, Nicod 68-72, Långfors 1926 2 : 51-54, Wilkins 33-34.

DIAL. Traits picards : *ie* pour *iee* : *païe* (10), *apareillie* (20), *ch* pour *c* ou *ç* : *parchon* (18), *che* (24), *courouchie* (30), *tenchon* (62) ; *qu* ou *c* pour *ch* : *riqueche* (13), *cose* (22), *castie* (65), *vle* pour *ble* : *foivle* (32), *deffensavle* (42) ; *ariés* (5), *ara* (16) pour *avriez, avra*; *le* article (12, 60) ou pronom (20) pour *la*; *me* (15) pour *ma*; *sen* (57) pour *son*; *jou* (56), *chou* (31) pour *je, ce*; *chis* (51) pour *cil*; *vo* (6) pour *vostre.*

REM. Jean Bretel pose la question : est-il préférable de faire la conquête de sa dame contre son gré ou de la servir sans autre récompense que de la voir satisfaite ? Adam choisit le premier parti ; Ferri et Grieviler jugeront le débat. • **47**. Le sens de *boichon* n'est pas clair. Nicod ne hasarde aucune glose. Långfors 1926 suggère « flèche » en se référant à Tobler-Lommatzsch, s.v. *bouzon*, qui n'est pourtant pas du même genre. Il est possible que *boichon* ne soit pas autre chose que la forme picarde normale de *boiçon* « boisson ». L'idée d'associer la loyauté à une « fine » boisson n'est pas invraisemblable dans une société qui attribuait volontiers aux breuvages, aux potions, aux philtres le pouvoir de produire diverses émotions et vertus. Il est vrai que le lien entre loyauté et boisson pourrait s'expliquer autrement : sur un plan moral et socio-esthétique, la loyauté et le bon vin sont tous les deux des marques d'une « courtoisie » qui s'oppose à tout ce qui est *vilain* (v. 48). • **59-60**. Variante des proverbes 110 et 501 cités par Morawski.

189

LEÇ. REJ. III, 25 set] seut ; **IV**, 36 le ceruel escaufe ; **V**, 46 Et, 47 amistie.

VAR. Les str. VII et VIII ne figurent pas dans b.
I, 3 Le quel ; torment ; 4 cui c. t. ; 6 nient] riens ; 8 son ami ; 9 Lot mainte ; 10 namera ; **II**, 12 uoir d. ; 16 doleur a a. ; 17 pl. grant gr. ; 20 t. que il ; **III**, 22 S. choisir ; 24 Cuer ; 25 ot h. ; 27 pechiez ; 29 *premier* sa *omis* ; doleur ; **IV**, 36 a tous iours ; **V**, 43 C. q. set c. ; 44 Que il f. w. j. ; 47 M. le ; 49 tormens ; 50 T. com celui q. de h. v. ; **VI**, 51 Sire n. ; 52 Au ; 53 tel mal ; 54 Tous temps est son c. emplis ; 56 Le ; 58 b. quil en a s. ; 59 Et que sa f. iamais iour n. ; 60 Pour ; le j.

MUS. Schéma mélodique : A A B. • **1.** Au v. 1, le ms. n'indique pas de silence.

EDS. Långfors 1926 1 : 140-143.

DIAL. Traits picards : *au* pour *ou* et absence d'épenthèse dans *daurra* (67) pour *doudra*; absence d'épenthèse dans *avenra* (10), *venra* (50), *tenra* (68) pour *avendra*, etc. ; *chieus* (4) pour *cilz*, *manechiés* (64) pour *menaciés*, *piecha* (39) pour *pieça*; *pecié* (27) pour *pechié*; *escaufee* (36) pour *eschaufee*; *çou* (6), *jou* (60) pour *ce, je*.

REM. Jean Bretel pose la question : qui est le plus malheureux – celui qui soupçonne toujours sa femme d'être infidèle mais ne peut jamais en être certain ou celui qui sait qu'elle en a aimé un autre mais sait également que la rupture est définitive ? Grieviler choisit le premier parti ; Robert et Jaket jugeront le débat. • **20**. Långfors 1926 remplace *sera* (ms. b) par *savra*, ce qui donne « tant qu'il sera jaloux ». Il ajoute que la leçon rejetée pourrait « à la rigueur » signifier « aussi longtemps qu'il aura la certitude de son malheur ». Sa correction n'est guère nécessaire, car le sens de *tant coum'* peut être aussi « jusqu'à ce que/avant que » ; voir notre traduction. Cette interprétation est confirmée au v. 30 par la contradiction de Jean Bretel : *cil qui set ne l'oubliera ja*, et par l'insistance sur le fait de « savoir » au v. 40 et ailleurs. • **26-27**. *Cf.* Morawski, prov. 574 : *De viez pechié novele vergoigne.*

190

LEÇ. REJ. I, 3 prendes, 7 issies *(-1)*; **II**, 15 deueries *(+1)*, 16 jsteroie *(+1)*; **III**, 21 Cent ans, 22 je *manque*; **IV**, 29 *(-2) (corr. Långfors)*, 30 desirier ; **V**, 39 cest ; **VI**, 47 *(-1) (corr. Långfors)*

VAR. Les str. IV à VIII ne figurent pas dans c.
I, 2 *je manque*; 6 si] et ; **II**, 11 respondu ; 12 Que ny ; 14 Responc je *manque*; a *manque*, 15 Q. v. venriez ; **III**, 18 Le p. que t. se irasse ; 20 Et sen aucun i l. ; 21 Car temps ; 23 men samee ; 24 *par suite de mutilation ne restent plus que les mots* vous *et* demouriez.

MUS. Schéma mélodique : A A B ; la mélodie des deux envois est celle des vv. 5-8. • **1.** Au v. 1, le ms. n'indique pas de silence.

EDS. Långfors 1926 1 : 133-136.

DIAL. Traits picards : *ch* pour *c* et *c* ou *k* pour *ch* : *courechier* (10), *chil* (28), *cachiés* (52) (= *chaciez*), *eskapeler* (37), *maske* (36) ; variation libre de *s, ss, c* en position intervocalique : *quaise* (18), *quaisse* (44), *grasse* (12), *demouriciés* (24) ; *s* final pour *z* : *quidiés* (1), *liés* (8) ; *jou* (4), *çou* (26) pour *je, ce*; imparf. subj. en *-aisse* : *entraisse* (8), *acordaisse* (26) ; 1re pers. sing. prés. indic. en *-c* : *responc* (14) ; *ariés* (21), sans épenthèse, pour *avriez*; *deerains* pour *derniers.*

Comme les rimes le font voir, les graphies *-asse, -aise, -aisse,* même *-aske* (36) ont, dans ce texte, la même valeur phonétique.

REM. Jean Bretel pose la question : à supposer que j'aime votre maîtresse, aimeriez-vous mieux me voir la quitter lorsque vous arrivez chez elle ou me voir arriver chez elle lorsque vous la quittez ? Grieviler choisit le second parti ; Simon Pouchin et Jaket jugeront le débat. • **53.** L'allusion à Triamodet, qu'il s'agisse de l'un des personnages de la chanson de geste *Aspremont* ou d'un autre, n'est pas claire.

191

LEÇ. REJ. II, 16 plus q., 17 E. sans soupechon *(-2),* 20 Met *(corr. Långfors)*; **III**, 28 si biaus c., 29 talens; **V**, 45 Quaucun *(-1)*; **VI**, 55 Bon; **VII**, 64 marison.

VAR. I, 1 escient Gb; 5 Le quel seroit m. uo g. b; 6 Ou ce G; cui G, ke Zb; 10 entierement G; **II**, 11 tel p. b; 12 Moustrez b, 13 P. vivre plus G; 14 de lie G; 15 q. son sens s. b; 16 plus q. A; 17 E. sans soupechon A; Quar b; 18 Biaute Z; 19 Orgueil b; 20 Met AGZb; **III**, 22 je] ce Gb, iel Z; 25 trop b; grans Z; e. doutez GZb, 26 et] est b; routes Z; 28 fait] fais Zb, biaus A; **IV**, 32 Grans Z; 36 deduit b; 38 e. sans mesproison GZb; 40 mieus] plus G; **V**, 41 Cuuelier Z; 42 je] iel Z; 45 Et en tel p. e. cis nez b; 46 grans Z; 47-48 *lacune dans GZ jusqu'à* aime on; 49 et *omis par G;* **VI**, 52 Ainc Z, Onc b; 53 Sun roi b; 54 V. fere tout aussi b; 55 Bon A; 57 A. nous Z; 58 a] ai Gb; non A; 59 P. que on a. G; **VII**, 62 Je di que cest v. G; 65 bele G; 66 Quar nulz naime s.b; **VIII**, 67 Sire audefroi e. GZb; 68 di cil G; 70 Bon b; d. iusque en s. b; 71 a] au Gb, al Z; 72 cuns t. GZ.

MUS. Schéma mélodique : A A B; la mélodie des deux envois est celle des vv. 5-10. A donne une deuxième mélodie; Z, une troisième.

EDS. Långfors 1926 1 : 98-102, Cremonesi 224-227, Gennrich 1955 2 : 64-69, Spaziani Canz 273-277, Toja 351-354.

DIAL. Traits picards : *faus* (56, 68) pour *fous*; *ju* (2) pour *gieu*; *raisnaulement* (9) pour *raisnablement*; *cou* (56) pour *ce*; *ch* pour *c* : *chele* (6) ; *c* ou *k* pour *ch* : *coisi* (12), *kaï* (34).

REM. Jean Bretel pose la question : préférez-vous une amie passablement belle et très intelligente ou une amie très belle et passablement intelligente ? Grieviler choisit le premier parti ; Dragon et la demoiselle Oede jugeront le débat. • **25.** Si Långfors 1926, suivi des autres éditeurs de ce texte, remplace *fondés* par la variante *doutés* « redouté (à cause de) », c'est sans doute en partie parce qu'il croit qu'un mot rime ne doit pas être répété (cf. le v. 15) et peut-être en partie parce que le sens de *doutés* lui semble plus à propos dans un contexte qui comprend aussi le mot *retés* « accusé » (v. 26). Nous trouvons ces motifs de correction insuffisamment persuasifs ; en effet, la répétition de *fondés* renforce la contradiction que Jean Bretel veut exprimer dans ce passage. • **43-44.** Il s'agit du grand trouvère Thibaut de Champagne, lui-même partenaire dans nombre de jeux-partis. Les termes *grant sens* et *desfendi* étant ambigus, on a interprété ces vers de plusieurs manières. Le verbe peut signifier soit « soutint » soit « rejeta » ; le substantif peut avoir le même sens qu'il a eu jusqu'ici ou bien signifier l'« opinion intelligente, raisonnable », c'est-à-dire, celle qui veut que la beauté soit prisée plus que l'intelligence. Deux traductions italiennes font ressortir la difficulté : pour Cremonesi, Thibaut « ha difeso il gran senno », alors que pour Spaziani 1957 « si dichiarò contrario alla grande intelligenza ». Toujours est-il que, dans le seul jeu-parti où il considère cette question (ou plutôt une question similaire), Thibaut se montre champion de la beauté (RS 294). Pour les détails de cette controverse, voir Långfors 1926 1 : 101-102. Enfin, il est à remarquer que, dans sa réponse aux vv. 43-44, Jean Bretel est manifestement d'avis (vv. 53-54) que le roi de Navarre préférait la beauté.

192

LEÇ. REJ. I, 1 seigneur, 4 atendance ; **V**, 31 Et si di tas.

VAR. La str. IV ne figure pas dans U.
I, 1 n. barons ; 2 erairs ; 3 An n. p. ni an t. ; 4 Auez i uos ; 5 P. c. fusiens ; 7 ai ieu mout grant fiance ; **II**, 9 Cant ieu estoie an d. p. ; 10 Sadons f., rien ; 11 An moi puisiez auoir m. g. f. ; 13 m. merchit ; 14 Millors ; **III**, 15 B. m. onkes uers uos ne fis ; 16 P. coi euse ; 17 Tres icel j. ; 18 Vostre uoloir ai ie fait tres mafance ; 19 s. formant por uos l. ; 20 m. de mes mals enemins ; 21 Sauiez ; **V**, 29 Chansons ; 30 Kil a mes omes ne faicet f. ; 31 Et me d. toz ceaz ; 32 loalteit et p. auansent ; 33 Or uara, seront mi amin ; 34 conostra toz mes mals enemins ; 35 Deus mar uaront la moie delivrance.

MUS. Schéma mélodique : A A b+A'. • **1.** Aux vv. 1 et 3, le ms. omet cette figure ; correction d'après le v. 6. • **2.** Au v. 4, le ms. porte une barre.

EDS. La Borde 1780 161, Dinaux 2 : 38-39, Leroux de Lincy 45-49, Tarbé 1850 17, Petersen Dyggve 1945 150-153, Dufournet 1989 248-251.

REM. La rubrique de cette pièce n'inclut pas le nom Thibaut II ; cette identification du « comte de Bar », comme celle des personnages mentionnés dans le texte, se trouve dans Petersen Dyggve 1934 et 1945. Mêlé aux querelles de Flandre, Thibaut fut capturé en 1253 et passa un an en prison. • **2.** Le trouvère s'adresse à Erart de Valery, croisé bien connu sous le roi Louis IX, mort en 1277. • **7.** Il s'agit d'Otton III, comte de Gueldres de 1229 à 1271. • **8.** Il s'agit d'Henri III, duc de Brabant de 1248 à 1261 et trouvère. • **15.** Il s'agit de la belle-mère de Thibaut, Marguerite, comtesse de Flandre et du Hainaut. • **22.** *Alos* désigne le comté de Loss, dans la province de Limbourg; le comte est Arnoul IV. • **29.** *mon frere* désigne le beau-frère de Thibaut, Henri III, comte de Luxembourg de 1226 à 1281 et marquis d'Arlon.

193

LEÇ. REJ. III, 18 *(-1)*; **IV**, 25 eschiue, 26 le] la, 28 Ce.

VAR. I, 2 Ke ne ; 3 Ke tant per seux a. de j. ; 4 Ke ie uodroie e. muels entr. ; 5 Et *manque*; 6 C. fist celle c. resembleir v. ; 7 Dido ke f. p. eneam o. ; **II**, 8 Biaus douls am. ; 9 tandis com uos auoie ; 10 Gens ; 14 Cadam ne fust ; **III**, 15-19 = *22-26*; 15 tant ne fist anfelixe ; 16 s'or] se ; 17 se aincois ne m. ; 18 Ne j. ; 20 Or v. ; 21 t. iert maix ma r.a. ; **IV**, 22-26 = *15-19*; 22 P.d. amors ; 23 qui] ke ; 24 Tolut maueis la r. ke plux a. ; 25 eschiue ; 27 M. mien ueul se men repentiroie ; 28 Se p. tant niert c.

EDS. Tarbé 1850 25, Hofmann 1867 516, Mölk 1989 100-101.

DIAL. Traits lorrains : *ai* pour *a* : *jai* (17) ; *ei* pour *e* tonique : *esteit* (1), *iteil* (5) ; *poinne* (21) pour *peine*; *an* pour *en* : *antreprise* (4), *jant* (10) pour *gent, rante* (21) ; nasalisation progressive : *amins* (8) ; *ss* ou *c* pour *s* : *Afelisse* (15), *justice* (28) ; conservation de *t* final : *esteit* (1), *at* (24) ; *tolut* (24) ; *jeu* (9), *ceu* (21) pour *je, ce*; *lou* (21) pour *le*; *seu* (25) pour *sui*; 3e pers. sing. prés. indicatif *rait* (19) pour *ra.*

REM. Il ne devient évident que peu à peu que cette pièce est une plainte funèbre; c'est l'une des très rares chansons de ce type en ancien français et la seule composée par une femme. Voir Rosenberg 1983. • Il s'agit de Fouque (Foucon) et d'Anfelise, héros et héroïne du *Roman de Fouque de Candie* d'Herbert le duc de Dammartin et d'autres ouvrages aussi ; voir Flutre 14 et 80. • *Fenis,* au masculin, est le phénix ; les trois adjectifs au féminin caractérisent celle qui parle. La forme *eschise,* que nous substituons, à cause de la rime, à la forme normale *eschive* qui se trouve dans les deux mss, est attestée dans Tobler-Lommatzsch, s.v. *eschif.*

194

LEÇ. REJ. I, 4 se s. ; **II**, 10 Sire se p. mon o. ; **VI**, 52 s. boisdie.

VAR. Tableau des strophes :

b I II III IV V VI VII VIII
E I II III IV V VI VII
c I II III

I, 1 C. jaime m. de m. c ; 3 E. moi en b ; 4 Et *omis par c*; sires Ec ; 8 le deuoir c ; **II**, 10 Sire Ec ; se bien par o. E ; mon o. b ; 11 dessir c ; 13 De samour a embrachier b ; 17 Le d. p. le p. b ; 18 Ce ne r. m. c ; **III**, 20 a *omis par c*; 21 Se de luj le preng je croy c ; 24 siert l. E, si est l. c ; 26 Dont b ; vif enragier c ; 27 c. blastengie b ; **IV**, 28 vous] je b ; 29 naves p. le c. e. E ; 30 Vous *omis par b*; 33 laries E ; 34 acompaignie E ; **V**, 40 Que E ; 43 cele b ; **VI**, 46 je] che E, bien b ; 50 la s. b ; 51 O E, De b ; 52 s. boisdie b ; 54 t. que E ; **VII**, 57 foulenchamp b ; 58 d. trier b ; **VIII**, 61 de cui b ; 64 Si ert no ch. iugie b.

MUS. Schéma mélodique : A A B ; la mélodie des deux envois est celle des vv. 5-9. • **1.** Le ms. insère un *fa* avant cette note et un *la* après.

EDS. Långfors 1926 2 : 29-32, Spaziani 1957 333-336.

DIAL. Traits picards : *ie* final pour *iee*; *maubaillie* (27), *prisie* (32), *apaisie* (59) ; *ch* pour *c*; *embrachier* (13), *courechier* (49) ; *boine* (3) pour *bone*; *poi* (48) pour *pou* ou *peu*; *çou* (28) pour *ce*; *le* (2, 37) pour *la*; *vo* (11), *no* (59) pour *vostre, nostre*; *arés* (33) pour *avrez*; prés. subj. en *-ge* : *prenge* (42).

REM. Gamart de Vilers pose la question : doit-il prendre pour maîtresse une femme qui l'aime mais qui est l'épouse de son ami ? Cuvelier répond que oui. La dame de Fouencamp et Gillart jugeront le débat. • **10.** Långfors 1926 croit que, étant donné la condition sociale de Gamart (vv. 61-62), le vocatif *Sire* du ms. Z (et des mss. Ec) doit être corrigé en *Gamart*, nom qui paraît dans b et qui, d'ailleurs, s'emploie aux str. 4, 6 et 8 dans tous les mss. Nous avons adopté cette correction.

195

LEÇ. REJ. IV, 26 bele mestrie.

EDS. Fiset 534-535, Schultz-Gora 500-501, Långfors 1926 2 : 169-170.

DIAL. Trait picard : *ie* final pour *iee* : *Chaucie* (1), *engignie* (17), *otroïe* (29).

REM. Sainte des Prés pose la question : est-il plus honorable de permettre à un homme de la prier d'amour ou de l'empêcher de s'exprimer ? La dame de la Chaucie prend le second parti. Aucun juge n'est nommé. • **23-24.** L'interprétation de Långfors 1926, *Fame qui chiet en freour pour parole d'omme* n'est guère nécessaire, car *freour d'omme* rend un sens tout à fait acceptable.

196

VAR. **I**, 3 joliuement V ; 4 De KNPV ; 5 sorpris NV, conquis KP ; 6 Q. siens sui a KNPV ; 7 Ne KNPV ; 8 j. que ie s. KNPV ; 10 Et souuent KNP, Bonnement V ; **II**, 12 niert KNPV ; a n. j. *omis par V*; 13 Rosignol iolis KNPV ; 15 Quil KP, il N, Et V ; 16 et *omis par KNPV;* 17 Q. doit viure loiaument KNPV ; 18 chanteres m. m. P ; nest m. V ; 20 renuoisiement KNP ; 21 *omis par V*; **III**, 25 Qui a fin ami (fins amis NP) en (de V) j. KNPV ; 27 Cuer KNP ; 28 En t. (tele N) amor vraiement KNP, En cele a amour le ramaine V ; 29 guerredon KP ; 31 Q. tent a V ; alegement P ; 33 si haut l. KNPV.

MUS. Schéma mélodique : A A B. La mélodie de M présente un rythme irrégulier en notation mesurée. Celle de K se trouve aussi dans NP ; V donne une troisième mélodie. • **1.** Le ms. a une queue c.o.p. • **2.** Le ms. a un punctum divisionis.

EDS. Scheler 1879 72-73, Steffens 1905 275-277, Hoepffner 95-96.

REM. Sur l'attribution, voir Hoepffner 73-74 aussi bien que Steffens 1905 274 qui n'admet pas cette pièce parmi celles attribuables à Perrin.

Pour des raisons formelles que nous trouvons peu convaincantes, Steffens 1905 349-350 considère ce poème comme fragmentaire ; Hoepffner 96 affirme le contraire, estimant, ce qui est un peu surprenant, qu'il s'apparente aux ballettes en trois strophes. En l'absence de toute preuve concluante, il nous semble raisonnable de constater simplement que cette composition révèle une grande cohérence poétique et qu'à la fin il paraît bien complet. • **1.** *Contre,* selon Steffens 1905 349, veut dire « malgré ». Il est plus probable qu'on doit comprendre « à l'approche de », comme le dit Hoepffner. Voir non seulement Tobler-Lommatzsch, s.v. *contre* (devant un nom de temps), mais encore Jacques de Cysoing lui-même : *Quant l'aube espine florist / Contre la douce seson* (RS 1647 ; Hoepffner 85).

197

LEÇ. REJ. III, 26 m. iert, 28 a. oer ; **V,** 48 Uos maris et s., 49 J. trop etc.

VAR. I, 8 Honiz K ; **II,** 12 fil N ; 14 Ihesus KN ; 15 priai ; 17-18 me sonmencoiter Con. N ; 18 Conment KN ; la batoit por amer KN ; **III,** 21 de J a N ; 24 touz li pires K ; 26 sires K ; 28 C. me v. a. v. aleioer N ; **IV,** 32 li p. K ; 33 A KN ; 35 b. quil na poior KN ; 36 c. iusca N ; 37 par m. N ; 38 p. amor N ; **V,** 43-44 = *45-46 dans KN* ; 47 Dames KN ; 48 Uoz maris et s. KN ; o J a K.

MUS. Schéma mélodique : A A A B rf (= B') (virelai). Seul N présente, pour le refrain, une répétition presque exacte de la section B.

EDS. Bartsch 1870 87-88, Gennrich 1925 67-69, Petersen Dyggve 1938 197-200, Spaziani 1954 101-103, vdWerf 1979 420-421, Paden 2 : 386-389, Dufournet 1989 274-277.

REM. • 15. *proié = proiai.* **• 36.** L'allusion à Winchester, en Angleterre, n'évoque pas autre chose qu'une grande distance. **• 47-48.** Les leçons des mss. (*Dames* au pluriel dans KN, *Vos maris* au pluriel dans KNP) donnent à penser qu'il s'agit d'une exhortation adressée par la femme (ou par le chevalier) à toutes les dames de Paris, et c'est de cette façon que jusqu'ici les éditeurs ont en effet interprété ces deux vers, les attribuant à la femme. Une telle généralisation des sentiments de celle-ci nous semble pourtant injustifiée dans le contexte du poème entier ; de plus, la phrase *venez o moi jöer* semble constituer une réponse de la part du chevalier à la phrase *avec vos aler jöer* prononcée au v. 28 par la dame.

198

LEÇ. REJ. III, 50 comme *(+1).*

VAR. I, 7 Car m. P ; 14 Ni P ; **II,** 26 Ce sele P ; 27 Que iai si longuement s. N ; 31 Mes *omis par N* ; 37 mal a. N ; 38 meci N ; na de moi merci P ; **III,** 50 comme NP ; 51 deuroie NP ; 61 Cil qui cest vers fist d.e. P.

MUS. Schéma mélodique : A A B B C C B B (lai). **• 1.** Au v. 6, le ms. porte une barre. **• 2.** Au v. 7, le ms. ne porte pas de bémol. **• 3.** Le ms. omet toutes les notes devant suivre la première note du v. 17.

EDS. Raynaud 340, Spanke 1936 92, Petersen Dyggve 1938 211-214, vdWerf 1979 409-410.

DIAL. Traits picards : *renvoisie* (35) pour *renvoisiee*; *mi* (38) pour *moi*; *deveroie* (51) pour *devroie*.

REM. La structure de cette chanson, dans laquelle la section centrale de chaque couplet se répète comme refrain à la fin de celui-ci, est unique dans le corpus des trouvères; il se peut qu'elle dérive de la poésie latine contemporaine ; voir Spanke 1936 94, Petersen Dyggve 1938 186. • *Laou*, contraction de *la ou*, est syntaxiquement l'équivalent de *ou* seul et est semblablement monosyllabique ; de même, au v. 63.

199

LEÇ. REJ. II, 17-18 De p. vilainement se doit tenir se dex me uoie ; **III**, 22 amant.

VAR. Les str. IV et V ne figurent pas dans R.
I, 1 amor N ; 2 ioliement R ; 5 Car q. R ; 6 Si doit amours maintenir R, 9 lest| doinst R ; **II**, 12 P. ch. iour contenir R ; 13 beau chaucier *omis par R*; 16 *omis par R*; 17-18 De p. vilainement se doit tenir se diex me uoie KNR ; **III**, 22 f. amis K ; 26 enuoisiez R ; **IV**, 32 f. amanz K, amant N ; 37 Li KN.

MUS. Schéma mélodique : a b a c B+C rf (= C). R donne une deuxième mélodie. • **1.** Au v. 8, le ms. ne met pas de bémol.

EDS. Raynaud 338, Langlois 2 : 314, Petersen Dyggve 1938 205-208, Cremonesi 234-236, Toja 450-452, Mary 2 : 3-33, vdWerf 1979 422-431.

REM. Langlois 2 : 314 prétend que cette chanson sur la tenue et la conduite du fin amant fut inspirée par un passage (vv. 2131-2176) du *Roman de la Rose* de Guillaume de Lorris, proposition réfutée par Petersen Dyggve 1938 188-190 qui estime que la ressemblance des deux textes est assez générale et que les règles qu'ils proposent sont des lieux communs. • **21.** L'élégance vestimentaire exigeait que les manches soient serrées par des lacets entre le coude et le poignet ; *cf.* la pièce 37 (RS 1371), v. 4.

200

LEÇ. REJ. 3 estrange.

MUS. Schéma mélodique : rondeau à trois voix, écrit en notation mesurée.

EDS. Gennrich 1921/27 1 : 60-61, 2 : 79, Gennrich 1963 84, Wilkins 1967 60-61, B 52-53, Maillard 1982 86, Baumgartner 1983 352.

201

MUS. Schéma mélodique : rondeau à trois voix, écrit en notation mesurée. • **1.** Le ms. a une brève. • **2.** Le ms. a deux brèves.

EDS. Gennrich 1921/27 1 : 65, 2 : 82-83, Zumthor 1963 134, Wilkins 1967 56, B 54-55, Maillard 1982 88, Baumgartner 1983 354.

202

MUS. Schéma mélodique : rondeau à trois voix, écrit en notation mesurée.

EDS. Gennrich 1921/27 1 : 65, 2 : 83, Wilkins 1967 56, B 55, Maillard 1982 96, Baumgartner 1983 356.

203

MUS. Schéma mélodique : rondeau à trois voix, écrit en notation mesurée.

EDS. Gennrich 1921/27 1 : 68, 2 : 84-85, Wilkins 1967 58, B 56, Maillard 1982 106, Baumgartner 1983 358.

204

LEÇ. REJ. I, 3 desirrans, 6 acointise ; **III**, 22 dun a. ; **VIII**, 53 dame.

VAR. I, 1 A. sil ; 4 A. n. autel di iou de mi ; 6 de uo feme a. ; 7 con hon p. ; 8 Et sussies autretel ; **II**, 11 cuidies a. plaisant ; **III**, 23 Et plus v. di que cil t. ; **IV**, 25 damour ; 26 point] pas ; 27 a. me feme a vo c. ; 29 Car q. le f. il en ; 31 Se l. de cuer et sers q. ie ne ne d. ; 32 uos c. ; **V**, 36 che di *manque*; **VI**, 41 et pau sacant ; 46 ensauchies ; **VII**, 51 il] plus ; 52 le] ment ; 55 se ie cangoie.

MUS. Schéma mélodique : A A B ; la mélodie des deux envois est celle des vv. 5-8.

EDS. Coussemaker 184-188, Nicod 102-105, Långfors 1926 2 : 69-72.

DIAL. Traits picards : *au* pour *ou* : *vaurriés* (5), *faus* (39, 55) ; *g* pour *j* et *c* pour *ch* : *goie* (3), *cat* (15), *acateroie* (15) ; *ch* pour *c* : *plache* (9), *che* (24) ; *s* final pour *z* : *amés* (1), *ains* (33) ; *jou* (2) pour *je*; *me* (1), *le* (2), *se* (51) pour *ma, la, sa*; *sen* (54) pour *son*; *vo* (9) pour *vostre*; 1re pers. sing. prés. indic. en *-ch* : *demanch* (5) ; *sarai* (10) pour *savrai*; *meteriés* (14), *reperderoie* (56) pour *metriez, reperdroie*; *sanlant* (36), *vaurriés* (5), sans consonne épenthétique, pour *semblant, voudriez.*

REM. Roger pose la question : si chacun de nous aimait la femme de l'autre et n'était pas aimé de la sienne, me permettriez-vous de devenir l'amant de la vôtre tandis que vous seriez l'amant de la mienne ? Adam commence par refuser de répondre, ne connaissant pas la femme de Roger. Le Sire de la Tieuloie et Ferri jugeront le débat. • **9.** « Image empruntée au marché à la volaille, dit Långfors 2 : 72. Adam veut dire qu'on ne peut se prononcer sur la valeur d'une femme tant qu'on ne la connaît pas bien. » • **15.** *Cf.* les expressions modernes, « acheter chat en poche » et, en anglais, « to buy a pig in a poke ».

205

LEÇ. REJ. I, 8 il] me ; **IV**, 26 vo] vostre *(+1)*, 28 vient *(corr. Berger)*, 30 pol *(-1)*, 40 de ris taire.

VAR. I, 1 lamour en moi Q ; 2 autres T ; 4 mon chant R ; 5 bon mal R ; 6 trop] si Q ; 7 C. espoir R ; pour lui T ; 8 cest RT ; h. drois est W2 ; qui li RT ; plaire T ; **II**, 10 C. q. plus e dame de h. a. Q ; haut] grant RW2 ; 11 Et omis par RTW2 ; et digne dounerer Q ; 16 des b. TW2 ; **III**, 18 Mon cuer R ; 19 amour Q ; 20 mal] pis Q ; 22 pitie R ; reposte R ; 23 meschief R ; **IV**, 25 vo] vostre QRW2 ; 26 M. vostre W1 ; bonte RW2 ; se p.] ne cesse TW2 ; dou TW1 ; 27 La RT ; en] a R ; esgarder W1, rauarder W^2 ; 28 vient $QRTW^1W^2$; en] on R ; 32 semblant RT ; d'atraire omis par Q ; **V**, 33 on] len R ; loins a. RW^1 ; 35 l. ne besier nadeser T ; b. ne a. QW^1 ; 36 Non ne doit pas p. Q ; on] len R, nus W^2 ; 37 c'on] quence T ; 38 t. oiel R ; 40 de pis faire R, de ris taire W^1.

MUS. Schéma mélodique : A A B. R présente de nombreuses variantes. • **1.** Au v. 1, le ms. n'indique pas de silence.

EDS. Coussemaker 31-35, Berger 1900 135-150, Cremonesi 265-266, Toja 371-373, Wilkins 1967 8, Marshall 1971 51-53, vdWerf 1979 558-561, Nelson 1985 30-33.

DIAL. Traits picards : *ie* pour *e* : *renouviele* (4), *biele* (11), *desiert* (12), *viers* (38) ; *(i)u* pour *(i)ieu* : *ju* (6), *mius* (12) ; *boine* (11) pour *bone, boins* (16) pour *bons* ; *ch* pour *c* : *merchi* (14), *chi* (23), *largeche* (27) ; *doc* (2) pour *douz* ; *chou* (17) pour *ce* ; *jou* (1) pour *je* ; *le* (27) pour *la* ; *vo* (25) pour *vostre* ; 1re pers. sing. prés. indic. en *-c* : *senc* (1), *vienc* (28).

REM. • **6.** Jeu de mots : il s'agit à la fois du jeu d'amour et du jeu-parti. • **16.** Morawski, proverbe 1886. Ce proverbe se trouve aussi dans la chanson 90 (RS 742) de Blondel de Nesle ; voir aussi Berger 1900 141-142. • **28.** Marshall 1971 préfère retenir la leçon du ms. *vient*, déclarant, p. 116, que cette forme de troisième personne « makes sense if one takes the subject of the verb to be *joie* (25) ». Il est pourtant difficile de voir dans la joie à la fois le but de l'amant (v. 25) et une désignation métonymique de celui-ci (v. 28).

206

LEÇ. REJ. II, 9-16 *manquent ; leçon d'après W* ; **III**, 20 e. ap. g.

VAR. Tableau des strophes :

I I II (voir *infra*)
W II

I, 1 hons I ; 2 ke n. I ; 5 amor lou f. faire I ; 6 Bien est raisons q. I ; 7 Puez ke tous li biens en v. I ; 8 Folz I, ; **II**, 10 f. duez I ; 12 Conkes f. I ; 13 Elle ne mest pas c. I ; 14 Son gent cors son cleir v. I ; 15 R. cant cilz m. I ; 16 Sa grant biateit me souient I.

Le ms. I ajoute une troisième strophe :

Onkes mais nuns fins amis
Ne fut d'amors si eschieus
Con suis et serai tous dis,
Car mes eürs en est tieus.
Douce dame debonaire,
Coment me poroie taire,

Kant cilz jolis mal me tient
Et si ne vos an sovient?

1 I. amans, 2 eschiueis, 3 t. tens, 8 Et ci.

Jamais aucun fin ami
ne fut si rebuté par Amour
que je le suis et le serai toujours,
car tel est mon sort.
Douce dame de noble cœur,
comment pourrais-je me taire
quand ce joli mal me tient
sans que vous y pensiez jamais ?

MUS. Schéma mélodique : A A B.

EDS. Guy 582-583, Berger 1900 477-486, Wilkins 1967 29, Marshall 1971 107-108, vdWerf 1979 614, Nelson 1985 126-129, Dufournet 1989 298-301.

DIAL. Traits picards : *au* pour *ou* : *faus* (8) ; *i* pour *ei* : *millour* (15), *signouriux* (18) ; *ius* ou *iux* pour *ieus* : *lius* (4), *ius* (12) ou pour *i(l)s* : *signouriux* (18), *gentius* (20) ; *ieus* pour *i(f)s* : *eskieus* (28), *ententieus* (34) ; *g* pour *j* : *goie* (16) ; *k* pour *ch* : *eskieus* (28) ; *jou* (9) pour *je*; *le* (8) pour *la*; *aroie* (29) pour *avroie.*

Noter que dans ce texte *-ieus* et *-ius* ont la même valeur phonétique et que les rimes telles que *mieus* : *lius* : *gentius* : *eskieus* sont propres au picard.

207

LEÇ. REJ. I, 3 uerrai, 8 s. traison, 9 fors; **V,** 41 L. lor et r. le ploncı.

VAR. La str. VI ne figure pas dans R.
I, 1 hons R; estrainne RT; 3 vendra R; 4 Se courtoise estes et f. a; 7 fuison *omis par R*; 8 mesproison Ra; 9 fort *omis par R*; cuer R; **II,** 10 T. don doune u. r. P; d. done r. T; 12 Quant au cuer n. R; 14 Ausi t. T; 15 meskix P; 16 M. *omis par T,* Male P; 18 B. et r. a; **III,** 20 Cuers a; 21 Quel qui s. R; 22 mais] nus *exponctué dans T*; 23 Tant T; 24 Et si estes P; acline a; 25 Et si t. R; **IV,** 28 Be P; b. amour estrainne RT; 33 Vo biaute d. R; 34 Car R; **V,** 37 despines P; 40 C. cil PRa, cils T; 41 Laist l'ort *omis par R,* L. lor T; le plon RT; 42 ne T; 44 v. dun a; fourcon *exponctué dans T et remplacé dans la marge par* sourion; **VI,** 47 sen v. auencon a; 48 Ma a.

MUS. Schéma mélodique : oda continua; la mélodie de l'envoi est celle des vv. 6-9. R présente de nombreuses variantes importantes.

EDS. Coussemaker 88-92, Berger 1900 368-415, Wilkins 1967 23, Marshall 1971 92-94, vdWerf 1979 594-596, Nelson 1985 100-103.

DIAL. Traits picards : *c* pour *ch* : *canchon* (2), *capel* (37) ; *ch* pour *c* ou *ç*; *canchon* (2), *enrachine* (9), *boichon* (16) ; *g* pour *j* : *got* (27, = *joït*), *sourgon* (44), *s* final pour *z* : *portés* (6), *avés* (7) ; *sanlés* (36), sans épenthèse, pour *semblez*; *me* (46), *se* (13) pour *ma*, *sa*; *vos* (1) et *vo* (33) pour *vostre*; *chieus* (40) pour *cil*; 1re pers. sing. prés. indic. en *-c* : *perc* (35) ; *arai* (34) pour *avrai*.

REM. • **2.** Il est fort possible qu'il s'agisse ici non seulement d'une « nouvelle chanson » mais aussi d'une « chanson nouvelle », c'est-à-dire de type nouveau. En tant que composition musicale, elle est unique en ce qu'elle est la seule chanson d'Adam sans refrain qui soit une oda continua. En tant que texte, elle constitue une réprimande personnelle bien plus qu'une expression conventionnelle d'amour. • **25.** Il s'agit de Ganelon, personnage de la *Chanson de Roland* et type du traître. • **29.** Sur le sens précis de cette image, voir Dragonetti 106. • **37-41.** Cette comparaison n'est pas des plus évidentes, car le parallèle entre la dame qui choisit des épines plutôt que le bouton et le fondeur qui choisit *le bon* plutôt que la crasse se limite au seul fait de choisir, tandis que les objets de la sélection sont dans un rapport de contraste. (La couronne d'épines est destinée, bien entendu, à l'amant malheureux). Au v. 41, les mss RTW substituent *l'or* à *l'ort* et *plon* « plomb » à *bon*, ce qui révèle à notre avis un effort de copiste pour simplifier la comparaison en la prolongeant, au-delà de la sélection, jusqu'aux objets choisis; cette interprétation, acceptée par Berger 1900 et par Wilkins 1967, nous la refusons comme incompatible avec le temps des verbes du v. 41, non conditionnel mais présent de l'indicatif. • **44.** C'est sûrement un surgeon, comme le veut Marshall 1971 124, plutôt qu'une source, comme le dit Berger 1900; et cette allusion ramène le couplet à l'image de la cueillette de roses avec laquelle il a commencé.

208

LEÇ. REJ. III, 20 mol ; **IV,** 34 sui.

VAR. I, mi RT ; 5 Car onq. nus p. plus (si Q) b. QR, Conques mais nus p. si (plus T) b. TW[2] ; 9 Que ie a. m. R ; **II**, 12 dangiers R ; 14 vairs R; clere] blance QRW[2], blan que T; 16 Ment R; coulor] uigour RTW[2] ; **III**, 20 mol Q ; 22 T. iuue en b. R ; 24 en] er Q, on W[1] ; 25 fui TW[2] ; cel] cest Q, ce R, tel TW[2] ; 26 est *omis par R*; ainsint T ; 27 Que ie a. m. T ; **IV**, 28 maintien R ; 29 Gent RT ; 30 qui RT ; 31 j. en eure et e. T ; 32 Mal QT ; 34 Quant W[1] ; sui Q.

MUS. Schéma mélodique : a b a c D E.

EDS. Coussemaker 39-42, Berger 1900 161-174, Chastel 754-757, Toja 371-373, Wilkins 1967 10, Marshall 1971 55-56, vdWerf 1979 543-547, Bergner 478-481, Nelson 1985 38-39, Dufournet 1989 296-299.

DIAL. Traits picards : *ie* pour *e* : *renouviele* (1), *biele* (5), *viers* (30) ; *ch* pour *c* et *c* ou *k* pour *ch* : *merchi* (9), *cangiet* (16), *kievre* (19) ; *cangiet* (16), avec *t* final, pour *changié* (16) ; *jou* (25) pour *je*.

Noter que dans ce texte *-iele* et *-el(l)e* ont la même valeur phonétique.

REM. Cette chanson, de caractère plus populaire que courtois, est la seule d'Adam à comporter un refrain. • **10-13.** Berger 1900 167-168 voit dans les deux ans de continence un essai de vie monastique avant le mariage. • **19.** Morawski, proverbe 2297 ; pour d'autres occurrences de ce proverbe, voir Berger 1900 168-169.

209

MUS. Schéma mélodique : rondeau. • **1.** Au v. 4, le ms. porte une barre. • **2.** Au v. 8, le ms. ne met pas de dièse. • **3.** Au v. 11, le ms. ne met pas de plique.

EDS. Bartsch 1920 224-225, Gennrich 1921/27 1 : 31-32, 2 : 172, B 57.

DIAL. Traits picards : *eswarder* (2) pour *esgarder* ; *erc* (7) pour *er(e)*.

210

MUS. Schéma mélodique : rondeau. • **1.** Aux vv. 1, 2, 4, 5, 7 et 8, le ms. n'indique pas de silence.

EDS. Gennrich 1921/27 1 : 33, 2 : 172-173, B 57-58.

DIAL. Trait picard : *men* (8) pour *mon*.

211

MUS. Schéma mélodique : rondeau. • **1.** Le ms. indique un silence dans les vv. 2 et 3 seulement. • **2.** Au v. 3, cette note n'est pas prolongée.

EDS. Gennrich 1921/27 1 : 36, 2 : 173, B 58-59.

212

LEÇ. REJ. I, 4 Se m. ueul retraire ; **II**, 17 c'est ; **III**, 25 ueult de masnie, 26 Et done e., 28 Et ueult a tous p., 31 Car l. ne p. m. ; **IV**, 41 Et cest ; **V**, 55 Se.

VAR. La str. VI ne figure pas dans KX.
I, 3 ai pense KX ; 5 cuidoie KX ; 6 Douce KX ; 10 fol] put KX ; 11 Qui KX ; **II**, 16 Ce K ; 17 P. que ele s. X ; 18 *omis par X*; **III**, 27 Chascun X ; 29 T. a. ne pris ie mie KX ; 30 Qui set a touz plaire KX ; **IV**, 37 enchargiee X ; 38 Qui KX ; 41 Icele (Icelui X) ne pris ie mie KX ; 42 Qui est de tel afaire KX ; 43 Ne ia n. KX ; 44 Quil a trop g. KX ; **V**, 52 Cest tout d. KX ; 53-56 *omis par X*; 57 *dans X*, Fausse feme *suit immédiatement le v. 52.*

MUS. Schéma mélodique : A A rf ; la mélodie des deux envois est celle des vv. 5-8 + rf. C ne contenant pas de musique, nous présentons celle de K. • **1.** Au v. 5, le ms. a *ré'*. • **2.** Au v. 6, le ms. a *do'*. • **3.** Au v. 5, le ms. n'indique pas de silence. • **4.** Dans le ms., cette figure est écrite à la seconde supérieure.

EDS. Jeanroy 1921 50-52, Gennrich 1925 28-30, Spanke 1925 154-156, Chastel 544-549.

DIAL. Traits lorrains : *ai* pour *a* : *pais* (1), *enchairgie* (37), *folaige* (50) ; *per* pour *par*; *ei* pour *e* tonique : *museit* (2), *teil* (26), *moneir* (32) ; *mei* (63) pour *mi*; *ie* pour *iee* : *aploïe* (17), *enchairgie* (37) ; *amin* (12) pour *ami*; *pués* (17) pour *puis*; *c* pour *s(s)* et *s* pour *c* : *fauce* (9), voir aussi LEÇ. REJ. ; conservation de *t* final : *museit* (2), *vilteit* (53) ; 3e pers. sing. prés. indicatif *ait* (37, 44, 51, 54) pour *a*, mais au v. 52 *ait* est bien du subjonctif ; 3e pers. sing. futur en *-ait* : *avrait* (43).

Noter que la terminaison féminine *-ie*, pour *-iee*, est encore plus caractéristique du picard que du lorrain ; en outre, que son emploi à la rime, où elle se trouve associée à des mots se terminant en *-ie* dans toutes les régions, p. ex., *jalousie* (39), *mie* (41), *vie* (43), trahit une intention d'auteur plutôt que de copiste.

REM. Un acrostiche identifie la cible du poète ; c'est MARGOS (Margot) qu'il attaque. Les acrostiches sont rares dans l'œuvre des trouvères ; voir Spanke 1925 385.

213

LEÇ. REJ. II, 10 meneit, 12 cau d. au f. et aus penceirs, 15 se] ce ; **III**, 19 *(-1)*; **V**, 38 me] ne.

MUS. Schéma mélodique : A A B. C ne contenant pas de musique, nous présentons la mélodie de la chanson RS 500, conservée dans W (f. 15r) ; voir *infra* et voir la chanson 53 (RS 537). • **1.** Aux vv. 3 et 4, le ms. porte une barre. • **2.** Au v. 2, le ms. n'indique pas de silence.

EDS. Dinaux 4 : 49-50, Järnström 1910 97-98.

DIAL. Traits lorrains : *ai* (ou *e*) pour *a* : *lai* (3), *mai* (8), *chairoigne* (19), *aigreie* (19), *ainemin* (36), *solés* (25) ; *ei* pour *e* tonique : *entreie* (1), *savreis* (20), *biauteis* (30), *meire* (35) ; *creux* (27) pour *crois*; *boin* (33) pour *bon*; nasalisation progressive : *ainemin* (36) pour *anemi*; conservation de *t* final : *maintenut* (13) ; *c* pour *s* : *panceie* (12) ; *x* pour *s(s)*; *laixier* (3), *puix* (14), *creux* (27) ; *lou* (5, 7) pour *le*; 3e pers. sing. futur en *-ait* : *vorrait* (40).

Les formes *mi* (3, 17) pour *me/moi* et *vos* (38) pour *vostre* sont propres au picard.

REM. Cette composition est une contrafacture de la chanson d'amour RS 500 d'Adam de la Halle ; le schéma métrique, le schéma rimique et les rimes elles-mêmes étant tous identiques à ceux de RS 500, nous présentons le texte d'Aubertin accompagné de la mélodie d'Adam.

214

LEÇ. REJ. II, 9 Se, 11 Cune v. degipte *(corr. Bartsch-Wiese)*, 13 *(-1) (corr. Bartsch-Wiese)*; **III**, 17 v. degipte.

MUS. Schéma mélodique : A A B. Ce ne contenant pas de musique, nous présentons la mélodie de la chanson 23 (RS 599), conservée dans K (p. 308) ; voir *infra*.

EDS. Järnström 1910 93-94, Bartsch 1920 223, Gennrich 1925 43, Gennrich 1958b 32, Bec 2 : 71, Rivière 1978 87-89, Baumgartner 1983 222-225, Dufournet 1989 312-315.

DIAL. Traits lorrains : *ai* pour *a* : *raicheteit* (6), *haichie* (21) ; *ei* pour *e* tonique : *meire* (2), *raicheteit* (6), *torneie* (16), *douteis* (20) ; conservation de *t* final : *raicheteit* (6), *clairteit* (8), *biaulteit* (14) ; *w* intervocalique : *retrowange* (1) ; 3e pers. sing. prés. indicatif *ait* (6) pour *a*.

REM. Cette composition est la seule chanson pieuse de Jacques de Cambrai dont le ms. n'identifie pas le modèle profane. Il est généralement admis, pourtant, que le texte doit se chanter sur la mélodie accompagnant la chanson anonyme 23 (RS 599) dont il imite le schéma métrique; nous le présentons donc avec cette musique. • **1.** Cette pièce est l'une des rares compositions à s'auto-identifier comme rotrouenge; voir Gennrich 1925 14 et Gennrich 1926. La nature du genre est difficile à saisir et sa forme mal définie ; le présent auto-classement n'éclaircit pas beaucoup le problème, car, à la différence des autres compositions, celle-ci est hétérométrique et ne comporte pas de refrain. Voir, sur les rotrouenges, Bec 1977-78 1 : 183-189; à la bibliographie présentée par celui-ci nous ajoutons Spanke 1936 67-69. • **10.** Voir Isaïe 7 : 14 et 11 : 1-10. • **23.** À commencer par Järnström 1910, presque toutes les éditions antérieures substituent sans nécessité *Tout* à la leçon du ms. *Fut*.

215

LEÇ. REJ. III, 22 la uiege p., 23 V il p., *(+1)*, 24 tout m. ; **IV**, 29 *(-1) (corr. Järnström)*, 32 sans lance ; **VI**, 45 de tou, 47 b. ont.

MUS. Schéma mélodique : A A B.

EDS. Wallensköld 1891 286-288, Järnström 1910 161-164, Baumgartner 1983 224-229, Dufournet 1989 320-323.

DIAL. Traits picards : *au* pour *ou* : *vaut* (21, 45), *paut* (29), *faus* (35), *maure* (39, = *moudre*) ; *ie* pour *iee* : *ficie* (11), *froisie* (33), *lignie* (43) ; *ir* pour *ier* : *entir* (30) ; *Dius* (48) pour *Dieus*; *c* ou *k* ou *q* pour *ch* : *canter* (5), *franke* (8), *ficie* (11), *estake* (28), *car* (31, 40), *qaïr* (38) ; *voel* (3), *voelle* (46) pour *vueil, vueille*; absence de *b* épenthétique : *humlement* (12), *sanlance* (32) ; conservation de *t* final : *reçut* (20) ; *çou* (13), *jou* (3) pour *ce, je*; *no* (40) pour *nostre*; *li* (17, 40) et *le* (31) pour *la*.

REM. Comme beaucoup de chansons pieuses, celle-ci est une contrafacture d'une composition profane; elle imite RS 1175 non seulement dans sa structure métrique, son schéma rimique et ses rimes mais encore dans son incipit. La pièce est exceptionnelle parmi les chansons pieuses dans sa façon d'étendre le développement d'un seul motif symbolique à toutes les strophes. Järnström 1910, suivant l'historien de l'art Émile Mâle, indique que le motif est celui du pressoir mystique, symbole provenant d'un rapprochement de deux passages de la Bible, Nombres 13 : 23 (24) et Isaïe 63 : 3, et se retrouvant souvent dans la littérature et l'art religieux du Moyen Âge. • **17.** *C* désigne le *fil Dieu* (v. 13).

216

LEÇ. REJ. III, 16 Mainte bon p. *(corr. Faral-Bastin)*; **VII**, 40 roncin; **XI**, 61 mout.

VAR. La str. IX ne figure pas dans le ms. 1593. Les str. X et XI sont interverties dans le ms. 1635.
I, 4 mie] pas 1635; **II**, 7 drodre 1593; 9 Aint d. tel gent n. 1593; 10 Ne ne 1593; **III**, 16 De maint bon p. 1593; **IV**, 20 N. ront 1593, 1635; **V**, 27 Canques (Quonque 1635) il onques fist 1593, 1635; **VII**, 40 roncins 1635; **VIII**, 44 gros 1593; **X**, 58 engenui 1593, engenuy 1635; **XI**, 61 a on m. 1593; 63 Desor 1593; les 1635; ont 1635; **XII**, 67 Lordres 1635; **XIII**, 78 le] cest 1593.

EDS. Jubinal 1874 1 : 202-207, Kressner 56, Jeanroy 1921 13-16, Cremonesi 273-275, Faral 1977 1 : 330-333, Rieger 1983 166-171, Dufournet 1986 264-271, Zink 1989 1 : 389-395.

REM. L'attribution à Rutebeuf est assurée non seulement par le sujet et le style mais aussi par le fait que les mss. incluent ce texte parmi les œuvres de ce poète. Dans le ms. 837 il porte le titre *Des ordres*; dans le ms. 1593, *La chanson des ordres*; dans le ms. 1635, *Les autres diz des ordres*; ce dernier titre se réfère à un autre poème de Rutebeuf sur le même sujet, *Les ordres de Paris*. Il y est question des ordres mendiants, particulièrement nombreux au milieu du XIIIe siècle. Selon Faral 1977, la pièce date de 1263 ou peu après.

À part les ouvrages déjà signalés, la bibliographie abondante qu'a engendrée cette chanson inclut : Serper 1972, Dufeil 1972, Dufeil 1980, Dufournet 1984, Payen 1984. • **5.** Les *Papelart* ne constituent pas un ordre mais sont simplement tous ceux qui se montrent coupables d'un zèle religieux ostentatoire et hypocrite. Les *Beguin*, vêtus d'une façon distinctive, formaient un ordre, mais vivaient dans le monde et ne prononçaient pas de vœux. Sur ces groupes ainsi que les autres fustigés par Rutebeuf, voir Faral 1977 1 : 68-82 et 318-321. • **13.** *Frere Predicator*, c'est-à-dire, les Dominicains. • **19.** *Frere Menu*, c'est-à-dire, les Franciscains. • **40.** Les Frères de la Sainte-Trinité, ou Trinitaires, qui n'avaient le droit de monter que des ânes, furent libérés de cette contrainte en 1263. • **43.** *Frere Barré*, c'est-à-dire, les Carmes. • **46.** Faral 1977 suggère la possibilité que *mercredi*, prononcé normalement mècredi ou même mègredi, joue sur *cras* « gras » (v. 44). • **50-51.** Il s'agit des Frères de la Pénitence de Jésus-Christ, surnommés *Sachiers* ou *Sachets* à cause de leur habit grossier fait de chanvre tout comme les mèches de chandelles ; sur le sens de *luminon,* voir Zink 1989 1 : 496. • **55.** Les 140 Filles du Roi, protégées par saint Louis, semblent avoir été les mêmes que les Filles-Dieu. • **61.** *Beguines* : voir *supra.* • **67.** *Nonvoianz,* c'est-à-dire, les Trois-Cents Aveugles, plus connus sous le nom des Quinze-Vingt. • **73.** *Frere Guillemin,* c'est-à-dire, les Guillelmites, ou Blancs-Manteaux. • **74.** Le nom *Frere Hermin* peut se référer aux Ermites de Saint Augustin ; il est possible qu'il s'agisse plutôt non d'un ordre mais d'une allusion aux Arméniens et/ou aux origines érémitiques des Guillelmites. • **76.** Faral 1977 voit dans *mardi* la possibilité d'un jeu de mots ; il s'agirait d'évoquer la force négative de l'adverbe *mar.*

217

LEÇ. REJ. IV, 29 ça] sa.

VAR. La str. IV ne figure pas dans le ms. 1593.
I, 2 fu ; 4 qui ; **II,** 14 p. et f. ; **V,** 37 envoit.

EDS. Jubinal 1874 2 : 149-151, Kressner 200, Voretzsch 149-150, Faral 1977 2 : 245-246, Dufournet 1986 124-129, Zink 1989 2 : 292-295.

DIAL. Traits lorrains : *ei* pour *e* tonique : *chanteir* (1), *bontei* (11), *teile* (24) ; *boen* (7) pour *bon.*

REM. Ce texte est précédé dans le ms. 1635 par la phrase *C'est de Notre Dame* et dans le ms. 1593 par *Une chanson de nostre Dame.*

Voir, sur différents aspects de cette chanson, Dufeil 1980, Payen 1984, Dufournet 1987. • **3-5.** *gariz, garira,* etc. : sur le procédé rhétorique d'*annominatio,* voir Regalado 219-221 et 235.

TABLE ALPHABÉTIQUE DES INCIPIT

Table

Composition réalisée par COMPOFAC - PARIS

IMPRIMÉ EN FRANCE PAR BRODARD ET TAUPIN
Usine de La Flèche (Sarthe).
LIBRAIRIE GÉNÉRALE FRANÇAISE - 43, quai de Grenelle - 75015 Paris.

ISBN : 2 - 253 - 06658 - 3 30/4545/7